Girod · Der Kreuzworträtselmord

Hans Girod

# Der Kreuzworträtselmord

*und andere Kriminalfälle aus der DDR*

Das Neue Berlin

Im Interesse des Schutzes der Persönlichkeitsrechte der Täter, Opfer und Zeugen wurden die Namen der Beteiligten sowie einiger Handlungsorte verändert.

# Inhalt

Teil 1
„Das Ekel von Rahnsdorf"



Teil 2
„Leichensache Kollbeck"

# Der gewöhnliche Mord in der DDR

Die Kriminalstatistik der DDR registrierte über Jahrzehnte gleichbleibend ein Tötungsverbrechen auf 100.000 Einwohner pro Jahr. In der gleichen Zeitspanne stieg die Häufigkeit dieser Deliktgruppe in der Bundesrepublik auf das Fünffache. Nach dem Untergang der DDR ist in den neuen Bundesländern auch diese Größe inzwischen überschritten. Im internationalen Vergleich schnitt die DDR mit ihrem geringen Anteil an Tötungsdelikten sehr günstig ab. Man vermutet richtig, daß sich das Gesamtbild der Kriminalität in der DDR sowohl quantitativ als auch qualitativ von dem in der Bundesrepublik erheblich unterschied. So entfielen in den sechziger und siebziger Jahren in der DDR durchschnittlich 750 Straftaten auf 100.000 Einwohner, während in der Bundesrepublik der Anteil bereits 6.200 und in Westberlin sogar 12.000 betrug.

Dafür gab es verschiedene Gründe: Der Ehrgeiz der SED und der DDR-Regierung lag darin, nachzuweisen, daß die Kriminalitätsbelastung ständig abnahm. Zentralistische Verwaltungsstrukturen, harte Strafen, nahezu perfekte Personenkontrollen, ein ausgefeiltes polizeiliches Meldesystem und geschlossene Grenzen führten über die Jahre in der Tat zu einem Rückgang der Kriminalität, selbst wenn statistische Angaben – wie allenthalben üblich – gelegentlich durch ausgeklügelte Zuordnungen verfälscht wurden.

Für das internationale Verbrechen blieb die DDR wenig attraktiv. Ganze Deliktgruppen der organisierten Kriminalität wie Drogenhandel oder Entführungen, deren beängstigendes Ausmaß heute bereits eine ernste Gefahr für die Gesellschaft bedeutet, fehlten deshalb im Kriminalitätsbild der DDR.

Bestimmte Formen häufig auftretender Delikte mit geringem Schaden wurden Verfehlungen genannt. Sie waren keine Straftaten und blieben daher außerhalb der Kriminalstatistik. Verfehlungen wurden, wie im Falle kleiner Ladendiebstähle, durch

| Lfd. Nr. | Straftatengruppe (§§ des StGB) | Straftaten Insgesamt (obere Zahl), je 100 000 der Bevölkerung (untere Zahl) | | | | |
|---|---|---|---|---|---|---|
| | | **1981** | **1982** | **1983** | **1984** | **1985** |
| 1 | Vorsätzliche Tötung | 175 | 143 | 139 | 116 | 137 |
| | (§§ 112, 113) | 1 | 1 | 1 | 1 | 1 |
| 2 | Vorsätzliche Körperverletzung | 11 432 | 10 840 | 11 215 | 10 765 | 10 132 |
| | (§§ 115, 116, 117) | 68 | 65 | 67 | 65 | 61 |
| 3 | Vergewaltigung | 650 | 549 | 705 | 670 | 571 |
| | (§ 121) | 4 | 4 | 4 | 4 | 3 |
| 4 | Nötigung und Mißbrauch zu sexuellen | 452 | 465 | 466 | 408 | 462 |
| | Handlungen (§ 122) | 3 | 3 | 3 | 2 | 3 |
| 5 | Raub und Erpressung | 711 | 830 | 851 | 819 | 758 |
| | (§§ 126, 127, 128) | 4 | 5 | 5 | 5 | 5 |
| 6 | Verletzung der Unterhaltspflicht | 556 | 542 | 603 | 775 | 1 037 |
| | (§ 141) | 3 | 3 | 4 | 5 | 6 |
| 7 | Verletzung von Erziehungspflichten | 533 | 507 | 511 | 525 | 555 |
| | (§ 142) | 3 | 3 | 3 | 3 | 3 |
| 8 | Sexueller Mißbrauch von Kindern | 1 093 | 988 | 1 024 | 1 002 | 965 |
| | (§ 148) | 7 | 6 | 6 | 6 | 6 |
| 9 | Sexueller Mißbrauch von Jugendlichen | 208 | 190 | 156 | 189 | 148 |
| | (§§ 149, 150, 151) | 1 | 1 | 1 | 1 | 1 |
| 10 | Diebstahl sozialistischen Eigentums | 22 264 | 21 629 | 21 134 | 22 206 | 20 885 |
| | (§§ 158, 161, 162) | 133 | 130 | 133 | 127 | 125 |
| 11 | Betrug/Untreue zum Nachteil soz. | 5 607 | 5 645 | 6 341 | 6 747 | 6 546 |
| | Eigentums (§§ 159, 161, 161 a, 162) | 33 | 34 | 38 | 40 | 39 |
| 12 | Straftaten gegen die Volkswirtschaft | 709 | 677 | 741 | 717 | 601 |
| | (§§ 165 ff, einschl. Nebengesetze) | 4 | 4 | 4 | 4 | 4 |
| 13 | Diebstahl persönlichen und privaten | 29 332 | 28 902 | 29 012 | 29 230 | 30 153 |
| | Eigentums (§§ 177, 180, 181) | 169 | 173 | 174 | 175 | 181 |
| 14 | Betrug/Untreue zum Nachteil persönlichen Eigentums (§§ 178, 180, 181, 182) | 859 | 894 | 1 032 | 1 057 | 1 004 |
| | | 5 | 5 | 6 | 6 | 6 |
| 15 | Brandstiftung (§§ 185, 186) | 350 | 408 | 396 | 359 | 338 |
| | | 2 | 2 | 2 | 2 | 2 |
| 16 | Fahrlässige Verursachung eines Brandes | 452 | 570 | 555 | 534 | 479 |
| | (§ 188) | 3 | 3 | 3 | 3 | 3 |
| 17 | Verletzung der Bestimmungen des Gesundheits- und Arbeitsschutzes (§ 193) | 207 | 197 | 211 | 221 | 208 |
| | | 1 | 1 | 1 | 1 | 1 |
| 18 | Herbeiführung eines schweren Verkehrsunfalls (§ 196) | 3 763 | 3 637 | 3 807 | 3 458 | 3 220 |
| | | 22 | 22 | 23 | 21 | 19 |
| 19 | Verkehrsgefährdung durch Trunkenheit | 3 745 | 3 169 | 3 114 | 2 906 | 2 574 |
| | (§ 200) | 22 | 19 | 19 | 17 | 15 |
| 20 | Unbefugte Benutzung von Fahrzeugen | 5 728 | 5 349 | 5 774 | 5 270 | 4 786 |
| | (§ 200) | 34 | 32 | 35 | 32 | 29 |
| 21 | Unbefugter Waffen- und Sprengmittelbesitz (§ 206) | 388 | 393 | 425 | 361 | 337 |
| | | 2 | 2 | 3 | 2 | 2 |
| 22 | Widerstand gegen staatliche Maßnahmen | 1 277 | 1 299 | 1 378 | 1 208 | 1 098 |
| | (§§ 212, 216) | 8 | 8 | 8 | 7 | 7 |
| 23 | Rowdytum (§§ 215, 216) | 2 027 | 2 026 | 2 056 | 2 046 | 1 853 |
| | | 12 | 12 | 12 | 12 | 11 |
| 24 | Begünstigung und Hehlerei | 3 034 | 2 591 | 2 717 | 2 660 | 2 666 |
| | (§§ 233, 234) | 18 | 16 | 16 | 16 | 16 |
| 25 | Urkundenfälschung (§ 240) | 770 | 947 | 1 096 | 1 046 | 1 034 |
| | | 5 | 6 | 7 | 6 | 6 |

Straftaten nach ausgewählten Deliktgruppen (Statist. Jahrbuch der DDR 1986)

die, wie es in der entsprechenden Verordnung hieß, „leitenden Mitarbeiter der Verkaufseinrichtungen" selbst geahndet oder es entschieden über sie die sogenannten gesellschaftlichen Gerichte.

Die geringe Kriminalitätsbelastung erklärt sich aber auch aus dem humanistischen Anspruch der DDR, die Kriminalität schrittweise aus dem Leben der Gesellschaft zu verdrängen, der – wenn er auch letztlich eine Vision bleiben mußte – immerhin vielfältige, ehrliche Bemühungen hervorbrachte.

Schließlich wurden mit der Ablösung des seit 1871 in Deutschland gültigen Strafgesetzbuches durch das 1968 in Kraft getretene sozialistische Strafgesetzbuch der DDR andere, gemeinhin traditionell eigenständige Tatbestände, wie z. B. die Prostitution oder die Kindestötung, die nicht in das Bild der sozialistischen Menschengemeinschaft paßten, aus ideologischen Gründen kurzerhand dadurch kaschiert, daß man sie in anderen, unverfänglichen Tatbeständen wie asoziale Lebensweise oder Totschlag untergehen ließ. Systemtypische Delikte, die vorrangig den Schutz der Staatsordnung und der Wirtschaft betrafen, auf die die sozialistische Rechtsordnung besonders empfindlich reagierte, bereicherten hingegen das Strafgesetzbuch.

Der inoffizielle Grundsatz der SED-Führung „Erst politisch entscheiden, dann rechtlich würdigen" führte in den Rechtswissenschaften, aber auch in der Rechtspraxis, dazu, daß ihnen mitunter konstruierte Theorieinstrumentarien aufgezwungen wurden, um jeweils aktuelle Rechtspolitik der SED zu rechtfertigen und wissenschaftlich zu bestätigen.

Solange sich die Kriminalitätsanalyse auf die Beschreibung und Erklärung von Verbrechen im kapitalistischen Gesellschaftssystem beschränkte, wurden umfangreichen Veröffentlichungen keine Hindernisse in den Weg gelegt. Mehr oder weniger leidenschaftlich, meist aber selbstgefällig, wurde aus dem von Marx und Engels postulierten unauflöslichen Widerspruch zwischen gesellschaftlicher Arbeit und privater Aneignung abgeleitet, daß die Kriminalität dem Kapitalismus eigen ist und schließlich zu seinem Untergang beiträgt. Dem Sozialismus hingegen ist sie wesensfremd, besitzt keine Basis mehr und wird bald aus dem Leben der Gesellschaft verbannt sein.

Wenn der erste Teil dieser These auch zutreffen mag, so blieb der zweite Teil ein irreales Wunschdenken und verbaute schon

deshalb ernsthafte theoretische Auseinandersetzungen, weil die Frage nach den eigenen Widersprüchen im Sozialismus, z. B. wenn der Mensch als Miteigentümer des gesellschaftlichen Vermögens sich dennoch daran vergeht, letztlich unbeantwortet bleiben mußte.
Obwohl das phänomenologische Bild und die strafrechtlichen Tatbestände der sogenannten allgemeinen Kriminalität in der DDR und die meisten kriminologischen Ergebnisse mit denen der alten Bundesrepublik in vieler Hinsicht vergleichbar waren, blieben die Deutungsversuche über die Ursachen der Kriminalität im Sozialismus wegen der fehlerhaften Prämisse, daß der Mensch bald frei von Egoismus und Habgier sei und sich ausschließlich in der Arbeit und zum Wohle des Gemeinwesens verwirklicht, nur Worthülsen einer hilflosen politischen und ideologischen Argumentation.
So gab es keinen öffentlichen Platz für die wissenschaftliche Erörterung besonderer Wirkungsmechanismen krimineller Erscheinungsformen in der DDR, wenn man von den vollmundigen Schuldzuweisungen absieht, die alle Ursachen dem unerwünschten Kriminalitätsimport aus dem Kapitalismus anlasteten.

Die Kriminalistik indes, die sich mit der Untersuchungsmethodik konkreter Straftaten befaßt, und die um ihren eigenen wissenschaftlichen Gegenstand, insbesondere als Universitätsdisziplin bemüht war, behielt daher immer eine freundlich-kühle Distanz zur Kriminologie in der DDR. Und in der täglichen Wirklichkeit der Kriminalpolizei ließ sich aus den gespreizten kriminologischen Theorien ohnehin kaum ein praktischer Nutzen ziehen.
Der kriminalistische Untersuchungsalltag in der DDR unterschied sich in der Taktik, Methodik und Spurenkunde kaum von dem in der Bundesrepublik. Allerdings vollzog er sich unter anderen Rahmenbedingungen:
So war die Volkspolizei militärisch strukturiert. Zwar bestanden Kommissariate und Dezernate, doch in ihnen arbeiteten „Kommissare“ mit militärischen Dienstgraden. Die Volkspolizei zählte als wichtiger Bestandteil der Landesverteidigung zum System der sogenannten bewaffneten Organe.
Die Kriminalpolizei besaß als „Untersuchungsorgan“ strafprozeßrechtliche Kompetenzen, die sie von denen der übrigen

Polizei schärfer abgrenzten als in den alten Bundesländern. Auch ihre relativ gute personelle Situation wirkte sich positiv auf die Ermittlungsqualität aus. War ein Untersuchungsführer in der DDR mit der gleichzeitigen Bearbeitung von maximal dreißig Verfahren ausgelastet, so hatte sein westdeutscher Kollege bereits mehr als einhundert zu bewältigen.
Schließlich wurden bestimmte höhere Leitungspositionen in der Volkspolizei inoffiziell durch MfS-Offiziere (sogenannte OiBE, „Offiziere im besonderen Einsatz“) besetzt.
Unter diesen Bedingungen, die sich, wie in anderen Bereichen auch, schließlich durch einen mächtigen politisch-ideologischen Indoktrinationsapparat in Form der Politabteilungen ergänzen ließen, wurde die eigentliche kriminalistische Arbeit geleistet.
Was die schnelle und umfassende Aufklärung von Tötungsstraftaten in der DDR betraf, mangelte es gewiß nicht an der erforderlichen Sachkunde und Ernsthaftigkeit. Gut ausgebildete Morduntersuchungskommissionen (MUK) in jedem Bezirk, deren Leiter in der Regel über ein kriminalistisches Universitätsdiplom verfügten, ein vorbildliches Netz gerichtsärztlicher Versorgung, günstige gesetzliche Voraussetzungen für die ärztliche Leichenschau, aber auch für die Leichenöffnung, insbesondere die sogenannte Verwaltungssektion, und die Nutzung der naturwissenschaftlichen und technischen Erkenntnismöglichkeiten der Kriminalistik für die Untersuchung von Gewaltdelikten, sicherten der Justiz Aufklärungsquoten, die im internationalen Vergleich der DDR durchaus vorderste Plätze sicherten.

Der Mord zählte auch in der DDR zu den Delikten mit der höchsten Gesellschaftsgefährlichkeit und wurde in der Regel mit lebenslänglicher Freiheitsstrafe, bis in die siebziger Jahre nicht selten sogar mit dem Tode bestraft.
Seit der Herausbildung der forensischen Wissenschaften haben sich die Fachleute, auch in der DDR, ernsthaft darum bemüht, das Phänomen der Gewalt gegen die körperliche und sexuelle Integrität des Menschen zu untersuchen und vom scheinbar entwicklungsbedingt Tierischen in uns abzugrenzen.
Immer mehr sind wir heute genötigt, uns mit der Gewalt auseinanderzusetzen. Infolge seiner ethischen, moralischen und sozialen Entwicklung hat der Mensch gelernt, sein Gewaltpoten-

tial zu zügeln. Doch gibt es vielfältige Umstände, es freizusetzen. Dann brechen sich spezielle Mechanismen ihre Bahn, die den ursprünglichen Gedanken an Gewalt in die Realität der Tötung überführen. Es sind komplizierte psychische, soziale, medizinisch erklärbare, gefühlsmäßig faßbare, gerechtfertigte und ungerechtfertigte, aber auch für immer verborgene Faktoren. Sie vereinen sich mit der seit der jüngeren Steinzeit vorhandenen, unveränderten Triebausstattung des Menschen, bei dem sich im Unterschied zur Tierwelt zum Erhaltungstrieb Mordlust, Habgier und andere, den Tieren fremde, niedere Beweggründe zu gesellen scheinen.

Zwischen Täter und Opfer baut sich vielfach eine bizarre Realität auf, die selbst ein Fachmann meist nur unvollkommen zu erkennen und zu beurteilen vermag. Zu welchen Mitteln im Einzelfall auch gegriffen wird, welche Beweggründe und Anlässe ihm zugrunde liegen, immer stehen die Schicksale von Täter und Opfer gleichermaßen für die extremsten Varianten zwischenmenschlicher Konfliktlösung.

Oft tut sich ein scheinbar unentwirrbares Ursachengeflecht auf, dessen Hintergründe zerstörerische Umwelteinflüsse, zerrüttete Sozialbindungen, unbefriedigtes und ungesteuertes Trieberleben, aber auch zunehmende Verzweiflung und Angst sind und die der unheilvollen Aggression oft schon bei geringsten Anlässen zum Durchbruch verhelfen.

So handelt der Durchschnittstäter aus oftmals banaler Situation heraus plötzlich, im Affekt und enthemmt durch Alkohol oder andere Sucht- und Betäubungsmittel. Gekränkte Eitelkeit, Haß, Wut, Habgier, Egoismus und ungezügelter Sexualtrieb sind dabei die mobilisierenden Elemente. Das Opfer stammt dann meist aus dem näheren sozialen Umfeld. Dreiviertel aller Tötungsdelikte in der DDR – wie auch weltweit – lassen sich in dieses Schubfach legen.

Nur ein knappes Drittel der Täter hat die Tat mehr oder weniger langfristig vorbedacht, nicht wenige unter ihnen mit teuflischer Abgebrühtheit. Ihr ganzes Denken verläuft in einer einzigen Richtung: Die Tötung wird als ausschließliche Lösung erwogen.

Andere Täter kalkulieren den Tod des Opfers als mögliche Folge ein, etwa, wenn der Räuber das niedergeschlagene, bewußtlose Opfer ins Wasser stößt und es kaltblütig seinem Schicksal überläßt.

Nach dem Verbrechen fühlt sich jeder Täter alsbald in einer fatalen Schlinge, aus der er sich nicht mehr befreien kann. Die Tat läßt sich nicht ungeschehen machen, woraus neue, vorher nicht kalkulierbare Reaktionen erwachsen. Oft unternimmt er Rettungs- und Wiederbelebungsversuche, die Ausdruck eines nicht selten unbeschreiblichen Entsetzens über sich selbst sind. Manch einer unternimmt den Versuch, seinem eigenen Leben ebenfalls ein Ende zu setzen, oder aber er ist wie gelähmt, verbleibt am Tatort, bis die Polizei ihn festnimmt. Schuldgefühle und Bestürzung, häufiger aber die Angst vor gesellschaftlicher Sühne, veranlassen manche Täter auch, sich der Polizei zu stellen.

Mitunter setzen sich jedoch die destruktiven Kräfte im Täter fort. Die Furcht vor Entdeckung paart sich mit eiskalter Berechnung der Folgen. Daraus erwachsen neue Triebkräfte: Spuren werden beseitigt, falsche Fährten gelegt. Die Tat wird mehr oder minder geschickt verschleiert. Der Täter verschwindet im Hintergrund. Der Drang, die eigene Person zu schützen und nichts preiszugeben, kann die Untersuchungshaft überdauern. Eine Verurteilung erfolgt dann mitunter ohne Geständnis. Nicht selten wird bei der Bewertung der Beweismittel, die der Polizei zur Verfügung stehen, das erlahmte Verteidigungsverhalten erneuert und ein bereits abgelegtes Geständnis vor Gericht widerrufen.

Die drohende Todesstrafe, die in vielen Ländern immer noch als Höchststrafe ausgesprochen wird, zumindest die Erwartung einer langen Haftstrafe, erzeugen zuweilen erstaunliche Widerstandskräfte, die Polizei, Staatsanwaltschaft oder Gericht mit den im Strafprozeßrecht zugelassenen Mitteln oft nicht brechen können.

Im Grunde sind die meisten Täter lediglich bestrebt, nicht als Verdächtige in das Netz polizeilicher Ermittlungen zu geraten. Deshalb bemühen sie sich, die Tat gänzlich oder teilweise zu verschleiern. Je nach dem Grad ihrer Intelligenz, den zeitlichen und örtlichen Bedingungen, unter denen solche Verschleierungen stattfinden müssen, aber auch ihrer aktuellen psychischen Belastbarkeit erlangen solche Kaschierungen unterschiedliche Qualität. Sie reichen von einfachen ablenkenden Spurenveränderungen über die Vortäuschung eines tödlichen Unfalls, einer Selbsttötung oder gar eines natürlichen Todes bis zur restlosen Beseitigung des Opfers. Ihrem Ergebnis steht die moderne Kriminalistik mit dem entsprechenden taktischen und naturwissenschaftlich-technischen Potential gegenüber, die, wenn sie zum Einsatz kommt, mit bestechender Sicherheit in den spurenkundlichen Mikrokosmos der Tat vorzudringen vermag, der weit außerhalb dessen liegt, was ein Täter sich vorstellen kann. Gerade die letztgenannte Kategorie von Fällen stellte auch in der DDR die eigentliche Herausforderung für Kriminalisten und Gerichtsmediziner dar. Zusammen mit Partnern anderer forensischer Disziplinen waren sie, sehr oft erfolgreich, zuweilen auch mit in die Irre führender politischer und ideologischer Orientierung bemüht, die Opfer zu identifizieren, die Täter zu ermitteln und zu überführen sowie die facettenreichen Tatabläufe, Verhaltensweisen und Beweggründe auszuleuchten.

Das vorliegende Buch widmet sich authentischen Mordfällen, die sich in der DDR zugetragen haben.
Wenngleich die meisten von ihnen wegen ihrer phänomenologischen Grundstruktur überall in der Welt hätten begangen werden können, besitzen sie etwas Unverwechselbares: Sie widerspiegeln auf ihre eigene makabre Weise die DDR-Realität. Das betrifft die Tatentwicklung ebenso wie die mitunter hindernisreichen kriminalistischen Erkenntniswege von der ersten vagen Spur bis zum schlüssigen Beweis.
Natürlich ist hier nur eine kleine Auswahl von Fällen beschrieben. Und es stehen nicht die kausal geradlinig verlaufenden Affektstraftaten, die auch in der DDR den größten Anteil an den begangenen Gewaltverbrechen hatten, im Zentrum. Vielmehr sollen die besonderen Ausnahmezustände menschlichen Verhaltens bei der Tat, ihre Entstehungsbedingungen und die mitunter bizarren Praktiken ihrer Verschleierung unter Berücksichtigung der zeitgeschichtlichen und gesellschaftlichen Bedingungen vorgestellt werden.
Vor allzu großen Erwartungen an Raffinesse und Perfektion in der Tatdurchführung und ihrer Verdunklung kann der Autor nur warnen. Diese finden eher in den wirklichkeitsfremden Konstruktionen der Kriminalliteratur oder im Fernsehkrimi ihre Befriedigung. Die tatsächliche Praxis ist meist durch eine überraschende Primitivität gekennzeichnet. Dennoch kann auch der kriminalistische Erkenntnisprozeß voller Spannung sein, was im vorliegenden Buch hoffentlich bewiesen ist.
Den Schauder beim Blick in die Abgründe menschlichen

Verhaltens – das sei noch kurz bemerkt – sollte man zurückhalten. Ein Laie wird kaum die wahre Schuld bzw. Schuldfähigkeit eines Täters, die psychopathologischen Vorgänge, die sein Handeln bestimmen, seine Schuld mindern oder gar ausschließen, ermessen können. Er kennt oft auch nicht die Spitzfindigkeiten rechtlicher Bewertung oder die Zusammenhänge zu den sogenannten straflosen Nachtaten, wie die Beseitigung eines zuvor getöteten Opfers, die grausame Ausmaße annehmen können und die trotzdem auf die juristische Beurteilung nur geringen Einfluß haben.

Nicht alle Fragen können hier beantwortet werden. Auch war es nicht das Anliegen des Autors, eine kritische Analyse der Strafakten vorzunehmen oder eine Beurteilung der mitunter drakonischen Urteile zu treffen, über deren Angemessenheit man geteilter Meinung sein mag. Ebensowenig sind das schizoide System der Verteidigung in der Rechtspraxis der DDR und die sogenannten Justizirrtümer, von denen auch die sozialistische Rechtsprechung nicht freiblieb, Gegenstand des Buches.
Dem Autor liegt mit seinem Bemühen um Authentizität und Objektivität daran, einen Beitrag im Disput um einen Teilbereich der DDR-Wirklichkeit zu leisten und einen kleinen Einblick in die Tötungskriminalität Ostdeutschlands und ihre kriminalistische Aufklärungspraxis zu vermitteln. Jede verklärende Nostalgie liegt ihm fern.
Es werden Fälle aufgegriffen, über die bisher überhaupt nicht, sehr wenig oder aber aus vordergründig ideologisch-politischen Gründen berichtet wurde.

Die Notwendigkeit, persönliche Daten und die Intimsphäre der Täter, Opfer und Zeugen zu schützen, begründet, daß vor allem die Namen der Beteiligten und, wo es geraten erschien, auch die Handlungsorte verändert, bestimmte Handlungsabläufe gestrafft oder auf das kriminologisch Typische konzentriert wurden.
Die agierenden Kriminalisten, Gutachter und höheren Polizeioffiziere sind keine erfundenen Figuren, vereinen in sich mitunter jedoch mehrere Persönlichkeiten, die mit dem jeweiligen Fall zu tun hatten. Die für eine plastische Darstellung der Berichte notwendigen Dialoge sind zumeist rekonstruiert oder nachempfunden, bleiben aber stets sach- und persönlichkeits-

bezogen und dienen der Charakterisierung der jeweilig beschriebenen Situation. Die Authentizität der Geschehnisse ist dadurch keineswegs beeinträchtigt und teilweise durch die beigefügten Dokumente belegt.
Im Anhang finden sich Erläuterungen zu den wichtigen Fachbegriffen und Abkürzungen. Die Angaben der Aktenzeichen soll dem beruflich Interessierten den Zugang zum Originalmaterial erleichtern.

# Angst geht irre Wege

*(Aktenzeichen I B 22/64 Bezirksstaatsanwalt Magdeburg)*

Die heutige Bundesstraße 1 schlängelte sich einst als Reichsstraße 1 von Deutschlands Westgrenze nordwärts bis zum ostpreußischen Königsberg.

Der „Eiserne Gustav“, ein Berliner Kutscher mit bürgerlichem Namen Gustav Hartmann, benutzte sie im Jahre 1928, damals achtundsechzigjährig, für seine legendäre Kutschfahrt nach Paris – ein, wenn auch erfolgloses, so doch originelles Aufbegehren gegen den unvermeidlichen Sieg des Automobils über die gute alte Pferdedroschke.

Für die DDR begann die Straße bei Marienborn an einem gewaltigen Schild aus Eisen und Beton mit mannshohem Staatswappen und der Aufschrift „Wir begrüßen Sie in der Deutschen Demokratischen Republik“, was den meisten von Helmstedt aus einreisenden „BRD-Bürgern“, wie die heutigen Wessis im Offizialjargon hießen, für den Rest ihrer Fahrt durch das Land der machthabenden Arbeiterklasse die Disziplin gezähmter Klosterschüler aufzwang. Von hier an war sie eine Fernverkehrsstraße, kurz die F 1. Als solche endete sie bei Kietz, einem stillen Dörfchen im Oderbruch, nahe der Grenze zu Polen.

Im nördlichen Sachsen-Anhalt führte die Straße durch Burg. Diese Kreisstadt verdient als Geburtsort des preußischen Militärtheoretikers Carl von Clausewitz durchaus Erwähnung, auch wenn sie als zentrale Produktionsstätte des begehrten Burger-Knäckebrots für die DDR-Realisten weitaus handfestere Bedeutung besaß.

Einige Kilometer hinter Burg zweigen von der B1 mehrere Landstraßen ab, die die Ortschaften Ziegelsdorf, Stresow, Grabow und Theeßen verbinden. Dort begann die Abgeschiedenheit ländlicher Idylle.

Anfang Juni 1964 jedoch schreckte die Bewohner dieser Gegend ein ungewöhnliches Ereignis aus ihrem täglichen Einerlei auf. Die LPG-Scheune in Grabow brannte lichterloh.

Das Aufgebot an Einsatzkräften aus dem VPKA Burg und der Kreisdienststelle des MfS war beeindruckend. Das hatte seinen Grund. Der Brandursachenermittler der Feuerwehr hegte den Verdacht einer vorsätzlichen Brandstiftung. So etwas rüttelte an den Grundfesten der Arbeiter- und Bauernmacht. Hier war zweifellos ein Feind tätig geworden, ein Saboteur des friedlichen Aufbaus der sozialistischen Landwirtschaft.
Vor wenigen Jahren hatte die Kollektivierung ihren Abschluß gefunden. Die meisten Bauern hatten sich teils aus Einsicht, teils aus Gehorsam, vielfach aber auch nach massiver, ja sogar handgreiflicher Überzeugungsarbeit in die Landwirtschaftlichen Produktionsgenossenschaften gefügt. Doch viele hatten ihren Hof bereits vor dem Bau der Mauer bei Nacht und Nebel verlassen, um weiter westlich ihr Glück zu versuchen. Das galt als Republikflucht – und als Verbrechen –, insbesondere dann, wenn sich der dem gesellschaftlichen Fortschritt Entziehende aus Zorn und Trotz den Flammen überließ, was mitzunehmen ihm verwehrt blieb. Die Sicherheitsorgane besaßen mit solchem Tun reiche Erfahrungen.
In Grabow schienen die Wahrung der Klasseninteressen und die Grundsätze der revolutionären Wachsamkeit ein solches Aufgebot zu rechtfertigen.
Man ging davon aus, daß der Täter mit den örtlichen Gegebenheiten bestens vertraut war und deshalb den Dorfbewohnern kein Unbekannter sein konnte.
Und so brodelte es denn in der Gerüchteküche. Ausgesprochene und unausgesprochene Verdächtigungen machten die Runde, und die phantastischsten Versionen wurden in der Ortsparteileitung, im Gemeinderat und natürlich im „Dorfkrug“ ersonnen.
Allein, kein Verdacht vermochte sich verdichten, und sowohl die bevorstehenden großen Schulferien als auch die Vorbereitungen auf die täglichen Mühen der Erntezeit wären Anlaß genug gewesen, daß sich die aufgebrachten Gemüter allmählich wieder anderen Dingen zuwendeten, wenn nicht ein viel größeres Unheil seinen Lauf genommen hätte.

Es begann am 25. Juni 1964 in der Polytechnischen Oberschule in Theeßen. Lehrer Winfried Fanselow, 49, nutzte die letzte Stunde in seiner 10 b, um einigen seiner Schüler Besuche bei deren Eltern anzukündigen.
„Es geht um die Berufsausbildung und um ein paar Dinge, die mit dem Schulabschluß zusammenhängen. Also: Stötzel, Was-

dow und Pandelitz, ihr informiert bitte eure Eltern, daß ich heute im Laufe des Nachmittags mal auftauche."

Wasdow vermutete, daß es um Werbung als Soldat auf Zeit ging, die ihm eine Lehrstelle als Feinmechaniker sicherte. Beim Verlassen des Schulgebäudes wandte er sich fragend an Pandelitz, dem der Anlaß des Elternbesuches ebenfalls sonnenklar schien: „Der Fanselow will meinen Alten überzeugen, daß ich auf der LPG als Melker anfange. Da können die aber machen, was sie wollen. Nach der Fahne hau ich sowieso ab aus meinem Kaff."

Stötzel indes zuckte auf die Frage, warum der Lehrer auch zu seinen Eltern nach Grabow kommen wollte, gespielt gleichgültig mit den Schultern: „Keine Ahnung. Soll er doch, wenn's ihm Spaß macht."

Die Sechzehnjährigen schwangen sich auf ihre Fahrräder, verabschiedeten sich und radelten in verschiedene Richtungen heimwärts in ihre Dörfer.

In Manfred Stötzel wuchs die Beklemmung. Sein Kopf dröhnte, während er in die Pedale trat. Ein schlechtes Gewissen plagte ihn seit geraumer Zeit. Und das mit Recht. Jetzt schien das Verhängnis unabwendbar. Denn er war es, der Anfang des Monats die Scheune in Brand gesteckt hatte. Doch noch verdächtigte ihn niemand, und beim Löschen hatte er besonderen Eifer an den Tag gelegt. In diesem Punkt fühlte er sich einigermaßen sicher. Als schlimmer hatte er Lehrer Fanselows Standpauke vor einer Woche empfunden. Er war in letzter Zeit mehrmals der Schule unentschuldigt ferngeblieben, hatte also geschwänzt. Die Schule machte ihn fertig. Vor allem dienstags und mittwochs, wenn der Unterricht bis in die frühen Nachmittagsstunden andauerte, fühlte er sich hundeelend, hatte Kopfschmerzen und war für den Rest des Tages über alle Maßen gereizt. Wenn es ganz schlimm war, zitterten seine Hände, und ihm wurde so schlecht, daß er sich übergeben mußte. Anstatt dem Unterricht zu folgen, streifte er deshalb viel lieber durch die Wälder und dachte sich Geschichten aus. Gern würde er Elektriker werden. Nun rechnete er damit, keine Lehrstelle zu erhalten, zumal seine schulischen Leistungen über das Mittelmaß nicht hinausreichten. Er befürchtete, seine Eltern würden stinksauer reagieren und ihn – nicht zum ersten Mal – verdreschen.

Er hatte schon als kleiner Junge öfter Schläge bezogen, vor al-

Die von M. St. durch fahrlässige Brandstiftung zerstörte Scheune von Grabow.

lem, weil er sich mit anderen Kindern schwer vertrug, immer bestimmen wollte und sofort aggressiv wurde, wenn ihm etwas nicht paßte. Später hatte er deshalb lieber allein gespielt. So blieben auch seine Beziehungen zu seinem jüngeren Bruder eher blaß. Jetzt war er ein ausgesprochener Einzelgänger, ohne echte Freundschaften.

Seine Eltern, unermüdliche Landwirte und fest verhaftet mit ihrem Grund und Boden, gehörten noch zu den wenigen nicht kollektivierten Einzelbauern der Gegend. Tag und Nacht waren sie für ein einigermaßen gutes Auskommen auf den Beinen. Der Vater war ein stiller, fleißiger, im Grunde anspruchsloser Mann, der abends sein Bier trank und, sobald er den Fernseher eingeschaltet hatte, im Sessel einschlief. Daß die Mutter im Hause das Sagen hatte, nahm er widerspruchslos hin. Er empfand es eher als entlastend.

Stötzel fürchtete sich nur vor einem: Wenn es herauskäme, das Schuleschwänzen, oder gar das Feuerlegen an der Scheune, dann würde er von der Mutter eine tüchtige Tracht Prügel beziehen. Mindestens. Dabei war er fast einen Kopf größer als seine Mutter. Was konnte er tun? Nur eins beschäftigte ihn: Wie konnte er es anstellen, daß Lehrer Fanselow nicht in Grabow bei seinen Eltern erschien? Vielleicht konnte man ihn davon abhalten, ihn überreden. Bloß wie? Alles Grübeln half ihm nicht

weiter. Als er das elterliche Gehöft erreichte, hatte er noch keinen Ausweg gefunden. Wie einen Abgrund empfand er, was vor ihm lag. Er mußte den Sturz abwenden, durfte nicht länger zögern. Stötzel stellte sich den möglichen Zeitplan seines Lehrers vor. Der mußte so gegen sechs Uhr abends im benachbarten Stresow bei den Eltern von Pandelitz sein.
Beim Mittagessen erinnerte der Vater daran, daß er den ganzen Nachmittag auf dem Rübenacker beschäftigt sein würde. Die Mutter indes plante, nach Burg zu fahren. Im Dorf hatte man erzählt, daß es dort Kinderbadewannen aus Plaste geben würde – eine Rarität des sozialistischen Einzelhandels.
„Das wäre das richtige Geschenk für Lisbeths Tochter zur Entbindung.“ Sie freute sich über die Idee, als der Junge, dessen Schweigsamkeit auffällig war, herauspreßte: „Fanselow kommt heute Abend. Elternbesuch.“
„Heute?“ fragte die Mutter unwillig. „Kann er nicht früher Bescheid sagen? Oder weißt du das schon länger?“
„Nein, er hat's heute gesagt, es geht um den Schulabschluß oder so was.“
„Das paßt mir aber gar nicht. Kommt selten genug, und dann grade, wenn ich was vorhabe.“
Doch schon ist die Mutter beschwichtigt. „Ist nicht so schlimm, dann fahre ich ein anderes Mal nach Burg“, reagierte sie überraschend. „Du bist mir schon wichtiger als die Wanne. Die kriege ich auch noch ein andermal.“
Der Vater war vom Tisch aufgestanden: „Manne, kommst du mit raus in die Rüben?“
„Nee, geht nicht, wir haben noch von der FDJ was – in Theeßen“, log Stötzel.
Hinter seinen Schläfen hämmerte es schmerzhaft, so sehr beschäftigte ihn die nahende Bedrohung. Während sein Bruder der Mutter beim Abwasch half, zog er sich nachdenklich zurück. Der Schuppen war der einzige Ort, an dem er sich allein und sicher fühlte. Dort stand sein Fahrrad, an dem er gern herumbastelte, dort befand sich allerlei Werkzeug, dorthin hatte er Omas alten Volksempfänger gerettet, der immer noch funktionierte. Über eine Stunde verging, bis er den Schuppen verließ. Zwar hatte er noch keinen Plan, aber eins stand fest: Fanselow darf nicht nach Grabow kommen!
Ich werde ihm sagen, meine Mutter ist nach Burg gefahren, und Vater ist auf dem Rübenacker, keiner hat Zeit! Fanselow müß-

te dann sagen: Gut, verschieben wir den Besuch! Und wenn er das nicht tut? – Die Gedanken schossen durch seinen Kopf, wäh-rend er seinen Pflichten nachging. Er fütterte die Hühner, stampfte in der Futterküche Kartoffeln für die Schweine, wie es seine Aufgabe war.

Dann kehrte Manfred Stötzel in den Schuppen zurück. Beim Anblick der Werkzeuge nahm die Lösung Gestalt an: Ich werde ihn irgendwie verwunden, dann muß er zum Arzt und kann nicht zu uns kommen. Nur ein bißchen stechen, irgendwie ritzen oder stechen. Nur verletzen. Es darf nicht schlimm sein, aber er muß gleich zum Arzt! Nein, sterben darf er nicht. Das war's. Endlich wurde er ruhig, merkwürdig ruhig. Seine Blicke tasteten über die Werkzeuge. Damit geht's! Er griff nach einem spitzen, kantigen Gegenstand, einer Reibahle mit etwa handlanger Klinge, betrachtete sie wie abwesend.

Dann setzte er sich an das verstaubte Radio und suchte ... den Freiheitssender 904.

Es war einer der Tarnsender der DDR-Ideologen, der als Waffe im kalten Krieg eingesetzt wurde. Mit seinen Schlagern sollte er vor allem die westdeutsche Jugend auf sich aufmerksam machen. Die DDR-Jugend indes weigerte sich zu akzeptieren, daß ihnen verboten sein sollte, diesen Sender zu hören. Seine Sendeantennen verbargen sich in einem polizeilich geschützten Wald bei Reesen, in der Nähe von Burg. Von dort aus begann er am 18. August 1956, einen Tag nach dem KPD-Verbot in der Bundesrepublik, zu senden.

Doch das alles wußte Stötzel nicht. Es interessierte ihn einfach nicht. Viel wichtiger war etwas anderes: Hier kam Musik nach seinem Geschmack – die besten Hits aus dem Westen, die man auf heimischen Radiofrequenzen vergeblich suchte. Nur hin und wieder wurden die heißen Rhythmen für kurze Augenblicke unterbrochen. Dann hauchte eine zarte Frauenstimme geheimnisvolle Sätze in den Äther, wie „Achtung, Bäckermeister! Der Teig wird sauer." Kein Mensch verstand das. Doch es erweckte den Eindruck, daß die kommunistischen Untergrundkämpfer Westdeutschlands auf diesem Wege wichtige Nachrichten erhielten. Solche Unterbrechungen waren lästig, doch wurden sie in Kauf genommen, um Drafi Deutscher, Siw Malmquist, die Rolling Stones oder die Tornados in die ostdeutschen Stuben zu holen.

Bis zum späten Nachmittag saß er so da, die Reibahle in den Händen.
Dann verstaute er sie in seiner Gesäßtasche, nahm sein Fahrrad und verließ endgültig den Schuppen. Er war ohne Hast und Anspannung, sah noch nach der Mutter im Gemüsegarten hinter dem Haus, ohne sie anzusprechen, und radelte gemächlich nach Stresow.
Sein Ziel war das Gehöft der Familie Pandelitz. Wie erwartet, entdeckte er das sorgfältig abgestellte Motorrad seines Lehrers auf dem Hof. Sein Schulkamerad war nicht zu sehen, aber dessen jüngere Geschwister, die dort spielten, kamen Stötzel eilig entgegen, um ihm das Geheimnis anzuvertrauen: „Euer Klassenlehrer ist da!"
„Ich weiß", antwortete Stötzel sicher. Eins der Kinder lief ins Haus, und bald darauf kam Frau Pandelitz heraus und fragte Stötzel, was er wolle.
„Herr Fanselow wollte auch zu uns kommen, aber meine Mutter fährt heute noch nach Burg, und mein Vater ist in den Rüben, bis spät. Ich will nur fragen, ob er gleich kommen könnte, weil meine Mutter noch da ist." Stötzel sprach es ohne Hemmungen.
„Wir sind sowieso fertig, ich sage ihm Bescheid. Fahr zu deiner Mutter und sag ihr, er kommt gleich", entgegnete Frau Pandelitz und kehrte ins Haus zurück.
Stötzel schwang sich auf sein Fahrrad und radelte betont langsam zurück zur Grabower Landstraße.
Es war ein milder, sonniger Frühsommertag. Der Wald, durch den der Weg nach Grabow führte, war schattig und kühl. Um Zeit zu schinden, beschrieb Stötzel riesige Achten um scheinbare Hindernisse. Seine Hände waren kalt wie immer, wenn er erregt war. Er mochte eine Weile so gefahren sein, da endlich vernahm er hinter sich das ferne Knattern eines nahenden Motorrads.
Fanselow! – Das muß er sein. Schlagartig wich das Blut aus dem Gesicht des Jungen. Mit gewaltiger innerer Anspannung versuchte er der jähen Kraftlosigkeit Herr zu werden. Er zitterte wie Espenlaub. Doch schließlich gewann er seine Konzentration wieder, und bemühte sich, unauffällig weiterzufahren, jetzt geradeaus. Nur wenige Augenblicke später war das Motorrad heran und verlangsamte das Tempo. Die abgewetzte Aktentasche hing dem Lehrer an einem Riemen über der Schulter. Fanselow paßte sich der Geschwindigkeit an und begann gleich

das Gespräch: „Du kannst dir ja denken, was ich mit deinen Eltern besprechen muß.“
„Meine Mutter schlägt mich zusammen“, preßte der Junge hervor.
„Wird wohl nicht so schlimm werden, Stötzel. Schuleschwänzen ist doch kein Verbrechen.“ Und nach einer kurzen Pause: „Oder hast du noch mehr auf dem Kerbholz?“
Die Frage verwirrte Manfred Stötzel. Ahnte der Fanselow etwas wegen der Scheune? Der blieb die Antwort schuldig. Eine unheimliche Macht schnürte Stötzel das Herz zusammen, so daß er nur an das eine dachte: Jetzt muß es passieren!
In stiller, irgendwie makabrer Eintracht fuhren der Rad- und der Motorradfahrer nebeneinander her. Der Junge aber nahm die Geräusche der Umgebung nicht mehr wahr, das Motorrad des Lehrers glitt lautlos wie ein Phantom neben ihm her. Er verlangsamte sein Tempo. Der ahnungslose Fanselow fuhr nun eine Nasenlänge vor ihm. Stötzel fixierte den Rücken seines Lehrers und dachte: „In die linke Seite muß ich stechen!“ Kein Gedanke mehr an ein bloßes Ritzen.
Fanselow spürte die peinliche Situation und versuchte sie mit Worten zu überspielen: „... wenn du eine Abreibung kriegst, die kannst du doch wohl verkraften.“
Das war der Moment. Stötzel zog die Reibahle aus der Hosentasche, fuhr dichter an den Mann heran und rammte sie mit voller Wucht in dessen Rücken. Der Stoß ließ ihn schwanken, und beinahe wäre er vom Rad gestürzt. Der Lehrer fuhr noch einige Meter, ehe ein Schlagloch das Motorrad zum Kippen brachte.
Fanselow lag bäuchlings im Sand. Er versuchte sich aufzustützen und stöhnte: „Stötzel, warum?“
Aus dem Tank des Motorrads lief inzwischen Benzin. Die Räder trudelten allmählich aus. Immer wieder wollte sich Fanselow aufrichten, aber Stötzel war bereits bei ihm und stach abermals in den Rücken seines Lehrers, den die Kräfte verließen. Er stöhnte. Mit weit aufgerissenen Augen drehte er den Kopf zur Seite und starrte auf den Angreifer. Immer wieder stieß er hervor: „Stötzel, warum, Stötzel!“
Der Junge war über die Wirkung seiner Attacke erschrocken, Angst schüttelte ihn. Gleichzeitig überkam ihn eine unbeschreibliche Wut über die Fassungslosigkeit des Lehrers, der doch hätte wissen müssen, wie sehr er gelitten hatte. Die Wut

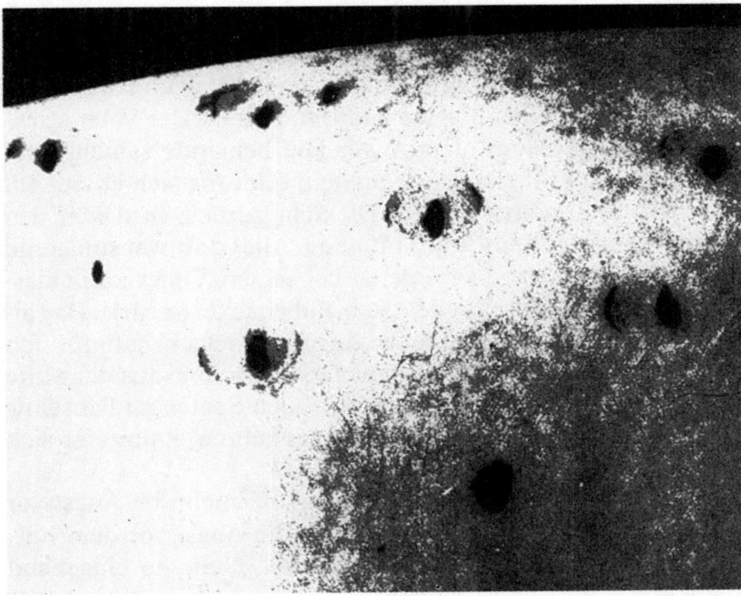

Rückenpartie des getöteten Lehrers W. F. mit den durch die Ahle verursachten tiefen Einstichen.

machte ihn so benommen, daß er sich später nur noch bruchstückhaft daran erinnern kann, wie er das Tatwerkzeug wieder einsteckte und einen großen Feldstein nahm, um seinem Lehrer den Kopf zu zertrümmern. Erst als er kein Lebenszeichen mehr wahrnahm, ließ er von seinem Opfer ab.

Es war still geworden auf der Landstraße nach Grabow. Stötzel betrachtete seine Hände und die Kleidung. Sie waren fast sauber. Das Hemd des Lehrers dagegen sog sich mit Blut voll. Aus den Wunden sickerte es rot in den Sand.

Urplötzlich ließ seine innere Starre nach. Ein neuer Gedanke ergriff von dem Jungen Besitz: Fanselow muß verschwinden! Also packte er seinen Lehrer an den Füßen und schleifte ihn weit ins dichte Unterholz des Waldes. Abseits jedes zufälligen Blicks ließ er den Körper im Dickicht liegen.

Wieder auf der Landstraße, fand er die Aktentasche, die er weit in den Wald schleuderte, ehe er das Motorrad aufrichtete, um es sorgfältig hinter einer dichten Gebüschgruppe zu verstecken. Mit einem Zweig fegte er den Sand über die kleinen Blutlachen und verwischte sie bis zur Unkenntlichkeit.

Jetzt hatte sich der Schüler beruhigt. Ohne Emotionen bestieg

er sein Fahrrad und radelte zum Rübenacker seines Vaters, der hinter dem Wald, kurz vor Grabow lag.
Er wußte, wo der Vater gewöhnlich sein Fahrrad und die Geräte am Rande des Feldes ablegte. Dorthin fuhr er. Der Vater arbeitete weit draußen auf dem Acker und bemerkte seinen Sohn nicht. Stötzel griff sich einen Spaten, schwang sich erneut auf sein Rad und kehrte zu dem Dickicht zurück, in das er den Körper seines Lehrers geschafft hatte. Alles dort war ruhig und schien unverändert. Den Spaten bei seinem Opfer zurücklassend, kehrte er unverzüglich zum Rübenacker zurück. Das alles nahm nur wenige Minuten in Anspruch. Jetzt benahm er sich so auffällig, daß der Vater ihn bemerkte und ihm aus der Mitte des Ackers zuwinkte. Warum Stötzel den Spaten zu Fanselow brachte, um dann gleich wieder umzukehren, konnte er sich selbst nicht beantworten.
Jäh hatte ihn die Angst wieder eingeholt, nicht die Angst vor seinem Tun, vor sich selbst, sondern die Angst vor dem Entdecktwerden, wie beim Scheunenbrand. Nein, so eingehend hatte er das alles nicht geplant.
Bloß nichts anmerken lassen, so tun, als sei nichts geschehen! Stötzel griff sich eine Hacke und stapfte über die Furchen hinweg auf seinen Vater zu, sorgsam darauf achtend, daß er die jungen Rübenpflanzen nicht niedertrat.
„Ich habe nicht viel Zeit, muß noch nach Stresow“, sagte er anstelle einer Begrüßung.
„Mach, solange du kannst“, kam es kurz zurück.
Mit schnellen, geübten Bewegungen lockerten die beiden Männer den verkrusteten Ackerboden rings um die Pflänzchen. Bei dieser Arbeit sprach man nicht, sondern hing seinen Gedanken nach. Das Knirschen der Hacken auf der ausgetrockneten, aufstaubenden Erde war das einzige Geräusch. Nach gut einer halben Stunde meinte Stötzel, seiner Pflicht nachgekommen zu sein, und überließ, still und wortkarg wie sonst auch, die endlosen Rübenreihen der Ausdauer des Vaters.
Je weiter er sich vom Vater entfernte, um so stärker plagte ihn der Gedanke an den leblosen Fanselow im Wald. Da war auch wieder die Angst, die kalte Angst, und eine Frage bohrte sich in sein Hirn: Hat ihn schon jemand gefunden?
Aber die Landstraße lag ruhig. Das Knacken der Pedale seines Fahrrads und das Schlagen der Kette an den blechernen Schutz blieben das einzige Geräusch, das der Wald schnell schluckte.

Doch ihm kam es laut vor, er meinte sogar, ein Echo zu hören. Bei dem Versteck angekommen, hatte er das Gefühl, als liege Fanselows Körper nicht mehr so, wie er ihn verlassen hatte. Das Herz schlug ihm bis zum Halse. Er beugte sich über ihn, und panischer Schrecken packte den Schüler, als er das leise, kaum hörbare gurgelnde Atemgeräusch vernahm, das Fanselows zertrümmerter Körper noch von sich gab. Hastig zog er die Reibahle hervor und stach blindlings auf den Sterbenden ein. Neunzehn Stiche zählte man später. Der Lehrer war tot.
Jetzt mußte die Leiche verschwinden. Da lag auch noch der Spaten, mit dem er neben dem Toten eine Grube aushob, tief und breit genug, um den leblosen Körper ohne Anstrengungen hineinzurollen. Sodann schüttete er das Grab zu, trat die Oberfläche fest und glich die Stelle mit Laub und Zweigen der Umgebung an.
Er hatte sich wieder in der Gewalt, hatte seine eiskalte Teilnahmslosigkeit wiedererlangt, ja, er fühlte sogar eine gewisse Zufriedenheit über das Werk seiner Spurenbeseitigung. Schließlich fiel ihm noch die weggeworfene Aktentasche seines Lehrers ein. Er fand sie bald und vergrub sie zwei Spatenstiche tief, ohne einen Gedanken an ihren Inhalt zu verschwenden.
Wieder auf dem Weg nach Grabow, kam ihm das Motorrad in den Sinn, das er eigentlich auch hätte eingraben sollen. Doch seine Energie war aufgebraucht. Jetzt konnte er nicht mehr. Nur die Ahle, von ihr mußte er sich noch trennen, und beim Fahren schleuderte er das unheimliche Werkzeug in weitem Bogen in ein Roggenfeld. Daheim säuberte er sofort den Spaten und stellte ihn zu dem anderen Gerät.
Wenig später saß die Familie am Abendbrottisch. Er hatte sich wieder so weit gefaßt, daß er eine Riesenportion Bratkartoffeln und Spiegeleier mit großem Appetit verdrücken konnte. Gleichgültigkeit stieg in ihm auf.
Am nächsten Morgen war die Hölle los. Die Frau des Lehrers hatte nach schlaflosen Stunden und dunklen Ahnungen, daß ihrem Mann etwas zugestoßen sein könnte, in aller Frühe beim ABV eine Vermißtenanzeige aufgegeben. Sie wußte, daß er am Vorabend gegen 18 Uhr das Gehöft der Familie Pandelitz in Stresow verlassen hatte, um in Grabow einen weiteren Elternbesuch abzustatten. Doch Frau Stötzel beteuerte, vergeblich auf den Klassenlehrer ihres Ältesten gewartet zu haben. Der ABV tat sofort das Naheliegende. Auf seine Bitte hin erklärte sich der

Revierförster bereit, mit einer Gruppe von Schülern den Weg von Stresow nach Grabow abzusuchen. Unter den Freiwilligen der Suchaktion befand sich auch Stötzel. Noch am Morgen wurde der Wald zwischen den beiden Dörfern in einer Breite von etwa hundert Metern links und rechts der Landstraße durchgekämmt. Nur eine knappe Stunde dauerte es, bis der Revierförster das Motorrad des Lehrers fand. Wenn bis dahin die meisten Beteiligten nicht im geringsten an ein Verbrechen gedacht hatten, zweifelte mit der Entdeckung des Motorrads niemand mehr daran, daß dem Lehrer etwas Ungeheuerliches zugestoßen sein mußte.

Nun brauchte es nur noch wenige Minuten, bis der Förster hinter einem Gebüsch auf frisches Erdreich stieß. Hier mußte gegraben worden sein. Die Erregung der Schüler war auf dem Höhepunkt, doch der ABV ließ die Suche abbrechen. Seine Kompetenz endete hier. Für ihn war ein untrüglicher Verbrechensverdacht entstanden. Seine Meldung an den Kriminaldauerdienst des VPKA Burg führte dazu, daß die Morduntersuchungskommission aus Magdeburg, der Bezirkshauptstadt, angefordert wurde. Wenig später trafen die Spezialisten ein: Drei Mitarbeiter der MUK gemeinsam mit ihrem Chef, zwei Kriminaltechniker, eine Gerichtsärztin und ein Fährtenhundeführer mit „Rex", einem stattlichen Schäferhundrüden.

Mit großer Vorsicht wurde die vermeintliche Grabstelle freigelegt und der Leichnam des Lehrers Fanselow geborgen. Da die Tatzeit noch nicht weit zurücklag, ließ sich die Leiche sicher identifizieren, und auch die junge Magdeburger Gerichtsärztin konnte noch am Tatort ihre erste Diagnose treffen: Tod durch innere Verblutung infolge scharfer Gewalteinwirkung.

Die Frage nach der vorsätzlichen Herbeiführung der Verletzungen ließ sich anhand der überzeugenden Befunde an der Leiche rasch bejahen: Die Stiche wurden wahllos ausgeführt, teilweise durch das Hemd des Lehrers hindurch, sie trafen im wesentlichen die Rückenpartie, die Blutablaufspuren belegten eindeutig, daß die meisten Stiche gegen das bäuchlings liegende Opfer geführt worden waren.

Diensthund „Rex" leistete indes eine zuverlässige Sucharbeit. Angesetzt am Fundort der Leiche, verfolgte er die Spur nicht allein bis zur Stelle, an der die Aktentasche vergraben war, sondern verwies sogar in dem an den Wald grenzenden Roggenfeld auf das blutbehaftete Tatwerkzeug.

Die weiteren Ermittlungen bedeuteten für die MUK reine Routine. In der Aktentasche des Lehrers fand man drei Schülerakten, eine trug den Namen „Manfred Stötzel". Stötzels Angaben zu seinem Alibi für die fragliche Zeit waren voller

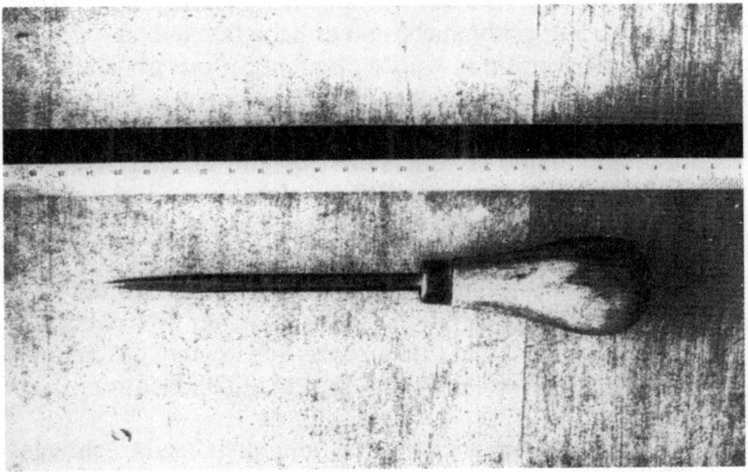

Tatwerkzeug, das M. St. zur Tötung seines Klassenlehrers verwendete.

Ungereimtheiten. Ausreichende Fingerabdruckspuren am Motorrad, an der Tasche und am Tatwerkzeug sorgten ebenso für eine schnelle Begründung seiner Täterschaft wie die an seiner Hosentasche nachgewiesenen Blutspuren mit Fanselows Blutgruppe.
Noch am selben Tag wurde das Ermittlungsverfahren gegen Manfred Stötzel eingeleitet, und er wurde verhaftet.
In den ersten Stunden seiner Vernehmung stellte Stötzel ein naives, leicht durchschaubares Verteidigungsverhalten zur Schau. Darauf folgte eine kurze Pause der Verstocktheit, in der er sich zu einem Gespräch überhaupt nicht bereit zeigte. In den späten Abendstunden schließlich brach er sein Schweigen und begann zunächst zu schildern, wie er den Brand an der Grabower Scheune gelegt hatte. Keineswegs hätten ihn staatsfeindliche Motive bewogen. Er habe erst ein kleines Feuer machen wollen, doch konnte er die Flammen nicht mehr bändigen. Als ihm das bewußt wurde, habe er das Weite gesucht. Bei den Löscharbeiten sei er dann besonders aktiv gewesen, wofür er von den Feuerwehrleuten lobende Worte erntete.

Dann gestand er, den Lehrer getötet zu haben. Eigentlich habe er Fanselow ganz gut leiden können, aber sein bevorstehender Elternbesuch habe ihn so verrückt gemacht, daß er keinen anderen Ausweg gesehen habe. Erst wollte er ihn nur stechen, damit der Lehrer zum Arzt hätte gehen müssen, doch dann sei der Jähzorn über ihn gekommen, und er habe ihn getötet.
Im Ermittlungsverfahren wurde Manfred Stötzel psychiatrisch begutachtet. Mehrere Wochen stand er unter fachärztlicher Beobachtung. Die zahlreichen klinischen Untersuchungen und Explorationen nahm er widerstandslos hin. Er blieb wortkarg und in sich gekehrt, wenngleich er sich an manchen Tagen freundlich und aufgeschlossen, ja zuweilen sogar läppisch albern zeigte.
Das Ergebnis der psychiatrischen Untersuchung beeinflußte den weiteren Verlauf des Verfahrens: Der Gutachter wies nach, daß Manfred Stötzel an einer organischen Schädigung des Stammhirns litt – Folge einer frühen Enzephalitis (Gehirnentzündung).
Diese Schädigung und eine die Persönlichkeit beeinträchtigende auffällige hormonelle Störung, die in der Fachsprache als endokrines Psychosyndrom bezeichnet wird, veranlaßten das Gericht nach § 42 des DDR-Strafgesetzbuches, wegen verminderter Zurechnungsfähigkeit die Unterbringung Stötzels in einer Heil- und Pflegeanstalt anzuordnen.

## Die Antennen-Connection

*(Aktenzeichen I BS 46/64 Bezirksstaatsanwalt Erfurt)*

Anfang der sechziger Jahre mußte der brave DDR-Bürger für einen Fernsehapparat der einheimischen Marken „Staßfurt" oder „Rafena", deren Qualität gegenüber den aus dem sowjetischen Bruderland importierten Geräten unbestritten besser war, um die zweitausend Mark auf den Ladentisch legen, ganz zu schweigen von der Summe, die unterm Ladentisch dem Verkäufer zugeschoben wurde. Das war immerhin ein Betrag, der nahezu zwei Monatsverdiensten eines Arztes in einem großstädtischen Krankenhaus entsprach.

Rentner besaßen allerdings das Privileg, für den Erwerb eines solchen Objekts der Begierde einen großzügigen zinslosen Kredit in Anspruch nehmen zu können. Und nicht einmal eine Anzahlung war notwendig. So wurde manche Oma von ihrer Verwandtschaft gehätschelt und sanft gedrängt, der Familie das ersehnte Utensil zu ermöglichen.

Unmittelbar nachdem am 1. April 1963 das Zweite Deutsche Fernsehen seine erste Sendung ausstrahlte, boomte der illegale Bau von Tunern, kleinen Vorsatzgeräten zur Einstellung auf die UHF-Frequenzen, mit denen das ZDF problemlos empfangen werden konnte. Erst sechs Jahre später, als sich der Arbeiter- und Bauernstaat ein zweites Fernsehprogramm auf dem UHF-Kanal leisten konnte, gelangten auch die Tuner in den sozialistischen Einzelhandel. Nun konnte man ein zweites eigenes Programm empfangen, sehr zum Gefallen der Partei- und Staatsführung, die aber auch in Kauf nehmen mußte, daß ein weiterer Sender des Klassengegners ebenfalls in die Wohnstuben gelangte. Bis dahin aber sicherte der Tunermarkt findigen Bastlern einen einträglichen Nebenverdienst.

Ewald Triglitz, 26, und seine Freunde Rudi Asbach, 25, und Waldemar Pfeffenrat, 28, besaßen zwar nicht das technische

Talent, um auf diese Weise ihre Einkünfte aufzumöbeln. Doch sie diskutierten immer wieder die Frage, wie man aus dem allgemeinen Fernsehfieber Kapital schlagen könnte, ohne über die technischen Voraussetzungen für den Tunerbau zu verfügen. Da Ewald Triglitz aushilfsweise in der Erfurter Reparaturwerkstatt der PGH „Radio und Fernsehen" arbeitete, wußte er immerhin, mit welcher Ungeduld die Kunden auf die Instandsetzung ihrer Geräte warteten. Aber die Werkstatt war völlig überfordert. Ersatzteile standen nur knapp, Ausleihgeräte gar nicht zur Verfügung. Stets war langes Warten angesagt. Er hatte das Werkstattchaos bereits ausgenutzt, um gelegentlich eines der Reparaturgeräte für sich abzuzweigen und unter der Hand umzurubeln. Die Genossenschaft hatte dann dem drängenden Kunden Ersatz schaffen müssen. Für Triglitz konnte das allerdings keine Dauerlösung sein. Das Risiko, erwischt zu werden, erschien ihm doch zu groß.
Die Zusammenkünfte der drei Freunde wurden immer regelmäßiger und bald kam die Dumpfheit chronischen Trinkerverhaltens hinzu. Doch auch ihre Überlegungen zur möglichen Aufbesserung ihres Taschengeldes nahmen immer schärfere Konturen an. Dabei konzentrierten sie sich stärker auf Fernsehapparate und ihr Zubehör.
Denn es war klar: ein defekter Fernseher konnte das bürgerliche Seelenleben aus dem Gleichgewicht bringen. Es war kaum zumutbar, ein freies Wochenende ohne die geliebte Flimmerkiste zu verbringen. Ganze Sipp- und Nachbarschaften lümmelten Samstagabends in den Wohnstuben der wenigen Privilegierten, die das elektronische Kleinod nebst Tuner besaßen. Die Straßen waren leergefegt, wenn Chris Howland, der Herzensbrecher Freddy Quinn, die Krimiserien von Durbrigde oder die Klamotten des „Ohnsorg-Theaters" ihre Aufwartung auf den Bildschirmen hinter der Mauer machten. Als im Jahre 1963 Borussia Dortmund deutscher Fußballmeister wurde, dämpften nur die Häuserwände die millionenfachen Jubelschreie der ostdeutschen Fußballfans, unabhängig davon, ob sie ein Parteiabzeichen trugen oder nicht.
Triglitz, ein schlanker, eitler Blondkopf, kam mit seiner Altklugheit bei seinen Freunden gut an. Der schwerfällige Kraftprotz Asbach und Pfeffenrat, der unsichere Typ mit dem ständigen Dreitagebart, besaßen beachtlichen Respekt vor seiner praktischen Intelligenz. Sein Vorschlag, die Gunst der Stunde

zu nutzen, wurde von ihnen gern aufgenommen. Mit geheimnisvollem Getue verbreiteten sie im Milieu der Erfurter Kneipen rings um den Hauptbahnhof, daß sie den Aufbau von Fernsehantennen organisieren könnten, die ein tadelloses „Westbild" garantierten. An Aufträgen mangelte es ihnen bald nicht mehr. Denn auch Fernsehantennen zählten seinerzeit zu den Raritäten der sozialistischen Planwirtschaft.
Und so montierten sie im Verlaufe der Zeit auf knapp siebzig Erfurter Dächern Antennen, die Ewald Triglitz aus der Werkstatt für sie abzweigte. Dafür forderten sie von den Kunden entsprechend satte Preise. Doch diese Nebeneinnahmen reichten ihnen nicht aus. Immerhin hatte Triglitz sechs Kinder zu ernähren, und Pfeffenrats monatliche Einkünfte als Glasreiniger schmolzen beträchtlich zusammen, wenn er die Alimente für seine beiden Kinder an die Ehefrau überwies. Auch Asbach war ständig knapp bei Kasse. Sein Gehalt als Aushilfsfahrer bei einem Taxiunternehmen ging zum überwiegenden Teil an seine Frau, die sich um die drei Kinder sorgte. Also blieb den Freunden nicht allzuviel, um ihre regelmäßigen Freß- und Sauforgien zu finanzieren.
Ihr Erfindergeist gebar bald eine weitere Idee: Wenn man nämlich Leuten, die sich bereits bester Ost- und Westfernsehbilder erfreuen, kurzerhand die Antennen heimlich durchschneidet, daß es nur so flimmert, dann ließe sich durch unbemerkten Zusammenbau der Schnittstellen mit einigem schauspielerischen Geschick eine gewinnbringende Reparatur am Fernsehgerät vortäuschen. Einfach zu bewerkstelligen, aber höchst wirksam im Effekt. Es kommt also nur darauf an, die Arbeit einzuteilen und geeignete Kunden auszusuchen.
Schon kurze Zeit darauf eilten die ersten Omis in die Werkstatt der PGH „Radio und Fernsehen", um den vermeintlichen Defekt an ihren Fernsehgeräten beheben zu lassen. Triglitz brauchte nur die Ohren zu spitzen und sich heimlich die Kundenaufträge anzusehen. Noch ehe der offiziell bestellte Mechaniker erschien, war Triglitz schon zu Stelle. Und es bedurfte kaum der Kunst der Überredung, klarzumachen, daß er zwar die Reparatur ohne Auftrag seiner Genossenschaft durchführte, folglich dafür auch keine Rechnung ausfertigen könnte, aber dafür sofort zur Stelle war. Und während er den ehrfurchtsvoll dreinschauenden Omis die Innereien Ihrer Fernsehgeräte präsentierte und in schwülstigem Fachchinesisch den angeblichen Defekt erläuter-

te, den er nun fachmännisch zu beseitigen gedenke, knüpfte einer seiner Freunde auf dem Dach die Antennen wieder sorgfältig zusammen, während der Dritte die ganze Aktion vor möglichen Störern absicherte. Triglitz brauchte dann nur noch bei passender Gelegenheit den Kundenauftrag zu annullieren. In den feuchtfröhlichen Auswertungen am Abend teilten die drei Freunde das pekuniäre Ergebnis ihres Tagwerks unter sich auf. Wenn auch bis zu diesem Zeitpunkt ihrem kriminellen Tun durchaus etwas Amüsantes anhaftete, so änderte sich die Situation am Abend des 22. Februar 1964, als das Trio wieder in gemütlicher Runde in der Kneipe saß und der 74jährige Leopold Hobeck das Lokal betrat.

Triglitz hatte den alten Mann vor zwei Jahren kennengelernt. Er wußte, daß dieser ziemlich wohlhabend war und nach dem Tode seiner Ehefrau bei den Behörden den Antrag eingereicht hatte, zu Verwandten nach Westdeutschland ziehen zu dürfen. Vielleicht ließe sich etwas von dem Alten abstauben. Blitzschnell waren sich die Freunde einig. Pfeffenrat und Asbach schlichen sich aus dem Lokal, ohne daß Hobeck sie bemerkte. Scheinheilig bat Triglitz den Rentner zu sich an den Tisch.

Es wurde reichlich getrunken. Und der alte Hobeck schilderte arglos, daß er seine Rente durch den Verkauf der reichlichen Schmucksachen seiner verstorbenen Frau aufbesserte und überhaupt seinen Hausrat feilbot, weil er ohnehin dem Land des historischen Fortschritts den Rücken kehren und nichts in den Westen mitnehmen wolle. Voller Konzentration lauschte sein Gesprächspartner. Dann fragte er den Rentner unverblümt, ob dieser an einem Geschäft interessiert sei, daß Triglitz in Ermangelung des notwendigen Ausgangskapitals allein nicht abschließen könne. Flugs war er dabei, Hobeck eine glaubhafte Geschichte aufzutischen. In ihrem Kern ging es darum, daß Triglitz jemand kennen würde, der seinen PKW „Wartburg“ für zehntausend Mark verkaufen würde und er gleichzeitig einen anderen an der Hand hätte, der ohne zu zucken fünfzehntausend Mark für ein solches Gefährt hinblättern wollte. Das Problem liege nur darin, daß er nicht flüssig genug sei, um als Zwischenkäufer aufzutreten, um dem anderen den Wagen mit Mehrgewinn verkaufen zu können.

Er bot dem alten Hobeck schließlich an, sich in das Geschäft einzuklinken. Er brauchte nur die zehntausend Mark Kaufpreis vorzustrecken, die er nach dem Verkauf sofort zurückerhalten

würde, zuzüglich der beachtlichen Summe von dreitausend Mark aus dem Verkaufserlös. Das hörte sich gut an. Und Hobeck war einverstanden. Selbst wenn der ansonsten eher mißtrauische alte Mann immer noch die Spur eines Argwohns besessen hätte, die Zweifel waren restlos beseitigt, als Triglitz ihm zusicherte, daß er dem Kauf- und Verkaufsprocedere als Beobachter beiwohnen könne. Dann beriet man die Einzelheiten.
Einige Tage später teilte Triglitz dem Alten mit, daß das Geschäft auf Wunsch des vermeintlichen Kunden in einer gemütlichen Waldgaststätte unweit von Küllstedt, wenige Kilometer von Mühlhausen, abgeschlossen werden sollte. Das war immerhin eine knappe Autostunde von Erfurt entfernt. Doch er beruhigte Hobeck, dazu selbstverständlich ein Taxi zu benutzen. Triglitz kannte sich in der Umgebung von Küllstedt bestens aus, hatte seine Kindheit dort verlebt und war mit den topographischen Gegebenheiten dieser waldreichen Gegend vertraut. Deshalb kam ihm die Idee, Hobeck dorthin zu locken.
Triglitz hatte feine Fäden gesponnen. An krimineller Phantasie mangelte es ihm wahrlich nicht. Der unbändige Drang nach Verwirklichung seines Planes erzeugte sogar eine solche Suggestivwirkung auf Pfeffenrat und Asbach, daß er sie bald überzeugt hatte, den alten Hobeck zu töten, auszurauben, sich seiner Wohnungsschlüssel zu bemächtigen, seine Leiche verschwinden zu lassen und mit aller Gelassenheit das Brauchbare aus der Wohnung zu holen.
In mehreren intensiven Gesprächen zimmerte das Trio an dem schrecklichen Szenario. Dann waren die Rollen verteilt.
Am 27. Februar 1964 war es soweit. Triglitz erschien bei Hobeck und ließ ihn wissen, daß ein Taxi bestellt sei. Man wartete. Rudi Asbach hatte zuvor beim VEB Kraftverkehr einen Mietwagen besorgt und läutete zur vereinbarten Zeit an Hobecks Wohnungstür, tunlichst darauf bedacht, den Alten nicht spüren zu lassen, daß er Triglitz kenne. Die beiden Männer bestiegen das Fahrzeug. Betont förmlich nannte Triglitz das Fahrziel. Er war trotz gewaltiger innerer Anspannung heiter und zwang Hobeck während der Fahrt ein belangloses Gespräch auf, in das sich Asbach gelegentlich, immer freundlich-distanziert einmischte. Der alte Mann blieb völlig arglos. Er konnte nicht ahnen, daß sich unter einem unscheinbaren Putzlappen neben dem Fahrer ein 35 cm langes Bleirohr verbarg.

Pfeffenrat war indes mit dem Bummelzug von Erfurt nach Mühlhausen gefahren. Gemächlich trabte er zur MINOL-Tankstelle an der Fernverkehrsstraße 247, wohl wissend, daß seine Freunde bald dort erscheinen würden. Ihm blieb genügend Zeit, sich auf seinen Auftritt vorzubereiten.
Einige Zeit später fuhr der erwartete PKW an der Tankstelle vor. Während Rudi Asbach den Zapfhahn in die Tanköffnung hielt, vertrat sich Triglitz die Beine und räkelte sich auffällig. Pfeffenrat trat nun hinzu und fragte gespielt, ob sie zufällig nach Küllstedt fahren würden. Als die Männer das bejahten, schob er seine Bitte nach, ihn dorthin mitzunehmen. Natürlich, man ist ja gern hilfsbereit. Und schon war das mörderische Trio vollständig.
Während der Fahrt fragte der vermeintliche Anhalter, welches konkrete Fahrziel die Herren wohl ansteuerten. Und als er erfuhr, daß man zur Waldgaststätte zu fahren gedenke, enthüllte er ein Geheimnis, das er als Einheimischer ansonsten still behüte: er kenne eine Abkürzung. Ein Feldweg zwar, aber der zeitliche Gewinn würde diesen kleinen Nachteil wettmachen. Die Männer berieten und waren natürlich einverstanden, die Abkürzung zu nehmen. Asbach bog von der Fernverkehrsstraße in den vorgeschlagenen Feldweg ein. Langsam und lautlos schloß sich die tödliche Falle um den alten Hobeck.
Das Fahrzeug holperte einige Minuten über die ausgefahrene, etwas matschige Piste. Dann schlug Pfeffenrat vor, nun zu parken und das letzte Wegstück zu Fuß zurückzulegen. Mit gespieltem Widerstreben folgten die Männer. Nur der Widerwille des alten Hobeck war echt. Asbach steckte Triglitz blitzschnell das Bleirohr zu, und gemächlich schritten die vier Männer eine dicht bewachsene Anhöhe hinauf.
Nur drei von ihnen wußten, daß sich wenige Meter weiter das sogenannte Schwedenloch befand. Es war ein etwa handtuchgroßer Erdspalt, in den man nur wenige Meter tief einsehen konnte, der aber die Öffnung einer ungeheuren Höhle bildete, die nahezu 25 m senkrecht in die Tiefe ragte und mehr als 30 m breit war.
Noch ehe sie das Schwedenloch erreicht hatten, schlug Triglitz plötzlich das Bleirohr von hinten auf den Schädel des alten Mannes. Der brach sofort zusammen. Verzweifelt und benommen kroch er durch den eiskalten Matsch. Noch dreizehn weitere Schläge gingen auf ihn nieder. Hobeck röchelte und stöhn-

te. Sein Blut versickerte im weichen Boden. Triglitz unterbrach die Exekution. Eiskalt steckte er sich eine Zigarette an, wischte sich den Schweiß der Anstrengung von der Stirn und forderte seine Kumpane auf: „Los, erledigt ihr den Rest!“ Nun näherte sich Asbach dem Opfer. Vielleicht in der Annahme, daß dieser mit dem Angriff nichts zu tun haben würde, flehte ihn der schwerverletzte alte Mann an, ihm zu helfen. Doch Rudi Asbach klappte sein Taschenmesser auf, trat mit einem Fuß auf den Hals des Liegenden und durchstach mit voller Wucht dessen Kehle. Er zog das Messer erst wieder zurück, nachdem er sich vergewissert hatte, daß der Alte auch tatsächlich tot war.
Dann durchsuchten die drei die Taschen des Getöteten. Doch ihre Beute war gering. Lediglich 300 Mark Bargeld und die Wohnungsschlüssel fanden sie. Ihre Erwartung, der alte Hobeck hätte zehntausend Mark bei sich, wurde nicht erfüllt. Nicht einmal einen Scheck konnten sie aufspüren. Wollte der Alte sie zum Narren halten? Er hatte doch die Finanzierung des Autokaufs zugesagt. Doch sie konnten auch später die Frage nicht beantworten, warum Hobeck mitgefahren war, ohne das für den Kauf erforderliche Geld bei sich zu haben. So zogen sie dem toten Mann wenigstens die Goldringe von den Fingern. Dann stürzten sie ihn in die dunkle Tiefe des Schwedenlochs. Nach 12 m Fall schlug der Leichnam auf einem Felsvorsprung dumpf auf. Triglitz blickte hinunter in die Finsternis und triumphierte: „Da unten findet ihn weder der liebe Gott noch die Polizei!“ Dann ließ Pfeffenrat das blutige Bleirohr und das Taschenmesser in die Tiefe fallen und lauschte beruhigt dem fernen, erstickten Aufschlag.
Auf kürzestem Wege verließen die Mörder den Ort ihrer Bluttat. Eines Sinnes fuhren sie nach Erfurt zurück. Jetzt galt es, unbemerkt Hobecks Hinterlassenschaften zu inspizieren. Sie wähnten sich in ziemlicher Sicherheit, weil sie davon ausgingen, daß das Verschwinden des Rentners nicht so schnell bemerkt werde. Pfeffenrat und Asbach malten sich bereits aus, welchen Reichtum sie wohl in Hobecks Wohnung vorfinden würden. Triglitz war realistischer und beteiligte sich nicht an derartigen Spinnereien. Er dämpfte sogar die Vorfreude seiner Kumpane und mahnte sie, wegen der möglichen Fingerspuren die Wohnung keinesfalls ohne Handschuhe zu betreten. Gut gelaunt wartete man den Abend ab.
Im Schutze der Dunkelheit schlichen sie in die Wohnung ihres

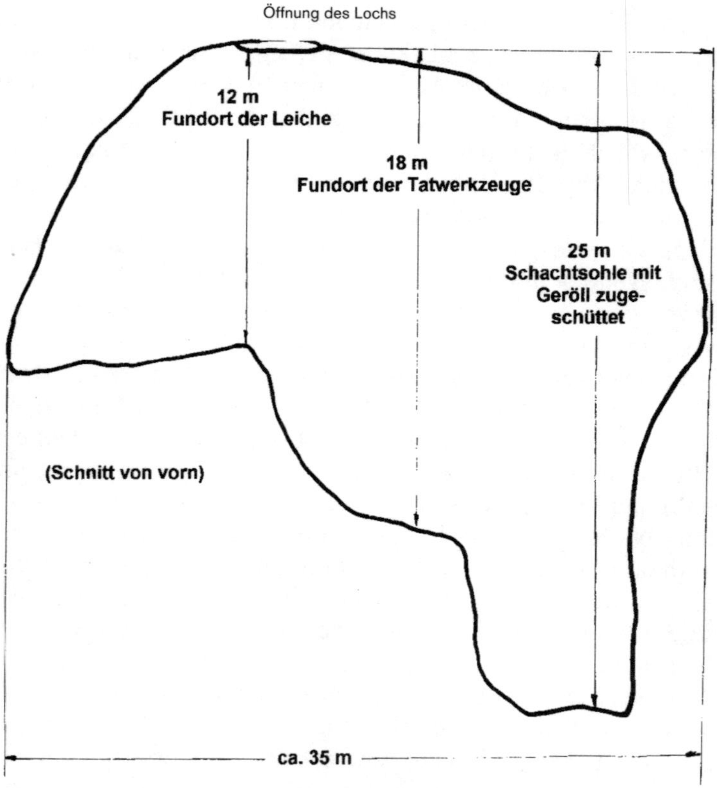


Querschnitt durch das „Schwedenloch" bei Küllstedt, in das die Mörder den getöteten Rentner H. stürzten.

Opfers. Doch das Resultat ihrer ersten, oberflächlichen Durchsuchung blieb mager: zwei Tüten Kaffee, einige Stück Seife, ein paar Schachteln Zigaretten, verschiedene Alkoholika – das alles aus dem Westen –, aber kein Geld. Nach dieser Enttäuschung beschloß das Trio, die systematische Durchsuchung an den folgenden Abenden vorzunehmen.

Insbesondere die uniformierten Rechtshüter – und das ist beileibe nicht nur ein Merkmal für die Tätigkeit der Volkspolizei – haben ihre Schwierigkeiten mit der Bearbeitung von Ver-mißtenanzeigen. Abwarten und hoffen, daß der Vermißtenfall ohne polizeiliches Zutun gelöst wird, gepaart mit der Unkenntnis über die phänomenologischen Besonderheiten dieser anfänglich durchaus informationsarmen Sachverhalte. Die Praxis fördert diesen Mangel. Zum einen, weil tatsächlich mehr als neunzig Prozent der Vermißten ohne aufwendige polizeiliche Maßnahmen wieder auftauchen, zum anderen, weil die Vermißtenanzeige kein unmittelbares Strafverfolgungsverlangen, sondern eher ein Suchanliegen ausdrückt und bei der Leistungsabrechnung geringer bewertet wird als die Bearbeitung echter Strafanzeigen. Die zumeist formalen Erklärungsversuche, warum ein Mensch plötzlich vermißt wird, verschleiern häufig den möglichen Verbrechenshintergrund, zumal dann, wenn keine akute Gefährdungslage begründet werden kann.

So blieb völlig unbeachtet, daß bereits am 1. März 1964 ein Nachbar des Rentners Hobeck bei der Volkspolizei eine Vermißtenanzeige erstatten wollte. Er hatte den alten Mann seit dem 27. Februar nicht mehr gesehen. Ihm war aufgefallen, daß seit dieser Zeit der ihm bekannte leere Ascheneimer des Rentners verwaist im Hausflur stand. Da es Winter war und die Kachelöfen jede Menge Asche produzierten, zog er den Schluß, daß Hobeck seit dieser Zeit nicht mehr geheizt haben konnte. Außerdem hatte der Alte eine Verabredung mit seiner Hausgehilfin am 28. Februar nicht eingehalten. Und das war ungewöhnlich, denn schließlich sei er immer von ihm informiert worden, wenn er für längere Zeit die Wohnung verlassen wollte.

Daraufhin wurde Hobecks Wohnung überprüft. Immerhin bestand die Möglichkeit, daß der alte Mann in seiner Wohnung verstorben war oder sich zumindest dort in hilfloser Lage befand. Da Hobeck nicht gefunden wurde, begnügte sich die Polizei des Reviers mit dieser spärlichen Maßnahme.

Eine knappe Woche später drängte eine Nachbarin Hobecks den Diensthabenden des VP-Reviers erneut um eine exakte Überprüfung der Sachlage. Doch dieser ließ sich Zeit. Erst am nächsten Tag veranlaßte er einige belanglose Ermittlungen im Wohnhaus. Der Volkspolizei war ja bekannt, daß Hobeck als sogenannter Antragsteller kein Freund des Sozialismus war. Warum sich also mühen, den Alten aufzuspüren? Was lag näher, als davon auszugehen, Hobeck habe die DDR längst auf illegalem Wege verlassen? Immerhin erstreckte sich die Bearbeitung der Ausbürgerungsanträge durch die staatlichen Stellen gewöhnlich über mehrere Jahre. Warum sollte er bei seinem Alter nicht die Geduld verloren haben? Diese äußerst vage, aber politisch fundierte Vermutung reichte als Begründung aus, die Vermißtenanzeige nicht ernst zu nehmen. Erst als am 11. März

Hobecks Schwester auf dem VP-Revier gehörigen Krach schlug und das Ergebnis ihrer eigenen Ermittlungen präsentierte, nach denen nämlich ihr Bruder am 27. des Vormonats zusammen mit einem Bekannten die Wohnung verlassen hatte, was Zeugen bestätigen könnten, beachtete man auf dem VP-Revier den Fall wirklich. Es erfolgte eine den Weisungen entsprechende Übergabe an die Morduntersuchungskommission.

Wenn auch aus politischen Erwägungen vorrangig davon ausgegangen werden mußte, Hobeck habe dem Arbeiter- und Bauernstaat illegal den Rücken gekehrt, konnte diese Version wenigstens durch den Verdacht eines möglichen nicht natürlichen Todes ergänzt werden. Das bedeutete eine Untersuchung in zwei Richtungen. Auf dieser taktischen Grundlage basierten die nun folgenden Ermittlungen zur Persönlichkeit Hobecks. Dabei wurde bekannt, daß Ewald Triglitz ein Vertrauter des Rentners war. Seine Vernehmung als Zeuge wurde daher notwendig. Doch weder in seiner Wohnung, noch auf der Arbeitsstelle konnte Triglitz angetroffen werden. Er blieb verschwunden. Grund genug, ihn zur Fahndung auszuschreiben.

Triglitz und seine Kumpane hatten indes keine Ahnung, daß die Polizei die Wohnung Hobecks überprüft hatte. Aber auch die Gesetzeshüter bemerkten nicht die nächtlichen Besuche der drei, die mit aller Sorgfalt die Wohnung des Toten durchsuchten, ohne Unordnung zu hinterlassen. Doch alle Mühe schien vergeblich, das Ergebnis blieb mager. Die vermuteten Barschaften wurden nicht entdeckt.

Enttäuscht und ärgerlich berieten die Mörder ihr weiteres Vorgehen. Sie rekonstruierten in Gedanken den Ablauf der Tat und überlegten, ob der Alte nicht doch die zehntausend Mark bei sich gehabt haben konnte. Immerhin begann das Drama in einiger Entfernung vom „Schwedenloch". Es war kaltes Matschwetter und dämmerte bereits. Hobeck hatte also die Möglichkeit, zwischen den Schlägen durch Triglitz und den tödlichen Halsstichen, die Asbach ihm zufügte, unbemerkt etwas wegwerfen zu können, vielleicht seine Brieftasche.

Triglitz und Asbach beschlossen, nochmals das winterliche Gelände am „Schwedenloch" abzusuchen. Pfeffenrat war darüber entsetzt. Seine Nerven gingen ihm durch. Die Angst schüttelte ihn. In höchster Erregung donnerte er seinen Kumpanen die Frage entgegen: „Habt ihr keine Angst, daß uns die Polizei bald am Arsch hat, denn ein Mörder kommt immer wieder an

den Tatort zurück?“ Triglitz verstand diese heftige Reaktion nicht. Für ihn war es Willensstärke, die Dinge zu Ende zu bringen. Er entließ Pfeffenrat aus der weiteren Verantwortung und entschloß sich, allein mit Asbach nach Küllstedt zu fahren, doch nicht ohne vorher mit seinen Freunden, wie er glaubte, ein hieb- und stichfestes Alibi für den 27. Februar zurechtzuzimmern, falls sie doch mal durch die VP befragt werden sollten.
Am 12. März suchten Triglitz und Asbach das Tatortgelände in Küllstedt ab. Wieder ohne Erfolg. Schließlich gaben sie ihr Vorhaben auf. Sie vermuteten nun, daß sie Hobecks Taschen doch nicht intensiv genug durchsucht hatten. In der Annahme, ihr Opfer habe die ersehnten zehntausend Mark für immer unerreichbar in die Tiefe seines Grabes mitgenommen, verließen sie den Ort des Grauens. Wenige Stunden später spülten sie in ihrer Stammkneipe mit etlichen Glas Bier ihre Enttäuschung durch die Kehlen.
Die Eilfahndung nach Triglitz, die sich auf den Erfurter Stadt- und Landkreis erstreckte, zeigte bald Erfolg. Ein Informant der Kriminalpolizei erkannte Triglitz am Abend des 12. März in der Kneipe. Er wurde noch am Biertisch festgenommen, während die grünuniformierten Ordnungshüter Asbach unbehelligt ließen. Noch vor Mitternacht wurde er dem Haftrichter vorgeführt.
Bereits in der ersten Vernehmung verfing sich Triglitz in den Maschen seines selbstgestrickten Alibis. Er war nicht darauf vorbereitet, daß die Kriminalisten unendlich viele Einzelheiten über den Ablauf des 27. Februar erfragen würden. Er versuchte keineswegs zu leugnen, an diesem Tag zusammen mit Asbach den alten Hobeck getroffen zu haben. Er habe ihn aber lediglich nach Mühlhausen gefahren, um ihn nach Erledigung irgendwelcher Geschäfte anschließend wieder an seiner Wohnung abzusetzen. Asbach könne das bezeugen.
Obwohl er hartnäckig jede Missetat an dem Rentner Hobeck leugnete, brach seine anfänglich stabile und offensive Verteidigungsposition durch die vielen Widersprüche zusammen. Für den Rest der Vernehmung zog er sich autistisch zurück und beantwortete keine einzige Frage mehr.
Rudi Asbach wurde am 17. März festgenommen. Er brachte nicht die Widerstandsenergie auf wie sein Kumpan Triglitz und gestand nach kurzer Vernehmung seine Beteiligung an der Tötung des Rentners. Nun hatten die Kriminalisten mit Triglitz leichtes Spiel. Mit den Aussagen Asbachs konfrontiert und

durch den erneuten zehnstündigen Vernehmungsstress zermürbt, legte auch er ein umfassendes Geständnis ab.
Am gleichen Tage wurde Pfeffenrat verhaftet. Er war von Beginn an kooperativ.
Die Beweisführung basierte zu diesem Zeitpunkt allein auf den Aussagen der drei Täter. Zu ihrer Objektivierung war es nun erforderlich, möglichst materielle Spuren zu sichern. Die detaillierte Beschreibung des Tatortes, des Tatablaufs und der verwendeten Werkzeuge besaß insofern einen hohen Beweiswert, weil sie wichtiges Täterwissen darstellte. Am 18. März untersuchte die Morduntersuchungskommission das Gebiet am „Schwedenloch". Bergerfahrene Feuerwehrleute wurden in die Tiefe herabgelassen. Der Leichnam Hobecks und die beiden Tatwerkzeuge wurden zu Tage befördert. Die Ergebnisse der Obduktion und der kriminaltechnischen Untersuchung des Bleirohrs und des Taschenmessers deckten sich mit den Aussagen der Täter.
Triglitz, Pfeffenrat und Asbach wurden vom Bezirksgericht Erfurt zu lebenslangem Freiheitsentzug verurteilt.

## Fluchtpunkt Jenseits

*(Tgb.-Nr. UT 329–79 der Arbeitsgruppe Todesermittlungssachen im PdVP Berlin)*

Werner Teichmann, Jahrgang 1926, teilt das Schicksal mit vielen Kindern seiner Generation: Den ersten unbekümmerten Schuljahren in seiner Heimatstadt Berlin folgt jenes lebensbedrohliche Hin- und Herpendeln zwischen Klassenzimmer und Luftschutzkeller. Kindheit in diesen Jahren bedeutet nur selten fröhliches Ballspiel. Die Pausen zwischen Entwarnung und erneutem Fliegeralarm gelten dem eifrigen Auflesen von Granatsplittern, die ihr Ziel verfehlten. Sorgsam in Schachteln aufbewahrt, nach Größen sortiert, sind sie begehrte Tauschobjekte kindlicher Sammlerleidenschaft. Die Eltern evakuieren den kleinen Werner zu Verwandten in den Spreewald. Dort muß er sich zwar wieder auf neue Lehrer und Mitschüler einstellen, doch der Kriegslärm ist nicht ganz so laut.

Kaum hat er die Grundschule beendet, muß der Heranwachsende seinen sinnlosen Dienst zur Verteidigung des Deutschen Reiches leisten. Körperlich unversehrt übersteht er das Drama des Krieges. Doch die Eltern in Berlin überleben die schweren Straßenkämpfe der letzten Kriegstage nicht. Sie werden unter den Trümmern des eigenen Hauses begraben.

Werner Teichmann beginnt eine Lehre bei einem Schneidermeister im Stadtbezirk Prenzlauer Berg. Es ist die Zeit der Wendungen, Änderungen und Umgestaltungen, auch an der Bekleidung. Der geschickte Umgang mit Nadel und Faden ist lebenserhaltend. Doch Stromsperren, fehlendes Material und schlechte Entlohnung machen Arbeit und Leben schwer. Trotzdem sind es für Teichmann nicht die Hungerjahre, wie sie andere durchleben müssen. Bald ist er ein fleißiger und zuverlässiger Gehilfe in der kleinen Werkstatt. Deshalb verspricht der Meister, ihm irgendwann einmal die Werkstatt zu vermachen. Aber der ist rüstig und denkt noch lange nicht daran, sich zur

Ruhe zu setzen. So vergeht die Zeit. Im Jahre 1948, Werner Teichmann ist gerade 22 Jahre alt, heiratet er eine gleichaltrige Kindergärtnerin. Deren Eltern überlassen dem jungen Paar ein kleines Zimmer. Zunächst geht alles gut, das Leben ordnet sich. Doch die Harmonie ist nur von kurzer Dauer. Die jungen Eheleute beginnen, sich immer öfter zu streiten. Auch die Schwiegereltern mischen kräftig mit. Allmählich verkürzen sich die Abstände zwischen den Auseinandersetzungen. Doch dazwischen flammt die alte Liebe wieder auf.

Mit der Gründung der DDR im Jahre 1949 verlagert sein Meister Werkstatt und Wohnort in den benachbarten Stadtbezirk Wedding, der zu Westberlin gehört. Von nun an wird Teichmann sogenannter Grenzgänger, wohnt im Osten und verdient seinen Lebensunterhalt im Westen. Er bringt nun verhältnismäßig viel Geld nach Hause, sorgt für einen bescheidenen Wohlstand. 1950 wird seine Tochter geboren. Das Wandern zwischen den Welten weckt Neugierde. Er nimmt teil an den „Goldenen Fünfzigern", genießt den Vorteil des Westgeldes auf seine Weise. Manchmal muß ihn seine junge Frau aus der nächsten Eckkneipe nach Hause abschleppen, weil der Rausch ihn niedergestreckt hat.

1958 schließt der Meister die kleine Schneiderei. Teichmann muß gehen, ohne die versprochene Werkstatt zu erhalten. Enttäuscht sucht er eine neue Beschäftigung. Aber er kann nirgends Fuß fassen, weder im Westen, noch im Osten. Zwar werden jede Menge Industrieschneider gesucht, doch für derart stupide Tätigkeit ist er sich zu schade. So wird er kurzerhand Verkäufer für Herrenoberbekleidung im HO-Warenhaus am Alexanderplatz, das einige Jahre später als CENTRUM-Warenhaus ein neues Gebäude in der Nähe erhielt. Der Umgang mit den Kunden liegt ihm. Freundlichkeit und Überzeugung sichern ihm bald die höchsten Umsätze in seinem Verkaufsbereich. Die Umsatzprämien allerdings setzt er mit Kollegen in Alkohol um. Überhaupt nimmt er jede Gelegenheit zum Trinken wahr. Und im Warenhaus gibt es viele Anlässe für feucht-fröhliche Brigadezusammenkünfte. Schließlich kann man derlei im sozialistischen Wettbewerb als „kollektivbildende Kulturmaßnahmen" abrechnen. Im Verlaufe der Jahre wird Werner Teichmann mehrfach zum „Aktivist der sozialistischen Arbeit" gekürt. Der Mauerbau schockiert ihn sehr. Doch es geht ihm wie den meisten: Man richtet sich ein. Das den Sozialismus vom

Kapitalismus trennende Bollwerk verkörpert bald das scheinbar Endgültige.
Werner Teichmann wird Mitglied der SED und kurz darauf Erster Verkäufer und dann Stellvertreter des Verkaufsbereichsleiters. Irgendwie fühlt er sich wohl inmitten des turbulenten Warenhausalltags. Er macht lieber Überstunden, als sich Zuhause den ständigen Nörgeleien seiner Gattin auszusetzen. Es ärgert ihn, wie sie hinter ihm herschnüffelt, seine Geldausgaben überprüft, den Weinbrand vor ihm versteckt, weil sie meint, er entwickle sich zum Säufer, nur weil er gelegentlich mal über den Durst trinkt. Sie glaubt ihm nicht, daß er jederzeit mit dem Trinken aufhören könnte, wenn er es wolle. Freilich lasse er sich den Zeitpunkt dafür nicht von anderen aufzwingen. Überhaupt empfindet er die Ehe nur noch als ein duldendes, leeres Nebeneinander. Die Tochter hat schon längst die Partei der Mutter ergriffen.
Die alkoholischen Ausschweifungen bleiben der Nachbarschaft nicht mehr verborgen. Zwei- bis dreimal im Monat torkelt Werner Teichmann volltrunken und lautstark nach Hause. In diesem Zustand ist er äußert gereizt, tobt sogar herum, wenn nichts zu trinken da ist. Ansonsten gießt er sich dann restlos zu. Es dauert nur wenige Augenblicke und er fällt auf der Stelle um. Anfangs bugsierte die Gattin ihren schweren Mann noch ins Bett, doch diese Zeit ist längst vorüber. Jetzt überläßt sie ihn seinem erbärmlichen Zustand. Es kostet schon sehr viel Kraft, den Ekel zurückzuhalten, wenn sie die übelriechenden Ausstoßungen seines Magens vom Teppich wischen muß. Dann empfindet sie tiefen Haß gegen ihn.
Die Katerstimmung der folgenden Tage, die ihn in eine ungewöhnliche Sanftmut versetzt, stimmen sie wieder versöhnlich. Depressionen, Selbstvorwürfe und Reue verleiten ihn zu hochheiligen Versprechungen, der Trinkerei restlos abzuschwören. Und eine Zeitlang hält dann das von Mitleid erweichte Herz der Gattin wieder zu ihm. Doch die alkoholfreien Intervalle im Leben des Werner Teichmann schrumpfen immer mehr zusammen. In der Tat trinkt er nicht mehr so viel auf einmal. Aber er hat nur die Taktik geändert: Um Schlaflosigkeit, Vergeßlichkeit und körperliche Unruhe zu besiegen, aber auch, um die Belastungen des beruflichen Alltags zu meistern, ist ein gewisse Tagesration Wodka nötig. In eine unauffällige Mineralwasserflasche umgefüllt, verteilt er sie über den Tag.

Im Frühjahr 1966 wird Werner Teichmann vom Parteisekretär und dem BGL-Vorsitzenden des Centrum-Warenhauses zu einer Aussprache gebeten. Die Funktionäre appellieren an seine politische Einsichtsfähigkeit, daß die ständige Sauferei die Arbeitsmoral im Warenhaus untergräbt und die Produktivität hemmt. Er soll sich als Mitglied der SED die Gebote der sozialistischen Moral und Lebensweise zu eigen machen und sich gegenüber den parteilosen Kollegen vorbildlich verhalten. Anderenfalls wird ein Parteiverfahren gegen ihn eröffnet. Dann wird die Auseinandersetzung mit ihm vor der Mitgliederversammlung erfolgen.
Werner Teichmann versteht diese Drohung nur zu gut. Doch zum ersten Mal gesteht er sich ein, ohne Alkohol nicht mehr auszukommen, hält seinen Zustand für behandlungsbedürftig. Er verspricht, umgehend den Betriebsarzt aufzusuchen und das Problem mit ihm zu beraten. Die Funktionäre sind zufrieden.
Die Diagnose des Betriebsarztes ist eindeutig: Alkoholische Toxikomanie steht auf dem Überweisungsschein zur stationären Aufnahme in das Wilhelm-Griesinger-Krankenhaus in Biesdorf. Drei Monate lang erleidet Werner Teichmann die endlosen Qualen des Alkoholentzuges. Dann kehrt er wie ein neuer Mensch heim, voller Ideen und Zukunftspläne. Er arbeitet wieder wie früher und alle Kollegen bewundern seinen eisernen Willen, kein einziges Gläschen mehr zu berühren. Doch das heilige Versprechen zerrinnt wie eine Fußspur in feinem Sand. Nur ein halbes Jahr dauert die erzwungene Abstinenz. Er beginnt wieder, heimlich zu trinken. Die Gattin kündigt ihm die eheliche Treue und Gemeinschaft, wenn er in den alten vertrackten Zustand zurückfallen würde. Um nichts auf der Welt will sie die unerträglichen Belastungen der Vergangenheit noch einmal ertragen. Dieses Damoklesschwert, das drohend über seiner Ehe schwingt, nimmt Teichmann nicht wahr. Nichts kann die unheilvolle Entwicklung mehr verhindern.
Im Jahre 1968, Teichmanns Tochter ist inzwischen 18 Jahre alt und bereits zu ihrem Freund gezogen, reicht die Ehefrau die Scheidung ein und verläßt den noch Angetrauten. Wenige Monate darauf ist der juristische Akt vollzogen. Von nun an ist sich Werner Teichmann selbst überlassen.

Die DDR war nicht nur ein Land der Arbeiter und Bauern, sie war auch ein Land der Trinker. Der Alkoholverbrauch hatte besorgniserregende Ausmaße angenommen. Mit einem jährlichen Pro-Kopf-Verbrauch von durchschnittlich 150 Litern Bier, 15 Litern Spirituosen und 11 Litern Wein nahm die DDR einen der vorderen Plätze in der Welt ein. Da die Bevölkerung aber einen Anteil von 19 % Kindern und 17 % Alten aufwies, deren Alkoholverbrauch praktisch vernachlässigt werden konnte, treffen die Angaben tatsächlich auf die verbleibenden 64 % der Menschen zu.

Dieser hohe Alkoholkonsum stand in enger Beziehung mit der Zunahme des Alkoholmißbrauchs und der Alkoholkrankheiten. Die SED-Führung verfolgte die Entwicklung mit großer Besorgnis. Sie konnte schließlich nicht umhin, das Problem öffentlich anzusprechen. In ihrem Programm postulierte sie 1976 deshalb: „Die Partei fordert dazu auf, einen entschiedenen Kampf gegen Rechtsverletzungen, gegen asoziales Verhalten und Rowdytum sowie gegen Alkoholmißbrauch zu führen."

Auch im Kriminalitätsgeschehen widerspiegelte sich diese verhängnisvolle Entwicklung: Ein Drittel der vorsätzlichen Tötungsdelikte, über die Hälfte der Körperverletzungen und Raubdelikte, mehr als 60 % aller Vergewaltigungen wurden durch Täter begangen, die nicht nur zur Tatzeit unter erheblichem Alkoholeinfluß standen, sondern auch sonst zu den chronischen Trinkern zählten. Besonders auffällig war der hohe Anteil (bis 80 %) an alkoholisierten Tätern bei den Verkehrsdelikten.

In den Monaten nach der Scheidung zwingt sich Werner Teichmann zu einer gewaltigen Selbstdisziplin. Ständig muß er sich darauf konzentrieren, Alkohol zu meiden. Er ist sich klar, welche Gefahren ein Rückfall heraufbeschwören würde. Dann wäre der endgültige Ruin nicht mehr zu verhindern. Mit diesen Überlegungen entfaltet sich aber auch ein ungeheurer Sog, dem er sich in jeder Stunde des Tages widersetzen muß. Er weiß, daß der Alkohol ihm für kurze Zeit zwar eine dumpfe Entspannung und Ablenkung von seinem verpfuschten Leben verschaffen könnte, sogleich aber würde das ganze Elend der letzten Zeit wieder über ihn hereinbrechen.

Dann gibt ihm das Schicksal eine neue Chance: Im Wartezimmer seines Arztes lernt Werner Teichmann eine Frau kennen. Sie hat bereits vor Jahren eine schwere Medikamentenabhängigkeit erfolgreich überwunden, nachdem sie in die schier endlose Tiefe der gesundheitlichen und sozialen Selbstzerstörung gestürzt war. Längst geht sie wieder ihrem Beruf als Friseuse

nach und niemand bemerkt eine Spur ihres vergangenen Elends. Ihm imponiert die Stärke und Zuversicht dieser Frau, nach zerbrochener Psyche und gescheiterter Ehe ihr Leben neu geordnet zu haben.
Diese Frau ist seine Hoffnung, sein Halt. Durch sie kehrt sein Selbstvertrauen zurück. Er glaubt plötzlich, die Fähigkeit zu besitzen, sein Trinkverlangen fast mit Leichtigkeit unterdrücken zu können. In ihrer Gegenwart wirkt er heiter und lebensbejahend. Das gefällt ihr. Ein Funke inniger Zuneigung springt wechselseitig über. Und es dauert nur wenige Monate, bis sie zusammenziehen. Werner Teichmann ist glücklich. Lange Zeit widersteht er allen Versuchungen des Alkohols. Jetzt arbeitet er wieder fleißig und unauffällig in seinem Verkaufsbereich für Herrenoberbekleidung und entzieht sich mit eiserner Disziplin den feuchtfröhlichen Zusammenkünften seiner Kollegen.
Bereits Anfang des Jahres 1969 heiratet Werner Teichmann die Friseuse Inge Werder. Neun Monate später wird er Vater des Sohnes Benjamin. Nun beginnt ein Leben in familiärer Harmonie, ganz nach seinen Vorstellungen. Zu seiner Frau und zu dem kleinen Sohn entwickelt er ein inniges Verhältnis. Selbst die Beziehung zu seiner erwachsenen Tochter erfährt eine freundliche Renaissance.
Er hat sein Leben total umgestellt. Und seine Frau wacht darüber mit Hingabe, daß es so bleibt. Denn das teuflische Tabu gebietet ihm, bis zu seinem letzten Atemzug jeglichen Tropfen Alkohol zu meiden. Aber nicht nur von Bier, Schnaps, Wein und Sekt muß er sich konsequent fernhalten. Auch Mundwasser, Konfekt, Kuchen, Desserts oder Arzneitropfen, wenn sie auch nur geringe Mengen von Alkohol enthalten, können bereits den verhängisvollen Rückschlag auslösen. Selbst dem Duft aus einem Fläschchen Rasierwasser oder Parfüm, dem Geruch von frischer Lackfarbe oder Verdünnungsmitteln muß er widerstehen, anderenfalls könnte ihn der schnöde Trinkzwang besiegen. Fleiß und Ehrgeiz führen wieder zu beruflichen Erfolgen, Frau und Kind sind der moralische Halt, daß Werner Teichmann die nächsten Jahre unbeschadet übersteht.
Im späten Frühjahr des Jahres 1973 bricht plötzlich das scheinbar überwundene Leiden mit voller Gewalt hervor: Volltrunken kommt er weit nach Dienstschluß heim. Die Gattin ist zutiefst unglücklich und enttäuscht. Aber sie kennt das tückische Krankheitsbild des Alkoholismus, will nicht resignieren. Mit

dem Arzt berät sie den Plan, wie sie ihren Mann mit allen Mitteln abstinent halten kann, versucht, die absolute Kontrolle über ihn auszuüben. Doch die Krankheit hat bereits ihren verhängnisvollen Lauf genommen. Sein Rausch dauert mehrere Tage. Danach fühlt er sich hundeelend, wird von Angst gepeinigt, zittert am ganzen Körper. Auch das Gehen fällt ihm schwer. Manchmal versagt sein Gleichgewicht, dann stößt er gegen alle möglichen Hindernisse.

Erst nach einigen Wochen im Krankenhaus bessert sich sein Zustand. Er läßt sich vom Arzt bald gesundschreiben, geht wieder arbeiten. Aber die Erfüllung seiner dienstlichen Pflichten fällt ihm unendlich schwer. Sein Gesicht ist eingefallen und fahlblaß. Schnelle Ermüdbarkeit, Erschöpfung und Konzentrationsschwäche stellen sich ein.

Er glaubt, sich nur dann besser zu fühlen, wenn er getrunken hat. Folglich dauert es nicht lange, und er greift wieder zum Alkohol. Freilich läßt der Katzenjammer nicht lange auf sich warten. Hoffnungslosigkeit und ständige Selbstvorwürfe, versagt zu haben, stimmen ihn so depressiv, daß er sich das Leben nehmen könnte. In den vielen schlaflosen Nächten kämpft er gegen derlei Gedanken, verdrängt sie für kurze Zeit, wird aber bald wieder von ihnen bestürmt.

Der Ehefrau gelingt es nicht mehr, ihn zu einem Arztbesuch zu bewegen. Ihre bisherige Überzeugungskraft, ihm auch in dieser schweren Zeit zur Seite zu stehen und mit ihm gemeinsam die steinige Wegstrecke zu meistern, bleibt nunmehr ohne Wirkung. Werner Teichmann benötigt sein tägliches Quantum Alkohol. Dann ist für kurze Zeit das Leben einigermaßen erträglich. Gleichzeitig weiß er aber, daß dies ein langsamer Selbstmord ist. Der Teufelskreis schließt sich.

Anfang des Jahres 1975 wird er wieder ins Krankenhaus eingeliefert: Seine Leber ist bereits chronisch geschädigt. Monatelang dauert die Behandlung, ehe sich sein Zustand etwas bessert. Er wird invalidisiert, der jahrelange Abusus hat das Nervensystem und die Leber so geschädigt, daß er nicht mehr erwerbsfähig ist. Ein weiterer progressiver Verlauf könnte sein Leben schnell beenden. Aber die akute Lebensangst mobilisiert die letzten Widerstandskräfte gegen den Alkohol, und tatsächlich trinkt er seit dieser Zeit nicht mehr.

Seine Rente ist zwar nicht üppig, aber zusammen mit dem Lohn seiner Frau reichen die Einkünfte für ein bescheidenes Leben.

Von nun an ist er ständig zu Hause, besorgt die Einkäufe, kümmert sich um den Haushalt, beaufsichtigt die Schulaufgaben des Sohnes Benjamin und entlastet so seine Gattin von dem täglichen Kleinkram. Laufende Kontrolluntersuchungen und das gewissenhafte Einhalten der ärztlichen Verordnungen verlangsamen das Fortschreiten der schweren Folgeschäden seines Alkoholismus.
Im Frühjahr 1978 trifft Werner Teichmann ein harter Schicksalsschlag: Seine Frau bricht eines Tages im Frisiersalon zusammen. Herzinfarkt, ist die lakonische ärztliche Diagnose. Sie überlebt die nächste Nacht nicht mehr. Werner Teichmann ist verzweifelt: Er hat eine treue, verständnisvolle und Zuversicht ausstrahlende Begleiterin verloren, die ihn, der bisher immer nur enttäuschte und versagte, über viele Jahre hinweg mit gleichbleibender Geduld zum Weiterleben ermutigen konnte.
Jetzt ist ihm nur noch sein neunjähriger Sohn Benjamin geblieben. Ihm möchte er zwar ein guter Vater sein, ob er aber die Ausdauer und Kraft für eine ordentliche Erziehung aufbringen kann, bezweifelt seine Tochter. Sie geht ihrem Vater so gut es geht zur Hand. Doch ihre Unterstützung kann nur sporadisch sein, sie muß sich um ihre eigenen Familienbelange kümmern. Benjamin ist sich viel selbst überlassen, die schulischen Leistungen lassen merklich nach. Und der Klassenlehrer ist höchst unzufrieden, bittet den Vater zu einer Aussprache. Doch der ignoriert das Warnsignal. Werner Teichmann wird immer kraftloser und gleichgültiger. Statt dessen ergreift wie eine unwiderstehliche Macht nur ein einziger Gedanke Besitz von ihm, dem elenden Dasein selbst ein Ende zu setzen. Anfangs sind diese Überlegungen diffus, ohne konkrete Konturen. Sie werden durch das schlechte Gewissen gedämpft, seinen Sohn in dieser Welt dann allein zurückzulassen.
Am Vormittag des 1. September 1979, es ist der erste Schultag nach den großen Ferien und Benjamin ist längst in der Schule, klingelt es bei Werner Teichmann unerwartetet an der Wohnungstür: Zwei Frauen mit ernsten Gesichtern sind erschienen. „Rat des Stadtbezirks, Referat Jugendhilfe und Heimerziehung“, sagen sie und zeigen ihre Ausweise. Matt und widerstandslos läßt er sie ein. Mit der Bemerkung „Ich bin krank!“ kriecht er schwerfällig in sein Bett zurück. Kritisch beäugen die Frauen jeden Winkel der Wohnung, fertigen Notizen, blicken sich bisweilen vielsagend an und wiegen nachdenklich ihre

Köpfe. Dann treten sie an sein Bett und eröffnen ihm, eine soziale Fehlentwicklung des Kindes Benjamin festzustellen, auf die staatlicherseits korrigierender Einfluß genommen werden muß. Vernachlässigung und mangelnde Aufsicht seien die Gründe, ihm das Sorgerecht zu entziehen. Er werde daher in den nächsten Tagen von dem Beschluß der zuständigen Organe offiziell in Kenntnis gesetzt. Nach dieser Mitteilung verlassen ihn die Vertreterinnen der Staatsmacht.
Werner Teichmann fühlt sich hilflos und schwach. Wieder kreisen die Gedanken um das Thema der Selbstvernichtung. Nun erstickt jeder innere Aufschrei seines Gewissens unter der krankhaften Verstrickung aus irrsinniger Angst vor der Zukunft, quälendem Mißtrauen und alles durchdringendem Weltschmerz. Sein Entschluß steht fest: Er will nicht mehr leben. Und er will es auch nicht zulassen, daß Benjamin den Rest seiner Kindheit in einem staatlichen Heim verbringt.

Ab 2. September bleibt der Platz des Schülers Teichmann in der Klasse 4 b einige Tage unbesetzt. Klassenkameraden vermuten, Benjamin sei erkrankt. Deshalb wollen sie ihn besuchen und sich nach seinem Wohl erkundigen. Doch sie läuten vergeblich an der Wohnungstür. Niemand öffnet. Eines der Kinder späht durch das Schlüsselloch und macht eine merkwürdige Entdeckung: Der hell erleuchtete Korridor gibt den Blick frei auf die nackten Beine eines Mannes. Die Füße stecken in Pantoffeln. Schlaff und unbeweglich hängen sie herab. Es scheint, als würde der Körper eine Handbreit über dem Fußboden schweben. Erst nach einigen Augenblicken des Hinsehens wird dem Kind die Ursache klar: „Da hängt ja einer!“ stellt es bestürzt fest. Die Kinder schlagen Alarm. Hausbewohner informieren die Polizei.
Die von innen verriegelte Wohnungstür muß gewaltsam geöffnet werden. Mit einem Strick um den Hals hängt Werner Teichmann leblos auf dem Korridor. Sein Leichnam ist noch nicht gänzlich ausgekühlt. Der Todeseintritt dürfte demnach nur kurze Zeit zurückliegen. Am rechten Unterarm, dicht über dem Handgelenk, fallen mehrere parallel verlaufende, teilweise tief ins Gewebe reichende Schnittverletzungen auf. Zwischen Brustbein und Bauchnabel befinden sich einige tiefe Stichverletzungen mit leicht aufwärts verlaufenden Wundkanälen. Der Tod aber wurde durch die Strangulation beim Erhängen verursacht.

W. T. erhängte sich auf dem Korridor.

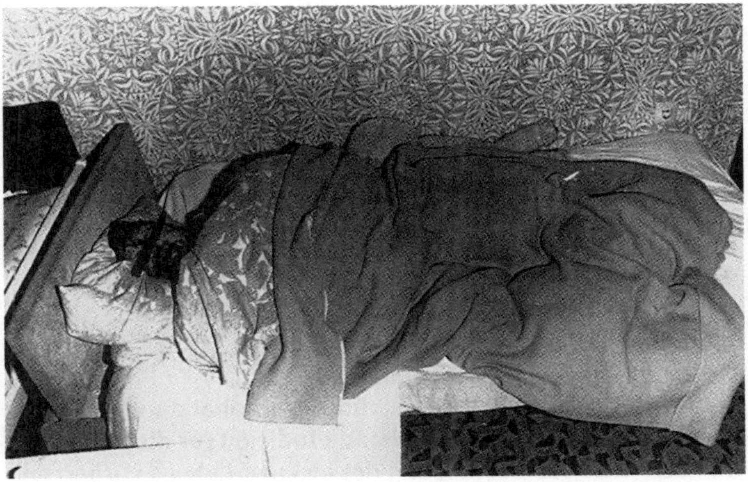

W. T. erwürgte seinen Sohn und lebte tagelang mit der Leiche zusammen.

Benjamin Teichmann liegt tot in seinem Bett, um den Hals ein fest verknotetes Drosselwerkzeug. Er muß bereits vor Tagen getötet worden sein. Untrügliches Kennzeichen dafür sind die fortgeschrittenen Verwesungserscheinungen.
Auf einem Tisch sind Personaldokumente Werner Teichmanns und ein eilig geschriebener Zettel mit der Anschrift seiner Tochter bereitgelegt. Irgendwo auf dem Linoleumfußboden steht eine Plasteschüssel, deren Boden mit einer Blutlache bedeckt ist. Daneben liegt ein blutverschmiertes Küchenmesser. Überall sind Spritzer leicht angetrockneten Blutes verteilt.
Ein Kriminalist des Sachgebiets „Todesermittlungen" untersucht den Tatort, beantragt die gerichtliche Sektion beider Leichen und führt Ermittlungen zur Persönlichkeit Werner Teichmanns. Bald steht fest, daß Werner Teichmann sich die Schnittverletzungen am rechten Handgelenk ebenso selbst zugefügt hat wie die tiefen Stichwunden im Oberbauch. Auch der Faserabrieb, die Knotenführung am Strangwerkzeug und die Spuren an Teichmanns Handinnenflächen schließen eine Fremdeinwirkung aus. Nach zwei Wochen können die Ermittlungen abgeschlossen werden. Werner Teichmann, der sich in einer schwerwiegenden, krankheitsbedingten, psychischen Ausnahmesituation befand, hat sich das Leben genommen, vorher aber seinen Sohn Benjamin getötet, um ihn nicht allein zurückzulassen.

„Vollendeter erweiterter Suizid", so bezeichnet man dieses Geschehen im Fachjargon. In der polizeilichen Einstellungsverfügung heißt es: „Von der Einleitung eines Ermittlungsverfahrens gegen Werner Teichmann wegen vorsätzlicher Tötung seines 10jährigen Sohnes Benjamin wird wegen Todes des Verdächtigen abgesehen."

Die wahren Vorgänge der letzten Tage, die sich in der Wohnung von Werner Teichmann abgespielt haben, werden im einzelnen wohl verborgen bleiben. Doch den psychopathologischen Erkenntnissen und vorgefundenen Spuren zufolge dürften sie sich wie folgt zugetragen haben:
Die Lebens- und Leidensgeschichte des alkoholkranken Werner Teichmann vermittelt ausreichende Indizien für die Annahme, daß der Wille zur Beendigung des eigenen Lebens vorherrschte und nicht etwa die Tötung des Sohnes, mit dem ihn eine innige Zuneigung verband. Doch seine krankhaft eingeschränkte Gedankenwelt produzierte die absurde Vorstellung, daß, falls er sich getötet hat, sein kleiner Sohn Benjamin allen Übeln dieser Welt hilflos ausgeliefert sei. Vermeintliches Erbarmen war das Motiv, ihn in den Tod mitzunehmen. So erdrosselte er das schlafende Kind. Tagelang lebte er dann noch bei dem toten Sohn. Er legte seine Ausweise bereit, kritzelte die Anschrift seiner Tochter auf einen Zettel, damit diese benachrichtigt werden konnte. Sodann versuchte er, sich die Pulsadern zu öffnen. Dabei hielt er den rechten Arm über eine Schüssel. Es floß auch etwas Blut aus den Adern, die sich aber wegen des Blutdruckabfalls bald wieder schlossen. Als dieser Versuch mißlang, fügte er sich die tiefen Stichverletzungen im Oberbauch zu. Sie führten zwar zu inneren Blutungen, brachten aber letztlich nicht den ersehnten schnellen Tod. Nun legte er sich eine Schlinge um den Hals, befestigte sie an einem Haken an der Decke des Korridors, bestieg einen Hocker und ließ sich in die Schlinge fallen. Wenige Sekunden später verließ ihn das Bewußtsein. Den kurzen Todeskampf seines Körpers verspürte er nicht mehr.

Hätte Werner Teichmann überlebt, wäre er für die Tötung seines Sohnes wegen Totschlags strafrechtlich zur Verantwortung gezogen worden. Allerdings sah das Gesetz in einem solchen Falle der psychischen Zwangslage eine erhebliche Minderung der strafrechtlichen Verantwortlichkeit vor und erlaubte dem

W. T. legte seine Papiere und einen Zettel mit der Anschrift seiner Tochter bereit.

W. T. ließ nach den Pulsaderschnitten das Blut in eine Waschschüssel laufen; er verlor etwa 250 ml Blut.

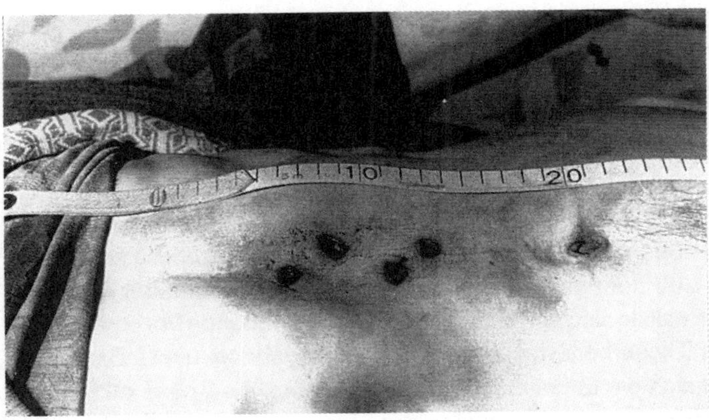


Mit einem Messer stach er sich mehrmals tief in die Bauchregion.

Gericht ein Urteil innerhalb des weitgefaßten Strafrahmens von sechs Monaten bis zu zehn Jahren Freiheitsentzug.

Der allgemein übliche, aber stigmatisierende Begriff des Selbstmordes ist juristisch ebenso falsch wie aus psychologischer Sicht das Synonym Freitod. Im ersten Fall fehlen die für einen Mord erforderlichen Tatbestandsmerkmale, nämlich, aus verwerflichem Grund, auf verwerfliche Weise oder zu einem verwerflichen Zweck einen anderen Menschen zu töten. Im zweiten Fall wird der Begriff den gewaltigen inneren Zwängen, die einer Selbsttötung zu Grunde liegen, nicht gerecht, weil eine wirklich freie Entscheidung nicht möglich ist.

Der neutrale Begriff der Selbsttötung oder des Suizides als vorsätzlich tödliche Handlung gegen sich selbst, kommt dem Wesen dieses Geschehens wohl am nächsten.

Die komplizierten Ursachengefüge für die unterschiedlichen Suizidsituationen sind Gegenstand komplexer wissenschaftlicher Untersuchungen. Im allgemeinen werden Suizide sowohl aus psychopathologischen als auch bestimmten, im Grunde nicht krankhaften Ursachen begangen. Sogar erblich bedingte Dispositionen werden diskutiert. Angstzustände und andere, den Lebensbezug beeinträchtigende Faktoren können zu subjektiv nicht mehr zu bewältigenden Konflikten und zwangsläufig damit zu kurzschlußartigen oder langfristig geplanten Suiziden führen.

Suizide sind im allgemeinen keine strafrechtlich bedeutsamen Ereignisse, vorausgesetzt, daß kein anderes rechtlich geschütztes Objekt verletzt wird. Allerdings verlangen Suizide im Hinblick auf den Ausschluß eines Tötungsdelikts grundsätzlich ein kriminalistisches Interesse. Sie zählen neben den Unfällen zur Kategorie der nicht natürlichen Todesfälle, deren Untersuchung strafprozeßrechtlich zwingend vorgeschrieben ist.

Die einzelnen suizidalen Durchführungsarten jedoch können unterschiedliche rechtliche und kriminalistische Konsequenzen erlangen. Nach ihnen erfolgt auch ihre praktische Unterteilung:

Der sogenannte einfache Suizid ist dadurch gekennzeichnet, daß der Suizident die Selbsttöung geplant hat, ein Tatmittel wählt und zur Realisierung seines Vorhabens entsprechende Vorbereitungen trifft (Sicherheitsvorkehrungen, Abschiedsbriefe usw.). Daraus ergibt sich ein überschaubares kriminalistisches Spurenbild, das in der Regel keine untersuchungsmethodischen Probleme bereitet.

Beim sogenannten gemeinsamen Suizid müssen die kriminalisti-

schen Untersuchungen den Nachweis erbringen, daß der gemeinsame Vorsatz mehrerer Personen zum Suizid bestand. Die Differenzierung der Handlungsbeiträge der Betreffenden muß gewährleisten, daß eine vorsätzliche Tötung und der nachfolgende Suizid des Täters sicher ausgeschlossen werden kann.
Beim sogenannten kombinierten Suizid werden verschiedene Tötungsarten miteinander verknüpft oder erfolgen nacheinander. Dadurch entsteht mitunter ein kompliziertes Spurenbild, dessen einzelne Bestandteile im Falle eines verschleierten Tötungsdelikts schwer zu erkennen sind.
Strafrechtlich bedeutsam kann vor allem der sogenannte erweiterte Suizid sein. Er liegt dann vor, wenn ohne Bereitschaft oder Einverständnis andere Personen in den Suizid einbezogen werden. Hierbei sind in die suizidale Gedankenwelt des Betreffenden Tendenzen zur Mitnahme angeblich bedrohter oder gefährdeter Personen eingeschlossen. Im Falle des Mißlingens, d. h. bei möglichem Überleben des Suizidenten und Tod des Mitgenommenen, sind strafrechtliche Konsequenzen unumgänglich.
Die Untersuchungen zur Suizidproblematik in der DDR zeigen, daß der Anteil des Mannes gegenüber der Frau überwog. Bei vielen Suizidenten konnte aus der Vorgeschichte mindestens ein früherer Versuch festgestellt werden. Bei den Tötungsarten dominierten die Kohlenmonoxidvergiftung, das Erhängen, die Schlafmittelvergiftung und der Sturz aus der Höhe bzw. vor Fahrzeuge, während andere Mechanismen wie Ertrinken, Erschießen, Pulsaderschnitt eher die Ausnahme bildeten.
Hinsichtlich der Ursachen traf zu, daß psychopathische und psychopathologische Dispositionen eine große Rolle beim Zustandekommen der Suizidneigung spielten. Angst vor vermeintlichen oder tatsächlich vorhandenen Krankheiten, subjektiv oder objektiv bedingte Vereinsamungsgefühle, nicht bewältigte Partnerschaftskonflikte und chronischer Alkoholismus bzw. Medikamentenabusus waren die Hauptmotive.

Die vollendeten Suizide bildeten mit einer Anzahl von 3 500 pro Jahr durchaus keine Seltenheit. Das bedeutete eine Häufigkeitsbelastung von 22 Suiziden auf 100 000 Einwohner. Damit überstieg sie die der Bundesrepublik um 3, lag jedoch deutlich unter der Westberlins, die mit 33 europäisches Spitzenniveau erreichte.
Obwohl in vieler Hinsicht sich das Suizidgeschehen in der DDR

nicht von dem anderer Länder unterschied, unterlag es einer strengen Tabuisierung. Aus ideologischen Gründen gab es weder offizielle statistische Angaben noch öffentliche Diskussionen.
Die Zahlen über die durch die Volkspolizei untersuchten vollendeten Suizide wurden im Ministerium des Innern als „Vertrauliche Verschlußsache" geheimgehalten.
Lediglich jene psychotherapeuthischen Einrichtungen, deren Arbeitsgegenstand die Suizidgefährdung bildete, verfügten über umfangreiches Patientenmaterial, mit dem die Forschung auf dem Gebiet der Suizidprophylaxe vorangetrieben wurde. Man kann annehmen, daß die Anzahl der suizidgefährdeten Personen acht- bis zehnmal größer war als die der vollendeten Suizide, wenn man von einer noch wesentlich höheren Dunkelziffer absieht. Aber auch die mannigfaltigen Versuche der Psychologen, das Suizidproblem öffentlich zu diskutieren, blieben angesichts der aufgezwungenen Zurückhaltung eher bescheiden. Und es war schon ein großer Erfolg, als Mitte der achtziger Jahre in einigen Großstädten anonyme Beratungsmöglichkeiten über das sogenannte Telefon des Vertrauens geschaffen werden konnten.

# Die Verlobten von Wolmirstedt

*(Aktenzeichen 5023/75 VP-Kreisamt Magdeburg)*

*Montag, 09.06.1975, zum Dienstbeginn 07.30 Uhr, BDVP Magdeburg.*
Gero Förster, 34, Diplomkriminalist, Leiter der MUK, hat es eilig. Seine rechte Hand umfaßt eine mäßig gefüllte Akte und ein orangefarbenes Aufzeichnungsheft mit dem deutlichen Stempelaufdruck „Vertrauliche Dienstsache“. Die andere Hand am Treppengeländer hastet er hinunter in die Chefetage, in der Oberstleutnant Rüttig residiert. Dort verlangsamt er sein Tempo und schreitet betont ruhig den Gang entlang, vorbei an der „Tafel der Besten“ mit den Konterfeis der im letzten Jahr ausgezeichneten Volkspolizisten der Bezirksbehörde.
Am Vorzimmer von Rüttig hält er inne, klopft kurz an und tritt ein. Zwei Frauen vor breitwagigen „Optima“-Schreibmaschinen mustern ihn erstaunt und ein wenig mitleidig.
„Hat vor fünf Minuten schon angefangen“, raunt ihm die eine zu und weist mit dem hochtoupierten Kopf gegen die schalldicht gefütterte Tür, dem Eingang zur Höhle des Löwen.
Mit forschem Schritt tritt Förster ein. Dann bleibt er wie angewurzelt stehen, die Arme senkrecht am Körper anlegend, eine Hand zur Faust geballt, in der anderen die Akte und das orangefarbene Aufzeichnungsheft. Er hat die geforderte militärische Grundstellung eingenommen. Sein Blick ist geradezu auf Rüttig gerichtet, einem untersetzten Endfünfziger der alten Antifa-Garde, der, ständig kleine Schweißperlen an der Oberlippe produzierend, von einem wuchtigen Schreibtisch aus zwischen einer Batterie von Telefonen das Dezernat regiert.
Dieser spricht zu den anwesenden Männern, die vor ihm um einen langen Tisch sitzen und eifrig Notizen in die gleichen orangefarbenen Hefte machen, von denen Förster eines gegen den Körper preßt.
Der Mann hinter dem Schreibtisch zieht, während er spricht,

ein meterlanges Fernschreiben durch seine fleischigen Finger, den sogenannten Lagefilm.
Regungslos wie der gußeiserne Miniatur-Lenin auf dem Schreibtisch seines Chefs steht Förster an der Tür. Dann unterbricht Rüttig einen bereits begonnenen Satz und schießt einen gezielten Strafblick auf den Untergebenen ab. Er will gerade loswettern, da kommt dieser ihm mit klarer, lauter Stimme zuvor: „Genosse Oberstleutnant, melde mich zum Rapport!“ Die über die orangefarbenen Hefte gebeugten Männer blinzeln Förster aus den Augenwinkeln neugierig an.
Der Oberstleutnant rückt sich in seinem Ledersessel zurecht und knöpft sein Jackett zu. Sein Parteiabzeichen blinkt auffällig auf dem dunkelblauen Anzug wie ein Fixstern am Nachthimmel. Er sieht Förster streng an und zischt: „Ich möchte mal erleben, daß die MUK pünktlich zum Rapport erscheint!“
Dann macht er eine kurze Pause, sackt wieder tiefer in den Sessel und – ohne Förster anzusehen – spricht mit ruhiger Stimme, als wolle er die Verspätung gnädig übergehen: „Nehmen Sie schon Platz, Genosse Hauptmann! Wir wollen weitermachen.“
Förster setzt sich zu den anderen, legt die Akte und das orangefarbene Heft vor sich und zwinkert lächelnd einen Gruß in die Runde.
Rüttig sucht die Stelle in dem Fernschreiben, an der er durch Försters Eintritt unterbrochen wurde. Dann beginnt er wieder: „Also, Genossen, weiter zur Lage!“
Es folgt eine Aufzählung aller meldepflichtigen Vorkommnisse der letzten Nacht, die der Fernschreiber des Kriminaldienstes aufgezeichnet hatte.
Förster hört von wichtigen Einsätzen der Funkstreifen, von Einbrüchen und hilflosen Personen, von Verkehrsunfällen, einem versuchten Grenzdurchbruch, vom Auffinden einer unbekannten Frauenleiche und von allerlei Autoräderdiebstählen auf einem Parkplatz in der Innenstadt.
Hier und da macht sich einer der anwesenden Männer eifrig Notizen. Der Oberstleutnant fragt sie dann reihum nach dem aktuellen Ermittlungsstand wichtiger Vorgänge und zeigt dabei eine erstaunliche Sachkenntnis. Es werden Maßnahmen beschlossen, Haftsachen erörtert, Kräfteaufwand und Mittel beraten und Termine abgestimmt. Und wenn der Oberstleutnant von den Ergebnissen und Entscheidungen seiner untergebenen

Leiter beeindruckt ist, lobt er sie mit kargen Worten: „Gut! Weiter so! Wenn Sie Probleme haben, kommen Sie zu mir!“ Letzteres wagt kaum einer.

Schließlich folgt das politisch-aktuelle Gespräch, kurz PAG genannt, das Förster Freunden gegenüber als „Morgenandacht“ bezeichnet. Rüttig breitet dazu einen halben Quadratmeter „Neues Deutschland“, das Organ des Zentralkomitees der SED, vor sich aus und kommentiert die seiner Meinung nach wichtigsten Beiträge. Förster folgte dem Parteikauderwelsch nur mit halbem Ohr.

Wie üblich fordert Rüttig danach die Anwesenden auf, „Stimmungen und Meinungen aus den Arbeitskollektiven vorzutragen“. Einige berichten, mit welchen Wettbewerbsverpflichtungen sie den 30. Jahrestag der Volkspolizei vorbereitet haben, andere flechten in die Huldigungen der Parteipolitik vorsichtige Kritiken an der Versorgung durch den Einzelhandel ein. Der Rest sagt nichts.

Nach einer reichlichen halben Stunde beendet Rüttig den Rapport. Doch bevor die Männer den Raum verlassen haben, bittet Förster, ihn sprechen zu dürfen.

„Warten Sie, bis die anderen raus sind.“

Es wird bald ruhig im Zimmer des Oberstleutnant und Förster kann seine Angelegenheit vorbringen: „Es geht um die Vermißtensache Einbecker ...“, er legt dem Chef die Akte vor, die er die ganze Zeit sorgsam in der Hand gehalten hatte, „ich habe mit dem VPKA Wolmirstedt telefoniert. Man will den Vorgang ablegen. Version illegaler Grenzübertritt!“

Rüttig mustert ihn fragend: „Na, und?“

„Ich habe mir den Vorgang angesehen. Kurz gesagt, schludrige Arbeit, nichts ist richtig ausermittelt worden.“

„Sie müssen doch nicht hinter jeder Vermißtensache gleich einen Mord vermuten“, beschwichtigt ihn der Dezernent, „es hauen doch wohl mehr Menschen nach der BRD ab, als wir Tötungsdelikte in der Republik haben?!“

„Das mag ja sein, aber die melden sich doch dann irgendwie. Der Einbecker ist seit dem 8. März verschwunden und hat sich, wenn er sich schon mit seiner Frau nicht verstanden hat, nicht mal bei seiner Mutter in Werdau gemeldet, zu der er immer ein gutes Verhältnis hatte.“

„Nach meiner Kenntnis haben die Genossen in Wolmirstedt umfangreiche Ermittlungen geführt. Das illegale Verlassen ist doch

begründet. Mir fällt keine bessere Version ein! Oder haben wir irgendwo eine passende Leiche gefunden?"
Der Oberstleutnant hat beim letzten Satz die Stimme etwas angehoben. Es lag in ihr eine kleine Dosis Arroganz, die Förster nur provoziert: „Das sind doch ganz schlappe Vernehmungen. Den Maßnahmen fehlte es doch an genügender Breite und Tiefgründigkeit, alles konzentriert sich von Anfang an einseitig auf das illegale Verlassen der DDR. Das ist doch an den Haaren herbeigezogen!"
„Was wollen Sie denn noch mehr: Der Einbecker wurde letztmalig hinter Klötze gesehen, das ist doch nicht zu bestreiten. Ganz in der Nähe der Staatsgrenze. Er hatte seinen Wehrdienst bei den Grenztruppen geleistet, ist also vertraut mit dem Grenzregime und den Sicherungsanlagen. Außerdem hat die Ehefrau durchblicken lassen, daß ihr Mann durchaus auch abgedampft sein kann!"
„Ich meine, es sind zu viele Lücken in den Ermittlungen. Aber wenn es so entschieden wurde ...", resigniert der Kriminalist.
„Genosse Förster", bricht der Oberstleutnant den Dialog ab, „denken Sie doch bloß mal ein bißchen politisch! Die Entscheidung der Genossen in Wolmirstedt ist fundiert. Wir haben die Einstellung schon nach Berlin gemeldet. Also, der Vorgang kommt zur Ablage. Basta!" Er holt Luft, dann wird seine Stimme streng: „Sie können wegtreten!"
Förster nimmt die Akte und das Aufzeichnungsheft, geht, innerlich kochend, wortlos zur Tür, dreht sich demonstrativ um, verharrt einen Augenblick in der gleichen starren Haltung wie die eherne Miniausgabe des großen historischen Vorbilds auf dem Schreibtisch seines Chefs. Sein Mißmut drückt sich in dem betont militärischen Gebaren aus. „Genosse Oberstleutnant, ich melde mich ab!"
„Verschwinden Sie schon!" ruft dieser ihm fast versöhnlich nach.

*Wolmirstedt, Dienstag, den 8. Juli 1975, ein wolkendichter, sonnenloser, schwüler Sommertag.*
Marianne Einbecker, 36, hat Schwierigkeiten, die Ausgangstür der KONSUM-Kaufhalle zu öffnen. In jeder Hand schleppt sie einen prallgefüllten Beutel: Lebensmittel für die nächsten Tage, jede Menge Flaschen Bier und eine große Flasche Weinbrand für den Abend.

Eine Frau aus der Nachbarschaft hält die Tür auf: „Tag, Frau Einbecker. – Was ich Sie schon längst fragen wollte: Haben Sie schon Nachricht von Ihrem Mann?“
„Nee“, entgegnet sie, „soll er doch bleiben, wo der Pfeffer wächst. Ich denke, er ist in den Westen abgehauen. Die VP sagt das auch.“
„Und nicht mal geschrieben hat er nach all den Monaten? Wo Sie doch eine so große Tochter haben?“
Marianne Einbecker hat die schweren Beutel behutsam abgestellt: „Wissen Sie, die Antje ist ja nicht seine Tochter, sie ist aus meiner ersten Ehe. Er soll sie nur in Ruhe lassen, der Suffkopp!“
„Ist doch zu komisch“, resümiert die Nachbarin, „so mir-nichts-dir-nichts zu verschwinden.“
„So gut war unsere Ehe nicht, daß ich dem Kerl eine Träne nachweinen würde. Jetzt, nachdem die Polizei die Ermittlungen eingestellt hat, reiche ich sowieso die Scheidung ein.“
„Haben Sie denn noch Sachen von Ihrem Mann, die sie nicht mehr wollen. Ich meine, Sie verkaufen sie doch?“ wechselt die Nachbarin zaghaft das Thema.
„Tut mir leid, ich habe alles schon weggegeben“, entgegnet sie. Noch ehe sich die Frauen trennen, wirft die Nachbarin einen auffällig nebensächlichen, aber neugierigen Blick in den Beutel mit den geistigen Getränken: „Da haben Sie sich ja was vorgenommen“, bemerkt sie scherzhaft.
„Wir haben heute eine kleine Feier“, reagiert Marianne Einbecker, „jetzt muß ich aber los!“ Sie keucht mit ihrem Einkaufsgut einige Straßen weiter und biegt in den Plantweg ein. Ein fünfstöckiger, grauer Neubaublock mit mehreren Hauseingängen ist ihr Ziel. Dort liegt in der Nr. 13 ihre kleine, saubere 3-Zimmer-Wohnung mit Balkon, den Blick freigebend auf einen spärlich begrünten Platz, eingerahmt von anderen Häuserblocks gleichen Typs. Alles wirkt wie ein großer Hinterhof.
Zufrieden verstaut sie die Getränke im Kühlschrank, bindet sich eine Schürze um und bereitet den Kartoffelsalat für den Abend vor. Sie rechnet damit, daß Falk Scheuner, mit dem sie heute seinen 18. Geburtstag feiern will, in den späten Nachmittagsstunden von der Arbeit kommen wird. Bis dahin muß sie die Vorbereitungen beendet haben. Sie braucht auch noch Zeit, sich für ihn besonders hübsch zu machen.
Der Gedanke, daß sie einen wichtigen Entschluß gefaßt hatte,

der für Falk eine Überraschung bedeutet, versetzt sie in eine wohlige Erregung. Sie stellt sich vor, wie gelöst sie ihn heute Abend lieben kann, ohne den inneren Druck, daß er noch nicht 18 Jahre alt ist. Wenn Falk sie streichelt, schwinden ihr vor Glück die Sinne. Nie hätte sie sich vorstellen können, einen so viel jüngeren Mann zu lieben.

Kurz nach 17 Uhr kommt Falk Scheuner von der Arbeit. Lächelnd, ein wenig beschwipst, doch keineswegs erschöpft. Marianne Einbecker empfängt ihn an der Wohnungstür, obwohl er selbst Schlüssel hat. Ihr roter Minirock, die weiße Bluse mit dem wie zufällig geöffneten oberen Knopf und der leichtherbe Duft ihres Körpers, üben einen solchen Sog auf ihn aus, daß er sie auf der Stelle küssen muß. Sie erwidert seine Umarmung und haucht: „Herzlichen Glückwunsch, mein großer Junge!"

Falk Scheuner fühlt sich sauwohl. Er genießt es, von Marianne verwöhnt zu werden. Das ist ein Zuhause, wie er es sich immer gewünscht hat.

In der Küche reicht sie ihm ein Gläschen Weinbrand und stößt auf sein Wohl an, ihren Körper dicht an den seinen geschmiegt: „Ich habe mir überlegt, ich will mich nun doch scheiden lassen! Die Polizei hat die Ermittlungen eingestellt. Jetzt kannst du mich ganz haben!"

Falk Scheuner ist freudig überrascht. Damit hat er nicht gerechnet. Seit Monaten, schon zu einer Zeit, als ihr Mann noch im Hause wohnte, hatte er sie ständig bedrängt, sich scheiden zu lassen. Aber sie hatte abgewehrt. Zweimal geschieden – das sei ihr zuviel. Ihr jetziger Entschluß befriedigte ihn. „Dann können wir ja doch heiraten?"

Er umarmt sie erneut. „Feiern wir heute unsere Verlobung?"

„Ja, heiraten wir", flüstert sie, „dann fahren wir nach Bulgarien an den Goldstrand!"

Doch sie hält plötzlich inne. Ihre Knie werden weich. Sie muß sich setzen. So schwindelig wird es ihr: „Hoffentlich geht alles gut", seufzt sie, vor sich hinstarrend.

Falk Scheuner verschließt mit dem Zeigefinder zärtlich ihren Mund: „Psst, was soll denn noch schief gehen", beschwichtigt er sie, doch nicht ohne ihren eben geäußerten Gedanken weiter nachzuhängen.

Eine knappe Stunde später kommt die 15jährige Antje Führbringer, Marianne Einbeckers Tochter aus erster Ehe, nach Hause. Sie gratuliert Scheuner zum Geburtstag, der sie zu ei-

nem Gläschen Schnaps einladen will. Doch sie lehnt ab. Die Mutter nimmt sie zur Seite: „Kannst du ruhig mal trinken. Wir haben uns nämlich verlobt!"
Doch das stille, scheue Mädchen will nicht bleiben. Sie zieht sich in ihr Zimmer zurück. Sie denkt an den Stiefvater, den sie eigentlich nicht besonders mochte, der aber niemals wiederkehren würde. Sie denkt an Falk, der nur wenige Jahre älter ist als sie und ihr Freund sein könnte. Soll der mein Stiefvater werden? In ihr rumort es. Aber sie denkt auch an ihren Vater, an den sie sich nur noch schemenhaft erinnern kann und der sich längst nicht mehr um sie kümmert.
Und wie so oft in letzter Zeit überfällt sie eine schreckliche Schwermut. Wieder muß sie weinen. Nichts wünscht sie sich sehnlicher, als daß dieses letzte halbe Jahr nur ein böser Alptraum gewesen wäre.
Sie ahnt nicht, daß das alles noch nicht vorbei ist.

*Es ist Sonntag, der 22. November 1975, am späten Nachmittag.*
Die Wochenendgeruhsamkeit in der Wachstube des Betriebsschutzes im Schiffshebewerk Rothensee in Magdeburg wird jäh unterbrochen. Drei Jugendliche sind erschienen und berichten dem Wachhabenden aufgeregt, sie hätten in der Nähe des Barleber Sees zwischen den Sträuchern eine vergrabene Leiche gefunden. Zunächst hätten sie nur den Teil eines Schädels im Erdreich entdeckt und aus Neugierde dann diese Stelle etwas freigelegt. Dabei wären sie auf einen verwesten Körper gestoßen. „Vielleicht ist es ein Tierkadaver", beschwichtigt sie der Wachhabende, der aber, um sicher zu gehen, den Operativen Diensthabenden des Volkspolizeikreisamtes Magdeburg verständigt. Zur Überprüfung der Sachlage fährt wenige Minuten später die Diensthabende Gruppe der Kriminalpolizei an den Fundort. Unschwer stellt sie fest, daß es sich tatsächlich um einen menschlichen Körper handelt, der teilweise aus dem Erdreich ragt. Ordnungsgemäß meldet die Diensthabende Gruppe den grausigen Fund dem Leiter des Kreisamtes. Doch anstatt die Morduntersuchungskommission zu verständigen, informiert er den Chef der Kreisdienststelle des MfS, der mit ihm an den Barleber See fährt, um sich persönlich von der Richtigkeit der Meldung zu überzeugen. Doch mehr als die Bestätigung, daß es sich bei dem Fund offensichtlich um einen

verwesten menschlichen Körper handelt, kann auch dieses honorige Duo nicht feststellen. So bleibt dem Amtsleiter nichts weiter übrig, als Oberstleutnant Rüttig von der Bezirksbehörde zu informieren, der den sofortigen Einsatz der MUK veranlaßt. Sie trifft gemeinsam mit den beiden Gerichtsärzten, Prof. Fuchs und der Oberärztin Schneller, kurz vor 19.00 Uhr am Barleber See ein. Inzwischen sind seit dem Fund durch die Jugendlichen mehr als zwei Stunden vergangen.
Schutzpolizisten haben den Fundort weiträumig abgesperrt. Die Gerichtsärzte schätzen nach einer ersten Inaugenscheinnahme ein, daß die Liegezeit des Leichnams mehrere Monate betragen müsse. Gefahr im Verzuge ist unter den gegebenen Bedingungen nicht gegeben.
Wegen der fortgeschrittenen Dunkelheit wird die genaue Fundortuntersuchung für den nächsten Tag festgelegt.
Am nächsten Morgen herrscht klares Wetter, der Boden ist fast frostfrei – gute Voraussetzungen für eine exakte Fundortuntersuchung und Bergung des Leichnams.
Die Arbeiten der Spezialisten dauern bis in die späten Nachmittagsstunden. Der Körper liegt einen reichlichen halben Meter tief im Erdreich. Offensichtlich war die Erdoberfläche durch Tiere an verschiedenen Stellen freigescharrt worden. Die herausragenden Weichteile des Rumpfes weisen typische Fraßspuren auf. Die Haut des Schädels ist vollständig verwest.
Behutsam Schicht für Schicht freilegend, hier und da eine Probe entnehmend, legen die Experten den Leichnam frei. Jede Arbeitsphase wird fotografisch dokumentiert. Ein penetrant riechender, süßlich-käsiger Fäulnisgeruch begleitet die Spurensucher bei der Bergung, hält sich aber durch die trockene Novemberkälte in den Grenzen der Erträglichkeit.
Bald steht fest, daß es sich um den Körper eines Mannes handelt, dem man die Beine abgetrennt hat. Den Hals umschlingt, tiefe Furchen bildend, das Stück einer Wäscheleine, im Nacken straff verknotet. Einige gut erhaltene Haare sind fest in den Knoten eingebunden. Vorsichtig wird der Leichnam geborgen und zum Institut der Medizinischen Akademie Magdeburg transportiert.
Die weitere spurenkundliche Arbeit in der Grube und ihrer Umgebung erbringt bis auf den Fund spärlicher Bekleidungsreste keine nennenswerten Hinweise. Präzisere Angaben ergibt jedoch die Leichenöffnung des Unbekannten.

Durch Tiere freigelegte Leichenteile des Ermordeten am Barleber See, wodurch die zufällige Entdeckung ermöglicht wurde.

Der nach Entfernung des Erdreichs teilweise freigelegte Leichnam.

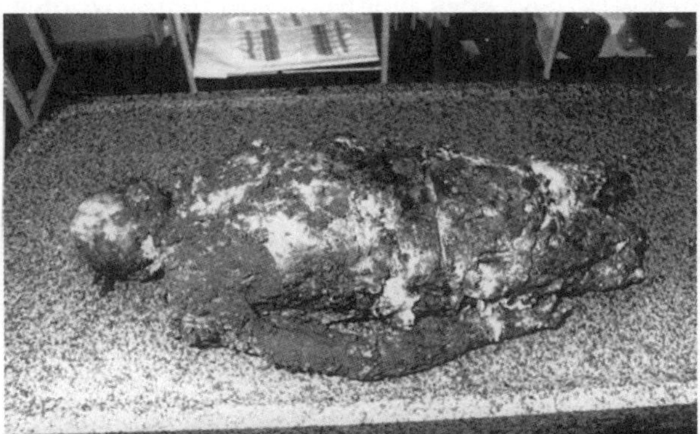

Von Erde befreiter Torso.

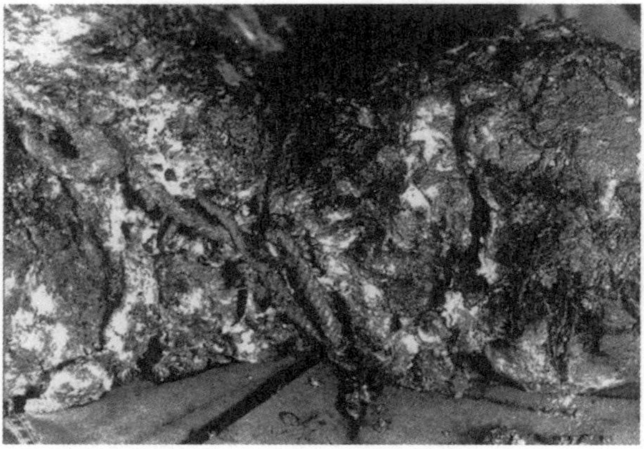

Während die Weichteile des Getöteten bereits erheblich verwest waren, ist das Strangwerkzeug gut erhalten geblieben.

Die Obduzenten finden eine Reihe wichtiger Details, die sowohl für die Todesursache, die Liegezeit als auch für die Identifikation des Toten von besonderem Wert sind. Nach zwei Stunden wissen die Kriminalisten, daß es sich bei der aufgefundenen „unvollständigen“ Leiche um einen etwa 35 bis 40 Jahre alten und 170 bis 175 cm großen Mann handelt, dessen Gebiß charakteristische Merkmale aufweist. Der Unbekannte besaß vermutlich dunkelbraunes, nackenlanges Haar und trug Unterwäsche der Konfektionsgröße 5. Sein Tod muß durch Strangulation eingetreten sein. Das Zungenbein war geborsten. Die Untersuchung der Knochenstümpfe an den Oberschenkeln begründen den Verdacht, daß die unteren Extremitäten nach Todeseintritt durch ein Hiebwerkzeug, etwa eine Axt, abgetrennt worden sind. Die Liegezeit wird auf mehrere Monate bis maximal ein Jahr geschätzt. Die Summe aller Befunde zur Todesart und Todesursache bestätigen die Vermutung eines Tötungsverbrechens an dem Mann. Sie bildet den Ausgangspunkt der Ermittlungen durch die MUK.

Einen Tag später vertieft sich Hauptmann Förster in den Leichenöffnungsbericht über den unbekannten Toten am Barleber See. Er notiert sich wichtige Ergebnisse der Obduktion, die er für die Planung der nächsten Ermittlungen für nötig hält. Dann telefoniert er mit einem seiner Mitstreiter: „Hotte, ich brauche aus der Ablage alle ungeklärten Vorgänge von vermißten Männern der letzten zwölf Monate aus dem ganzen Bezirk,

möglichst mit Zahnstatus. Und denke dran, auch die, die wegen Republikflucht eingestellt wurden!"
Noch am Vormittag liegt ein Stapel der angeforderten Akten auf seinem Schreibtisch. Er beginnt mit einer groben Sortierung: Jene werden beiseite gelegt, in denen die Männer wesentlich jünger oder älter als 40 Jahre waren. Den Rest prüft er mit der ihm eigenen Sorgfalt. Blatt für Blatt vergleicht er die Daten über die Personen und die Zeiten ihres Vermißtseins mit den bisherigen Ermittlungsergebnissen. Immer wieder legt er dann eine neue Akte zu den bereits ausgesonderten. Bis er plötzlich innehält. Er traut seinen Augen kaum. Hält er doch eine Akte in den Händen, die ihn seit Monaten bereits beschäftigt und deretwegen er sich bei seinem Chef einen weiteren Minuspunkt geholt hatte.
Seine bisherige Gelassenheit ist gewichen, und sein Jagdfieber entfacht. Er liest, blättert, liest, blättert. Dann bricht es aus ihm heraus: „Das gibt's doch nicht!"
Er ergreift das Telefon und wählt: „Hotte, komm mal gleich rüber zu mir!"
Und Hotte kommt. Er ist der 1. Offizier in der Kommission, etwas über 40, mittelgroß, breitschultrig mit Bauchansatz, dienstälter als Förster, eine Spürnase ohne akademische Bildung, doch deshalb nicht weniger wichtig, ein Mann mit praktischer Intelligenz für die Polizeiarbeit. Schon beim Betreten des Zimmers sprudelt es aus Försters Mund: „Guck dir das hier an! Das hab ich mir doch gleich gedacht. – Diese Idioten! Und der Alte spielt noch mit!"
Hotte ist verdutzt, er versteht seinen Chef nicht. Erst als er einen Blick in die Akte wirft, die Förster ihm reicht, geht ihm ein Licht auf: Es ist die Vermißtensache Einbecker, die Anfang Juni wegen Verdachts des ungesetzlichen Grenzübertritts abgelegt wurde. Einbecker ist seit Anfang März vermißt, seine Frau hatte die Anzeige erstattet.
Und während Hotte die Akte überfliegt, bemerkt Förster beiläufig: „Unser Beinloser vom Barleber See!"
Nun setzt sich Hotte. Interessiert beginnt er, den Vorgang gewissenhaft zu lesen. Förster sieht ihm einen langen Moment wortlos zu. Dann ergreift er das Telefon und drückt einen Knopf: „Alle Mann an Deck! In zehn Minuten bei mir! Ruft eure Frauen an, es wird 'ne lange Nacht!" Das ist alles, was er für den Mann am anderen Ende der Leitung an Überraschung bereithält.

Wenig später sitzen die Kriminalisten der MUK bei Förster und schmieden den Schlachtplan für das weitere taktische Vorgehen. Die Angaben zur Personenbeschreibung des Einbecker in der Vermißtenanzeige sind nahezu identisch mit denen des Toten am Barleber See. Das Abtrennen der Extremitäten des Opfers und die Art der Leichenbeseitigung waren ein aus der Erfahrung geborenes wichtiges Indiz dafür, daß zwischen dem Opfer und seinem Mörder eine enge Beziehung bestanden haben muß.
Eine lebhafte Diskussion entflammt. Jeder darf seine Versionen vorbringen und begründen, bis Förster das Gersprächsgewirr unterbricht: „Schluß mit der Spinnstunde! Ich fasse zusammen: Unser Mann ist Opfer einer Eliminierungstötung. Der Täter dürfte – so unsere Hauptverdachtsrichtung – im sozialen Nahraum des Opfers zu finden sein. Konzentrieren wir uns also auf Freunde, Arbeitskollegen, die Ehefrau, mögliche Nebenbuhler! Diese Version gilt solange, bis wir die Grenze ihrer Verifizierung erreicht haben. Ich halte einen Fremdtäter für wenig wahrscheinlich!"
Die Mitstreiter wissen, worauf es jetzt ankommt. Was nun folgt, ist Routine, vielmals praktiziert: Ermittlungsaufträge werden formuliert, kriminaltechnische Untersuchungen geplant, Vernehmer in Bereitschaft gehalten. Längst ist bekannt, daß Rudolf Einbecker in Klötze, nahe seiner Arbeitsstelle, dem Obstbau Olvenstedt, eine Nebenwohnung unterhalten hatte und sich nur an den Wochenenden in Wolmirstedt bei seiner Frau aufhielt. Aber niemals wurde dort nach Spuren gesucht. Könnte dort nicht der Tatort sein? Auch gilt es, Frau Einbecker erneut zu befragen, insbesondere zum sozialen Umfeld ihres Mannes. Doch besondere Vorsicht ist geboten: Nicht nur der Tatort, sondern vor allem auch der Täter sind noch unbekannt. Man könnte bei den Ermittlungen direkt auf sie stoßen.
So fahren die einen nach Klötze. Sie müssen sich in der ehemaligen Behausung Einbeckers umsehen, Leute aus der Nachbarschaft befragen, um Details der Lebensgewohnheiten, des Freizeitverhaltens und des Freundeskreises zu erfahren.
Förster und Hotte knattern mit dem strapazierten Dienst-Wartburg nach Wolmirstedt. Ihr pikantes Interesse gilt der Hauptwohnung Einbeckers am Plantweg 13 und seinen Bewohnern.

Die Zeit für Hausermittlungen ist günstig. Der späte Nachmittag sichert, daß die meisten Leute von der Arbeit bereits heimgekehrt sind. Er ist die Gewähr für die erfolgreiche Kingeltour an den Wohnungstüren meist unbescholtener Bürger. Die Männer wissen, wie in einem Wohnhaus ermittelt wird. Sie gehen um den Häuserblock, erkunden, wie die Eingänge und Keller angeordnet sind, ehe sie das Haus Nr. 13 betreten.
Vor einer Parterrewohnung wischt eine Frau den Fußboden. Förster fragt: „Entschuldigen Sie! Wer führt denn das Hausbuch bei Ihnen?"
Für einen Augenblick unterbricht die Frau ihre Reinigungsprozedur: „Ja, Frau Zimmermann, im zweiten Stock!"
Dankend steigen die Männer behäbig die Stufen empor, vorbei an Wohnungstüren, die von sorgsam abgestellten Straßenschuhen, Stiefeln und Kinderrollern still behütet werden.
Frau Zimmermann, eine kleine, schlanke Mittsechzigerin mit lebhaften, neugierigen Augen, öffnet und läßt die beiden ein, nachdem sie sich ausgewiesen haben.
„Sie führen das Hausbuch?"
Sie nickt stolz. Ja, sie bekleidet als Hausbuchführerin eine wichtige gesellschaftliche Funktion. Sie ist der verlängerte Arm der polizeilichen Meldestelle und des Abschnittsbevollmächtigten. Sie wacht zuverlässig darüber, daß alle Hausbewohner ihre Personalien und Arbeitsstellen bei ihr registrieren lassen sowie ihre Besucher anmelden, falls sie längere Zeit zu bleiben beabsichtigen. Gelegentlich wird sie auch von der Kriminalpolizei um vertrauliche Auskünfte gebeten. Ebenso aber auch von den freundlich tuenden Kämpfern der unsichtbaren Front mit ihrem auffällig-unauffälligen konspirativen Gebaren.
Frau Zimmermann bietet den Männern Platz an und breitet das Hausbuch vor ihnen aus. Hottes Augen gleiten aufmerksam über die sorgfältig aufgelisteten Daten der Hausbewohner. Förster unterhält sich unterdessen mit ihr: „Wir kommen noch mal wegen des Herrn Einbecker. Vielleicht können Sie uns weiterhelfen."
Und bereitwillig erzählt sie alles, was sie über Einbecker weiß. Die Männer erfahren, daß er sich mit seiner Frau in letzter Zeit nicht vertragen hatte, viel trank, nur an den Wochenenden nach Hause kam, an den Wochentagen aber der junge Falk Scheuner in seiner Wohnung logierte. Sie bedauert es zutiefst, daß es ihr nicht zu klären gelungen war, ob dies nun der Freund der

Wohnhaus der Eheleute E. in Wolmirstedt.

Tochter von Frau Einbecker oder gar von Frau Einbecker selbst ist.
„Ich will ja nichts gesagt haben“, schließt sie ihre Auskünfte ab, „aber merkwürdige Verhältnisse sind das schon!“
Eine Etage höher liegt die Wohnung, die die beiden Ermittler interessiert. Frau Einbecker öffnet selbst. Mißtrauisch mustert sie die Fremden und ihre Dienstausweise.
„Kriminalpolizei, sind Sie Frau Einbecker?“
Die Frau nickt.
„Wir müssen im Zusammenhang mit dem Verschwinden Ihres Mannes noch einige Fragen mit Ihnen besprechen. Können wir das der Einfachheit halber gleich hier erledigen?“
Marianne Einbecker läßt die beiden ins Wohnzimmer. Unbehagen breitet sich in ihr aus. Das sind nicht die Männer, die die Vermißtensache ihres Mannes auf dem VPKA bearbeiten. Sie kommen aus der Bezirksbehörde in Magdeburg. Das macht die Frau unruhig. Sie befürchtet, daß sie mit unzähligen, verwirrenden Fragen attackiert wird.
Zunächst kann Frau Einbecker alles erklären, logisch und widerspruchsfrei. Doch dann kann sie ihre Erregung nur mit äußerster Mühe unterdrücken. Das sind Fragen, die nichts mit dem Verdacht einer Republikflucht ihres Mannes zu tun haben. Sie hat den Eindruck, daß die Männer mehr wissen, als sie vorgeben. Sie flüchtet nach vorn: „Wissen Sie was Neues? Hat man

ihn gefunden – ich meine, kennt man inzwischen seinen Aufenthalt?“
Förster macht eine mehrdeutige Kopfbewegung: „Später! Wir informieren Sie. Doch jetzt schildern Sie uns bitte, wie die letzten Monate vor dem Verschwinden Ihres Mannes verliefen!“
Dann erzählt sie, wie sie mit ihm in der Weihnachtszeit des Vorjahres auf dem Magdeburger Weihnachtsmarkt Christbäume verkauft hat. Ihre Ehe sei damals schon ziemlich kaputt gewesen. Die ständige Trinkerei ihres Mannes habe zu immer mehr zermürbenden Streitigkeiten geführt. Sie war jedes Mal froh, wenn er montags in der Frühe wieder nach Klötze fuhr. Dann hatte sie Ruhe bis Freitag Nachmittag. Kurz vor Weihnachten habe das Ehepaar Einbecker den Jugendlichen Falk Scheuner kennengelernt. Er hatte sie beim Verkauf der Weihnachtsbäume tatkräftig unterstützt und sich damit ein Taschengeld hinzuverdient. Einbecker würdigte die Leistungen und lud den Jungen zum zweiten Weihnachtsfeiertag nach Wolmirstedt ein. Falk kam auch und blieb bis zum nächsten Morgen. Marianne Einbecker hatte den Eindruck, daß die Anwesenheit von Scheuner die Streitsucht ihres Mannes drosselte. Einbecker verstand sich gut mit ihm, auch wenn Falk nicht so viel trank wie er. Silvestervormittag erschien Falk Scheuner wieder bei ihnen. Er war niedergeschlagen, hatte sich ernsthaft mit seinem Vater gestritten und wollte nicht mehr nach Hause. Einbecker habe in Absprache mit ihr dem Falk bereitwillig angeboten, künftig bei ihnen wohnen zu können. So sei es bis heute geblieben.
„Ist denn Falk zu Hause?“ will Förster wissen.
„Nein, aber er müßte jeden Augenblick kommen. Er wollte bei einem Freund das Moped reparieren“, erwidert Marianne Einbecker. Förster schaut auf seine Armbanduhr: „Können wir solange warten?“
Diese Frage war höchst lästig, die Frau bejaht sie mit Widerstreben.
Förster fragt weiter: „Haben Sie noch persönliche Sachen von Ihrem Mann?“
„Nein, ich habe alles, was er hier gelassen hat, verkauft.“
„Sind Sie sicher, daß er sie später nicht wiederhaben will?“
„So ziemlich.“
Hotte mischt sich ein: „Darf ich mich ein bißchen umsehen?“
Die Frage ergänzt er auf der Stelle: „Keine Durchsuchung! – Nur Besichtigung!“

Resigniert nickt Marianne Einbecker. Und Hotte läßt einen intensiven Blick durch das Wohnzimmer streifen, beäugt das Mobiliar wie ein Museumsbesucher, gemächlich von Exponat zu Exponat schreitend. Beiläufig fragt er: „Haben Sie eine Datsche, ein Wochenendgrundstück?"
Sie verneint. Hotte setzt fort: „Eine Abstellkammer?"
„Nein, aber einen Keller", antwortet sie wie gelähmt.
„Darf ich den auch mal sehen?"
Jetzt ist es ihr zu viel. Sie entrüstet sich: „Warum das? – Meinen Sie, er liegt da? Verdächtigen Sie mich ...?"
Hotte fällt ihr ins Wort: „Nun bleiben Sie doch ruhig! Es ist doch nur eine Routinemaßnahme. Das machen wir in jedem Vermißtenfall so. Wir besichtigen alle möglichen Aufenthaltsorte ..., natürlich nur, wenn Sie keine Einwände haben", setzt er hinzu, wohl wissend, daß er keinen richterlichen Durchsuchungsbeschluß vorweisen könnte. Marianne Einbecker überlegt: Wie soll ich reagieren? Ein Nein würde sie nur verdächtig machen. Aber ein leichtfertiges Ja vermag sie ebenfalls nicht über die Lippen zu bringen. So sehr sie sich auch bemüht, sie findet keine plausiblen Ausflüchte. Deshalb zögert sie mit der Antwort, sagt dann aber: „Ich hole die Schlüssel!"
Und sie geht aus dem Zimmer. Wieder überlegt sie: Ob beide mitgehen, wenn ich in den Keller gehe? Oder bleibt einer zurück und schnüffelt herum? Sie entscheidet sich für das geringere Übel – und übergibt Hotte die Schlüssel: „Ich muß ja nicht mitgehen. Rechter Gang, der nächste Keller hinter der Waschküche."
Hotte geht. Und Marianne Einbecker bleibt. So ist es ihr allemal recht. Was soll der Bulle schon im Keller finden? Alles ist aufgeräumt, alles ist in Ordnung.
„Wollen Sie einen Kaffee?" fragt sie Förster verlegen.
„Ja, gern!" lautet dessen kurze Antwort.
Hotte findet den Keller ohne Schwierigkeiten. Er ist prall gefüllt mit allem, was man so im Keller verstaut, macht trotzdem einen sauberen, wohlgeordneten Eindruck. Sein Blick tastet durch den Raum. Nichts bleibt ihm verborgen. Auch nicht das Beil, das hinter einem Schränkchen hervorlugt. Er zieht es hervor und prüft es. Keine Auffälligkeiten? Gar keine? Es sieht neu aus. Doch seine Schneide hat merkwürdige Einkerbungen. Die kommen doch nicht vom Holzhacken, denkt Hotte, setzt den Gedanken fort: ... aber auch nicht vom Beineabschlagen! Er

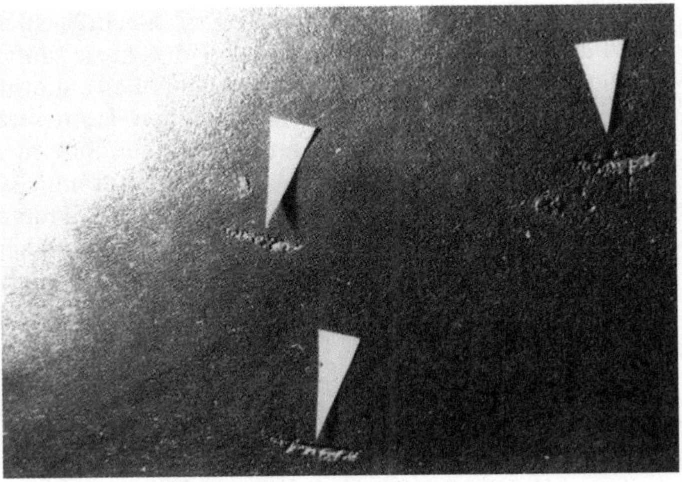

Schartenspuren im Betonfußboden der Waschküche.

schiebt das Beil an seinen Platz zurück und verläßt den Keller. Gerade will er wieder nach oben gehen, als sein Blick auf die Tür zur Waschküche fällt. Die Tür ist nicht verschlossen. Wieder wandern seine Augen umher. Er stutzt. Was ist das? Jede Menge Schartenspuren im Zementfußboden, einige Zentimeter lang, einige Millimeter breit, verteilt auf der Fläche eines halben Quadratmeters. Das erweckt seine Aufmerksamkeit. Er geht zurück und holt das Beil, hält die Schneide in die Scharten und probiert verschiedene Positionen. Mit diesem Beil wurde hier gehackt, lautet seine schlüssige Feststellung. Aber er ist sich im Klaren, daß alle weiteren Überlegungen reine Spekulation wären. Dennoch stachelt dieser Umstand seinen Instinkt weiter an. Er nimmt das Beil und geht.

Frau Einbecker öffnet ihm wieder. Falk Scheuner ist offensichtlich noch nicht da, denn Förster sitzt auf der Couch und schlürft genüßlich Kaffee.

Erst als Hotte das Beil auf dem Wohnzimmertisch ablegt, bemerkt Marianne Einbecker das Utensil. Sie erschreckt über alle Maßen, ist den Tränen nahe, kann sich kaum beherrschen. Ihr wird schwindelig. Förster und Hotte sagen nichts. Nur ihre Augen führen einen vielsagenden Dialog. Ihre Blicke schweifen abwechselnd auf das Beil, dann auf die Frau.

Förster macht eine Kopfbewegung, die Hotte versteht. Er tritt an Marianne Einbecker heran: „Ist Ihnen schlecht?“ Hilfsbereit stützt er sie und führt sie an den Sessel, drückt sie sanft in die Polster, bis sie sitzt, einen halben Meter vom Beil entfernt. Jetzt kann sie die Tränen nicht mehr zurückhalten. Hotte setzt sich zu ihr, gießt ihr eine Tasse Kaffee ein: „Lassen Sie’s raus!“ Er spricht ruhig und väterlich. Da bricht sie zusammen. Ihre Tränen verdichten sich zu einem verzweifelten Weinkrampf. Die Männer lassen sie gewähren. Aber nur einen Augenblick lang. Jetzt wollen sie mehr wissen. Wichtig ist nur, daß Falk Scheuner nicht stört, sonst ist alles verpatzt. Förster ergreift die Initiative: „Sie wissen doch, warum wir hier sind. Wir haben die Leiche Ihres Mannes gefunden. Erzählen Sie uns, was los war!“

Ohne ihren Kopf zu heben, schluchzt sie den entscheidenden Satz, auf den die Männer gewartet haben: „Wir waren es, der Falk und ich!“

Dann bricht sie erneut zusammen, ist am Ende ihrer Kräfte, kann nur noch heulen. Försters Worte „Wir müssen Sie festnehmen!“ nimmt sie gar nicht mehr wahr. Da sitzt sie völlig teilnahmslos, zusammengesunken, mit fahlem Gesicht.

Es schließt an der Wohnungtür. Scheuner kommt! Hotte springt auf die Tür zu, reißt sie auf. Falk Scheuner ist völlig perplex. Die Wohnungsschlüssel in der Hand, steht er einem Fremden gegenüber, der ihn unsanft an den Armen packt und ins Wohnzimmer schiebt. Marianne Einbecker hat nicht mehr die Kraft, ihm entgegenzugehen. Sie blickt ihn müde und erschöpft an: „Ich hab es ihnen gesagt!“ Scheuner kann nicht begreifen, was passiert ist. Noch ehe er einen Satz sagen kann, spricht Förster ihn scharf und deutlich an: „Lassen Sie den Anorak an, Sie sind verhaftet!“

Jetzt schießen auch Scheuner Tränen in die Augen: „Es stimmt, ich habe ihn umgebracht“, stammelt er. Er hält die Hände vor das Gesicht, um sein schluchzendes Entsetzen zu verbergen. Alles bricht über ihm zusammen. Sein Kopf ist leer.

Förster klappert mit den Handschellen: „Wenn Sie vernünftig sind, stecke ich sie wieder ein.“

Falk Scheuner wird nun still. Er nickt ängstlich. Förster läßt die Handschellen wieder verschwinden: „Gut, wir unterhalten uns später!“

Da Antje Fürbringer seit dem Sommer bei ihrer Großmutter in Samswegen wohnt, kann wenig später die Wohnung versiegelt werden.

Kurz vor Mitternacht sind die Arbeitsräume der MUK in Magdeburg noch hell erleuchtet. Unaufhörlich werden von nun an die Schreibmaschinen klappern. Vernehmungen dauern lange. Marianne Einbecker wird Falk Scheuner erst wieder im Gerichtssaal sehen. Kontakte zwischen ihnen werden, solange die Ermittlungen andauern, nicht gestattet.
Falk Scheuner gesteht gleich zu Beginn der Beschuldigtenvernehmung den Mord an Rudolf Einbecker, obwohl er immer wieder versucht, Marianne Einbecker soweit es geht herauszuhalten. Er weiß nicht, daß sie – nur wenige Meter von ihm entfernt – in einem Nebenzimmer ein lückenloses Geständnis ablegt.
Nach seinen Angaben finden die Kriminalisten am nächsten Tag, einige hundert Meter von der Fundstelle des toten Einbecker entfernt, die abgehackten Gliedmaßen und eine zerfetzte Hose, oberflächlich vergraben und mit einer Laubschicht abgedeckt. Unverzüglich wird die gerichtsärztliche Untersuchung durchgeführt. Die Extremitäten werden Rudolf Einbecker zweifelsfrei zugeordnet und die Angaben Scheuners, wie er die Beine von der Leiche abgetrennt habe, bestätigt.
Anfang Juli 1976 sind die kriminalpolizeilichen Ermittlungen abgeschlossen. Der Staatsanwalt kann die Anklageschrift vorbereiten. Nun ergibt sich ein klares Bild über den Tathergang.

Es war Liebe auf den ersten Blick, die Falk Scheuner und Marianne Einbecker verband, seit sie sich beim Weihnachtsbaumverkauf kennenlernten. Als er Silvester zu den Einbeckers zog, begann für beide die lust- und angstvolle Zeit heimlicher Liebe. Bereits in den ersten Januartagen schliefen sie miteinander. Die Woche über lebten sie wie ein Ehepaar zusammen, wenn Rudolf Einbecker in Klötze wohnte. Sie versprachen einander, zusammenzubleiben, und Marianne Einbecker wollte ihn heiraten, sobald er sein 18. Lebensjahr vollendet hatte.
Rudolf Einbecker ahnte dunkel, daß er betrogen wurde. Seine Trink- und Streitsucht an den Wochenenden machten das Leben immer unerträglicher. Falk Scheuner achtete sehr darauf, seine wahre Beziehung zu ihr nicht zu verraten. Er mischte sich auch nicht in die ehelichen Auseinandersetzungen ein, z. B. wenn Marianne Einbecker von ihrem Mann geschlagen wurde. Nur tief in ihm grollte ein unbändiger Haß auf ihn.
Wenn dieser montags früh nach Klötze fuhr, begann für die Liebenden eine Woche der Glückseligkeit. Da war Zeit für

Zärtlichkeiten und Zukunftspläne. Scheuner schnitt dabei mehrmals das Thema einer Scheidung an, aber Marianne Einbecker wich ihm aus. Sie ging davon aus, daß ihr Mann niemals einer Scheidung zustimmen würde.

Als Mitte Februar die Scheidung abermals Gegenstand eines Bettgesprächs war, machte Scheuner ohne Umschweife den Vorschlag, Einbecker zu liquidieren. Zunächst zeigte Marianne Einbecker keine Reaktion, gewöhnte sich aber schnell an den Gedanken, wie sie mit Scheuner leben könnte, wenn ihr Gatte tot wäre. An den nächsten Abenden nahmen die Pläne immer schärfere Konturen an. Sie diskutierten die Möglichkeit eines perfekten Verbrechens, ob man, falls Einbecker vergiftet würde, einen natürlichen Tod vortäuschen könne. Aber Scheuners spätere Bemühungen um ein geeignetes Gift schlugen fehl. Schließlich dachte er darüber nach, Einbecker kurzerhand zu Tode zu strangulieren und seine Leiche verschwinden zu lassen. Dieses Vorgehen hielt er für geeigneter als ein Vergiften, da er damit einer kritischen Leichenschau völlig aus dem Wege ging. Man beriet die Einzelheiten. Am nächsten Tag kaufte Marianne Einbecker eine Hanfwäscheleine, schnitt ein Ende ab, aus der Scheuner eine Schlaufe mit laufender Schlinge knotete. Von nun an verbarg er das Mordwerkzeug ständig in seiner Hose und wartete auf eine günstige Gelegenheit.

Anfang März fuhr Scheuner nach Klötze, um Einbecker betrunken zu machen und ihn zu strangulieren. Aber Einbecker kam nicht in seine dortige Wohnung. Er befand sich auf einem Kurzlehrgang in Halberstadt. Unverrichteter Dinge kehrte Scheuner nach Wolmirstedt zurück, hinterließ Einbecker aber eine Nachricht, sich am Sonntag, dem 8. März 1975, auf dem Bahnhof in Gardelegen mit ihm zu treffen, um ihn an einem lukrativen Nebenverdienst beteiligen zu wollen. In den frühen Morgenstunden des 8. März saß Scheuner im Zug nach Gardelegen, das Henkerswerkzeug in der Tasche. Der Zug tuckerte behäbig durch die Bördelandschaft. Er erreichte erst mit erheblicher Verspätung sein Ziel. Und Einbecker war nicht mehr am vereinbarten Ort. Enttäuscht fuhr Scheuner mit dem nächsten Zug nach Wolmirstedt zurück.

Am späten Abend erschien Einbecker angetrunken in der ehelichen Wohnung. Er polterte gleich los, warum Scheuner seine Verabredung nicht eingehalten habe. Marianne Einbecker stellte sich ahnungslos. Doch der Streit nahm kein Ende. Schließlich gipfelte er in körperlichen Auseinandersetzungen zwischen den Eheleuten. Die Fetzen flogen. Nun mischte sich Scheuner ein. Die beiden Männer gingen wie Kampfhähne aufeinander los. Wohnzimmer und Korridor bildeten ihre Arena. Als Einbecker durch einen gezielten Faustschlag im Wohnzimmer bäuchlings zu Boden ging, drückte Marianne Einbecker die spitzen gußeisernen Füße eines vier Kilogramm schweren Standaschenbechers derart in seinen Nacken, daß er sich nicht aufrichten konnte. Das war für Scheuner die Gelegenheit, Einbecker die vorbereitete Schlinge über den Kopf zu streifen. Und ehe er sie mit der ganzen Kraft seines Körpers zuzog, stemmte er einen Fuß gegen den Leib seines Opfers. Einbecker stöhnte: „Jetzt wollt Ihr mich auch noch umbringen!“

Das waren seine letzten, wahren Worte. Scheuner zog und zog. Das Seil schnürte sich tief in die Weichteile des Halses. Der Kehlkopf zerbarst. Dann bewegte sich Einbecker nicht mehr. Seine Gattin löste ihre schmiedeeiserne Falle von seinem Nacken. Einbecker war tot.

Sie ging aus dem Zimmer, mußte sich übergeben. Dann faßte sie sich wieder. Ein völlig irrationaler Gedanke leitete ihr weiteres Handeln: Sie ging zum Kinderzimmer und weckte ihre Tochter Antje. Dem schlaftrunkenen Kind überbrachte sie die Nachricht, daß Falk Scheuner und sie den Vater umgebracht hätten. Nun müsse die Leiche verschwinden. Niemand dürfe etwas erfahren, ansonsten wären ihr viele Jahre Gefängnis sicher. Antje Fürbringer war fassungslos. Sie taumelte aus dem Bett, stand plötzlich im Korridor mit Scheuner und der Mutter, einen ängstlichen Blick auf den toten Einbecker riskierend, der im Wohnzimmer lag.

Das Trio beriet nun das weitere Vorgehen. Scheuner wickelte die Leiche in eine Wolldecke. Zu dritt schleppte man das schwere Bündel unbemerkt aus der Wohnung in den Keller und legte es auf dem Fußboden der Waschküche ab. Marianne Einbecker verschloß die Tür. Dann ging man nach oben. Erschöpft schliefen Falk Scheuner und Marianne Einbecker bis zum Morgen. Nur Antje Fürbringer wälzte sich in den Kissen und weinte.

Am nächsten Tag besorgte Marianne Einbecker einen kleinen Handwagen, den die kommunale Wohnungsverwaltung an ihre Mieter auslieh. Damit sollte der Leichnam weggeschafft werden. Doch das Gefährt erwies sich als zu klein für den Transport

Der von der Kommunalen Wohnungsverwaltung den Mietern zur Verfügung gestellte Handwagen, in dem der Leichnam des E. transportiert wurde.

des großen toten Körpers. Wieder wartete das mörderische Paar einen Tag ab. Am 10. März fuhr Scheuner nach Magdeburg und kaufte im Schutze großstädtischer Anonymität einen Spaten und ein Beil. Abends, als Ruhe im Hause war, sicherten die Geliebte und ihre Tochter an der Tür zur Waschküche das schaurige Werk Scheuners. Er hatte die Leiche aus der Decke gewickelt und trennte mit vielen wuchtigen Hieben die Beine vom Körper des Getöteten. Dann ging alles sehr schnell. Die Leichenteile, die nun problemlos in den Handwagen paßten, wurden unauffällig abgedeckt, der Spaten dazugelegt. Marianne Einbecker und er fuhren den Wagen unbemerkt aus dem Haus. Antje Fürbringer blieb zu Hause und dachte darüber nach, ob sie wohl eine Verbrecherin geworden ist. Das ließ sie wieder nicht schlafen.

Die Liebenden indes transportierten ihr grauenvolles Gut im Schutze der Nacht zum Barleber See. Dort beerdigten sie den Toten. Als Scheuner das Grab zuschaufelte, bemerkte er, daß er vergessen hatte, die Beine zu beseitigen. Das geschah schließlich irgendwo auf dem Rückweg an einer Böschung des Mittellandkanals. In dessen Fluten versenkte er auch den Spaten.

An einem der folgenden Tage verbrannte das Pärchen auf einem Müllplatz die Bekleidung des Getöteten. Am 17. März erstattete Marianne Einbecker bei der VP in Wolmirstedt eine Vermiß-

tenanzeige, unauffällig und gefaßt: Ihr Mann habe sie nach einem Streit am 8. März verlassen und sei nicht mehr heimgekehrt ... Er könne möglicherweise in den Westen abgehauen sein.
Ende August, einen Monat nach dem 18. Geburtstag Falk Scheuners, reichte sie auf dem Kreisgericht die Scheidung ein, weil ihr Ehemann sie böswillig für immer verlassen habe. Die Vorlage eines Schreibens der VP mit der Begründung der Einstellung der Vermißtensache wegen Republikflucht, war dafür ein überzeugendes Argument.

Das Gericht verurteilte das Paar wegen Mordes zu einer lebenslangen Freiheitsstrafe.
Zunächst wurde gegen die Tochter, Antje Fürbringer, wegen des Verdachts der Begünstigung gemäß § 223 StGB ebenfalls ein Ermittlungsverfahren eingeleitet. Sie hatte objektiv den Tatbestand der Begünstigung erfüllt. Doch dieses Verfahren wurde gemäß § 148 Abs. 1 Ziffer 3 StPO schließlich eingestellt, weil die Begünstigung ihrer Mutter gewährt wurde, um sie vor einer Bestrafung zu schützen. Sie wurde bis zu ihrer Volljährigkeit in einem staatlichen Heim in Magdeburg untergebracht.

## Eine Tote zwischen den Gräbern

*(Aktenzeichen 131–22–72 Bezirksstaatsanwalt Schwerin)*

Als der sowjetische Kriminalist A. I. Winberg und seine Mitarbeiter im Jahre 1965 die Ergebnisse ihrer Forschungen auf dem Gebiet der Geruchsspuren und ihrer Anwendung in der Kriminalistik, die sogenannte Gerichtsodorologie, vorstellten, ahnte wohl niemand, in welchem Ausmaß die Sicherheitsorgane des Arbeiter- und Bauernstaates, allen voran das Ministerium für Staatssicherheit, zwei Jahrzehnte später sich der Speicherung des menschlichen Individualgeruchs bedienen würden.
Die Methode war eine vielversprechende Weiterentwicklung damaliger Möglichkeiten, bei denen man den ausgeprägten Geruchssinn des Hundes für kriminalistische Zwecke nutzte. Klassische Fährtenhunde, Stöbermeuten, Leichensuchhunde und eigens für das Auffinden von Gasquellen, Sprengmitteln, Narkotika, Munition usw. ausgebildete Spürhunde galten schon lange als zuverlässige Helfer der Polizei.
Es ist höchst beeindruckend, daß die Fähigkeit des Hundes, Gerüche wahrzunehmen und zu differenzieren, bis zum heutigen Tage allen labortechnischen Erkenntnismöglichkeiten überlegen geblieben ist.
Mit der Gerichtsodorologie wurde das Spektrum der Nutzung des Hundes in der Kriminalistik um einen wichtigen Bereich erweitert. Jetzt ging es nicht mehr lediglich um eine Differenzierung zwischen verschiedenen Personen nur an Hand ihres Geruchs, sondern vor allem darum, Geruchsspuren, die beim Berühren von Gegenständen oder Verweilen an fraglichen Orten hinterlassen wurden, zu individualisieren.
Mit geeigneten Absorptionsmitteln ließ sich dieser Geruch abnehmen, speichern und mit Geruchsproben von Personen vergleichen. Die Begeisterung über dieses Verfahren schlug hohe Wogen. Wenn man nämlich einem Verdächtigen allein nur durch den von ihm hinterlassenen Individualgeruch nachweisen konnte,

daß er sich an einem bestimmten Ort aufgehalten oder einen bestimmten Gegenstand berührt hatte, ohne dabei herkömmliche Spuren, etwa Fingerabdrücke, zu verursachen, dann würden sich für die Kriminalistik ungeahnte Möglichkeiten ergeben.

Methodischer Leitfaden

Nur für den Dienstgebrauch

17 000266 *

Zur Nutzung
der Geruchsdifferenzierung
für die Kriminalitätsbekämpfung

MINISTERIUM DES INNERN

- 10 -

II. Die Suche und Sicherung von Geruchsspuren

GS werden nur von speziell durch den Differenzierungshundeführer eingewiesene Kriminalisten gesichert.

In der Regel sichert diese Spuren
der Kriminaltechniker;
bei schweren und komplizierten Verbrechen
der Differenzierungshundeführer.

Der planmäßigen Suche der GS ist die g e d a n k l i c h e R e k o n s t r u k t i o n d e s T a t a b l a u f e s zugrunde zu legen. Aus Gründen der Beweiserheblichkeit sind Stellen und Gegenstände, mit denen ein intensiver Täterkontakt stattgefunden hat, wie z. B. Standort vor dem angegriffenen Objekt, Tatwerkzeug, zurückgelassene Bekleidungsgegenstände, gegenüber anderen Stellen für die Sicherung zu bevorzugen.
Auch ist die U m g e b u n g d e s E r e i g n i s o r t e s (An- und Abmarschweg des Täters) zu berücksichtigen.

Die Sicherung der GS erfolgt durch einen direkten Kontakt des Geruchsspeichers (steriles Staubtuch) mit der Spur.

- 23 -

VI. Asservierung von Geruchsspuren und Geruchskonserven

Geruchsspuren werden vernichtet, wenn
- die Straftat aufgeklärt wurde
- die Straftat nicht aufgeklärt wurde, nach Verjährung der Strafverfolgung.

GK von verdächtigten Personen, die nicht den Bestimmungen der Registrierung - siehe Punkt V. - unterliegen und die durch die Geruchsdifferenzierung bzw. durch andere Untersuchungshandlungen ausgeschlossen wurden, werden nach Abschluß bzw. Einstellung des EV vernichtet.

Faksimiles der Seiten 10 und 23 des Methodischen Leitfadens.

Doch es war klar: Die Schnüffelresultate der auf diese Methode abgerichteten Hunde durften als Beweismittel im Strafverfahren nicht verwendet werden. Ihr Nutzen blieb auf die allgemeine Ermittlungshilfe beschränkt, bis andere, prozeßrechtlich zugelassene Beweise erlangt wurden.
Ursprünglich galt die Odorologie als Staatsgeheimnis. Doch ließ sich dieses wegen der auffälligen praktischen Beschaffung der Vergleichsspuren – für einige Minuten mußte der Betreffende Körperkontakt mit einem sterilen Tuch dulden – kaum lange wahren.
Interne Anweisungen der Kriminalpolizei regelten den Umgang mit Geruchsspuren und -konserven. So mußten die Asservate vernichtet werden, sobald die fragliche Straftat aufgeklärt war. Zumindest forderten das die Vorschriften.
Doch die Odorologie kam im Laufe der Zeit in Verruf, weil vor allem das Ministerium für Staatssicherheit ungeachtet der prozeßrechtlichen Begrenzung reichlichen Gebrauch von ihr machte.
Riesige Archive von oft konspirativ erlangten Geruchskonserven mißliebiger Untertanen aus dem sogenannten Untergrund entstanden. Ethisch-moralische Skrupel blieben dabei weit hinter dem Präventivgedanken, nämlich vermeintlich konterrevolutionäre Kräfte vorsorglich zu überwachen.
Da eine Geruchskonserve aus einem mit Deckel und Deckelspange versehenen, industrieglasähnlichen Behälter bestand, in dem die auf einem sterilen Staubtuch aufgenommene Geruchsprobe gespeichert wurde, war mit der Zeit eine gewaltige Lagerkapazität notwendig geworden.
Bürgerrechtler, die in der Wendezeit der Jahre 1989/90 die Zwingburgen der Staatssicherheit eroberten, waren teils belustigt, teils angewidert, mit welch zynischer Sorgfalt man die massenhafte Speicherung von Gerüchen Andersdenkender betrieben hatte.
Die angestauten Aggressionen gegen die DDR-Obrigkeit und ihren Sicherheitsapparat entluden sich in der Zeit der großen historischen Veränderung und führten nach dem Beitritt der DDR zur Bundesrepublik dazu, die Odorologie aus der kriminalpolizeilichen Praxis zu verbannen und Diskussionen über eine Neubelebung des Verfahrens bereits im Keime zu ersticken.
Doch in den siebziger Jahren dachte niemand an den späteren Untergang eines solchen Verfahrens und noch viel weniger an den der DDR.

Sonntagsruhe in der Hauswache des Volkspolizeikreisamtes Hagenow, der Vierzehntausend-Seelen-Kleinstadt südwestlich von Schwerin. Es ist der Nachmittag des 15. August 1972. Die Dienststelle ist fast menschenleer. Nur in den Räumen des Operativen Diensthabenden und des Kriminaldienstes herrscht eine gewisse Betriebsamkeit. Ein Fernschreiber rattert, irgendwo dudelt ein Fernseher. Neben der Wachstube dekoriert ein Uniformierter eine Wandzeitung, steckt sauber ausgeschnittene Buchstaben und ein Foto des jugendlichen Helden Erich Honecker an das rote Tuch: „Dem Generalsekretär der Sozialistischen Einheitspartei Deutschlands und Vorsitzenden des Staatsrates herzliche Glückwünsche zum 60. Geburtstag!"
Am Haupteingang klingelt es. Der Uniformierte geht zur Tür, blinzelt durch den Spion, öffnet eine Sprechklappe. Draußen steht ein sichtlich erregter, etwa zwanzig Jahre alter, schmächtiger Mann, ein blonder Krauskopf mit blassem Gesicht.
„Ja bitte, Sie wünschen?"
„Ich ..., ich habe ...", stammelt dieser, „auf dem Friedhof Heinrich-Heine-Straße zwischen den Büschen eine Leiche gefunden."
Die Luke schließt sich. Schwere Schlösser schnappen, ein Scherengitter wird zur Seite geschoben. Der Wachtmeister gibt den Eingang frei.
„Kommen Sie herein. Ihren Personalausweis bitte!"
Verstört fingert der Krauskopf das blaue Dokument aus seiner Gesäßtasche.
„Nehmen Sie Platz, es kommt gleich jemand!"
Der Mann plaziert sich artig im Warteraum, während der Uniformierte telefoniert:
„Hauswache, Hauptwachtmeister Schlegel. Genosse Leutnant, hier ist der Bürger ...", er macht eine kleine Pause und blättert in dem Personalausweis, „... Treese, Bernd, wohnhaft in Hagenow. Er meldet den Fund einer Leiche auf dem Friedhof Heinrich-Heine-Straße!"
Irgend etwas muß der Angerufene erwidert haben, denn der Uniformierte wendet sich an den Besucher: „Kommt gleich jemand von der K!"
Wenig später sitzt der 20jährige Zerspanungsfacharbeiter im Zimmer des Kriminaldienstes. Leutnant der K Ihlander, ein untersetzter Endfünfziger mit schütterem Haar, beruhigt seinen erregten Gast: „Nun erzählen Sie mir mal alles ganz von vorn!"

Bernd Treese nickt, schluckt trocken. „Also, ich bin zur Zeit krankgeschrieben, habe mir an einer Maschine den Finger gequetscht." Er weist auf seine fachkundig verbundene Hand. Der Mull ist nicht mehr ganz frisch. „Deshalb habe ich mehr Zeit für den Jugendklub ..."
Dann schildert er, daß er dem ehrenamtlichen FDJ-Klubrat angehört, als dessen stellvertretender Vorsitzender sei er für die Realisierung des Kulturplans verantwortlich. Am Nachmittag wollte er im Klub sein. Um den Weg dorthin abzukürzen, sei er über den Friedhof gegangen.
Hinter dem Haupttor, rechts neben der ersten Grabreihe sei ihm etwas Buntes entgegengeschimmert, als habe sich dort jemand alter Textilien entledigt. Er sei näher getreten und habe eine nackte Frau liegen sehen. Mit großer Bestürzung habe er sich zu ihr heruntergebeugt, um ihr zu helfen. Er habe ihren Puls gefühlt und gehört, ob sie noch atme, dann aber festgestellt, daß sie offensichtlich tot sei.
Ihlander, der aufmerksam zuhört, unterbricht ihn: „Einen Moment, ich bin gleich zurück!"
Im Nebenzimmer führt er mehrere Telefongespräche. Wortfetzen dringen bis zu Bernd Treese. Er reimt sich zusammen, was der Kriminalist beabsichtigt: Funkstreifenwagen zum Ereignisort, Verständigung der Schnellen Medizinischen Hilfe und des Bereitschaftsdienstes der Morduntersuchungskommission in Schwerin.
Zurückgekehrt fragt Ihlander nach weiteren Details, macht Notizen. Dann schließt er das Gespräch ab: „Also, fahren wir hin, Sie zeigen mir die Stelle!"
Beim Verlassen des Zimmers rümpft er die Nase, schnuppert auffällig dicht vor der Nase seines Gastes herum: „Haben Sie getrunken?"
„Nur ein paar Bier, ehe ich zum Klub wollte."
Über eine Hintertreppe erreichen die Männer den Hof mit den Einsatzfahrzeugen. Unterwegs bemerkt Bernd Treese wie beiläufig: „Ich habe auch ihre Schuhe angefaßt, die herumlagen. Ich meine nur, Sie finden dort Spuren von mir."
„Ist schon gut", beruhigt ihn Ihlander, „wir besprechen das an Ort und Stelle." Dann fragt er weiter: „Woher nehmen Sie denn die Gewißheit, daß die Frau tot ist?"
„Das sieht man doch, sie lag so verkrümmt da", ist die zögerliche Antwort.

„Warum haben Sie keinen Arzt verständigt, sie könnte doch noch leben?"
„Nein, nein, sie ist tot, das hab ich gesehen!"
„War ihr Körper noch warm, als Sie den Puls gefühlt haben?"
„Weiß ich nicht!"
Ihlander läßt das Fragen, es führt im Moment nicht weiter. Bernd Treese beginnt, eine Phantasiemelodie vor sich her zu summen. Das erscheint Ihlander nun doch fehl am Platze. Ein eigenartiger Kunde, dieser Auffindungszeuge, denkt er und schneidet den Singsang mit den Worten ab: „Sie müssen heute noch Zeit für uns haben. Ihre Zeugenvernehmung, verstehen Sie, der Papierkram!"
Zeugenvernehmung? So recht scheint das Treese nicht zu behagen. Er gibt daher zu bedenken: „Meine Frau glaubt, ich bin im Klub. Sie ist mit dem Kind allein zu Hause."
„Wir werden sie informieren, kein Problem", räumt Ihlander die Besorgnis aus.

Auf dem Friedhof herrscht inzwischen das Bild einer polizeilichen Ereignisortsicherung: Die Besatzungen zweier Funkstreifenwagen haben weiträumig ein rot-weißes Plastikband, wie es neuerdings zur Begrenzung von Baustellen verwendet wird, gespannt. Der weiße Wagen der Schnellen Medizinischen Hilfe steht bereits auf dem Hauptweg. Ihlander fährt seinen Wagen bis dicht an die Begrenzung. Ein Wachmeister eilt auf ihn zu: „Genosse Leutnant, wir haben den Fundort gesichert. Ich zeige Ihnen, wo wir unsere Spuren hinterlassen haben!"
Ihlander fordert Treese auf, vor der Abgrenzung zu warten und gibt dem Schutzpolizisten einen Wink, auf ihn zu achten.
Die Angaben Treeses scheinen sich zu bestätigen. Hinter dem Gebüsch liegt eine leblose, fast nackte Frau. Der Arzt kauert einen reichlichen Meter entfernt von ihr und inspiziert sie, ohne sie zu berühren.
„Ich fasse sie nicht weiter an", spricht er gleich, als Ihlander hinzutritt.
„Die Totenflecke sind deutlich sichtbar, die Starre ziemlich ausgeprägt. Mehr als den Tod will ich hier nicht feststellen. Zur Todeszeit kann ich nur wenig sagen. Sie liegt mindestens fünf bis sechs Stunden zurück. Verständigen Sie die Gerichtsmedizin. Die Frau ist offensichtlich erwürgt worden. Sexualtötung. Sehen Sie die typische Lustmordstellung!"

Aus sicherer Distanz erfaßt Ihlander die Situation: Die Frau liegt, den Kopf zum Gebüsch geneigt, auf dem Rücken, die Arme vom Körper gestreckt, nach oben angewinkelt. Ihre Beine sind weit gespreizt. Der Slip hängt schlaff und schmutzig über dem Knöchel des linken Fußes. Ein weißer Pulli, bis unter die Achselhöhlen hochgeschoben, umschlingt den Hals wie eine Krause, ohne die kratzerartigen Hautabschürfungen am Hals zu verdecken. Zu beiden Seiten des jugendlichen Körpers liegt ein zerrissener Büstenhalter, die Verschlußseite mit dem Rücken am Boden fixiert. Eine blaue Hot Pants bedeckt einige Meter weiter den Teil einer Grabtafel. – Ein gräßlicher Anblick. Ihlander nimmt dieses seltene Bild eines Gewaltaktes mehr gefühlsmäßig als polizeitaktisch und sachlich auf. Speiübel könnte ihm werden. Mit festem Willen, keine Spuren zu vernichten, unterdrückt er jede Regung seines Leibes. Es erleichtert ihn sehr, daß knapp zehn Minuten später die Mordkommission und ein Gerichtsarzt aus Schwerin eintreffen.

Chef der Kommission ist Hauptmann Petershagen, 39, ein hagerer, hochaufgeschossener Mann mit fahlem Gesicht und den eingefallenen Wangen eines chronisch Magenkranken. Er ist ein besonnener, in sich gekehrter mecklenburger Dickschädel, der sein Fach beherrscht. Ihlander schildert ihm die Anzeigenumstände und seinen ersten Eindruck von diesem etwas merkwürdigen Auffindungszeugen. Ehe er sich aber zum Kreisamt zurückbegibt, wendet er sich Bernd Treese zu, der artig an der Absperrung ausharrt: „Sie müssen sich gedulden, die Mordkommission will Ihnen noch einige Fragen stellen!"

Ruhig, sicher und vielfach erprobt wird nun der Tatort untersucht. Behutsam nähern sich Petershagen und der Gerichtsarzt der Leiche, Schritt für Schritt schweift ihr geschulter Blick auf dem Erdreich, dem Kiesweg und den Gräbern umher. Nichts darf ihnen entgehen. Ihnen folgt der Kriminaltechniker. Hier und da stellt er handgroße Täfelchen mit Ziffern auf, die sogenannten Spurentafeln, um dann mit der „Exa II", der VP-eigenen Kleinbildkamera, jede Menge Tatort- und Spurenbilder aufzunehmen. Petershagen erwartet von ihm einen aussagekräftigen, illustrierten Tatortbefundsbericht. Dieser ist straff und eindrucksvoller als ein bildloses, langatmig formuliertes Protokoll. Abgesehen von kriminalistischen Erwägungen für seine Ent-scheidung erinnert sich Petershagen an die unzähligen orthographisch und stilistisch mißratenen Polizeiprotokolle, die

ihn mal in Zorn, mal in Heiterkeit versetzen. Besonders genießt er es, wenn ihm ein solches Machwerk eines seiner Vorgesetzten in die Hände gerät, aus der Zeit als dieser an der Polizeibasis noch richtig malochen mußte, aber jetzt nach blendendem Studienabschluß an der Parteihochschule das Hohelied der marxistisch-leninistischen Erziehung an der Dienststelle mitsingen darf.
Während sich Petershagen einen Überblick über den Tatort verschafft, untersucht der Gerichtsarzt behutsam den Leichnam der jungen Frau, bemüht, die unsichtbaren Spuren nicht zu vernichten. Ihm geht es zunächst um die Todeszeit. Alles andere, insbesondere die Sicherung von Mikrospuren am Körper der Toten, gehört in den Sektionssaal. Der Kriminaltechniker fotografiert jede Phase der Untersuchung.
„Die Todeszeit liegt zirka zwölf bis zwanzig Stunden zurück", wendet sich der Gerichtsarzt an Petershagen, „das könnt Ihr den Ermittlungen vorerst zugrunde legen. Vielleicht ist die Zeit noch weiter einzugrenzen, das geht aber nur im Institut!"
„An dem zerrissenen Büstenhalter könnten Geruchsspuren vom Täter sein", meint Petershagen. Der Kriminaltechniker hat für deren Sicherung einen besonderen Koffer parat, in dem sich mehrere Gläser befinden. Mit zwei etwa 25 cm langen Hakenzangen, wie sie eigentlich in der chirurgischen Praxis zum Abklemmen von Blutgefäßen Verwendung finden, entnimmt er den Gläsern gelbe Staubtücher, bedeckt mit ihnen den Büstenhalter, breitet ein Stück Aluminiumfolie darüber und beschwert das Ganze mit einigen faustgroßen Steinen, damit ein möglicher Luftzug das Ergebnis seiner Arbeit nicht zerstört. Wieder wird alles fotografiert.
Wenn der Täter bei der Überwältigung der Frau tatsächlich mit bloßen Händen ihren Büstenhalter vom Körper gerissen hat, müßte sich mit etwas Glück nach etwa einer halben Stunde sein Geruch auf die Staubtücher übertragen haben. Petershagen beobachtet die Prozedur. Dann berät er sich mit dem Gerichtsarzt. Jetzt weiß er, daß die unbekannte Frau etwa 14 bis 16 Jahre alt ist, ein Mädchen also, das keine Papiere bei sich trägt und in den späten Abendstunden des gestrigen Tages Opfer eines Notzuchtdelikts wurde. Der Gerichtsarzt sichert zu, im Sektionssaal Scheidenabstriche vorzunehmen, um die mögliche Samenflüssigkeit des Täters näher zu analysieren.
Kopf, Hände und Füße der Toten werden mit Plastiktüten über-

zogen, um sie im Institut vor der Sektion mittels eines Operationsmikroskops nach Haaren, Fasern und möglichen Hautpartikeln des Täters zu untersuchen. Dann wird der Leichnam behutsam auf eine große Plastikfolie gehoben und zum Abtransport vorbereitet.
Zwei Aufgaben erwarten Petershagen jetzt: Zum einen muß die Tote rasch identifiziert werden, zum anderen harrt der Auffindungszeuge vor der Tatortabsperrung auf seine Fragen. Mit der Bemerkung „Ich fahre ins VPKA und vernehme den Zeugen, mach du hier weiter", verläßt er seinen Kriminaltechniker.
Doch bevor er mit Bernd Treese sprechen kann, trifft der Leiter der Spezialkommission der Bezirksverwaltung des MfS Schwerin ein.

Die Spezialkommission war eine in jedem DDR-Bezirk installierte, mittlere Struktureinheit der Hauptverwaltung Untersuchung des MfS. Sie befaßte sich mit solchen Straftaten, die Sicherheitsinteressen des Staates beeinträchtigen könnten und zählte demnach zu den im § 88 Strafprozeßordnung aufgeführten Ermittlungsorganen. Damit war sie offiziell den rechtlichen Kompetenzen der Kriminalpolizei gleichgestellt. Inoffiziell führte dies aber zu einer direkten Überwachung der kriminalpolizeilichen Arbeit, da sie jeden kriminalpolizeilich relevanten Sachverhalt nach eigenem Ermessen prüfte und fragte, ob staatliche Sicherheitsinteressen berührt würden. Daraus erklärt sich ihre permanente Präsenz bei kriminalpolizeilichen Maßnahmen. Das führte mitunter zu mißliebigen Konkurrenzen und Eifersüchteleien mit der Kriminalpolizei, vor allem, wenn es darum ging, wer schließlich die Aufklärungserfolge für sich verbuchen durfte.
Eine solche Spezialkommission verfügte über modernste kriminaltechnische Ausstattung, oft aus den Ländern des sogenannten Klassengegners, die die volkseigene Polizei entbehren mußte. Bemühte sich der Leiter einer MUK um einen freundlichen Kontakt zu seinem allmächtigen „großen Bruder", dann konnte er durchaus eine gelegentliche Unterstützung mit technischer Ausrüstung oder wichtigen Informationen erwarten.

Petershagen grüßt den MfS-Mann kurz und prellt gleich vor: „Ist nichts für euch. Eine stinknormale Sexualtötung!"
„Können wir euch unterstützen?" ist dessen Frage.
„Im Augenblick nicht!" Petershagen stockt, korrigiert sich aber

schnell: „Doch! Sei so gut und mach mir ein paar Polaroidaufnahmen, damit ich sie gleich mitnehmen kann." Wenig später trabt Petershagen davon, in einer Hand drei Tatortfotos zum Trocknen in der Luft herumschwenkend.

Bernd Treese erwartet ihn schon ungeduldig. Der Hauptmann macht ihm deutlich, daß seine Aussage als förmliche Zeugenvernehmung protokolliert werden muß. Natürlich im VPKA. Unterwegs quetscht Petershagen ihn ein wenig aus und erfährt, daß Treese verheiratet und Vater einer zweijährigen Tochter ist, daß ihm der Schichtdienst in der Hagenower Großbäckerei nicht gefällt und überhaupt die im Betrieb alle ziemlich doof sind. Er ist gesprächig und wirkt erstaunlich gut gelaunt. Petershagen provoziert ihn zu unverfänglichen Heiterkeiten, lenkt ihn bewußt vom Thema ab, streut nur gelegentlich einige Fragen zur Sache ein. Er will alles wissen, jedenfalls mehr, als ein Zeuge von sich preisgeben würde. Bald steht sein Eindruck fest: Wer aufschneidet, lügt. Wer lügt, verbirgt etwas. Noch bevor sie das Kreisamt erreichen, steht Petershagens Strategie fest: Aussagen auf Details konzentrieren, auf Widersprüche festlegen lassen, auch einmal geschickt die Frage nach dem eigenen Alibi stellen, aber keinen Verdacht gegen ihn äußern.

Dieser Zeuge weckt sein kriminalistisches Interesse, auch deshalb, weil sich Ihlanders Zweifel inzwischen auf ihn übertragen hat.

Doch zu Beginn der Vernehmung wird daraus Argwohn. Als nämlich Bernd Treese den genauen Ablauf des Vortages schildern soll, um vielleicht auf diese Weise auf andere Zeugen zu stoßen, fällt sein Bemühen auf, die Zeit nach 21 Uhr möglichst auszuklammern. Er ist unerfahren mit den Gepflogenheiten einer kriminalpolizeilichen Befragung, und deshalb besitzt er kein logisches Konzept für die eigene Rechtfertigung. Eine plausible Begründung, warum er den Friedhof überhaupt betreten hatte, kann er nicht geben. Petershagen erkennt dieses Manko, weiß indes, daß er die bisherige Bereitwilligkeit auszusagen, bremsen könnte, wenn er ihm jetzt plumpe Vorhalte an den Kopf schmettern würde.

Noch sind keine Beweise für eine Täterschaft vorhanden, und so gilt es, eine freundliche Atmosphäre zu schaffen und die bei Treese aufkommende Angstreaktion zu mildern. Mit einer härteren Gangart könnte er, wenn nötig, bis zum Eintreffen der ersten Ergebnisse der Spurenauswertung warten. Immerhin ge-

lingt es ihm, Bernd Treese über seine vagen Vermutungen, die immer mehr zu einem Verdacht reifen, im Unklaren zu lassen.
Verdutzt läßt dieser zu, daß Petershagen ihm mit der Sorgfalt antiseptischen Vorgehens eine Klemmzange mit einem gelben Staubtuch präsentiert. Mit der kurzen Bemerkung: „Sie haben sich ja am Tatort aufgehalten, jetzt brauchen wir Ihre Vergleichsspuren“ verschwindet das Tuch unter Treeses Achselhöhle.
„Klemmen Sie es mit dem Arm fest“, verlangt Petershagen. Widerspruchslos folgt Treese der Aufforderung.
Die nächsten anderthalb Stunden verlaufen entspannt. Petershagen hat Limonade für ihn herangeschafft und im Nebenzimmer ein paar Telefonate erledigt. Treese hat inzwischen das Protokoll durchgelesen und unterschrieben. Er findet alle seine Angaben wieder, und es beruhigt ihn, schwarz auf weiß bestätigt zu sehen, daß es sich um eine Zeugenvernehmung handelt. Seine innere Anspannung schwindet, als Petershagen ihn von dem geheimnisvollen Staubtuch befreit.
Eigentlich dürfte es nunmehr keinen Grund geben, von der Polizei weiter festgehalten zu werden. Doch es fehlt ihm der Mut, das auszusprechen.
Petershagen hat die rechtlichen Grenzen erreicht. Die Zeugenvernehmung ist abgeschlossen. Aber er entläßt Treese nicht. Vielmehr verwickelt er ihn in ein ablenkendes Gespräch über Gott und die Welt, das heißt eigentlich nur über die Welt, da kennt er sich besser aus. Er muß Zeit gewinnen.
Endlich, gegen 17 Uhr, schrillt das Telefon. Der Kriminaltechniker meldet sich aus dem Sektionssaal, gibt erste Ergebnisse durch. Doch die sind enttäuschend. Die noch andauernde Obduktion der Leiche bestätigt nur die bisherigen Feststellungen: Tod durch Erwürgen, gewaltsamer Sexualakt. Die Analyse des Mageninhalts, die feingeweblichen und toxikologisch-chemischen Routineuntersuchungen sind erst in den nächsten Tagen verfügbar.
Auch am Tatort keine direkten Hinweise auf den Täter. Die gesicherten Textilfasern, Haare und Bodenspuren können nur im Kriminaltechnischen Institut in Berlin untersucht werden. Das kann Wochen dauern.
Petershagen fordert einen odorologischen Differenzierungshund an und legt dessen Einsatz für 19 Uhr fest. In dieser Maßnahme sieht er eine vage Möglichkeit, seine innere Überzeugung vom Tatverdacht Treeses zu festigen, falls eine Indivi-

dualdifferenzierung gelingen sollte. Anderenfalls muß er, wenn auch widerwillig, Treese vorerst entlassen.
Um 19 Uhr wird der Zeuge in einen hell erleuchteten, länglichen Kellerraum geführt. Ein für seine Uniform viel zu dicker Wachtmeister mit feistem, pickeligen Gesicht, stellt eine gerade Reihe offener Konservengläser auf den Betonfußboden, in dem sich gelbe Staubtücher befinden. Auf jedem Glas ein Aufkleber mit fortlaufender Numerierung von 1 bis 20. Zwei einzelne, tuchgefüllte Gläser stehen auf dem kleinen Tischchen in einer Ecke des Kellers. Der Dicke hebt eines an und sächselt Petershagen und Treese zu: „Das hier is die vom Bäha der Jeschädichten jesicherde Jeruchsschbur!"
Auf dem Etikett steht: Tatspur. Dann weist er auf das andere Glas: „Die Verjleichsschbur des Bürjers Dräse!"
Er reiht es irgendwo zwischen die anderen Gläser. Treese kann den Aufkleber deutlich lesen: Vergleichsspur. Die Anspannung wächst. Sein Mund ist trocken.
Jetzt erst bemerkt er, daß unter dem Tischchen fast regungslos ein schwarzer Schäferhund hervorblinzelt. Der Uniformierte kommandiert ihn zu sich. Gehorsam baut sich der Hund vor seinem Herrn auf, der mit einer Klemmzange aus dem Glas „Tatspur" ein gelbes Tuch entnimmt. Er schiebt es in eine Plastiktüte und stülpt diese wie einen Maulkorb über die Schnauze des Hundes. Durch tiefes Einatmen verschwindet die Luft aus der Tüte in dessen sensible Nase. Dann läßt ihn der Dicke frei: „Such!"
Scheinbar unbekümmert trabt der Hund an den Gläsern vorbei, die Nasenspitze dicht über deren Öffnungen. Am Glas mit der Aufschrift „Vergleichsspur" hält er für eine Sekunde inne, bellt kurz auf und legt sich diszipliniert davor. Bernd Treese starrt in die Szene. Das kann doch nicht wahr sein, der Hund weiß es! Er hatte dem Mädchen den Büstenhalter vom Leib gerissen. Jetzt fühlt er sich durch dieses blöde Vieh verraten. Es bricht über ihn herein, er kann die Tränen kaum halten. Petershagen erkennt seine Zermürbung und faßt gleich zu: „Überzeugt Sie das? Sie haben den Büstenhalter zerrissen!"
„Ich ..., ich wollte sie nicht töten", schluchzt Treese kläglich. Zusehends schwindet sein innerer Widerstand. Ein unerklärlicher Druck zwingt ihn, darüber zu sprechen, der Rest seines Verstandes wehrt sich verzweifelt dagegen. Sein angstvoller Blick streift Petershagen in der diffusen Erwartung, daß dieser

seine bisherige Freundlichkeit aufgeben wird. Doch zu seiner Verwunderung bleibt Petershagen kühl und gelassen.
Als sie den Keller verlassen, legt er sogar einen Augenblick lang seinen Arm um Bernd Treese: „Ich besorge uns eine Bockwurst. Es wird eine lange Nacht!"
Noch auf dem Weg zum Vernehmungszimmer erklärt Treese: „Vielleicht hat mich jemand mit dem Mädchen gesehen. Von mir sind doch Spuren am Tatort. Ich dachte, wenn ich selbst bei der VP Anzeige erstatte, gerate ich nicht in Verdacht, Täter zu sein!"

Die weiteren Ermittlungen verliefen zügig und ohne Hindernisse. Die Mutter der Getöteten hatte bereits am Sonntagmorgen beim VP-Gruppenposten eine Vermißtenanzeige aufgegeben. Ihre 16jährige Tochter Sigrun Arends war im Rahmen ihrer Ferienarbeit in der Gummifabrik nicht zur gestrigen Nachtschicht erschienen.
In den Abendstunden des 11. August 1972 wird gemäß § 98 Strafprozeßordnung gegen Bernd Treese ein Ermittlungsverfahren wegen dringenden Mordverdachts eingeleitet. Er wird dem Haftrichter vorgeführt. Ohne seine väterliche Gelassenheit zu verlieren, macht ihm Petershagen klar, daß es von nun an um Kopf und Kragen gehe und es besser sei, durch wahrheitsgemäße Aussagen den Ermittlungsprozeß zu erleichtern. Treese weiß, auf Mord kann die Todesstrafe stehen. Und eine neue Angst überfällt ihn. Aber sie begünstigt sein Aussageverhalten. Bereitwillig legt er in der ersten Beschuldigtenvernehmung ein umfassendes Geständnis ab.
Schon am Vormittag des 10. August hatte er seinen Frust über den lädierten Finger in verschiedenen Kneipen mit Bier zu ertränken versucht. Als er gegen Abend nach Hause kam, hatte seine Leber mehr als 15 Glas Bier zu verbrennen. Um 19 Uhr war Klubratssitzung, so daß er sich nicht eine Minute von den Strapazen des Tages erholen konnte. Die anderen Mitglieder des Klubrates hatten offenbar Besseres zu tun, als sich über die nächsten Buchlesungen, Discos und Diavorträge die Köpfe zu zerbrechen. Mangels Beschlußfähigkeit ließ Bernd Treese die Sitzung platzen. Wiederum unterlag er der Anziehungskraft der nächsten Destille, die er mit einem Liter Bier im Magen gegen 21 Uhr verließ. Sicher, angetrunken kam er sich schon vor, aber betrunken, nein, das war er nicht. Er fühlte sich voller Power.

Und Lust nach einem sexuellen Abenteuer abseits von seinem ehelichen Geschlechtsleben erfaßte ihn. Doch da gab es objektive Grenzen. Die langweilige Kleinstadt war höchst ungeeignet für ein spontanes Liebesabenteuer. Hagenow war schließlich nicht Schwerin. Nirgends war etwas los. Seine Phantasie schlug solche Purzelbäume, daß ihn sogar die spärlichen Auslagen eines kleinen Miederwarenladens heftig erregten. Dann wurde ein folgenschwerer Zufall sein Komplize: Er begegnete Sigrun Arends, die sich auf dem Weg zur Nachtschicht befand. Beide kannten sich aus dem FDJ-Klub. So konnte Treese ohne Umschweife auf sie zugehen und ein Gespräch beginnen. Sigrun Arends hatte es eilig. Stehenbleiben wollte sie nicht. Gegen eine Begleitung hatte sie keine Einwände, zumal sie sich vor einer Gruppe vorüberziehender, johlender Jugendlicher ängstigte. Außerdem konnte sie ein schon längst bestehendes Anliegen bei ihm vorbringen, ob er für eine bestimmte Veranstaltung Karten für sie besorgen würde.
Mit schwülstigen, eitlen Erklärungen, in seiner Funktion als erster Stellvertreter des Klubrats von anderen ständig um ähnliche Gefälligkeiten gebeten zu werden, die er immer abschlage, mache er nur in ihrem Falle eine Ausnahme, weil er sie überaus sympathisch fände.
Dann kam er gleich zur Sache: Mit dem Zartgefühl einer Straßenwalze versuchte er, ihre Gunst zu erheischen. Ungestüm umfaßte er das Mädchen und versuchte, es zu küssen. Doch es löste sich aus seiner Umklammerung: „Laß das, ich muß zur Schicht!"
Wieder versuchte er eine grobe Umarmung und griff ihr unter den Pulli. Sigrun Arends' Reaktion wurde heftiger: „Hör auf, Du Schwein, ich schreie!"
„Sei nicht so zickig!" Er zog sie unsanft an sich, hielt ihr mit kräftigem Griff den Mund zu, packte ihren Arm und drehte ihn nach hinten auf ihren Rücken.
Vor Schmerz mußte sie sich nach vorn beugen. So stieß er sie einige Meter vor sich her, bis sie das geöffnete Tor des Friedhofs erreicht hatten.
Vergeblich versuchte Sigrun Arends, sich zu befreien. Sie ächzte. Doch Treeses Attacken wurden immer heftiger. Er packte sie an den Haaren, würgte sie und schob sie vor sich her auf den Friedhof. Hinter einem Gebüsch begann er sie zu entkleiden. Er war wie von Sinnen.

Sigrun Arends winselte, er möge sie doch in Ruhe lassen. Doch ihre Hilflosigkeit stachtelte ihn nur an. Er brachte sie zu Fall, entkleidete ihren Unterkörper, öffnete seine Hose. Er nutzte den Augenblick, als sich das Mädchen erneut zu befreien versuchte und die fest zusammengepreßten Beine etwas lockerte, für eine brutale Penetration. Die absolute Herrschaft über Sigrun Arends steigerte seine Erregung bis zur Ekstase. Mit beiden Händen zerriß er ihren Büstenhalter, um sich in den jugendlichen Brüsten festzukrallen ... Sekunden später war der Rausch vorbei.

Das Mädchen lag gedemütigt und gelähmt auf der geweihten Erde. Bis auf ein klägliches, leises Winseln war sie zu keiner ernsthaften Reaktion fähig. Erst als Bernd Treese von ihr ließ, um seine Hose zu schließen, fand sie wieder zu sich. In der vagen Hoffnung, jemand könnte sie hören, schrie sie aus voller Lunge um Hilfe. Das erschreckte ihn. Wut und Angst, entdeckt zu werden, überkamen ihn. Wiederum stürzte er sich auf sie und umschloß mit einem kräftigen Griff ihren zarten Hals. Der Kehlkopf knackte. Ihr entrann nur noch ein erbärmliches Glucksen. Mehrere Minuten verharrte er in dem tödlichen Würgegriff. Erst als er keinerlei Lebenszeichen mehr wahrnahm, ließ er von ihr ab. Er stand auf, ordnete seine Kleidung, verwischte die Schuhspuren im aufgewühlten Erdboden und verließ, ohne einen weiteren Blick für sein Opfer zu verschwenden, den Ort seines schrecklichen Tuns.

Über Umwege gelangte er nach Hause. Dort war er vergnügt und wieder ganz er selbst. Das Geschehene hatte ihn vor dem Einschlafen wieder so aufgeheizt, daß er seine Frau zu einem Beischlaf überrumpelte. Dann schlief er wie ein unschuldiges Kind ruhig bis in die späten Morgenstunden des 11. August.

Jetzt erst ließ die innere Verdrängung der Tat nach. Er versuchte, seine Gedanken zu ordnen, wollte allein sein. Gegen Mittag verließ er die Wohnung, suchte ein Lokal auf. Dort kostete ein einfaches Bier nur vierzig Pfennig. Er goß neun Glas Bier in sich hinein, um das Grübeln zu erleichtern. Ihm war klar, daß man seine Spuren am Tatort, zumindest an der Leiche, finden würde. Er konnte deshalb nicht einfach so tun, als sei nichts geschehen. So erwog er, den Friedhof nochmals aufzusuchen und, falls die Leiche noch nicht entdeckt worden sei, nach weiterer Spurenverwischung den Fund selbst anzuzeigen. Das schien ihm die beste Lösung zu sein, zumal er auf diese Weise die Po-

lizei in eine falsche Richtung lenken könnte. Nun war nur noch Selbstdisziplin und Beherrschung nötig. Daß er sie zu besitzen glaubte, davon war er bis zu dem Moment überzeugt, als der Hund ihn am Geruch auf dem Büstenhalter wiedererkannte.
Sicher wäre Bernd Treese auch ohne sein bereitwilliges Geständnis eines Tages überführt worden, wenn alle Gutachten vorgelegen hätten. Doch seine Kooperation verkürzte das Ermittlungsverfahren.
Bernd Treese wurde nach der psychiatrischen Untersuchung für voll schuldfähig befunden. Der Zweite Strafsenat des Bezirksgerichts Schwerin verurteilte ihn entgegen seiner Befürchtung nicht zum Tode, sondern zu lebenslangem Freiheitsentzug.
Treese fragte sich, ob seine Geständnisbereitschaft das Gericht gnädig gestimmt und davon abgehalten hatte, die Todesstrafe auszusprechen. Er hätte, wie es sein Recht gewesen wäre, die Tat auch hartnäckig leugnen können. Doch die Demonstration der Geruchsdifferenzierung hatte ihn so tief beeindruckt, daß er sein Widerstandskonzept alsbald aufgab. Konnte auf diese ungewöhnliche Weise ein Schäferhund sein Leben gerettet haben?
Eine Antwort fand er nicht, wohl aber war er über das Urteil auf eine merkwürdige Weise glücklich.

Ein Nachgedanke zwingt sich auf: Die makabren Auswüchse des Gebrauchs von Geruchsspuren durch die DDR-Sicherheitsorgane dürfen den kriminalistischen Nutzen dieser Methode bei der Verbrechensbekämpfung nicht in Frage stellen.
Ebenso wie andere Mikrospuren, können auch die Geruchsspuren die Tätermittlung begünstigen, selbst wenn sie nach wie vor als Beweismittel unzulässig bleiben müssen, wie übrigens diverse andere Verfahren auch, die zwar als Ermittlungshilfen eingesetzt werden, vor dem Prozeßrecht allerdings keine Akzeptanz finden. In vielen Fällen ebnen sie den Weg zur Erlangung zulässiger Beweise. Der Geruchssinn eines Differenzierungshundes ist eine Million mal besser ausgeprägt als der des Menschen. Und da kein objektives, von den Gerichten als Beweismittel anerkanntes naturwissenschaftliches Verfahren auch nur eine annähernde Empfindlichkeit besitzt, sollte im Interesse der Kriminalitätsbekämpfung kein ethischer Argwohn aufkommen, wenn eine moderne Kriminalpolizei auch auf den Einsatz solcher Spezialhunde zurückgreift.
Übrigens arbeitet die nordrhein-westfälische Landespolizeischule

für Diensthundeführer in Holte-Stukenbrock seit Mitte der achtziger Jahre intensiv an der Nutzung des Geruchsvergleichs bei der Verbrechensbekämpfung. Inzwischen ist die Methode sogar verbessert worden, doch das Prinzip wurde beibehalten. Auch andere Länder der Europäischen Union wenden sie in der kriminalpolizeilichen Praxis an.

## Grüne Fasern im Hollerbusch

*(Aktenzeichen: 369/69 VP-Kreisamt Hainichen)*

Am späten Nachmittag des 18. Oktober 1969 steht ein aufgeregter Mann mitten auf der Fernverkehrsstraße 169, etwa 12 Kilometer nordöstlich von Karl-Marx-Stadt, wie Chemnitz seit 1953 heißt, kurz vor Frankenberg, dort, wo der Weg zum Lichtenwalder Schloßpark führt. Hilflos schwenkt er die Arme, um auf sich aufmerksam zu machen. Doch die Autofahrer nehmen keine Notiz von ihm. Eine Radfahrerin nähert sich. Heftig gestikulierend läuft er ihr entgegen und zeigt auf den steilen Hang mit den dichten Holunderbüschen, am rechten Wegrand: „Schnell, holen Sie die Polizei, da liegt ein Toter!"
Erschrocken und zugleich mißtrauisch hält sie an und steigt vom Rad.
„Was ist los?" fragt sie, als ob sie seine Aufforderung nicht verstanden hätte.
„Da im Gestrüpp liegt eine Leiche. Ich habe sie gerade entdeckt, als ich hier spazieren ging."
Aus sicherer Distanz riskiert die Frau einen teils neugierigen, teils angstvollen Blick in die Richtung, in die der Mann weist.
„Dort liegt sie, halb verscharrt", erklärt er.
Es ist wahr. Die Frau kann die Konturen eines leblosen menschlichen Körpers wahrnehmen, mit Zweigen und Laub halb abgedeckt. Eine aschfahle, mit Erdreich verschmutzte, zu halb geöffneter Faust verkrampfte Hand ragt aus dem welken Blattwerk hervor. Näher wagt sich die Frau nicht heran, sorgsam darauf bedacht, auch die Distanz zu dem Unbekannten nicht zu verringern.
„Das ist ja schrecklich!" stammelt sie entsetzt.
„Ich habe nichts berührt", entgegnet der Mann und drängt: „Nun fahren Sie schon los. Holen Sie die Polizei, ich passe solange hier auf!"

Der Frau kommt es sehr gelegen, den düsteren Ort und den unheimlichen Mann schnell verlassen zu können.
„Bleiben Sie, ich fahre nach Frankenberg und schicke die Polizei her!"
Flugs steigt sie auf ihr Rad und tritt mit vollen Kräften in die Pedale. Wenig später ist ein Streifenwagen aus Frankenberg zur Stelle, und der Mann schildert den Volkspolizisten seine Entdeckung. Aus sicherer Entfernung überprüfen sie die Szene. Während der eine dann zum Fahrzeug zurückkehrt, um über Funk den Operativen Diensthabenden des VPKA Hainichen zu informieren, nimmt der andere den Mann behutsam zur Seite: „Gut, daß Sie nichts berührt haben. Bitte bleiben Sie hier, wir müssen den Tatort absperren!"

Rudi Korges, ein untersetzter Fünfundvierziger, langjähriger Chef der Morduntersuchungskommission in Karl-Marx-Stadt, bildet mit einem Kriminaltechniker, der strukturell seiner Mannschaft angehört, die Vorhut der kommenden Betriebsamkeit. Sie stellen ihr Fahrzeug, ein unauffälliger grauer Barkas-Kleinbus, der die notwendigen technischen Ausrüstungen für die Spurensuche beherbergt und trotzdem ausreichenden Platz für erste Vernehmungen im freien Gelände bietet, quer zum Lichtenwalder Weg. Nur das Blaulicht, seine schnellen Impulse in die Dämmerung abgebend, verrät die Herkunft des Fahrzeugs.

Blick in das Einsatzfahrzeug einer MUK, in dem erste Spurenauswertungen vorgenommen werden konnten.

Der Kriminaltechniker schießt die ersten Fotos, und Hauptmann Korges inspiziert die Fundstelle der Leiche.
Nach und nach treffen weitere Funkwagen ein: Schutzpolizisten, ein Hundeführer und der Rest der alarmierten Morduntersuchungskommission, dann Dr. Heinemann, der Gerichtsarzt aus Leipzig. Sie alle werden für die nächsten Stunden wichtige Aufgaben zu erfüllen haben. Lästigen Wespen auf einem Pflaumenkuchen gleich erscheinen aber auch die sogenannten „Funktioner", wie Korges sie nennt. Es sind die wichtigtuenden Funktionäre des Kreises und des Bezirkes, die aus Gründen des Staats- und Parteiinteresses sich über den Sachstand informieren dürfen, dabei unsinnige Fragen stellen oder Forderungen erheben, die in diesem Untersuchungsstadium völlig unangebracht sind. Rudi Korges ist einerseits bestrebt, ihr Informationsbedürfnis zu befriedigen, andererseits speist er sie mit Nebensächlichkeiten und solchen Informationen ab, von denen er weiß, daß sie keinen Schaden anrichten. Freundlich, sachlich, kühl und knapp sind die Auskünfte. Ansonsten konzentriert er sich auf die Organisation der Tatortuntersuchung.
Der Spaziergänger, der die Leiche entdeckte, sitzt bereits auf der engen Bank im Kleinbus und wird der peinlichen Befragung eines Auffindungszeugen unterzogen. Zwei Kriminalisten fahren nach Frankenberg, um die Radlerin zu vernehmen, die im Polizeijargon „Anzeigeerstatter" heißt und als Auslöser der Aktion grundsätzlich für besonderes Interesse sorgt. Die nähere Untersuchung des Fundorts erfolgt erst, nachdem der Fährtenhund seine Schnüffelaufgabe erfüllt hat. An der Abdeckung der Leiche nimmt er zunächst zielbewußt eine intensive Witterung auf, trabt dann aber kreuz und quer hangaufwärts und hangabwärts durch das Dickicht, bis er sich schließlich erschöpft und mißmutig mitten auf den Lichtenwalder Weg niederlegt.
„Wieder ein Hundeeinsatz ohne Ergebnis", schlußfolgert Korges, ohne Groll gegen den Vierbeiner, der ihn in der Vergangenheit durchaus nicht immer enttäuscht hatte.
Der Kriminaltechniker hat inzwischen einen Arbeitsweg markiert, auf dem sich keine bedeutsamen Spuren befinden. Er dient fortan als Zu- und Abgangsweg zum eigentlichen Fundort der Leiche. Korges und Dr. Heinemann streifen sich Gummihandschuhe über und treten nun erstmalig dicht an den zweig- und laubbedeckten Hügel heran, aus dem die fahle Hand herausragt, die den Spaziergänger so entsetzte.

Fotoausrüstung eines Kriminaltechnikers.

Die Hand ist zart und zierlich, könnte die eines Kindes oder einer jungen Frau sein. Dr. Heinemann hebt sie etwas an, besichtigt die Unterseite des Armes. „Die liegt schon länger hier, die Fäulnis ist im Gange“, ist seine sachliche, emotionslose Feststellung.
Dann tragen die beiden Männer mit großer Sorgfalt den Hügel ab. Mit spitzen Fingern entnehmen sie Erdbröckchen für Erdbröckchen, Steinchen für Steinchen, Blatt für Blatt und Zweig für Zweig. Sie beäugen und sortieren ihre Funde und beraten, was für weitere Untersuchungen zu sichern ist. Ab und zu blitzt hinter ihnen das Fotolicht des Kriminaltechnikers auf. Nach ei-

ner halben Stunde liegt die Leiche frei: ein Mädchen, etwa 16 bis 18 Jahre alt, liegt auf dem Rücken, die Beine lang ausgestreckt. Die Arme sind über dem Kopf leicht angewinkelt, die verschmutzen Hände weisen mit den Innenseiten nach oben, verkrampft zu halbgeöffneten Fäusten. Die Luft riecht nach Tod. Die Oberbekleidung des Mädchens ist geöffnet und teilweise über den Kopf gezogen und gibt den jugendlichen Körper frei. Der Rock ist in Hüfthöhe zusammengeschoben und bildet einen unförmigen Ring. Die schwarze Strumpfhose scheint unbeschädigt zu sein, der Slip schimmert durch das netzartige Gewebe. An den Füßen sind hellbraune Pumps mit halbhohen Absätzen zu erkennen. Der Körper wirkt leicht aufgedunsen. Blaugrüne, verästelte Flecken an der rechten Bauchseite zeigen die beginnende Fäulnis an. Die Bekleidung ist mit Erdreich und moderndem Laub verschmutzt. Neben der Toten liegt eine kleine lederne Damenhandtasche.

Behutsam legt Dr. Heinemann den Kopf der Leiche frei, tastet die Oberfläche des Schädels ab, blickt in die äußeren Gehörgänge. Er öffnet die halbgeschlossenen Augenlider, entdeckt die punktförmig blutunterlaufenen Bindehäute. Zielstrebig befreit er den Hals von Textilien. Unförmige Unterblutungen und Kratzer im Kehlkopfbereich werden sichtbar. „Strangulationstod, ich denke Erwürgen“, ist seine Schlußfolgerung, die Korges wie erwartet zur Kenntnis nimmt. Zur Todeszeit will sich der Gerichtsarzt nicht äußern, zu unsicher wären die Ergebnisse. Unter Berücksichtigung der milden Herbstwitterung könnte den Leichenerscheinungen nach der Tod vor ein bis zwei Wochen eingetreten sein.

Dr. Heinemann überwacht und begleitet den sachgerechten Abtransport des toten Mädchens. Die Obduktion will er gleich in Karl-Marx-Stadt durchführen. Er verabschiedet sich von Korges: „Sehen wir uns nachher?“

„Ja sicher. Vielleicht machen wir hier morgen weiter“, ist seine Antwort. Doch er will erst die Frage beantworten, ob der Fundort gleichzeitig auch Tatort ist. Die Nacht bricht mit Eile herein. Korges läßt Scheinwerfer aufstellen. Noch ist die Spurensuche nicht beendet. Da macht der Kriminaltechniker eine Entdeckung. Wenige Meter von dem abgetragenen Hügel, der die Leiche verbarg, findet er in der Astgabel eines Holunderstrauches eine winzige Faser. Mit einer Handlupe verstärkt er seine eigene Optik und sucht Zweig für Zweig, Busch für Busch

ab. Weitere Fasern werden sichtbar. Vorsichtig werden sie auf durchsichtigem Klebeband gesichert. Immer wieder müssen die Scheinwerfer neu ausgerichtet werden. Doch die Schatten, die die Helligkeit durchbrechen, und die Dunkelheit außerhalb des Lichtscheins erzeugen so starke Kontraste, daß die Augen des Spurensuchers schnell ermüden. Korges entschließt sich: „Machen wir Schluß für heute. Such morgen weiter!"
Kurze Zeit später erlöschen die Scheinwerfer und die Sicherungskräfte beziehen ihre Posten. Nach und nach verlassen die Fahrzeuge den Lichtenwalder Weg. Nur zwei Funkwagen bleiben zurück. Bald wird es still am Hang mit den dichten Holunderbüschen. Lediglich das rhythmische Piepsen des Polizeifunks durchdringt die Stille der Nacht.

Die nächsten Stunden verbringen Hauptmann Korges und sein Kriminaltechniker bei Dr. Heinemann im Sektionssaal der Pathologie des Kreiskrankenhauses. Zweiter Obduzent ist Dr. Amelung, ein forensisch ambitionierter Pathologe des Krankenhauses. Eine Protokollantin und ein Sektionsgehilfe, dessen Berufsbezeichnung neuerdings Fachpräparator für Sektionstechnik heißt, stehen ihnen zur Seite. Der Sektionssaal ist modern und geräumig, ausgestattet mit drei Seziertischen. Zwei davon sind nicht belegt und können für die Präsentation der Asservate genutzt werden. Die Bekleidung des Mädchens und der Inhalt ihrer Handtasche werden großzügig ausgebreitet, fotografiert und mit einem Operationsmikroskop sorgfältig nach Spuren untersucht.
Auf dem dritten Tisch liegt der nackte Leichnam des Mädchens, den die Doktoren obduzieren. Intensiver, käseartiger Fäulnisgeruch breitet sich aus. Laut und deutlich diktiert Dr. Heinemann die Befunde. Zwischendurch erscheint für einige Minuten der Staatsanwalt. Er wirkt unausgeschlafen und angewidert von den Gerüchen im Sektionssaal.
Zu dem Seziertisch hält er repektvoll Abstand, verharrt einen Augenblick, wagt kaum zu atmen und bittet Korges schließlich nach draußen, um sich über den Sachverhalt informieren zu lassen. Sein kurzer Auftritt erfolgt mehr aus strafprozessualer Verpflichtung als aus kriminalistischen Erwägungen. Nun kann niemand behaupten, er habe als Herr der Ermittlungen nicht der gerichtlichen Sektion beigewohnt. Seine Teilnahme wird also im Sektionsprotokoll nachgewiesen sein, abgesehen davon,

daß es rechtlich völlig ausreicht, Korges als seinen Beauftragten dort zu wissen.
Erst weit nach Mitternacht ist die Arbeit im Sektionssaal beendet. Literweise Kaffee war der einzige Trost der letzten Stunden. Rudi Korges verfügt nun über gute Ansätze für die nächsten Ermittlungen. Die Personenbeschreibung und die Utensilien aus der Handtasche des Mädchens, unter denen sich ein unbenutzter Busfahrschein befindet, der am 12. Oktober an einem Schalter des Busbahnhofs in Karl-Marx-Stadt gelöst wurde, bilden eine solide Basis für eine schnelle Identifizierung.
Auch der Anfangsverdacht eines Todes durch Erwürgen wird durch die Sektion bestätigt. Die Todeszeit ist zwar nicht weiter einzugrenzen, doch die Fahrkarte spricht dafür, daß der Tod nicht vor dem 12. Oktober eingetreten sein kann. Den Verletzungen nach muß das Mädchen mit seinem Mörder heftig gekämpft haben. Auch über das Motiv hat Korges jetzt sehr viel mehr Klarheit als vor einigen Stunden: zwar ist das Jungfernhäutchen des Opfers unverletzt geblieben, was beweist, daß kein Geschlechtsverkehr stattgefunden haben kann, doch sind die massiven Unterblutungen im Genitalbereich der Beweis für gewaltsame Manipulationen. Und an der Außenseite der Strumpfhose und des Rockes verraten Reste eines eingetrockneten Ejakulats eine untrüglich männliche Hinterlassenschaft. Das reicht Korges fürs erste.
Während der Sektionsgehilfe die Relikte der nächtlichen Aktivitäten aus dem Sektionssaal entfernt, finden sich Korges, der Kriminaltechniker und Dr. Heinemann im Arbeitszimmer von Dr. Amelung zusammen. Die Obduzenten teilen Korges mit, daß mit dem schriftlichen Gutachten erst nach den toxikologisch-chemischen Untersuchungen, frühestens in einer Woche, zu rechnen sei. Dann beraten die Männer, die massenhaften Faserspuren von der Bekleidung durch einen Experten des Kriminalistischen Instituts in Berlin untersuchen zu lassen, da in Karl-Marx-Stadt niemand über spezialisierte Erfahrungen in der Anwendung moderner Methoden der Faseruntersuchung verfügt. Hinsichtlich der Spermaspuren an der Strumpfhose ist zu bedenken, daß diese lediglich für eine Blutgruppenbestimmung geeignet wären, falls der Verursacher Blutgruppensubstanzen überhaupt ausscheidet. Zerstörerische Witterungseinflüsse haben die Spuren nahezu unbrauchbar gemacht.
Dr. Amelung hat unterdessen eine Flasche „Dujardin“ geöffnet

und bietet den Männern ein Gläschen an: „Schließen wir unser Nachtwerk würdig ab!“
Der Kriminaltechniker mustert aus den Augenwinkeln neugierig das exotische Etikett der schlanken, braunen Flasche. Dr. Heinemann entgeht dies nicht, und er stichelt: „Macht Sie das unsicher? Immerhin ist es ein Produkt des Klassenfeindes.“
Dr. Amelung fällt ihm mit der gleichen Ironie ins Wort: „Das Präsent eines lieben Kollegen aus dem Westen. Die Staatsmacht wird doch wenigstens mal dran nippen dürfen, he?“
Korges fühlt sich angesprochen, blinzelt in die Runde, ergreift sein Glas, prostet den anderen zu und doziert scherzhaft: „Die Staatsmacht ist allzeit zum Kampf gegen den Klassenfeind bereit. Vernichten wir also seine Machwerke! Zum Wohle allerseits!“
Nach einigen Minuten trennen sich die Männer. Für Korges und den Kriminaltechniker bleiben nur wenige Stunden Schlaf.

Während Korges mit Dienstbeginn an seinem Schreibtisch über dem Untersuchungsplan brütet, ist sein Spurensucher längst schon wieder am Fundort des toten Mädchens. Das Wetter ist klar und angenehm und bietet gute Sichtverhältnisse. Die Sicherungskräfte sind längst durch die nächste Schicht ersetzt worden und lümmeln gelangweilt im Gelände.
Das Fehlen von Schleifspuren bestätigt die frühe Vermutung Korges’, daß der Fundort mit dem Tatort identisch ist. Diese Version sollte auch durch die kommenden Spurenfunde bestätigt werden.
Das Interesse des Kriminaltechnikers gilt nunmehr den kleinen Bäumen und Holundersträuchern, die ihn in den Nachtstunden nicht enttäuscht hatten, Zweig für Zweig, Strauch für Strauch. Diese Mühe sollte sich lohnen. Besonders im Bereich des Fundortes findet er diverse, nahezu unsichtbare Fasern, teils an den Rinden, teils in Astgabeln oder an den Zweigenden haftend. Diesmal sichert er sie zusammen mit den Spurenträgern. Mit einer Gartenschere knipst er vorsichtig die fasertragenden Zweige ab. Selbst die dünnen Stämmchen der kleinen Bäume, an deren Rinde er feinste Fasern vermutet, werden das Opfer seiner Sicherung. Einzeln werden die vermeintlichen Spurenträger in geräumigen Plastiktüten asserviert.
Keines der sichtbaren Faserbruchstücke ist groß genug, um mit bloßem Auge die Farbe auszumachen. Nicht einmal die Lupe,

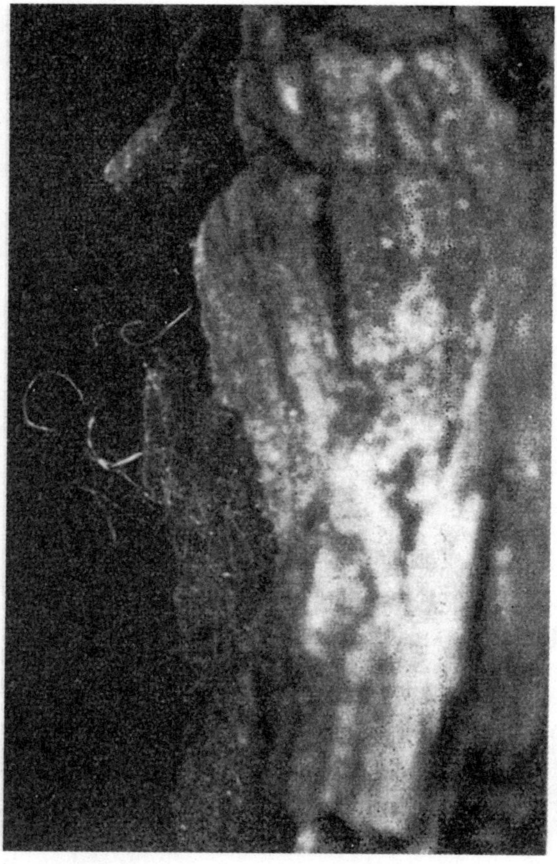

Mikroskopisch kleine Faserreste an einem Holunderästchen.

die er wie einst Sherlock Holmes, der geniale Einzelgänger aus den Anfängen der literarischen Kriminalistik, stets bei sich führt, macht es möglich.

Mikroskopische Untersuchungen unter Laborbedingungen sind nun für exakte Ergebnisse erforderlich.

Seine Stunden dauernde Mühe wird schließlich mit der stattlichen Anzahl von mehr als 150 unterschiedlichen textilen Faserteilchen belohnt. Zufrieden kann er nun die Ankunft des Berliner „Fusselfritzen" abwarten.

An die Textilien stellt der Verbraucher hohe Anforderungen. Sie müssen elastisch, anschmiegsam, wärmend oder kühlend, Feuchtigkeit aufsaugend oder abweisend usw. sein. Diese Eigenschaften bedingen, daß ihr Gebrauch einen ständigen, mikroskopisch kleinen Abrieb von Gewebeteilchen verursacht. Ein bekleideter Mensch verliert auf diese Weise beim Zurücklegen eines Weges von nur wenigen Metern mehrere tausend textiler Mikrospuren. Die Kriminalisten vergangener Jahrzehnte konnten diesen, ihnen durchaus bekannten Umstand nur unzureichend nutzen. Die mikrospurenkundlichen Verfahren fanden deshalb kaum Anwendung, weil es für die Tatortarbeit an zuverlässigen und einfach handhabbaren Spurensuch- und -sicherungsmethoden mangelte. Man mußte sich auf Spurengrößen beschränken, die möglichst mit bloßen Fingern aufzunehmen waren.

Erst durch die Veröffentlichungen des Schweizer Kriminalisten Max Frei-Sulzer zu Beginn der fünfziger Jahre, zeitgleich mit der Entwicklung von selbsthaftenden, mit glasklaren Klebstoffen beschichteten Folien (Tesafilm, Prenaband usw.), wurden verblüffend einfache Sicherungsmethoden für Mikrofaserspuren bekannt, die auch heute noch angewendet werden. Die Folien werden bei der Spurensicherung direkt auf den Spurenträger (alle möglichen Materialien, auch menschliche Haut) aufgedrückt, abgezogen und auf einen herkömmlichen Objektträger geklebt, wie er beim Mikroskopieren Verwendung findet. Die Klebschichten nehmen die Mikrospuren sicher und komplett auf und sind unter Tatortbedingungen leicht anzuwenden. Für mikroskopische Untersuchungen bestens geeignet, lassen sie die Farben nicht ausbluten und gestatten, einzelne Faserstückchen für nähere Untersuchungen herauszulösen.

In der DDR wurde diese Methode allerdings erst im Jahre 1968 eingeführt. Davor war die Sicherung von Textilfaserspuren eher eine Ausnahme.

Einfache durchlichtmikroskopische Untersuchungen gestatten bereits die Beantwortung der Frage, ob es sich um textile Faserspuren handelt. Für die Zuordnung der Faserart und -farbe können dann weitere Untersuchungen im polarisierten Licht, Lösungstests, Schmelzpunkt- und Querschnittsbestimmungen durchgeführt werden. Schließlich gelangt man durch spezielle Verfahren wie infrarotspektralfotometrische, gaschromatografische und Röntgenfeinstrukturuntersuchungen zu einer sicheren, beweiskräftigen Bestimmung der Faserart.

Dies alles ist der Arbeitsgegenstand des 38jährigen Biologen Konrad Schönborn aus Berlin, den Hauptmann Korges mit Ungeduld erwartet.

In einem Labor der Bezirksbehörde untersucht er die mehr als 150 Spuren, die der Kriminaltechniker der Morduntersuchungskommission am Tatort und von der Bekleidung des getöteten Mädchens gesichert hat.
Es sind unterschiedliche Faserarten: Schaf- und Baumwolle, Viskose, Polyester und Polyacrylnitril. Ihre Farben sind ebenfalls höchst vielfältig und erreichen nahezu das gesamte Farbspektrum. Bereits eine einfache statistische Auflistung führt zu wichtigen Schlußfolgerungen: die nur vereinzelt auftretenden Faserbruchstücke werden nicht weiter berücksichtigt. Sie sind vermutlich zu früherer Zeit durch Kontakt mit anderen Geweben aufgenommen worden und besitzen insofern keine Tatrelevanz. Die gehäuft vorliegenden Spuren werden – bis auf etwa 80 grüne Schafwollfaserstücke – durch Vergleich der Bekleidung des Mädchens zugeordnet. Die Schafwollspuren jedoch dürften demnach von der Bekleidung des unbekannten Täters stammen.
Diese grünen Schafwollfasern untersucht Schönborn genauer. Sie bestehen aus einem handgestrickten, sogar mehrmals verstricktem, grün nachgefärbtem Material. Demnach müßte der Täter einen grünen Pullover oder eine grüne Strickjacke getragen haben, mit denen er den Körper des Mädchens und das Strauchwerk am Tatort kontaminiert hat.
Zunächst richtet Hauptmann Korges aber seine Aufmerksamkeit auf die Identifizierung des unbekannten Mädchens. Sie bereitet ihm insofern keine Schwierigkeiten, als bereits ein passender Vermißtenvorgang bei der VP in Frankenberg in Arbeit ist. Danach wird seit dem 12. Oktober 1969 die 16jährige Oberschülerin Marlies Stenzel vermißt. Ihre erkennungsdienstlichen Daten und die Beschreibung der Bekleidung sowie des Inhalts der Handtasche lassen keinen Zweifel daran, daß die unbekannte Tote und die Vermißte identisch sind. Korges läßt die Akte heranschaffen.
Am 14. Oktober zeigte der Feinmechaniker Horst Stenzel aus Frankenberg bei der VP an, daß seine Tochter entgegen ihrem üblichen Verhalten nach dem Besuch einer Tanzveranstaltung in Karl-Marx-Stadt am Abend des 11. Oktober nicht mehr nach Hause zurückgekehrt sei. Marlies Stenzel und ihre Freundin Katrin Essenbach waren zusammen mit dem Vorortzug von Frankenberg nach Karl-Marx-Stadt zu einer Tanzveranstaltung gefahren. Dort trafen sie sich mit anderen bekannten Jugend-

lichen. Marlies und ihre Freundin Katrin verließen den Ort der Fröhlichkeit jedoch viel zu spät. Kein Zug, kein Bus konnte sie um diese Uhrzeit in das 15 Kilometer entfernte Frankenberg befördern. Auch ihre Bemühung um ein Taxi blieb ohne Erfolg. Nahezu eine Stunde verharrten sie vergeblich an einem Taxistand in der Nähe des Hauptbahnhofes. Enttäuscht suchten sie dann das große, warme Bahnhofsgebäude auf, um der unangenehmen Kühle der Herbstnacht zu entgehen. In der Bahnhofsvorhalle langweilten sich bereits andere Jugendliche aus der Stadt. Die beiden Mädchen gesellten sich zu ihnen. Mehrere Stunden vertrieben sich die Jugendlichen die Zeit mit allerlei Albernheiten und oberflächlichen Annäherungsversuchen. Einer der Jugendlichen versprach Marlies, sie mit seinem Motorrad, das er in der Nähe seiner Wohnung geparkt habe, nach Hause zu fahren. Es war nur der simple, aber erfolgversprechende Vorwand, Marlies in seine sturmfreie Bude zu locken.

Prompt verabschiedete sie sich von ihrer Freundin Katrin und trank einige Minuten später Kaffee in der Wohnung des neuen Freundes. Erst als der Tag erwachte, verließ sie die fremde Wohnung. Seit dieser Zeit wurde Marlies nicht mehr gesehen. Mehr Erkenntnisse gibt die Akte nicht her.

Korges hat Zweifel, ob die Aussagen des Jugendlichen, der das Mädchen mit in seine Wohnung nahm, tatsächlich der Wahrheit entsprechen. Immerhin ist er derjenige, der Marlies Stenzel bisher als Letzter gesehen hat und die gleiche Blutgruppe besitzt, die in der Spermaspur an ihrer Strumpfhose nachgewiesen wurde. Und ein solcher Umstand ist für einen Morduntersucher immer ein guter Grund für Argwohn. Überhaupt scheinen ihm die Jugendlichen, was ihre Alibis betrifft, nur unzureichend überprüft zu sein.

Er beordert seine Mitarbeiter in das Bahnhofsmilieu. Und es dauert nur wenige Tage, alle ermittelten Jugendlichen durchzuchecken. Doch niemand von ihnen gerät in Verdacht. Die unbenutzte Busfahrkarte aus der Handtasche der toten Marlies Stenzel wurde am 12. Oktober zu einer Zeit gelöst, für die alle Jugendlichen ein sicheres Alibi nachweisen können.

Hauptmann Korges' Hoffnung auf eine schnelle Ermittlung des Täters aus dem Kreise der Bahnhofsjugendlichen zerplatzt wie eine Seifenblase.

Nun muß er sich auf langwierige, breit angelegte Untersuchun-

gen vorbereiten. Doch setzt er dabei auf die Möglichkeit, daß der Täter in Besitz eines Kleidungsstücks aus grüner Schafwolle ist.
Es gelingt ihm, seinen Chef nicht nur zur personellen Verstärkung seiner Kommission zu überreden, sondern auch dazu, daß der „Fusselspezialist" Schönborn in der nächsten Zeit für die Vergleichsuntersuchungen zur Verfügung stehen kann.
Weit über 20 Kriminalisten melden sich in den nächsten Tagen in den Räumen der Morduntersuchungskommission zum Dienstantritt. Korges hat inzwischen mehrere Arbeitsgruppen gebildet, in die er die Zusatzkräfte verteilt.
Neben der routinemäßigen Überprüfung der internen Speicher und polizeibekannter Gewalt- und Sexualtäter erforscht eine Gruppe alle Personen aus dem sozialen Nahraum der getöteten Schülerin. Eine andere ermittelt die Personenbewegung zur fraglichen Zeit am Bus- und Hauptbahnhof. Eine dritte überprüft die Taxifahrer von Karl-Marx-Stadt. Weiter werden Ermittlungen zum Fahrzeug- und Personenverkehr in der Nähe des Fundorts der Leiche geführt. Sämtliche Färbereien der Region sind Anlaufstellen für Nachforschungen über Kunden, die Schafwolle zum Färben in Auftrag gegeben haben.
Alle Ermittlungen richten sich nun auf das Alibi für den 12. Oktober und den Besitz von selbstgestrickter grüner Schafwollbekleidung.
Zeitgleich werden im Landkreis Hainichen und in der Bezirksstadt Handzettel der VP verteilt, Fahndungsplakate in allen öffentlichen Einrichtungen ausgehängt und Informationen in der Tagespresse veröffentlicht, um die Bevölkerung zur Mitfahndung aufzurufen. Immer wieder spielt dabei das Interesse der Kriminalpolizei an Personen eine wichtige Rolle, die grüne Schafwollbekleidung besitzen.
In wenigen Tagen hat Rudi Korges' große Mannschaft mehrere hundert Personen zu überprüfen. Niemand hatte bis zu diesem Zeitpunkt geahnt, wie viele unbescholtene Mitbürger ihre Freizeit mit dem Verstricken grüner Schafwolle verbringen.
Es ist ein glücklicher Umstand, daß Schönborn die entsprechenden Vergleichsuntersuchungen an Ort und Stelle vornehmen kann. Das führt zur schnellen Entlastung aller ehrsamen Träger von grünen Schafwollpullovern.
Rudi Korges' Untersuchungskonzept zeigt immer mehr die Wirkung eines zwischen allen Möglichkeiten weit ausgespann-

ten Spinnennetzes. Nur drei Wochen später wird er die Beute zu einem festen Paket für die Anklageerhebung verschnürt haben. Noch aber kann er nicht wissen, daß der unbekannte Täter sich bereits in den zähen, klebrigen Fäden der Ermittlungen unentrinnbar verfangen hat.

Seit dem Fund der getöteten Schülerin Marlies Stenzel brechen die Spekulationen über die Umstände ihres grausamen Todes in der alten, kleinen Stadt Frankenberg nicht ab. Der Mord ist das Topthema jedes Tagesgesprächs. Besonders als bekannt wird, daß die VP einen Verdächtigen mit grüner Schafwollbekleidung sucht, schlagen die Emotionen hohe Wogen und die Vermutungen über den Täter ufern zu irrealen Phantasiegebilden aus. Schon der bloße Besitz eines grünen Pullovers kommt bei den erregten Bürgern einer Täterschaft gleich.

Die Eltern des Opfers durchleben eine schreckliche Leidenszeit unzähliger Tränen und schlafloser Nächte. Immer wieder beschäftigt sie, was für ein Mensch der Täter wohl sein mag, ob er noch jugendlich oder bereits erwachsen ist, in welcher Familiensituation er leben könnte und vor allem, wie er mit dem schrecklichen Geschehen weiterleben wird. Hauptmann Korges opfert den Eltern viele Stunden, um geduldig die unzähligen Fragen zu beantworten, den jeweiligen Ermittlungsstand zu erläutern und die Zuversicht zu vermitteln, daß der Täter eines Tages gefaßt sein wird.

Katrin Essenbach plagen Schuldgefühle, sich in der Nacht zum 12. Oktober auf dem Bahnhof von ihrer Freundin getrennt zu haben. So oft sie kann, besucht sie die Eltern von Marlies, um auf diese Weise ihre Anteilnahme zu bekunden. Auch ihre eigenen Eltern unterhalten einen engen Kontakt zu den Stenzels. Seit Jahren sind die Familien miteinander befreundet.

In der Familie Essenbach wird deshalb häufig über den Mord an Marlies Stenzel gesprochen. Katrins Vater, der 44jährige Hartmut Essenbach, ein ansonsten eher stiller, unauffälliger Mann, der als Brigadier in der Eisengießerei wie der Vater der Getöteten fleißig seine schwere Arbeit verrichtet, lenkt die Familiendiskussionen immer wieder auf das Geschehen.

Einige Tage nach der Entdeckung des Opfers am Lichtenwalder Weg berichtet er beiläufig, daß er vor einer knappen Woche genau an dieser Stelle eine merkwürdige Beobachtung gemacht hätte: für wenige Minuten habe dort ein beigefarbener Wartburg

geparkt, dessen Fahrer sich durch das Dickicht der Holunderbüsche zwängte.
Frau Essenbach drängt ihren Gatten, diese Wahrnehmung der Polizei mitzuteilen. Doch Hartmut Essenbach gibt zu bedenken, seine Angaben seien zu unpräzise, er könne der Polizei weder das Autokennzeichen noch eine brauchbare Personenbeschreibung des Fahrers mitteilen.
Doch am 31. Oktober gibt er seine Angaben bei der VP zu Protokoll. Hauptmann Korges befragt ihn selbst. Dieser Zeuge könnte zu wichtig sein, als ihn durch einen Mitarbeiter vernehmen zu lassen.
Essenbach ist überaus gesprächig, umgeht aber konkrete Auskünfte und beruft sich auf die nur kurze Wahrnehmung. Da dessen Tochter Katrin in der Nacht zum 12. Oktober am Hauptbahnhof in Karl-Marx-Stadt noch mit dem Opfer zusammen war, kommt Korges in dem Gespräch auf diese Nacht zurück und will von ihm wissen, ob er dazu ergänzende Angaben machen könne. Essenbach schildert, er sei am 12. Oktober mit dem Motorrad zum Hauptbahnhof nach Karl-Marx-Stadt gefahren, um nach seiner Tochter zu suchen, die zu diesem Zeitpunkt von der Tanzveranstaltung noch nicht heimgekehrt war. Er sei jedoch unverrichteter Dinge nach Franken-berg zurückgekehrt. Seine Tochter wäre inzwischen längst daheim gewesen.
Noch ehe Korges den Zeugen entläßt, fragt er nebenbei: „Was für Bekleidung trugen Sie denn zu dieser Zeit?“
Essenbach überlegt, und nach kurzem Schlucken gibt er die klare Antwort: „Schwarze Hose, grauer Pullover, dunkelbraune kunstlederne Motorradjacke!“
Korges notiert die Daten, will dann weiter fragen: „Sind Sie in Besitz einer grü...?“
Er kann die Frage nicht vollenden. Essenbach fällt ihm sofort ins Wort und ergänzt: „... einer grünen Strickbekleidung?“ Und nach einem tiefen Atemzug setzt er lächelnd fort: „Nein, nein, ich hab nichts aus grüner Wolle!“
Zu Hause berichtet er sofort über seine Episode bei der Kriminalpolizei. Die Frage des Polizisten nach der grünen Strickbekleidung hat ihn ziemlich bewegt. Frau Essenbach ist verwundert: „Aber, du hast doch selbst einen grünen Pullover! Du weißt doch, den ich gestrickt habe, als ich mir damals den Fuß verstaucht hatte!“

„Ach der! – Den hab ich schon lange nicht mehr“, ist seine kurze Antwort und ergänzt: „Hatte ich dir nicht erzählt, daß der mir auf Arbeit geklaut wurde?“
Frau Essenbach ist erstaunt: „Ich, ich kann mich nicht erinnern!“
„Da der Pullover sowieso weg ist, hab ich erst gar nicht davon angefangen bei der Polizei. Die spielen sonst nur verrückt.“
„Aber du hättest doch wenigstens sagen können, daß er geklaut wurde“, hält sie ihm vor.
„Hab ich doch damals dem Betriebsschutz gemeldet. Die sind doch auch Polizei. Warum soll ich jetzt wieder davon anfangen?“ reagiert er prompt.
„Ich weiß nicht, ob das richtig war“, zweifelt sie.
„Laß mal, am besten ist, ich hatte keinen grünen Pullover. Wollen wir noch mehr Aufregung? Die Sache mit Marlies ist doch schon schlimm genug“, beschwichtigt er die Gattin.

Es stimmt, Hartmut Essenbach hat den Diebstahl eines grünen Pullovers bei den Polizisten des Betriebsschutzes angezeigt. Doch daß er diese Anzeige am 15. Oktober machte, also drei Tage nach dem Verschwinden des Mädchens, stimmt Hauptmann Korges in höchstem Maße argwöhnisch.
Am nächsten Tag wird eine erneute Befragung Essenbachs vereitelt. Er mußte sich wegen eines mißlungenen Suizids in ärztliche Behandlung begeben. Nun zögert Korges nicht mehr, eine Wohnungsdurchsuchung bei der Familie Essenbach durchzuführen.
Der Hauptmann, der Biologe Schönborn und mehrere Kriminaltechniker führen die Aktion durch. Einzig und allein geht es ihnen um Bekleidung, Wolle oder Garne, in denen grüne Schafwollfasern zu vermuten sind. Da Frau Essenbach eine ausgeprägte Strickleidenschaft besitzt, ist die Ausbeute an verdächtigen Wollresten besonders groß. Doch sie können weder einen grünen Wollpullover noch eine grüne Strickjacke finden. Auch die sofort durchgeführten Vergleichsuntersuchungen an den Wollresten erbringen keine Identität mit den am Tatort gesicherten Faserspuren. Immerhin können sie den Schluß ziehen, daß Essenbach nicht in Besitz eines artgleichen Textils ist. Schörnborn und Korges wollen aber noch nicht aufgeben. Wenn schon keine verdächtige grüne Wollbekleidung gefunden werden kann, so sollte doch Essenbachs Oberbekleidung dar-

auf geprüft werden, ob natürlicher Verschleiß grünfaserige Abriebspuren in ihr hinterlassen haben kann.
Korges erinnert sich an die Bemerkung Essenbachs, am 12. Oktober mit dem Motorrad unterwegs gewesen zu sein. Er läßt Schönborn zunächst die an der Flurgarderobe hängende kunstlederne Jacke untersuchen. Schon eine erste Besichtigung er-

Am Tatort gesichertes Endstück einer grünen Wollfaser mit charakteristischer Aufspaltung.

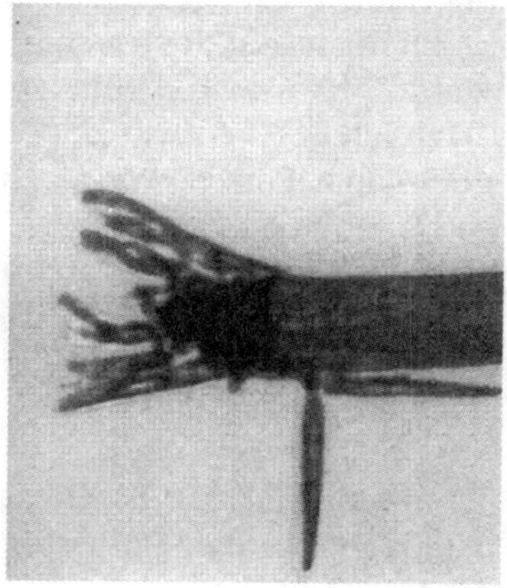

In der Lederjacke des Beschuldigten E. gesichertes Wollfaserstück mit gleichen Merkmalen.

gibt, daß im Ärmelfutter unzählige Bruchstücke grüner Wollfasern haften, deren mikroskopische Betrachtung eine frappierende Übereinstimmung im Material und Farbton ergibt. Die Motorradjacke wird beschlagnahmt und verschwindet in der sterilen Plastiktüte, die Schönborn bereithält.
Nun gibt sich Korges zufrieden. Und Essenbach wird festgenommen.
Schönborn und die Kriminaltechniker ziehen sich mit ihrer Beute in das Polizeilabor zurück. Dort untersuchen sie die Faserstücke vom Tatort und der Bekleidung des Mädchens mit speziellen mikroskopischen Verfahren, messen ihre Dicke und fertigen für jede Spur sogenannte Durchlässigkeitskurven an. Dann analysieren sie die grünen Fasern aus der Motorradjacke auf dieselbe Weise und vergleichen die Ergebnisse mit denen der Tatortspuren. Ihre Schlußfolgerung ist von hoher Beweiskraft: alle Fasern sind artgleich. Weil aber die grünen Schafwollfasern weder in der Bekleidung der Marlies Stenzel noch im Futter der Motorradjacke Essenbachs verarbeitet wurden, müs-

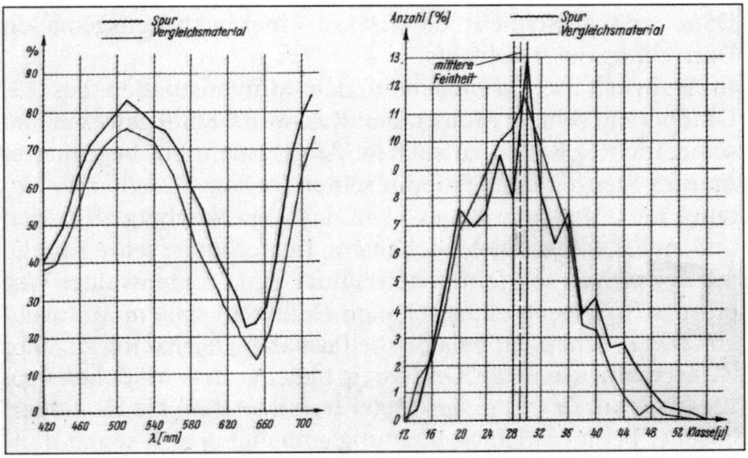

Die Durchlässigkeitskurven der grünen Schafwollfasern vom Tatort und aus dem Futter der Lederjacke des Beschuldigten E. zeigen eine weitgehende Übereinstimmung.

sen sowohl die Innenseite der Jacke, die Bekleidung des Opfers und das Holunderstrauchwerk am Fundort der Leiche mit dem gleichen grünfaserigen Wollprodukt in Kontakt gekommen sein. Dieser schlüssige Beweis führt zum Erlaß eines Haftbefehls gegen Hartmut Essenbach.

In der Beschuldigtenvernehmung am 24. November 1969 gesteht Essenbach, dem Mädchen in den Morgenstunden des 12. Oktober am Busbahnhof in Karl-Marx-Stadt begegnet zu sein, als er nach seiner Tochter Ausschau hielt. Er habe Marlies auf seinem Motorrad mitgenommen. Unterwegs sei es zu einem Streit mit ihr gekommen. Dadurch sei er so in Rage versetzt worden, daß er das Mädchen blindlings erwürgt habe, ohne dies zu wollen. Aus Angst vor den rechtlichen Konsequenzen habe er die Leiche zwischen den Holundersträuchern am Lichtenwalder Weg versteckt.
Korges wertet diese Einlassungen nur als Teilgeständnis, das im Kern lediglich eine Täterschaft Essenbachs beweist, aber die Spurenlage völlig ausklammert. Erst nachdem Essenbach zwei Gerichtsärzten vorgestellt wird, die an Hand seiner Konstitution, Körpermaße und der Form und Länge seiner Fingernägel den geschilderten Tathergang rekonstruieren und mit den objektiven Befunden an der Leiche vergleichen, werden die Ungereimtheiten deutlich.

Dann erst entschließt er sich zu einer wahrheitsgemäßen Darstellung des Tatablaufs.
In Wahrheit ist Essenbach in den Morgenstunden des 12. Oktober mit seinem Motorrad in Karl-Marx-Stadt gewesen, um seine Tochter Katrin zu suchen. Am Busbahnhof begegnet er Marlies Stenzel, der Freundin seiner Tochter. Bereitwillig bietet er dem Mädchen an, es heim nach Frankenberg zu fahren und arglos willigt das Mädchen ein. Immerhin ist seine Familie mit der ihrigen seit Jahren befreundet. Am Lichtenwalder Weg täuscht Essenbach einen leichten Defekt an seinem Motorrad vor, den er scheinbar behebt, die Rast aber gleichzeitig zu einer Zigarettenpause nutzt. Großzügig bietet er dem Mädchen eine Zigarette an. Er tritt einige Meter weit zwischen die Holunderbüsche. In einer kleinen Lichtung entledigt er sich seiner dunkelbraunen Motorradjacke und breitet sie unter sich aus. Er präsentiert Marlies seinen grünen Rollkragenpullover. Marlies findet, daß ihn der Pullover kleidet und sportlich macht. Essenbach kniet sich mit einem Bein auf die ausgebreitete Jacke. Den Fuß des anderen Beines richtet er so aus, daß Unter- und Oberschenkel mit seinem Körper jeweils einen rechten Winkel bilden. Scherzend bietet er Marlies an, auf seinem Oberschenkel Platz zu nehmen. Und scherzend macht sie davon Gebrauch. Dann rauchen sie.
Schnell lenkt er das Gespräch auf sexuelle Themen. Immer intensiver gleiten dabei seine Hände über ihren Körper, bis er ohne Umschweife zwischen ihre Beine faßt und einen Geschlechtsverkehr mit ihm verlangt. Marlies springt auf, doch Essenbach ist sofort bei ihr, grapscht mit groben Händen an ihre Brüste. Mehrmals versucht er, das Mädchen zu Fall zu bringen. Marlies verbittet sich diese Anzüglichkeiten und droht, seiner Familie diese plumpen sexuellen Annäherungen zu offenbaren. Mit äußerster Roheit fällt er über sie her. Verzweifelt schlägt sie um sich, doch unter seinem festen Würgegriff erlahmen ihre Kräfte schnell. Opfer und Täter sinken zu Boden. Und während Marlies in den folgenden Augenblicken ihr Leben aushaucht, reagiert sich Essenbach zwischen ihren Schenkeln ab.
Dann erst läßt er von ihr. Er zerrt die Tote unter den nächsten Holunderstrauch und deckt sie mit Laub und Zweigen ab.
Daheim ist er unauffällig und verschlossen wie sonst auch. Am Nachmittag des gleichen Tages treibt ihn sein Gewissen wieder an den Ort seiner Grausamkeit zurück. Doch er scheut sich,

sein Motorrad anzuhalten. Mit geringer Geschwindigkeit fährt er einige Male über den Lichtenwalder Weg und wirft einen kritischen Blick auf den kleinen Hügel aus Laub und Zweigen zwischen den Holunderbüschen. Er glaubt, zwischen den Blättern eine kleine, weiße Hand wahrzunehmen, wagt aber keinesfalls, diesen Ort nochmals zu betreten. Seine Anstrengungen, das Geschehene innerlich zu verdrängen, scheitern spätestens an dem Tag, an dem in Frankenberg bekannt wird, daß die Polizei einen Mann mit grüner Schafwollbekleidung sucht. Unbemerkt verbrennt Essenbach zwei Tage nach dem Mord den grünen Pullover im Heizungskeller seiner Arbeitsstelle. Und nach einem weiteren Tag faßt er sich ein Herz und zeigt beim Betriebsschutz den vermeintlichen Diebstahl an.

Essenbachs Blutgruppe ist ebenfalls identisch mit der in der Spermaspur an der Strumpfhose nachgewiesenen. Seine Schilderungen, wie er sich zwischen den Schenkeln des Mädchens befriedigte, sind ein wichtiges Indiz dafür, daß er der eigentliche Produzent der Spur ist und nicht der Jugendliche vom Hauptbahnhof.

Im Zuge der Ermittlungen entdeckt Hauptmann Korges weitere dunkle Flecken auf der bislang weißen Weste des biederen Brigadiers Essenbach. Hinter dem Rücken seiner Angetrauten unterhält er vielfältigen Kontakt zu anderen Frauen, besonders, wenn diese im jugendlichen Alter sind. Ihre Liebesdienste honoriert er großzügig. Auch vor der Unzucht mit Minderjährigen schreckt er nicht zurück. Auf makabre Weise beendet der Mord an Marlies Stenzel seine unheilvollen Leidenschaften.

Korges kann den Fall schnell zum Abschluß bringen. Der Biologe Konrad Schönborn wird einige Wochen später sein schlüssiges Gutachten vor Gericht erstatten, daß die am Opfer und am Tatort gesicherten grünen Schafwollfasern eindeutig Hartmut Essenbach zuzuordnen sind. Damit ist dessen Täterschaft nachgewiesen. Neben dem Geständnis des Täters sind die Faserspuren das einzige objektive Beweismittel in diesem Strafverfahren.

Essenbach erwartet eine lebenslange Freiheitsstrafe.

Nachtrag: Zehn Jahre später wurde Hauptmann Rudi Korges unehrenhaft aus der Volkspolizei entlassen, weil er sich erlaubte, in sein Wochenendgrundstück Bekannte aus dem Westen Deutschlands einzuladen, die er bei einem Ungarn-

urlaub kennengelernt hatte. Aufmerksame Nachbarn hatten dieses unverzeihliche Vorkommnis den dafür zuständigen Sicherheitsorganen gemeldet.
Diplombiologe Konrad Schönborn verstarb im Jahre 1995, wenige Tage nach seinem 64. Geburtstag, an den Folgen einer Alkoholkrankheit.
Hartmut Essenbach wurde in der Zeit des Untergangs der DDR im Jahre 1990 amnestiert.

# Der Kreuzworträtselmord

*(Aktenzeichen 131–110–81 Bezirksstaatsanwalt Halle/Saale)*

Ausgangs der fünfziger Jahre gab die SED-Führung die These aus, die Chemisierung der Industrie sei die entscheidende Waffe im ökonomischen Kampf mit dem Kapitalismus. Die dazugehörige Losung lautete: „Chemie ist Wohlstand“, und sie wurde alsbald zu einem starren volkswirtschaftlichen Dogma mit kaum absehbaren, fatalen Folgen für Mensch und Umwelt. Die Großbetriebe Buna, Leuna und Bitterfeld, die bereits für den Zweiten Weltkrieg auf Hochtouren produziert hatten, bildeten das Zentrum der chemischen Großindustrie im Bezirk Halle.

Die Pläne der Partei- und Staatsführung waren ehrgeizig, und so wurde die Produktion rücksichtslos ausgebaut, während die Natur in weitem Umkreis vergiftet wurde und allmählich abstarb. Ein grauer Schleier mit stechend saurem Geruch überzog alles. Die Saale und ihre kleinen Geschwister verkamen zu leblosen Kloaken der Chemiegiganten.

Für die Beschäftigten der Chemiemoloche Leuna und Buna wurde der Bau einer sozialistischen Satellitenstadt wenige Kilometer westlich der Bezirkshauptstadt und jenseits der Saaleaue beschlossen. Den Grundstein legte man 1964, bereits 1967 erhielt das Areal das Stadtrecht, und in weniger als zwanzig Jahren entstand für knapp einhunderttausend Menschen die Plattenbauidylle Halle-Neustadt.

Warme, helle, billige Wohnungen und eine bescheidene Infrastruktur machten das Leben in der betonierten Tristesse der eintönigen Vielgeschosser erträglich. Unaufhaltsam zog es die Hallenser dorthin, weil die alten, vom Krieg verschonten Wohngebäude ihrer Stadt inzwischen völlig heruntergekommen waren.

Straßennamen gab es so gut wie keine. Die Wohnblöcke trugen schlichte Ziffern. Ein Ortsunkundiger erkannte nur schwer ein ordnendes System und irrte lange zwischen den Betonriesen umher, ehe er sein Ziel erreicht hatte.

Lino Brandt ist ein fröhlicher, aufgeweckter, zarter Junge von sieben Jahren, Schüler der 1. Klasse in der 6. Polytechnischen Oberschule von Halle-Neustadt. Südöstlich der Magistrale, die das Hallesche Zentrum mit der Neustadt verbindet, sie durchquert und schließlich in die heutige Bundesstraße 80 mündet, im Block 483 ist sein Zuhause. Dort lebt er zusammen mit seiner zwölfjährigen Schwester bei seiner Mutter. Der Vater wohnt, getrennt von seiner Familie, einige Kilometer entfernt, in einer Junggesellenwohnung. Lino kann nicht begreifen, warum die Eltern sich nicht verstehen. Er sieht seinen Vater nur gelegentlich.

Am Nachmittag des 15. Januar 1981 erfüllt ihm die Mutter einen lang gehegten Wunsch: Er darf allein ins Kino „Treff", knapp zehn Minuten Fußweg von der Wohnung entfernt. Der Weg ist ihm vertraut, er führt an der großen Kaufhalle und der Poliklinik vorbei, die er zuweilen mit der Mutter besucht hat. Die Schwester begleitet ihn ein Stück Wegs, bis das Kino in Sichtweite ist, dann trennen sich ihre Wege.

Zum Abendbrot hätte der kleine Lino zurück sein müssen, und in dem Maße, wie das Essen langsam kalt wird, nimmt die Besorgnis der Mutter zu.

Schließlich hält sie es nicht mehr in der Wohnung. Sie sucht die nahegelegenen Spielplätze ab, telefoniert mit Bekannten, fragt bei Spielgefährten und Mitschülern nach, die sich längst wieder in der Obhut ihrer Eltern befinden. Niemand weiß etwas über Linos Verbleib, nirgends wurde er gesehen. Die winterlichen Straßen sind inzwischen nahezu menschenleer, die wenigen Geschäfte haben bereits geschlossen. Schlimme Ahnungen steigen in ihr auf und treiben sie gegen acht Uhr abends auf das 4. VP-Revier von Halle-Neustadt.

Die Polizisten beruhigen sie, nach ihren Erfahrungen tauchen die meisten verschwundenen Kinder ein paar Stunden später auf. Kindern vergeht die Zeit wie im Flug, indes die wartenden Eltern Ängste ausstehen. Doch es ist Winter, und Lino hat sich so sehr noch nie verspätet. Das inständige Bitten der besorgten Mutter und die Einsicht in die polizeiliche Pflicht, mögliche Gefahren abzuwenden, veranlassen die Polizisten dann doch zu schnellem Handeln. Und nur wenig später durchkämmen Schutzmänner die Gegend zwischen dem Wohnblock 483 und dem Kino, forschen auf Spielplätzen und in Garagen nach, durchstöbern Abstellplätze für Mülltonnen, befragen Linos

Spielkameraden. Die Suche bleibt erfolglos, kein Ort, den man nicht ausgespäht hätte. So vergehen die Stunden. Nun verstärkt sich auch auf dem Revier die Vermutung, daß etwas geschehen sein könnte, und man entschließt sich zu ernsthaften polizeilichen Maßnahmen.
Ein Polizeiwagen bringt Frau Brandt gegen Mitternacht zum VP-Kreisamt, um – wie es den Dienstvorschriften entspricht – ihre Vermißtenanzeige von der Kriminalpolizei aufnehmen zu lassen. Nach Lino Brandt wird eine Eilfahndung ausgelöst. Uniformierte und zivile Nachtstreifen halten Ausschau nach dem siebenjährigen Jungen. Die Mutter läßt sich nicht mehr beschwichtigen, und auch die Hoffnungen der Polizei auf einen raschen Fahndungserfolg sinken von Stunde zu Stunde.

Der Morgen graut nach durchwachter Nacht, doch Lino bleibt verschwunden. Nun nimmt der Umfang der polizeilichen Maßnahmen zu. Zwar zögert man noch etwas mit der Einleitung eines Ermittlungsverfahrens gegen „Unbekannt", doch wird eine erneute, diesmal systematische Suche in den Wohngebieten von Halle-Neustadt angeordnet. Wieder werden Linos Freunde befragt, aber auch Taxi- und Busfahrer, Zeitungsausträger, Straßenarbeiter und die Angestellten des Kinos „Treff" vernommen. Doch niemand kann weiterhelfen, nicht der kleinste Fingerzeig ergibt sich, Lino bleibt unauffindbar.
Die Hallenser Bezirksleitung der SED, die von dem Fall erfährt, reagiert sensibel. Im ganzen Land laufen fieberhaft und wie nach einem Stabsplan die Vorbereitungen auf den X. Parteitag, mit dem ein weiteres Loblied auf die Partei als führende Kraft bei der „Gestaltung der entwickelten sozialistischen Gesellschaft" angestimmt werden soll. Erfolgsmeldungen sind gefragt. Da könnte selbst ein Randereignis wie der ungeklärte Vermißtenfall eines siebenjährigen Jungpioniers aus Halle-Neustadt einen Mißklang in den heroischen Chorus bringen.
So drängen die Genossen der SED-Bezirksleitung, der Bezirksverwaltung des MfS und der Polizeiführung auf schnelle Aufklärung und geben nach Abstimmung mit ihren jeweiligen Berliner Obrigkeiten grünes Licht für weitere, nunmehr massive Sucheinsätze und für eine großzügige Öffentlichkeitsarbeit der Kriminalpolizei.
Bereits am 17. Januar verbreitet die offizielle Bezirkspresse, die Tageszeitung „Freiheit", eine Fahndungsinformation, in der die

Bevölkerung zur Mitarbeit aufgerufen wird. Solche Meldungen, die dazu angetan sind, die Bürger zu beunruhigen, sind in dieser Zeit durchaus nicht üblich.

Am 18. Januar 1981, drei Tage nach dem Verschwinden des Jungen, übernimmt die MUK Halle den Vermißtenfall Lino Brandt, für dessen Aufklärung eigens eine Einsatzgruppe gebildet wird. Weitere Polizeikräfte werden ihr zugeordnet, Kraft-

der Spielart Tele-Lotto werden 300 Tourex-Reisen für je 2 Personen nach Varna (VR Bulgarien) und 300 vierzehntägige Urlaubsreisen für je 2 Personen in die UdSSR zusätzlich ausgelost.

**Volkspolizei bittet um Mithilfe**

Seit dem 15. Januar 1981, gegen 15.30 Uhr wird der siebenjährige [redacted] aus Halle-Neustadt vermißt. Das Kind wurde letztmalig zur angegebenen Zeit vor der HO-G „Treff" in Halle-Neustadt gesehen. Der Vermißte ist etwa 1,18 m groß, von zierlicher Gestalt, hat nackenlanges blondes Haar.

Er ist mit einem blaugrünen Mantel mit Webpelzeinsatz, brauner Pelzmütze, schwarzer Silastik-Steghose, weißem langärmligem Pullover und braunen Stiefeln bekleidet. Wer kann Hinweise über seinen Aufenthalt machen? Hinweise, die auf Wunsch vertraulich behandelt werden, nimmt das VPKA Halle, Kriminalpolizei, Tel. 84 43 18, und jede andere VP-Dienststelle entgegen.

VEB Industried
wickelt worden.
nis und weitere
stellt sich die
auf der diesjähr
Jahrsmesse vor.
Die neue, so
düse garantiert
her eingesetzten
zu 25 Prozent h
gen und ist 1

**Zwei tr**

**Tote und Schw**

Berlin (ADN).
weise tragische
eigneten sich an
Nichtbeachten
komplizierten
nisse.

So kam in
Gransee, ein PK
auf mit Schn
Fahrbahn ins Sc
den Gehweg, üb
wagen und p
Baum. Ein Klein
ein weiteres le
letzt. Nach den b

Fahndungsaufruf der VP in der Halleschen Tageszeitung „Freiheit" vom 17. Januar 1981.

fahrzeuge und Büroausstattungen zur Verfügung gestellt. Chef der Einsatzgruppe ist der langjährige Leiter der MUK Hauptmann Siegurt Scherzer (52), ein erfahrener Praktiker, seit Gründung der Volkspolizei in ihren Diensten, stolz darauf, die Polizeischule für Kriminalistik in Arnsdorf besucht zu haben, die längst nicht mehr besteht. Er hat nicht wenige Gegner in den Führungsetagen. Nicht nur, daß man ihm sein Talent neidet, komplette Sätze einer Beethoven-Sinfonie fehlerfrei vor sich hin zu summen. Nicht nur, weil er dazu neigt, sich gelegentlich bis zum Stehkragen mit Alkohol zuzuschütten. Nein, man fürchtet vor allem seine spitze Zunge und seine Schlagfertigkeit, mit der er in heiklen Situationen verschieden interpretierbare Antworten gibt. Das verunsichert manchen. Doch seine fachliche Kompetenz vermochte ihm bislang keiner streitig zu machen.

Scherzer muß die Ermittlungen in der erforderlichen Breite führen. Die Ausgangsdaten sind zu dürftig, als daß man aus ihnen etwas Konkretes ableiten könnte. Folglich muß von mehreren gleichwertigen Annahmen ausgegangen werden. Sie dürfen nur eben keine Lücken aufweisen, damit man sicher sein kann, daß wenigstens eine von ihnen zutreffen wird. Kleine Gruppen von Ermittlern verfolgen die möglichen Untersuchungsrichtungen. Scherzer geht davon aus, daß Lino Brandt noch lebt, daß er sich verirrt hat und dringend Hilfe braucht. Gleichzeitig zieht er auch die Version eines Unfalls ins Kalkül. Doch daneben rechnet er auch mit der schlimmsten Möglichkeit: Lino könnte Opfer eines Verbrechens sein.

Eine Suche gigantischen Ausmaßes nimmt ihren Verlauf. Keller, Scheunen, Abrißgrundstücke, Sport- und Parkanlagen, Kanalisationen in der näheren und weiteren Umgebung von Linos Wohnung werden systematisch durchstöbert, man sucht die Angersdorfer Teiche ab, den langgedehnten Kirchteich, die Kanäle westlich der Rabeninsel. Der Junge könnte ins Eis eingebrochen sein. Natürlich gilt die Aufmerksamkeit in erster Linie dem Jungen selbst, doch achten die Suchkräfte auch auf Gegenstände, die einen möglichen Zusammenhang zu einem Verbrechen nahelegen und die spurenkundlich zu untersuchen sind: Sie finden u. a. verrostete Stichwerkzeuge, alte Bekleidung, Kinderschuhe, benutzte Taschentücher, Fahrkarten, Kinderspielzeug usw. Dutzende dieser vermeintlichen Spurenträger warten auf ihre Begutachtung. Ein mit großen Mühen Besucher für Besucher erfassender Bestuhlungsplan der Kinderfilmveranstaltung vom 15. Januar erfordert die Befragung von mehr als einhundert Personen. Sämtliche medizinischen Einrichtungen in Halle-Neustadt, in Halle und im ganzen Saalkreis werden von den zähen Ermittlern aufgesucht. Tagelang sind Hunderte Einsatzkräfte auf der Suche nach dem Kind.

Eine Fülle von Hinweisen geht bei der Einsatzgruppe ein, jedes Detail will bedacht und ernstgenommen sein. Viele Hinweise führen an der Sache vorbei und andere widersprechen sich. Neue Ermittlungen sind nötig, bis die Widersprüche ausgeräumt sind.

Hauptmann Scherzer weiß, daß der Schlüssel zum Fahndungserfolg auch im scheinbar Nebensächlichen verborgen sein kann. Also wird jede Information gewissenhaft gespeichert. In nur wenigen Tagen füllen die Akten ein ganzes Zimmer. Es bedarf einer eigenen Ordnung, sich in ihnen zurechtzufinden.
Doch Lino Brandt bleibt verschwunden. Immer mehr verblaßt die Aussicht, Lino könnte lebend gefunden werden, dagegen zeichnet sich immer deutlicher die grausame Möglichkeit eines Verbrechens ab. Fragen über Fragen drängen sich auf. Wer könnte Interesse am Tod des Jungen haben? Wie sicher sind die Angaben der Mutter über den Ablauf, die Zeiten, die Umstände? Wo hielt sich Linos Vater am Nachmittag des 15. Januar auf? Könnte er womöglich ein Motiv besitzen? Wo könnten der Tatort, der Fundort, die Leiche sein?
Die Alibis der Verwandten, Bekannten und Freunde der Familie Brandt werden überprüft. Die Schnüffelei der VP wird immer lästiger. Bei den Befragten, aber auch bei den Befragern machen sich allmählich Unwille und Mißtrauen breit. Verdächtigungen werden offen oder hinter vorgehaltener Hand geäußert. Hauptmann Scherzer weiß um die Tragik solcher vorschnellen Urteile nur zu gut, vor allem, wenn der Staatsanwalt oder der Richter auf sie hereinfällt. Es gilt, kühlen Kopf zu bewahren und die Ungeduld nicht taube Blüten treiben zu lassen. Den Spekulationen besonders eifriger Zeugen muß genauso begegnet werden, wie denen der Vorgesetzten, denen der politische Druck von oben den Sinn für die kriminalistische Realität abhanden kommen läßt.
Allzu leicht wird daher der mehrfach mit dem Gesetz in Konflikt geratene, alkoholabhängige Vater des verschollenen Jungen die schnelle Beute falscher Verdächtigungen, zumal es seinem Alibi an ausreichender Überzeugungskraft mangelt. Mit nahezu pathologischem Starrsinn versteift sich auch Scherzer auf einen Verdacht gegen den Vater. Er ist unablässig bemüht, seine Ermittlungen auf diesen zu konzentrieren, und unterliegt dem Fehler einer leichtfertigen Fokussierung auf eine einzige Person.

Fehlende materielle Beweise dürfen aber nicht durch Fiktionen ersetzt werden, auch wenn der SED-Parteitag immer näher rückt. Scherzers Untersuchungsmethodik wird kritisiert. Doch er zeigt keine Einsicht. Verbissen hält er den Vater Linos für den Täter. Kurzerhand wird ihm der Fall entzogen und in die Hände seines Stellvertreters, Oberleutnant Noll, ein agiler, intelligenter Enddreißiger mit Universitätsabschluß, gegeben.

Am 28. Januar 1981 tritt die langersehnte, gleichzeitig aber befürchtete Wende im Fall Lino Brandt ein: Auf der stark befahrenen Reichsbahnstrecke zwischen Halle und Leipzig wird nahe der Ortschaften Schkeuditz und Wahren, direkt neben den Gleisen, in einem zerschlissenen Pappkoffer die Leiche eines kleinen Jungen gefunden. Die Vermutung liegt nahe, daß der Koffer aus einem fahrenden Zug geschleudert wurde. Noll, Scherzer und Ärzte aus dem Leipziger Institut für Gerichtliche Medizin und Kriminalistik sind sofort zur Stelle. Der Junge ist mit Sicherheit schon längere Zeit tot, doch das kalte Januarwetter hat die Verwesung des kleinen Leichnams verlangsamt, so daß noch günstige Untersuchungsbedingungen bestehen.
Die Kriminalisten haben ausreichende Unterlagen über Lino Brandt mitgebracht, so daß die Leiche vor der Obduktion, die tags darauf stattfindet, identifiziert werden kann. Zweifelsfrei handelt es sich um Lino Brandt, der offensichtlich durch stumpfe Gewalteinwirkungen auf den Schädel und massive Stiche in die Brust getötet wurde. Wahrscheinlich war der Junge vor der Tötung sexuell mißbraucht worden. Dafür sprach die ungewöhnliche Erweiterung des Afters. Der Täter hatte die nackte Leiche in mehrere Plastiksäcke gehüllt, in den Koffer gezwängt und die Lücken mit der Bekleidung des Jungen, aber auch alten Zeitungen und Zeitschriften ausgefüllt. An Linos Kleidung finden sich massenhaft Fremdfasern, Haare und Bodenspuren, die, wie sich später herausstellen wird, als materielle Beweise einmal große Bedeutung haben werden. Auf einem der Plastiksäcke prangt ein Aufkleber mit der Beschriftung „Euvetes Nederland, Art. nr. 4000 ACN/EIN, Material Zellwolle/B Acryl, 1. Wahl, MSL nr. Größe 150/200 cm, EVP 76,50“. Ausreichende Angaben, um vielleicht herauszufinden, was die Säcke ursprünglich enthielten. Der braune Koffer, ein älteres Billigmodell, besitzt eine eigenwillige Innenverkleidung. Denkbar, daß es

jemanden gibt, der diesen Koffer wiedererkennt. Die Zeitungen und Zeitschriften, Januarausgaben der FDJ-Zeitung „Junge Welt", der „BZ am Abend" und des Frauenjournals „Für Dich" sowie verschiedene Exemplare der „Neuen Berliner Illustrierten" und der „Freien Welt", auch zwei Kinderzeitschriften, lassen zwar keinen direkten Rückschluß auf einen bestimmten Bezugsort zu, doch jemanden haben es die Kreuzworträtsel angetan; verschiedene wurden angefangen …

Während an den folgenden Tagen auf dem Hallenser Marktplatz zahllose Neugierige das von der Kriminalpolizei in einem Schaufenster des Centrum-Warenhauses ausgehängte Fahndungsplakat und den zur Schau gestellten Koffer beäugen, laufen die Ermittlungen zur Herkunft des beschrifteten Plastiksacks auf Hochtouren. Sie führen schließlich zu dem wenig ermutigenden Ergebnis, daß vor knapp zehn Jahren mehr als ein-

**Wer kann Hinweise geben?**

Zur Aufklärung eines Verbrechens bittet die Volkspolizei um Mithilfe! Wer kann Angaben machen zu Personen, die den abgebildeten Koffer vor dem 15. Januar 1981 im Besitz hatten? Wo wurde eine Person am 15. Januar 1981 oder in der Zeit danach mit einem derartigen Koffer gesehen (in Grundstücken, auf Straßen, in Verkehrsmitteln)? Wer kann Angaben machen, wo ein derartiger Koffer vor dem 15. Januar 1981 oder danach abgestellt war bzw. sonst gesehen wurde?

Beschreibung: Länge 77 cm; Breite: 45 cm; Höhe: 22 cm; Material: Hartpappe mit Vulkanfiberecken; Farbe: mittelbraun; Kofferinneres: bedrucktes Papier (Korbflechtmuster), Derartige Koffer werden seit 10 bis 13 Jahren nicht mehr an den Handel geliefert.

Zweckdienliche Angaben, die auf Wunsch vertraulich behandelt werden, nimmt jede VP-Dienststelle entgegen.

Wortlaut des Presseaufrufs in der Halleschen Tageszeitung „Freiheit" vom 10. Februar 1981.

tausend aus Holland importierte Steppdecken in derartigen Behältnissen in den halleschen Einzelhandel gelangt waren. Oberleutnant Nolls Hoffnungen richten sich deshalb zunächst

In dem zum Transport des ermordeten Kindes benutzten Koffer befanden sich diese teilweise gelösten Kreuzworträtsel.

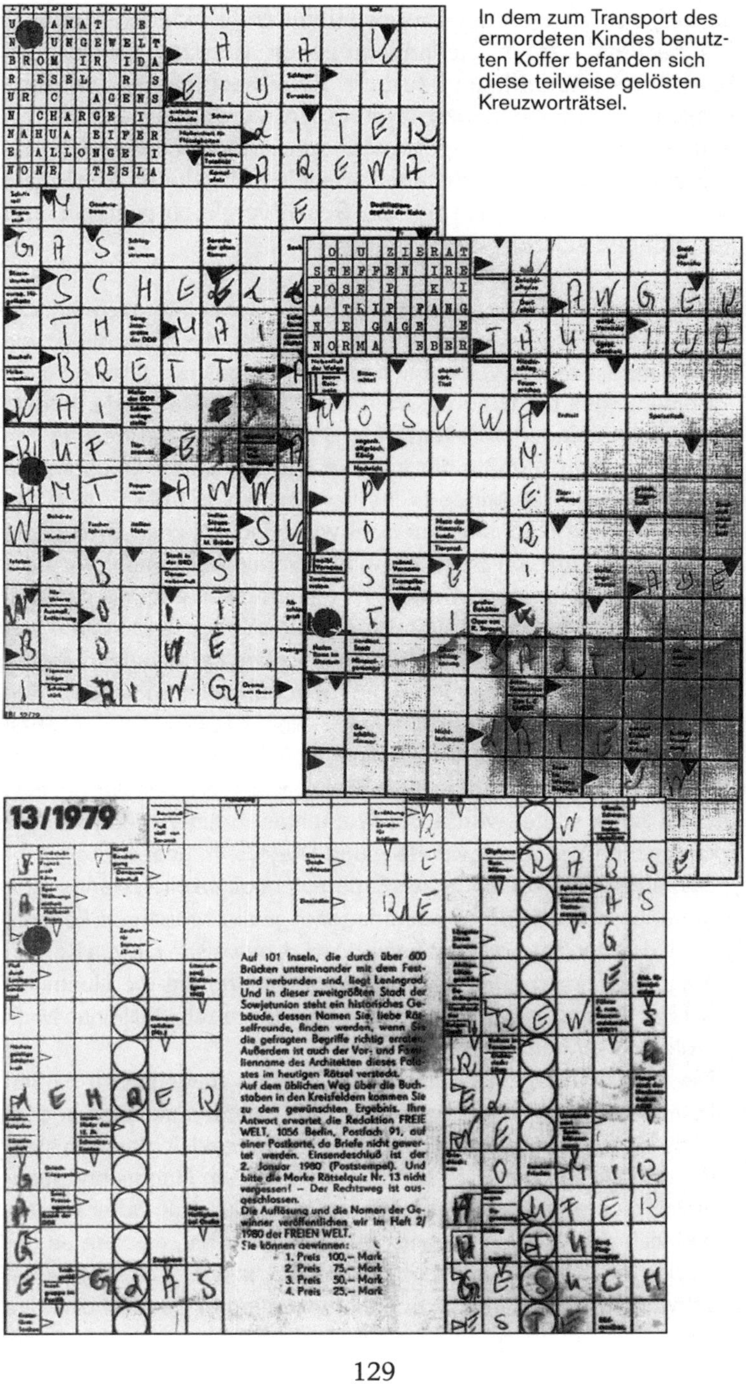

darauf, daß Zeugen den ausgestellten Koffer wiedererkennen. Inzwischen werden die angefangenen Kreuzworträtsel von Schriftsachverständigen beurteilt. Zwei wichtige Schlußfolgerungen können sie ziehen: Zum einen wurden alle Rätsel von demselben Schreiber angefangen, zum anderen weisen die etwas schwerfälligen Buchstaben so viele individuelle Merkmale auf, daß das für einen späteren Schriftvergleich geeignet und ausreichend scheint.

Das kriminalistische und charakterologische Interesse an der Handschrift dürfte genauso alt sein wie die Fälschung von Schriftstücken, das Verfassen anonymer Schmähschriften oder die Bemühungen um Urheberschaft einer Schrift. Das erste, bereits im 17. Jahrhundert veröffentlichte Buch über die Beurteilung von Handschriften verfaßte der Italiener Camillo Baldo. Doch sollten noch mehrere Jahrhunderte ins Land gehen, bis die Ergebnisse der Schriftbegutachtung auf einer wissenschaftlichen Grundlage, weitgehend frei von Spekulation und Voreingenommenheit, standen. Eines der folgenschwersten Fehlgutachten über ein handgeschriebenes Dokument erstattete 1894 Alphonse Bertillon, seit 1888 Chef des weltweit ersten polizeilichen Erkennungsdienstes der Pariser Präfektur, im Kriegsgerichtsverfahren gegen den Artilleriehauptmann Alfred Dreyfus. Gefälschte Beweise und eben dieses Fehlgutachten führten dazu, daß Dreyfus zu lebenslanger Deportation auf die berüchtigte Teufelsinsel verurteilt wurde. Erst zwölf Jahre später wurde das Gutachten in einem wiederaufgenommenen Verfahren widerlegt und Dreyfus freigesprochen.
Daß aber trotz aller modernen Expertisemöglichkeiten Handschriften auch noch heute gewinnbringend gefälscht werden können, ohne daß der Betrug sofort bemerkt wird, beweisen die von Konrad Kujau fabrizierten „Tagebücher“ Adolf Hitlers, die die Illustrierte „Stern“ Anfang der achtziger Jahre für nahezu zehn Millionen Mark arglos aufkaufte.
Die Grundmethoden der Schriftbeurteilung bestehen im bloßen Formenvergleich, in der Typisierung von Schriftmerkmalen oder in sogenannten graphometrischen Messungen und richten sich stets darauf, den Schreiber zu identifizieren, dessen Handschrift mannigfaltige Merkmale aufweist. Diese Merkmale, die daher rühren, daß sich das Schreiben nahezu automatisiert hat, machen es der modernen Kriminalistik verhältnismäßig leicht. Aus den einst schwerfälligen, malenden Schreibbewegungen des Schulkindes

werden unwillkürliche Gewohnheitsbewegungen des Erwachsenen. Die sogenannte Schulausgangsschrift entwickelt sich zu einer ganz persönlichen „Hirnschrift“, und ihr hoher Individualisierungswert bildet die Basis für die Rechtsverbindlichkeit eines handgeschriebenen Schriftstücks oder gar nur einer Unterschrift.
Für die kriminalistische Handschriftenuntersuchung müssen neben dem fraglichen Schriftstück entsprechende Vergleichsproben vorliegen, die, nachdem die jeweiligen Merkmalskomplexe bestimmt wurden, einander gegenübergestellt werden.
Zusätzlich kann der Untersuchungsgegenstand auf die Identifizierung des Schreibgeräts, des Schriftträgers und des Schreibmittels erweitert werden. Aber auch dann muß ausreichendes Vergleichsmaterial zur Verfügung stehen.
Läßt sich der Verdächtigenkreis nicht näher einengen, sind die praktischen und rechtlichen Grenzen der Beschaffung von Vergleichsschriften meist schnell erreicht. Für die Volkspolizei, besonders aber für das MfS, war das indes kein Grund zur Resignation. Einerseits, weil ein zentralistisch geführter Staat, die allenthalben gespitzten Ohren der Sicherheitsorgane in den Betrieben, Schulen, Massenorganisationen und Hausgemeinschaften es möglich machten, die Barrieren mühelos zu überwinden; andererseits, weil selbst dann, wenn sich eine MUK strikt an die rechtlichen Spielregeln hält, eine Gewaltstraftat viel stärker an das Rechtsempfinden der Bevölkerung rührt und daher deren Bereitschaft, der Polizei zu helfen, ungleich leichter mobilisiert als Gesinnungsdelikte wie Republikflucht, Staatsverleumdung oder Hetze.

Noll und seine Mitarbeiter wissen nicht, daß die Schriftexperten der Stasi an der Komplettierung eines computergestützten Verfahrens zum Wiederauffinden von Handschriften basteln. Natürlich streng vertraulich. Da bietet sich der Fall Lino Brandt direkt an, die bisherigen Erkenntnisse heimlich zu testen. So ist es also zu verstehen, daß das MfS der Hallenser MUK großzügige Unterstützung bei der Schriftfahndung zusagt. Die politische Großwetterlage bietet dazu den passenden Anlaß.
Die Hoffnung, der ausgestellte Koffer würde bald von einem zuverlässigen Zeugen wiedererkannt werden, erfüllt sich nicht. Zwar erreichen ihn viele Hinweise zu dem vermeintlichen Besitzer des Koffers, doch bei näherer Prüfung erweisen sie sich allesamt als falsch. So vergehen die Wochen.

Ungeduld und Mißmut breiten sich in den politischen Führungsetagen der VP aus. Die Befürchtung wächst, es könne nicht gelingen, den Erfolgsgabentisch des X. Parteitags mit der Aufklärung des Falls Lino Brandt zu bereichern. Noch immer ist der Tatort nicht bekannt, ist kein einziger Verdächtiger ermittelt.
Doch unbeirrt läßt Noll die Untersuchungen weiterführen, auch wenn seine Einsatzgruppe täglich weiter schrumpft, weil die Kräfte wieder abgezogen werden, wie es im Dienstjargon heißt.
Ein Experte der Sektion Kriminalistik der Berliner Humboldt-Universität entwickelt ein hypothetisches Persönlichkeitsprofil des unbekannten Täters, aus dem man hofft, neue Ermittlungsansätze ableiten zu können. Da man bisher nicht überzeugend nachzuweisen vermochte, daß Lino tatsächlich die Filmveranstaltung besucht hat, muß auch in Betracht gezogen werden, daß ihn der unbekannte Täter bereits vor Beginn des Films in seiner Gewalt gehabt haben könnte. Aus dem Verpackungsmaterial, der Art der Leichenbeseitigung und dem Fundort schließt er ferner, daß Lino Brandt an einem Ort getötet worden ist, an dem die Verpackungsutensilien dem Täter direkt zur Verfügung standen. Daß die Tat im Freien verübt wurde, schließt er daher aus.
Oberleutnant Noll wirft ein riesiges Schleppnetz der Überprüfung über Halle, Halle-Neustadt und den gesamten Saalekreis aus. Nahezu einhundert Personen, die zur Familie Brandt auf diese oder jene Weise in Beziehung stehen, rund zweihundert polizeilich registrierte Homosexuelle und Pädophile, mehr als zweihundertfünfzig vorbestrafte Sittlichkeitsdelinquenten und über eintausend Personen, die regelmäßig in der Umgebung des Versorgungszentrums am Kino anzutreffen sind, geraten in die Maschen und müssen ein Alibi nachweisen. Doch trotz aller Anstrengungen stellt sich der ersehnte Erfolg nicht ein. Der Täter bleibt unbekannt und unerkannt.

Am Freitag, dem 27. März, etwa zwei Wochen vor dem SED-Parteitag, wird Noll zu einer Berichterstattung beim Chef seiner Bezirksbehörde zitiert. Anscheinend hat Berlin Druck auf den General ausgeübt. Er benötige Argumente, warum Nolls Mannschaft den Fall noch nicht aufgeklärt habe, und fordere, nachdem er sich mit der SED-Bezirksleitung und seinem

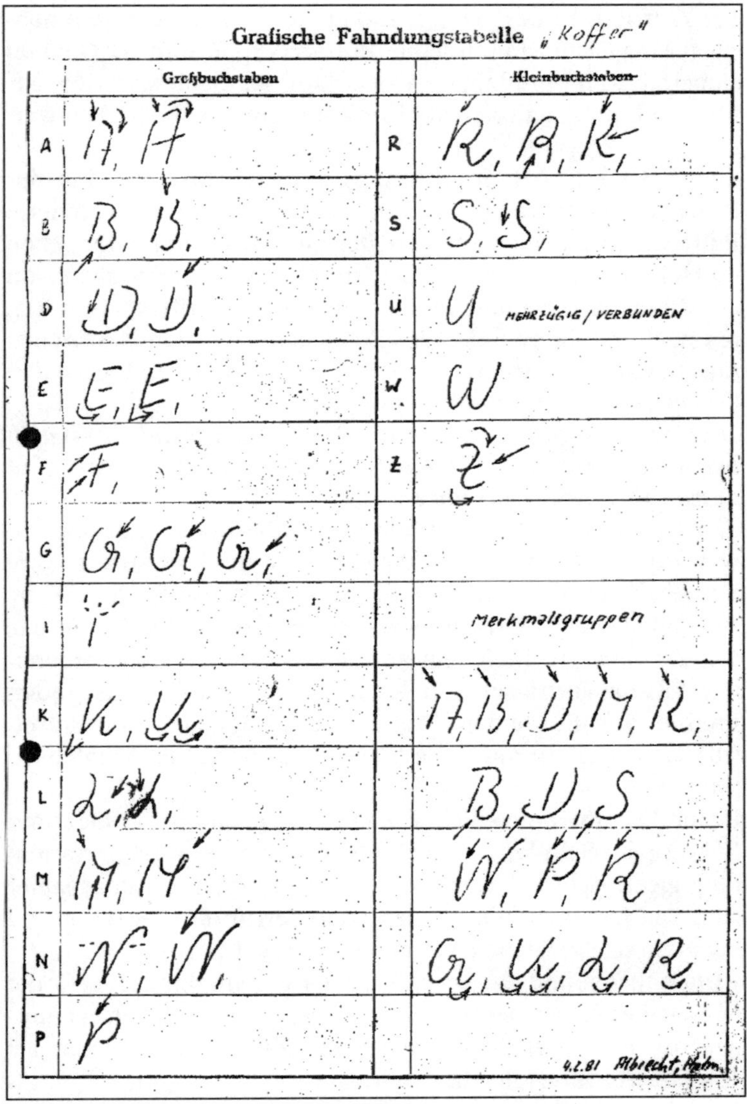


Grafische Fahndungstabelle der Kriminalpolizei mit den individuellen Schriftmerkmalen aus den Kreuzworträtseln.

Amtsbruder von der Staatssicherheit abgestimmt habe, die zeitaufwendigen Massenüberprüfungen weitgehend einzustellen. Statt dessen sollen die Ermittlungen auf die Schriftfahndung

konzentriert werden. Oberleutnant Noll beklagt den nunmehrigen Mangel an Kräften seiner Einsatzgruppe, und der General sichert ihm eine großzügige Verstärkung zu. Beide sind sich darüber im Klaren, daß sich der Ermittlungsprozeß hinziehen werde.
So ist die Einsatzgruppe in den nächsten Monaten mit der Beschaffung von Vergleichshandschriften ausgelastet. Hunderte Polizisten, freiwillige Polizeihelfer und MfS-Mitarbeiter gehen in Halle-Neustadt „auf Klingeltour“, um Schriftproben von meist braven Untertanen einzuholen. Die Schriftexperten hatten nach den Merkmalen der Buchstaben aus den Kreuzworträtseln einen unverfänglichen Text verfaßt, der den Probanden kurzerhand diktiert wird:
*„Ein zweitägiges Kolloquium, das am Dienstag in Berlin begann, befaßt sich mit Karl-Friedrich Schinkels Werk und dessen Bedeutung für die DDR.“*
Fast 21 000 Schriftproben liefern die überwiegend kooperativen Bürger. Hartnäckige Weigerer werden registriert. Ihre Vergleichsschriften beschafft die Stasi auf konspirativem Wege.
Auf Geheiß der SED-Bezirksleitung veröffentlicht die Hallesche Tageszeitung „Freiheit“ ein von den Schriftexperten vorbereitetes Kreuzworträtsel und lockt die Leser mit aufregenden Preisen zum Einsenden ihrer Lösung. Nahezu 11 000 Rätselfreunde erweitern auf diese Weise den Fundus an Vergleichsproben.
Unter kriminalpolizeilicher Regie veranstalten Schüler und Lehrer aller Schulen von Halle-Neustadt eine Altpapiersammlung gigantischen Ausmaßes. Sechzig Tonnen Zeitungspapier sind das Ergebnis. Sie werden nach Territorien geordnet und nach handschriftlichen Vermerken durchgesehen.
Kriminalisten und als Angehörige der Kriminalpolizei getarnte MfS-Mitarbeiter sammeln in den sogenannten Kaderabteilungen der Hallenser Betriebe aus den Personalakten mehr als 100 000 Schriftvergleiche.
Knapp 30 000 Wohnungsanträge der Arbeiterwohnungsbaugenossenschaft, 40 000 PKW-Anmeldungen des IFA-Vertriebs, 250 000 bei den VP-Meldestellen eingereichte Anträge auf einen Personalausweis werden kopiert.
50 000 beim Amt für Arbeit befindliche Personalakten von Pendlern und 90 000 Telegrammformulare werden Gegenstand des Schriftvergleichs.

Alles in allem wird die enorme Menge von 551 198 Schreibleistungen ausgewertet.
Eine eigens für den Schriftvergleich gebildete Sonderkommission ist für die nächsten Monate vollauf beschäftigt, während Nolls Team die Routineaufgaben der Morduntersuchung wahrnimmt: Personen sind zu überprüfen oder zu vernehmen, Gutachten sind einzuholen, Durchsuchungen vorzunehmen, die internen Datenspeicher auszuwerten. Bei den flächendeckenden Klingeltouren kommt man gleichzeitig einer Vielzahl von Einbrüchen, Sexualdelikten und Betrügereien auf die Spur. Aber auch die politische Denunziation lauert hinter mancher Wohnungstür.

Die nächsten Monate vergehen. Längst ist der Mord an Lino Brandt nicht mehr der einzige Fall, den die Kommission bearbeitet. Das anfängliche Jagdfieber und die geschäftige Erwartung eines raschen Ermittlungserfolges sind längst einem weniger turbulenten Kriminalistenalltag gewichen. Doch Nolls Autorität und Zähigkeit halten das Team zusammen. Längst ist der politische Druck des Parteitages gewichen. Doch die Schriftvergleiche sind noch nicht abgeschlossen. Und so lange gibt es Hoffnung auf Erfolg ...
Mitte November 1981 wird es wieder spannend: Die Schriftprobe der fünfzigjährigen Ilona Gründel, Serviererin im Ostseebad Dierhagen, ist mit den Buchstaben aus den Kreuzworträtseln identisch. Dierhagen – man ist zunächst verblüfft. Doch da die Frau in Halle-Neustadt polizeilich gemeldet ist und an der See nur eine Nebenwohnung unterhält, hatte sie zu denen gehört, die vor Monaten um eine Schriftprobe gebeten worden waren.
Endlich scheint Oberleutnant Noll den Anfang des Fadens des anscheinend unentwirrbaren Knäuels in den Händen zu halten. Doch muß er die Euphorie seiner Mitstreiter dämpfen – die Schreiberin muß nicht zwangsläufig mit der Tat in Verbindung stehen, wiewohl sie den Weg zum Täter weisen könnte. Doch selbst dann ist mit möglichen Hindernissen zu rechnen.
Frau Gründel erklärt glaubhaft, am 11. Januar 1981 letztmalig ihre Wohnung in Halle-Neustadt betreten zu haben. Für die restliche Zeit habe sie die Wohnung ihrer achtzehnjährigen Tochter Karin überlassen. Sie bestätigt nicht nur den Besitz des braunen Koffers, den sie in ihrem Keller verstaut hatte, sondern gibt

auch zu, die Kreuzworträtsel ausgefüllt zu haben. Auch einen der Plastiksäcke erkennt sie als die Verpackung der Steppdecken wieder, die sie sich vor etlichen Jahren in Halle zugelegt hatte.
Die Umstände lassen also vermuten, daß ihre Wohnung der noch unbekannte Tatort gewesen ist. Und während Kriminaltechniker Wohnung und Hauskeller gewissenhaft nach Spuren absuchen, wird Karin Gründel vernommen. Sie hat ständigen Zugang zur Wohnung ihrer Mutter. Das reicht, um sie mit dem Mord in Verbindung zu bringen.
Die Vernehmung währt viele Stunden. Nolls Interesse richtet sich vor allem auf die Aussagen zur Tatzeit. Alle Angaben läßt er sofort überprüfen. Doch Karin Gründel liefert ein hieb- und stichfestes Alibi:
Nachdem ihre Mutter am 11. Januar nach Dierhagen zurückgefahren war, mußte auch sie Halle-Neustadt für mehrere Wochen verlassen. Wie ihre Mutter arbeitet sie als Serviererin, jedoch in einem Erholungsheim in Friedrichroda, mitten im Thüringer Wald. Dort ist sie seit dem 13. Januar ununterbrochen tätig. Auch an den freien Tagen hat sie sich in ihrer dortigen Nebenwohnung aufgehalten. Nur in großen zeitlichen Abständen hat sie die Wohnung ihrer Mutter aufgesucht, um nach dem Rechten zu sehen. Diese seltenen Fahrten haben ihren Grund: Ihr neunzehnjähriger Freund Mario Sage arbeitet im selben Heim als Hausmeister, gelegentlich auch als Kellner. Beide kennen sich aus Halle-Neustadt, wo sie nur wenige Häuserblöcke auseinander wohnten. Doch sie arbeiten zusammen, und die Freizeit gehört allein ihnen. Nur gelegentlich begleitet Mario sie nach Halle. Dann wohnen sie wie ein Ehepaar in der ansonsten verwaisten Wohnung von Karins Mutter. Natürlich hat er auch die Wohnungsschlüssel …
Nolls bohrende Fragen dringen immer weiter in die Tiefe längst verschütteter Erinnerung vor. Ihr fällt plötzlich ein, daß Mario im Januar mit ihr zusammen in Halle war. Und als sie sich am 13. widerwillig auf die Rückreise nach Friedrichroda begeben mußte, war er noch für ein paar Tage geblieben.
Noll läßt ihre Schilderungen auf der Stelle telefonisch überprüfen. Er will ein lückenloses Alibi, will sicher sein, daß diese junge Frau ohne Schuld ist. Wie gut, daß der Heimleiter Karins Angaben bestätigen kann. Eine unsichere, lückenhafte Auskunft des Mannes am anderen Ende des Telefons hätte für

Karin Gründel fatale Folgen gehabt. Doch so bleibt sie außerhalb des Tatverdachts. Der richtet sich allerdings immer stärker auf Karins Freund. Und als sie Noll obendrein offenbart, daß Mario Sage zu absonderlichen sexuellen Impulsen neigt, sich ohne Scheu Mißhandlungen und Grausamkeiten vorzustellen vermag und dabei noch einen seltsamen Genuß verspürt, was sie ängstige, wird seine Befragung immer drängender. Als Noll erfährt, daß sich Mario gerade in Halle-Neustadt aufhalte, nutzt er die Gunst der Stunde. In den Abendstunden des 20. November wird der junge Mann festgenommen. Noll setzt ihn kurzerhand von dem gegen ihn gehegten Verdacht der vorsätzlichen Tötung des Schülers Lino Brandt und von der Einleitung eines Ermittlungsverfahrens in Kenntnis. Widerspruchslos nimmt Mario Sage den schweren Vorwurf hin.
Einen Augenblick lang sitzt er wortlos und blaß vor Nolls Schreibtisch. Der hat das Tonbandgerät noch gar nicht aufnahmebereit, da überkommt Mario Sage ein unwiderstehlicher Rededrang. Endlich kann er darüber sprechen, was ihn schon lange Monate belastet. Es sprudelt aus ihm heraus: Fetzen eines Geständnisses, zusammenhanglos, ungeordnet, aber glaubhaft. Es sind die Details eines Tötungsvorgangs, die allein der Täter kennen kann und die sich mit den Spuren und Erkenntnissen der Polizei decken. Noll muß ihn bremsen.
Er beruhigt ihn, läßt ihm einen Kaffee bringen, legt Papier und Kugelschreiber bereit:
„Schreiben Sie's auf. Sie haben Zeit! Der Haftrichter kann warten."
Mario Sage nimmt einen großen Schluck. Dann beginnt er zu schreiben, schwerfällig, doch konzentriert.
Was nun folgt, ist die Niederschrift der Geschichte eines entsetzlichen Mordes an einem kleinen Jungen, dessen Namen er nicht einmal kennt. Der bloße Zufall führte sie am Nachmittag des 15. Januar 1981 vor dem Kino „Treff" in Halle-Neustadt zusammen. Das zarte Kind gefiel Mario gleich. Je mehr er es anschaute, desto stärker verlangte es ihn, den kleinen Körper zu streicheln und zu küssen. Es gelang ihm, den Jungen vom Besuch der Filmveranstaltung abzuhalten und in die Wohnung seiner Freundin zu locken, unbemerkt von anderen. Dann hatte er ihn ganz für sich. Das Gefühl solcher uneingeschränkten Herrschaft steigerte nur noch seine sexuellen Begierden. Für die Ängste und Schmerzen seines Opfers fand er kein Ohr. Es war

die Gelegenheit, seinen Trieben freien Lauf zu lassen. Er veranlaßte den Jungen, sich auszuziehen, und entledigte sich selbst seiner Hose. Er überwältigte das Kind, bis seine Lust befriedigt war. Dann setzte sich der Gedanke fest, der Junge könnte ihn verraten. Da gab es nur eine Lösung: Er mußte das Kind töten und die Leiche verschwinden lassen.

„Ich holte aus der Küche einen Hammer und schlug ihn auf den Hinterkopf, bis er ruhig war. Ich trug ihn gleich ins Bad und legte ihn in die Wanne. Da er aber noch nicht ganz tot war, stach ich ihn in die Herzgegend. Danach holte ich aus der Küche einen Plastebeutel, steckte ihn da hinein und packte ihn in einen braunen Koffer. Ich fuhr mit dem Koffer nach Leipzig und warf ihn unterwegs ab. Mario Sage.“

Noll liest die Aufzeichnungen gewissenhaft. Kein Zweifel, er hat den Täter vor sich. Mitternacht ist längst vorbei, als Mario Sage von Bezirksstaatsanwalt Dr. Treuburg als Beschuldigter vernommen wird. Das Geständnis des jungen Mannes wird immer präziser. Er schildert, wie er die Leiche des Jungen in Höckerstellung in den Koffer preßte, seine Kleidung dazulegte und aus Angst, aus dem Koffer könne Blut tropfen, die Lücken mit alten Zeitungen ausstopfte. Gegen 18 Uhr sei er dann mit dem Koffer zum Hauptbahnhof gefahren und habe den nächsten Personenzug nach Leipzig genommen. Auf zwei Bahnhöfen habe der Zug unterwegs gehalten, ehe er vor Leipzig unbemerkt ein Fenster herunterlassen und den Koffer hinauswerfen konnte. Von Leipzig aus sei er dann mit dem nächsten Zug nach Halle zurückgekehrt. Die Tatwerkzeuge ließ er in einem Müllbehälter vor dem Wohnblock verschwinden.

Die nächsten Wochen dienen den Ermittlern zur Vervollständigung der Beweismittel.

Selbst unwesentliche Widersprüche in Mario Sages Aussagen sucht Noll auszuräumen, zumindest aber zu erklären. Bei der Vielzahl der Zeugenvernehmungen, Gutachten und Aussagen des Beschuldigten über den Mord an einem unschuldigen kleinen Jungen, der menschliche Empfindungen in höchstem Maße aufwühlt, ist es durchaus verständlich, wenn sich nicht alle Einzelheiten decken. Schließlich hat die Zeit die Erinnerung verblassen lassen, konzentriert sich subjektives Empfinden auf unterschiedliche Fakten. So weiß Mario Sage nicht mehr genau, wie viele Male er auf sein Opfer eingestochen und welche Körperregionen er dabei getroffen hat. Zu groß war seine se-

xuelle Erregung in jenem Moment, zu gewaltig die Angst nach der Tat, entdeckt zu werden, so daß er die unangenehmsten Gedächtnisinhalte rasch verdrängt hat. So bleibt manche gutachterliche Aussage auf die Feststellung beschränkt, daß die wissenschaftlichen Befunde zumindest nicht im Widerspruch zu den allgemeinen Schilderungen des Tatablaufs stehen.
Komplizierter ist indes die Frage, inwieweit Mario Sages soziale und sexuelle Entwicklung das Tatgeschehen beeinflußt haben. Eine schlüssige Antwort auf diese Frage könnte Marios strafrechtliche Verantwortlichkeit mindern, nämlich dann, wenn eine schwerwiegend abnorme Entwicklung der Persönlichkeit von Krankheitswert nachgewiesen werden kann. Das zu ergründen, sind die forensischen Psychiater aufgerufen.
Mario Sage wird ausgiebig begutachtet. Das nachteilige Familienklima, in dem er heranwuchs, ebnete ihm den Weg in die verhängnisvolle Zurückgezogenheit, in der auch abnorme sexuelle Phantasien von ihm Besitz ergriffen, Phantasien, die von tödlicher Gewalt und demütigender Unterwerfung beherrscht waren. Sie füllten ihn gänzlich aus und deformierten sein gesamtes ethisches Empfinden. Seine Sexualität mutierte schließlich zu einem ihn völlig beherrschenden Triebdruck, der die bittere Realität des Mordes erklärt. Doch wäre Mario Sage intellektuell und psychisch durchaus imstande gewesen, sich mit seinem Sexualerleben kritisch auseinanderzusetzen und Bewältigungsstrategien zu entwickeln. Trotz heftigster Erregung verlor er nie den Überblick über die Situation, als er sich mit dem kleinen Lino Brandt allein in der Wohnung befand. Er verfügte über Mechanismen, die ihm eine ausreichende Außenkontrolle gestatteten.
Die zweifellos schwerwiegende Entwicklung hatte nie eine solche Intensität erreicht, hieß es, die die Entscheidungsfähigkeit während der Tat erheblich vermindert hätte. Gegen diese Schlußfolgerung richtete sich Marios spätere Berufung. Sie wurde jedoch als unbegründet zurückgewiesen.
Mario Sage wurde vom Bezirksgericht Halle wegen Mordes in Tateinheit mit sexuellem Mißbrauch zu einer lebenslangen Freiheitsstrafe verurteilt.
Dann wurde es schnell still um den Fall Lino Brandt. Nolls Einsatzgruppe war lediglich noch eine Zeit lang damit beschäftigt, die – wie es das Gesetz forderte – nicht tatrelevanten Unterlagen des Falls zu vernichten. Wieviel davon allerdings in

**Tötungsverbrechen in Halle-Neustadt ist aufgeklärt**

Halle (BD). Nach intensiven Ermittlungen der Kriminalpolizei in enger Zusammenarbeit mit der Bevölkerung wurde ein Mann aus Halle - Neustadt ermittelt, der am 18. Januar 1981 den siebenjährigen Schüler Lino Brandt tötete und in einem Koffer ablegte. Der Beschuldigte befindet sich in Untersuchungshaft. Er legte vor der Kriminalpolizei und dem Staatsanwalt des Bezirkes ein Geständnis ab. Die Deutsche Volkspolizei bedankt sich bei allen Bürgern, die durch ihre aktive Mithilfe die komplizierte Ermittlungstätigkeit unterstützten. Über die Gerichtsverhandlung wird berichtet.

Wortlaut der Aufklärungsmeldung in der Halleschen Tageszeitung „Freiheit" vom 21. November 1981.

den Datenspeichern der Staatssicherheit verschwand, ist ungewiß.

Oberleutnant Noll avancierte bald zum Chef der Kriminalpolizei in einem VPKA des Bezirkes Halle, während, so erzählte man hinter vorgehaltener Hand, Hauptmann Scherzer in ein kleines Provinznest strafversetzt wurde, weil er einen seiner Vorgesetzten im Affekt geohrfeigt haben soll.

## Der Hilfssheriff vom Friedrichshain

*(Aktenzeichen 111/73 VP-Inspektion Berlin-Friedrichshain)*

Im Stadtbezirk Berlin-Friedrichshain verläuft, parallel zur Frankfurter Allee in Richtung Lichtenberg, die Scharnweberstraße, ein städtebaulich unrühmliches Erbe des vorigen Jahrhunderts mit erdrückenden Mietskasernen und düsteren Hinterhöfen. Von angloamerikanischen Bomben und sowjetischen Granaten im Krieg schwer beschädigt und während der Arbeiter- und Bauernmacht baulich aufs Gröbste vernachlässigt, erinnert dieser morbide Kietz an eine ruhmlose Vergangenheit.

An jeder Kreuzung eine Kneipe. Zigarettenrauch und Küchendunst dringen auf die Straße. Das Glas Bier kostet achtzig Pfennig, Bockwurst mit Kartoffelsalat erhält man für eine Mark

Die Scharnweberstraße im Stadtbezirk Berlin-Friedrichshain, Dezember 1972.

sechzig. Serviert wird ein abgegriffenes, amalgamfeindliches Alubesteck, das man sich mundgerecht zurechtbiegen muß. Unverwüstliches Holperpflaster nötigt den Trabifahrer zum behutsamen Kutschieren. Anderenfalls wäre ein Schütteltrauma für Mensch und Technik die logische Folge. So erübrigt sich eine Geschwindigkeitsbegrenzung in dem dichtbesiedelten Wohngebiet. Kaum jemand wagt, schneller als dreißig zu fahren.

Dort also, in der Scharnweberstraße, genauer zwischen Colbe- und Kinzigstraße, hat der 21jährige Rainer Brunk sein Zuhause: Stube, Küche, Innenklo und noch dazu im Vorderhaus. Das alles für 28 Mark Miete, ganz für sich allein, ohne das ständige Einmischen der Mutter in sein Leben. Der Lohn als Maler und Anstreicher ist bescheiden. Manchmal bessert er ihn inoffiziell auf, wenn er am Wochenende privat malert und tapeziert. Seine tägliche Schachtel „Juwel“ und ein paar Bier kann er sich allemal leisten.

Den Vater lernte er nie kennen. Er starb, als Rainer zwei Jahre alt war. Die Mutter erzog ihn allein und streng, ohne System, abhängig von ihrer Stimmung. Im Sturm heftiger Erregung brüllte sie herum. Er fand für ihre Attacken oft keine Erklärung, zog sich als Kind aber schon von ihr zurück. Vor anderen folgten seinen Undiszipliniertheiten ellenlange Litaneien moralischer Belehrung. In der Stille der Wohnstube jedoch mußte er erhebliche körperliche Züchtigungen hinnehmen.

Die Mutter arbeitet als Näherin in einer Wäschefabrik. Sie geht ihren eigenen Weg. Der Sohn sieht sie nur selten, hat großen inneren Abstand zu ihr. Früher war er unter ihrem Druck äußerlich ängstlich und fügsam, obwohl sein Trotz wuchs. Schon als Kind wollte er etwas sein, Autorität ausüben, wenigstens in der Klasse. Doch seine Leistungen blieben unter dem Durchschnitt. Auf diesem Wege ging es also nicht. So profilierte er sich bei den „Jungen Pionieren“ und wurde bald ein wichtiger Funktionär in der Klasse. Seine zur Schau getragene politische Entschiedenheit verschaffte ihm alsbald den ersehnten Respekt. In der Klasse gab er sich als hundertprozentig, heimlich genoß er das verpönte Westfernsehen. Wenn er in Wut geriet, konnte er hemmungslos um sich schlagen. Jähzorn empfand er als Stärke. Zuhause jedoch verfiel er in lähmende Angsthaltung. Er liebkoste seine Kuscheltiere, doch zu echter menschlicher Bindung fehlte es ihm an emotionaler Stabilität.

Mit dem Erwachen sexueller Regungen begann er, exzessiv zu masturbieren, oft mehrmals am Tag. In seinen Phantasien spielten dabei ganz junge Mädchen eine zentrale Rolle. Bald nahm ihn seine Sexualität so in Anspruch, daß sie später neben gelegentlichen alkoholischen Ausschweifungen der einzige Freizeitinhalt blieb.

So ist es bis heute, obwohl er eine gleichaltrige Freundin besitzt. Niemand vermutet, daß er sich gelegentlich auf Spielplätzen herumtreibt, um Kinder sexuell zu mißbrauchen. Eingeschüchtert wahren sie das abscheuliche Geheimnis.

Mit seiner Volljährigkeit bewarb er sich bei der Volkspolizei als sogenannter Freiwilliger Helfer. Und weil er in der Pionierorganisation immer eine gute Figur gemacht hatte, gab es keine Bedenken. Er wurde einem Abschnitt des VP-Reviers Proskauer Straße zugeteilt.

Freiwillige Helfer der Volkspolizei und der Grenztruppen waren ehrenamtliche Hilfspolizisten mit hohem gesellschaftspolitischen Stellenwert. Nach dem Modell der sowjetischen Miliz strukturiert und von Abschnittsbevollmächtigten, kurz ABV, geführt, ausgestattet mit einem Ausweis, der ihnen eingeschränkte polizeiliche Vollmachten verlieh, äußerlich kenntlich durch eine rote Armbinde mit Polizeiemblem, nahmen sie Aufgaben des schutzpolizeilichen Streifendienstes, in Berlin vorwiegend in der sogenannten Tiefensicherung der Staatsgrenze zu Westberlin wahr, führten Verkehrsüberwachungen und -regelung und die technische Überprüfung von Kraftfahrzeugen durch, wurden in Fahndungsmaßnahmen einbezogen, durften die Hausbücher kontrollieren und Sprechstunden des ABV abhalten.

Der ABV hingegen war ein Offizier der mittleren Laufbahn, dessen polizeiliche Tätigkeit auf ein festgelegtes Territorium, den sogenannten Abschnitt, begrenzt war. Ihm oblagen alle Angelegenheiten der allgemeinen Ordnung und Sicherheit. Seine eingeschränkten strafprozessualen Kompetenzen gestatteten es ihm, Ordnungswidrigkeiten und kleine Straftaten selbständig zu bearbeiten. Er unterhielt enge Kontakte zu den Leitern der Betriebe, Geschäfte, Schulen, Organisationen und zu den ehrenamtlichen Funktionären der Wohngebiete (Sekretäre der Wohnparteiorganisationen, Vorsitzende der Wohnbezirksausschüsse der Nationalen Front). Er überprüfte die Hausbücher, wachte über vermeintlich kriminell Gefährdete und bereits Gestrauchelte, leitete die

Freiwilligen Helfer an, regelte ihre Einsätze und stand den Bürgern seines Abschnitts regelmäßig in öffentlichen Sprechstunden Rede und Antwort.

Eine solche Tätigkeit entsprach den Ambitionen Rainer Brunks. Am liebsten wäre er richtiger Polizist geworden, aber ihm fehlte die geforderte Mittlere Reife.
Mit 19 Jahren wurde er zur NVA einberufen. Unterordnung nahm er bereitwillig in Kauf. Er hielt sie für den einzigen Weg, um künftig selbst unterordnen zu können. Er erfüllte alle Normen der körperlichen Ertüchtigung, überwand mit Bravour die Hindernisse der gefürchteten Sturmbahn, war ein gestrenger Stubenältester und wurde bald Gruppenführer. Damit war er der kleine Kommandeur über neun Soldaten. Doch das kasernierte Leben zwang ihm zu große Belastungen auf. Es gab keinen abgeschiedenen, sicheren Ort, um allein zu sein und den heimlichen Phantasien freien Lauf zu lassen. Deshalb schlug er das Angebot einer Unteroffizierslaufbahn aus, die das unbeliebte kasernierte Dasein nur verlängert hätte.
Wenn er Ausgang hatte, folgte er dem absonderlichen Ehrgeiz, sämtliche Kneipen im Standortbereich kennenzulernen, auch die, deren Besuch für Militärangehörige untersagt war. In zwielichtigen Lokalen suchte er den Kontakt mit leichtlebigen, garnisonsbekannten Damen, die ihm seine ersten coitalen Erfahrungen verschafften. Dennoch trieb ihn die Gier nach sexueller Befriedigung auch manchmal auf Kinderspielplätze, um kleine Mädchen sexuell zu belästigen. Und niemand gebot seinem unheilvollen Treiben Einhalt.

Auch in der DDR ging ein Gespenst unter den Müttern um, das Gespenst des sexuellen Mißbrauchs ihrer Kinder. Es wurde genährt durch die weitgehende Tabuisierung des Problems, die mangelnde offizielle Aufklärung über Begehungsweisen und Prävention sowie die völlig unzureichenden Veröffentlichungen der Kriminalstatistik.
In den siebziger Jahren lag die durchschnittliche Belastungsziffer für Sexualdelikte in der DDR bei 19,4, wovon 11,8 auf den sexuellen Mißbrauch entfielen. In den Altbundesländern lag die Ziffer für den gleichen Zeitraum bereits bei 35,0, 24,0 entsprachen dabei dem sexuellen Mißbrauch. Obwohl die DDR damit wesentlich günstiger abschnitt, ließ die SED-Führung aus politisch-ideologi-

scher Verklemmung und falsch verstandener Wachsamkeit eine breite Aufklärungskampagne nicht zu. Das Problem wurde bestenfalls zum Gegenstand wissenschaftlicher Diskussionen.
Doch solcherart statistische Angaben sagen nichts über das tatsächliche Ausmaß der sexuellen Übergriffe aus. Nur ein Bruchteil gelangte zur Anzeige, nur ein Bruchteil dessen führte zur Anklage, nur ein Bruchteil wiederum endete mit einer Verurteilung. Polizei und Gericht befanden sich – wie auch heutzutage allenthalben in der Bundesrepublik festzustellen ist – in permanenter Beweisnot. Ein wichtiger Grund dafür liegt darin, daß in den weitaus meisten Fällen der Täter dem Opfer bekannt, wenn nicht sogar mit ihm verwandt ist, und auf der Opferseite die Verpflichtung zum Schweigen und auf der Seite des Täters der Eigennutz eine totale Sprachlosigkeit begründen, die mitunter das ganze Leben andauern kann.

Rainer Brunk konnte sich mit ziemlicher Sicherheit darauf verlassen, daß die mißbrauchten Kinder seinen Einschüchterungen folgen und schweigen. So hielt sich die Angst vor Entdeckung in Grenzen, zumal er tunlichst darauf bedacht war, sich dem Blick möglicher Zeugen zu entziehen.
Als seine Armeezeit im Sommer 1972 beendet war, meldete er sich alsbald wieder bei seinem ABV zum Helfereinsatz. Nun hatte er wieder einen höchst offiziellen Anlaß, in Parkanlagen, Hinterhöfen oder auf Spielplätzen umherzustreifen.
Manchmal jedoch verspürte er einen leichten Hauch schlechten Gewissens, Unrechtes zu tun. Doch auf absonderliche Weise rechtfertigte er sich damit, die Kinder im Grunde gern zu haben. Zwar grapsche er an ihnen herum, doch er liebkose sie ja auch und sei bemüht, ihnen keinen Schmerz zuzufügen. Außerdem wolle er sowieso damit aufhören, um künftig mit seiner Freundin Marion ohne Angst vor Entdeckung zusammenzuleben. Doch das Vorhaben, so drängend es sich in ihm auch ausbreitet, bleibt nur ein frommer Wunsch. Sein Wille ist gelähmt wie der eines Süchtigen, der sich verzweifelt aus der Umklammerung seines Übels zu befreien versucht. Die guten Vorsätze fallen schnell in sich zusammen. Um so mehr üben die kindlichen, jungen Körper und ihre zarte Haut eine überwältigende Anziehungskraft aus, der er letztlich nicht ausweichen kann.
Der leichte Gewissensbiß bleibt daher ohne nachhaltige Wirkung. Das Unterbewußtsein läßt ihn erst dann wieder für eini-

ge Zeit zur Ruhe kommen, wenn er auf seine Weise die Kinder besessen hat.
Seine Freundin Marion ahnt nicht im geringsten, von welchen heimlichen Leidenschaften er manchmal getrieben wird. Sie hält seine Zärtlichkeiten und sexuellen Wünsche für durchweg normal, ängstigt sich lediglich vor seinen unberechenbaren Jähzornsausbrüchen, die seine alkoholischen Exzesse meist begleiten.
So vergehen die Monate. Und während auf Anordnung der sozialistischen Obrigkeit weite Teile des Landes der Arbeiter und Bauern die Feierlichkeiten zum 50. Jahrestag der Gründung der ruhmreichen Sowjetunion mit neuen Initiativen im Wettbewerb und patriotischen Losungen vorbereiten, rackert der Maler Rainer Brunk tagsüber pinselschwingend und tapeteklebend für seinen Betrieb und an manchen Abenden noch dazu für sich selbst.

Es ist Mittwoch, der 20. Dezember 1972. In den frühen Abendstunden erscheint Rainer Brunk auf dem VP-Revier Proskauer Straße. Der für ihn zuständige ABV, ein gemütlich wirkender älterer Leutnant kurz vor der Altersberentung, empfängt ihn am Tresen der Wache.
„Nanu, wie kommt's denn, du bist doch für heute gar nicht eingeteilt?“ fragt dieser überrascht.
„Samstag Vormittag muß ich für Weihnachten vorarbeiten, das Wochenende will ich freihalten. Deshalb komme ich lieber heute schon.“
„Dann komm mal rein, Genosse Brunk, ein anderer Genosse ist bereits auf dem Abschnitt. Der müßte aber in einer halben Stunde zurück sein. Du kannst dann mit mir auf Streife gehen!“
Während der ABV irgendwelche Protokolle tippt, schaut Brunk, um die Zeit zu überbrücken, mit großem Interesse die aktuellen Fahndungsinformationen durch.
Auch ein Karton mit alten Tatortbildern aus der Sammlung des ABV ist das Ziel seiner Neugierde. Eine undefinierbare schaurig-wohlige Erregung ergreift ihn, wenn er Fotos von toten menschlichen Körpern ansieht. Sein unbewußtes Wohlbehagen beim Anblick dieser Bilder kaschiert er mit dienstlichem Eifer und kriminalistischem Interesse. Der ABV ist gern bereit, hier und da einen kurzen Kommentar zu den entsprechenden Fällen abzugeben.

Wenig später befinden sich die beiden Ordnungshüter in der Umgebung des Boxhagener Platzes auf Streifengang.
Es ist ein milder, trockener Dezemberabend, gar nicht stilvoll für die Zeit so kurz vor dem Weihnachtsfest. Die Temperaturen fallen nicht einmal nachts unter den Gefrierpunkt.
„Wieder ein Weihnachten ohne Schnee", klagt der ABV, während er eine „Gebührenpflichtige Verwarnung" – wie das „Knöllchen" zu DDR-Zeiten hieß – hinter den Scheibenwischer eines Falschparkers klemmt, „viel zu warm für diese Jahreszeit. Wenn das so weitergeht, treiben meine Rosen aus, und im März haben wir dann den schönsten Frost und alles ist hin!"
„Ich kann auf den Winter verzichten", entgegnet Brunk und denkt daran, daß die gegenwärtigen Wetterbedingungen immer noch Außenanstriche erlauben.
Der Vertreter der uniformierten Staatsmacht und sein ehrenamtlicher Helfer überqueren gemächlichen Wachtmeisterschritts den Wismarplatz. Dort überprüfen sie beide Telefonzellen, ob nicht böse Buben die Hörer abgerissen oder die Automatenkasse illegal entleert oder sogar staatsverleumderische Hetzlosungen an die Innenwände geschmiert haben.
Dann führt sie der Weg durch die Mainzer Straße, deren erdrückende Trostlosigkeit nur Armen, Alten, Aussteigern und mittellosen Kriminellen ein Zuhause bietet. Viele, vom langen Zahn der Zeit bis zur totalen Baufälligkeit abgenagte Wohnungen stehen schon seit Jahren leer. Noch ahnt niemand, daß siebzehn Jahre später gerade sie begehrte Objekte der Berliner Hausbesetzerszene und die Mainzer Straße insgesamt der erste große Kriegsschauplatz der heftigen Auseinandersetzungen zwischen der nunmehr ost-westlich vereinten Polizei und den ost-westlich vereinten Besetzern sein werden.
Am Ende dieser kurzen Straße, Ecke Frankfurter Allee, befindet sich das Etablissement „Mainzer Eck", eines der wenigen Tanzlokale in der attraktiv sein wollenden Hauptstadt der DDR, deren Polizeistunde bis ins Morgengrauen verlängert wurde. Es ist das Ziel der beiden Männer, zumindest das des ABV.
„Ich muß hier mal kurz rein", sagt er, „es geht schnell!"
Er klopft an die verschlossene Eingangstür. Ein bulliger Typ in adrettem Anzug läßt die Beiden ein: „Alles in Ordnung, Genossen, der Laden ist proppenvoll!"
Drinnen produziert ein Trio älterer Herren in roten Westen eine Art Wiener Schrammelmusik. Auf der kleinen Tanzfläche tum-

meln sich die Schmusepaare im Dämmerlicht, ausgelassen und weinselig. Auf jedem der Tische glitzern im Kerzenlicht der bunten Adventsgestecke die Sekt- und Weingläser.
„Bleib du hier!", fordert der ABV Rainer Brunk auf, „ich will nur mal sehen, ob einer unserer Pappenheimer drin sitzt."
Brunk versteht nicht, bleibt aber folgsam an der Windfangtür zurück, während sich der ABV durch das bunte Gewühl in das Lokalinnere zwängt. Der Stiernacken hat die Eingangstür wieder verschlossen und postiert sich autoritätsbewußt neben Brunk, dessen neidvoller Blick durch die Scheiben des Windfangs über die tanzende Menge streift.
Wenige Augenblicke später sieht er nicht nur den ABV zurückkommen, sondern entdeckt plötzlich inmitten der tanzenden Meute seine Freundin Marion, fröhlich albernd in den Armen eines Unbekannten. Die Wut fährt ihm in die Glieder. Und die Enttäuschung. Erst gestern beteuerte sie, in den nächsten Tagen keine Zeit für ihn zu haben. Und jetzt tanzt sie unbekümmert mit anderen.
„Dieses Luder!" flüstert er zornig und unbewußt.
Doch der ABV lenkt ihn ab: „Alles klar, wir können!" und schiebt Brunk sanft aus dem Lokal.
„Schönen Abend noch, Genossen!" heuchelt der Türbulle, ehe er den Eingang wieder verschließt.
Der ABV bemerkt Brunks plötzliche Schweigsamkeit sofort und vermutet, daß er ihm eine Erklärung schulde: „Ich habe dem Oberkellner nur eine Aufstellung der Achtundvierziger übergeben!"
Brunk sieht ihn fragend an.
„Kennst du wohl nicht?"
Brunk schüttelt den Kopf.
„Das sind unsere Kontrollpersonen", erklärt der ABV, „die beschäftigen uns noch eine Weile!" Er übergibt Brunk einen Zettel: „Hier, das sind sie!"
An einem hell erleuchteten Schaufenster überfliegt Brunk das Schriftstück mit den aufgelisteten Namen und Anschriften der unter besonderer Obhut der Polizei Stehenden. Dabei setzt der ABV seinen Kommentar fort: „Das ‚Mainzer Eck' ist tabu für diese Brüder, verstehst du! Deshalb waren wir jetzt dort. Die Kreuze an manchen Namen bedeuten, daß sie keinen Kontakt untereinander haben dürfen. Wenn du sie also mal zusammen siehst, machst du mir Meldung. Wer gegen die Auflagen ver-

stößt, fährt wieder ein!" Jetzt versteht Brunk: Auflagenverstoß bedeutet Knast.

Nach § 48 StGB konnte das Gericht als Zusatzstrafe für eine vorsätzliche Straftat sogenannte staatliche Kontrollmaßnahmen durch die VP anordnen, die Anfang der siebziger Jahre mindestens zwei Jahre andauerten und sich über fünf Jahre erstrecken konnten (in den achtziger Jahren wurde die Mindestdauer auf ein Jahr herabgesetzt). Im Polizeijargon wurde der Betreffende kurz „48er" genannt.

Für ihn waren damit harte Auflagen verbunden: So war er zur regelmäßigen Meldung bei der VP verpflichtet. Er durfte den ihm zugewiesenen Wohn- oder Aufenthaltsort, aber auch seinen Arbeitsplatz ohne polizeiliche Genehmigung nicht verlassen bzw. wechseln. Ihm konnte untersagt werden, das Grenzgebiet zu betreten, bestimmte Gaststätten, Jahrmärkte oder andere polizeilich bedeutsame Orte zu besuchen oder Kontakt mit bestimmten Personen zu unterhalten. Jederzeit durfte die VP, ohne die ansonsten erforderliche prozeßrechtliche Anordnung, seine Aufenthalts- und Wohnräume durchsuchen. Der Willkür waren Tür und Tor geöffnet. Üblicherweise wurde der am Wohnort des Betreffenden zuständige ABV mit der „Betreuung der Kontrollperson" beauftragt.

Bis zur Beendigung des spätabendlichen Streifengangs ballen sich in Brunks Seele Eifersucht und Verärgerung über seine Freundin zu einem gefährlichen Zorn zusammen. Die Liste mit den Namen der Kontrollpersonen verwahrt er sicher in seiner Brieftasche.

Am nächsten Morgen geht Rainer Brunk ziemlich widerwillig seinem Broterwerb nach. Doch eine ausgedehnte Frühstückspause, zu der bereits reichlich Bier fließt, verkürzt das Tagwerk. Noch vor 12 Uhr mittags klebt er die letzte Tapetenbahn.

Auf dem Heimweg beschließt er, seinen Ärger in Alkohol zu ertränken, weil Marion ihm das Wochenende restlos versaut hat. Er kauft sich eine halbe Flasche „Goldbrand", ein Weinbrandverschnitt zweifelhafter Güte, und schüttet sie zu Hause in kurzer Zeit in sich hinein. Immer noch denkt er an Marion und ihr unverzeihliches Verhalten. Der plumpe Zufall, sie auf diese Weise erwischt zu haben, bestärkt seine Vermutung, daß sie ihn nicht das erste Mal getäuscht haben könnte. Der Groll gegen sie wächst.

Der Alkohol in seinem Körper zeigt schnelle Wirkung. Ein unwiderstehlicher Bewegungsdrang ergreift Macht über ihn. Unablässig schreitet er durch seine kleine Wohnung, und die Wut in ihm produziert entsetzliche Flüche.
Dann streift er seinen Anorak über und verläßt mit dem Gedanken „Nur raus hier, ich brauche frische Luft!" das Haus. Zügige Bewegung beschleunigt die Verbrennung des Alkohols im Körper. Draußen atmet er tief durch. Die kühle Dezemberluft tut ihm gut. Er zwingt sich mit forschem Schritt gegen die Macht des Körpers, ihn aus dem Gleichgewicht zu bringen.
So geht er, nur auf sich selbst konzentriert, einige Minuten. Die Enttäuschung über Marions Eskapade wühlt in seinem Inneren. Er gelangt schließlich zu einer simplen, nahezu haßerfüllten Schlußfolgerung: Die Frauen taugen nichts! Höchstens zum Bumsen! Und in dem Maße, wie sich die Aversionen gegen das erwachsene weibliche Geschlecht zusammenballen, überkommt ihn eine unbändige Lust nach sexueller Befriedigung mit einem Kind, einem Mädchen, nicht zu jung, nicht zu alt, am besten so um die zehn Jahre.
Und während ihn dieser Wunsch immer stärker in Anspruch nimmt und unmerklich die Motorik seines Körpers lenkt, wird aus dem einfachen Spaziergang die triebhafte Suche des Sexualtäters.
Nun streift sein Blick über die Menschen auf der Straße, ob sich unter ihnen ein geeignetes Kind befindet, tastet gleichzeitig vorsorglich die Fensterfronten ab, um auszuschließen, daß ihn neugierige Augen verfolgen. Nur ein einziger Gedanke lenkt ihn jetzt: die Befriedigung seiner Lust. Minutenlang hetzt ihn sein Verlangen durch die Straßen.
Da, plötzlich, in der Weichselstraße kommt ihm eine Schar Schulkinder entgegen, in kleinen Grüppchen, ferienfreudig ausgelassen, größere und kleinere, Jungen und Mädchen. Brunks Sinne sind nun hellwach. Jetzt kommt die Gelegenheit direkt auf ihn zu.
Lachend, sich neckend und schubsend ziehen die ersten Kinder vorüber, ohne ihn zu bemerken. Seine Nerven sind aufs äußerste gespannt. Er verlangsamt seinen Schritt. Drei größere Kinder kommen ihm entgegen. Er schätzt ihr Alter auf zehn bis zwölf Jahre. Emsig schleppen sie ihre viel zu schweren Schultaschen. Eines der Kinder gefällt ihm auf Anhieb. Es scheint ein Mädchen zu sein. Helle blonde Haare quellen unter seiner bunten Strick-

mütze hervor. Ein zartes Gesicht, aus dem zufriedene Kinderaugen lachen. Das ist sie!
Brunk läßt die Kinder an sich vorüberziehen. Noch hat er sein Ziel nicht erreicht, noch könnten Bedingungen eintreten, die sein Vorhaben schnöde vereiteln. Dann verfolgt er sie aus sicherer Distanz mit der festen Absicht, die nächste Gelegenheit sofort zu ergreifen.
Nur eine Straßenecke weiter verbündet sich der böse Zufall mit ihm: Am Traveplatz verabschieden sich zwei der Kinder von dem mit der bunten Strickmütze und lassen es allein weiter ziehen. Rainer Brunk nähert sich jetzt dem Kind, das arglos die Straßenseite wechselt. Hinter seinen Schläfen pocht die Erregung. Er vergewissert sich, daß die beiden anderen Kinder seinem Blick entschwunden sind. Nun packt die Bestie ihr Opfer. Scheinheilig tritt er heran: „Na, froh, daß Weihnachtsferien sind?"
Das Kind nickt wortlos. Es scheint überrascht zu sein, plötzlich angesprochen zu werden. Ein wenig argwöhnisch bemerkt es: „Ich darf nicht mit fremden Leuten sprechen!"
„Das soll man auch nicht", beruhigt Brunk das Kind im Weitergehen, „es gibt zu viele böse Menschen."
Dann setzt er fort: „Ich weiß das. Ich bin nämlich bei der Kriminalpolizei!"
Jetzt zeigt das Kind Neugierde und schaut Brunk mit großen, treuherzigen Augen an. Brunk zeigt dem Kind seinen Helferausweis und tippt mit dem Finger auf den untrüglichen Polizeistempel mit dem Stern: „Hier siehst du, da steht's!"
Das Kind liest den Text, faßt Vertrauen zu dem freundlichen Mann, der bei der Kriminalpolizei ist und fragt neugierig: „Fängst du Verbrecher?"
„Hm, natürlich", brüstet sich Brunk. Dann lenkt er ab: „Wie alt bist du denn?"
„Zwölf Jahre!"
„Bist du Thälmann-Pionier?" will Brunk wissen.
Das Kind öffnet den Reißverschluß seines Anoraks ein Stück und fingert das Ende des roten Halstuches hervor, das an der Vorderseite zu einem fast quadratischen kleinen Knoten akkurat zusammengebunden ist.
„Ich glaub's ja", bemerkt Brunk und setzt seine Fragen fort: „Wo wohnst du denn?"
„In der Jessner Straße", ist die gehorsame Antwort.

„Und ich bin aus der Scharnweber. Da sind wir ja fast Nachbarn!"
„Hast du eine Pistole?" fragt das Kind ohne Scheu.
„Na klar. Ich hab sie auf dem Revier. Willst du sie mal sehen? – Bestimmt zeige ich sie dir mal. Wir können uns ja verabreden!" Er legt wie zärtlich einen Arm um das Kind, das ihn gewähren läßt: „Du mußt aber erst deine Eltern fragen, dann zeige ich dir das Revier!"
„Die erlauben das bestimmt!" ist sich das Kind sicher.
Rainer Brunk lenkt auf ein anderes Thema: „Ich hab einen Riesenberg Altpapier, ich meine alte Zeitungen und so zu Hause. Willst du sie haben? Das bringt bei SERO mindestens fünf Mark. Du mußt ja nicht nur für die Klassenkasse sammeln."
„Möchte ich schon. Dann kann ich Mutti was zu Weihnachten kaufen", antwortet das Kind zufrieden.
„Dann komm mal kurz mit hoch zu mir. Wir packen's ein und ich trage es dir nach Hause!"
Das Kind blickt Brunk unsicher an. Doch dieser räumt jedes aufkeimende Mißtrauen aus: „Dann können wir mit deinen Eltern gleich alles bereden, ich meine mit dem Revier und so!"
„Ich weiß nicht", zögert das Kind. Doch Brunk schiebt es sanft weiter: „Das dauert fünf Minuten. Ich komme auch gleich mit zu dir, Ehrenwort!"
Beruhigt folgt ihm das Kind ohne Widerstreben. An einem großen, alten Haus in der Scharnweber Straße macht Brunk Halt: „Hier ist es!"
Und bevor die Beiden hineingehen, versichert er sich, daß ihn niemand beobachtet hat. Und keiner der Nachbarn bemerkt, daß Brunk mit dem Kind in seiner Wohnung verschwindet.
„Setz dich solange in die Stube, ich muß erst 'nen Strick holen zum Zusammenbinden!" fordert er sein Opfer auf, das mit der Behutsamkeit eines scheuen Wildes das fremde Revier betritt: Eine einfach eingerichtete, saubere, durchaus Vertrauen erweckende Wohnstube. Von der Couch lächelt ihm ein Kuschelläffchen entgegen. Brunk kramt unterdessen auf dem Korridor in einem Schrank herum. Das Kind legt die Schultasche ab und nimmt die Mütze vom Kopf. Jetzt erst werden die schulterlangen blonden Haare vollständig sichtbar: Es trägt eine moderne Jungenfrisur. Rainer Brunk vermutet, daß es nicht, wie er anfänglich annahm, ein Mädchen, sondern vielmehr ein Junge sei. Brunk kommt mit einem Strick in die Stube. Blitzschnell ist er

Wohnhaus des Freiwilligen VP-Helfers B. in der Scharnweberstraße.

bei dem Kind und drückt es unsanft in den Sessel: „Setz dich, hab ich gesagt!“ Seine Stimme klingt scharf.
Das Kind will aufstehen, ist den Tränen nahe und sich plötzlich

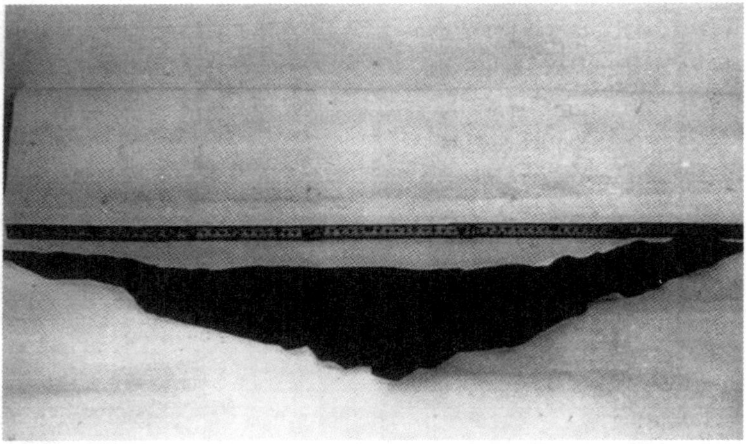

Das durch B. als Knebel verwendete Pionierhalstuch des Schülers H. W.

des drohenden Unheils bewußt. Es fleht: „Ich will nach Hause!" Doch der Versuch scheitert. Brunk drückt es mit aller Kraft in den Sessel. Dann kniet er sich auf die Schenkel des Kindes, fesselt dessen Hände. Wie versteinert läßt es dies über sich ergehen. Als Brunk die Fesselung fester zieht, schreit sein Opfer vor Schmerz auf. Dieser Schrei vertreibt die Starre: Das Kind versucht verzweifelt, sich zu wehren, strampelt, bäumt sich wild auf. Das bringt Brunk noch mehr in Rage. Der Widerstand des Opfers bleibt nur eine kurze, hilflose Reaktion. Brunk bindet ihm das Pionierhalstuch ab und stopft es ihm tief in den Rachen. Jetzt ist er aufs höchste erregt. Er wirft das Kind zu Boden, legt sich mit der ganzen Wucht seines Körpers darauf. Er öffnet wie von Sinnen die Hose seines Opfers und ergreift mit einer Hand das Genitale des Kindes. Nun ist er sich ganz sicher, daß dies ein Junge ist. Mit der anderen Hand manipuliert er an sich selbst, bis sich das feuchte Resultat in seine Hose ergießt. Nach kurzem Stöhnen ist er wieder ganz bei sich.
Er schaut in die entsetzten Augen des Jungen, die voller Todesangst sind. Noch auf ihm liegend, kommt ihm die eiskalte Überlegung, den Jungen umzubringen, da er ihn verraten könnte. Er ergreift ein auf dem Sofatisch liegendes Handtuch, bedeckt damit den Kopf des Jungen, um sich dem angstgequälten Blick zu entziehen und umfaßt mit ungezähmter Kraft den zarten Hals. Dann krallen sich seine Hände zusammen. Das Handtuch verrutscht. Brunk erblickt das Gesicht des Todgeweihten, das blau

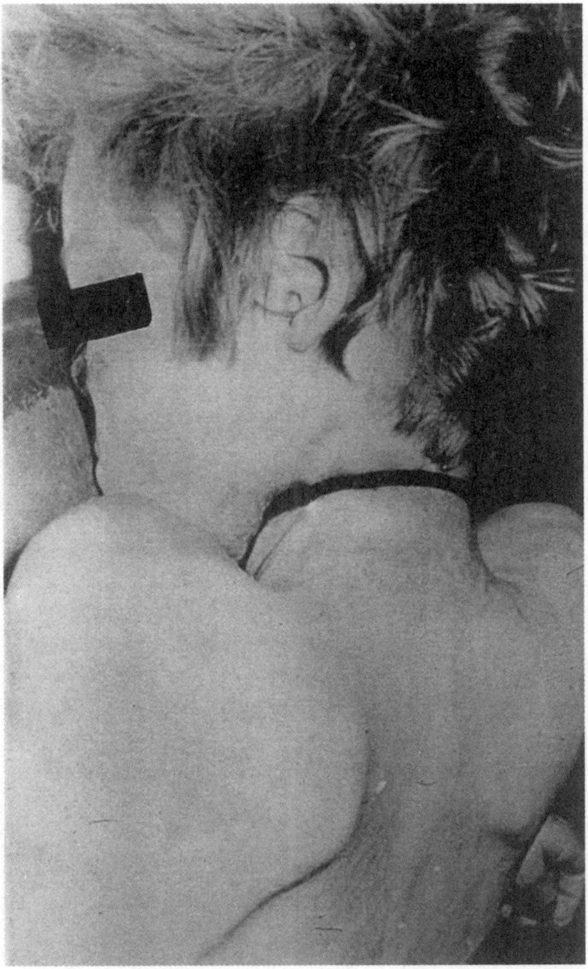

Die als Sicherheitsdrosselung um den Hals des bereits getöteten Schülers verknotete Schnur.

anläuft. Blut rinnt dem Jungen aus der Nase. Ihm scheint es, als würden die Augäpfel des Jungen ein Stück weit aus ihren Höhlen treten. Der Knebel im Rachen unterdrückt jeden vernehmbaren Laut. Nur ein erbärmliches Schniefen ist zu vernehmen. Einige Minuten noch zeigt der Körper des Jungen Lebenszeichen. Doch bald gehen die heftigen Bewegungen in ein immer schwächer werdendes Zucken über, bis auch das erlischt. Der Junge mit der bunten Strickmütze ist tot. Trotzdem, und um

B. hatte die in der Mülltonne versteckte Leiche des Schülers H. W. mit Textilien vollständig abgedeckt.

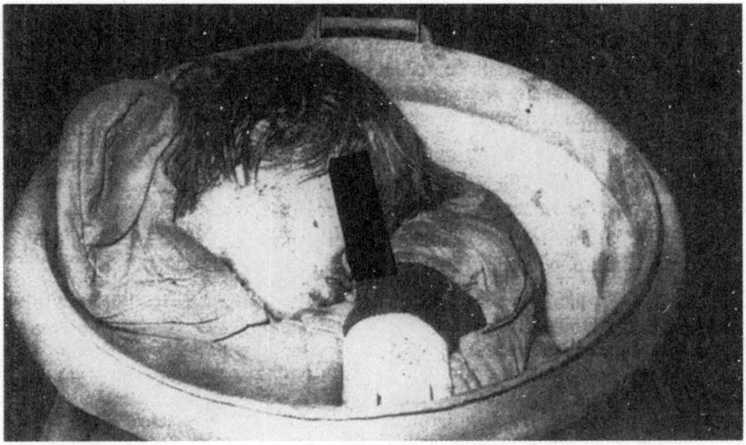

Das Opfer nach vollständiger Entfernung der abdeckenden Textilien.

ganz sicher zu gehen, verknotet Brunk zusätzlich eine Schnur fest um den Hals des Leichnams.
Nun ist es still geworden in der Wohnung des Freiwilligen Helfers Rainer Brunk. Er raucht eine Zigarette nach der anderen, um besser überlegen zu können, wie er sich weiter verhalten soll. Bald hat er die Lösung parat: Er schiebt den toten Körper in einen leeren Kartoffelsack, wartet die frühe Dunkelheit des vorweihnachtlichen Abends ab und schleppt den Sack unbemerkt einige Häuser weiter, um ihn, abgedeckt mit unbrauchbaren Textilien, in einer Mülltonne verschwinden zu lassen. Ohne weiteres Interesse am Inhalt der Schultasche versteckt er diese an einer anderen Stelle unter allerlei Gerümpel.

Mit Vollendung seines schauderhaften Werks ist auch seine seelische Gefaßtheit zurückgekehrt. Ruhig und beherrscht, ja sogar heiter, meldet er sich am gleichen Abend auf dem VP-Revier zum Helferdienst.
Noch in den späten Abendstunden erfährt er auf der Wache, daß eine besorgte Mutter aus der Gegend eine Vermißtenanzeige aufgegeben hat, weil ihr 12jähriger Sohn Heiko Wimmer nach Schulschluß nicht heimgekommen sei.
Am vermeintlichen Schicksal des Jungen heuchelt er reges Interesse. Deshalb erscheint er am Freitag, dem 22. Dezember, also am Tag nach der Tat, wiederum mehrmals auf dem Revier, um sich nach dem Stand der Ermittlungen zu erkundigen.

Mauerdurchbruch in einem Nebengrundstück, hinter dem B. den Schulranzen des Opfers versteckte.

Am 23. Dezember entdeckt eine Hausbewohnerin den grausigen Inhalt in einer Mülltonne ihres Wohnhauses. Die Kriminalisten der Berliner MUK leiten unverzüglich alle erforderlichen Maßnahmen ein. Zweifellos ist die Leiche mit dem vermißt gemeldeten Heiko Wimmer identisch. Die Fundortbedingungen und die Todesursache „Erwürgen“ begründen den dringenden Verbrechensverdacht.

Bereits nach wenigen Stunden stoßen die Kriminalisten auf die

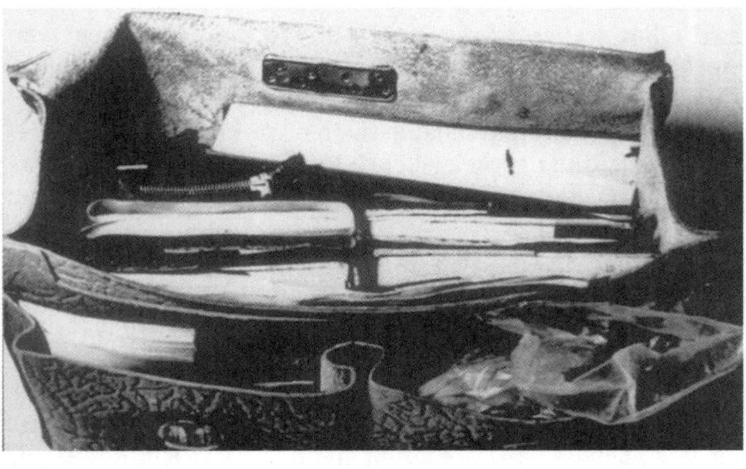

Der nach den Angaben des Täters gefundene Schulranzen mit vollständigem Inhalt.

beiden Schulkameraden, die sich am Traveplatz von ihm getrennt hatten. Sie hingegen hatten beobachtet, wie Heiko von einem Fremden angesprochen wurde, der ihn in ein Wohnhaus in der Scharnweberstraße führte. Diesen Unbekannten können sie so ausführlich beschreiben, daß Brunks Namhaftmachung nur einen Tag in Anspruch nimmt.
Am 24. Dezember 1972 wird Rainer Brunk verhaftet. Er bekennt sich sofort zu dem scheußlichen Verbrechen. An seiner Hose haften eingetrocknete Wischspuren vom Blut des Opfers. Er hatte sie beim Verpacken der Leiche unbemerkt aufgenommen.
Nach seinen Angaben wird wenig später auch die versteckte Schultasche des ermordeten Kindes gefunden.
Der Psychiater bescheinigt Rainer Brunk eine psychische Fehlentwicklung mit neurotischer Verwahrlosung in der Kindheit. Er sei ein charakterlicher Weichling mit Hang zum Lamentieren, aber mit einer normalen Intelligenz ausgestattet. Hinweise auf eine verminderte Zurechnungsfähigkeit findet er nicht. Brunks strafrechtliche Verantwortlichkeit ist nicht gemindert.
Der Strafsenat 2 a des Berliner Stadtgerichts schließt sich dem Antrag des Staatsanwalts an und verfügt lebenslänglichen Freiheitsentzug.

## Geheimnis in grüner Tapete

*(Aktenzeichen I B 81/66 Generalstaatsanwalt von Groß-Berlin, Tagebuchnummer der VP-Inspektion Berlin-Mitte K 2401/66)*

In den frühen Morgenstunden des 28. Juni 1966 sitzen unweit der Ortschaft Schönwalde im Kreis Nauen zwei Petrijünger am Ufer des Havelkanals und warten geduldig auf den großen Fang. Doch auch nach stundenlangem Ausharren will ihnen das ersehnte Anglerglück nicht hold sein. So fassen die Männer den Entschluß, ihre Angeln einzuholen, um sie stromabwärts an einer vielleicht fischreicheren Stelle des Kanals erneut auszuwerfen. Doch dazu müssen sie sich mit einiger Mühe durch das Uferdickicht und die mannshohen Brennesseln quälen, bis sie eine kleine lichte Uferstelle erreichen. Dort machen die Angler eine ungewöhnliche Entdeckung: Etwa zwei Meter vom Ufer entfernt schwimmt, wie ein auf Beute lauernder Alligator, dicht unter der Wasseroberfläche ein schmutzig-dunkles, unförmiges Paket, das ihre Neugier weckt. Gespannt bugsieren sie den Fund an den Uferrand. Er entpuppt sich als ein anderthalb Meter großer metallener Waschzuber, weit über den Rand mit Textilien abgedeckt und mit verschiedenartigen, längs zwischen den Handgriffen verlaufenden Stricken fest verschnürt.
„Wenn der aus Zink ist, bringt er beim Altstoffhandel mindestens dreißig Mark ein“, vermutet der eine Angler.
Doch die nähere Untersuchung des Fundes löst pures Entsetzen aus, denn bereits durch das Entfernen des ersten Teils der schmutzigen Textilien wird ein bleiches, monströs aufgedunsenes menschliches Antlitz freigelegt.
Flugs verlassen die beiden Petrijünger den Ort ihres makabren Fundes, laufen quer über die Felder am sogenannten Teufelsbruch entlang bis nach Schönwalde. Dort gelingt es ihnen erst nach einigen vergeblichen Versuchen, einen Anwohner zu finden, der nicht nur die Bereitschaft zeigt, ihre sonderbare Ge-

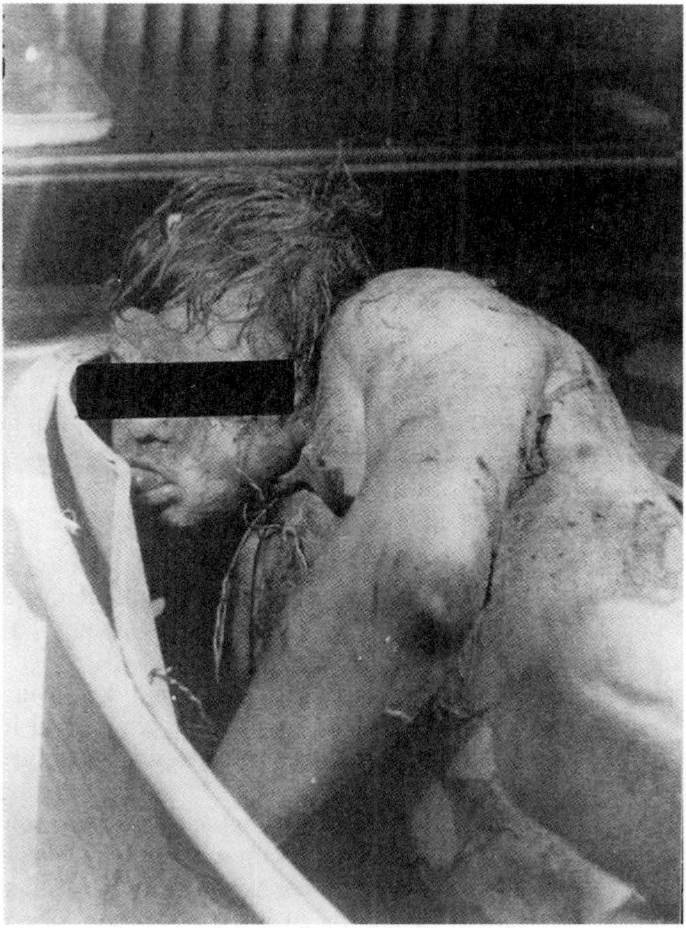

Der aus dem Havelkanal geborgene Leichnam.

schichte anzuhören, sondern der vor allem über das Privileg eines Telefonanschlusses verfügt, um die Volkspolizei verständigen zu können.

Leutnant der K Heinold von der MUK Potsdam beaufsichtigt eine reichliche Stunde später die Bergung des Waschzubers. Er prüft durch vorsichtiges Anheben der abdeckenden Textilien seinen Inhalt. Es ist schnell klar, in der Wanne befindet sich eine menschliche, in Fäulnis übergegangene Leiche. Bereits die oberflächliche Inspektion des Kopfes, der im Hinterhauptsbe-

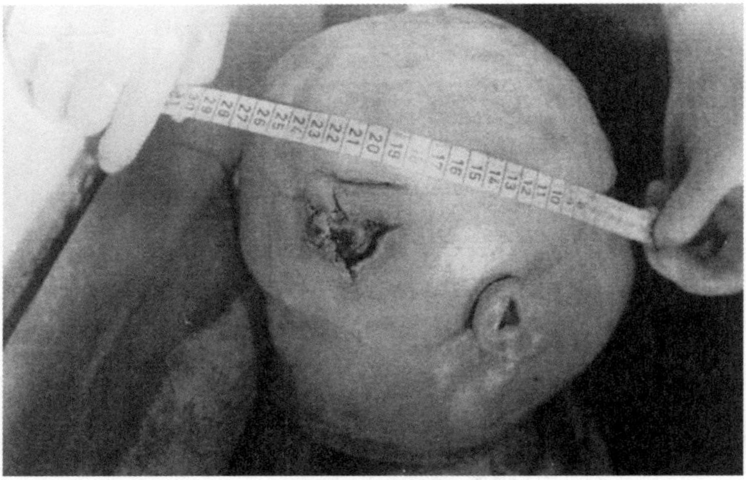

Deutlich sichtbare Schädelverletzung.

reich schwere mechanische Gewalteinwirkungen vermuten läßt, begründet neben der Tatsache der ungewöhnlichen, vor allem aber illegitimen Bestattungsart die Annahme eines Tötungsverbrechens.

Der tote Körper könnte der eines Erwachsenen sein. Er ist vermutlich in die Wanne regelrecht hineingezwängt worden, liegt darin zusammengekrümmt wie in einem viel zu engen Höckergrab.

Heinold kann auf Grund der fäulnisbedingten Veränderungen aber nicht ausmachen, ob es sich um einen männlichen oder weiblichen Körper handelt, obwohl der Leichnam unbekleidet zu sein scheint. Weitere Bemühungen um die Klärung dieser Frage unterläßt er. Es gilt, den Leichnam so schnell wie möglich in die sichere und kühle Atmosphäre eines Sektionssaales zu schaffen. Die warme Witterung zwingt zur Eile, denn mit erstaunlicher Rasanz schreitet der Fäulnisprozeß an der Leiche voran. Angelockt durch den widerlichen Verwesungsgeruch ist bereits eine Invasion von Insekten über das sich zersetzende Gewebe hergefallen.

Die spurenkundliche Untersuchung des Fundes aus dem Havelkanal führt nur zu spärlichen Ergebnissen. Die verzinkte Haushalts-Waschwanne mit Abflußstutzen trägt einen dreieckigen Stempelaufdruck „Güteklasse 1, 14/2961“, der damit

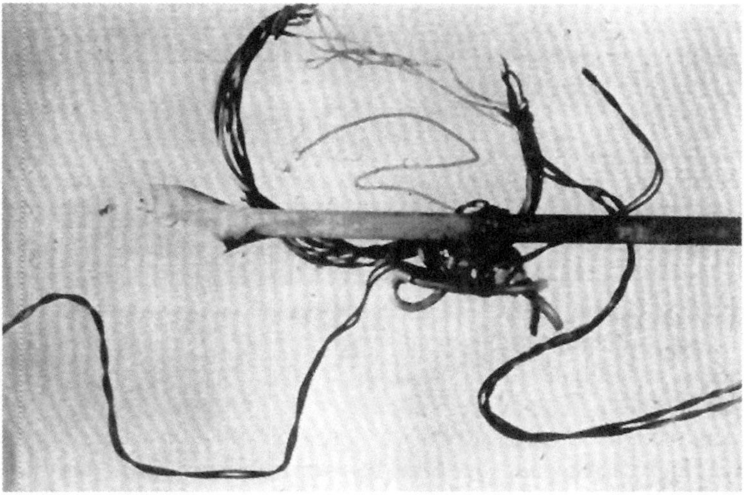

Drosselwerkzeug, das sich um den Hals des Erschlagenen befand.

ihre einheimische Herkunft offenbart. Der in der Wanne befindliche unbekleidete Leichnam ist mit einem zerschlissenen Postsack abgedeckt. Um ein Verrutschen der Abdeckung zu verhindern, wurden die beiden Handgriffe der Wanne in mehrfachen Lagen mit Stücken einer zusammengeknüpften Wäscheleine straff verbunden.

Bei dem Leichnam handelt es sich um den eines 74 kg schweren Mannes im Alter von 20 bis 30 Jahren mit mittelblonden Haaren und einer Körpergröße von 173 cm. Die am Hinterhaupt des Toten festgestellten schweren mechanischen Einwirkungen, vermutlich durch ein Hiebwerkzeug, sind zu Lebzeiten entstanden und haben letztlich den Tod herbeigeführt. Zusätzlich wurden – vermutlich im Sinne einer sogenannten Sicherheitsdrosselung – mehrere Touren einer aus verschiedenartigen Stücken zusammengesetzten Paketschnur straff um den Hals geführt und in Höhe des Kehlkopfs verknotet. Die Todeszeit wird auf mehrere Wochen geschätzt.

Als einziges besonderes Kennzeichen verfügt der Tote über die Narbe einer Jahre zurückliegenden Blinddarmoperation. Routinemäßig wird eine Blutgruppenbestimmung vorgenommen.

Die Kopfverletzungen und fortgeschrittenen Verwesungserscheinungen lassen eine Rekonstruktion der lebensechten Physiognomie des Toten durch eine sogenannte Leichentoilette nicht zu, einem ansonsten üblichen Verfahren, mittels kosmetischer und plastischer Veränderungen die Lebensähnlichkeit des Gesichts wiederherzustellen.

Leutnant Heinold ist verwundert, daß die in den Havelkanal versenkte Leiche des Mannes mit dem beachtlichen Gewicht von 74 kg nach einiger Zeit wieder aufgetaucht sein muß. Doch dafür gibt es keine kriminalistische Regel, zu vielfältig sind die auf eine Wasserleiche einwirkenden Bedingungen. Einerseits kann es vorkommen, daß unbeschwerte Leichen niemals wieder auftauchen, andererseits wurden Fälle bekannt, wonach selbst erhebliche Gewichte nicht in der Lage waren, die fäulnisgeblähten Körper am Auftauchen zu hindern.
Auch nach der Obduktion verfügt Heinold nur über ein geringfügiges Ausgangsmaterial für seine Ermittlungen. Die Ergreifung des unbekannten Täters setzt zunächst die Identifizierung des Toten voraus. Doch die Überprüfung der Vermißtenanzeigen im Bezirk verläuft ergebnislos.
Nun wird es unumgänglich, an die Öffentlichkeit zu treten. Bereits am Freitag, dem 1. Juli 1966, erscheint deshalb in der Potsdamer Bezirkszeitung „Märkische Volksstimme“ eine Pressenotiz über den unbekannten Toten, in der die Bevölkerung zur Mitarbeit aufgerufen wird. Zeitgleich appelliert die „Berliner Zeitung“ an ihre Leser, bei der Identifizierung des unbekannten Toten mitzuhelfen und veröffentlicht ein Foto der verzinkten Waschwanne.
Während die Reaktionen auf die Presseinformation in Potsdam bei Leutnant Heinold zu keinem brauchbaren Hinweis führt, sieht die Lage in Berlin günstiger aus. Bei der Kriminalpolizei der VP-Inspektion Mitte in der Keibelstraße erscheint am Tage der Veröffentlichung ein offensichtlich geistig behinderter junger Mann und stammelt, heftig gestikulierend, undeutliche Sätze. Aber die wenigen, ungeordneten Wortfetzen, die der ihn befragende Kriminalist entschlüsselt, scheinen sich auf die Abbildung der Waschwanne in der „Berliner Zeitung“ zu beziehen. Deshalb wird er ernst genommen und ausführlich exploriert. Im Ergebnis der mühevollen Vernehmung scheint ein erster wichtiger Hinweis zur Herkunft der Wanne vorzuliegen, dessen Überprüfung keinen Aufwand erfordert.
Reduziert man das Kauderwelsch des Mannes auf seinen sachlichen Kern, dann muß er in der Brunnenstraße 154 im Stadt-

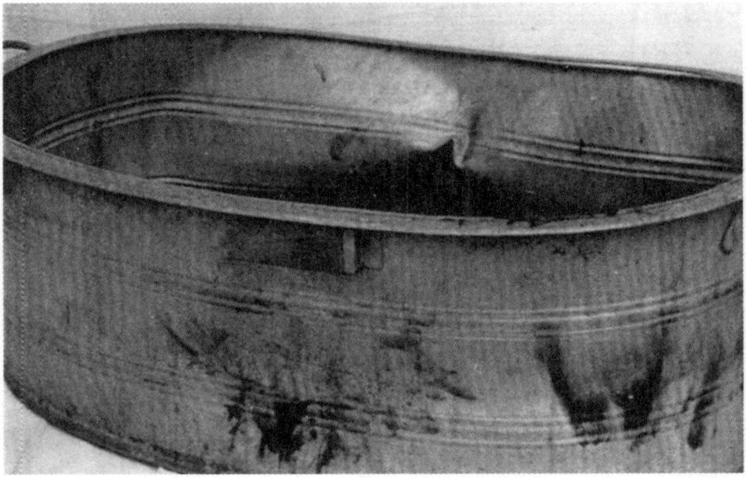

Verzinkte Waschwanne, in der der Leichnam verstaut war.

bezirk Mitte wohnen. Hinter dieser Hausnummer verbirgt sich eine Mietskaserne mit einem alten Kintopp im Vorderhaus, Quer- und Seitengebäude und düsterem Hof. Die Hausbewohner verfügen im Dachgeschoß über eine Waschküche, zu deren Inventar auch eine Zinkwanne gehöre, die dort gewöhnlich auf einem T-förmigen Holzbock stehe. Da sie eine verblüffende Ähnlichkeit mit dem Bild in der Zeitung besitze, habe der junge Mann gleich nachgesehen und festgestellt, daß nur noch der Holzbock da sei. Die Wanne ist seit geraumer Zeit verschwunden und niemand könne sagen, wo sie geblieben ist.
Unverzüglich überprüfen Kriminalisten der VP-Inspektion Mitte diesen Hinweis. Dabei stellt sich heraus, daß anhand des Zeitungsbildes auch andere Mieter das hausgemeinschaftliche Utensil aus der Waschküche wiedererkennen. Die Identifizierung der Wanne scheint den Weg zu weiteren wichtigen Spuren zu weisen, denn der Tote oder der Täter müssen irgendwie mit diesem Wohnhaus in Beziehung stehen.
Deshalb werden alle Mieter sorgfältig auf einer Liste erfaßt. Dabei fällt ein merkwürdiger Umstand auf: Die 26jährige Mieterin Sybille Bolke, Verkäuferin in einer Filiale der HO „Fleisch- und Wurstwaren“, hatte am 23.06.1966 auf dem nur einen Steinwurf von ihrem Wohnhaus entfernten VP-Revier 14 eine Vermißtenanzeige erstattet. Danach habe sie ihr Ehemann, der gleichaltrige Lutz Bolke, nach Monate andauernden, in sei-

ner Trunksucht begründeten, ehelichen Auseinandersetzungen verlassen. Seit dem 19. Juni 1966 sei er nicht mehr nach Hause zurückgekehrt. Sie hege den Verdacht, daß er sein bereits länger geplantes Vorhaben, das sozialistische Vaterland auf illegalem Wege zu verlassen, nunmehr realisiert hat. Eigentlich warte sie nur noch auf eine Nachricht von ihm, wohlbehalten im Westen angekommen zu sein.

Es mag verwundern, daß im Rahmen der Berichte über eine kleine Auswahl gewöhnlicher Morde aus der DDR wiederholt auf Fälle zurückgegriffen wird, in denen versucht wurde, zur Tatverschleierung einen – um es strafrechtlich korrekt zu formulieren – „ungesetzlichen Grenzübertritt" nach § 213 StGB vorzutäuschen. Es gehörte zum allgemeinen Erfahrungsschatz der Bürger, zu wissen, daß die Sicheitsorgane auf dieses „Delikt" sehr empfindlich reagierten. Das hatte auch Einfluß auf die Veränderung der Verschleierungstechniken bei Tötungsdelikten. So konnte das Verschwinden eines erwachsenen Menschen viel überzeugender begründet werden als durch andere Kaschierungen. Für nahezu die Hälfte der verschleierten Tötungsdelikte dieser Zeit traf in der DDR diese Begehungsweise zu.

Hätte man vor einigen Tagen nicht die Leiche eines Unbekannten aus dem Havelkanal geborgen, wäre die Wahrscheinlichkeit, den Angaben dieser Vermißtenanzeige Glauben zu schenken, um ein Vielfaches größer gewesen. So aber übergibt die VP-Inspektion Mitte ihre Ermittlungsergebnisse am gleichen Tage der MUK im VP-Präsidium am Alexanderplatz.
Verantwortlich für die Weiterbearbeitung des Falles in der MUK ist Leutnant Dietmar Lorenz, ein schlanker, wendiger junger Mann von 32 Jahren mit umstrittenem Image. Einerseits provoziert er seine proletarischen Vorgesetzten mit den vermeintlichen Eitelkeiten eines Bourgeois, trägt gern weiße Hemden mit auffälligen Krawatten, schnittige Anzüge mit farblich abgestimmten Kavalierstüchlein, führt häufig einen Stockschirm mit sich und vermeidet, so gut es geht, das Tragen des Parteiabzeichens. Andererseits sichern ihm seine analytischen und psychologischen Fähigkeiten und die exzellente Kenntnis der spurenkundlichen Fachliteratur in der kriminalistischen Untersuchungstätigkeit eine ungeteilte Autorität.
Die Angaben der Frau Bolke zur Personenbeschreibung ihres

Das Haus Brunnenstraße 154, in dem das Ehepaar B. wohnte.

Ehemanns überzeugen Leutnant Lorenz, daß der unbekannte Tote aus dem Havelkanal mit dem Vermißten identisch ist.
Lorenz hält von Beginn an Frau Bolke für den Mörder ihres Gatten. Er erweitert den Tatverdacht sofort, als bekannt wird, daß ihr Geliebter Günter Linke, ein Freund des Vermißten, nicht nur als Kraftfahrer beim Magistrat von Groß-Berlin mit einem schnittigen Wartburg 312 hohe Tiere kutschiert, sondern seit geraumer Zeit auch bei ihr wohnt.
Seine grauen Zellen arbeiten unaufhörlich, Indizien für seinen Verdacht zu finden. Fragen werfen sich auf: Wie war es ihr möglich, die Leiche mehr als 80 km entfernt, Westberlin umfahrend, bis zum Havelkanal zu transportieren? Hat sie mit ihrem Liebhaber die Tat gemeinsam durchgeführt? Wurde das Dienstfahrzeug zum Transport des Toten benutzt? Könnte der Tatort mit der Wohnung in der Brunnenstraße identisch sein?
Doch Lorenz weiß, daß alles Denken so nicht weiterhilft. Jetzt muß gehandelt werden. Er veranlaßt die vorläufige Festnahme der beiden Verdächtigen. Doch ihre erste Vernehmung bringt ihn nicht weiter. Alle psychologischen Überredungskünste nützen nichts. Weder Frau Bolke noch ihr Freund Linke äußern sich zu den schwerwiegenden Vorwürfen. Verstockt schweigen sie auf jede Frage. Selbst die Tatsache, daß die Leiche von Lutz Bolke mit einer Waschwanne aus ihrem Hause transportiert wurde, läßt sie äußerlich unberührt. Beide reagieren, wie of-

fenbar vorher abgesprochen, lediglich mit einer einzigen, sich immer wiederholenden Antwort: „Ich sage gar nichts dazu, das müssen Sie mir erst beweisen!“

Lorenz läßt die sinnlose Vernehmung bald abbrechen. Er kommt zu dem Schluß, eine Aussagebereitschaft der Beschuldigten nur durch das Vorhalten beweiskräftiger Fakten erreichen zu können. Mit dem Kriminaltechniker der MUK, Leutnant Trautmann, der mit ähnlichen kleinen Eitelkeiten behaftet und ebenso alt wie Lorenz ist, fährt er zur Wohnung der Frau Bolke in der Brunnenstraße 154, die seit ihrer Festnahme polizeilich versiegelt ist. Eine intensive Vorahnung, dort auf den eigentlichen Tatort und entsprechende Spuren zu stoßen, veranlaßt ihn zu diesem Schritt.

Die Brunnenstraße widerspiegelt auf eigene Weise das deutsche Schicksal. Ursprünglich führte sie vom Rosenthaler Platz bis zum S-Bahnhof Gesundbrunnen. Seit dem 13. August 1961 teilt sie die Mauer in nahezu zwei gleichlange Straßenzüge. Jetzt endet sie im Grenzgebiet mit der Hausnummer 50. Rückwärtig zum Rosenthaler Platz beginnt sie nun mit der Hausnummer 138. Jeder Straßenzug ist das Symbol des Endes einer jeweilig anderen Welt. Längst quietscht dort keine Straßenbahn mehr in den ausgefahrenen Schienen, die ebenso langsam verrotten wie die Wohnhäuser. Nur die Buslinie 78, die am Arkonaplatz endet, verbindet die triste Gegend mit dem Stadtkern. So bleibt es bis zum Untergang der DDR.

Die Männer betreten eine bescheiden eingerichtete, ziemlich heruntergewohnte, renovierungsbedürftige kleine Wohnung, lassen ihren geschulten, kritischen Blick umherschweifen, ohne den Korridor zu verlassen und die Räume zu betreten. Trautmann hat bereits die Kamera in den Händen und macht einige Übersichtsaufnahmen, während Lorenz erste Notizen für den Tatortbefundsbericht fertigt.

Offensichtliche Spuren, die auf ein Tötungsdelikt hindeuten könnten, werden nicht entdeckt: kein eingetrocknetes Blut, keine mechanischen Beschädigungen an den Möbeln, die vielleicht auf einen Kampf hinweisen könnten, keine möglichen Tatwerkzeuge.

Dann beginnt die Suche nach latenten Spuren. Mit Lupe, Schräglichtleuchten, Fehenhaarpinseln und den entsprechenden Einstäubepulvern bewaffnet, nehmen sich die Kriminalisten zunächst die Küche vor. Möbel, Türen, Fußboden, herumste-

Blick in die Wohnstube des Ehepaars B.

hendes Geschirr, Schüsseln und Eimer, aber auch das Ölpaneel werden sorgfältig untersucht. Diverse Fingerabdruckspuren werden entdeckt und vorsichtig auf Folien abgezogen. Mit einer Quarzlampe sucht Trautmann schließlich nach biologischen Spuren und verwendet dazu verschiedene Reagenzien, deren positive Reaktion eine weitere Untersuchung im Labor begründet.

Nach etwa zwei Stunden ist die Untersuchung der Küche abgeschlossen. Nun wenden sich die Männer der kleinen Wohnstube zu. Es riecht hier nach frischer Ölfarbe. Gardinen hängen vor den beiden Fenstern, dazwischen steht auf einer kleinen Kommode ein Fernseher. Ansonsten gehört zum Inventar dieser Stube eine Liege, ein Schrank und ein Blumentischchen. Die Tapete an den Wänden, hellgrün, mit Strichmuster, wirkt keineswegs mehr neu, doch die sauberen, dunkelbraunen Fußbodendielen glänzen auffallend. Vermutlich sind sie in letzter Zeit frisch gestrichen worden. Dieser merkwürdige Umstand macht die beiden Kriminalisten stutzig. Aber noch eine weitere Besonderheit fällt ihnen auf: Verschiedene Stellen der hellgrünen, etwas ausgeblichenen Tapete sind mit den farbfrischen Stücken gleicher Sorte überklebt worden.

Die Spurensuche in der Wohnstube endet erst in den Nachtstunden. Das Resultat ist verblüffend: Hinter den Scheuerleisten, in den Dielenritzen, unter dem frischen Fußbodenanstrich und hinter den aufgeklebten frischen Tapetenflicken werden unzählige eingetrocknete Blutstropfen gesichert. Schließlich kann aus den Blutspritzern hinter der hellgrünen Tapete sogar ein charakteristisches Muster bestimmt werden, wie es entsteht, wenn ein Tatwerkzeug wiederholt auf eine blutende Wunde trifft. Für die Rekonstruktion des Tathergangs ist das von großer Bedeutung. Lorenz kann aus dieser Spurenlage schließen, daß Lutz Bolke in der Wohnstube erschlagen worden ist. Wenn nun auch der Blutgruppenvergleich zwischen den Spuren aus der Wohnstube und dem Blut des getöteten Lutz Bolke positiv ausfällt, ist der Tatort hinreichend bewiesen.

Blut ist neben dem Fingerabdruck die wohl wichtigste Spur in der Kriminalistik, insbesondere bei der Untersuchung von Delikten gegen Leib und Leben. Der Schriftsteller Andersen Nexö formulierte scharfsinnig in seinen „Erinnerungen" die Rolle des Bluts: „... Blut ist doch was ganz Merkwürdiges. Man mag es ungern fließen sehen, und dabei ist es schuld an allen Dummheiten auf der Welt."

Auch Goethe läßt bereits wissen, daß Blut ein „besonderer Saft" ist. Weniger literarisch ausgedrückt ist es das flüssige Gewebe aller höher entwickelten Spezies. Neben seiner Funktion als Transportorgan besitzt es nicht nur wichtige Eigenschaften des Schutzes vor Krankheitserregern und deren Produkten. Aus der Blutzusammensetzung lassen sich auch sichere Schlüsse auf physiologische und pathologische Veränderungen des Körpers ziehen. Die Blutuntersuchung zählt heute mit zu den effektiven Diagnoseverfahren in der Medizin. Die Blutbestandteile (Serum, Blutzellen) sind – neben anderen biologischen Spuren – von überragender kriminalistischer Bedeutung, weil sie eine Vielfalt individueller und Gruppenmerkmale besitzen, die eine sichere Identifikation gewährleisten. Die Erkenntnisse über das Blut, vor allem die Entdeckung der Blut- und Serumgruppen und der verschiedenen Nachweisverfahren, haben die Kriminalistik des 20. Jahrhunderts regelrecht revolutioniert.

Bekanntlich herrschen bei vorsätzlichen Tötungen die mechanischen Einwirkungen auf den Körper des Opfers vor. Sie haben zwingend die Verursachung von Blutspuren zur Folge. Aus ihnen lassen sich, neben dem Nachweis des Geschlechts, der Blutgruppenformel und des sogenannten genetischen Fingerabdrucks, häufig auch Rückschlüsse auf den Tathergang, die benutzten Werkzeuge und andere wichtige Umstände, wie die Anwesenheit

einer bestimmten Person, alkoholische oder medikamentöse Beeinflussung der Beteiligten, ziehen. Ihre Untersuchung obliegt den Spezialisten in den Polizeilabors oder den Instituten für Rechtsmedizin.
Ein unbestrittener Vorzug der modernen Kriminalistik besteht vor allem darin, daß bereits eine höchst geringe Substanzmenge (mitunter nur eine einzige Körperzelle) ausreicht, um zu beweiserheblichen Aussagen zu gelangen. Vorproben und Nachweisverfahren reagieren mitunter so empfindlich, daß der Laie seine Ehrfurcht kaum zurückzuhalten vermag. So stelle man sich vor, daß in ein Gefäß, gefüllt mit etwa acht Eimern Wasser, ein Blutstropfen gelangt. Das entspricht einer Verdünnung in homöopathischen Größenordnungen. Bereits eine simple Vorprobe, deren Aufgabe lediglich darin besteht, zu klären, ob der Verdacht von Blutvorkommen aufrecht erhalten werden kann, zeigt bereits eine positive Reaktion.
Man kann sich daher leicht vor Augen halten, welcher Mühe es bedarf, um eine Blutspur so zu beseitigen, daß ein Nachweis unmöglich wird.
Viele Täter unterschätzen diese Tatsache und beschränken sich auf eine nur oberflächliche Beseitigung. Dem Kriminalisten obliegt bei der Tatortuntersuchung eines Tötungsdelikts die Aufgabe, das Vorhandensein von Blutspuren in seine Überlegungen auch dann einzuschließen, wenn sie augenscheinlich nicht erkennbar sind.

Als Leutnant Lorenz am nächsten Tag ein Gutachten in den Händen hält, das die Identität der Blutgruppe des ermordeten Lutz Bolke mit den Spuren aus der Wohnstube bestätigt, ist er mit dem Ermittlungsergebnis sichtlich zufrieden. Nun kann er die Überprüfung des Fahrtenbuchs des beschuldigten Kraftfahrers Günter Linke vornehmen. Immerhin müßte daraus für die fragliche Zeit eine Differenz von etwa 160 km nachzuweisen sein. Doch die Eintragungen sind lückenlos, und sämtliche Fahrten wurden durch seinen Chef unterschriftlich bestätigt. Es bedarf einer zeugenschaftlichen Vernehmung des Vorgesetzten von Günter Linke, um herauszufinden, wie unkritisch und leger die Fahrtenbestätigung erfolgte. Seine Aussage, alles unterschrieben zu haben, was ihm vorgelegt wurde, erlaubt den Schluß, daß Linke die 160-Kilometer-Differenz ohne Schwierigkeiten mit anderen Fahrten „verrechnen“ konnte.
Lorenz plant die Vernehmung der beiden Beschuldigten mit der

ihm eigenen Gewissenhaftigkeit. Zunächst läßt er Sybille Bolke vorführen. Eine Zeit lang sitzt dieses schwächlich wirkende Persönchen mit dem dunklen, schulterlangen Haar teilnahmslos auf einem Stuhl in gehöriger Distanz zum Schreibtisch von Lorenz. Dieser konzentriert sich nur auf Fragen zu ihrer Kindheit, ihrem Aufenthalt im Kinderheim, zum ständigen Streit mit dem Stiefvater und zur Lehrzeit als Fleischverkäuferin. Bereitwillig, zunächst leise, fast flüsternd, dann immer emotionsgeladener, spricht sie über ihre schwere Kindheit und die Situation in der total zerrütteten Ehe mit Lutz Bolke. Sie schildert Episoden aus dem unerträglichen Zusammenleben mit ihrem Gatten, der das mühsam verdiente Geld vertrank, sie grundlos prügelte und oftmals zum Geschlechtsverkehr zwang.
„Meine Ehe war ein großer Scheißhaufen. Sechs Kinder hat er mir gemacht. Aber mal im Haushalt helfen, nein, das war wohl nichts, nicht einen Finger hat der Herr gerührt. Ich hatte immer große Angst, erneut schwanger zu werden. Deshalb habe ich ihn freiwillig nicht mehr an mich herangelassen. Im Suff hat er mich geschlagen, dann hat er sich genommen, was er wollte! … Ich habe ihn gehaßt!"
„Wo sind denn Ihre Kinder gegenwärtig? Wir haben in Ihrer Wohnung doch nur zwei Kinderbetten vorgefunden", fragt Lorenz.
„Die zwei ältesten leben bei mir, sie sind jetzt bei meiner Mutter in Spindlersfeld, das jüngste ist nach der Geburt gestorben, die anderen leben im Heim." Sie blickt Lorenz an, dann, als müßte sie sich vor ihm rechtfertigen, ergänzt sie: „Es war eben alles zu viel für mich."
Lorenz will immer mehr wissen, dringt immer tiefer in Details des Ehelebens vor. Unmerklich lenkt er gleichzeitig das Gespräch auf die Tat und ihre Umstände. Die Fragen formuliert er vorsichtig und freundlich, ohne den Hauch eines Vorwurfs. Immer noch rechnet er damit, daß Frau Bolke wieder in die alte Verstocktheit zurückfällt und weitere Aussagen verweigert. Doch sie will reden.
Den Plan, Lutz Bolke zu liquidieren, habe sie sich mit ihrem Freund Günter Linke schon vor einigen Wochen ausgedacht, vor allem, wie er nach der Tötung beseitigt werden könnte. Linke wollte ihn erschlagen und dann weggschaffen, sie sollte ihm dabei helfen. Am Montag, dem 13. Juni 1966, waren alle drei zum Baden an den Müggelsee gefahren. Da sollte es ei-

gentlich schon passieren. Linke hatte heimlich einen Hammer mitgeführt. Doch als er ihn hervorholte, um ihn dem vor ihm laufenden Bolke von hinten auf den Kopf zu schmettern, drehte sich dieser plötzlich zu ihm um. Es gelang Linke, den Hammer unbemerkt in das Uferschilf fallen zu lassen. Bolke war arglos geblieben, doch der Versuch war gescheitert.
Am Samstag, dem 18. Juni 1966, war es dann soweit. In den

Isoliertes Tapetenstück, das zur Abdeckung der Blutspritzer auf die alte Tapete geklebt wurde.

späten Nachmittagsstunden bereitete sich Bolke, der bei der Bahnpost am Ostbahnhof Pakete sortierte, auf die Nachtschicht vor. Sybille Bolke hatte Essen zubereitet und Günter Linke dazu eingeladen. Einträchtig nahmen die drei das Mahl zu sich. Dann legte sich Lutz Bolke auf die Liege in der Wohnstube, um vor der Nachtschicht noch etwas auszuruhen. Er schlief auch bald ein. Unterdessen verließ Linke die Wohnung, um den in einer Seitenstraße abgestellten Wartburg direkt vor dem Wohnhaus zu parken. Dann kam er mit einem am Vormittag gekauften Beil zurück. Um Fingerabdrücke zu vermeiden, zog Sybille Bolke einen dicken Strumpf über das Tatwerkzeug. Dann ging alles sehr schnell. Linke war leise an den schlafenden Bolke herangetreten und schlug das Beil mit kräftigen Hieben mehrmals auf den Schädel seines Opfers, das sich mit einem durchdringenden Stöhnen kurz aufbäumte und von der Liege auf die Dielen fiel. Dort blieb es regungslos liegen.
Sybille Bolke eilte die Treppen hoch zur Waschküche und bug-

Im Kofferraum dieses PKW Wartburg wurde das Opfer in der Waschwanne transportiert.

sierte die Wanne in ihre Wohnung, in die der nackte Leichnam unsanft verfrachtet wurde. Die Wanne wurde bis zur Unauffälligkeit abgedeckt und verschnürt. Sybille Bolke und Günter Linke schleppten sie im Schutze der hereinbrechenden Nacht unbemerkt zum Auto und verstauten sie im Kofferraum. Danach säuberten sie den Fußboden der Wohnstube von den Blutspuren. Noch in der Nacht versenkten sie die Wanne von einer Brücke zwischen den Ortschaften Falkensee und Schönwalde im Havelkanal.
Die nächsten beiden Tage nutzte das mörderische Paar, die Wohnung gründlich zu reinigen, den Dielen in der Wohnstube einen neuen Anstrich zu geben, die blutbefleckte hellgrüne Tapete zu überkleben und die Bekleidung, Ausweise, Schlüsseltasche sowie die Geldbörse des toten Lutz Bolke zu verbrennen.
Am 20. Juni schrieb Sybille Bolke einen Brief an Verwandte in Westberlin. Sie äußerte darin die Bitte, man möge ihr eine Karte zurückschreiben, aus der hervorgeht, Bolke sei unbeschadet in Westdeutschland angekommen.
Am 23. Juni zeigte sie das Vermißtsein ihres Gatten bei der VP an.
Leutnant Lorenz schließt die erste große Vernehmung von Frau Bolke ab. Doch bis zum Abschluß des Ermittlungsverfahrens werden ihr noch weitere folgen.
Auch der Beschuldigte Günter Linke ist aussagebereiter als

Der Havelkanal bei Schönwalde, in den die Leiche versenkt wurde.

Lorenz es erwartet hatte. Die Konfrontation mit dem Geständnis der Geliebten, mit der Spurenlage am Tatort und mit der Aussage seines Chefs, ihm die heimliche Fahrt zum Havelkanal problemlos zur Bestätigung untergeschoben zu haben, stimmen Linke einigermaßen gesprächig. Geduldig, Fakt für Fakt entlockt ihm Lorenz in den folgenden Vernehmungen die ganze Wahrheit über den Mord an Lutz Bolke.
Der Strafsenat 2 a des „Stadtgerichts von Groß-Berlin“ verurteilt Günter Linke wegen gemeinschaftlich begangenen Mordes zu lebenslangem Freiheitsentzug, während Sybille Bolke für 15 Jahre hinter Gitter muß.

*(Aktenzeichen B I 5/69 Bezirksstaatsanwalt Schwerin)*

Drei Jahre später, Ende April 1969, wird der inzwischen zum Oberleutnant avancierte Dietmar Lorenz eine Zeit lang zur Schweriner MUK abkommandiert, um die dortigen Kriminalisten, die sich seit langem mit einem höchst dubiosen Fall beschäftigten, zu unterstützen. Das kriminalistische Engagement in dieser Sache fand aber nur Mißfallen bei der Staatsanwaltschaft. Sie hätte ihrerseits den Fall längst auf sich beruhen lassen. Und das hatte seine guten Gründe:
Denn bereits am 7. Februar 1964 teilte die 41jährige Leiterin

der Konsum-Verkaufsstelle in Lübbendorf, Martha Latz, der VP in der Kreisstadt Hagenow mit, daß ihr 45jähriger Ehemann Paul Latz, LPG-Vorsitzender in Lübbendorf, seit dem 20. Januar nicht mehr nach Hause zurückgekehrt sei. Ihr war bekannt, daß er gelegentlich außereheliche Abenteuer suchte. Das wußten aber auch seine biederen Genossen. Sie waren darüber verärgert und fanden es unverzeihlich, daß er als SED-Mitglied gegen die sozialistische Moral verstieß. Ohne Pardon eröffneten sie ein Parteiverfahren gegen ihn. Um den Konsequenzen zu entgehen, ist er nun vermutlich republikflüchtig geworden, zumal eine seiner Geliebten seit einiger Zeit ebenfalls in Westdeutschland leben soll.

Die Vertreter der Sicherheitsorgane, die sich beruflich mit den Abtrünnigen des Arbeiter- und Bauernstaates zu beschäftigen hatten, stürzten sich voller Kampfgeist an die vorderste Front des Falls. Wegen des Verdachts des illegalen Grenzübertritts wurde ein Ermittlungsverfahren gegen Paul Latz eingeleitet. Man fand auch bald heraus, daß der Genosse Paul Latz tatsächlich anderen gegenüber geäußert hatte, die Republik illegal zu verlassen, sowie sich eine Gelegenheit dazu bieten sollte. Überdies wurde in Erfahrung gebracht, daß er von seiner Geliebten angeblich eine Ablösesumme von 4 700 Mark erhalten haben soll, damit er sich leichter aus den ehelichen Fesseln befreien konnte.

Natürlich wurde die Wohnung peinlich genau durchsucht, um Hinweise auf die Art und Weise der Republikflucht und den jetzigen Aufenthaltsort zu erlangen. Doch diese Maßnahme förderte nichts Relevantes zutage. Auch die folgenden Ermittlungen führten ins Leere, so daß das Verfahren nach einiger Zeit eingestellt wurde.

Doch in Lübbendorf kursierte das hartnäckige Gerücht, Paul Latz sei von seiner Gattin ermordet worden. Dazu trug vor allem die einstige Geliebte bei, die in Wirklichkeit niemals den Boden des sozialistischen Vaterlandes verlassen hatte und die immer noch ganz in der Nähe wohnte. Ihr Verdacht fußte auf der logischen Schlußfolgerung, daß Paul Latz – sollte er seinerzeit wirklich in den Westen abgehauen sein – ihr wenigstens mal geschrieben hätte, da immer eine ungetrübte Beziehung zwischen beiden bestand.

Auch dem Bruder von Frau Latz, der freundschaftlich mit dem Verschwundenen verbunden war, kam die ganze Angelegenheit

höchst merkwürdig vor, und er schloß sich den Verdächtigungen an.
Endlich, im April 1969, übernahm die MUK Schwerin den Fall und beantragte wegen des Verdachts der vorsätzlichen Tötung die Einleitung eines Ermittlungsverfahrens und Haftbefehl gegen Frau Latz.
Doch der Staatsanwalt wies dieses Anliegen schroff zurück, weil er den Verdacht gegen Frau Latz für eine unbegründete, unhaltbare Hypothese hielt und bereits die Vorermittlungen in dieser Hinsicht nicht den geringsten Hinweis erbracht hätten.
Darüber waren die Kriminalisten der MUK Schwerin sauer, weil sie wußten, daß verschleierte Tötungsdelikte mitunter ein derart vages Erscheinungsbild besitzen.
Das war der Grund für die miese Stimmung zwischen MUK und Staatsanwalt, aber für Oberleutnant Dietmar Lorenz der Anlaß zur Mitarbeit an diesem vertrackten Fall.

Lorenz weiß, daß bei der derzeitigen Sachlage die Begründung des Verdachts, Frau Latz habe ihren Gatten ermordet, nicht so ohne weiteres möglich ist. Es fehlt in der Tat an Beweisen. Die einzige Möglichkeit, an sie zu gelangen, sieht er in der Anwendung einer List.
Er weiß, daß diese allerdings den Handlungsspielraum der Strafprozeßordnung nicht verlassen darf.
Zunächst spricht er mit dem Bruder von Frau Latz, um die Gründe auszuleuchten, warum dieser gegen seine Schwester einen solch schwerwiegenden Verdacht hegt.
Freimütig, wenn auch nur mit Lorenz' ausdrücklicher Zusicherung, die Angaben vertraulich zu behandeln, gibt der Bruder ein umfassendes Psychogramm über sie, ihren Gatten und die Ehe ab.
Als Lorenz schließlich erfährt, der Bruder habe auch die Schlüsselgewalt über das Haus seiner Schwester, er könne dort ein- und ausgehen, macht er ihn zum Mitwisser seines taktischen Plans. Der Bruder erklärt sich bereit, im Rahmen seiner Möglichkeiten an der Verwirklichung dieses Vorhabens mitzuwirken.
Zunächst läßt sich Oberleutnant Lorenz eine detaillierte Skizze über die Wohn- und Kellerräume im Haus des Ehepaars Latz, den Schuppen und den Stall anfertigen. Dann bittet er ihn zu rekonstruieren, welche Möbel vor fünf Jahren vorhanden wa-

ren und wo sich ihr Standort befand. Das Resultat dieser mühseligen Gedankenarbeit ist ein relativ klares Bild über die Situation im verdächtigen Anwesen zur Zeit des Verschwindens von Paul Latz. Lorenz weiß nun auch, daß seitdem die Wohnräume mindestens einmal renoviert wurden.
Martha Latz wird einige Tage später, für den 14. Mai 1969, 16.00 Uhr, zu einer „abschließenden Zeugenvernehmung im Zusammenhang mit der Vermißtensache Paul Latz" in das VPKA Hagenow vorgeladen. Dazu muß sie mit dem Linienbus von Lübbendorf bis in die Kreisstadt fahren. Und zur angegebenen Zeit sitzt sie artig und arglos in einem Dienstraum der Kriminalpolizei und wird durch einen Sachbearbeiter der MUK vernommen.
Lorenz' Mannschaft und ihr Bruder sind unterdessen auf dem Latzschen Grundstück in Aktion. Sie verändern die Stellung des Inventars der Wohnräume, bestrebt, den ungefähren Zustand von vor fünf Jahren wieder herzustellen. Dann rücken jede Menge Polizeifahrzeuge an, sie füllen nahezu den ganzen Hof aus. Halogenleuchten werden aufgestellt und werfen bald ihr grelles Licht in jeden Winkel. Sicherungskräfte beziehen ihre Posten. Kriminaltechniker beginnen, in den Wohnräumen nach Spuren zu suchen.
Erst mit einsetzender Dunkelheit wird die Aktion beendet. Die Resultate sind überwältigend: Im Schlafzimmer der Eheleute werden unzählige eingetrocknete, kleine Blutspuren entdeckt, die zweifelsfrei Paul Latz zugeordnet werden können. Trotz Renovierung verbergen sie sich hinter der grünen Tapete der ehelichen Schlafstube, den Scheuerleisten, tief im Gewebe des Bettvorlegers, zwischen den Dielenritzen, ja selbst unter dem Baldachin der Deckenleuchte. Lorenz triumphiert, jetzt den Tatort zu kennen.
In einem der Schuppen werden an einer unauffällig abgestellten, verrosteten Eisenstange zwar nur geringfügige Blutspuren gefunden, doch entsprechen sie ebenfalls dem Blut des Vermißten. Lorenz ist sich sicher, damit das Tatwerkzeug gefunden zu haben.
Zwei Leichensuchhunde werden auf dem Grundstück in die Spur geschickt. Sie durchstöbern den Garten, die Schuppen, die Keller- und Speicherräume. Der Estrich im Schweinestall wird aufgestemmt. Doch der ersehnte Erfolg stellt sich nicht ein. In einer Ecke des Hühnerstalls verweisen die Hunde sicher auf

ein bestimmtes Areal des festen Bodens. Gewissenhaft wird diese Stelle freigelegt. Schotter, Bauschutt und Erdreich werden ausgehoben. Bereits in einer Tiefe von einem reichlichen halben Meter werden im Sand die Konturen eines skelettierten menschlichen Brustkorbes sichtbar. Mit der Präzision einer archäologischen Ausgrabung wird das ganze Skelett freigelegt. Ständig blitzt der Fotoapparat eines Kriminaltechnikers. Oberleutnant Lorenz ist restlos zufrieden.
Mit den ersten Fundortfotos bewaffnet, begibt er sich flugs zum VPKA. Er übernimmt die weitere Vernehmung von Frau Latz. Doch sie beharrt weiter auf der Behauptung, ihr Mann sei in den Westen geflüchtet. Dann breitet Lorenz die Fotos vor ihr aus. Bleich, wortlos und am ganzen Körper zitternd schaut sie einen kurzen Moment auf die Überreste ihres Gatten, den sie in der Nacht zum 20. Januar 1964, nach einer langen, heftigen Auseinandersetzung im ehelichen Bett, mit einer Eisenstange erschlagen hatte.
„Was wollen Sie von mir?" preßt sie gequält heraus und läßt sich widerstandslos festnehmen. Doch trotz der überzeugenden Spuren leugnet sie hartnäckig ihre Täterschaft. Erst nach zehn Tagen bricht ihr Widerstand und sie bekennt sich zu der Tötung. Totschlag im Affekt erkannte später das Bezirksgericht Schwerin und verurteilte Martha Latz zu fünf Jahren Freiheitsentzug.

Oberleutnant Dietmar Lorenz kehrt eine Woche später siegreich nach Berlin zurück. Seine Vorgesetzten schütteln ihm die Hand, klopfen ihm auf die Schulter, überreichen ihm eine Geldprämie und sagen: „Weiter so, Genosse Lorenz!"
Nur der Parteisekretär spricht länger mit ihm. Er hat dienstliche Order, Lorenz davon zu überzeugen, seine kriminalistischen Fähigkeiten von nun an in der Hauptabteilung Untersuchung des Ministeriums für Staatssicherheit unter Beweis zu stellen, natürlich auf einer lukrativen Planstelle. Als Lorenz Vorbehalte äußern will, fällt ihm der Parteifunktionär ins Wort: „Genosse Lorenz, das ist ein Parteiauftrag!"
Lorenz absolviert ein Fernstudium an der Humboldt-Universität und erwirbt ein kriminalistisches Diplom. Er wird regelmäßig befördert und ist bis zum Untergang des MfS auf dem Gebiet der Morduntersuchung tätig. Wegen eines chronischen Herzleidens erwerbsunfähig, erhält er heute eine monatliche Rente von gerade einmal 400 Euro.

## Das Ekel von Rahnsdorf

*(Aktenzeichen 131–196–71 Staatsanwalt von Groß-Berlin)*

Es ist Mittwoch, der 24. März 1971, gegen 19.00 Uhr – ein trüber, naßkalter Abend, kein Wetter für depressive Gemüter. Tagsüber hatte es stundenlang geregnet. Dadurch war der letzte Schnee gänzlich weggetaut. Nun keimt die Hoffnung auf einen nahen Frühling.

Die S-Bahn aus der Friedrichstraße rollt unaufhaltsam durch die diesige Großstadt in Richtung Erkner. An jeder Station kündigt ihr unverwechselbarer, zischender Atem das Schließen der Türen zur Weiterfahrt an. Aus den Bahnhofslautsprechern mahnen undeutliche, metallene Stimmen zum Zurückbleiben. Die meisten Fahrgäste in den Waggons sind mit sich selbst beschäftigt. Die einen blättern in der Abendzeitung, andere dösen vor sich hin oder starren gedankenvoll durch die beschlagenen Scheiben nach draußen in die eilig hereinbrechende Dunkelheit. Kaum jemand spricht.

Eine junge Frau, etwa 30, eingehüllt in einen Mantel mit auffällig braun-weißem Fischgrätenmuster, sitzt einem, am Bahnhof Ostkreuz zugestiegenen, älteren Mann gegenüber, der sie aus den Augenwinkeln interessiert beobachtet. Sie hat ihre kleine braune Aktentasche auf die Oberschenkel gelegt und benutzt sie als Unterlage für ein Buch, in das sie sich bereits seit ihrem Einstieg am Bahnhof Friedrichstraße vertieft hat.

Die ganze Zeit versucht ihr Gegenüber herauszufinden, was für ein Buch sie so interessiert liest. Nur mühsam erkennt er lediglich irgendwelche Zahlenreihen und geheimnisvolle Zeichen. Doch er kann sie nicht deuten. Hinter Friedrichshagen, dort wo die Bahn ungewöhnlich lange ohne anzuhalten den riesigen Stadtpark durchquert, kann er seine Neugier nicht mehr zurückhalten: „Tschuldigung, ich bin nur neugierig, was Sie da lesen!“

Die junge Frau hat sein Interesse längst bemerkt. Überlegen

lächelnd zeigt sie ihm den Buchdeckel: „Lineare Operatoren in normierten Räumen". Doch der Sinn dieses Titels bleibt dem Mann verschlossen. Fragend schaut er die Frau an. Offensichtlich bemerkt sie seine Hilflosigkeit: „Es ist nur Mathematik! – Aber sie kann auch spannend sein wie ein Krimi."
„Ach so", reagiert der Alte enttäuscht, schiebt aber eine Frage nach: „Sie studieren wohl so was?"
„Ja, so ungefähr", antwortet sie kurz.
Die Bahn erreicht kurz nach 19.45 Uhr die Station Rahnsdorf. Die junge Frau im Fischgrätenmantel hat ihr Fahrziel erreicht, steht auf und lächelt ihrem Gegenüber noch einmal zu.
„Na, dann viel Erfolg beim Studium!" verabschiedet sich der Alte. Dankend erwidert sie seinen aufrichtig erscheinenden Wunsch mit einem freundlichen Kopfnicken.
Nur wenige Menschen verlassen die Bahn und eilen die große, breite Treppe hinunter dem Ausgang des Bahnhofs zu. Gegenüber wartet die Straßenbahn nach Woltersdorf bereits auf ihre Fahrgäste. Doch die junge Frau schlägt die südliche Richtung in den Hegemeisterweg ein. Dieser führt schnurgerade durch den Wald und endet nach einem reichlichen Kilometer direkt am Ortsrand von Rahnsdorf, dem idyllischen Flecken am Ufer des Müggelsees. Von dort ist es nur noch ein Steinwurf weit bis zu ihrem Haus in der Blossiner Straße.
Der Hegemeisterweg ist ein beliebter Spazierpfad für die Sonntagsausflügler und eine bevorzugte Abkürzung für die in Rahnsdorf Ansässigen. Vor einigen Jahren wurde der Weg asphaltiert und macht nun auch bei schlechtem Wetter seine Benutzung möglich. Die Laternen entlang des Waldweges bilden nur blasse, enge Lichtkegel. Zwischen ihnen werfen die schlanken Kiefern gespenstische Schatten, die sich übergangslos mit der Dunkelheit der hereinbrechenden Nacht verbinden.
Sicher und zügig schreitet die Frau im Fischgrätenmantel auf dem vertrauten Weg. Das Klicken ihrer Schuhabsätze auf dem Asphalt verrät das Gleichmaß ihrer Schritte.
Welchen Gedanken sie auf ihrem Heimweg nachhängt, wird für immer unbekannt bleiben. Knappe hundert Meter weiter begegnet sie einem Mann, der wenige Augenblicke später ihrem Leben ein jähes Ende setzen wird.

Als Oberleutnant Vielitz, ein 34jähriger, mittelgroßer Krauskopf, am Morgen des 25. März von der Lagebesprechung beim

Leiter der Berliner Kriminalpolizei in die Diensträume der MUK zurückkehrt, sind seine sieben Mitstreiter bereits erwartungsvoll um den großen, mit allerlei kulinarischen Produkten aus der Kantine gedeckten Tagungstisch versammelt. Ein ungewöhnliches Duftgemisch aus Kaffee, frisch geräucherten Wiener Würstchen, belegten Brötchen und Zigarettenrauch durchzieht den Raum.

Vielitz blickt genüßlich über den Tisch, setzt sich zu den anderen und eröffnet die Zusammenkunft mit der Feststellung: „Das sieht ja gut aus!“

Dabei lächelt er Uta Kaiser, die einzige Frau in der Runde, an, die sich nicht nur um die Schreibarbeiten in der MUK kümmert, sondern auch für diesen gedeckten Tisch verantwortlich fühlt. Mit seiner Aufforderung „Na dann, Genossen, laßt’s euch schmecken!“ beginnt das bescheidene morgendliche Gelage.

Oberleutnant Wischnewski, der Kriminaltechniker und Älteste in der MUK, ein penibler, exzellenter Spurensucher, fragt kauend vom anderen Tischende her seinen jungen Chef: „Henne, berichte doch mal, was die hohen Herrschaften gesagt haben!“

Henner Vielitz, dem seit der Jugendzeit der Spitzname „Henne“ anhaftet, verkündet mit ironisch erhobener Stimme: „Genosse Oberst Kröber und die Parteileitung danken allen an der Aufklärung des Brennpunktes ‚Messerstecher‘ beteiligten Genossen für ihre hohe Einsatzbereitschaft und vorbildliche Pflichterfüllung!“

„Aah-men!“ wirft Wischnewski sarkastisch ein.

Ein anderer mischt mit: „Heute dürfen wir mal die Größten sein!“

Vielitz zieht das Gespräch wieder an sich: „Prämien gibt’s später!“

„Na, wenn das so ist …!“ Alfred Meinicke, der ewige Stellvertreter des MUK-Leiters, ein rothaariger, untersetzter Typ, älter als Vielitz, präsentiert unter dem Beifall der anderen mit großer Geste eine Flasche Weinbrand und fordert, um wegen des strikten Alkoholverbots während der Dienstzeit möglichen Petzen den Zutritt zu verwehren: „Uta, schließ mal die Tür ab!“ Dann fragt er in die Runde: „Wer will einen Kurzen?“

Keiner ist abgeneigt und deshalb mahnt Oberleutnant Vielitz: „Aber wirklich nur einen! Ihr wißt ja, es gilt: Hämmern und sicheln, nicht schlemmern und picheln!“

Eine verhaltene Ausgelassenheit erfaßt die Kriminalisten, wohl wissend, daß ein einfaches Telefonat sie jederzeit in die harte Realität des MUK-Alltags zurückholen kann. Jetzt aber gilt es erst einmal, mit dem traditionellen Frühstück die hinter ihnen liegenden letzten Monate anstrengender Ermittlungstätigkeit würdig abzuschließen.

Mehrere Jahre trieb ein unbekannter Täter im Stadt- und Waldgebiet von Rahnsdorf sein Unwesen. In unregelmäßigen Abständen – mal mehrmals in einem Monat, mal nach wochenlangen Pausen – und zu unterschiedlichen Uhrzeiten überfiel er im Schutze der Dunkelheit Frauen, die ohne Begleitung waren. Mit äußerster Brutalität brachte er sie in seine Gewalt, bedrohte sie mit einem Messer, fügte ihnen mitunter gefährliche Stichwunden zu und zwang sie zum gewaltsamen Geschlechtsverkehr. Manchmal wurden die Frauen derart übel zugerichtet, daß sie im Köpenicker Krankenhaus wochenlang stationär behandelt werden mußten.
Ständig verbreiteten sich neue Nachrichten von weiteren Überfällen. Eine Anzeige nach der anderen ging bei der VP-Inspektion Köpenick ein. Doch die Angaben zur Person des Täters waren widersprüchlich, so daß es ziemlich lange dauerte, einen Serientäter zu vermuten.
Die Angst vor dem schrecklichen Phantom breitete sich immer weiter aus. Schließlich mußten Polizeiführung und SED-Bezirksleitung mit beruhigenden Presseinformationen reagieren. Doch sie kamen bereits zu spät. Die Entstehung bizarrer Gerüchte war nicht mehr aufzuhalten. Bald wurde unter den Bürgern gemunkelt, der Messerstecher von Rahnsdorf habe schon mehr als 90 Frauen überfallen. Die tollkühnsten Versionen über den Täter machten die Runde. Man sparte auch nicht mit harscher Kritik an der Arbeit der VP, die den Täter hätte längst hinter Schloß und Riegel bringen sollen.
Bald wagte sich in der Dämmerung kaum eine Frau ohne schützende Begleitung aus dem Haus. Immer mehr wurde der Fall des unbekannten Messerstechers zum Politikum: Raumpflegerinnen, Zeitungszustellerinnen, Krankenschwestern und andere Schichtarbeiterinnen weigerten sich hartnäckig, ihre Wohnhäuser zu verlassen, weil sie befürchteten, auf dem Wege von oder zur Arbeit von dem Unhold überfallen zu werden. Sie bombardierten die großen und kleinen Obrigkeiten flächendeckend mit Eingaben und forderten polizeilichen Schutz. Doch VP-

Streifen konnten nur vereinzelt präsent sein. Es war praktisch nicht durchführbar, einen ganzen Stadtbezirk so zu schützen, daß weitere Überfälle gänzlich ausgeschlossen werden konnten.
Nach der Analyse aller angezeigten Vergewaltigungen des letzten Jahres kristallisierte sich in etwa 15 Fällen eine offensichtliche Gleichheit in der Begehungsweise und in der Personenbeschreibung des Täters heraus. Diese wurden zu einem sogenannten Brennpunkt zusammengefaßt. Nach den Weisungen der Kriminalpolizei konnte nun eine spezielle Weiterbearbeitung durch eine Einsatzgruppe des Berliner VP-Präsidiums erfolgen. Die Aufklärung des Brennpunktes „Messerstecher" wurde in die Verantwortung der MUK gegeben. Doch ein weiteres Jahr mußte erst vergehen, ehe Oberleutnant Vielitz und seine Mitstreiter den Täter – der eigentlich ein kleiner, unauffälliger, schüchterner 21jähriger junger Mann aus Lichtenberg war – endlich fassen konnten. Das Verfahren kam dann allerdings schnell zum Abschluß. Inzwischen ist die Übergabe an den Staatsanwalt zur Anklageerhebung erfolgt.
Noch weiß niemand, daß wenige Monate später der „Messerstecher von Rahnsdorf" rechtskräftig verurteilt sein wird und die nächsten zehn Jahre seines Lebens hinter Gittern verbringen muß.
Jetzt aber wird mit einem deftigen Frühstück der Schlußpunkt unter diesen Fall gesetzt.
Eine knappe Stunde ist vergangen, als im Nebenzimmer das Telefon schrillt. Uta Kaiser verläßt den Frühstückstisch und hebt den Hörer ab: „Ja, bitte?" Irgend etwas Wichtiges muß am anderen Ende der Leitung gesagt worden sein, denn sie nimmt den Hörer vom Ohr, hält ihn aus der Distanz Vielitz entgegen und spricht laut mit ernster Miene: „Genosse Oberleutnant, für Sie!" Diese Förmlichkeit scheint das unerwartete Ende der Frühstückszeremonie anzukündigen. Die Heiterkeit am Tisch wird durch eine gespannte Ruhe abgelöst. Vielitz geht ans Telefon. Uta Kaiser flüstert ihm zu: „Der ODH!"
Vielitz konzentriert sich auf das Gespräch mit dem Mann aus der Einsatzzentrale, ohne etwas zu erwidern. Nur ein gelegentliches „Hm!" soll darauf hinweisen, daß er begreift, worum es geht. Er fingert einen kleinen Zettel vom Schreibtisch und notiert etwas, während er mit der hochgezogenen Schulter den Hörer gegen das Ohr drückt.

Er kehrt schließlich mit der Mitteilung zu den anderen zurück: „Leute, es ist zum Verrücktwerden! Schon wieder Rahnsdorf, schon wieder ein Messerstecher – nur jetzt ist die Frau tot!"
Ungläubig starren ihn die Mitarbeiter an. Vielitz setzt fort: „Leichenfund im Wald von Rahnsdorf. Angeblich Sexualtötung. Tod durch Stiche in den Rücken. Alfred und Wische, ihr kommt mit. Wir machen den Tatort. Die anderen bleiben in Bereitschaft!"
Wischnewski packt eilig seine beiden KT-Koffer, geht zur Tür, wendet sich Meinicke und Vielitz zu und sagt: „Na, was ist, worauf warten wir noch?!"
Kurz nach 11 Uhr sind sie am Ort des Ereignisses. Das Wetter ist freundlich und trocken. Die Fundstelle liegt etwa 30 Meter vom Hegemeisterweg entfernt mitten im Wald. Dort liegt rücklings und lang ausgestreckt eine tote, etwa 30 Jahre alte Frau im Fischgrätenmantel, der ihren entblößten Leib nur unvollständig bedeckt. Ein über die Brüste hochgeschobener Pullover und der zerstörte Büstenhalter sind blutdurchtränkt.
Oberarzt Dr. Drechsler aus dem Gerichtsmedizinischen Institut in der Hannoverschen Straße untersucht die Tote. Eine Vielzahl

Am S-Bahnhof Berlin-Rahnsdorf beginnt der Hegemeisterweg, auf dem der Täter die Frau verfolgte.

von tiefen Stichen in den Rücken, die vermutlich durch ein Messer verursacht wurden, haben den Tod herbeigeführt. Sie begründen auch das Verschulden eines anderen. Als Todeszeit

Lage des Opfers zur Zeit des zufälligen Fundes.

kommen die Abendstunden des gestrigen Tages in Frage. Ansonsten ergeben die Untersuchungen keinen brauchbaren Hinweis auf die Identität der Frau – kein Inhalt in den Manteltaschen, kein Ring, keine Armbanduhr. Irgendwo in der Gegend werden ihre beiden Schuhe gefunden. Auch sie tragen keine Merkmale, über die eine schnelle Identifizierung möglich wäre. An einer anderen Stelle liegt ein zerbrochener Taschenschirm. Sein Zustand läßt den Schluß zu, daß er mit dem Tatgeschehen irgendwie in Verbindung stehen kann. Die Spuren vom Hagemeisterweg bis zur Fundstelle erweisen sich als Schleifspuren. Der Täter hat vermutlich den leblosen Körper dorthin gezogen. Eine groß angelegte Durchsuchung des gesamten Waldes zwischen dem S-Bahnhof und der Ortschaft Rahnsdorf führt wenigstens zum Auffinden einiger frischer Papierschnipsel. Wischnewski, der ein unvollständiges Mosaik aus ihnen zusammensetzt, findet heraus, daß es sich dabei um zwei Blanko-Leihscheine der Staatsbibliothek handelt. Doch das alles reicht nicht für eine Personenfeststellung. Deshalb erhält der Leichnam den Status „Unbekannte Tote".
Aus dieser Zuordnung ergeben sich wichtige Konsequenzen für die gerichtliche Sektion und die kriminalistischen Ermittlungen. So gilt es, neben der Klärung der Todesart, der Todesursache,

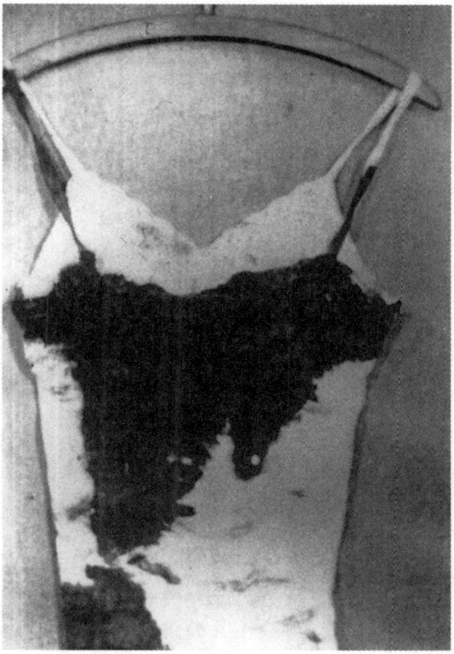

Der blutdurchtränkte
Unterrock der Frau G.

der Todeszeit, der Bestimmung des Tatwerkzeuges und der Begehungsweise alle für eine Identifizierung notwendigen Spezialuntersuchungen durchzuführen. Dr. Drechsler muß den Zahnstatus der Frau, ihre exakten Körpermaße, das Lebensalter und die Blutgruppeneigenschaften ergründen. Gleichzeitig müssen neben den Ermittlungen zum Täter die polizeilichen Maßnahmen der Identifizierung realisiert werden. Dazu gehören vor allem die erkennungsdienstliche Behandlung der Toten, die Abnahme ihrer Fingerabdrücke, das Anlegen der sogenannten Kleiderkarte – die markante Stoffproben jener Kleidungsstücke enthält, die bei der Ermordeten gefunden wurden –, aber auch die Eröffnung eines Vermißtenvorgangs, auf dessen Grundlage eine polizeilich interne Vergleichsarbeit ermöglicht wird.
Das alles sind Aufgaben, die mehrere Arbeitstage in Anspruch nehmen werden.

Erst mit einbrechender Dämmerung beendet Oberleutnant Wischnewski die Tatortuntersuchung. Obwohl er reichlich trasologische und biologische Spuren gesichert hat, sind diese für eine Identifizierung nicht geeignet, dienen allenfalls der Klärung

des Tatablaufs. Vielitz und Meinicke befragen den Auffindungszeugen, einen Rentner, der beim Holzsammeln im Wald die Leiche zufällig entdeckt hat. Seine Wahrnehmungen werden gewissenhaft protokolliert.
Am Donnerstag, dem 25. März, leitet Oberleutnant Vielitz wegen Verdachts des Mordes ein Ermittlungsverfahren gegen „Unbekannt“ ein. Er veranlaßt, alle Vermißtenanzeigen der letzten beiden Tage in Berlin und im Gebiet von Frankfurt/Oder, dem an die Hauptstadt grenzenden Verwaltungsbezirk, zu überprüfen. Nach wenigen Stunden weiß er, nirgends ist das Verschwinden einer Frau dieses Alters gemeldet worden.
Auch der 26. März vergeht, ohne daß eine zutreffende Vermißtenanzeige erstattet wird.
Das stimmt Oberleutnant Vielitz nachdenklich. Denn die tote Frau machte einen gepflegten, kultivierten Eindruck, war offensichtlich keine Herumtreiberin. Sie kann doch nicht in einem luftleeren Raum gelebt haben, muß doch eine Familie, einen Freund oder Ehemann besitzen. Außerdem fehlt sie seit gestern auf ihrer Arbeitsstelle. Und irgend etwas muß sie mit der Staatsbibliothek zu tun haben. Doch dort gibt es unzählige Leser. Zumindest dürfte sie eine besondere Beziehung zu Büchern haben.
Vielleicht sollte man zur Beschleunigung der Identifizierung in Berlin und Frankfurt/Oder eine Information in der Presse veröffentlichen. Doch das Vorhaben scheitert bereits beim Dezernatsleiter mit dem Argument: noch viel zu früh, erst mal alle eigenen Möglichkeiten ausschöpfen. Eins bleibt: Die Frau ist brutal ermordet worden, der Täter ist unbekannt.
Am späten Nachmittag ruft ihn der Oberarzt an, das Sektionsergebnis und alle für die Identifizierung erforderlichen Daten liegen komplett vor, der Sexualmord ist bewiesen, es sei auch eine Spermaspur gesichert worden, deren Untersuchung aber erst am nächsten Montag abgeschlossen sein wird.
„Das ist wenigstens etwas“, denkt Vielitz, „ausreichende Vergleichsmöglichkeiten liegen also vor.“ Nur die Frage, womit verglichen werden soll, läßt sich noch nicht beantworten.
Es ist der Abend des 27. März, kurz vor 21 Uhr. Vielitz entspannt sich gerade vor dem häuslichen Fernseher, als ihn ein dringender Anruf des Kriminaldienstes der VP-Inspektion Köpenick erreicht. Dort war gegen 20.30 Uhr der 39jährige Mathematiker Dr. Wolfgang Görschdorf aus Rahnsdorf er-

schienen, um das Verschwinden seiner 30jährigen Ehefrau Gabriele, die ebenfalls promovierte Mathematikerin sei, anzuzeigen. Diese habe am Morgen des 24. März, bekleidet mit einem Mantel mit braun-weißem Fischgrätenmuster, das Haus verlassen. Sie wollte zu ihrer Arbeitsstelle, der Sektion Mathematik an der Humboldt-Universität, wo sie als wissenschaftliche Assistentin tätig sei. Am Abend des gleichen Tages habe er sie zu Hause zurück erwartet. Doch seit dieser Zeit fehle jede Spur von ihr.

Es dauert nur eine knappe Stunde, bis Vielitz und Meinicke zur Stelle sind. Denn dieser Mann, der das Verschwinden der eigenen Frau erst nach Tagen meldet, weckt ihr kriminalistisches Interesse.

Dr. Görschdorf ist ein schlanker, ernster Mann mit kurzgeschnittenem Vollbart und randloser Brille. Eigentlich sympathisch, wenn auch wie ein typischer Oberlehrer, denkt Vielitz, der die weitere Befragung führt, während Meinicke das Geschehen nur beobachtet. Schon nach kurzer Zeit können sich die Männer sicher sein, daß die Tote Gabriele Görschdorf ist. Der Ehemann beschreibt seine Frau, aber auch den Mantel, die Schuhe, den Pullover, die Unterwäsche und die Schuhe mit großer Genauigkeit. Dann fügt er hinzu: „Sie hat auch ihre kleine braune Aktentasche bei sich gehabt, aber was sie genau darin hatte, entzieht sich meiner Kenntnis. Vermutlich ihre Vorbereitungen für ein Seminar, das sie mittwochs abhält oder andere Unterlagen von der Uni."

Meinicke sucht von den mitgebrachten Unterlagen eine Mappe mit Tatortfotos heraus, wählt davon ein Bild aus, auf dem die Schuhe der Frau Görschdorf zu sehen sind, und zeigt es dem Ehemann: „Die Aktentasche haben wir noch nicht gefunden, aber sind das die Pumps Ihrer Frau?"

Dr. Görschdorf erbleicht: „Um Himmels willen, woher haben Sie die Aufnahme? Nun sagen Sie mir schon, was passiert ist!"

„Wir müssen Ihnen leider die traurige Mitteilung machen, daß Ihre Frau verstorben ist", informiert ihn Vielitz ernst.

„Hatte sie einen Unfall?" fragt Görschdorf erregt.

„Nein, das nicht! Es ist eine schlimme Tatsache für Sie, aber wir sind von der Mordkommission", erklärt Vielitz.

„Mein Gott, das ist ja furchtbar!" stöhnt Görschdorf voller Verzweiflung und sackt für einen Moment kläglich in sich zusammen.

„Beruhigen Sie sich, sie hat nicht lange gelitten", versucht Meinicke, ihn zu trösten, „wir werden den Mörder finden!"
„Wo ist sie denn gefunden worden?", fragt Görschdorf schluchzend.
„Am Hegemeisterweg. Mitten im Wald. Am Donnerstag morgen ist sie entdeckt worden. Aber seit Mittwoch abend ist sie schon tot. Wir hätten ..." Görschdorf fällt Vielitz ins Wort: „Das ist ja ganz in unserer Nähe. Sie muß von der Uni gekommen sein. – Und ich war zu Hause. Was für ein Unglück!" schluchzt Görschdorf abermals. Einen kurzen Augenblick später fragt er ganz sachlich: „Wie ist sie denn gestorben? Erstochen?"
Die Kriminalisten stutzen: „Wie kommen Sie denn darauf?"
„Der Messerstecher! Vielleicht war es der Messerstecher! Es gibt so schlimme Gerüchte! Gestern Nachmittag haben die Leute in Rahnsdorf erzählt, daß es ein neues Opfer des Messerstechers gibt! Ich hätte nie daran gedacht, daß es Gabi sein könnte", erklärt Görschdorf.
„Da können wir Sie beruhigen, der Messerstecher ist hinter Schloß und Riegel. Ihre Frau wurde durch einen anderen umgebracht", entgegnet ihm Meinicke und setzt fort: „Fühlen Sie sich in der Lage, Ihre Frau im Leichenschauhaus zu identifizieren? Trauen Sie sich das zu? Wir wollen ganz sicher sein!"
Görschdorf nickt schweigend.
„Wir machen das morgen früh. Es ist zwar Sonntag, aber bringen wir es hinter uns", meint Vielitz und lenkt die Unterhaltung wieder auf kriminalistisch wichtige Fragen: „Schildern Sie uns doch bitte den Tagesablauf Ihrer Frau vom Dienstag und vom Mittwoch, bitte möglichst genau."
Görschdorf überlegt: „Dienstag, Dienstag, warten Sie mal ...", und nach einer kurzen Pause, „Dienstag waren wir beide den ganzen Tag über in der Uni. Ich hatte Konsultation mit Studenten des dritten Studienjahres, meine Frau saß in der Bibliothek. Wir haben uns mittags in der Mensa getroffen. Nachmittags war ich zu einer Besprechung. Meine Frau hatte sich, glaube ich, mit einer Diplomandin verabredet. Kurz nach 17 Uhr haben wir uns in der Sektion getroffen und sind mit dem Trabi nach Hause gefahren."
„Gut! Und wie verlief der Mittwoch?"
„Kurz vor acht hat Gabi das Haus verlassen und fuhr zur Uni. Sie hatte ein Seminar im ersten Studienjahr. Was sie dann gemacht hat, weiß ich nicht. Ich habe den ganzen Tag, aber auch

den Rest der Woche zu Hause gearbeitet, war auch nicht in der Uni!"
„Hat es Sie nicht gewundert, daß Ihre Frau nicht nach Hause gekommen ist?" fragt Meinicke dazwischen.
„Doch, schon. Aber ich dachte zuerst, sie kommt später!"
„Und am Donnerstag und Freitag? Es ist doch sehr ungewöhnlich, daß Sie Ihre Frau da immer noch nicht vermißten", argwöhnt Vielitz.
„Da dachte ich, Gabi schläft bei ihren Eltern. Ich war zu stolz, bei ihnen anzurufen und nachzufragen", Görschdorf schluckt verlegen und nach einigem Zögern bemerkt er, „unsere Ehe war manchmal nicht so einfach, wissen Sie. Aber fachlich war unser Verhältnis einmalig!"
„Hatten Sie denn Streit mit ihr?"
„Nein, nein, ich dachte, sie wollte mich in Ruhe lassen, damit ich ein paar Tage zusammenhängend zu Hause arbeiten kann. Ihre Eltern wohnen in der Mollstraße, von dort ist sie in zwanzig Minuten in der Uni!"
„So ganz ohne jegliche Information einfach von zu Hause wegbleiben, war das normal für sie?" fragt Vielitz erstaunt.
„Ja, so war das manchmal zwischen uns", erklärt Görschdorf.
Vielitz beendet die Befragung und teilt Dr. Görschdorf mit, am nächsten Morgen von einem Polizeifahrzeug abgeholt zu werden, um die Leiche zu identifizieren. Er bittet ihn auch um ein Foto seiner Frau. Meinicke fertigt noch ein Protokoll über die Aussagen an, und Görschdorf wird erst entlassen, nachdem er das Schriftstück unterschrieben hat.
Als die beiden Kriminalisten kurz nach Mitternacht nach Hause fahren, fragt Meinicke seinen Chef: „Was hast du denn für einen Eindruck von dem Herrn Doktor?"
„Tja, mein Lieber, irgendwie gefallen mir seine Begründungen nicht. Es wäre zu schön, wenn das unser Mann wäre", bemerkt Vielitz nachdenklich und setzt fort: „Paß auf, ich will eine lückenlose Überprüfung des Tagesablaufs vom Dienstag und Mittwoch, die Eltern müssen befragt werden, in der Uni müssen Kollegen etwas sagen und so weiter, und so weiter. Dann will ich den Herrn Doktor vernehmen. Und Wische soll noch mal eine weiträumige Suchaktion starten, vielleicht mit Fährtenhunden, die Aktentasche muß doch zu finden sein ..."
„... falls der Herr Doktor sie nicht zu Hause hat", bemerkt Meinicke bissig.

„Vergiß aber nicht, wie wir die Leiche gefunden haben. Meinst du, der hat sie umgebracht und eine perfekte Sexualtötung vorgetäuscht, sogar mit einer Spermaspur? Nee, nee, das war ein Fremdtäter.“ Er gibt dann aber auch seinen Verdacht irgendwie zu: „Tja, es wäre zu schön, um wahr zu sein!“

Nach kurzer Nacht sind die Männer am Sonntag morgen wieder bei der Sache. Vielitz hat Dr. Görschdorf in das Institut für Gerichtliche Medizin begleitet. Das Procedere dauert nur wenige Minuten. Dann steht es endgültig fest, die Tote ist Dr. Gabriele Görschdorf. Anschließend will Vielitz den Ehemann wieder nach Hause fahren, doch der lehnt dankend ab, will jetzt allein sein. Die psychische Belastung der letzten Tage ist ihm anzusehen. Vielitz verabschiedet sich von ihm, bestellt ihn aber für Montag vormittag ins Präsidium zur Vernehmung.
Meinicke hat trotz der gesetzlich zugesicherten Sonntagsruhe alle Kriminalisten der MUK zu einem Rapport zusammengetrommelt und übergibt die Ermittlungsaufträge, die bis Montag Mittag erledigt sein müssen. Wischnewski organisiert indes für Dienstag die Suchaktion, die das Territorium zwischen dem S-Bahnhof Rahnsdorf und den Ortschaften Schöneiche und Friedrichshagen umfassen soll.
Am Montag, dem 29. März 1971, erscheint Dr. Görschdorf etwas früher als vereinbart im VP-Präsidum am Alexanderplatz. Er hat es zu Hause nicht mehr ausgehalten, will die furchtbare Sache endlich hinter sich bringen. Vielitz führt die Vernehmung durch. Uta Kaiser protokolliert. Nebenbei läuft eine Tonbandaufzeichnung, zu der Dr. Görschdorf bereit ist.
„Kommen wir noch einmal auf den Ablauf des letzten Dienstag zurück“, leitet Vielitz die Vernehmung ein. „Sie sagten mir am Samstag Abend, Sie seien nach 17 Uhr zusammen mit ihrer Frau mit dem Trabi nach Hause gefahren!“
„Ja, stimmt“, reagiert Görschdorf.
„Und am Mittwoch früh hat ihre Frau kurz vor acht Uhr das Haus verlassen?“
Görschdorf zögert einen Moment, sagt dann aber: „Hm, so war es!“
Vielitz holt tief Luft und kräuselt die Stirn, zeigt mit dem Finger auf ein Protokoll in der vor ihm liegenden Akte: „Das verstehe ich aber nicht. Uns liegen nämlich Erkenntnisse vor, daß Ihre Frau vom Dienstag zum Mittwoch bei ihren Eltern in der Moll-

straße übernachtet hat. Hier ist die Zeugenaussage Ihrer Schwiegereltern! Können Sie mir das erklären?"
Dr. Görschdorf ist offensichtlich betroffen. Hilflos starrt er auf den Fußboden und zögert mit einer plausiblen Antwort. Vielitz empfindet für einen Augenblick die Überlegenheit des Siegers, der seinem Gegner einen schweren Schlag verpaßt hat und droht: „Noch vernehmen wir Sie als Zeugen. Aber das kann sich schnell ändern! Also, überlegen Sie sich genau, was Sie sagen!"
Doch Görschdorf schweigt, sein Blick irrt hilflos im Raum herum.
Vielitz holt zum nächsten Schlag aus: „Wissen Sie, welche Blutgruppe Sie besitzen?"
Görschdorf nickt, greift in die Gesäßtasche, holt seine Brieftasche hervor und übergibt Vielitz eine kleine Karte: „Mein Ausweis für Blutspender! Da steht alles drin!"
Gierig sucht Vielitz die Eintragung der Blutgruppe, schreibt die Formel auf einen Zettel und legt ihn beiseite: „Gut! Aber nun zurück zu meiner Frage!"
Görschdorf sieht ihn mit großen Augen an. Sein Gesicht offenbart puren Fatalismus. Er wendet einen scheuen Blick auf Uta Kaiser, um dann Vielitz wieder anzuschauen: „Es stimmt, Sie haben recht, das ist ein Widerspruch. Ich hätte Ihnen gleich die Wahrheit sagen sollen. Es war mir zu peinlich, darüber zu reden, verstehen Sie! Das hängt mit unserer Ehe zusammen. Ich werde Ihnen jetzt die Zusammenhänge erklären ..."
Vielitz lehnt sich erwartungsvoll zurück und läßt ihn sprechen. Und Görschdorf berichtet über eine ungewöhnliche Abmachung zweier Eheleute, die sich auf dem Gebiet der höheren Mathematik zwar glänzend verstehen, deren Sexualleben aber ein einziges Chaos ist. Eigentlich gab es in der Ehe mit Gabriele keinen Sex. Görschdorf schätzt ein, daß er so gut wie keine sexuellen Regungen verspüre.
Im Gegensatz zu ihm, sei seine Frau aber mit normalen Sexualwünschen ausgestattet. Deshalb habe er ihr angeboten, daß sie, falls sie gelegentlich der fleischlichen Lust frönen wolle, dies außerehelich machen könne. Nun habe er angenommen, daß am Dienstag eine solche Situation bestünde, denn er sei allein nach Hause gefahren und seine Frau habe sich bereits vor der Uni von ihm verabschiedet. Daß sie bei ihren Eltern übernachtet hat, habe er erst jetzt erfahren.
Die absonderlichen Argumente des Dr. Görschdorf verblüffen

Vielitz. Er schüttelt nachdenklich den Kopf und stellt fest: „Was es nicht so alles gibt!“
Die Verdachtsgründe sind durch die Erklärungen Görschdorfs noch nicht völlig ausgeräumt. Nach kurzem Nachdenken darüber gibt er zu verstehen, daß dessen Aussagen genau überprüft werden: „Sie sind beileibe noch nicht aus dem Schneider, Herr Doktor Görschdorf!“
Doch dann tritt eine Wende ein: Meinicke ist erschienen und legt Vielitz einen weiteren Stapel mit Ermittlungsprotokollen auf den Schreibtisch. Vielitz blättert sie durch und findet das Gutachten über die Blutgruppenanalyse aus der Spermaspur. Er vergleicht sie mit der Notiz über Görschdorfs Blutgruppe. Dann wird er nachdenklich, sagt schließlich zu Görschdorf: „Danken Sie Ihrem Schöpfer! Der Verdacht gegen Sie bestätigt sich nicht. Sie haben eine andere Blutgruppe. Aber, um ganz sicher zu gehen, werden wir sie noch mal durch die Gerichtsmedizin feststellen lassen!“
Görschdorf nickt, doch wird ihm die Bedeutung dieses entlastenden Umstands erst klar, nachdem er das Protokoll der Vernehmung durchgelesen hat. Erleichtert kann er wenige Minuten später das ungastliche Haus verlassen.
Vielitz läßt Meinicke kommen: „Unseren Doktor können wir vergessen! Irgendwie müssen wir von vorn anfangen: Personenbewegung am Mittwoch Abend, Zeugen, die Frau Görschdorf gesehen haben, der ganze übliche Kleinkram. Die bereits eingeleiteten Maßnahmen werden aber zu Ende geführt, spätestens bis zum Mittwoch!“
Meinicke macht aus seinem Bedauern, daß der Verdacht gegen Görschdorf offensichtlich unbegründet ist, keinen Hehl, weil er weiß, welche Sisyphusarbeit ihn nun erwartet.
In den nächsten Stunden erarbeiten die beiden Männer den Untersuchungsplan für die nächste Zeit. Und bevor Vielitz den Plan zur Bestätigung dem Dezernatsleiter bringt, sagt er abschließend zu Meinicke: „Jetzt wird der Alte ja wohl nichts mehr gegen eine Presseinformation haben. Sonst kommen wir nie an die Leute, die Frau Görschdorf noch gesehen haben. Ein Bild von ihr haben wir ja!“

Die für Dienstag angesetzte Suche nimmt den ganzen Tag in Anspruch. Bereitschaftspolizisten und Fährtenhunde durchkämmen die großen Naherholungsgebiete in dem Dreieck Friedrichshagen, Schöneiche und Rahnsdorf. In den späten Nachmittagsstunden werden die Suchkräfte fündig: weitab von einer Straße nach Schöneiche liegt, wie dorthin geschleudert, eine kleine braune Aktentasche, deren Inhalt – Seminarunterlagen, Schreibutensilien, Kosmetika, Ausweispapiere und ein Buch mit dem Titel „Lineare Operatoren in normierten Räumen“ – noch komplett vorhanden ist. Und in der Wochenend-

Verkehrsteilnehmer positiv zu 42a bereit. **Heiner Hein**

**+ die Volkspolizei meldet + die Volkspolizei meldet +**

## Verbrechen an 30jähriger Frau

**Am Mittwoch, dem 24. März 1971, nach 19 Uhr, wurde in Berlin-Rahnsdorf an der 30jährigen Gabriele Görschdorf aus Rahnsdorf ein Verbrechen verübt.**

**Frau Görschdorf hatte an diesem Tage nach 18.30 Uhr ihre Arbeitsstelle in der Nähe des S-Bahnhofes Friedrichstraße verlassen. Sie benutzte zur Heimfahrt meist die S-Bahn-Strecke Friedrichstraße–Rahnsdorf.**

**Bekleidet war die Frau mit einem braun-weißen Wintermantel mit Fischgrätenmuster – Raglanschnitt – weißen Silastikstrümpfen und modernen braungelb gemusterten Damenhalbschuhen. Sie führte eine braune Aktentasche bei sich.**

**Die Volkspolizei fordert die Bevölkerung zur Mitarbeit bei der Aufklärung des Verbrechens auf. Wer hat am 24. März nach 18.30 Uhr Frau Görschdorf in Berlin bzw. auf der Fahrt vom S-Bahnhof Friedrichstraße nach Rahnsdorf oder an anderen Orten gesehen?**

**Zweckdienliche Hinweise, die auf Wunsch vertraulich behandelt werden, nimmt das Präsidium der VP, Abteilung Kriminalpolizei, Tel.: 51 77 79 15, oder jede andere VP-Dienststelle entgegen.**

## Betrüger gefaßt

**Der von der Volkspolizei gesuchte Betrüger Klaus Knoblauch (36) aus Erfurt (siehe „BZ“ vom 21. 1. 71) konnte jetzt durch die Mitarbeit der Bevölkerung in Dresden festgenommen werden. Die Volkspolizei dankt der Bevölkerung für die vorbildliche Unterstützung bei den Fahndungsmaßnahmen.**

Pressemitteilung in der „Berliner Zeitung“ vom 3. April 1971 über den zufälligen Fund der getöteten Frau G.

ausgabe der „Berliner Zeitung“ vom 3. April 1971 erscheint eine kurze Information der Volkspolizei unter der Überschrift „Verbrechen an 30jähriger Frau“. Die Bevölkerung wird zur Mitarbeit aufgerufen. Viele Hinweise gehen bei der MUK ein.
Wie ein Lauffeuer breiten sich auch neue Gerüchte über den Messerstecher von Rahnsdorf aus.
Gleich nach der Presseveröffentlichung meldet sich der Rentner Gawlik aus Erkner bei der MUK. Er ist einer der wichtigsten Zeugen in dieser Ermittlungsphase, da er am Mittwoch, dem 24. März, gegen 19.20 Uhr, vom S-Bahnhof Ostkreuz in Richtung Erkner fahrend, mit dem Mordopfer zusammengewesen sei. Er beschreibt nicht nur die Bekleidung der Frau, macht genaue Angaben über den zeitlichen Ablauf der Fahrt, sondern vermittelt auch die Kenntnis über ein wichtiges Detail, das in der Veröffentlichung nicht genannt wird: „Die Dame hat ein Buch über Mathematik gelesen. Der Titel war mir völlig unverständlich, reines Fachchinesisch!“
Nun läßt sich, zusammen mit den Aussagen anderer Zeugen, der Bewegungsablauf von Frau Görschdorf und die Zeit des Überfalls nahezu lückenlos rekonstruieren. Und als schließlich ein Zeuge aussagt, er habe zur fraglichen Zeit einen schwarzhaarigen Mann, Mitte bis Ende 20, bekleidet mit Bluejeans – zu der Zeit noch eine textile Rarität in der DDR –, hinter der jungen Frau im Fischgrätenmantel herlaufen sehen, erreicht die Fahndung ihren Höhepunkt.
Wieder gehen viele Hinweise bei der MUK ein. Unzählige zeitaufwendige Nachforschungen sind die Folge. Doch jede aufkeimende Hoffnung, den schwarzhaarigen Mann mit den Jeans endlich gefaßt zu haben, zerschlagen sich bei näherer Überprüfung. So vergehen die nächsten Wochen.
Vielitz löst sich langsam von dem Gedanken, der „Jeansmann“ sei der Schlüssel zur Lösung des Falls. Nun läßt er in Berlin und im Bezirk Frankfurt/Oder einen Straftatenvergleich durchführen, erfaßt alle männlichen Jugendlichen und Erwachsenen, die wegen sexueller Übergriffe oder Gewalttätigkeiten aufgefallen sind. Und er schließt in den Vergleich auch Personen ein, die sich in der Vergangenheit Frauen in bedrohlicher Weise genähert hatten, ohne dafür gerichtlich verurteilt worden zu sein.
Mehr als 800 Personen sind zu überprüfen – eine zeitraubende, Geduld erfordernde kriminalistische Routinetätigkeit.

Alle Einzeldaten werden mühsam nach der seinerzeit üblichen, für Massenüberprüfungen durchaus effektiven, Kerblochmethode aufbereitet.

Nach einem bestimmten Schlüssel wurden auf den Randstreifen spezieller Karteikarten die Daten der zu überprüfenden Person eingelocht, so daß ein bestimmtes Kerblochmuster entstand. Nach gleichem Schlüssel konnten die tatrelevanten Daten selektiert werden. Dazu schob man in die Kerblöcher der in einer speziellen Vorrichtung fixierten Karteistapel lange Nadeln. Die Karteien der unverdächtigen Personen blieben an den Nadeln hängen, die der verdächtigen fielen aus der Vorrichtung heraus.
Während in den siebziger Jahren in den USA bereits der Durchbruch enorm platzsparender Computer der dritten Generation gelang, arbeitete man in der DDR mit riesigen EDV-Anlagen (z. B. mit dem „Robotron 300", dessen Zentraleinheit nebst Ein- und Ausgabegeräten sowie externen Speichern zwei große Räume füllte).
Die Datenverarbeitung im Bürobereich mittels der einfachen Lochkartenmethode blieb lange Zeit das Mittel der Wahl. Erst zehn Jahre später fanden die heute üblichen Personalcomputer ihre Verbreitung.

Um die erforderlichen Informationen zu erhalten, wird jede registrierte Person nach ihrem Alibi zur Tatzeit befragt und ihre Blutgruppe ermittelt. Den Befragungen und Zeugenvernehmungen folgt eine aufwendige Vergleichsarbeit und Überprüfung der Angaben. Doch es ist Eile geboten, denn die Erinnerung der Befragten, wo sie sich am Abend des 24. März aufhielten und wer das bezeugen könnte, verblaßt von Tag zu Tag mehr. Hunderte von Überprüfungen werden ohne Erfolg vorgenommen. Noch aber sind nicht alle Männer überprüft und es gilt, geduldig weiter zu ermitteln.
Am 20. Mai 1971 verändert sich die Situation abrupt: Der 18jährige Jugendliche Bert-Julius Geiger, ein hochaufgeschossener, scheuer, geistig etwas zurückgebliebener junger Mann, der in einer kleinen Ortschaft zwischen Erkner und Fürstenwalde wohnt und in einer Köpenicker Druckerei als Gehilfe arbeitet, wird befragt. Er war in den Jahren von 1966 bis 1968 in etwa dreißig Fällen wegen sexuell motivierten Diebstahls von Damenunterwäsche und in zehn Fällen wegen Exhibitionismus

polizeilich aufgefallen. In dieser Zeit war er auch einmal einer Frau unbemerkt gefolgt, hatte sie an einer einsamen Stelle mit einem Messer bedroht und sie aufgefordert, sich auszuziehen. Doch zu seiner Verblüffung kam die Frau dem Verlangen nicht nach. Vor Schreck ließ er von ihr ab. Glücklicherweise blieb es bei der Drohung. Er kam vor Gericht. Wegen seiner geistigen Retardierung wurde er allerdings strafrechtlich nicht zur Verantwortung gezogen. So landete sein Fall wenigstens in den Datenspeichern des kriminalpolizeilichen Straftatenvergleichs.
Bert-Julius trägt zwar keine schwarzen Haare und stimmt auch sonst in keiner Weise mit der Beschreibung des verdächtigen Mannes überein, trotzdem fragen ihn die Kriminalisten, ob er Jeans besitze. Er verneint. Dann geschieht etwas völlig Unerwartetes: Man will von ihm wissen, wann er das letzte Mal im Wald von Rahnsdorf gewesen sei. Natürlich hätte er unbeschadet lügen können. Die Polizisten wären zu dieser Zeit nicht in der Lage gewesen, ihm das Gegenteil nachzuweisen. Doch er lächelt verlegen und sagt spontan, ohne sichtbare Regung: „Ach, da im Wald … det mit die Frau … ick hab sie totjemacht!" Zunächst hält man ihn für einen psychopathischen Aufschneider. Solcherart Selbstbezichtigung ist in der Praxis der Morduntersuchung nicht ungewöhnlich. Als er aber hinzufügt: „Mit det Messer hab ick in den Rücken gestochen, durch den Mantel durch … dann hab ick ihr in den Wald jezogen … an den Armen … und dann an ihr rumgemacht", offenbart er das Wissen des wahren Täters. Er nennt Fakten, die bislang ein sorgsam behütetes polizeiliches Geheimnis waren. Wer sie kennt, muß entweder in der Morduntersuchung tätig oder selbst der Täter sein. Bert-Julius Geiger wird auf der Stelle festgenommen.

Wenig später bereitet Oberleutnant Vielitz die Tonaufzeichnungstechnik im schallgedämpften Vernehmungzimmer der MUK vor. Inzwischen unterzieht der Kriminaltechniker Wischnewski den Verdächtigen der üblichen erkennungsdienstlichen Prozedur: Fingerabdrücke abnehmen, ein dreiteiliges Täterlichtbild anfertigen, die sogenannten Signalemente gewissenhaft erfassen, Haar- und Fingernagelproben sichern, unzählige Protokolle und Karteikarten ausfüllen.
Bert-Julius Geiger wird vorgeführt. Vielitz läßt ihn vor dem Schreibtisch Platz nehmen und betrachtet ihn einige Augenblicke schweigend. Er läßt die schlaksige, unscheinbare Gestalt

mit dem Kindergesicht auf sich wirken. Ein weiterer Mann erscheint im Raum. Mit einer Handbewegung deutet er Vielitz an, sich nicht von ihm stören zu lassen und setzt sich etwas abseits, um dem Geschehen beiwohnen zu können.
Unsicher schaut Geiger um sich. Vielitz erklärt: „Das ist der Herr Staatsanwalt. Er möchte nur zuhören. Vielleicht wird er Ihnen später einige Fragen stellen."
Verlegen rutscht Bert-Julius Geiger auf der Sitzfläche seines Stuhls umher. Sein Gesicht verrät höchste Anspannung.
Vielitz beginnt die lange Vernehmung, die erst viele Stunden später beendet sein wird: „Schildern Sie uns mal im Zusammenhang, was da am 24. März passiert ist. Fangen Sie am besten damit an, als Sie früh aufgestanden sind. Später wollen wir dann die Details klären!"
Geiger spielt zunächst verlegen mit seinen Fingern und scheint zu überlegen. Als würde plötzlich ein innerer Ruck durch seinen Körper gehen, richtet er sich auf, schaut Vielitz geradewegs in die Augen, kratzt sich ungehemmt mit beiden Händen die Kopfhaut und spricht mit trockenem Mund: „Na, ja! Ick hab ja da nich jeschlafen, hatte bis um sechs Nachtschicht. Nach acht war ick erst zu Hause. Denn hab ick gepennt, bis kurz nach drei, jejessen und so. Ick wollte nach Köpenick ins Kino. Ick bin mit de Straßenbahn von Rüdersdorf nach Schöneiche jefahren, zu meinem Versteck, wissen Sie, wo det Trafohäuschen an der Bushaltestelle is. Da hab ick det Messer jeholt und bin los, aber nicht ins Kino. Bin rumgeloofen. Dann an der S-Bahn in Rahnsdorf hab ick die Frau jesehen. Hat mir jefallen. Da bin ick hinterher. Keen Mensch in der Nähe. Dachte ick, jetzt jehste ran an ihr. Dann bin ick hin. Komm in den Wald, hab ick jesacht, zieh dir aus! Doch sie is weiterjejangen, hat mich wegjeschubst. Da hab ick Rot jesehn und hab jestochen, in'n Rücken, gleich durch'n Mantel!"
Geiger sieht Vielitz an, als wolle er ergründen, wie dieser auf seine Schilderung reagiert. Doch Vielitz zeigt keine Emotion, sagt nur: „Und weiter ...?"
„Sie is zusammenjesackt. Da hab ick ihr jenommen und in'n Wald rinjezogen, hinjelegt und dann ausjepellt und mit ihr rumjemacht. Aber nich richtig, nur mit die Hände. Dann hab ick mir eenen runterjeholt. Dann nischt wie weg, zur Nachtschicht!" Geiger macht eine Pause.
Vielitz und der Staatsanwalt blicken sich vielsagend an.

Diese gefühlskalte, nüchterne Schilderung erschüttert sie doch. „Daß das eine Straftat ist, wissen Sie doch wohl?“ fragt der Staatsanwalt unbeholfen.
Geiger nickt, streicht einmal heftig mit dem Zeigefinger über seinen Kehlkopf und sagt: „Klar doch! Rübe runter, ick weeß!“
Vielitz macht ihm verständlich, daß gegen ihn ein Ermittlungsverfahren wegen Mordes eingeleitet wird und belehrt ihn offiziell über seine Rechte: „Sie werden nach § 61 der Strafpro-zeßordnung bis spätestens zum Abschluß des Verfahrens über alle Beweismittel unterrichtet. Sie können alles vorbringen, was die erhobene Beschuldigung ausräumt oder die strafrechtliche Verantwortlichkeit mindern kann. Sie können sich selbst verteidigen und sich in jeder Lage des Verfahrens eines Verteidigers bedienen. Sie können Beweisanträge und andere Anträge zur Durchführung des Verfahrens stellen und Rechtsmittel einlegen. Haben Sie das verstanden?“
Bert-Julius Geiger schaut ihn an und nickt: „Ja, hab ick!“
„Wenn Sie's nicht verstanden haben sollten, dann erkläre ich es Ihnen nochmal. Sie müssen es nämlich unterschreiben!“
„Nee, nee, is nich nötig, hab verstanden“, wehrt Geiger ab, eine Spur von Entrüstung in seiner Miene.
Im Verlaufe der weiteren kriminalpolizeilichen Ermittlungen und Überprüfungen bestätigen sich die Einlassungen des beschuldigten jungen Mannes, der, ohne es zu wissen, das Wiederaufleben der Angst vor dem unheimlichen Rahnsdorfer Messerstecher verursacht hat. Bis zum Abschluß der Ermittlungen bleibt er stets kooperativ und von freundlicher Grundstimmung.
Mehrere Wochen dauert die Begutachtung durch einen forensischen Psychiater der Charité. Dann steht es fest: Bert-Julius Geiger ist nur vermindert zurechnungsfähig. Er ist eine schwerwiegend abnorme Persönlichkeit, die vor allem in der geistigen Entwicklung erheblich zurückgeblieben ist. Dieser Defekt beeinträchtigt ihn in bestimmten Lebenssituationen beträchtlich. Einerseits führt er zu bedrückender Hemmung und Selbstwertbeeinträchtigung, andererseits zu Jähzorn und ungebremsten affektiven Entladungen, die erhebliche Aggressionen zur Folge haben können. Seine Kindheit verbrachte er bei den Großeltern, ohne emotionalen Bezug. Die Schule verließ er bereits mit der 6. Klasse. Er wurde Druckgehilfe, war fleißig und gewissenhaft. Doch er blieb extrem schüchtern, in seinem Selbstbewußtsein

schwer lädiert, unfähig zu normaler Konfliktbewältigung und sozialer Kommunikation. So blieb er ein absonderlicher Einzelgänger.
Einen Tag nach dem Mord stahl er aus einem Grundstück Damenunterwäsche, zog sich in die Stille des Waldes zurück und masturbierte, in der Phantasie das schreckliche Geschehen des Vorabends genußvoll nacherlebend.
Der Strafsenat 2 a des Ost-Berliner Stadtgerichts bejahte die Schuldfähigkeit Geigers für den Mord, obwohl die Voraussetzungen für eine verminderte Zurechnungsfähigkeit vorgelegen haben und verurteilte ihn zu lebenslangem Freiheitsentzug.

**Wer kann Hinweise geben?**

**Vermißt wird seit dem 01. Februar 1986**

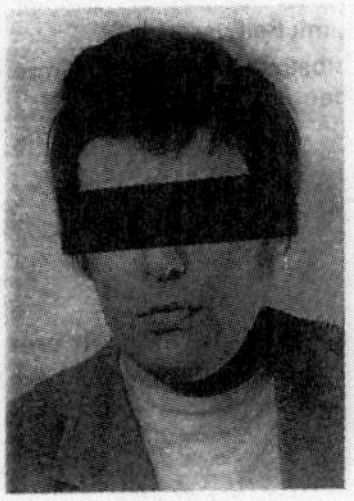

**VIELITZ,**
**Henner**

**geboren am**
**08. November 1940**
**in Olbernhau**
**polizeilich gemeldet in**
**Berlin**
**PA-Nr.: A 0981697**

**Personenbeschreibung:**

Scheinbares Alter: 40–50 Jahre; etwa 175 cm groß; kräftige Gestalt; graumeliertes, links gescheiteltes Haar; Ohren etwas bedeckt, ohne Koteletten; blaue, leicht basedowsche Augen; redegewandt.

**Bekleidung:**

- Hellgraue Thermokutte ohne Kapuze, mit Stehkragen;
- schwarzes Jackett mit hellen Nadelstreifen;
- hellgraue Stoffhose;
- weißes Oberhemd mit rosenholzfarbenen Längsstreifen;
- rosenholzfarbener Binder;
- braune Knöchelstiefel aus Leder, mit Reißverschluß;
- am rechten Handgelenk ein selbstgestrickter Pulswärmer, schwarzmeliert mit weißen Streifen.

**Mitgeführte Gegenstände:**

- Weinroter Aktenkoffer mit goldfarbenen Verschlüssen.

**Hinweise, die auf Wunsch vertraulich behandelt werden, nimmt jede Dienststelle der Deutschen Volkspolizei entgegen.**

Internes Fahndungsblatt der VP zur Suche nach dem vermißten Hauptmann V., das wenige Tage vor seinem Auffinden herausgegeben wurde.

Wenn man den Auskünften glauben darf, ist Bert-Julius Geiger seit einiger Zeit wieder auf freiem Fuß. Im psychiatrischen Haftkrankenhaus im sächsischen Waldheim wurde er erfolgreich therapiert. Heute führt er ein unauffälliges Leben im Hause seiner Eltern.

Oberleutnant Vielitz machte in der Kriminalpolizei Karriere. Doch im Februar 1986 erlitt er eine schwere endogene Depression. Er verkroch sich wie ein Tier unter dem Unrat einer Berliner Großgärtnerei und beendete durch einen gezielten Kopfschuß aus der Dienstwaffe sein Leben. Tagelang blieb er vermißt, bis man zufällig seine Leiche fand.

Oberleutnant Meinicke, bis zur Wende in der Morduntersuchung tätig, wurde 1990 im Alter von 56 Jahren von seinem Dienstherrn mit sanfter Gewalt in den Vorruhestand gedrängt, während der Kriminaltechniker Wischnewski, trotz seines Alters von 57 Jahren, im Dienstgrad zurückgestuft, in der vereinten Polizei Berlins „weitere Verwendung“ fand.

Der Ehemann der Ermordeten, Dr. Görschdorf, verstarb 1979 an den Folgen einer schweren Herzattacke.

## Verlorene Mütter

*(Aktenzeichen B I 11/68 Bezirksstaatsanwalt Karl-Marx-Stadt)*

Ulla Söllner war immer schon ein störrisches Mädchen. Ihr Starrsinn brachte Vater und Mutter öfter an die Grenzen ihrer erzieherischen Einflußmöglichkeiten. Die Eltern, regsame, fleißige Landwirte, genießen in ihrem Ort am Rande der sächsischen Kreisstadt Hohenstein-Ernstthal einen guten Ruf. Sie sind darauf bedacht, daß ihre Tochter eine ordentliche Entwicklung nimmt. In nahezu regelmäßigen Zeitabständen wiederholen sich die Themen der Auseinandersetzung mit ihr. Meist geht es um die Unordnung in Ullas Zimmer oder um ihren mangelhaften Beitrag gegenüber den Erfordernissen, die der bäuerliche Haushalt der Eltern mit sich bringt. Die Erfüllung von Pflichten empfindet sie eher als Last. Mit ausgeklügelten Begründungen versucht sie, sich ihnen möglichst zu entziehen. Am liebsten verbringt sie ihre Freizeit mit den Jungen des Dorfes. In deren Gegenwart fühlt sie sich wohl und imponiert durch ein gespieltes emanzipiertes Auftreten. Mit 15 Jahren raucht sie schon täglich fast eine Schachtel Zigaretten, sehr zum Mißfallen ihrer Eltern. Manchmal trinkt sie auch Alkohol und bemerkt nicht, daß die hämische Dorfjugend sie dazu animiert. Schon die ersten sexuellen Regungen lebt sie mit verschiedenen Jungen aus. Sie ist bald kaum mehr in der Lage, ihre Triebe zu beherrschen. So sehr sie sich einen festen Freund wünscht, ihre kurzen Beziehungen brechen bald wieder auseinander. Ihr entgeht, daß sie als begehrtes Pettingobjekt, das man leicht herumkriegen würde, von den Jungen heimlich weitergereicht wird. Damit ist der soziale Mißerfolg frühzeitig vorbestimmt und bildet mit der schleichenden Verwahrlosung ihrer Sexualität eine unheilvolle Allianz.

Lustlos hangelt sie sich über die Schulzeit. Ihre Leistungen bleiben unter dem Durchschnitt. Es ist ein großes Glück, dessen sie

sich nie so recht bewußt wird, nach Abschluß der Schule dennoch eine Lehrstelle als Industriekauffrau in der nahen Großbäckerei in Kuhschnappel zu erhalten.
Mitten in der Erntezeit des September 1967, Ulla ist nach dem Besuch einer Jugendveranstaltung erst in den frühen Morgenstunden heimgekehrt, gibt es während des Abendessens in der Wohnküche eine erneute Auseinandersetzung mit den Eltern.
„Noch bist du nicht volljährig, steckst deine Füße unter unseren Tisch. Deshalb hast du nach Hause zu kommen, wann wir es bestimmen!“ schnarrt sie der Vater an.
Ulla sitzt ohne Appetit bei Tisch, knabbert verlegen an ihren Fingernägeln. Sie faßt sich und kontert schnippig: „Nächstes Jahr bin ich achtzehn. Dann ziehe ich sowieso aus!“
„Du kannst nicht einfach nur das machen, wozu du Lust hast. Es gibt auch Pflichten. Und Fleiß gehört auch zum Leben, sonst wird nichts aus dir. Nur Jungen und Tanzen im Kopf, das bringt doch nichts!“ knurrt der Vater streng.
Die Mutter mischt sich zaghaft in das Gespräch: „Der Papa meint es doch nur gut mit dir. Stromere nicht so viel herum und erledige deine Aufgaben. Schließ deine Lehre ordentlich ab. Später kannst du machen, was du für richtig hältst!“
„Seid ihr jetzt fertig?“ unterbricht Ulla die Belehrung schroff, schiebt den Teller zur Seite und steht auf. Hilflos blicken sich die Eltern an und schweigen. Beim Verlassen der Küche sagt Ulla noch: „Ich gehe in mein Zimmer. Mir ist nicht gut!“
Wenig später räumt die Mutter den Tisch ab und stellt fest: „Ein schwieriges Mädel. Was haben wir bloß falsch gemacht? Wenn das so weitergeht, läßt sie sich eines Tages noch ein Kind machen. Ich weiß auch nicht mehr weiter!“
„Wäre sie ein Junge, würde ich ihr kräftig den Arsch versohlen. Das hat mir auch nicht geschadet. Mein Alter war da auch nicht zimperlich“, schließt der Vater das Gespräch ab.
Ulla hatte sich in ihr Zimmer zurückgezogen und hängt ihren Gedanken nach, während aus dem Radio die „Schlager der Woche“, eine regelmäßige Sendung des RIAS von und mit Lord Knut, dröhnen. Sie macht sich ernsthafte Sorgen, daß ihre Regelblutung bereits den zweiten Monat überfällig ist, ohne zu wissen, welche Gedanken sich die Mutter in dieser Richtung bereits macht.
Und wenn sie schwanger ist? Heißes Blut schießt ihr in den Kopf. Nein, das darf nicht sein! Ich will kein Kind. Niemals!

Doch im Verlaufe des Abends verblassen ihre Befürchtungen wieder. Sie glaubt vielmehr, sich zu irren und redet sich mit suggestiver Eindringlichkeit ein, daß nicht sein kann, was nicht sein darf. Letztlich geht jeder aufkeimende Gedanke an eine mögliche Schwangerschaft in den festen Entschluß zu einer Abtreibung über. Sie beruhigt ihre aufgewühlte Seele mit dem naiven Optimismus, daß sich schon irgendeine Lösung finden wird.

Einen knappen Monat später feiert Ulla mit ihrem neuen Freund, dem 19jährigen Konrad Bauerfeind, der in Lohndorf, einem Nachbarort, als Traktorist arbeitet, Verlobung und stellt ihn ihren Eltern vor. Verdutzt nehmen sie die Mitteilung zur Kenntnis. Doch der junge Mann macht einen guten Eindruck auf sie. Deshalb glauben sie, daß diese Beziehung sich positiv auf die weitere Entwicklung ihrer Tochter auswirken wird. Daß Ulla bereits ein keimendes Leben in sich trägt, denn ihre Regelblutung ist auch in diesem Monat ausgeblieben, darüber wahrt das Mädchen strenges Stillschweigen. Konrad darf es nicht erfahren. Er würde sie sonst auf der Stelle verlassen. Nein, sie will ihn nicht verlieren. Ihre Zuneigung zu ihm ist durchaus ehrlich. Immer noch sucht sie nach einem Ausweg, das drohende Unheil abzuwenden. Zusätzlich belastet sie der Gedanke, nicht genau zu wissen, wer von den früheren Freunden der Vater ist.

Der Monat Oktober vergeht wie im Flug. Ihre Gefühle pendeln zwischen Glückseligkeit, wenn sie mit Konrad zusammen ist, und immer größer werdender Angst, ihr Körper könne bald der Verräter des fatalen Geheimnisses sein.

Wenn sie allein in ihrem Zimmer ist und die Eltern schlafen, trinkt sie heißen Rotwein, bis ihr flau im Kopf wird, springt etliche Male von einer alten Truhe, staucht bei jedem Sprung ihren Körper auf die harten Holzdielen und schnürt ihren Leib mit elastischen Binden. Diese Prozeduren dienen nur dem einen Ziel: die ersehnte Blutung zu provozieren, die sie von der unheimlichen Last befreien könnte.

Doch das alles sind Versuche mit untauglichen Mitteln.

Vor dem Einschlafen grübelt sie lange Zeit über eine Lösung nach.

Anfang November, so rechnet sie, ist bereits der vierte Schwangerschaftsmonat erreicht. Der reguläre Geburtstermin müßte also in der zweiten Aprilhälfte, spätestens in den ersten Maita-

gen des nächsten Jahres liegen. Auf keinen Fall will sie das Kind haben. Deshalb will sie es heimlich gebären und töten. Sie weiß, daß dies zwar ein Verbrechen ist, vertraut aber ihrem Geschick, sich nicht zu verraten. Da die Zunahme des Leibesumfangs künftig nicht zu verbergen sein würde, schließt sie diese Tatsache in ihre Überlegungen ein.
Wenige Tage später teilt Ulla mit gespielter Freude einer Klassenkameradin mit, daß sie im zweiten Monat schwanger sei und vermutlich Ende Juni nächsten Jahres entbinden werde. Logischer Weise hält die Freundin Konrad Bierfreund für den künftigen Vater, was Ulla beabsichtigt. Der Plan scheint aufzugehen, ihre Erklärungen wirken glaubhaft. Am gleichen Abend teilt sie das angeblich freudige Ereignis ihren erstaunten Eltern mit. Sie wirkt dabei gelöst und freundlich. Auch Konrad Bierfreund nimmt die Mitteilung ziemlich gelassen auf. Zwar hält sich seine Freude in Grenzen, doch findet er sich schnell mit der neuen Situation zurecht. Er hat nicht den geringsten Zweifel, daß er der Vater des werdenden Kindes ist.

Ulla Söllner hat mit dieser Täuschung die erste große Hürde auf dem Weg zur Lösung ihres Problems erfolgreich überwunden. Nun konzentriert sie sich lediglich darauf, daß die Geburt unbemerkt erfolgen und das Kind irgendwie getötet werden muß. Dann kann sie vorgeben, sie habe im siebten Monat eine Fehlgeburt gehabt. Niemand wird dann die Wahrheit erfahren.
Rührend und voller Sorge kümmert sich Konrad Bierfreund um seine junge Braut. Zukunftspläne werden geschmiedet. Vater Söllner schlägt vor, das Dachgeschoß auszubauen, um der neuen Familie ein eigenes Zuhause zu sichern. Auch die Mutter sichert zu, sich um das Gedeihen des künftigen Enkels zu kümmern, damit Ulla sorgenfrei die Lehrzeit übersteht. Äußerlich angepaßt läßt Ulla der Entwicklung freien Lauf. In der Tiefe ihrer Seele aber breitet sich die Weigerung, das in ihrem Leib entstehende Leben anzunehmen, immer weiter aus. Haß und Abscheu sind die eigentlichen Triebkräfte, die ihre Gedankenwelt steuern: Das Kind muß weg!

Im Dezember 1967 – Ullas Leibesumfang hat inzwischen merklich zugenommen – fragen die Eltern nach, ob sie sich, wie es ihre gesetzliche Pflicht ist, der Obhut der Schwangerenfürsorge, zumindest aber eines Arztes anvertraut habe. Sie verneint und

befreit sich aus der Peinlichkeit mit der Lüge, es umgehend nachzuholen. Die Eltern vertrauen ihr.
Doch weitere Monate vergehen. Nach wie vor verdrängt Ulla das unvermeidliche Geschehen in ihrem Leib. Ihr Plan, das neue Leben nicht zuzulassen, steht unerschütterlich fest. Jede Bewegung des Kindes erinnert sie an ihren schrecklichen Entschluß.
Am Vormittag des 6. April 1968 kündigt sich der Höhepunkt des Verhängnisses an: Mitten im Unterricht in der Berufsschule bemerkt Ulla einen kurz anschwellenden Krampf in ihrem Leib, der zwar nur kurz andauert, sich aber nach einiger Zeit wiederholt. Es sind die ersten untrüglichen Anzeichen der nahen Geburt. Ulla verläßt mit der Begründung, einen Arzt aufsuchen zu müssen, vorzeitig den Unterricht. Doch sie eilt nach Hause, wohl wissend, daß sie dort ungestört ist. Ihre Eltern waren zufällig am frühen Morgen zum Einkauf nach Karl-Marx-Stadt gefahren und beabsichtigten, erst am Abend heimzukehren.
Nach und nach wiederholen sich die Leibeskrämpfe in immer kürzeren Zeitabständen. Sie nehmen an Stärke zu. Ulla Söllner vermutet richtig, daß dies die Wehen sind und ist sich nun der bevorstehenden Geburt gewiß. In ihrer Seele bricht das Chaos aus. Verzweifelt läuft sie im Hause umher. Sie kann sich nicht entscheiden, wo die Geburt stattfinden soll. Am liebsten würde sie sich ins Bett legen und dort die Geburt abwarten. Eine unbeschreibliche Furcht, sich dem Anblick des Kindes dann stellen zu müssen, breitet sich in ihr aus. Nein! Nein, das will sie nicht! Dieses Kind darf nicht leben! Und sie verdrängt jeden Gedanken, der ihren Tötungswillen schwächen könnte.
Kurze Zeit später treten die Wehen bereits in Abständen von Minuten auf. Die Schmerzen sind heftig und der Druck im Unterleib nimmt zu. Inzwischen hat Ulla, wie sie glaubt, den geeigneten Ort gefunden, um die Geburt und die Tötung zu vollenden. Sie schleppt sich mühsam über den Hof zum alten Abort, einem Plumpsklo aus vergangenen Jahren, hinter dem sich die große Jauchegrube befindet. Den ätzenden Geruch aus Chlorkalk und Ammoniak nimmt sie kaum wahr. Mit entblößtem Unterkörper setzt sie sich auf die kreisrunde Öffnung. Bald fühlt sie den gewaltigen Druck, mit dem das neue Leben sich seinen Weg nach draußen bahnt, obwohl sie sich dagegen zu wehren versucht. Ihr Widerstand wird immer schwächer, bis sie, ohne es zu wollen, wie automatisch durch aktives Pressen den Geburtsvorgang unterstützt. Bald fühlt sie den Kopf ihres

Kindes, dann dessen Schultern. Mühelos gleitet der restliche Körper aus dem ihren. Mit beiden Händen hält sie die Nabelschnur fest und durchtrennt sie mit den Fingernägeln. Ohne den befreienden Schrei, der das selbständige Atmen einleitet, stürzt das Neugeborene in die Tiefe. Es liegt noch eine Zeitlang auf der Oberfläche der Jauche, ehe es langsam und lautlos versinkt. Erst später, im Rahmen der polizeilichen Ermittlungen, erfährt sie, daß sie ein Mädchen geboren hatte.
Kraftlos verharrt sie, bis erneute Wehen den Ausstoß der Plazenta ankündigen. Als auch dies vorüber ist, fühlt sie sich matt und müde. Erst nach einer Weile kann sie den Abort verlassen. Mit großer Mühe überquert sie den Hof, geht ins Haus und erklimmt die steile Treppe, die zu ihrem Zimmer führt. Mit letzter Kraft sinkt sie in ihr Bett und verfällt in einen tiefen Schlaf.

In den frühen Morgenstunden des 7. April 1968 wird Ulla Söllner durch heftige Schmerzen im Unterleib aus dem Schlaf gerissen. Ihr ist hundeelend. Starke Blutungen haben die Bettwäsche verschmutzt. Ulla richtet sich langsam auf, kämpft gegen das nahende Schwindelgefühl, das ihr die Sinne zu rauben scheint. Vorsichtig wankt sie zur Tür, das Blut rinnt unaufhörlich an ihren Beinen herunter. Sie öffnet die Tür ihres Zimmers, hört, wie die Mutter in der Küche hantiert. Mit letzter Kraft ruft sie verzweifelt: „Mama! Schnell, hilf mir!"
Entsetzt eilt die Mutter die Treppe hinauf. Vor ihr steht das Jammerbild ihrer Tochter.
„Um Himmels Willen, was ist passiert?"
„Gestern Abend – ich, ich hatte eine Fehlgeburt", stammelt Ulla schwach.
„Kind, du hast ja so viel Blut verloren!"
Eilig wechselt die Mutter die Wäsche, reinigt Ullas Körper vom Blut. Dann bugsiert sie ihre Tochter zurück ins Bett: „Bleib liegen, ich fahre zur Gemeindeschwester. Du brauchst Hilfe!"
Die Gemeindeschwester reagiert schnell. Ein herbeigerufener Arzt weist Ulla ohne Zögern ins Krankenhaus nach Hohenstein-Ernstthal ein, nachdem sie ihm zu erklären versuchte, auf der Toilette von einer plötzlichen Fehlgeburt überrascht worden zu sein.
Sie muß die Prozedur einer Ausschabung erdulden. Die Reste der Plazenta können nur auf diese Weise entfernt und die Blutung muß gestillt werden. Eine halbe Stunde später findet sie in

einem frisch hergerichteten Krankenhausbett auf der gynäkologischen Station Ruhe, wenn auch nur kurz.
Dann setzt sich ein älterer, väterlich wirkender, freundlicher Arzt zu ihr ans Bett und spricht ruhig auf sie ein: „Soweit ist jetzt alles wieder in Ordnung. Sie müssen noch unter ärztlicher Betreuung bleiben, aber morgen können Sie hier raus. Da gibt es aber ein anderes Problem. Seien Sie mal ganz ehrlich, mein Kind. Das war niemals ein Abort, ich meine, eine Fehlgeburt!"
„Wie wollen Sie das wissen?" fragt Ulla zaghaft.
„Es gibt ausreichende medizinische Beweise dafür, daß Sie das Kind regulär ausgetragen haben. Also, machen Sie's nicht noch schlimmer, als es ohnehin schon ist."
Ulla besitzt keine Widerstandsenergie mehr, ihre Kräfte sind restlos aufgezehrt. Jetzt hat sie sich in ihr Schicksal gefügt. Sie weint leise in die Kissen, doch sie erzählt nach kurzem Zögern dem Arzt die ganze, wahre Geschichte.
Geduldig hört der Doktor zu, ohne sie zu unterbrechen. Als sie ihre Schilderung beendet hat, streichelt er väterlich ihre Hand, spricht aber mit sehr ernster Stimme: „Ein großes Problem haben Sie sich da aufgehalst. Und das Schlimme ist, es wird noch größer. Aber bleiben Sie tapfer wie eben bei der Wahrheit. Die Grenzen meiner Schweigepflicht sind jetzt überschritten. So leid mir es tut, ich muß den Vorfall der VP melden."
Diese Mitteilung ist ihm so peinlich, daß er Ulla kurz darauf verläßt.
Nach § 225 StGB und einer Anordnung des Ministers für Gesundheitswesen der DDR (Gesetzblatt Teil 2, Nr. 54, Seite 54, vom 30.05.1957) obliegt dem Arzt die Pflicht zur unverzüglichen Anzeige, weil der Verdacht eines Verbrechens gegen das Leben besteht. Unterließe er sie, würde er sich selbst strafbar machen. Mit einem zwiespältigen Gefühl von Pflichtbewußtsein und Bedauern führt er ein längeres Telefonat mit einem Kriminalisten des VP-Kreisamtes. Und am gleichen Tage erfolgt die erste polizeiliche Befragung Ullas. Sie ist gefaßt und bemüht, sich nicht in weiteren Lügen zu verstricken.

Am Morgen des 8. April rücken Polizisten aus Hohenstein-Ernstthal und ein Fahrzeug der kommunalen Fäkalienabfuhr bei Söllners an. Ein langer, dicker Schlauch wird vom Abwasserfahrzeug abgerollt. Sein Anfang taucht in die Jauchegrube hinter dem Abort. Dann wird die Pumpe in Betrieb genommen.

Gesetzessammlung DVP
Grundwerk

**M 2/1/1** 1 Blatt – Blatt 1

**Anordnung über die Meldepflicht bei Verdacht auf strafbare Handlungen gegen Leben oder Gesundheit**

**vom 30. Mai 1967**

(GBl. II Nr. 54 S. 360)

Im Interesse des Schutzes von Leben und Gesundheit der Bürger wird im Einvernehmen mit den Leitern der zuständigen zentralen staatlichen Organe folgendes angeordnet:

§ 1

(1) Personen, die in einem auf eine strafbare Handlung gegen das Leben hindeutenden Zustand ärztliche Hilfe in Anspruch nehmen, sind durch den betreffenden Arzt unverzüglich zu melden. Die Verpflichtung zur Meldung besteht auch dann, wenn der Verdacht einer strafbaren Handlung gegen die Gesundheit (u. a. bei Verdacht auf Mißhandlung bzw. Verletzung der Fürsorgepflicht) begründet ist, soweit es sich um Kinder oder hilflose Personen handelt.

(2) Diese Meldepflicht betrifft alle Ärzte.

§ 2

Die Meldung ist an die zuständige Dienststelle der Deutschen Volkspolizei bzw. an den Kreisstaatsanwalt und an den für das Gesundheitswesen verantwortlichen Leiter im Kreis (Kreisarzt, Ärztlicher Direktor der Vereinigten Gesundheitseinrichtungen) zu richten.

§ 3

Diese Anordnung tritt am 1. Juli 1967 in Kraft.

Berlin, den 30. Mai 1967

**Der Minister für Gesundheitswesen**

Wortlaut der die Meldepflicht bei Verdacht auf strafbare Handlung gegen Leben und Gesundheit regelnden Anordnung.

Während sie langsam, aber unaufhaltsam den stinkenden Brei aus der Grube schlürft, um die Leiche des Säuglings freizulegen, werden aus dem Zimmer Ullas Blutspuren gesichert.
Die Befunde der nachfolgenden Autopsie beweisen, daß der Tod nicht, wie zunächst angenommen, durch Ersticken an den Fäkalien, sondern durch Unterkühlung verursacht wurde.
Wenige Wochen später sind die polizeilichen Ermittlungen abgeschlossen, und der Staatsanwalt erhebt Anklage. In der Hauptverhandlung sieht das Gericht es als hinreichend erwiesen an, daß Ulla Söllner ihr Kind unmittelbar nach der Geburt vorsätzlich getötet hat, indem sie es nach dem beabsichtigten Fallenlassen in die Jauchegrube kaltblütig seinem Schicksal überließ.

Sie wurde wegen Totschlags nach § 113 Abs. 1 Ziffer 2 StGB mit einem dreijährigen Freiheitsentzug bestraft.
Unmittelbar nachdem der Vorfall bekannt wurde, wandte sich Ullas Verlobter brüskiert von ihr ab. Nur die Eltern hielten zu ihr, obwohl sie das Geschehene zutiefst verurteilten und niemals begriffen, wieso ihre Tochter das eigene Kind umbringen konnte.

*(Aktenzeichen 2 BS 28/71 Bezirksstaatsanwalt Erfurt)*

Am Mittwoch, dem 14. Juli 1971, finden Deponiearbeiter auf einer Müllkippe unweit von Arnstadt, der verträumten kleinen Kreistadt zwischen den Vorbergen des Thüringer Waldes, einen toten Säugling, zusammengeschnürt in einem bunten Badelaken. Sie schlußfolgern, daß dieses schreckliche Päckchen mit dem Müll eines der letzten Fahrzeuge der Arnstädter Müllabfuhr auf die Deponie gelangt war. Die Verschnürung hatte sich soweit gelöst, daß der tote Körper teilweise aus der Verpackung herausragt. Es sind bereits erste Anzeichen von Verwesung zu erkennen. Die eingetrockneten Nabelschnurreste sind sicheres Zeichen für eine zeitlich nur kurz zurückliegende Geburt.
Der Leichnam wird zur Autopsie in das Jenaer Institut für gerichtliche Medizin und Kriminalistik gebracht. Unterdessen rekonstruiert der Deponiemeister die Routen der fraglichen Fahrzeuge, die das tote Neugeborene transportiert haben könnten. Seine Schlußfolgerung, der kleine Leichnam sei mit dem Haushaltsmüll aus dem Norden von Arnstadt auf die Kippe geraten, ist ein erster wichtiger Ansatz für die polizeilichen Ermittlungen.
Auch die Sektion führt zu bedeutsamen Ergebnissen: Es ist die Leiche eines 49 Zentimeter großen, reifen Neugeborenen weiblichen Geschlechts, 3 100 Gramm schwer. Obwohl die Verwesung, durch die sommerlichen Temperaturen beschleunigt, in vollem Gange ist, läßt sich die Todeszeit recht gut schätzen. Sie dürfte nur wenige Tage zurück liegen. Außerdem finden sich Zeichen der Erstickung, die auf einen Tod durch gewaltsamen Verschluß der Atemöffnungen schließen lassen. Die mikroskopische Untersuchung der Nabelschnur ergibt Hinweise auf ein Durchtrennen durch bloßes Zerreißen. Die Reste des Mekoni-

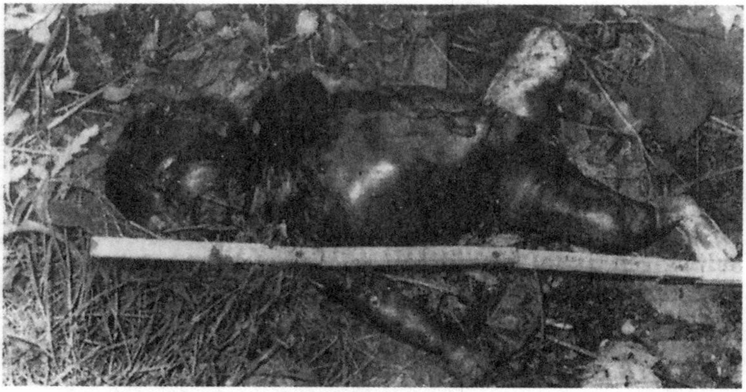

Das am 14. Juli 1971 auf der Müllkippe bei Arnstadt aufgefundene tote Neugeborene.

ums – dem während der Entwicklung in der Gebärmutter gebildeten Stuhl des Kindes, dessen Entleerung aus dem Körper üblicher Weise unmittelbar nach der Geburt erfolgt, lassen den Schluß zu, daß Geburts- und Todeszeit sehr nahe beieinander liegen.

Auch die Untersuchung des Mittelohrs, des Lungengewebes und des Magen-Darm-Traktes, deren Befunde wichtige Aufschlüsse darüber geben, ob das Kind lebend geboren wurde, bestätigen die Vermutung, daß es zumindest für eine kurze Zeit selbständig geatmet hat. Deshalb kann eine Totgeburt sicher ausgeschlossen werden. Alle diese Umstände begründen den dringenden Verdacht einer Kindestötung. Ein Ermittlungsverfahren gegen „Unbekannt" wird eingeleitet.

Die nächsten Tage der Kriminalisten sind mit Ermittlungen im Kreiskrankenhaus, bei den Schwangerenberatungsstellen und Frauenärzten ausgefüllt. Dabei geht es vorrangig darum, welche Frauen in den letzten Tagen wegen einer vermeintlichen Fehl- oder Totgeburt ärztlich behandelt werden mußten. Zu den kriminalistischen Spitzfindigkeiten gehört es aber auch, zu erkunden, welche Schwangere sich vermutlich nicht, wie allenthalben üblich, auf die bevorstehende Geburt vorbereitet haben könnte.

Doch, selbst wenn derartige Umstände im Umfeld einer Verdächtigen bekannt sind und auch der Kriminalpolizei mitgeteilt werden, hängt der Erfolg der weiteren Ermittlungen von einer exakten, objektiven Beweisführung ab. Falls eine Schwangere

nämlich ihren Zustand gänzlich zu verheimlichen versteht und deshalb in der Beratungsstelle nicht erfaßt ist, laufen solche Recherchen bereits von vornherein ins Leere.
Deshalb veröffentlicht die Tagespresse in Arnstadt bereits in der Wochenendausgabe vom 17. Juli 1971 eine kurze Notiz der VP über den Fund des Neugeborenen auf der Mülldeponie und appelliert an die Bereitschaft der Bevölkerung, der Polizei verdächtige Wahrnehmungen mitzuteilen.
Daraufhin gehen in den nächsten Tagen vielzählige Hinweise bei der MUK ein, die einer Prüfung bedürfen. Erfahrungsgemäß ist dies mit schwierigen und mitunter auch langwierigen Ermittlungen verbunden, weil derartige Hinweise meist auf Gerüchten beruhen, die hinter vorgehaltener Hand in der Bevölkerung kursieren. Die Fragen zu beantworten, worin ihr objektiver Gehalt besteht und wo ihre Quellen zu finden sind, erfordert besondere Ausdauer und Exaktheit.
Die Kriminalisten haben gelernt, daß ein solch mühseliges Vorgehen bei Kindestötungen erforderlich ist. Sie können zu diesem Zeitpunkt nicht wissen, daß der „Kommissar Zufall" – ein höchst unzuverlässiger und seltener Geselle der Untersuchungspraxis – wenige Tage später überraschend in die Ermittlungen eingreifen wird.

Am Nachmittag des 23. Juli 1971 betritt die 30jährige Programmierassistentin Birgit Werner die Praxisräume des Arnstadter Frauenarztes Dr. Glowatzki. Unschlüssig und gehemmt bleibt die kleine, kräftige, dennoch zerbrechlich wirkende Gestalt an der Eingangstür stehen, bis die Sprechstundenhilfe sie anspricht: „Na, Frau Werner, nicht so zaghaft, nur herein! Was fehlt Ihnen denn?"
„Ich muß unbedingt zum Doktor, heute noch", flüstert diese, „ich habe akute Unterleibschmerzen."
Die Dame im weißen Kittel nickt und überlegt kurz, macht wortlos eine fordernde Handbewegung. Birgit Werner deutet diese Geste richtig und übergibt ihren SV-Ausweis.
„Es dauert aber ein Weilchen, nehmen Sie inzwischen Platz", beruhigt sie die Schwester und weist auf das Wartezimmer. Dann beendet sie den Dialog: „Ich suche erst Ihre Patientenkartei heraus!"
Zaghaft betritt Birgit Werner das Wartezimmer. Dort sitzen bereits einige Patientinnen. Sie hat das Gefühl, daß neugierige

Augen sie zu mustern versuchen. Um sich ihnen zu entziehen, nimmt sie direkt am Fenster Platz und starrt mit leerem Blick in die Ferne. Sie wirkt wie geistesabwesend. Doch sie konzentriert ihre Gedanken auf einen vor zwei Tagen gefaßten, folgenschweren Entschluß, sich Dr. Glowatzki mit einem schwerwiegenden Problem anzuvertrauen. Sie kämpft aber auch gegen die inneren Kräfte, aus Bequemlichkeit und Feigheit den Konsequenzen am liebsten ausweichen zu wollen. Die Leibschmerzen und die ungestümen Blutungen der letzten Tage erscheinen ihr eher als Nebensächlichkeit.
Dieser Arzt, der ihr Vater sein könnte und dessen Tüchtigkeit und behutsamer Umgang mit den Patientinnen sie schon immer beeindruckte, ist der einzige Mensch in diesen Tagen, der ihr ganzes Vertrauen genießt. Er betreut sie schon seit der Zeit, als sie mit ihren Söhnen, dem inzwischen fünfjährigen Sven und dem dreijährigen Matthias schwanger war. Nur er soll sie untersuchen, nur ihm kann sie erklären, wie sich die Ereignisse des letzten Jahres so unheilvoll entwickelt haben und wie die Verzweiflung ihr die Sinne nahm.
Birgit Werner weiß sehr wohl, daß am Ende dieses Arztbesuches ihr Leben eine weitere jähe Wendung erfahren wird. Doch sie will endlich einen Schlußstrich ziehen unter die dramatischen Vorgänge, die sich ihr einst so sanft und lustvoll näherten, ehe sie sich derart in ihnen verstrickte, daß sie keinen Ausweg mehr zu finden glaubte.
Vor einer knappen Woche, als sie die Notiz in der Zeitung über den Fund eines Neugeborenen auf der Müllkippe in Schrecken versetzte, empfand sie das erste Mal die Unmöglichkeit, das Geschehen für immer zu verheimlichen. Und ihr Gewissen trieb sie zu dem Entschluß, sich das Leben zu nehmen. Denn das tote Neugeborene auf der Müllkippe ist ihr Kind. Jetzt, wo sie den Gedanken an den eigenen Tod wieder verdrängt hat und die Schmerzen in ihrem Leib die Erinnerung an alles wachhalten, was ihre Seele belastet, will sie sich dem Schicksal stellen. Nur so, glaubt sie, bleibt ihr ein wenig Hoffnung auf eine neue, lebenswerte Zukunft.
Auf der Suche nach Gründen für ihr schmähliches Versagen ziehen ihre Gedanken bis in die unbeschwerte Kindheit zurück. Nachträglich empfindet sie das ständige, häufig übertriebene Umsorgt- und Behütetsein, mit dem die Mutter vermeintliche Belastungen, Sorgen und Schwierigkeiten von ihr fernhielt, als

eine Last. Sie lernte es nicht, Entscheidungen selbständig zu treffen und eigene Verantwortung zu übernehmen. So blieb es über die gesamte Schulzeit hinweg bis zum Abitur.
Ihre guten Noten waren weniger das Ergebnis beharrlichen, zielstrebigen Lernens, sondern mehr natürlicher Intelligenz und Auffassungsgabe geschuldet, die ihr auch einen erfolgreichen Studienabschluß als Ingenieurökonom sicherten. Allerdings in praktischen Fragen des täglichen Lebens blieb sie vielfach eine Versagerin.
In der Studienzeit lernte sie Knut kennen, der ein Studienjahr über ihr war. Sein praktischer Sinn und die Organisiertheit, mit der er sein Leben gestaltete, beeindruckten sie sehr. Schon beim Kennenlernen verliebte sie sich so heftig, daß sie sich ihm auf ewig verfallen fühlte. Nun ist sie schon sechs Jahre mit ihm verheiratet. Beide sind stolze Eltern zweier prächtiger kleiner Söhne. Auch finanziell geht es der Familie verhältnismäßig gut. Und selbst, wenn die Kasse wirklich mal etwas knapp wird, ist ihre Mutter sofort zur Stelle und hilft.
Knut ist auch zu Hause ein perfekter Ökonom. Er verwaltet das Geld, plant den Haushalt, die Freizeit der Kinder, den Urlaub und die Erziehung. Birgit hat sich ihm total untergeordnet. Ihre Untertanenrolle nimmt sie gar nicht wahr, fühlt sich als die ausführende Kraft dessen, was er bestimmt. Und wenn sie ganz ehrlich zu sich selbst ist, muß sie bekennen, daß ihr eine effektive Organisation des Haushalts gar nicht liegt. Sie würde versagen, wenn Knut nicht wäre. Solcherart Verantwortung zu tragen, vermochte sie noch nie. Mit den Aufgaben als Programmierassistentin fühlt sie sich bereits ausgelastet. Sie empfindet sich als zurückhaltend und still. Ihr nahezu sklavisches Gebaren, sich bei Knut anzulehnen, und die Sucht nach ständiger Harmonie unterstützt die Zuteilung der Rollen zwischen den Eheleuten und führte mit der Zeit zu einer freundlich-stillen Diktatur des Gatten.

Das große Dilemma im Leben der Birgit Werner begann im Frühjahr des Jahres 1970. Knut hatte sich überraschend für eine Offizierslaufbahn bei der NVA entschlossen. Das Ressort für Militärfinanzen stellte eine erfolgreiche Karriere in Aussicht. Doch dafür mußte er für länger als ein Jahr zur Ausbildung nach Strausberg, in die Nähe von Berlin. Das hieß, die meiste Zeit fernab von der Familie in Arnstadt zu sein. Birgit fand das entsetzlich. Und in den ersten Tagen des Alleinseins verfiel sie in eine tiefe Schwermut. Beruf, Haushalt und Kinder wuchsen ihr schnell über den Kopf. Unordnung und Desorganisation breiteten sich aus. Ihr Selbstbewußtsein begann zu zerbröckeln. Dann entschied die Mutter kurzerhand, für die Zeit der Abwesenheit von Knut die Kinder in ihrem eigenen Hause aufzunehmen. Birgit empfand das zunächst als eine gewaltige Entlastung. Nun hatte sie auch mal Zeit für sich. Doch nach und nach übermannte sie die Langeweile und versetzte sie in Gleichgültigkeit und Isolation. Das eigentliche Familienleben reduzierte sich auf weniger als eine Wochenendehe, denn Knut erhielt nur zweimal im Monat einen kurzen Urlaub, von dem die Hin- und Rückfahrt bereits mehr als einen halben Tag verschlangen. Aber auch dann war alles anders als früher. Die Mutter führte Regie über die Gestaltung dieser Wochenenden. Doch Knut war meist erschöpft, wollte seine Ruhe. Er schlief viel. Mit den Gedanken blieb er meist in Strausberg. Pausenlos schilderte er Episoden aus dem kasernierten Leben und zeigte nur geringes Interesse an dem, was Birgit betraf. Manchmal war sie sogar froh, wenn die Turbulenzen solcher Wochenenden wieder vorüber waren.

Träge flossen die Monate des Alleinseins dahin. Immer öfter kehrte sie nach Arbeitsschluß nicht allzu schnell in die Stille ihres Heims zurück und suchte mit der Zeit nach Rechtfertigungen dafür. Anfangs streifte sie ziellos in der Stadt umher. Später fuhr sie häufig nach Erfurt und tauchte im großstädtischen Treiben unter. Sie verbrachte viele Stunden in muffigen Kinos oder ergab sich dem aufregendenden Fluidum der Tanzcafés.

Im September 1970 lernte sie dabei einen Mann kennen, dessen erotisches Charisma sie augenblicklich in seinen Bann zog. Wie hypnotisiert glitt sie in eine Liaison, die ihr später soviel Unglück bescherte. Sicher, es blieb eine kurzzeitige Liebschaft, von der niemand erfuhr, doch sie war von solcher Intensität, daß prompt einen Monat später ihre Regelblutung ausblieb. Mit allen inneren Widerständen wehrte sie sich gegen den Gedanken, erneut schwanger zu sein. Ihr war klar, Knut nicht täuschen und ihn dafür verantwortlich machen zu können. Er würde sofort nachrechnen und sie der Lüge überführen. Auf keinen Fall wollte sie ihre Ehe aufs Spiel setzen, Knut verlieren und sich den Schmähungen der Familie aussetzen. Aber noch

bestand Hoffnung, daß die Monatsblutung sich vielleicht nur verzögerte.
Doch auch die nächsten Wochen vergingen ohne die erlösenden Tage. Sie klammerte sich hilflos an die Hoffnung auf einen Zufall, sich etwa durch einen Abort oder eine Totgeburt des Problems entledigen zu können. Aber ihre Gleichgültigkeit lähmte jede Aktivität, die einen Fruchtabgang hätte provozieren können.
Je mehr die Zeit verstrich, um so stärker ballten sich ihre inneren Kräfte zusammen, das werdende Kind keinesfalls anzunehmen. Ständig richteten sich ihre Gedanken auf die Ablehnung des entstehenden Lebens in ihrem Leib. Wut, Haß und diffuse Vorstellungen nach Zerstörung breiteten sich aus. Ihre Einbildungskraft hatte schließlich eine derartige Wirkung, daß der Umfang ihres Bauches nur geringfügig zunahm. Knut und die Mutter bemerkten dies zwar, doch ein stichhaltiges Argument hatte sie sofort parat: Der dicke Leib sei lediglich die Folge einer allgemeinen Gewichtszunahme, der sie mit Appetitzüglern und Schlankheitskuren begegnen wolle. Der relativ unauffällige Zustand ihres Körpers unterstützte ihren Entschluß, sich weder bei einer Schwangerenberatungsstelle noch bei einem Arzt vorzustellen. „Warum schlafende Hunde wecken? Mein Bauch gehört mir. Auch das, was drin ist!“
Selbst später, als der geschulte Blick manche Arbeitskollegin zu der Frage veranlaßte, ob sie wohl ein Kind erwarte, blieb sie bei ihrem alten Argument. Erstaunlicher Weise sagten selbst die in der Folgezeit durch die Kriminalpolizei befragten Zeugen übereinstimmend aus, bei Birgit Werner keine auffällige Schwangerschaft wahrgenommen zu haben.
In der Nacht zum 13. Juli 1971 stellten sich plötzlich heftige Wehen ein. Die Schmerzen brachten sie aber keineswegs aus der Fassung. Birgit besaß ausreichende Erfahrung mit derartigen Reaktionen ihres Körpers. Ruhig, ja fast gelassen, begab sie sich in den Keller, setzte sich auf den kühlen Fußboden und wartete auf die Geburt. Es dauerte nur wenige Minuten und sie gebar ein Kind. Es war ein Mädchen. Sie wagte nur einen kurzen, scheuen Blick. Dann zerriß sie die Nabelschnur mit den Händen.
Die kläglichen Schreie des Kindes irritierten sie. Hastig wickelte sie das kleine Geschöpf in ein Badelaken und verließ den Keller. Ohne jegliches Mitgefühl überließ sie es seinem elenden

Schicksal. Sie bemerkte nicht mehr, daß die Schreie des Kindes bald für immer verstummten.
Am nächsten Morgen – Birgit Werner hatte sich von den nächtlichen Anstrengungen ein wenig erholt – nahm sie das Päckchen mit dem leblosen kleinen Körper aus dem Keller und warf es in die Hausmülltonne. Dann füllte sie soviel Abfall nach, daß der Leichnam völlig abgedeckt war. Einige Stunden später wurde die Tonne durch die städtische Müllabfuhr geleert.

Birgit Werner kann ihren Gedanken nicht weiter nachhängen. Aus dem Lautsprecher im Wartezimmer ertönt blechern die Stimme der Sprechstundenhilfe: „Frau Werner, bitte ins Untersuchungszimmer!"
Mit großer Beklemmung betritt sie das Zimmer des Arztes: „Kann ich Sie allein sprechen?"
Dr. Glowatzki ist überrascht, nickt aber wortlos und gibt der Schwester zu verstehen, den Raum zu verlassen.
Nervös fingert Birgit Werner eine Zeitung aus ihrem Einkaufsbeutel und breitet sie aus. Sie zeigt auf die Fahndungsinformation der Polizei über den aufgefundenen Säugling auf der Müllkippe und quetscht mühsam heraus: „Ich war's. – Das ist mein Kind!"
Der Arzt überfliegt die Mitteilung. Er ist sichtlich betroffen, faßt sich dann aber: „Die Polizei war schon hier. Sie erkundigen sich überall!"
Er ruft die Schwester: „Claudia, in der nächsten halben Stunde keine Störung, bitte!"
Dann wendet er sich Birgit Werner zu: „Das ist ja eine schlimme Sache. Wollen Sie mir erzählen, wie es dazu kam?"
Birgit Werner nickt schluchzend. Tränen fließen aus ihren Augen – die ersten Tränen nach vielen Monaten. Dann folgt ihre ganze traurige Geschichte.
Aufmerksam folgt der Arzt ihren Worten. Einige Male muß er sie ermuntern, weiterzusprechen, die Verzweiflung schnürt ihr die Kehle zu. Als sie ihre Schilderung beendet hat, verspürt sie einerseits eine merkwürdige Erleichterung, endlich über alles gesprochen zu haben, was sie seit Tagen so belastet, andererseits erkennt sie, daß nun der Lauf der Dinge nicht mehr aufgehalten werden kann. Dr. Glowatzki blickt sie einen Augenblick lang ziemlich hilflos an. Er befindet sich in einer höchst prekären Lage, die er erst verdauen muß. Dann will er etwas sa-

gen, doch sie kommt ihm zuvor: „Herr Doktor, bitte – rufen Sie die Polizei an! Ich kann es nicht!“
Der Arzt fühlt eine seltsame Erleichterung: „Es ist gut, daß Sie mich darum bitten ... ich hätte es sowieso tun müssen. So verlangt es das Gesetz!“
„Ich weiß!“
„Doch bevor ich das tue, muß ich Sie erst untersuchen. Danach gehen Sie nach Hause und warten. Bereiten Sie sich darauf vor, daß die VP dann bald erscheinen wird.“
Zwei Stunden später folgen die Konsequenzen aus dem Anruf des Arztes: Birgit Werner wird festgenommen. Der „Kommissar Zufall“ hat die Ermittlungen auf diese Weise verkürzt. Und es ist höchst fraglich, ob die Polizei jemals auf Birgit Werner gestoßen wäre, wenn sie sich nicht selbst bezichtigt hätte. Nicht ein einziger Hinweis, nicht ein Indiz lagen bei der MUK vor, womit sie hätte belastet werden können.
Das Bezirksgericht Erfurt verurteilte Birgit Werner wegen Totschlags gemäß § 113 Absatz 1 Ziffer 2 StGB zu einer Freiheitsstrafe von vier Jahren und sechs Monaten.

Heute ist Birgit Werner bereits älter als 55 Jahre. Ihre Tat ist längst gesühnt und aus rechtlicher Sicht vergessen.

Obgleich die Frau in der DDR an der Gesamtkriminalität nur sehr gering beteiligt war, wurde sie gegenüber ihrem Kind relativ häufig straffällig. Neben der Mißhandlung standen dabei die Kindestötungen im Vordergrund. Sie stellen ein besonderes rechtliches, kriminologisches und psychologisches Problem dar, das einer kurzen Erläuterung bedarf.
Angriffe gegen das neugeborene Leben unterlagen im Verlaufe der Geschichte höchst unterschiedlicher rechtlicher und moralischer Bewertung. Nach dem auf dem Reichstag zu Regensburg im Jahre 1532 verabschiedeten ersten deutschen Strafgesetzbuch, der „Peinlichen Halsgerichtsordnung“ Karls des V., wurde der Tatbestand der Kindestötung als eine Todsünde angesehen und grundsätzlich mit „lebendig Begraben, Pfählen, Ertränken oder Reißen mit glühenden Zangen“ bestraft.
Zeichnet man das typische Bild der Täterinnen dieser Zeit nach, so waren es junge, der Pubertät kaum entwachsene, unreife und unerfahrene Mädchen, die dem sexuellen Drängen männlicher Autoritätspersonen, die häufig sogar ihre Dienstherren waren,

nachgaben oder die sich unbekümmert und unwissend in ein amouröses Abenteuer einließen.
Entzog sich der Schwängerer der Verantwortung, entstand für die Schwangere eine bedrohliche soziale Konfliktlage. Denn die öffentliche Moral brandmarkte die unehelich Gebärende mit Ehrlosigkeit. Das führte zu gesellschaftlicher Isolation und eine Anstellung blieb ihr zumeist versagt. Damit wurde die Versorgung eines Kindes finanziell unmöglich. Der soziale Zusammenbruch war vorprogrammiert.
Trotz der offenkundigen sozialen Ursachen blieb die Kindestötung lange Zeit eine dem Mord gleichgestellte, mit höchster Strafe zu ahndende Bluttat. Erst sehr viel später, nicht zuletzt infolge der progressiven Bemühungen der deutschen Aufklärer, sah sich die Legislative gezwungen, wenigstens der besonderen sozialen Ausnahmesituation der Kindestöterin Rechnung zu tragen.
Mit dem Strafgesetzbuch für das Deutsche Reich des Jahres 1871 erfolgte insofern eine strafrechtliche Privilegierung, als die Kindestötung gemäß § 217 grundsätzlich milder bestraft wurde, als die sonstige vorsätzliche Tötung eines Menschen. Voraussetzung dafür war, daß eine Mutter ihr nichteheliches Kind in oder gleich nach der Geburt tötete. Die schwerwiegenden sozialen Umstände bei der Kindesmutter rechtfertigten den sogenannten Ehrennotstand aber nur dann, wenn diese also ihrem nichtehelichen Kind das Leben nahm. Dies galt folglich nicht für jene Kindesmutter, die unter den gleichen Bedingungen ihr eheliches Kind tötete.
Das Strafgesetzbuch des Jahres 1871 besaß auch nach dem zweiten Weltkrieg sowohl in West- als auch in Ostdeutschland volle rechtliche Wirksamkeit, wenn auch entsprechende Strafrechtsergänzungsgesetze notwendig wurden.
In der DDR wurde im Jahre 1968 ein eigenständiges, sozialistisches Strafgesetzbuch in Kraft gesetzt. Es enthielt viele der progressiven Bestandteile des alten StGB, insbesondere aus dem sogenannten Allgemeinen Teil, paßte die Tatbestände aber den politischen und gesellschaftlichen Erfordernissen an. Systemtypische Delikte, die sich primär auf den Schutz der Staatsordnung und der Wirtschaft bezogen, machten schließlich mehr als die Hälfte aller Tatbestände aus.
Hinsichtlich der Kindestötung gab es seit dieser Zeit eine wichtige Veränderung: Der Tatbestand war bereits erfüllt, wenn eine Frau ihr Kind in oder gleich nach der Geburt tötete.
Die rechtliche Würdigung erfolgte nunmehr nach den allgemeinen

psycho-physischen Besonderheiten bei der Täterin und nicht nach den sozialen Ausnahmebedingungen. Damit besaß das Merkmal der Nichtehelichkeit keinen Einfluß mehr.
Die tatsächlichen psychologischen und medizinischen Abläufe bei der Täterin berücksichtigende Rechtsposition rechtfertigte es, das Merkmal der Nichtehelichkeit aus dem Tatbestand der Kindestötung herauszunehmen. Es war nicht mehr einzusehen, daß – im Gegensatz zur Situation im vorigen Jahrhundert – unter den Bedingungen der sozialen Emanzipation der Frau, der veränderten ethisch-moralischen Beurteilung lediger Mütter in der Gesellschaft und ihrer offiziellen rechtlichen Gleichstellung noch diese Unterscheidung in den Rechten der ehelichen und der unehelichen Mütter gemacht werden sollte, wenn sie doch sonst gleichgestellt waren.
Statistisch verliefen die Kindestötungen in der DDR nahezu parallel zur allgemeinen Tötungskriminalität und überstiegen kaum einen Anteil von 20 % der vollendeten vorsätzlichen Tötungen.
Das in den sechziger Jahren von der Volkskammer verabschiedete Gesetz zur Regelung der kostenlosen Abgabe von Ovulationshemmern (Verhütungsmitteln) und das 1972 in Kraft getretene Gesetz über die Schwangerschaftsunterbrechung brachten für einige Jahre eine spürbare Abnahme der Kindestötungen, die aber alsbald wieder das gleiche Ausmaß erreichten wie vor dieser Gesetzgebung.
Der Tatbestand der Kindestötung verlangte, daß die Täterin ihr neugeborenes Kind vorsätzlich tötete. Wann sie diesen Vorsatz faßte, war rechtlich unerheblich, so daß die grundsätzliche Schuldminderung auch dann zuerkannt wurde, wenn die Täterin bereits lange Zeit vor der Geburt zur Tat entschlossen war.
Die Durchschnittstäterin lebte in äußerlich sozialer Angepaßtheit, wobei prinzipiell keine ernsthaften wirtschaftlichen Konfliktsituationen bestanden. Aus schwerwiegenden sozialen Konflikten resultierende Tatmotive waren daher höchst selten geworden. Mit der Stabilisierung der allgemeinen sozialen Verhältnisse hing insofern ein Strukturwandel in der Motivbildung der Kindestötungen zusammen
Die scheinbaren sozialen Unauffälligkeiten standen in den meisten Fällen größeren Konflikten im Lebensbereich der Täterinnen gegenüber. Häufig betrafen diese die Partnerschaftsbeziehungen.
Psychologisch gesehen ist die Kindestötung das Resultat einer Anpassungsstörung, die durch Beeinflußbarkeit, Durchsetzungs-

schwäche, mangelnde Entschlußkraft, Egozentrik und sexuelle Triebhaftigkeit gefördert werden kann. Das werdende Leben wird infolge fehlender innerer Bereitschaft und sozial-ethischer Bezüge aus dem persönlichen perspektivischen Gedankengut der Täterin total isoliert. Dadurch entsteht eine diffuse autosuggestive Haltung, die zwingend die gegen das werdende Leben entschiedene Einstellung manifestiert und die Motivbildung zur späteren Tötung begünstigt. Durch die ständige innere Abwehrhaltung der Mutter bilden sich die typischen äußeren Schwangerschaftsmerkmale mitunter nur unzureichend aus. Sie können von anderen Personen durchaus fehlgedeutet werden, insbesondere dann, wenn zusätzliches Schnüren des Leibes dessen Umfangszunahme optisch beeinträchtigt.
Die nahende Geburt schwebt wie ein Damoklesschwert über der Täterin. Sie wird als höchst bedrohliches Geschehen empfunden. Infolgedessen fehlen die üblichen ehtischen und medizinischen Vorbereitungen. Die Geburt erfolgt meist überraschend. Das bedingt auch die spontane Auswahl des Geburtsortes.

Im gegenwärtigen Kriminalitätsbild besitzt die Kindestötung keineswegs mehr die Bedeutung wie in den vergangenen Epochen. Dennoch entfallen etwa 13 Prozent aller vollendeten vorsätzlichen Tötungsdelikte immer noch auf diesen Tatbestand.
Mit dem Beitritt der DDR zur Bundesrepublik Deutschland erlosch die Wirksamkeit des Strafrechts der DDR und damit auch die des § 113 Abs. 1 Ziffer 2 StGB. Seitdem gilt auch für die neuen Bundesländer das modifizierte alte deutsche Strafgesetzbuch, wonach bei Kindestötung die Erfüllung des Tatbestandmerkmals der Nichtehelichkeit wieder gefordert wird. Der Wortlaut des § 217 StGB ist damit abermals identisch mit dem des § 217 StGB des Deutschen Reiches vom 15. Mai 1871.
In Anbetracht der rechtlichen und sozialen Position der Frau in unserer Gesellschaft sowie der modernen Erkenntnisse in der Psychologie und Medizin dürfte diese Tatsache allerdings eher ein Rückschritt in das vergangene Jahrhundert sein.

## Serientäter

*(Aktenzeichen I A - 66/85; BSI - 22/85 SMOG-Bedes DDR-Militärobergerichts Berlin, 1. Strafsenat)*

Nach mehrtägiger Verhandlung verurteilt der 1. Strafsenat des Berliner Militärobergerichts am 19. November 1985 den 23jährigen Berufsunteroffizier einer NVA-Spezialeinheit, Feldwebel Mirko Steinitz, wegen des fünffachen vollendeten, eines versuchten und des zwanzigfach vorbereiteten Mordes gemäß § 112 Abs. 1 und 3 StGB zu einer lebenslangen Freiheitsstrafe und dauernder Aberkennung der staatsbürgerlichen Rechte.
Gefaßt nimmt der mittelgroße, unauffällig und schüchtern erscheinende junge Mann mit den rotblonden Haaren das Urteil entgegen.
Sodann wird er in die Strafvollzugsanstalt Torgau überstellt, in der er sich noch heute befindet.
Mit dieser Verurteilung endet die kriminelle Karriere eines sadistischen Triebtäters, der in den Jahren von 1983 bis 1984 die Bürger zwischen Neubrandenburg und Berlin in Angst und Schrecken versetzte.
Was ist das für ein Mann, dem es trotz eines gigantischen Sicherheitsaufgebots und des engen konspirativen Bespitzelungsnetzes der DDR gelang, in nur zwei Jahren 26 schwere Verbrechen zumeist an Kindern zu begehen, ehe die Strafverfolgungsbehörden seiner habhaft werden konnten?
Der Antwort darauf muß zunächst eine kurze Erläuterung vorangestellt werden. Sie ist notwendig, um die kriminalistische Problematik des Serienmörders besser verstehen und die durchaus verzeihlichen Irrungen und Wirrungen der polizeilichen Untersuchung, aber auch die nicht entschuldbaren Ermittlungspannen im Fall Steinitz besser beurteilen zu können.

Serienmörder wühlen die Seele der Öffentlichkeit ungeheuer auf. Immer wieder entflammt sich an ihren abscheulichen Taten die

Diskussion über die Wiedereinführung der Todesstrafe. Und zweifellos sind ihre Delikte von besonderer Gesellschaftsgefährlichkeit. Aber im realen Kriminalitätsbild bilden sie eher eine Ausnahme, doch von Zeit zu Zeit müssen sich Polizei, Sachverständige und Gericht mit ihnen befassen. Die Tatsache, daß zwischen ihnen und ihren Opfern keine konflikthaften Sozialbindungen bestehen, aus denen sich – wie bei den meisten Morden – Tatanlässe und Motive herausbilden, macht sie nicht nur für die Opfer in höchstem Maße unberechenbar. Sie stellen auch die Kriminalpolizei vor große untersuchungsmethodische Schwierigkeiten. Zielgerichtete Ermittlungen sind nämlich erst dann möglich, wenn die Morde solcher Täter im Hinblick auf die Begehungsweise, die Spurenlage, die Motive und die Opferpersönlichkeiten die erforderlichen Merkmale einer Serie erkennen lassen.

Das ist leider häufig erst dann der Fall, wenn bereits mehrere Opfer zu beklagen sind. Inzwischen richtet sich der verständliche Volkszorn bereits gegen die vermeintliche Unfähigkeit der Polizei. Mit dieser tragischen Situation muß die Polizei fertig werden. Doch es ist auch zu bedenken, daß mancher potentielle Serienmörder gefaßt wurde, ehe er die blutige Spur seiner Serie hinter sich herziehen konnte.

Serienmörder führen ein geschicktes Doppelleben. Sie passen nicht in das kriminologische Schema des Durchschnittstäters. Meist leben sie angepaßt und unauffällig, sind freundliche, fleißige, ordentliche Mitmenschen. Schüchternheit und Kontaktarmut machen sie zu Einzelgängern. Deshalb leben sie oft zurückgezogen. Doch ihre Phantasie ist abnorm. Zwanghaft beschäftigen sie sich mit der lustvollen Vorstellung, andere, Schwache, zu beherrschen, sie zu demütigen, zu quälen oder gar zu töten. Mitunter führt das sogar zu sexueller Entspannung. Unaufhörlich wächst der Drang, diese Phantasien in die Tat umzusetzen, den „Kick" zu erleben, wenn die Gewalt ausgeübt wird. Ein explosives Gemisch aus Angst vor Entdeckung, Lust an der Realisierung ihrer Vorstellungen, Aggressivität gegen das Opfer, aber auch Mitleid mit ihm, entsteht. Bald ist die immer stürmischer werdende Erregung nicht mehr zu bremsen. Zusätzlich wird sie genährt durch die ersten Tatversuche, die meist scheitern. Sie klingt erst dann ab, wenn das Quälen und das Töten Wirklichkeit geworden sind. Eine Zeitlang kann dann das Erlebte genußvoll nachempfunden werden. Doch alsbald stellt sich der unstillbare Drang nach Wiederholung ein. Das Lernen am Erfolg verfeinert die Begehungsweisen, und die Folgetaten werden ebenso perfektioniert wie das Sicherungsverhalten. Die Täter werden immer geschickter und handeln nur dann, wenn sie Tatbedingungen vorzufinden glauben, die ihre zufällige Entdeckung unmöglich macht. Rationales Vorgehen und kühle Folgenkalkulation begründen in der Regel ihre volle strafrechtliche Verantwortlichkeit.

Mirko Steinitz haßt seinen Stiefvater, weil er als Kind von ihm regelmäßig verprügelt wurde. Doch er liebt seine Großmutter, die immer gut zu ihm war. Die Mutter hingegen ist ihm gleichgültig, ebenso sein jüngerer Bruder. Schon als Schulkind bleibt er viel für sich allein. Er besitzt keine Freunde, wird von den Kameraden häufig gehänselt, weil er unsportlich und schwächlich ist. Mit Abschluß der Pubertät verspürt er eine diffuse Hingezogenheit zu gleichaltrigen Jungen.
Durch seine Kontaktarmut kommt es aber nie zu einer Beziehung. Statt dessen gelingt ihm eine gewisse Lustbefriedigung, wenn er harte Gegenstände kraftvoll in seine Magengegend drückt. Dieser Schmerz erregt ihn mitunter so sehr, daß er zum Samenerguß führt. Barrenholme, Klettergerüste und Teppichstangen werden Objekte seines Verlangens. Auch nackte, unbehaarte Männerbrüste wecken sein erotisches Interesse.
Die Schule schließt er mit guten Ergebnissen ab, ebenso seine Lehre als Elektromonteur.
Später verändert ein Erlebnis die sexuellen Ambitionen: Über eine Szene im Fernsehen, in der ein Weißer einen Schwarzen erwürgt, ist er schockiert und zugleich fasziniert. Von nun an dominiert die Gewalt in seinen Phantasien. Am liebsten würde er einen Menschen erwürgen. Später wird er in einer Vernehmung zu Protokoll geben: „Mit den Händen will ich spüren an seinem Körper den Übergang in den Tod!“
Mirko Steinitz zeigt beachtliches Interesse an der vormilitärischen Ausbildung, in der er alsbald Gruppenführer wird. Es gefällt ihm, Anordnungen zu treffen und Befehle zu erteilen. Bereitwillig verpflichtet er sich für eine Tätigkeit als Berufsunteroffizier in einer NVA-Nachrichteneinheit in Cölpin, in der Nähe von Neubrandenburg.
Im Frühjahr 1980 wird er dorthin einberufen. Er bezieht Quartier im Ledigenheim seiner Einheit, behält aber seine kleine Wohnung in Berlin. Von seinen Kameraden hält er sich fern, bleibt weiterhin ein Einzelgänger, liest viel und entdeckt sein Interesse am Fotografieren.

Die lustvollen Vorstellungen, einen Menschen zu erwürgen und dem sterbenden Körper möglichst nah zu sein, drängen immer stärker nach Realisation. Doch bis dahin vergehen noch einige Jahre. Inzwischen entwickelt er Jagdstrategien, sucht mögliche Tatorte aus, verfolgt zu Übungszwecken Personen und empfindet dabei prickelnde Erregung. Mehrmals in der Woche nimmt er Ausgang – ein Privileg, das ihm als Berufsunteroffizier zusteht. Dann streunt er wie ein einsamer Wolf durch die Wälder im Randgebiet Berlins oder taucht im Menschengewühl der S-Bahnhöfe unter. Und immer trägt er dabei einen unauffälligen Beutel bei sich. In ihm befinden sich die Utensilien für die angestrebte Tatausführung: ein Fotoapparat, Fesselwerkzeuge und Messer.

Am späten Abend des 16. Juli 1983 ist es dann soweit. Zwischen der Neubrandenburger Stadthalle und der Gaststätte „Werderbruch" entdeckt Mirko Steinitz zufällig auf einer Parkbank einen ihm unbekannten jungen Mann, den 22jährigen Jörg Dehmel, der dort seinen Rausch ausschläft. Daß er nun seinen ersten Mord durchführen kann, versetzt Steinitz in hochgradige Spannung. Dennoch wartet er länger als zwanzig Minuten und überlegt sein Vorgehen. Er beabsichtigt, den ihm körperlich vermutlich ebenbürtigen jungen Mann mit einem Messerstich nur kampfunfähig zu machen, ohne dessen Brust zu verletzen. Denn er will mit dem bloßen Oberkörper einen engen Kontakt mit dem seines Opfers herstellen und alle Reaktionen auf den tödlichen Würgegriff genußvoll auf sich wirken lassen. Steinitz tritt hinter den Schlafenden und rammt das Messer in dessen Hüfte. Doch die Verletzung ist nicht erheblich, die Klinge des Messers verbiegt sich. Jörg Dehmel springt auf, Steinitz ist sofort bei ihm und würgt ihn aus Leibeskräften. Doch dieser entfaltet ungeheure Abwehrkräfte, die Steinitz zu überfordern drohen. Er stößt das Messer tief in den Hals seines Opfers. Es taumelt, stöhnt, versucht zu schreien. Steinitz sticht wahllos zu, schlägt mit dem Messerknauf viele wuchtige Schläge auf den Schädel des bereits am Boden Liegenden. Nun ist Jörg Dehmel tot. Die Leiche versteckt Steinitz im Buschwerk.
Voller Angst läuft er davon. Irgendwo reinigt er seine blutigen Hände, beruhigt sich allmählich und kehrt mit dem Linienbus nach Cölpin zurück. Bevor er um Mitternacht das Ledigenheim erreicht, versenkt er das Tatmesser im Dorfteich. Dann schläft er tief und traumlos bis zum nächsten Morgen.

Die große Befürchtung, von der Polizei bald aufgespürt zu werden, verfliegt sehr schnell: Die Zeitungen der nächsten Tage bringen nicht die geringste Meldung über den Mord. Er kann nicht wissen, daß Jörg Dehmels Leiche erst am Morgen des 1. August 1983 entdeckt wird.
Steinitz ist mit dem ersten Morderlebnis völlig unzufrieden. Keineswegs verschaffte es ihm den erhofften Genuß. Er zieht die Schlußfolgerung, künftig nur noch zehn- bis zwölfjährige Knaben zu töten, da er bei ihnen keine großen Widerstandskräfte befürchten muß.
In seiner Berliner Wohnung legt er eine Akte „Geheime Privatsache" an und beschreibt seine Eindrücke über den ersten Mord in einem ausführlichen Protokoll, dem bald ein weiteres folgen wird.

Die Tage darauf verhält er sich unauffällig wie sonst auch, vermeidet aber, Cölpin zu verlassen. Doch bereits am 26. Juli 1983 hat ihn seine mörderische Getriebenheit wieder erfaßt.
Am frühen Nachmittag nimmt er seinen Beutel mit dem Fotoapparat und den Fesselschnüren, legt Kugelschreiber und Notizbuch dazu und fährt nach Neubrandenburg. Dort kauft er sich ein Tauchermesser mit langer, feststehender Klinge.
Es ist ein sonnenreicher, heißer Sommertag. Steinitz vermutet richtig, daß die Schulkinder die letzten Ferientage zum Baden am Strand des Tollensesees nutzen. Am Rande eines Zugangsweges zum See lauert er im Schutze einer dichten Gebüschgruppe wie eine Katze auf ein Opfer. Seine Geduld wird auf eine mehrstündige Probe gestellt.
Doch dann geht alles sehr schnell: Ein Junge läuft unbekümmert an seinem Hinterhalt vorbei. Niemand sonst ist weit und breit zu sehen. Steinitz verläßt seine Deckung, packt den vor Schreck erstarrten Jungen unsanft am Genick und schiebt ihn mit roher Gewalt durch das Strauchwerk bis zu einer kleinen Lichtung. Dort drückt er ihn zu Boden und setzt sich dazu.
Er verhört ihn mit dem Gebaren eines Filmdetektivs, erfährt, daß der Junge Dirk Lühmann heißt und zehn Jahre alt ist. Steinitz will wissen, wo er wohnt, stellt Fragen über seine Familie und die Schule und hält alles sorgsam in seinem Notizbuch fest.
Der Junge muß sich rücklings auf den Boden legen. Steinitz fotografiert ihn in verschiedenen Positionen, macht insgesamt vierzehn Aufnahmen von seinem Opfer. Dann preßt er seine

beide Fäuste heftig und tief in den Leib des Jungen. Der bäumt sich vor Schmerzen auf. Mit satanischem Genuß legt sich Steinitz auf ihn, um den erregenden Druck der Fäuste auch in seinem eigenen Leib zu spüren. Jetzt umschließt er mit beiden Händen den Hals seines Opfers und drückt langsam zu. Seine Erregung erreicht den langersehnten Höhepunkt, als er das kraftvolle, aber hilflose Aufbäumen des Körpers spürt, das unter seinem festen Griff langsam immer schwächer wird. Noch stellt Steinitz Leben fest. Er fesselt den Jungen, legt sich erneut auf ihn und wiederholt den Würgeakt, in der Hoffnung, noch einmal den geilen Kitzel zu erleben. Doch der Körper zeigt nur noch schwache Reaktionen, bis auch diese gänzlich verlöschen. Steinitz ist total erschöpft. Er legt sich einige Minuten neben sein Opfer, um sich auszuruhen. Dann ist er wieder ganz er selbst. Er schleift das tote Kind tiefer in das Gesträuch und prüft an ihm die Schneidfähigkeit seines Tauchermessers. Doch bevor er den Ort seiner Grausamkeit verläßt, deckt er den Leichnam mit Ästen und Blättern ab.
Kurze Zeit später besteigt er den Linienbus nach Cölpin. Zum Abendessen im Militärkasino trifft er pünktlich ein. Den Rest des Abends verbringt er am Fernseher. Er ist bei bester Stimmung, wirkt heiter und gelöst. Eine tiefe Zufriedenheit hat seine entartete Seele ergriffen: Dieser Mord entsprach ganz und gar seinen Vorstellungen.
So schreibt er später seine Eindrücke nieder und heftet das makabre Schriftstück in der Akte „Geheime Privatsache" ab.
Aus Sicherheitsgründen vermeidet Mirko Steinitz, an den folgenden Tagen Cölpin zu verlassen, zumal er am 28. Juli 1983 im SED-Bezirksorgan „Freie Erde" eine kurze Notiz der Volkspolizei über den Fund des getöteten Jungen am Tollensesee entdeckt und zurecht annimmt, daß die Maschinerie der Polizei auf vollen Touren läuft. Er fährt erst Anfang August wieder nach Neubrandenburg. Die beiden Morde sind inzwischen Stadtgespräch. Einem Fahndungsplakat entnimmt er befriedigt, daß die Polizei keine Täterbeschreibung geben kann. Doch nun erfährt er auch den Namen des ersten Opfers. Er wird ihn bei nächster Gelegenheit in seiner Geheimakte nachtragen.
Die Befürchtung, gefaßt zu werden, begleitet ihn ständig, sie macht ihn nervös und unsicher. Doch die Tage vergehen für ihn, ohne von der Polizei behelligt zu werden. Als er im Kasino zufällig Zeuge eines Gesprächs zweier Offiziere über die beiden

## VP bittet um Mithilfe

Am Mittwoch, dem 27. 7. 1983, wurde in den Morgenstunden ein 10jähriger Junge in Neubrandenburg am Wassergewinnungsgebiet am Gätenbach tot aufgefunden. Es besteht der Verdacht, daß das Kind Opfer eines Verbrechens wurde.

Personenbeschreibung des Kindes: Scheinbares Alter 10 bis 12 Jahre, ca. 125 cm groß, schlanke Gestalt, mittelblondes Haar, Ponyschnitt, gebräunte Hautfarbe. Der Junge war mit einer blauen Badehose und hellen Sandalen bekleidet. Er trug einen etwa 20 X 20 cm großen Umhängebeutel aus blauem Jeansstoff bei sich.

Das Kind befand sich am Dienstag, dem 26. 7. 1983, ab 14 Uhr am Badestrand des Tollensesees in Neubrandenburg. Letztmalig wurde es gegen 17.30 Uhr am Strand zwischen dem Gelände des RWN und der Gätenbachbrücke lebend gesehen.

Wer hat den Jungen am 26. 7. 1983 nach 14 Uhr gesehen?

Wer fand einen solchen Jeansbeutel, eine Plasttrinkflasche oder eine Taucherbrille?

Die Volkspolizei bittet alle Bürger, die sich am 26. 7. 1983 ab 14 Uhr bis zum 27. 7. 1983, 8 Uhr, im Bereich des Badestrandes zwischen RWN und Gätenbach aufhielten oder den Weg entlang dem Wassergewinnungsgebiet am Gätenbach benutzten, sich bei der Kriminalpolizei des VPKA Neubrandenburg, Beguinenstraße (Telefonnummer 68 82 45), zu melden.

Alle Informationen werden auf Wunsch vertraulich behandelt.

**VPKA Neubrandenburg, Kriminalpolizei**

Fahndungsaufruf der VP in der Tageszeitung „Freie Erde" vom 28. Juli 1983 nach Auffinden des ermordeten 10jährigen D. L.

Morde wird, die gehört haben wollen, der Täter sei bereits gefaßt worden, lächelt er beruhigt in sich hinein.

Am 9. August 1983 liest er zu seinem großen Erstaunen in der Tageszeitung, daß die beiden Morde durch die „unermüdliche und intensive polizeiliche Ermittlungstätigkeit aller eingesetzten Kräfte der Volkspolizei aufgeklärt" seien. Ein 23jähriger, mehrfach vorbestrafter Mann aus Neubrandenburg ist aufgrund dringenden Tatverdachts verhaftet worden. Zunächst überkommt Steinitz ein unbeschreibliches Glücksgefühl und mobilisiert neue Energien, seine mörderischen Aktivitäten bald zu wiederholen.

Mirko Steinitz grübelt aber auch darüber nach, wie es zu dieser Meldung gekommen ist. Erst hält er sie für einen journalistischen Irrtum, dann für einen plumpen psychologischen Trick der Polizei, um die aufgebrachte Bevölkerung zu beruhigen.

**Mitteilung der Volkspolizei**

**Beide Tötungsverbrechen aufgeklärt**

Die beiden Tötungsverbrechen, über die die „Freie Erde“ am 28. Juli und am 2. August 1983 berichtete, wurden durch die unermüdliche und intensive Ermittlungstätigkeit aller eingesetzten Kräfte der Volkspolizei aufgeklärt.
Der Täter wurde inhaftiert. Gegen einen im dringenden Tatverdacht stehenden, bereits zweimal vorbestraften 23jährigen Bürger der Stadt Neubrandenburg wurde ein Ermittlungsverfahren eingeleitet und Haftbefehl erlassen.
Die Volkspolizei dankt allen Bürgern für ihre aktive Mitarbeit.

Presseinformation in der Tageszeitung „Freie Erde“ vom 9. August 1983 über die vermeintliche Aufklärung der Morde vom 16. Juli und 26. Juli 1983 in Neubrandenburg.

Dennoch fühlt er sich wie ein von unsichtbaren Jägern in die Enge getriebenes Wild und findet sich irgendwie damit ab, bald verhaftet zu werden. Er bemerkt das emsige Treiben der Polizei, die Hunderte von Leuten vernimmt, auch in seiner Kaserne. Doch niemand interessiert sich für ihn, den Feldwebel Mirko Steinitz.
So verliert seine Angst von Tag zu Tag wieder mehr an Intensität, und in gleichem Maße wächst jenes entsetzliche Verlangen, das nur durch einen erneuten Mord befriedigt werden kann.

Tatsächlich hatte die Kriminalpolizei den mehrfach vorbestraften, 23jährigen Arbeiter Karl-Heinz Dürrenberg aus Neubrandenburg verhaftet und ihn der Morde an dem 22jährigen Jörg Dehmel und dem Schüler Dirk Lühmann beschuldigt.
Dürrenberg entstammte schwierigen Familienverhältnissen, wies ein beachtliches intellektuelles Defizit auf, besuchte die Hilfsschule nur bis zur 5. Klasse und beging bereits in frühen Jugendjahren Diebstähle, die ihm Haftstrafen einbrachten. Den Lebensunterhalt verdiente er sich mit Gelegenheitsarbeiten. Fast täglich lümmelte er in billigen Kneipen herum und gab sich seiner Trinkerkarriere hin. Im Rausch wurde er aggressiv und schlug sich regelmäßig mit seinen Kumpanen.

Obwohl Dürrenberg wahrlich kein leuchtendes Beispiel für einen biederen Untertan abgab, drängt sich die Frage auf, auf welche Weise nun ein solch schwerwiegender Vorwurf zustande kam, der ihn später sogar vor Gericht brachte. Doch man muß weiter fragen: Welche Qualität besitzt die Beweisführung gegen Dürrenberg, der am 7. März 1984 durch das Bezirksgericht Neubrandenburg und im Berufungsverfahren vor dem 5. Strafsenat des Obersten Gerichts der DDR wegen zweier Morde zu lebenslänglichem Freiheitsentzug verurteilt wurde, die in Wahrheit der Feldwebel Mirko Steinitz begangen hatte?

Ist die Verstrickung einer Vielzahl von unglücklichen Zufällen Dürrenberg zum Verhängnis geworden oder hat kriminalpolizeilicher Erfolgszwang zu einer rücksichtslosen Manipulation von Beweisen verleitet?

Es stellte sich in diesem Falle erst spät heraus, daß sich auch ein vermeintlich objektiv ablaufender kriminalistischer Erkenntnisprozeß sehr schnell im Netz folgenschwerer Irrtümer verfangen und zu Konsequenzen führen kann, die man gewöhnlich Justizirrtümer nennt, von denen sich die DDR-Rechtsprechung aber frei wähnte.

Das ganze Dilemma beginnt am 27. Juli 1983. Eben zu der Zeit lag die versteckte Leiche des Jörg Dehmel, der ein chronischer Trunkenbold war und sich wiederholt tagelang herumtrieb und von niemandem vermißt wurde, noch unentdeckt irgendwo im Strauchwerk zwischen Stadthalle und der Gaststätte „Werderbruch“. Doch aufwendige polizeiliche Suchmaßnahmen nach dem schon am Vortage vermißten Schüler Dirk Lühman waren in vollem Gange. Unweit des Tollensesees wurde die Leiche des Jungen bald aufgefunden.

Bei der Tatortuntersuchung wurden unter anderem einige blaue Textilfasern gesichert, die den vorsichtigen Schluß zuließen, vom Täter auf das Opfer gelangt zu sein. Die Stichverletzung im Körper des toten Schülers wies auf ein einschneidiges Messer mit einer Klingenlänge von 12 cm hin. Die gerichtsmedizinischen Befunde und die Aussagen anderer Kinder, die mit Dirk Lühmann beim Baden zusammen waren, bestätigten die bisherigen Erkenntnisse über die mögliche Tatzeit.

Die Folgetage waren ausgefüllt mit unzähligen Überprüfungen zur tatzeitbezogenen Personenbewegung an der Badestelle. Dabei interessierte sich die MUK auch für die in Neubrandenburg und Umgebung stationierten Einheiten der NVA. Allerdings endete die

Kompetenz der Kriminalpolizei vor den Kasernentoren. Der zuständige Militärstaatsanwalt, der über eigene Ermittler verfügte, sicherte Unterstützung zu. Doch es wurden nur Urlauber und Ausgänger aus dem Kreis der Wehrpflichtigen und der Zeitsoldaten erfaßt. Eine Alibiüberprüfung der Berufssoldaten wurde nicht erwogen. Daher blieb der Feldwebel Steinitz außerhalb jedes kriminalistischen Interesses.

Ermittlungen zur Personenbewegung am Tollensesee führten zu wichtigen Zeugen. Sie bestätigten, zur fraglichen Zeit einen jungen, offenbar alkoholisierten Mann in blauer Arbeitskleidung beim Baden in der Nähe von Dirk Lühmann gesehen zu haben. So stieß die Kriminalpolizei im Zuge der weiteren Nachforschungen auf Karl-Heinz Dürrenberg. Hartnäckig leugnete er seine Anwesenheit in der Nähe des Tollensesees. Doch über ein überzeugendes Alibi für die Tatzeit verfügte er nicht. Der Alkoholgenuß an diesem Abend hatte sein Erinnerungsvermögen demoliert.

Unaufhaltsam wuchs der Druck der Beweise gegen Dürrenberg. Er wurde schließlich festgenommen, als die Kriminalpolizei ein frisch nachgeschliffenes, feststehendes Messer mit einer Klingenlänge von 12 cm und einen blauen Arbeitsanzug bei ihm beschlagnahmen konnte.

Dann geriet Dürrenberg vollends in die Zwickmühle: Am 1. August wurde die Leiche des 22jährigen Jörg Dehmel durch Arbeiter zufällig entdeckt. Eine zweite MUK nimmt sich der Sache an. Es bedurfte auch nur weniger Nachforschungen, um herauszufinden, daß Dehmel ein langjähriger Saufkumpan Dürrenbergs war und am Tatabend ausgiebig mit ihm gezecht hatte. Wieder leugnete Dürrenberg seinen Kontakt zu dem Ermordeten. Er hatte einen wichtigen Grund, hartnäckig bei der Unwahrheit zu bleiben und bastelte eilig ein falsches Alibi zusammen. Obwohl der Rausch an diesem Abend nur noch unvollständige und schemenhafte Erinnerungsfetzen zuließ, entsann er sich nämlich vage, seinen toten Zechbruder durch bloßen Zufall entdeckt zu haben. Er wußte nicht mehr genau, ob er ihn ausgeraubt hatte. Doch sicher war, daß er Körperkontakt mit ihm hatte.

Die Polizei zerschlug Dürrenbergs Alibikonstruktion sehr bald. Zudem fand sie bei ihm eine blutverschmierte Jacke, mit der er am Abend des 16. Juli bekleidet war. Die Herkunft des Blutes konnte er nicht erklären. Doch die kriminaltechnische Untersuchung bestätigte die Identität mit der Blutgruppe Dehmels.

Nun wurde Dürrenberg beider Morde dringend verdächtigt. Durch

lange Vernehmungen zermürbt und labilisiert erkannte er die Ausweglosigkeit seiner Lage. Die Beweislast und die alkoholbedingten Erinnerungsausfälle produzierten schließlich ein solches Schuldempfinden, daß er beide Morde gestand.
Erst mit der späteren Festnahme des Feldwebels Mirko Steinitz und der Beschlagnahme seiner Akte „Geheime Privatsache“ entdeckte die Kriminalpolizei die minuziösen Niederschriften über die Bluttaten, unter denen sich auch die beiden Morde befanden, derentwegen Dürrenberg längst verurteilt worden war.
In einer Kassationsverhandlung vor dem Obersten Gericht der DDR wurde am 5. Dezember 1984 das Urteil gegen Dürrenberg aufgehoben.

Die Ermordung des Schülers Dirk Lühmann verschafft Feldwebel Steinitz eine nur etwa zwei Wochen währende innere Befriedigung. Dann ergreift ihn eine erneute Ruhelosigkeit. Immer stärker kreisen seine Gedanken um ein neues Morderlebnis, bis er die inneren Impulse nicht mehr zurückhalten kann. Am 23. September 1983 treibt es ihn schließlich in die waldreiche Idylle des Berliner Nordens, nach Borgsdorf. Stundenlang streift er umher, um ein geeignetes Opfer und eine passende Gelegenheit zu finden. Schließlich wird ein teuflischer Zufall sein Verbündeter: Auf der sich durch den Wald schlängelnden Straße von Briese nach Borgsdorf begegnen ihm zwei etwa zehnjährige Jungen, die Brüder René und Stefan Kölling. Sie haben Pilze gesammelt und befinden sich nun auf dem Heimweg nach Oranienburg. Steinitz gefallen diese beiden Kinder mit ihren pfiffigen, hübschen Gesichtern und zarten Körpern. Blitzschnell entschließt er sich zum Handeln, packt mit jeder Hand einen der Jungen im Genick und drängt beide vor sich her in die Tiefe des Waldes.
Irgendwo im Dickicht läßt Steinitz zunächst von ihnen ab, warnt sie aber mit scharfer Stimme, sich nicht fortzubewegen. Angstgelähmt ergeben sie sich ihrem entsetzlichen Schicksal. Mit geheuchelter Freundlichkeit fragt er nach Namen, Anschrift, Familie und Schule und erfährt so alles Wichtige für seine späteren Niederschriften.
Steinitz fotografiert die Kinder – erst in ihrer Bekleidung, dann halb nackt –, bis der Film voll ist. Widerstandslos lassen sie es geschehen. Danach fesselt er ihre Hände und Füße. Jetzt sind sie ihm völlig ausgeliefert. Das grausame Szenario der Katze,

die spielend ihrer Beute eine Zeitlang Hoffnung gibt, ehe sie zum tödlichen Biß ansetzt, geht zu Ende. Steinitz genießt den Gedanken, daß nur er allein den Zeitpunkt bestimmt, wann die letzten Bewegungen, Atemzüge und Herzschläge dieser Kinder seiner rasenden Begierde den erlösenden Höhepunkt verschaffen. Die Erregung ist so heftig, daß er sich zwingen muß, die drohende orgastische Explosion zurückzuhalten. Höchste Befriedigung benötigt eben das grausame Vorspiel des Hinauszögerns. Ein vorzeitiger Orgasmus würde ihn ebenso verärgern wie ein zu schneller Tod seiner Opfer.

Steinitz schleppt den älteren der beiden Brüder weiter ins dichte Unterholz, legt ihn rücklings auf den Waldboden, führt eine zusätzliche Schlinge um einen Baumstamm und fixiert den Unglücklichen daran, um ein Wegkriechen zu vereiteln. Er redet auf den wimmernden Jungen ein, daß schon nichts passieren würde, wenn er sich still verhielte. Dann geht er zurück zu dem jüngeren Bruder, der ebenfalls gefesselt auf dem Waldboden liegt. Auch ihn nötigt er, keinen Laut von sich zu geben.

So pendelt Steinitz einige Male zwischen den beiden Opfern hin und her, überprüft ihre Fesselung und wartet.

Als die Dämmerung hereinbricht, tötet er sie. Mit unbeschreiblicher Intensität genießt er den schmerzvollen, langen Würgevorgang und das konvulsivische Zucken der gepeinigten, nackten Körper, die er dicht an den seinen preßt. Dann sticht er viele Male auf sie ein. Doch die Opfer zeigen längst keine Regung mehr.

Völlig erschöpft verharrt Steinitz minutenlang bei den toten Kindern. Jetzt erst säubert er seine Kleidung vom Schmutz des Waldbodens und begibt sich im Schutze der hereinbrechenden Dunkelheit unbemerkt zum S-Bahnhof Borgsdorf. Im Licht einer Laterne stellt er befriedigt fest, daß sich keine Blutspuren an ihm befinden. Eine knappe Stunde später wirft er sich ermattet auf die Liege in seiner kleinen Berliner Wohnung, nahe des S-Bahnhofes Greifswalder Straße. Zufrieden, guter Laune und ohne eine Spur beißenden Gewissens schläft er tief und lange bis zum nächsten Tag. Dann protokolliert er mit bürokratischer Akkuratesse das mörderische Geschehen auf mehreren Seiten und heftet sie in der Akte „Geheime Privatsache“ ab.

Auszug aus dem mehrseitigen Gedächtnisprotokoll des Feldwebels Mirko Steinitz über den Doppelmord an den Geschwistern

## Volkspolizei bittet um Hinweise

Am 23. September 1983 wurde bei Borgsdorf im Kreis Oranienburg an zwei Kindern ein Tötungsverbrechen begangen. Im Zuge der Ermittlungen zur Aufklärung dieses Verbrechens erhielt die Volkspolizei bisher zahlreiche Hinweise aus der Bevölkerung. Die Volkspolizei bedankt sich dafür und bittet um weitere Mithilfe. Für die kriminalpolizeilichen Ermittlungen sind Informationen zu folgenden Fragen besonders wichtig:

— Wer hat am Freitag, dem 23. 9 1983, in der Zeit von 18 Uhr bis 19 Uhr die Ortsverbindungsstraße (Papengestell) zwischen Borgsdorf und Birkenwerder/Ortsteil Briese benutzt und dabei das sogenannte Papenluch passiert?

— Wer ist der Fahrer des roten Pkw, der sein Fahrzeug am oben genannten Tage in der Zeit zwischen 17.45 Uhr und 18.15 Uhr an der bezeichneten Ortsverbindungsstraße in Höhe des Papenluches geparkt hatte?

Die Frau und der Mann, vermutlich Ehepaar, beide bekleidet mit blauen Trainingsanzügen, die am 23. 9. 1983 gegen 18 Uhr im Bereich der Badestelle des Briesesees Schwäne fütterten und sich in der Folge in Richtung Papenluch bewegten, sowie der Fahrer des Pkw und die Bürger, die zur fraglichen Zeit die Ortsverbindungsstraße benutzten, werden gebeten, umgehend die Einsatzgruppe der K im VPKA Oranienburg (Telefon: 6 32 24 oder 6 32 34) oder jede andere VP-Dienststelle zu verständigen.

Fahndungsaufruf der VP in der Tageszeitung „Märkische Volksstimme“ vom 8. Oktober 1983 im Zusammenhang mit dem Sexualmord an den Brüdern R. und St. K.

## Die Volkspolizei bittet um Mithilfe

Am Freitag, dem 23. September, wurde in den Abendstunden im Wald zwischen Borgsdorf und der Kolonie Briese, Kreis Oranienburg, an zwei Kindern ein Tötungsverbrechen begangen. Die VP bittet alle Bürger, die sich an diesem Tag in der Zeit von 17 bis 20 Uhr im Waldgelände zwischen Borgsdorf und der Kolonie Briese aufgehalten haben oder andere zweckdienliche Angaben im Zusammenhang mit der Tat machen können, sich bei der Deutschen Volkspolizei persönlich oder telefonisch zu melden. Hinweise, die auf Wunsch vertraulich behandelt werden, nimmt jede VP-Dienststelle oder das Volkspolizei-Kreisamt Oranienburg unter der Telefonnummer Oranienburg 6 32 34 entgegen.

BZ

Mitteilung der VP in der „Berliner Zeitung“ vom 27. September 1983 über den Mord an den Brüdern R. und St. K.

René und Stefan Kölling am 23. September 1983:
„… Stefan sagte von Zeit zu Zeit: ‚Nun machen Sie doch endlich, ich denke, Sie wollen uns nur fotografieren?‘
Und: ‚Sie wollen uns doch irgendwas tun.‘
Ich beruhigte ihn jedesmal, so gut ich konnte. Stefan sah selbst mit seinem verheulten Gesicht klasse niedlich aus. Ich fotografierte sie dann, sie wollten sich aber nicht ausziehen.

Ich fragte: ‚Warum nicht?'
Stefan antwortete: ‚Ja und dann nehmen Sie Ihr Messer ...'
‚Das kann ich auch mit Sachen.'
Ich zwang sie aber nicht, sich auszuziehen. Bei René bereue ich das jetzt, denn er hatte einen wirklich schönen Körper.
Nach dem Fotografieren fragten sie, ob sie jetzt endlich gehen könnten. Ich sagte, daß das nicht so einfach geht, ich einen Vorsprung brauche usw.
Ich überlegte die ganze Zeit schon, wie es nun weitergehen sollte, erst mal mußte ich sie fesseln, aber dann? Ich wollte ja schließlich beide erwürgen und wenn ich den einen gerade erwürge, wird der andere bestimmt schreien. 18.45 Uhr ..."

In den Vormittagstunden des 24. September 1983 werden die Leichen der inzwischen vermißten Kinder durch Suchkräfte der Schutzpolizei und der Freiwilligen Feuerwehr Borgsdorf im sogenannten Briesewald gefunden. Der offenkundige Verbrechensverdacht rechtfertigt den Einsatz der MUK.
Die Spurensuche führt zum Auffinden einer Vielzahl von schwarzen Baumwoll- und Polyesterfasern, die nicht aus der Bekleidung der getöteten Kinder herrühren. Das begründet den Verdacht ihrer Täterbezogenheit, die auch bei der zur Fesselung benutzten Schnur unterstellt werden kann. Letztere erweist sich als eine in den VEB Vereinigte Netz- und Seilwerke Heidenau hergestellte Zeltleine. Alle Blutspuren am Tatort stammen von den Opfern und liefern insofern auch keinen Hinweis auf den Täter.
Die folgenden Nachforschungen und Veröffentlichungen in der Tagespresse führen zu mehr als vierzig Personen, die sich am Nachmittag des Tattages im Briesener Wald aufgehalten haben. Ihre Wahrnehmungen zur Personenbewegung werden genau erfaßt, doch ergibt sich daraus kein verwertbarer Anhaltspunkt für die Täterermittlung. Die Kriminalisten stoßen zwar auf eine vermeintlich heiße Spur, da sich einer der Befragten in Widersprüche verwickelt. Doch der Verdacht zerrinnt schnell.
Eine weitere vage Spur weist auf einen unbekannten Mann in Militäruniform. Erneut werden alle Kasernen des Bezirkes überprüft. Und wieder beschränkt man sich dabei auf Wehrpflichtige und Zeitsoldaten, so daß Mirko Steinitz abermals durch die Maschen des Ermittlungsnetzes schlüpft.
Mit der Zeit laufen die polizeilichen Recherchen ins Leere.

Schließlich wird das Verfahren gegen den unbekannten Mörder der Brüder René und Stefan Kölling vorläufig eingestellt.

Steinitz zehrt in den Folgemonaten von seinen Erinnerungen an die Bluttaten. So verschafft er sich zumindest eine solche Entspannung, daß er seine Gelüste auf einen erneuten Mord weitgehend im Zaum halten kann. Auch der frühe Wintereinbruch fördert diese Zurückhaltung: Denn es ist ihm zu kalt, um im Freien den perversen Trieben ihren Lauf zu lassen. So verkriecht er sich lieber in die Berliner Wohnung und beschäftigt sich mit den geheimen Mordprotokollen und den Fotos der Opfer. Seine schauderhafte Phantasie kann dort die Qualen der Gepeinigten am besten reproduzieren und ihn in Hochstimmung versetzen. Dann gelingt ihm mitunter sogar ein Samenerguß.
Später kommt ihm in den Sinn, weitere Morde in den Kellern der zentralbeheizten Plattenbauten von Neubrandenburg-Datzeberg zu begehen. Dort wähnt er sich weitgehend ungestört, vermutet genügend Fluchtwege und ist sich der behaglichen Wärme sicher.
Ein- bis zweimal wöchentlich nach Dienstschluß fährt er von Cölpin nach Neubrandenburg und kundschaftet das Neubaugebiet Datzeberg aus. Ein einfacher Buntbartschlüssel aus seinem Ledigenwohnheim ermöglicht ihm sogar den Zutritt zu den meisten Kellerräumen in den Vielgeschossern der trostlosen Wohnstadt.
Am 7. Februar 1984 ist es wieder soweit: Mit Notizbuch, Kugelschreiber, Fesselschnüren und Tauchermesser bewaffnet, macht er sich am späten Nachmittag auf die Suche nach einem Opfer. Der Gedanke, daß dies nun sein fünfter Mord sein würde, bringt ihn in lüsterne Erregung. Gleichzeitig aber wächst das Grauen vor einem Zugriff durch die Polizei. Lust und Angst, dieses ungleiche Paar, bilden die Triebfeder seines weiteren Handelns.
Da erspäht er einen etwa 9jährigen Jungen, der mit gefülltem Einkaufsnetz gerade eine Kaufhalle verläßt. Steinitz schleicht ihm aus vermeintlich sicherer Distanz nach. Doch der Junge blickt sich plötzlich mehrmals um, als bemerke er seinen Verfolger, und läuft aus Leibeskräften davon. Irgendwo hinter einem Hochhaus entschwindet er dem Blick des Mörders.
Enttäuscht kehrt Steinitz zur Kaufhalle zurück. Dort nimmt er einen kleinen, etwa 6jährigen Jungen wahr, der unbekümmert

vor ihm herläuft. Steinitz überholt ihn eilig, läuft ein Stück weiter, verlangsamt seinen Schritt, macht auf dem Absatz kehrt und kann auf diese Weise das ihm entgegenkommende Kind mit schnellem Blick erfassen: „Es ist ein hübsches, sympathisches Kerlchen."

Er läßt den Jungen ein Stück vorbeiziehen, verharrt wenige Augenblicke, prüft, ob die Menschen auf der Straße Notiz von ihm nehmen und verfolgt sein nächstes Opfer.

Das Kind läuft einige Straßen weiter und steuert zielbewußt eines der Hochhäuser an. Steinitz ist ihm nun dicht auf den Fersen. Gleich hinter der Haustür packt er zu. Mit festem Griff hält er sein Opfer fest. Leise, fast flüsternd, doch mit scharfem Ton spricht er auf das völlig überraschte und verängstigte Kind ein, sich ruhig zu verhalten. Mit roher Gewalt schiebt er es vor sich her in einen der Kellerdurchgänge, die mehrere Häuser miteinander verbinden. Die Türen verschließt er.

Dann beginnt der Unhold seine mörderische Szenerie: Befragung des Opfers, Anfertigen von Notizen, Nötigung zum Entkleiden. Er ist darüber verärgert, daß der Junge eigentlich noch zu jung ist, um dem langsamen Würgetod jenen aufbäumenden Widerstand entgegen setzen zu können, der für den Höhepunkt seiner Wollust erforderlich ist.

So ist es dann auch. Der Widerstand des Opfers ist gering. Die erwarteten Reaktionen bleiben aus. Nur wenige schwache Zuckungen sind das Resultat der tödlichen Attacke. Statt dessen rinnt Blut aus der Nase des sterbenden Kindes. Das stört. Steinitz kann seine erregenden Vorstellungen nicht mehr konzentrieren, denn er muß nun darauf achten, einen Blutkontakt zu vermeiden.

So schwindet Steinitz' Erregung höhepunktlos und schnell. Zur Enttäuschung und Verärgerung über den mißglückten Versuch, sich Entspannung zu verschaffen, gesellt sich die plötzliche Angst, entdeckt zu werden, als er Schritte auf der Kellertreppe vernimmt. Irgend jemand versucht, die verschlossene Kellertür aufzuklinken. Doch die Schritte entfernen sich wieder. Steinitz eilt durch den Kellergang bis in das Nebengebäude und verläßt unbemerkt das Haus. Er beruhigt sich bald, fährt nach Cölpin zurück, genießt das Abendessen und entspannt sich am Fernseher.

Vor dem Einschlafen denkt er über alles nach und nimmt sich vor, künftig nur ältere Jungen auszusuchen. Von ihnen ist größe-

rer körperlicher Widerstand zu erwarten. Doch nun befürchtet er auch, daß die Polizei am Tatort seine Fingerabdrücke an den Türklinken und Lichtschaltern finden könnte.
Erst im Mai 1984 sucht er das Neubaugebiet Datzeberg wieder auf. Denn für das geheime Protokoll über den fünften Mord fehlen noch wichtige Daten: Die Nummer des Hauses, in der sich der Tatort befindet und die genaue Schreibweise des komplizierten Namens seines letzten Opfers.
Später entnimmt er einem Kasinogespräch, daß die Polizei über eine ziemlich genaue Beschreibung des Täters verfügen würde. Bis auf die Fahndungsaufrufe in der Tagespresse bemerkt Steinitz nichts von den fieberhaften Ermittlungen der Kriminalpolizei. Die veröffentlichte Personenbeschreibung beunruhigt ihn nicht. Die Informationen darin sind so vage, daß er keineswegs befürchtet, durch sie identifiziert zu werden.

Die Untersuchungsstrategie der MUK fußt im wesentlichen auf zwei Versionen: Weil die spurenkundlichen Befunde eine sexuell motivierte Tötung des Jungen nicht objektivieren konnten, wurde einerseits davon ausgegangen, daß die Tötung aus Wut, Haß oder Überdruß erfolgte. Deshalb wurde im Familien-, Verwandten- und Bekanntenkreis nach möglichen Motiven und Verdächtigen geforscht. Andererseits wurde ein Sexualmotiv nicht außer Acht gelassen. Das wiederum erforderte breit angelegte Recherchen zur Personenbewegung am Tatort und zur Überprüfung von einschlägig Vorbestraften. Ein Straftatenvergleich mit dem noch unaufgeklärten Mord an den Brüdern René und Stefan Kölling aus Oranienburg führte nicht auf die Spur eines Serientäters. Weder die Tatortbedingungen noch die Begehungsweise ließen kriminalistisch bedeutsame Elemente von Gleichartigkeit, im Fachjargon Perseveranz bezeichnet, erkennen.
Wiederum erstreckte sich die Untersuchungsroutine auf die Überprüfung aller im Bezirk stationierten NVA-Einheiten. Und wieder beschränkte sie sich lediglich auf die Wehrpflichtigen.
Der Mord in Neubrandenburg-Datzeberg war wochenlang das Tagesthema eins aller Stadtgespräche. Fassungslosigkeit und Empörung über die Bluttat mobilisierte die Bereitschaft, der Polizei zu helfen. Unzählige Informationen gingen bei der Kriminalpolizei ein.
Doch zu den vielen wichtigen und sachdienlichen Hinweisen gesellten sich auch falsche Verdächtigungen. Die Selbstbezichtigung

dreier Männer, die – unabhängig voneinander – in ihrer krankhaften Prahl- und Sensationssucht mit Starrsinn darauf beharrten, den Mord in Datzeberg verübt zu haben, und die deshalb inständig um ihre Verhaftung baten, belastete den Untersuchungsalltag. In jedem Einzelfall waren dazu präzise, oftmals auch zeitaufwendige Ermittlungen erforderlich.
Schließlich mußte auch dieses Verfahren nach einigen Monaten nach § 143 StPO vorläufig eingestellt werden, weil der Täter nicht ermittelt werden konnte.

Mehrere Wochen lang meidet Feldwebel Steinitz die Stadt Neubrandenburg. Statt dessen kundschaftet er in seiner Freizeit das von Cölpin mit dem Linienbus gut erreichbare Städtchen Strasburg am Nordrand der Uckermark nach Möglichkeiten aus, um den nächsten Mord zu begehen. Er weiß, daß im dortigen Kulturhaus regelmäßig Tanzveranstaltungen stattfinden, die von den Halbwüchsigen der Umgebung gern besucht werden. Doch es wird nicht nur getanzt, sondern auch viel getrunken.
Nun will Steinitz einen Jugendlichen. Dieser soll zum Objekt seiner todbringenden Wollust werden. Um zu verhindern, daß eine körperliche Überlegenheit seines Opfers ihm zu schaffen machen könnte, konzentriert er seine Aufmerksamkeit auf möglichst stark Angetrunkene.
In den Nachtstunden des 3. September 1983 bietet sich eine der gewünschten Gelegenheiten: Ein erheblich alkoholisierter junger Mann verläßt torkelnd und nur mit sich selbst beschäftigt das Kulturhaus. Steinitz folgt ihm unbemerkt bis zu einer Stadtrandsiedlung. Dort verschwindet der Jugendliche in einem der kleinen Einfamilienhäuser. Längst ist Schlafenszeit für die fleißigen Werktätigen. Es herrscht nächtliche Ruhe in der auch tagsüber stillen Gegend. Nirgendwo brennt Licht in den Häusern. Nur eine altmodische Straßenlaterne produziert einen schwachen Schein. Im Schutze der Dunkelheit beobachtet Steinitz, wie sich eines der unteren Fenster in dem kleinen Haus erhellt. Er nimmt den Schattenriß des Jugendlichen wahr, der das Fenster öffnet. Dann erlischt das Licht. Steinitz schlußfolgert richtig, daß sich der Verfolgte nun zu Bett begeben hat. Enttäuscht trottet er zurück ins Stadtinnere.
Ihm gehen die vielen mißglückten Versuche in der Vergangenheit durch den Sinn, weil die Objekte seiner tödlichen Begierde

entweichen konnten oder andere sein Vorhaben störten. Er fürchtet sich davor, in der Rage seiner Geilheit Fehler zu machen, die ihn verraten könnten. Sein Sicherungsverhalten reagiert immer sensibler. Doch zugleich drängt das immer ungestümer tobende Bedürfnis zum Töten nach Realisation.
So zieht es ihn kurz darauf wieder zu dem Haus in der Siedlung. Leise betritt er das Grundstück, findet eine Leiter und legt sie an das offene Fenster. Er streift sich seine alten NVA-Wollhandschuhe über und steigt vorsichtig empor. Mit einer Militärtaschenlampe leuchtet Steinitz das Innere der Stube ab. Tatsächlich liegt dort der junge Mann in tiefem Schlaf.
Behutsam klettert er über die Brüstung, legt Handschuhe und Taschenlampe auf dem Fenstersims ab, tritt an den Schlafenden heran und versucht, ihn zu fesseln. Augenblicklich ist das Opfer wach. Der Alkohol in ihm scheint in diesem Moment seine destruktive Wirkung verloren zu haben. Schon setzt Steinitz zum Würgegriff an. Der Effekt bleibt aber gering, da der Überfallene kraftvoll und wild um sich schlägt. Steinitz muß nun fürchten, selbst der Unterlegene zu werden. Er verliert die Übersicht, wird von panischer Angst erfaßt. Wie von Sinnen sticht er mit dem Tauchermesser auf den jungen Mann ein. Der schreit aus Leibeskräften: „Hilfe, der will mich abstechen!"
Die Zimmertür wird geöffnet, Licht von draußen trifft in das Innere des Raums. Eine Frau im Nachthemd ist plötzlich erschienen. Auch sie stimmt sofort in die Hilfeschreie ein. Steinitz ist über alle Maßen erschrocken. Kopflos ergreift er die Flucht, springt durch das offene Fenster ins Dunkel. Das alles geht so rasch, daß die beiden den Eindringling nicht erkennen können. Doch Handschuhe, Tauchermesser und Taschenlampe bleiben als Indiz seiner Anwesenheit am Tatort zurück.
Der junge Mann ist beträchtlich verletzt. Seine sofortige Einlieferung ins Kreiskrankenhaus ist nötiger als die Verfolgung des nächtlichen Phantoms. Dadurch gelingt es Steinitz, unbeschadet aus dem Grundstück zu entkommen. Wie von Furien gehetzt läuft er durch das nächtliche Städtchen und bemerkt nicht, daß er von zwei Jugendlichen beobachtet wird, die ihn später vor der Polizei recht gut beschreiben können. Angstvoll versteckt er sich bis zum späten Vormittag in einem nahen Wald, ehe er es wagt, den Bus nach Cölpin zu besteigen. Sein blutverschmiertes Hemd verbirgt er unter der hochgeschlossenen Lederjacke.

Bei der Tatortuntersuchung werden Blut- und Faserspuren gesichert, deren Zuordnung aber nicht gelingt. Die von Steinitz zurückgelassenen Utensilien veranlassen die Kriminalpolizei zu neuen Recherchen in den umliegenden NVA-Kasernen. Doch auch diesmal werden nur die Alibis der Wehrpflichtigen überprüft.
Da der verletzte Jugendliche in zwielichtigen Kreisen verkehrt und in der Vergangenheit mehrmals in Prügeleien verwickelt war, vermutet man den Racheakt eines Widersachers. Deshalb konzentrieren sich die Untersuchungen auf den Freundes- und Bekanntenkreis des Opfers. Doch diese Spur erweist sich bald als falsch, und das Verfahren wird vorläufig eingestellt.
Steinitz ist über das mißglückte Vorhaben sehr enttäuscht. Es ist ihm wieder nicht gelungen, den langsamen Tod eines Menschen auszukosten. Darüber hinaus ängstigt ihn, Handschuhe, Messer und Taschenlampe am Tatort zurückgelassen zu haben. Mit Recht befürchtet er, daß sich darauf Spuren von ihm befinden. Für eine erneute Attacke muß er sich lange in Geduld üben. Der feucht-windige Herbst und die nahende Winterkälte nehmen ihm die Lust am Herumstreunen. Aber auch die Furcht vor weiterem unbedachtem Verhalten zwingt ihn zur Zurückhaltung seiner mörderischen Gelüste, denen er sich deshalb nur in Gedanken hingeben kann.
Die perverse Phantasie entbehrt bald nicht mehr einer suchtartigen Zwanghaftigkeit. Sie nimmt ihn so in Anspruch, daß bestimmte Selbstverständlichkeiten des täglichen Lebens wie äußere Ordnung und Körperpflege, auf die er früher peinlich genau achtete, immer weniger Bedeutung für ihn besitzen. Zu seiner verkommenen Seele gesellt sich nun auch die äußere Verwahrlosung.
Mit dem späten Frühjahr 1984 erwacht auch Steinitz' mörderische Getriebenheit, sich ein neues Opfer zu suchen. Wie ein ausgehungertes Raubtier auf der Suche nach Beute durchstreift er wieder ruhelos das Stadtgebiet von Neubrandenburg oder die Naherholungsgebiete des Berliner Nordens. Manchmal mischt er sich in das Menschengewühl der großen Berliner Bahnhöfe in der Hoffnung, einen Angetrunkenen aufzuspüren, den er in einen tödlichen Hinterhalt locken kann. Und immer hat er den unauffälligen Beutel bei sich, in dem er die notwendigen Gerätschaften für seine Untaten verstaut hat: Fotoapparat, Notizbuch, Fesselschnüre und Messer.

Aber die unsteten Jagdausflüge enden mit immer größeren Enttäuschungen. Mißerfolg reiht sich an Mißerfolg. Einige Male hat er die Opfer zwar fest in seinen Klauen, doch muß er das tödliche Szenario vorzeitig abbrechen, weil es durch unvorhergesehene Störungen vereitelt wird.
So ist es auch am Nachmittag des 24. Juni 1984, als er sich in der Gegend des Kiessees von Schildow herumtreibt. Ein 11jähriger Junge radelt unbekümmert einen schmalen Trampelpfad zwischen mannshohem Schilf entlang. Er soll sein nächstes Opfer sein. Das Kind gefällt ihm über alle Maßen: „Er ist ein hübscher kleiner Bursche, direkt zum Verlieben!“ Steinitz versperrt ihm den Weg und zwingt ihn zum Absteigen. Mit festem, schmerzhaftem Nackengriff schiebt er das wehrlose Kind vor sich her ins Dickicht. Doch kaum hat er einen geeigneten Platz gefunden, an dem er das Kind töten will, ertönt aus unmittel-

**Gewaltverbrecher festgenommen**

Durch aktive Mitarbeit der Bevölkerung konnte am 8. Juli 1884 Mirko S. durch die Deutsche Volkspolizei festgenommen werden. Er steht in dringendem Verdacht, im September 1983 im Kreis Oranienburg Tötungsverbrechen an zwei Kindern begangen zu haben. Ein Ermittlungsverfahren wurde eingeleitet und Haftbefehl erlassen. Die Volkspolizei dankt allen Bürgern, die durch ihr umsichtiges Handeln zur Festnahme des Täters beigetragen haben.

Wortlaut der Pressemeldung über die Festnahme des M. St. in der FDJ-Zeitung „Junge Welt“ vom 17. Juli 1984.

**Tötungsverbrechen aufgeklärt**

**Neubrandenburg** (ADN) Durch aktive Mithilfe der Bevölkerung wurde der 23jährige M. St. von den Sicherheitsorganen der DDR festgenommen. St. steht im dringenden Verdacht, im Februar 1984 in Neubrandenburg den 6jährigen Mirko Konrad getötet und weitere schwere Verbrechen begangen zu haben. Ein Ermittlungsverfahren wurde eingeleitet und Haftbefehl erlassen.

Wortlaut der Pressemeldung über die Festnahme des M. St. in der Tageszeitung „Freie Erde“ vom 11. Oktober 1984.

barer Nähe ein Stimmengewirr. Steinitz läßt vor Schreck von ihm ab. Noch ehe er einen klaren Gedanken über seine Rückzugsstrategie fassen kann, wird er von einer Schar Kinder umringt, die ihren Spielkameraden suchen. Um keinen Verdacht aufkommen zu lassen, verwickelt er die Kinder in ein ablenkendes Gespräch. Erst einige Minuten später gelingt es ihm, das Weite zu suchen.
Wieder ist ein mörderisches Vorhaben gescheitert. Steinitz ist höchst unbefriedigt, er muß nun einige Zeit verstreichen lassen, ehe er einen neuen Vorstoß wagen kann. In dieser Zeit denkt er unentwegt an den Jungen von Schildow, macht ihn zum Objekt seiner sadistischen Tagträume.
Doch seine äußere Zurückhaltung hält nur zwei Wochen an. Am Sonntag, den 8. Juli 1984, treibt ihn die Begierde bereits um 4.30 Uhr aus den Federn. Schon im Morgengrauen begibt er sich an den Ort des letzten mißlungenen Versuches. Sein ganzes Sinnen und Trachten gilt nur einem einzigen Objekt, nämlich dem Jungen, an den er die ganze vergangene Zeit denken mußte. Der Wunsch, dieses Kind wiederzusehen, ist übermächtig. Versteckt im Dickicht beobachtet er den Weg zum Kiessee. Die Erwartung eines langsamen, ungestörten Tötungsaktes produziert dabei eine solche Geduld, daß Steinitz bis zum Nachmittag dort ausharrt. Dann sieht er, wie sich ihm zwei etwa zehnjährige Jungen auf ihren Fahrrädern nähern. Diese Gelegenheit will er sich nicht entgehen lassen. Als die Radler auf seiner Höhe sind, springt er hervor und versperrt drohend den Weg. Sie müssen von den Rädern steigen. Mit je einer Hand packt Steinitz eines der Kinder und versucht, sie mit heftigen Stößen in das dichte Unterholz zu drängen. Dabei fallen die Fahrräder geräuschvoll um. In diesem Moment gelingt es einem der Jungen, sich von Steinitz loszureißen und laut hilfeschreiend fortzulaufen. Nun beginnt auch das andere Kind, aus Leibeskräften nach Hilfe zu rufen. Steinitz ist so irritiert, daß er seinen Griff lockert. Und der Junge entkommt. Augenblicke später vernimmt er das metallene Klappern sich rasch entfernender Fahrräder.
Wieder ist ein Versuch gescheitert. Steinitz ist sehr verärgert. Doch noch stärker ist die Angst, daß die beiden Kinder Hilfe holen könnten. Eine Flucht über den See ist nicht möglich. Er weiß, daß er den Weg zur Siedlung nehmen muß, um aus der Falle zu geraten. Doch es gelingt ihm nicht mehr. Aufgeregte Männerstimmen nähern sich schnell. Steinitz hechtet hinter die

dichten Büsche. Augenblicke später packen ihn schmerzhaft kräftige Männerarme und zerren ihn aus seinem Versteck. Ein Entkommen ist unmöglich. Die Angst lähmt ihn. Das Unausweichliche bricht über ihn herein. Weitere Männer eilen hinzu. Im Nu ist er umringt und ihren drohenden Gebärden ausgesetzt. Die Männer bugsieren ihn unsanft zur Siedlung Mönchmühle. Wie der Gefangene eines feindlichen Indianerstammes am Marterpfahl wird er vor einen Lichtmast postiert, den teils bösen, teils neugierigen Blicken der Umherstehenden ausgeliefert. Nun bangt der Mörder um sein eigenes Leben. Wenig später fährt ein Funkstreifenwagen vor. Steinitz wird „zur Klärung eines Sachverhalts vorläufig festgenommen".
Der sichergestellte Beutel mit dem sonderbaren Inhalt macht die Schutzpolizisten mißtrauisch und veranlaßt sie, die Kriminalpolizei des VPKA Oranienburg zu informieren. Bald darauf muß Mirko Steinitz die erkennungsdienstliche Prozedur über sich ergehen lassen, da er zumindest des versuchten sexuellen Mißbrauchs verdächtigt wird.
In der ersten Vernehmung durch die Kriminalisten des VPKA zeigt Mirko Steinitz noch ein relativ stabiles, aber aggressives Verteidigungsverhalten. Mit aller Schärfe weist er die Vorwürfe zurück, versteckt sich hinter seiner vermeintlichen Integrität als Feldwebel der NVA und versucht, Loyalität und Lauterkeit vor dem Gesetz vorzuspiegeln. Doch die unsanfte Kontaktaufnahme zu den beiden Jungen vom Kiessee kann er ebensowenig überzeugend begründen, wie den absonderlichen Inhalt seines Beutels.
Seine Ausflüchte werden schnell erkannt. In der Bedrängnis erfindet er immer wieder neue. Nach zwei Stunden kann er sich aus dem Filz der Widersprüche nicht mehr befreien. Da gesteht er, daß er die Absicht hatte, die beiden Jungen vom Kiessee töten zu wollen.
Umgehend wird seine vorläufige Festnahme angeordnet. Die MUK Potsdam übernimmt am gleichen Abend die weiteren Ermittlungen und setzt die peinliche Befragung fort. Kurz nach Mitternacht gesteht Mirko Steinitz den Doppelmord an den Brüdern Stefan und René Kölling. Die Durchsuchung seiner Berliner Behausung fördert überraschendes Beweismaterial zutage: Mehrere Messer, eine schriftliche Anleitung zum Anlegen von Fesseln, Negativfilme, Fotos und einige Personaldokumente seiner Opfer, vor allem aber ein Aktenordner „Geheime Privat-

sache“ mit den peinlich genauen Berichten über seine Untaten, unter denen sich auch die Morde an Jörg Dehmel und Dirk Lühmann befinden, die als längst aufgeklärt gelten.
Aus Gründen der Staatsräson veranlaßt die politische Obrigkeit, daß am 10. Juli 1984 die Hauptabteilung Untersuchung des MfS den Fall des Feldwebels Mirko Steinitz zur weiteren Bearbeitung übernimmt.
In nahezu dreißig langen Vernehmungen legt Steinitz über seine Untaten, den fünffach vollendeten und einen versuchten Mord sowie die mehr als zwanzig vorbereiteten Morde, ein umfassendes Geständnis ab.
Die Rekonstruktion jedes einzelnen Verbrechens und ihre fotografische Dokumentation führen zu wichtigen objektiven Beweismitteln. Sie verifizieren die Aussagen des Mörders. So wird zum Beispiel im August 1984 eine Einheit der Pioniertruppen der NVA beordert, den Dorfteich von Cölpin trockenzulegen. Nach dreitägiger Suche wird das Messer gefunden, das Steinitz bei seinem ersten Mord benutzte und dessen Klinge sich dabei verbog.

Als die DDR nach langem Siechtum Ende des Jahres 1989 im Sterben liegt, versucht Mirko Steinitz, seinem Verfahren politische Hintergründe zu unterstellen und fordert deshalb eine Überprüfung des Urteils. Doch sein Anliegen wird zurückgewiesen, da sich der Richterspruch lediglich auf in höchstem Maße gesellschaftsgefährliche, besonders verwerfliche Delikte gegen die Persönlichkeit bezieht. Es sind keine politischen Erwägungen für das Urteil erkennbar, die eine Revision rechtfertigen würden. Auch die Beweisführung bietet dafür keinen Anlaß.
Heute ist Steinitz davon überzeugt, in den bisherigen Jahren seiner Haft die sadistischen Neigungen längst überwunden zu haben. Unbestätigten Berichten zufolge habe er deshalb bereits im Jahre 1991 ein Gnadengesuch eingereicht.

Ein kurzes Nachwort erscheint notwendig:
In den letzten Jahrzehnten scheinen sich in verschiedenen europäischen Ländern die Fälle von sexuellen Serienmorden zu häufen. Eine lange Kette unrühmlicher Namen von Tätern, wie „Ludy“, Strack, Bartsch, „der Heidemörder“, Hagedorn, Dutroux usw., mobilisiert das Volksempfinden zum Kampf für die Wiedereinführung

der Todesstrafe, für das Abschaffen des Hafturlaubs, gegen vorzeitige Entlassung und für Zwangskastration.
Auch die rechtspolitischen Reformeiferer betreten nun das öffentliche Podium. Doch ziemlich hilflos pendeln ihre Meinungen zwischen Ignoranz und Verlangen von Härte.
Selbst den juristischen Fachleuten und den Erben Siegmund Freuds ist es nicht gelungen, eine einheitliche Auffassung, geschweige denn eine Strategie, zu entwickeln, deren Richtigkeit niemand bezweifelt. So hat die Gesellschaft das Übel zwar erkannt, doch findet sie kein Rezept, es an der Wurzel zu packen.
Eine Ursache für das schier unlösbare Problem ist eine definitorische: Immer wieder geistert der Begriff des sexuellen Triebtäters durch die juristische und journalistische Landschaft und führt zu dem weit verbreiteten Irrtum, daß diesem Tätertyp ein extremer Sexualtrieb zugrunde liegen würde. Die Realität jedoch beweist – auch im Fall Steinitz – daß das Sexualempfinden in seiner Entartung nämlich eher verkümmert ist. Man muß nur darüber nachdenken, unter welchen absurden Bedingungen diesem Tätertyp eine Erektion bzw. Ejakulation überhaupt erst möglich wird. Dann wird auch klar, daß die Handlungsantriebe offensichtlich auf anderen Primärursachen als im übersteigerten Sexualtrieb beruhen. Die kriminologischen und psychologischen Erfahrungen haben längst gezeigt, daß der unwiderstehliche Drang zum Quälen und Töten vordergründig ein Bedürfnis nach Wohlempfinden und Dominanz befriedigen soll und erst sekundär auf eine sexuelle Entspannung ausgerichtet ist. Es ist ein Trieb anderer Art als ein rein sexueller. So tötete beispielsweise der vielfache Frauenmörder Bruno Lüdke (1924 bis 1943) nicht vordergründig zur Befriedigung seines Geschlechtstriebs. Er war von Natur aus impotent und kaum zu einer Erektion fähig.
Daß auch eine sexuelle Entspannung angestrebt wird, darf daher nicht zu einer einseitigen Reduzierung auf den Sexualtrieb führen, wie es in vielen psychiatrischen Gutachten geschieht. Die Lust an Unterwerfung, Demütigung und Gewalt bliebe auch dann bestehen, wenn die Funktion des Sexualapparates außer Kraft gesetzt würde.
Nur so ist es zu verstehen, daß die immer lauter werdende Forderung, durch chemische Kastration die eigentliche Ursache, nämlich den Drang zur Ausübung von Herrschaft und Gewalt auslöschen zu wollen, nur klägliches Unverständnis beweist.
Eine bereits seit dem Jahre 1969 bestehende und auch genutzte

Möglichkeit der freiwilligen Kastration hat diese schwere Kriminalitätserscheinung keineswegs spürbar zurückdrängen können. Auch eine Zwangskastration kann nicht die Lösung sein, abgesehen von den erheblichen verfassungsrechtlichen Bedenken gegen diese zweifelhafte Maßnahme, die Wiederholungsgefahr damit bannen zu wollen.
So scheint es nur einen Weg zu geben: Die Senkung der Rückfallquote und die Wiedereingliederung des Serienmörders in die Gesellschaft (auch in die seiner Mitgefangenen) erfordert, in Analogie zu bestimmten Erscheinungsformen der Sexualdelinquenz, strenge und ständig begleitende sozialtherapeutische Maßnahmen. Triebtäter – wie Mirko Steinitz – sind von einer besonderen Form der Sucht beherrscht. Eine Therapie kann sie nur zeitweilig „clean" machen. Ein Leben lang wird dieser Trieb in ihrer Seele glimmen und solange ist Kontrolle und therapeutischer Einfluß vonnöten, um ihn nicht wieder zu einer vernichtenden Flamme auflodern zu lassen.
Das heutige sozialtherapeutische Instrumentarium in unserem Lande dürfte diese Aufgabe kaum erfüllen können. Die politischen Eiferer sollten sich für seinen Ausbau einsetzen. Nur er wäre die effiziente Maßnahme zur Minimalisierung der Rückfallquote. Die effektvolle politische Forderung nach Zwangskastration trifft nur auf den Beifall der Allgemeinheit. Das eigentliche Ziel jedoch wird verfehlt.

## Suizid im Sozialismus

Vergeblich wird man in statistischen Jahrbüchern oder in den Medien der DDR, ja selbst in kriminologischen Fachpublikationen nach Angaben über die Selbstmordsituation im Land der Arbeiter und Bauern suchen. Allenfalls lassen sich in kriminalistisch, medizinisch oder psychotherapeutisch orientierten Fachzeitschriften kasuistische Beiträge finden. Doch beschränken sich deren, ohnehin meist relativierte, spärliche statistische Mitteilungen auf nur eng begrenzte Themenkreise.

Die Gründe dafür sind mehrschichtig: In den Anfangsjahren der DDR hielt sich rigide die offizielle Auffassung, daß Selbsttötungen vordergründig ein Kennzeichen für Ausweglosigkeit und Depression des Individuums in der Ausbeutergesellschaft seien. Sie wurden deshalb als besonderes Produkt der Menschenfeindlichkeit des Kapitalismus aufgefaßt und widersprachen den gesellschaftlichen Bedingungen und somit dem Verständnis über das Menschenbild im Sozialismus.

Vor allem in den 50er Jahren bildete daher die Problematik der Selbsttötung einen Teilgegenstand der propagandistischen Auseinandersetzungen mit dem Kapitalismus. Emsig wurden dazu westdeutsche Suizidstatistiken und Berichte in der Tagespresse über Einzelschicksale genutzt. Die Ursachen für Selbsttötungen wurden schlichtweg darauf reduziert, daß sie Ausdruck des letzten individuellen Aufbegehrens gegen soziale Ungerechtigkeit und Verelendung im Ausbeuterstaat seien.

Ideologisch führte eine solche einseitige Betrachtungsweise zwangsläufig in eine Zwickmühle: zum einen war die kriminalpolizeiliche Statistik über die vollendeten Suizide ebenso wenig zu leugnen wie die Tatsache, daß die Suizidalität auch in der DDR Ausmaße erreichte, die eine Verstärkung psychotherapeutischer Maßnahmen der Suizidprophylaxe notwendig machte. Zum anderen förderten die in den Folgejahren herangereiften psychologischen, kriminologischen und medizinischen Erkenntnisse einen zaghaften Widerstand der Wissenschaften gegen die starre Simplifizierung und Tabuisierung des Suizidgeschehens im eigenen Land. Denn es war nicht mehr zu verheimlichen, daß auch in der DDR Selbstmordgefährdung und vollendeter Selbstmord, wie in anderen Ländern auch, das Bild einer Gesellschaft mit prägen.

Gleichwohl führte das überzogene, allgegenwärtige Sicherheitsdenken der in den Fachministerien Zuständigen dazu, öffentliche Diskussionen über die Suizidsituation in der DDR keineswegs zuzulassen. Denn es galt auch für dieses sensible Thema der Grundsatz, dem Klassengegner keinen zusätzlichen Zündstoff für die ideologische Auseinandersetzung zu liefern. Mithin waren nur territorial und thematisch eng begrenzte wissenschaftliche Untersuchungen möglich, denen sämtlich der Stempel des Geheimnisschutzes aufgedrückt wurde. Folgerichtig wurden die Ergebnisse der Öffentlichkeit vorenthalten.

Das Suizidgeschehen im Sozialismus blieb somit immer ein unaufgearbeitetes gesellschaftliches Phänomen. Selbst in den 70er und 80er Jahren, in denen sich die DDR-Wissenschaften freimütiger als in der Vergangenheit der Lösung der eigenen gesellschaftlichen Widersprüche zuwenden konnten, blieb hinsichtlich des Suizidproblems die aufgezwungene Zurückhaltung weitgehend bestehen. Auch die Tatsache, daß zum Ausschluß von Verbrechen jährlich mehrere tausend vollendete Suizidfälle kriminalistisch untersucht werden mußten, blieb der Öffentlichkeit verborgen.

Der eigentliche ideologische Grund für die starre Linie, die Erkenntnisse über das Suizidgeschehen nicht publik werden zu lassen, hat vermutlich zwei Seiten:

Einerseits berührte die Suizidproblematik unmittelbar wichtige philosophische und ethische Fragen des Lebens und des Todes, auf die die marxistisch-leninistischen Gesellschaftswissenschaften ohnehin nur unbefriedigende Antworten parat hatten. Das Bewußtsein des sozialistischen Menschen über sich selbst und die Welt – so vereinfachten sie – vermittele ihm einen solchen inneren Halt, daß schwierige Konfliktsituationen des Lebens anders überstehbar seien als ohne gefestigte marxistisch-leninistische Weltanschauung. Die Suizidstatistik im Sozialismus aber machte diese These zu einer leeren Phrase.

Andererseits führten die im Vergleich zur Bundesrepublik nur geringfügig höheren Suizidbelastungsziffern in der DDR zu ei-

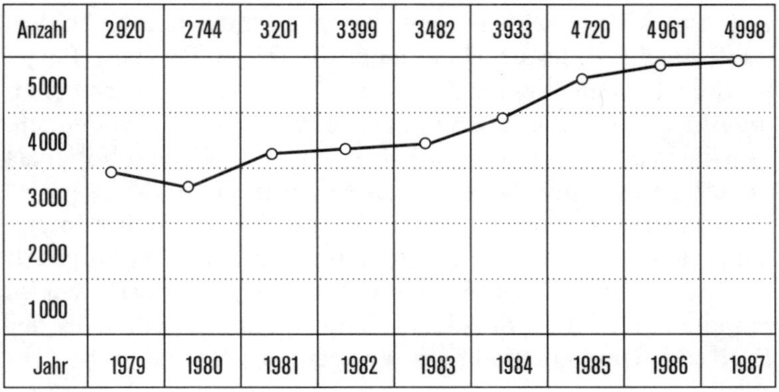


*Trendverlauf der vollendeten Selbstmorde in der DDR von 1979 bis 1987.*

ner ideologischen Peinlichkeit, denn die Vorzüge des Sozialismus ließen sich am Beispiel der Suizidbelastung keineswegs demonstrieren.

Immerhin wurden in der DDR im Zeitraum von 1968 bis 1988 durchschnittlich 3 700 vollendete Suizide pro Jahr verübt. Das entspricht einer auf einhunderttausend Einwohner bezogenen Belastungsziffer von 23 Selbstmorden. In der Bundesrepublik lag sie dagegen bei 21. Lediglich Berlin wies höhere Zahlen auf. Das galt aber gleichermaßen für Westberlin (Belastungsziffer 33) wie für Ostberlin (Belastungsziffer 33).

Doch derlei Zahlenangaben bedürfen eines kurzen Kommentars: Die in der Bundesrepublik einheitlich geltende Rechtsnorm der staatsanwaltlichen Leichenschau (§ 87 STPO) unterstellt der Untersuchungsbehörde diagnostische Fähigkeiten zur objektiven Beurteilung äußerer Befunde an der Leiche, über die sie aber mangels spurenkundlichen Fachwissens tatsächlich nicht verfügt.

Die staatsanwaltliche Leichenschau hat allenfalls dann Bedeutung, wenn ihr zwingend eine Leichenöffnung folgt. Die Praxis zeigt jedoch, daß eine solche Anordnung im Ermessen des Staatsanwalts liegt und somit willkürlich getroffen wird. Fehlentscheidungen sind die logische Folge.

Die für jedes Bundesland spezifisch geltenden rechtlichen Regelungen und die Qualität der obligatorischen ärztlichen Leichenschau sind bundesweit so unzulänglich, daß auch hier ein erhebliches Dunkelfeld unterstellt werden muß. Westdeutsche

Rechtsmediziner beklagen seit langem die extrem hohe Fehlerquote bei der Todesursachendiagnostik (bis 80 Prozent). Folge: Jährlich bleiben nicht nur nahezu 2 000 Tötungsverbrechen unentdeckt, sondern auch die tatsächliche Rate für vollendete Suizide in der Bundesrepublik liegt um ein Vielfaches höher als die offiziellen statistischen Angaben ausdrücken.

Demgegenüber gewährleisteten die Leichenschauanordnung, die gerichtsmedizinische Leichenöffnungspraxis (im Vergleich zur Bundesrepublik wurden wesentlich mehr Autopsien vorgenommen) und die polizeiliche Untersuchungsqualität in der DDR, das Dunkelfeld auf ein sehr geringes Niveau zu begrenzen.

Fazit: Die DDR-Zahlen sind zwangsläufig deshalb höher, weil mehr Suizide aufgedeckt wurden.

Auch die von den Gesundheitseinrichtungen erfaßten Selbstmordversuche müssen in die Gesamtbelastung aufgenommen werden. Da sie überlebt werden, erscheinen sie in keiner Todesursachenstatistik. Hinzu kommt noch eine unbekannte Größe völlig latent gebliebener Versuche. Alles in allem, so besagen kriminologische Schätzungen, erreichen sie das Fünfzehnfache der vollendeten Selbstmorde.

Die Gesamtquote der vollendeten und gescheiterten Suizide in der DDR dürfte somit die beachtliche Zahl von jährlich knapp 70 000 Betroffenen, quer durch alle sozialen Schichten, erreicht haben.

Anzumerken in diesem Zusammenhang ist noch: In einzelnen gegenwärtigen Veröffentlichungen weichen die Suizidzahlen voneinander ziemlich ab. Das darf nicht verwundern, denn dafür gibt es verschiedene Gründe.

Stützen sich die Untersuchungen nämlich auf eine Analyse der Totenscheine, sind die Ergebnisse deshalb höchst unzuverlässig, weil – verursacht durch subjektive Fehler und objektive Erkenntnisgrenzen – bei mehr als einem Drittel aller Leichenschauen die Angaben zur Todesursache falsch sind. Etwas genauer hingegen sind statistische Auswertungen des Sektionsgutes der gerichtsmedizinischen Institute, denn die Leichenöffnungsergebnisse sind weitestgehend zuverlässig. Doch ist bei verschiedenen Todesursachen kein Nachweis suizidaler Vorgänge möglich. Ihn zu erbringen ist einzig und allein polizeiliche Aufgabe. Hinzu kommt, daß beileibe nicht alle Suizide obduziert werden.

Die polizeiliche Statistik wiederum erfaßt alle untersuchten Todesermittlungssachen, die als Suizid abgeschlossen werden. Unberücksichtigt bleibt dabei, daß nicht wenige Leichenschauärzte Suizide als natürliche Todesfälle verkennen. Somit gelangen diese niemals zur Anzeige. Auch hinter einem Teil der ungeklärten Vermißtenfälle verbergen sich Suizide, die wegen der fehlenden Leiche kriminalistisch nicht untersucht werden können.
So vermittelt also die Statistik nur Tendenzen, und die Dunkelziffer verweist auf Schwachstellen.
Die DDR nahm mit ihrer Suizidrate im internationalen Vergleich lediglich einen mittleren Platz zwischen den europäischen Ländern ein:
So waren beispielsweise Österreich mit 25, Finnland und Dänemark mit 26 und die Volksrepublik Ungarn sogar mit 45 vollendeten Suiziden auf einhunderttausend Einwohner jährlich deutlich höher belastet.
Allerdings registrierten einige europäische Länder (wie Großbritannien mit 8, Spanien mit 7 und Griechenland sogar nur mit 4 jährlichen Suiziden pro einhunderttausend Einwohner) auch erstaunlich niedrige Quoten.
Bereits diese wenigen Zahlenangaben zeigen zweierlei: Zum einen sind die offiziellen statistischen Angaben schon deshalb relativ, weil über das von Land zu Land unterschiedlich große Dunkelfeld keine Kenntnisse vorliegen. Zum anderen wird die Widersinnigkeit aller bisherigen Argumentation über die Selbstmordursachen in der DDR deutlich. Und das deshalb, weil das ideologische Konstrukt des sozialistischen Menschen, das letztlich ein utopisches Gebilde bleiben mußte, die Verschiedenartigkeit und Komplexität der Einflußbedingungen auf das Suizidgeschehen nicht ausreichend berücksichtigte.

Im allgemeinen bildet die vorsätzliche Selbsttötung das Ende eines prozeßhaften Geschehens, dem entweder durchaus deutbare Ankündigungssignale oder sogar gescheiterte Suizidversuche vorausgehen. Seltener sind sie das Ergebnis spontaner, kurzschlußhafter Entscheidungen ohne erkennbare Dispositionen. Nicht mehr verkraftbare Lebenssituationen, als unerträglich empfundener Leidensdruck oder unüberwindbare Widersprüche zwischen Anspruchsniveau und Lebensrealität sind die mobilisierenden Elemente für die Motivbildung.

Die Intentionen der Betroffenen können dabei aber ganz verschiedenartig sein: Zumeist richten sie sich auf die Erreichung endgültiger Ruhe, auf die Befreiung von Schmerzen, Gebrechlichkeit oder quälender Einsamkeit.
In anderen Fällen herrscht vor, objektiven oder vermeintlichen Bedrohungssituationen, sozialen Zusammenbrüchen, Beziehungskonflikten, disziplinarischen oder rechtlichen Konsequenzen zu entfliehen.

| Ursachen- bzw. Motivgruppe | Anteil absolut | Anteil Prozent |
|---|---|---|
| Länger bestehende und teilweise als unheilbar angesehene Krankheit | 830 | 28,1 |
| Psychische Leiden | 723 | 24,5 |
| Chronischer Alkohol- und/oder Tablettenmißbrauch | 431 | 14,6 |
| Partner- und Familienzerwürfnisse | 304 | 10,3 |
| Liebeskummer | 216 | 7,3 |
| Vereinsamung | 141 | 4,8 |
| Soziale Gründe | 92 | 3,1 |
| Angst vor Strafverfolgung bzw. Erziehungsmaßnahmen | 48 | 1,6 |
| Berufliche oder schulische Schwierigkeiten | 36 | 1,2 |
| Staatsverdrossenheit | 14 | 0,4 |
| Sonstige Motive | 32 | 1,1 |
| Nicht feststellbare Motive | 82 | 2,8 |

*Ursachen- und Motivgruppen für die 2949 vollendeten Selbstmorde der Jahre 1975 bis 1981 in Ostberlin.*

Sie können aber auch die Vergeltung einer empfundenen seelischen Verletzung ausdrücken. Mitunter beabsichtigt der Suizident, mit seinem Tod einen bestimmten Appell an die Umwelt zu richten.

Wie überall in den europäischen Ländern liegt der Anteil der Männer bei den 20- bis 50jährigen Suizidenten in der DDR etwa

ein Drittel höher als bei den Frauen. Dagegen dominiert bei den über 65jährigen erwartungsgemäß das weibliche Geschlecht – ein Umstand, der sich aus der durchschnittlich geringeren Lebenserwartung des Mannes erklärt. Aber auch Kinder und Jugendliche verübten Selbstmord – geringe Zahlen zwar, aber mit steigender Tendenz.
Im allgemeinen bevorzugen Männer „härtere" Suizidmethoden (z. B. Erhängen, Überfahrenlassen), während Frauen mehr zur Anwendung „weicher" Mittel (insbesondere Schlafmittelvergiftung) neigen. Diese phänomenologische Tatsache trifft allerdings auf alle europäischen Länder zu und ist deshalb kein DDR-spezifisches Merkmal.

| Durchführungsart | Prozentualer Anteil |
|---|---|
| Kohlenmonoxidvergiftung (Stadt- oder Auspuffgase) | 40,3 |
| Strangulation (Erhängen) | 33,1 |
| Vergiftung anderer Art (z.B. Chemikalien, Schlafmittel) | 10,4 |
| Sturz aus der Höhe bzw. vor Fahrzeuge | 8,6 |
| Ertrinken | 4,4 |
| Pulsaderschnitt oder andere Schnittverletzungen | 1,7 |
| Schußwaffe (einschl. Bolzenschußgerät) | unter 1,5 |
| Sonstige (z.B. Verbrennen, Unterkühlen, Erdrosseln, Ersticken) | unter 1,5 |
| außergewöhnliche (komplizierte oder mehrfach kombinierte) | unter 1,0 |

*Übersicht der typischen Durchführungsarten bei 10 000 vollendeten Selbstmorden in der DDR (Untersuchung der Jahre 1979 bis 1985).*

Die großstädtischen Territorien sind stärker belastet als ländliche Bereiche. Auch bestimmte Durchführungsarten, wie etwa Vergiftung mit Haushaltsgas, Sprung aus der Höhe oder Überfahrungen, konzentrieren sich in den Städten. In ländlichen Gebieten dominiert vor allem das Erhängen. Die 14 DDR-Bezirke und Berlin sind über Jahrzehnte hinweg mit relativ gleichbleibenden Zahlen belastet, wobei sich etwa 30 Prozent der Selbstmorde im Frühjahr und Herbst ereignen und die verbleibenden

70 Prozent über das Jahr verteilen. Die meisten Selbstmorde werden am Wochenanfang und in der Wochenmitte, am Tage sowie in den eigenen vier Wänden verübt.
Strafrechtlich gesehen war der Suzid – analog zur Rechtslage in anderen Industrieländern – auch in der DDR ein irrelevantes Geschehen, was allerdings voraussetzt, daß kein anderes gesetzlich geschütztes Objekt verletzt wurde. Insofern war grundsätzlich weder der versuchte Suizid noch die Anstiftung oder Beihilfe zum Suizid strafbar.
Dennoch besteht kriminalistisches Interesse an dieser nicht natürlichen Todesart. Denn: vollendete Suizide können als Unfall, aber auch als Mord oder natürlicher Tod verschleiert worden sein und berühren so durchaus auch rechtliche Fragen (z.B. Versicherungsrecht). Noch viel wichtigere Gründe für die Notwendigkeit kriminalistischer Untersuchung ergeben sich allerdings aus dem Umstand, daß in der DDR mehr als 40 Prozent der Mord- und Totschlagsdelikte als Suizide (aber auch als Unfälle) kaschiert wurden – eine Aussage, die in etwa auch für andere Länder zutrifft.
Das Ziel der kriminalistischen Untersuchung von Suiziden (und tödlichen Unfällen) besteht, wie überall in der Welt, im Ausschluß oder Nachweis eines Verbrechens.
Dieses kriminologische Faktum hatte auch in der DDR wichtige rechtliche Vorschriften zur Folge: Zum einen regelte die in der Vergangenheit mehrfach novellierte Anordnung über die ärztliche Leichenschau (letzte Fassung GBl. der DDR Teil II Nr. 129 vom 2. Dezember 1978) die ärztlichen Handlungspflichten bei der Leichenschau und -öffnung in vorbildlicher Weise.
Zum anderen definierte der § 94 der DDR-Strafprozeßordnung den sog. Tod unter verdächtigen Umständen als „nichtnatürlichen Tod (Unfall, Selbsttötung, durch andere verursachter Tod), unklare Todesart oder Auffindung des Leichnams eines Unbekannten" und legte fest, daß für deren Bearbeitung ausschließlich die Untersuchungsorgane zuständig waren. Derartige Todesfälle wurden daher grundsätzlich nur durch geschulte sog. Leichensachbearbeiter oder Morduntersuchungskommissionen der Kriminalpolizei untersucht. Spezielle Maßnahmen, wie staatsanwaltliche Leichenschau, gerichtsmedizinische Obduktion, Exhumierung von Leichen und Urnenöffnung sowie die formellen und inhaltlichen Anforderungen an die Vorgangsbearbeitung, wurden durch entsprechende interne Anweisungen

des Generalstaatsanwalts und des Innenministeriums geregelt. Dies alles gewährleistete eine nahezu lückenlose Aufdeckung und Aufklärung der vollendeten Suizide.

Während also die Qualität der kriminalistischen Untersuchung von Selbstmorden in der DDR durchaus über dem üblichen internationalen Standard gelegen haben dürfte, fehlte im staatlichen Gesundheitswesen lange Jahre ein einheitliches Konzept der Suizidprophylaxe. Nur langsam setzten sich die Bemühungen einiger namhafter Psychiater, Philosophen und Gesundheitspolitiker um theoretische Grundpositionen und einheitliche Behandlungsstrategien durch. Noch im Jahre 1967 beklagten sie, daß die Suizidprophylaxe in der DDR viel zu sporadisch betrieben würde.
Aber erst Anfang der 80er Jahre nahmen führende Ärzte und Philosophen offiziell zur Psychohygiene in der sozialistischen Gesellschaft Stellung, die als Bestandteil des Gesundheitsschutzes mehr Aufmerksamkeit verdiene. In diesem Zusammenhang warfen sie die Frage auf, wie man dem Trend der Entwicklung suizidalen Verhaltens entgegenwirken könne und formulierten die vorsichtige Forderung nach einer Abkehr von bisherigen Denkweisen:
„Gesellschaftliches Eigentum an den Produktionsmitteln, prinzipielle Übereinstimmung von persönlichen und gesellschaftlichen Interessen, politisch-moralische Einheit des Volkes, Gesundheitsschutz als gesamtgesellschaftliche Aufgabe stellen das Suizid-Phänomen im Sozialismus auf eine neue gesellschaftliche Grundlage ... Der Herausbildung von sozialistischer Kollektivität und Leitungstätigkeit liegen allgemeine und für sie spezifische Entwicklungsgesetzmäßigkeiten der sozialistischen Gesellschaft zugrunde. Ihre bewußte Verwirklichung unter der Führung der Partei der Arbeiterklasse löst das Suizidproblem nicht spontan, nicht im Selbstlauf und macht spezielle medizinisch-psychohygienische Maßnahmen nicht überflüssig ...“
Doch es vergingen noch einige Jahre, ehe sich eine wirkliche Veränderung andeutete. Ein wichtiger Impuls für die langsame Abkehr von der bisherigen Tabuisierung ging von den 5. Erfurter Fortbildungstagen der klinischen Psychologen im November 1984 aus. Dort wurde vorgeschlagen, versuchsweise der Öffentlichkeit anonyme Telefonberatungen anzubieten. Mit Unterstützung einiger Journalisten, besonders der „Berliner

Zeitung", gelang es schließlich zwei Jahre später, in mehreren Großstädten die sogenannten Telefone des Vertrauens zu etablieren.
Das war ein erstes Zeichen des behutsamen Offenlegens eines jahrzehntelang der Öffentlichkeit verschwiegenen gesellschaftlichen Problems. Jedoch: statistische Angaben über die Suizidsituation im Lande blieben auch weiterhin unter strengem Verschluß.

## Freier Fall

Berlin, Sonnabend, 19. Oktober 1985.
Erst gegen Mittag hört es auf zu nieseln. Allmählich weichen die bedrohlichen dunklen Wolkenfetzen am Himmel einem gleichmäßigen Hellgrau. Schon am Nachmittag ist von der Nässe nichts mehr übrig. Nun ist die Luft trocken. Doch es ist kühl geworden. Unaufhaltsam zieht sich der Sommer zurück. Die Herbstferien haben begonnen. Viele Unentwegte zieht es hinaus in das ausgedehnte Waldgebiet rund um den Müggelsee, begierig, das letzte Grün dieses Jahres zu erheischen. Schon bald findet der erschöpfte Wanderer keinen Platz mehr im Terrassencafé am Müggelturm. Das schlichte Holzschild am Eingang mit der Aufschrift „Sie werden plaziert!" bremst sein kulinarisches Verlangen. Herzlos fordert die volkseigene Gastronomie die Geduld der Gäste heraus.

Einige Beharrliche haben bereits artig vor der hölzernen Autorität in Reih und Glied Aufstellung genommen. Andere wenden sich verärgert ab. Lieber erklimmen sie die Aussichtsplattform des nahen Müggelturms und genießen anstelle des dünnen Kaffees den weiten, beruhigenden Blick über den riesigen Berliner Stadtforst. Die höchste natürliche Erhebung Berlins bietet aus einer Höhe von 115 Meter über dem Meeresspiegel einen imposanten Rundblick über das seenreiche Köpenick.

Als die Dämmerung hereinbricht und der Horizont mit dem Dunkel des Himmels zu verschmelzen beginnt, bezwingen immer noch einige Neugierige die knapp einhundert Stufen zur Aussichtsplattform.

Doch niemand bemerkt die kleine, junge Frau im lindgrünen Anorak mit dem blassen Gesicht, die bereits seit einer Stunde unbeweglich dort in der Höhe ausharrt. Ihre Augen scheinen in der Weite der herbstlichen Abendlandschaft einen Punkt zu fixieren. Doch ihr Blick ist leer, auf das scheinbar Unendliche gerichtet. Nur hinter ihren pochenden Schläfen arbeitet ein waches Hirn und läßt ungeordnet, episodenhaft ihr Leben im Zeitraffer vorübereilen. Ihr Entschluß ist unumstößlich. Keinen Schritt will sie zurückweichen. Ihre eingeengte Gedankenwelt erfaßt nur einen einzigen Punkt: Dieses Leben hat seinen Sinn verloren!

Selbst als die Nacht hereinzubrechen beginnt und die letzten Besucher den Turm schon lange verlassen haben, verharrt die junge Frau weiter in der gleichen Erstarrung. Es sind die letzten Minuten ihres Lebens. Sie blickt noch einmal in die Tiefe, als wolle sie sich vergewissern, daß niemand ihr Vorhaben stören kann.

Ruhig und gefaßt klettert sie nun auf die Brüstung, hält, auf dem schmalen Sims hockend, einen Augenblick inne, ehe sie sich langsam nach vorn kippen läßt. Lautlos stürzt sie in die Tiefe. Ein gewaltiger dumpfer Aufschlag folgt. Dann ist Stille. Reglos liegt der Körper auf dem steinernen Terrassenboden unterhalb des Turms. Die Wucht des Aufpralls hat den sofortigen Tod verursacht. An verschiedenen Stellen ist die Bekleidung aufgeplatzt. Langsam schiebt sich etwas Blut aus dem zerschmetterten Schädel und bildet mit dem herausquellenden, zerrissenen Hirngewebe eine kleine dickflüssige Lache.

Wenig später entdecken zwei Liebende den Leichnam der jungen Frau. Ihre Absicht, den Müggelturm für ungestörte Zärtlichkeiten zu nutzen, wird jäh vereitelt. Das Entsetzen treibt sie zum nächsten Telefon, der Notruf ist gebührenfrei.

Ein Arzt der Schnellen Medizinischen Hilfe stellt den Tod fest. Die Funkleitstelle informiert den Bereitschaftsdienst der Kriminalpolizei im Polizeipräsidium am Alexanderplatz. Eine viertel Stunde später knattert ein polizeieigener „Trabant" in Richtung Müggelseeturm. Am Steuer sitzt Hauptmann der K Jens Rinke, ein schlanker Endvierziger mit schütterem Haar, seit vielen Jahren sogenannter Leichensachbearbeiter bei der Berliner Kriminalpolizei. Er steht einer siebenköpfigen Mannschaft mit der Bezeichnung „Arbeitsgruppe Unnatürlicher Tod" vor, die sich mit der Untersuchung von tödlichen Unfällen, Suiziden, Todesfällen mit unklarer Todesart, aber auch mit der Identifizierung unbekannter Toter beschäftigt. Jährlich müssen er und seine Mitstreiter etwa eintausend verdächtige Todesfälle untersuchen, die sich allein im Berliner Stadtgebiet zugetragen haben.

Rinke parkt den „Trabbi“ neben dem Fahrzeug des Notarztes und dem Funkstreifenwagen. Der Arzt, die beiden Spaziergänger, die den Leichnam gefunden hatten, und die den Ort des Geschehens absichernden Polizisten erwarten ihn bereits. „Schrecklich, so 'ne junge Frau! Eigentlich bin ich hier fertig“, begrüßt ihn der Arzt, blickt nach oben in Richtung der vermuteten Absprungstelle und setzt fort: „Sie hat sich offensichtlich von da oben herabgestürzt.“
„Hm, schon möglich“, entgegnet Rinke und betrachtet die Tote mit geübtem Blick. „In Ordnung, ich mache hier weiter, wenn Sie so freundlich sind, den Bestattungsdienst zu informieren.“ Mit der Bemerkung „Klar doch, ich muß schon zum nächsten Einsatz“, übergibt der Arzt den Totenschein. Doch ehe er sich verabschiedet, überfliegt der Kriminalist das Dokument, erfaßt das Wichtigste: Unbekannte weibliche Person, nichtnatürlicher Tod, Sturz aus der Höhe, schweres Schädel-Hirn-Trauma, Tod durch inneres Verbluten, Antrag auf gerichtsmedizinische Autopsie.

*Nach der Anordnung über die ärztliche Leichenschau der DDR war jede menschliche Leiche unverzüglich nach Eintritt des Todes durch einen Facharzt (alle Fachrichtungen und Ärzte in der Facharztausbildung, außer Zahnärzte) zu besichtigen und zu untersuchen. Ziel war – neben der Identifizierung des Leichnams – die Feststellung des Todes, der Todeszeit, der Todesart und der Todesursache. Den ärztlichen Vorschriften entsprechend war dazu in der Regel eine Inspektion der unbekleideten Leiche erforderlich.*
*Leichenöffnungen mußten – bei nichtnatürlichen Todesfällen oder bei unklarer Todesart durch Anordnung des Staatsanwalts (gerichtliche Sektion) – vorgenommen werden, wenn die Todesursache nicht festgestellt werden konnte, bei verstorbenen Schwangeren und Kreißenden, bei Totgeborenen, bei Verstorbenen, die das 16. Lebensjahr noch nicht erreicht hatten, bei unbekannten Toten sowie auf Wunsch der Angehörigen. Leichenöffnungen bei Verstorbenen mit meldepflichtigen Krankheiten, Berufskrankheiten konnte der Amtsarzt anordnen.*
*Der Anteil der Leichenöffnungen in der DDR lag erheblich über dem in der Bundesrepublik.*

Mit dem schrillen, durchdringend an- und abschwellenden Geheul des Sondersignals verschwindet das Notarztfahrzeug in der Dunkelheit. Einer der Uniformierten sichert die Fundstelle in respektvollem Abstand zum Leichnam der jungen Frau. Indes harrt der andere oben auf dem Turm am Eingang zur Aussichtsplattform geduldig aus. Rinke will jetzt von beiden Auffindungszeugen wissen, wie und wann sie die Tote entdeckt haben und ob ihnen andere Personen begegnet sind. Er entläßt sie bald, aber nicht, ohne sie für ein ausführliches Protokoll am Montag ins Präsidium zu bestellen.
Sein Interesse gilt nun der Bekleidung der jungen Frau. Sorgfältig durchsucht er die Taschen ihrer hellgrauen Baumwollhose und des Anoraks nach etwas Persönlichem, das ihm weiterhelfen könnte. Doch vergeblich. Bis auf ein Feuerzeug, eine halbgefüllte Zigarettenschachtel der Marke „Cabinet" und ein Taschentuch kann er nichts finden. Erst die Suche in der weiteren Umgebung der Toten führt zum Erfolg. Unterhalb des Plateaus, von dem aus der Müggelturm in die Höhe ragt, und das von einem eisernen Zaun eingegrenzt wird, liegt etwa zehn Meter entfernt im Gesträuch eine prall gefüllte schwarze Gürteltasche aus widerstandsfähigem Textil, offensichtlich durch die Aufprallwucht dorthin geschleudert. Rinke ist zufrieden: Neben einer Geldbörse mit einigen Mark Inhalt findet er Kosmetika, Taschenkalender und Kugelschreiber, vor allem aber einen Personalausweis und andere persönliche Dokumente. Nun weiß er, die Tote heißt Katharina Schade, ist 21 Jahre alt, wohnt in Berlin-Köpenick, im Allendeviertel und ist Studentin am Institut für Lehrerbildung in der Lindenstraße.
Hauptmann Rinke schießt einige Fotos von der toten Frau. Dann beauftragt er den Uniformierten, den Leichnam mit einer Plastikfolie abzudecken.
Nun steigt er den Turm zur Aussichtsplattform empor. An der Brüstung hängengebliebene Textilfasern und die Schürfspuren an der Absprungsstelle sind zu sichern.
Den Umständen nach liegt der Verdacht nahe, daß die junge Frau freiwillig auf die Brüstung geklettert sein muß, um sich in die Tiefe zu stürzen.
Bald erscheinen die unbeliebten Männer in den schwarzen Dienstanzügen mit ihrem ebenso schwarzen Wagen. Sie wollen den Leichnam zum Institut für Gerichtliche Medizin in die Hannoversche Straße transportieren. Doch das Einsargen gelingt

*Ansicht des Müggelturms in Berlin-Köpenick. Von der Aussichtsplattform (Pfeil 1) stürzte sich Katharina Sch. in die Tiefe (Auftreffstelle Pfeil 2).*

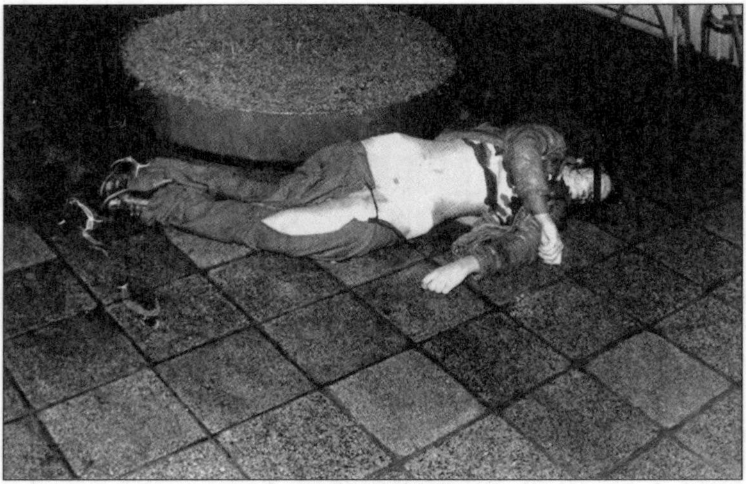

*Lage der Leiche nach dem Sturz aus der Höhe.*

nur mit Mühe, weil die unzähligen geborstenen Knochen den Körper in eine Art schlaffen Sack verwandelt haben.
Rinke steht nun vor einer schweren Aufgabe: Er muß die nächsten Angehörigen finden, ihnen behutsam die Entsetzen, Verzweiflung und Ohnmacht bringende Nachricht übermitteln. Schon viele hundert Male hat er sich in ähnlicher Situation befunden. Doch jedesmal muß er sich erneut zwingen, die eigene Hilflosigkeit zu unterdrücken, wenn er die ersten heftigen emotionalen Reaktionen der Betroffenen erlebt. Es gilt schließlich auch unter diesen Bedingungen, eine korrekte polizeiliche Arbeit zu leisten und die Gedanken auf die Beantwortung der jetzt wichtigsten kriminalistischen Frage zu richten: Welche Motive hatte die junge Frau, ihrem Leben auf diese absurde Weise ein Ende zu setzen?
Rinke fährt zum Allendeviertel. Die Anschrift im Personalausweis der toten Katharina Schade ist sein Ziel. Auf dem Klingelschild neben der Eingangstür des hochgeschossigen Plattenbaus stößt er auf den Namen „Eberhard Schade“. Rinke klingelt. Eine metallisch klingende männliche Stimme meldet sich: „Ja, bitte?“
„Kriminalpolizei, Hauptmann Rinke! Ich muß Sie dringend sprechen!“ ist die kurze Antwort.
Die Blechstimme meldet sich erneut: „Fahrstuhl rechts, sechste Etage!“ Dann summt der Türöffner.

Als Rinke die Lifttür öffnet, steht bereits ein dicker, mittelgroßer, Mann etwa in Rinkes Alter und in einem braunen Trainingsanzug vor ihm, an den Füßen altmodische, abgetretene Hausschuhe. Die dunklen Haare sind glatt nach hinten gekämmt, das strenge Gesicht strahlt Autorität aus.
„Haben wir eben gesprochen?“ fragt Rinke verlegen.
„Abteilung K?“ fragt der Angesprochene kurz zurück. Der Kriminalist zeigt seinen Ausweis, den der Dicke aufmerksam mustert, ehe er mit einer Handbewegung auf eine halbgeöffnete Wohnungstür weist: „Bitte, Genosse, nach links ins Wohnzimmer!“
Rinke tritt ein, der Dicke schlurft hinterher. Aus einem Fernseher dudelt Volksmusik. DDR-Fernsehen, versteht sich. Eine Frau sitzt davor, schlank, blond, Anfang Vierzig, ebenfalls in einem braunen Trainingsanzug. Erstaunt blickt sie auf den Fremden.
„Ein Genosse von der K“, erklärt der Dicke.
Rinke stellt sich auch ihr vor. Da er richtig vermutet, die Eltern der Toten vor sich zu haben, fragt er ohne zu zögern: „Heißt Ihre Tochter Katharina?“
Die beiden nicken. Nichts Gutes ahnend, starren sie Rinke an.

Der schrecklichen Offenbarung, die er behutsam vorzubringen versucht, folgen die langen Minuten des Aufschreies aller Gefühle, die Eltern in einer solchen Situation empfinden. Und Rinke läßt sie gewähren, geduldig und verständnisvoll. Zeit darf jetzt nicht drängen. Er kennt sich aus, ahnt, daß seine offizielle Anwesenheit sie für ein sachliches Gespräch bald zugänglich machen wird, wenn auch nur für kurze Zeit. Aber sobald er sie verlassen hat, wird das schreckliche Geschehen, seine Unfaßbarkeit und Unumkehrbarkeit mit aller Heftigkeit wieder von ihnen Besitz ergreifen und ihre Seelen in ein tiefes Loch stürzen lassen.
Wie vermutet, kann er nach geraumer Zeit des Abwartens mit dem sachlichen Gespräch beginnen. Und in den nächsten zwei Stunden erzählen die Eltern Rinke eine ganze Menge aus dem Leben ihrer Tochter.
Katharina, die sie meist Katja nennen, sei schon von klein auf ein stilles, in sich gekehrtes, aber zielstrebiges und fleißiges Mädchen gewesen. In den ersten Jahren habe sich die Mutter, die als Sekretärin im Ministerium für Kohle und Energie arbeitet, ganz ihrem Kind gewidmet. Der Vater habe nach seinem

Studium an der Sektion Geographie der Humboldt-Universität eine Tätigkeit beim Ministerium für Staatssicherheit aufgenommen, die er aus Gründen der Geheimhaltung nicht näher bezeichnen könne, die sich aber im weitesten Sinne auf die Lösung karthographischer Probleme bezieht. Dienstlich sei er erheblich eingespannt: Bereitschaft, Dienstreisen und Schichten, nur sehr unregelmäßig daheim. Ansonsten haben sie sich als Eltern um eine klassenbewußte, politisch klare, auf die Sache des Sozialismus orientierte Erziehung bemüht und Katja schon von Schulbeginn an zu aktiver gesellschaftlicher Arbeit, zunächst in der Organisation der Thälmann-Pioniere, später in der FDJ, angehalten. Westfernsehen wurde zu Hause nicht gestattet, wie überhaupt beide Elternteile in Diskussionen mit ihrer Tochter immer bestrebt waren, Tendenzen ideologischer Abweichungen sofort entgegenzuwirken. Diese sicherlich strenge, aber politisch und weltanschaulich klare Erziehungssituation habe auch zu positiven Ergebnissen geführt. Denn: Katja zählte zu den Leistungsstärksten ihrer Schule, obwohl sie durch gesellschaftliche Funktionen als FDJ-Sekretär und Leitungsmitglied in der Grundorganisation stark belastet war. Nach dem Abitur habe sie mit vollem Elan ein Lehrerstudium aufgenommen. Zur Zeit absolviere sie ein Praktikum im Pionierpalast in der Wuhlheide. Ihre knapp bemessene Freizeit gehöre der Musik, insbesondere der Klassik und den Liedermachern. Regelmäßig besuche sie das „Haus der Jungen Talente" in der Klosterstraße, wo nicht nur die Festivals des politischen Liedes, sondern auch die Werkstattwochen der Singebewegung, gelegentlich auch Tanzveranstaltungen stattfinden. In vieler Hinsicht lebe Katharina so ihr Eigenleben und benötige ihre Eltern nicht, obwohl sie immer noch ihr altes Kinderzimmer bewohne, das sie sich nach ihrem Geschmack gestalte.

Doch in den letzten beiden Jahren habe sie sich auch innerlich zurückgezogen. Gemeinsame Unternehmungen mit den Eltern seien immer seltener geworden. Bereits vor dem Abitur habe sie eine Beziehung zu einem älteren Mitschüler nach kurzer Zeit wieder gelöst. Überhaupt, vermuten die Eltern mit einer gewissen Befriedigung, zeige sie kein Interesse am männlichen Geschlecht, widme sich statt dessen ihrer beruflichen, politischen und kulturellen Bildung.

Auf die Frage Rinkes nach einem möglichen Motiv für die Selbsttötung reagieren die Eltern völlig hilflos. Niemals hätten sie An-

zeichen einer ernstzunehmenden seelischen Verstimmung bei ihr festgestellt. Und niemals hätten sie vermutet, daß Katharina auf diese entsetzliche Weise ihr Leben beenden könnte. Nein, sie können sich nicht erklären, warum sie das getan hat.
„Könnte Ihnen Katharina eine Nachricht hinterlassen haben", fragt Rinke.
„Nein, nichts wissen wir, überhaupt nichts", antwortet der Vater verzweifelt.
„Einer Freundin vielleicht, der sie etwas mitgeteilt hat?" ergänzt Rinke die Frage.
Doch der Vater reagiert hilflos: „Keine Ahnung, absolut keine Ahnung! Ich kenne keinen, dem sie sich anvertraut hat!"
Auch die Mutter verneint mit einer Kopfbewegung.
„Mit wem hat sie denn überhaupt Kontakt, ich muß ja irgendeinen Faden aufnehmen?" fragt Rinke erneut.
Verwundert blickt der Vater auf seine Gattin: „Kennst du jemand, mit dem Katja näher zusammen ist?"
„Großeltern, Tanten, Onkel, Studienkollegen, Schulfreunde, Leute aus dem Pionierpalast oder dem Haus der Jungen Talente", präzisiert Rinke.
„Mit der Oma in Aue?" zweifelt die Mutter, „nein, ausgeschlossen, das war früher mal. Die ist jetzt 'ne alte Frau, lebt im Heim. Und die Tanten und Onkel, alles weitläufig. Die wohnen irgendwo in der BRD, Adressen kennen wir nicht."
Sie blickt Rinke eindringlich an und setzt fort: „Sie wissen ja, wir dürfen und wollen nicht den geringsten Kontakt. – Westbeziehung? Unmöglich!" Nachdenklich hält sie inne, dann setzt sie fort: „Mir fällt da etwas ein: In letzter Zeit ..., da sprach Katja öfters mal von einer Sylvia. Die muß wohl älter sein und in einer Bibliothek arbeiten. Katharina mag sie wohl sehr."
Auch der Vater äußert einen Gedanken: „Vielleicht finden wir in ihrem Zimmer etwas? Ich kenne mich in ihren Sachen nicht aus, wir müßten suchen."
„Gute Idee, ich hätte sicher danach gefragt", hakt Rinke ein und drängt sanft: „Können wir gemeinsam nachsehen?"
Die Eltern zeigen sich einverstanden.

Katharinas Zimmer wirkt sauber und gemütlich, seine Atmosphäre verrät die Jugend des Besitzers: Plüschtiere auf der Liege, Überreste geliebten Spielzeugs aus der Kindheit, Plattenspieler und viele ernste Bücher. An der Wand hängen Poster von

Lenin, Fidel Castro und Gandhi, aber auch von Peter Maffay. Rinke durchsucht den kleinen Schreibtisch: Zwischen allerlei Papierkram unverfängliche Briefe einer unbekannten Freundin, die weit hinter dem Ural wohnt. Berge von politischem und fachlichem Studienmaterial. Aber ein Tagebuch? Ein Abschiedsbrief? Anschriften von Freunden? Irgendein Papier, auf dem sie ihre Seele offenbarte? Die Suche verläuft ergebnislos. Nichts, was einen Hinweis enthält.
Doch Rinke erinnert sich an die Eintragungen im Taschenkalender, den er in der Gürteltasche der jungen Frau gefunden hatte. Vielleicht versteckt sich dort eine Notiz, die ihm weiterhelfen könnte.
Er gibt die Suche endgültig auf, muß die Eltern noch darüber informieren, daß der Leichnam ihrer Tochter beschlagnahmt ist. Erst nach der Autopsie und weiteren kriminalistischen Resultaten wird sie zur Bestattung freigegeben. Gleichwohl drückt er seine Zuversicht aus, den Vorgang bald abschließen zu können. Denn die bisherigen Fakten, aber auch seine Erfahrungen sprechen dafür, in diesem Todesfall keinem Verbrechen auf die Spur zu kommen.

Am Montag, 21. Oktober 1985, hält Hauptmann Rinke den Bericht über die Leichenöffnung in den Händen. Jetzt erst wird das Ausmaß der Verletzungen so richtig deutlich, die Katharina Schade sich durch den tödlichen Sturz vom Müggelturm zugezogen hat: Mehrfache Schädeltrümmerfraktur, Becken- und Oberschenkelbrüche, abgebrochene Rippen, die die Organe durchspießen, Aussprengung eines Stücks des Schädeldachs, offene Hirnverletzung, massive Einrisse in Lunge, Milz und Nieren, Einblutungen in die Brusthöhle.

*Suizidbedingte Todesfälle durch Sturz aus der Höhe sind zahlenmäßig geringer als Unfälle. Jedoch muß auch die Möglichkeit eines Tötungsverbrechens geprüft werden. Insofern ist immer eine gründliche gerichtsmedizinische und kriminalistische Untersuchung erforderlich. Im vorliegenden Fall ist – berücksichtigt man die Höhe des Müggelturms und das Gewicht der Betroffenen, der direkte Aufschlag des Körpers auf dem Terrassenboden mit einer Geschwindigkeit von etwa 75 Stundenkilometern erfolgt. Das erklärt auch die Schwere der inneren Verletzungen. Stürze aus sehr großer Höhe auf*

*eine Wasseroberfläche können ähnliche Verletzungen verursachen wie beim Auftreffen auf festem Untergrund.*
*Suizide durch Sturz aus der Höhe werden meist durch ältere Personen begangen. Sie erfordern keinerlei Vorbereitungen. Tatorte sind überwiegend Krankenhäuser und Heime (Sprung aus dem Fenster). Brücken oder Aussichtstürme bilden als Absprungstelle eher die Ausnahme, werden dann jedoch überwiegend von 14- bis 25jährigen Personen bevorzugt. Ihr Anteil beträgt 14 Prozent aller Suizide durch Sturz aus der Höhe.*

Ein schneller, entsetzlicher Tod, schlußfolgert Rinke. Er blättert in Katharinas Taschenkalender, findet jede Menge vergangene und künftige Termine, scheinbar wichtige und unwichtige. Doch eine Markierung am 11. März weckt sein Interesse. Dieser Tag ist mit einem Kugelschreiber mehrfach umkreist worden, eine Auffälligkeit, die sonst nirgends zu finden ist.
Er konzentriert sich auf die kurze Eintragung: „Sylvi Geburtstag. Nur sie liebe ich!!!“ Ist das die Sylvia, an die sich Katharinas Mutter erinnert hatte? Sind diese wenigen Worte nicht ein Indiz für Beziehung, Vertrautheit, vielleicht sogar Intimität? Rinke ahnt dunkel, daß über diese Sylvia die Klärung des Selbstmordmotivs erfolgen könnte. Er ist fürs erste zufrieden.
Der Rest des Vormittags vergeht mit der Vernehmung des Liebespärchens, das die Tote gefunden hat. Dann tippt er das Protokoll über die Befragung der Eltern. Am Nachmittag ist er im Institut für Lehrerbildung auf Achse, unterhält sich mit Lehrpersonal und Studenten. Aber niemand dort kennt eine Sylvi oder Sylvia. Erst am folgenden Tag stößt er bei den Recherchen im Pionierpalast, in dem Katharina Praktikantin war, auf den nächsten nützlichen Hinweis. Einer Mitarbeiterin, die in der Vergangenheit mehrmals mit ihr abends zum Tanzen im Haus der Jungen Talente war, sei aufgefallen, daß Katharina dort bekannt sei wie ein bunter Hund. Einmal habe Katharina ihr einen gewissen Frank vorgestellt, der dort im Hause tätig ist und über ein Büro verfügt. Katharina und Freunde Franks würden sich gelegentlich in diesem Büro mit jungen Künstlern treffen, um abseits vom ohrenbetäubenden Discolärm in kleinem Kreis über interessante Themen zu talken und zu philosophieren. Katharina sei durch eine gewisse Sylvia in diesen erlauchten Kreis eingeführt worden.

Als Rinke diesen Namen hört, fragt er neugierig: „Kennen Sie diese Sylvia näher?“
„Nicht besonders, ich habe sie ja nur einmal gesehen. Sie ist Bibliothekarin in der Unibibliothek. Ich denke, Katharina war mit ihr befreundet.“
„Können Sie sie beschreiben?“ will Rinke wissen.
„Sie ist viel älter als Katharina, so um Mitte Dreißig, schlank, etwa ein Meter siebzig groß. Mit einem ganz kurzen Haarschnitt. Sehr pflegeleicht, verstehen Sie?“
Natürlich versteht Rinke und streicht sich demonstrativ über sein auffallend schütteres Haar.
Die Befragte setzt fort: „Sie scheint ein lustiges Haus zu sein. Und selbstsicher. Auf mich wirkte sie ziemlich sympathisch. Katharina war immer ganz happy, wenn sie über Sylvia sprach. Aber mehr weiß ich nicht.“

Rinkes Ermittlungen am Dienstag in der Universitätsbibliothek führen schnell zum Erfolg: Man kennt dort eine junge Frau mit kurzem Haar und dem Vornamen Sylvia, die am 11. März Geburtstag hat. Ihr Nachname ist Wozniak. Der Zufall ist auf seiner Seite: Sie hat gerade Dienst im Lesesaal.
Erstmalig in seinem Leben betritt Rinke die heiligen Hallen der Universitätsbibliothek. Als er die Tür zum Lesesaal öffnet, empfängt ihn das leicht muffige Flair alter Bücher. Rinke ist beeindruckt. Überall nur Bücher. Gesammeltes Wissen aus Jahrhunderten. Menschen sitzen an langen, uralten Eichentischen, vertieft in ihre Lektüre. Andächtige Stille liegt über dem Saal. Hinter einem mit Büchern und Karteikästen überladenen Tresen erspäht Rinke eine junge Frau, etwa Mitte Dreißig, mit kurzen braunen Haaren, die gerade irgendwelche alten Schwarten in ein Regal sortiert. Er steuert auf sie zu und fragt resolut: „Fräulein Wozniak?“
Ungewollt hallt seine Stimme durch den Saal, als ob sie vielfach verstärkt wird. Rinke erschrickt, fühlt, zu laut gesprochen zu haben. Denn: Wie auf Kommando blicken die in ihre Bücher vertieften Menschen auf und starren ihn einen Moment lang vorwurfsvoll an. Die Frau hinter dem Tresen wendet sich ihm zu, legt ihren Zeigefinger auf den geschlossenen Mund und zischt freundlich ein leises „Pst!“.
Mit gedämpfter Stimme beantwortet sie nun seine Frage: „Ja, das bin ich.“

„Kennen Sie Katharina Schade“, fragt Rinke kurz.
„Ja, natürlich!“ reagiert die Angesprochene überrascht.
Rinke weist sich aus. Ohne weitere Erklärung lädt er sie für den folgenden Tag zur Vernehmung vor. Um für diese Zeit ihre Freistellung von der Arbeit zu erwirken, übergibt er eine amtlich eigens dafür vorgesehene Karte.
„Worum geht's denn?“ will Sylvia Wozniak wissen.
„Hier möchte ich darüber nicht sprechen. – Also, morgen im Präsidium!“
Rinke will jetzt nichts preisgeben. Eilig, ohne sich zu verabschieden, verläßt er die akademischen Räume. Verstört und sorgenvoll blickt die junge Frau ihm nach.
Der Besuch des Staatsdieners hat Sylvia Wozniak innerlich aufgewühlt. Bis zum Dienstschluß telefoniert sie in der Gegend herum, um vielleicht von Bekannten zu erfahren, was passiert sein könnte. Erfolglos. Dann der Anruf bei Katharinas Eltern: Sie übermitteln ihr die schreckliche Nachricht. Aber erst zu Hause läßt sie ihrer Betroffenheit und Trauer freien Lauf. In den Armen der Freundin, mit der sie die kleine Wohnung teilt, kann sie sich ausweinen.

Als Sylvia Wozniak am nächsten Tag zur Vernehmung in der 5. Etage des Polizeipräsidiums erscheint, hat sie den tragischen Tod Katharinas einigermaßen verarbeitet. Rinke kann deshalb gleich zur Sache kommen: Ihn interessiert die Beziehung zwischen den beiden Frauen, er ist sich gewiß, so zu den Beweggründen für den Selbstmord zu gelangen. Er beginnt das Gespräch mit der fragenden Behauptung:
„Vermutlich wissen Sie inzwischen, was mit Katharina passiert ist?“
„Ja! Ich habe mit ihren Eltern telefoniert – so ein schreckliches Ende!“ antwortet sie traurig.
„Katharina hat weder einen Abschiedsbrief hinterlassen noch auf andere Weise geäußert, warum sie sich das Leben nehmen wollte. Oder wissen Sie etwas“, will Rinke wissen.
„Nein, mir hat sie nichts mitgeteilt. – Sie war sehr verschlossen. Ich glaube, sie wollte andere damit nicht belasten“, erklärt Sylvia Wozniak. Und als Rinke sie fragend anschaut, setzt sie fort:
„Kathi hatte große Probleme mit sich selbst, wollte aber mit niemand darüber sprechen. Schon gar nicht mit den Eltern. Die hätten sie sonst auf der Stelle rausgeschmissen!“

„Haben Sie eine Erklärung für ihren Tod“, fragt Rinke interessiert.
„Ich denke ja, dazu kannte ich sie zu gut. Ich fühle mich ein bißchen mitschuldig an ihrem Tod. Immerhin waren wir ...“
Die junge Frau kann den angefangenen Satz nicht beenden, Rinke fällt ihr ins Wort: „Ich mach uns erst mal ’nen Kaffee. Dann erzählen Sie mir alles. Von Anfang an: Wie Sie Kathi kennengelernt haben, worunter sie litt, wie Sie die Beziehung zu ihren Eltern einschätzen und so weiter und so weiter!“
Sylvia Wozniak wiegt nachdenklich den Kopf, als würde ihr eine weitere Erklärung schwerfallen. Doch nach kurzem Besinnen entschließt sie sich: „Einverstanden! Ich werde sagen, was ich weiß!“
Rinke entnimmt seinem Schreibtisch ein kleines Pappschild mit der Aufschrift „Nicht stören! Vernehmung!“ und hängt es an die Außenseite seiner Bürotür. Dann wendet er sich wieder seiner Gesprächspartnerin zu: „Niemand wird uns jetzt behelligen. Also, ich höre!“
Sylvia Wozniak nimmt einen Schluck Kaffee und beginnt: „Also, ich sage es frei heraus: Ich bin lesbisch. Mein Coming-out hatte ich gleich nach dem Abitur. Jetzt lebe ich seit vielen Jahren mit meiner Freundin zusammen in einer gemeinsamen Wohnung. Und wir lieben uns. Allerdings hatten wir uns ungefähr vor zwei Jahren mal so gestritten, daß sie vorübergehend auszog. Ich dachte damals, nun sei es zwischen uns aus. Wochenlang hörte ich nichts mehr von ihr. Bald fiel mir die Bude auf den Kopf. Zu den Lesbentreffs in der Schönhauser Allee hat es mich nicht hingezogen. Aber ich verkehrte regelmäßig im Haus der Jungen Talente, war bald Stammgast bei Lesungen, Auftritten von Liedermachern, Discos und so. Dort lernte ich Kathi kennen. Sie war nett, frisch, intelligent, hatte keinen Freund. Kurz: Sie gefiel mir. Danach sahen wir uns regelmäßig. Bald freundeten wir uns an ...“
Hauptmann Rinke unterbricht den Monolog vorsichtig: „Lassen Sie sich nicht stören, wenn ich Notizen mache. Aber dies ist eine offizielle Zeugenvernehmung!“
Sylvia Wozniak gibt mit einem kurzen Achselzucken zu verstehen, daß es sie gleichgültig läßt.

Das Gespräch in den folgenden zwei Stunden verschafft Rinke einen tiefen Einblick in das Leben der Katharina Schade, der

ein gänzlich anderes Persönlichkeitsbild vermittelt, als deren Eltern ihm zu beschreiben versuchten:
Katharina war nämlich keineswegs die selbstbewußte Powerfrau, deren Lebensinhalt sich nur auf die Erreichung hoher fachlicher und gesellschaftlicher Leistungen beschränkte. Sie war aus Fleisch und Blut, ausgestattet mit Sehnsüchten und Bedürfnissen.
Nicht berufliche Strebsamkeit, nicht die bewußte Vermeidung jeglicher Ablenkung von ihren ehrgeizigen Zielen waren die Gründe, Anbändelungsversuche der Männer zurückzuweisen. In Wirklichkeit verspürte sie bereits in der Oberschulzeit, seit der kurzen Liaison mit einem Mitschüler, eine unerklärliche Abneigung gegen das männliche Geschlecht, der sie sich lange Zeit nicht bewußt war. Statt dessen fühlte sie sich von Frauen erotisch angezogen.
Solcherart Empfindungen hielt sie für abnorm, sogar krankhaft. Sie versuchte, sich dagegen zu wehren. Doch je mehr sie ihre innere Abwehr gegen derlei Neigungen mobilisierte, um so stärker wurde ihre Gedankenwelt von ihnen beherrscht. Bald war der Teufelkreis geschlossen. So schwelte in ihrer Seele eine bedrohliche Melancholie. Katharina wollte psychologischen Rat, doch schreckte sie vor dem Gang zum Therapeuten zurück. So fraß sie alle ihre Probleme in sich hinein.
Ein zusätzliches seelisches Trauma erlitt sie, als sie Zeuge eines zufälligen Gespräches ihrer Eltern über Homosexualität wurde: Während die Mutter homosexuelle Neigungen für eine Krankheit hielt, die psychiatrisch behandelt werden müsse, hielt der Vater sie für einen Ausdruck dekadenter Lebensweise im Kapitalismus und den Auslöser von krimineller Gefährdung und Asozialität. „Mit solchen Elementen will ich nichts zu tun haben“, erhitzte er sich klassenkämpferisch.
Katharina war entsetzt. Doch es mangelte ihr an Mut, durch ein offenes Bekenntnis die eigene Seele von der neurotisierenden Last des ewigen Stillschweigens zu befreien. Und es fehlte die Fähigkeit, die Eltern als zutiefst kleinbürgerlich, verklemmt und unwissend beurteilen zu können: Sie war wirtschaftlich und seelisch von ihnen so abhängig, daß die elterliche Autorität alle Widerstandskräfte brach. Deshalb verkroch sie sich noch tiefer in ihr Schneckenhaus.
Von der ersten Begegnung an spürte Sylvia Wozniak, daß Katharina in sie verliebt war. Es kam zwischen ihnen auch zu In-

timitäten. Sylvia Wozniak empfand dies nur als kurze Episode. Für Katharina aber schien sich eine neue Welt zu öffnen: Eine heiße Liebe war entflammt. Doch Sylvia Wozniak wollte die Beziehung zu ihrer alten Freundin nicht gefährden. Treue war ihr wichtiger als das kurze Abenteuer mit einem so viele Jahre jüngeren Mädchen.
Katharina fiel es offenbar schwer zu begreifen, daß ihre unbändige Zuneigung nicht erwidert werden konnte. So sehr sich Sylvia Wozniak auch bemühte, eine auf Vernunft basierende Kameradschaft zu pflegen, um so heftiger mußte sie Katharinas Gefühlsausbrüche abwehren. Durch den immer wieder theatralisch demonstrierten Liebesverlust und die hartnäckigen, aber erfolglosen Annäherungsversuche fühlte sich Sylvia Wozniak in einer Zwangslage, aus der sie sich nur befreien konnte, wenn sie Katharina auf Distanz hielt. Doch diese bombardierte sie mit abendlichen Anrufen. Zum Geburtstag erhielt sie von ihr ein herzzerreißendes, selbstverfaßtes Liebesgedicht. Auf diese Weise litt Katharina in den letzten langen Monaten unter zwei unverarbeiteten Konflikten: Zum einen wagte sie trotz Sylvias eindringlichem Zureden immer noch nicht, sich zu outen, ohne Rücksicht auf die Meinung ihrer Eltern. Nur so könnte sie ihre lesbischen Neigungen endlich ungehindert leben. Zum anderen verbaute die sklavische Unterwerfung alle Möglichkeiten, sich von Sylvia innerlich zu befreien, um dann unbelastet eine andere Beziehung einzugehen.
Am Abend des 18. Oktober rief Katharina letztmalig bei der Geliebten an. Freundlich, aber energisch verlangte Sylvia Wozniak, im Interesse der ausschließlich freundschaftlichen Empfindungen die Belästigungen endlich einzustellen. Doch Katharina zeigte keine Einsicht. Im Gegenteil: Sie reagierte mit einer Drohung, ehe sie den Hörer auflegte: „Wenn du mich nicht lieben kannst, dann möchte ich lieber tot sein!“

„Verstehen Sie“, wendet sich Sylvia Wozniak an Rinke, der die ganze Zeit aufmerksam ihrer Schilderung folgte, „insofern fühle ich mich ein wenig schuldig an ihrem Tod!“
Hauptmann Rinke kennt nun die Ursachen, die Katharina Schade in den Selbstmord getrieben haben. Das lange Gespräch mit der Zeugin versetzte ihn in eine Welt, die er nur unvollkommen begreift. Aber: Nun kann er den Schlußbericht schreiben und die Akte schließen.

*Über Homosexualität war in der DDR jahrzehntelang keine sachliche Diskussion möglich. Teilweise wurde sie ähnlich tabuisiert wie das Suizidgeschehen: Daß es im Lande derArbeiter und Bauern auch Schwule und Lesben gab, wußte jedermann, doch allenfalls sprach man darüber hinter vorgehaltener Hand. Dabei wurde gleichgeschlechtliche Liebe zwischen Frauen differenzierter, weniger radikal beurteilt als zwischen Männern. Die Partei- und Staatsführung verkündete indes höchst offiziell, daß Homosexualität „der sozialistischen Ethik und Moral widerspricht, das sittliche Empfinden der Werktätigen ernsthaft verletzt und die Jugend gefährdet". Lange Zeit wurde Homosexualität nicht als Varietät menschlichen Sexualverhaltens, sondern – im günstigsten Fall als Krankheit – vielmehr als Straftat und politische Abweichung verstanden.*

*Im Hinblick auf die männliche Homosexualität entartete eine solche Auffassung – vor dem Hintergrund des unrühmlichen § 175 des Strafgesetzbuches von 1871 – zu bizarren Rechtskonstruktionen und drastischen Sanktionen:*

*Eklatantes Beispiel dafür waren die Ereignisse um den ersten DDR-Justizminister, den homosexuellen Max Fechner. Wegen seiner politischen Aktivitäten in der SPD und als Mitglied des Preußischen Landtags von den Nationalsozialisten für mehrere Jahre im KZ Sachsenhausen eingekerkert, wurde er nach der Zerschlagung des Naziregimes SPD-Vorsitzender in der Sowjetischen Besatzungszone. Er unterstützte den Zusammenschluß mit der KPD zur SED. Im Jahre 1949 wurde Fechner Mitglied des Zentralkomitees der SED und Justizminister. Er initiierte die Ausbildung von juristischen Laien zu sog. Volksrichtern. Zum Massenstreik am 17. Juni 1953 verhielt er sich öffentlich relativ liberal, weil er ihn entsprechend der verfassungsrechtlichen Garantien für ein legitimes Mittel hielt. Die Partei- und Staatsführung erkannte in einer solchen Auffassung eine zutiefst feindliche Gesinnung. Fechner kam in Haft. Mit klassenkämpferischem Eifer überführten ihn die Sicherheitsbehörden schwerer Verstöße gegen die Kontrollratsdirektive Nr. 38 und den Artikel 6 der Verfassung. „Boykotthetze" und „faschistische Propaganda" hießen die belastenden Tatbestände. Zum Zwecke der Strafverschärfung wurden Fechners homosexuelle Neigungen nach dem berüchtigten § 175 des alten StGB mit heranzogen. Ergebnis: Seine*

*Volksrichter verurteilten ihn zu acht Jahren Zuchthaus. 1956 wurde Fechner aus der Haft entlassen. Er verstarb 1973 im Alter von 81 Jahren. Sein Tod wurde von der Öffentlichkeit nicht wahrgenommen.*

*Erst das neue Strafgesetzbuch der DDR vom 12. Januar 1968 hob den üblen Tatbestand des § 175 auf, der „die widernatürliche Unzucht zwischen Personen männlichen Geschlechts" unter Strafe stellte. Das war eine wichtige Maßnahme der Liberalisierung, wenn auch nur auf einem speziellen rechtlichen Gebiet.*

*Doch zählebig hielten sich die alten Vorurteile gegenüber Schwulen und Lesben – bis zum Untergang der DDR. Zwangsläufig führten sie zu Ignoranz, Isolierung und sozialen Integrationsproblemen. Versteckte, mitunter sogar staatlich verordnete Diskriminierung war die Folge einer hilflosen moralischen und rechtlichen Rechtfertigung. So blieb Homosexuellen eine Berufsausübung im öffentlichen Dienst, z. B. als Lehrer, versagt. Nach der Verordnung über die Aufenthaltsbeschränkung konnten die Behörden ihnen sogar den Wohn- und Aufenthaltsort vorschreiben. Der truppenmedizinische Dienst der Nationalen Volksarmee war angewiesen, Homosexuelle vom Dienst als Berufssoldat oder Soldat auf Zeit auszuschließen. Auch die Bildung von Interessengemeinschaften, Vereinen oder die Einrichtung von Clubs war ihnen verwehrt.*

*Die Schwulen und Lesben reagierten sensibel auf derartige Benachteiligungen. Das Abdrängen in den Untergrund, der damit verbundene seelische Druck, die sexuellen Neigungen nicht nach außen bekannt werden zu lassen, führte bei vielen Betroffenen zu einer ernsthaften Behinderung ihrer Persönlichkeitsentfaltung. Fatale Folgen waren nicht zu vermeiden: Im Vergleich zur Gesamtbevölkerung traten bei ihnen familiäre Konflikte und psychische Erkrankungen wesentlich häufiger auf. Auch der Mißbrauch von Alkohol, der Genuß anderer Suchtmittel und das Zurückziehen in dubiosen Gruppen waren symptomatisch.*

*Am auffälligsten jedoch dürften zwei wichtige kriminologische Tatsachen gewesen sein: Zum einen nahm die Suizidalität bei Schwulen und Lesben unaufhörlich zu und erreichte bis Mitte der 80er Jahre eine fünfmal höhere Belastungsziffer als beim Durchschnitt der Bevölkerung. Zum anderen*

*wurden Homosexuelle achtmal eher Opfer von Raubdelikten, Erpressungen, Diebstählen, Körperverletzungen oder gar Tötungen. Bis in die 70er Jahre hinein blieb die ängstliche Zurückgezogenheit das typische Verhaltensmerkmal für Menschen mit homosexueller Neigung.*
*Danach begann sich die Verkrampfung langsam zu lösen: Gesellschaftswissenschaftliche Analysen, moderne Erkenntnisse der Sexuologie, Endokrinologie und Andrologie ermutigten die DDR-Wissenschaften, von den politischen Entscheidungsträgern zu verlangen, das Thema Homosexualität öffentlich zu machen und mit gebührender Sachlichkeit zu behandeln. Zunehmend forderten psychologische Publikationen Toleranz und Wissen heraus. Modelle zur Einrichtung von offiziellen Konsultationszentren und Begegnungsstätten wurden entwickelt.*
*Zaghaft traten nun auch die Schwulen und Lesben an das Licht der Öffentlichkeit.*
*Doch das war angesichts ihrer Überwachung durch den Staat nicht ohne Risiko für den einzelnen. Denn: Bereits 1973, als zur Eröffnung des Weltjugendfestivals in Berlin eine Gruppe Homosexueller vor der verdutzten Öffentlichkeit ein Transparent mit dem Text „Wir Homosexuellen grüßen die X. Weltfestspiele und sind für den Sozialismus in der DDR" entrollte, bewertete die Partei- und Staatsführung dies bereits als ernste Provokation durch den politischen Untergrund. Prompt wurden die Sicherheitsorgane mobilisiert. Zehntausende Dossiers waren das Ergebnis. Die Kriminalisierung der Homosexuellen wuchs mit ihren Emanzipationsbestrebungen. Doch alle Versuche, sie wieder in die alte Zurückgezogenheit zu zwingen, scheiterten. Längst hatten sie unter den Fittichen der evangelischen Kirche Asyl gefunden (während sich die katholische Kirche fromm zurückhielt). Sie bildeten dort Arbeits- und Freundeskreise sowie Selbsthilfegruppen, tauschten Erfahrungen mit westdeutschen Homosexuellen aus, organisierten Reisen in die Volksrepublik Ungarn, wo Schwule und Lesben wohltuend toleriert wurden. Sie überschütteten die staatlichen Organe und die Parteiführung mit Eingaben und Anträgen, forderten die Abkehr von der bisherigen Benachteiligung. Doch die mächtigen Greise in den obersten Gremien des Partei- und Staatsapparates verschanzten sich weiter hinter ihren rigiden Dogmen. Hilflos*

*mußten sie zur Kenntnis nehmen, daß die Zahl der Homosexuellen, die sich energisch um eine Übersiedelung in die Bundesrepublik bemühten, schneller zunahm als die Ausbürgerungsanträge beim Rest der Bevölkerung.*
*Am Vorabend des Mauerfalls machte dann Heiner Carows DEFA-Film „Coming out" die Öffentlichkeit einfühlsam auf die Probleme der Homosexuellen in der DDR aufmerksam. Auch die Jugendsendung „1199" des DDR-Fernsehens widmete sich in den letzten Wochen ihrer Existenz einige Male dem Thema Homosexualität.*
*Doch erst die Wiedervereinigung der beiden deutschen Staaten konnte die Situation der knapp eine Million Schwulen und Lesben in Ostdeutschland dann grundlegend verändern. Aber Achtung: Der endgültige Schritt vom rationalen Verständnis zur emotionalen Akzeptanz ist auch jetzt noch nicht getan.*

## Der Appell

Am Südrand der Leipziger Tiefebene, wo die Weiße Elster aus dem Thüriger Hügelland austritt, liegt Zeitz, zu DDR-Zeiten Kreisstadt im Verwaltungsbezirk Halle. Die 45 000 Einwohner umfassende Stadt erlangt vor allem durch das Hydrierwerk, die Eisengießereien, die Herstellung von Ausrüstungen für die Schwerindustrie, den Bau von Kinderwagen und Klavieren wirtschaftliche Bedeutung.
Die städtische Historie, die mit der Burg Zeitz beginnt und die Entwicklung zur attraktiven Handelsstadt ebenso umfaßt wie die Zeit als Residenz der kursächsischen Sekundogenitur Sachsen-Zeitz sowie die Epoche nach dem Anschluß an Preußen, widerspiegelt sich in sehenswerten frühbarocken, gotisch-romanischen und klassizistischen Bauwerken und Bürgerhäusern. Trotzdem spielt das Städtchen zu DDR-Zeiten touristisch keine Rolle.
Die mehrfachen Auflagen des offiziellen Reiseroutenatlas, der die landeskundlich interessantesten Wegstrecken zwischen der Insel Rügen und dem Thüringer Wald beschreibt, klammert Zeitz beharrlich aus. Zwar kennen die vermehrungsfreudigen DDR-Bürger Zeitz durch die Kinderwagenproduktion, doch ihr sonstiges Interesse an dieser Stadt ist gering, denn die giftigen Ausdünstungen und Abwässer der großen Chemiewerke zwischen Halle, Leipzig und Zeitz haben die Region bereits dauerhaft ramponiert. Zeitz bleibt lange Zeit eine Stadt ohne gebührende Beachtung.
Im Sommer 1976 ändert sich die Situation. Ein tragisches Ereignis rückt die Stadt jäh in den Mittelpunkt öffentlicher Aufmerksamkeit. Es ist ein Geschehen, das nicht nur einen Prozeß interner Auseinandersetzungen innerhalb der protestantischen Kirchenleitungen entfacht. Es erneuert auch die Konfrontation zwischen Kirche und Staat und löst obendrein in den Medien, aber auch in der Gesellschaft, höchst unterschiedliche Reaktionen aus.

Es ist Mittwoch, der 18. August. Der himmelblaue Morgen leitet einen sonnenfreundlichen Tag ein. Im Pfarrhaus von Rippicha, dem kleinen Ortsteil von Droßdorf, wenige Kilometer südlich von Zeitz, beendet der Pfarrer Oskar Brüsewitz, 47, das gemeinsame Frühstück mit seiner Gattin und meint, es wäre nun Zeit, in die Stadt zu fahren. Was er dort will, bleibt zunächst unbekannt. Er verhält sich ruhig, gefaßt, unauffällig. Bevor er kurz vor 10.00 Uhr das Haus verläßt, stellt er noch frische Rosen in der Wohnung auf. Dann geht er zur nahegelegenen Kirche. Dort hat er, bereits Tage zuvor heimlich gefertigt, Plakate und ein zweiteiliges Transparent deponiert. Er verstaut diese in seinem Pkw „Wartburg-Kombi", in dem sich bereits eine mit Benzin gefüllte 20-Liter-Milchkanne befindet. Pfarrer Brüsewitz streift den Talar über und fährt sodann in Richtung Zeitz davon.

Kurz vor 10.30 Uhr parkt er seinen Wartburg nahe der Fußgängerzone auf dem Michaelis Kirchhof in der Zeitzer Oberstadt, unmittelbar vor dem Portal der Michaeliskirche. Eilig stellt er seine Plakate und die beiden Teile des drei Meter langen Transparents auf. Letzteres trägt den Text: „Funkspruch an alle ... Funkspruch an alle ... Die Kirche in der DDR klagt den Kommunismus an! Wegen Unterdrückung in Schulen an Kindern und Jugendlichen." Schon allein dieser Text ist nach Auffassung der DDR-Obrigkeit eine unerhörte Provokation, die an den Grundfesten des Arbeiter- und Bauerstaates rüttelt und demzufolge einen Straftatbestand erfüllt.

*Dieses Transparent befestigte Pfarrer B. auf dem Dach seines Pkw „Wartburg-Kombi".*

Brüsewitz gießt sich den Inhalt der Milchkanne über den Talar. Wie zufällig beginnen die Glocken der Michaeliskirche zu läuten, weil zeitgleich eine Bestattungszeremonie auf dem Friedhof stattfindet. Mit einem Streichholz entzündet er seine Bekleidung und steht augenblicklich in hohen Flammen. Die Passanten sind schockiert. Da sich ihre Aufmerksamkeit auf den brennenden Mann richtet, nehmen sie den Text auf den Plakaten und dem Transparent nur bruchstückhaft wahr. Als lichterloh brennende Fackel läuft Brüsewitz etwa 20 Meter auf das nahe Gebäude der evangelischen Kirchenverwaltung, der Superintendentur, zu. Vor einer Telefonzelle bringt ihn ein Mann in NVA-Uniform zu Fall, während ein herbeieilender Kraftfahrer Decken über ihn wirft und so die Flammen ersticken kann. Mehr als einhundert Neugierige kommen nun am Ort des grausigen Geschehens zusammen.

*Vor der Michaeliskirche in Zeitz. Die markierten Stellen verweisen auf den Standort des Pkw und die Wegstrecke, die Pfarrer B. in brennendem Zustand zurücklegte.*

Polizei und Feuerwehr werden informiert. Sie erscheinen auch rasch. Während ein Löschzug der Feuerwehr die Flammen an der Heckfront des „Wartburg“ und die auf dem Straßenpflaster bekämpft, stellen staatsbewußte Bürger gemeinsam mit Polizisten Plakate und Transparent mit den ketzerischen Texten als Beweismittel sicher. Brüsewitz wird sowohl von einer Mitarbeiterin der Superintendentur als auch von Passanten erkannt. Er lebt, ist aber nicht ansprechbar. Dann trifft ein Krankenwa-

*Vor dieser Telefonzelle wurde der brennende Pfarrer B. durch Passanten zu Fall gebracht, um die Flammen mit Decken ersticken zu können.*

gen ein. Notdürftig versorgt, wird Brüsewitz in das Zeitzer Kreiskrankenhaus eingeliefert. Die schweren Brandwunden, die sich über mehr als 80 Prozent der Körperoberfläche erstrecken, begründen eine akute Lebensgefahr. Die dortigen medizinischen Möglichkeiten reichen jedoch nicht aus, um eine sachgerechte Intensivtherapie zu gewährleisten. Deshalb wird Brüsewitz kurz

*Ansicht des von Pfarrer B. benutzten Pkw mit der durch Flammen beschädigten Heckfront.*

nach 11.00 Uhr in das Bezirkskrankenhaus Halle-Dölau überführt. Ab 13.00 Uhr kann er dort entsprechend versorgt werden. Doch die Verletzungen lassen nur eine schlechte Prognose zu.

Etwa eine Stunde war vergangen, als Pfarrer Brüsewitz Rippicha in Richtung Zeitz verlassen hatte. Da meldet sich eine Mitmieterin des Pfarrhauses bei einer seiner beiden Töchter und übergibt ihr ein Schreiben. Dessen Inhalt führt zunächst zu großen Irritationen: Darin verabschiedet sich Brüsewitz nämlich von seiner Familie und verfügt, an einer bestimmten Stelle des Friedhofs von Rippicha bestattet zu werden, an der er bereits mit dem Ausschaufeln eines Grabes begonnen hatte. Im übrigen stimmt der restliche Text in wesentlichen Passagen mit einem später bekannt gewordenen Abschiedsschreiben überein, das er an seinen Kirchenkreis richtete.

Kurze Zeit nachdem die Dringliche Medizinische Hilfe den schwer verletzten Brüsewitz zum Kreiskrankenhaus gebracht hat, macht sich der stellvertretende Superintendent auf den Weg von Zeitz nach Rippicha, um Frau Brüsewitz und den Töchtern den tragischen Vorfall mitzuteilen. Gefaßt nimmt die Frau die schreckliche Nachricht zur Kenntnis, versucht, das Handeln ihres Gatten zu verstehen. Auch zwei Vertreter der Sicherheitsorgane, die sich als Kriminalpolizei ausweisen, sind bald zur Stelle, um Frau Brüsewitz und die ältere Tochter zwei Stunden lang zu befragen. Die Frage, in welchem Zustand sich ihr Gatte befinde, können (oder wollen) die Vertreter der Staatsmacht Frau Brüsewitz nicht beantworten. Nach der Befragung werden beide zum VPKA Zeitz gebracht, um sie dort, voneinander getrennt, länger als fünf Stunden zu vernehmen.

*Vermutlich ist bereits zu diesem Zeitpunkt gem. § 98 StPO die Einleitung eines Ermittlungsverfahrens gegen Brüsewitz wegen des Verdachts einer Straftat gegen die staatliche Ordnung (§ 220 StGB, Öffentliche Herabwürdigung) erfolgt – zumindest ist es in Erwägung gezogen worden. Dafür spricht sowohl die Zuführung von Frau Brüsewitz und ihrer Tochter zum VPKA (ausgenommen, daß sie nicht ausdrücklich freiwillig dorthin mitfuhren) als auch ihre getrennte Vernehmung. Sie hätte gem. § 32 Abs. 1 StPO in jedem Fall ein Ermittlungsverfahren vorausgesetzt. Dann muß man auch fragen, ob die gesetzlich geforderte und durch Unterschrift beider Frauen bestätigte Zeugenbelehrung überhaupt erfolgte (z. B. hinsichtlich ihres Aussageverweigerungsrechts gem. § 26 StPO) und warum die formlose Befragung zu Hause nicht ausreichte.*

Die Intentionen der Sicherheitsorgane in diesem Fall, nämlich im Ergebnis der ersten Vernehmungen schon nachzuweisen, daß Brüsewitz vermindert zurechnungsfähig sei oder sogar an einer Geisteskrankheit leide, werden durch die darauf abzielenden Fragen deutlich. Wieder erkundigt sich Frau Brüsewitz nach dem Zustand ihres Gatten, und diesmal erfährt sie von seiner Verlegung ins Bezirkskrankenhaus Halle-Dölau.
Aber erst am 20. August wurde sie vor Ort durch die Ärzte der Intensivstation ausführlich über den wahren Zustand ihres Mannes unterrichtet: Für den Patienten bestünde akute Lebensgefahr, er erlange nur kurzzeitig das Bewußtsein, sei dann aber verwirrt: Ihn zu besuchen, wäre nicht möglich.
Sonntag, der 22. August: Der Zustand des vom Tode gezeichneten Brüsewitz verschlimmert sich zusehends. Die Ärzte des Bezirkskrankenhauses benachrichtigen die Familie, halten einen Besuch für dringend geboten. Doch noch ehe sie eintrifft, ist Pfarrer Brüsewitz seinen schweren Brandverletzungen erlegen.

Von Anfang an wird der „Vorgang Brüsewitz“ von der Untersuchungsabteilung des MfS bearbeitet. Selbst wenn ein Ermittlungsverfahren gegen den Pfarrer eingeleitet worden war: Nach seinem Tode muß es ohne Einstellungsentscheidung beendet werden. Die Akte wird somit als Todesermittlungssache weitergeführt. Die Tatmotive sind ja noch unklar.
Warum das MfS und nicht die Kriminalpolizei die Ermittlungen führt, läßt sich einfach erklären: Daß ein Pfarrer in der DDR durch öffentliche Präsentation von Plakaten mit sozialismusfeindlichem Inhalt und seine demonstrative Selbstverbrennung einen, wie es der Vorsitzende des Rates des Kreises bezeichnet, „provokatorischen, staatsfeindlichen Akt“ verübt hat, macht die politische Dimension des Geschehens deutlich. Hinzu kommt das rege Interesse der westdeutschen Medien, die bereits am 20. August über Rundfunk und Fernsehen darüber berichten. Schnell wird hüben und drüben klar, daß das Ereignis sowohl die Kirche als auch die Partei- und Staatsführung der DDR in arge Bedrängnis gebracht hat. Alte Strategiefragen des Verhältnisses zwischen dem SED-Staat und der Kirche einerseits werden ebenso wieder aufgeworfen wie andererseits das der Kirche zum SED-Staat. Die öffentliche Selbstvernichtung des Kirchenmannes hat den empfindlichen Waffenstillstand zwischen beiden Instanzen beschädigt. Auch für sie ist die Situation neu. Denn: In der Geschichte der DDR hat es bisher nie einen vergleichbaren Vorgang gegeben.
Flugs werten ihn beide Seiten auf ihre Art aus: Die Kirche sucht zunächst nach den psychologischen Ursachen des Geschehens und beschäftigt sich mit den möglichen regionalen Auswirkungen auf den Kirchenkreis. Die Staatsmacht hingegen wittert augenblicklich die Gefahr, daß der Suizid des Pfarrers dem Westen neuen politischen Zündstoff gegen die DDR liefern könnte, und versucht, ihn als Handlung eines Geistesgestörten zu erklären. Aber das muß erst nachgewiesen werden. Nur der Selbstmord reicht dafür nicht aus. Partei- und Staatsorgane treffen die entsprechenden psychologischen Vorbereitungen. Sie sammeln „Stimmungen und Meinungen der Werktätigen“. Das Ergebnis wird in einer „Information der SED-Kreisleitung vom 19./20. August 1976“ an die Parteispitze weitergeleitet. Darin heißt es u. a.: „... daß die Werktätigen einschließlich der kirchlich gebundenen Bürger diese Handlung scharf verurteilen. Sie kommentieren diese Tat mit der Bemerkung: ‚Zu solch einer

Handlung ist nur ein Geisteskranker fähig.‘ Besonders bei den Arbeitern gibt es Abscheu und Empörung mit der Feststellung, daß diese Handlung eine offene Provokation und ein Angriff auf unseren sozialistischen Staat ist, der in das Konzept des Klassengegners mit seiner Hetze gegen die DDR und den Sozialismus paßt.“

Emsig erkunden die Sicherheitsorgane alles, was sie für bedeutungsvoll halten. Das fällt ihnen offenbar nicht schwer, denn Oskar Brüsewitz ist ihnen schon lange ein Dorn im Auge. Seine unverzeihlichen Eskapaden füllen bereits eine dicke Akte. Der SED-Führung ist schon lange bekannt, daß „er keinen Hehl aus seiner negativen politischen Grundeinstellung“ macht.

Mit teilweise absurden Argumenten versucht die Obrigkeit, Brüsewitz zu psychiatrisieren. Sein Fall soll auf die bedauerliche Tat eines Kranken reduziert werden. Das belegt die bereits am 18. August 1976 verfaßte interne Information des Rates des Kreises, in der es heißt:

„*... In seinem Auftreten gegenüber den örtlichen staatlichen Organen trat er provozierend auf. Forderungen des staatlichen Organs zur Einhaltung der sozialistischen Gesetzlichkeit, insbesondere bei der Durchführung von Veranstaltungen, ignorierte er. In Gesprächen brachte er zum Ausdruck, daß er die DDR mit der faschistischen Diktatur vergleiche.*

*Während seiner Amtszeit in der Kirchengemeinde Rippicha zeigt Brüsewitz ein Verhalten, das Anlaß gibt, Brüsewitz auf seinen geistigen Zustand bei einem Psychiater untersuchen zu lassen.*

*Folgende Fakten führen zu dieser Ansicht:*

*1.*

*Am 14.8.1970 war im Kreis Zeitz ein schweres Gewitter.*

*Der Ortsteil Lonzig wurde dabei besonders betroffen. Als alle Einwohner dieses Ortsteils bei der Beseitigung der Schäden halfen, behinderte B. diese und äußerte sich wörtlich: „Nun hat es die Kommunisten erwischt.*

*Das ist Gottes Strafe.“*

*Das löste eine große Empörung unter der Bevölkerung aus.*

*2.*

*Um die Aufmerksamkeit auf sich zu ziehen, lief B. mit einem Tonbandgerät des öfteren durch die Orte und spielte Lieder ab und sang dazu.*

*3.*
*Seinen PKW „Trabant“ benutzt er als Reklamefahrzeug, indem er diesen bemalt, Transparente anbringt und so durch die Orte fährt.*
*4.*
*Trotz vieler Aussprachen mit ihm brachte er an den Kirchturm in Rippicha ein großes Kreuz aus Leuchtstoffröhren an, welches er besonders an staatlichen Feiertagen leuchten ließ. Diese Maßnahme führte er auch in angespannter Energiesituation durch.*
*5.*
*Des weiteren brachte B. in seinem Grundstück Transparente mit Bibelsprüchen an, die von der Gestaltung her einen unästhetischen Eindruck machten.*
*Als B. von den staatlichen Organen anläßlich der Volkswahlen 1974 darauf aufmerksam gemacht wurde, diese Transparente zu beseitigen, weigerte er sich und organisierte ca. 6 Pfarrer, die diese Transparente bewachten.*
*6.*
*Am 6.2.1972, als B. den Pfarrer von Draschwitz vertrat, spielte er vom Kirchturm der Kirche in Draschwitz Schlagermusik mittels Tonband ab und hielt die Kinder auch nach 19.00 Uhr in der Kirche zurück.*
*7.*
*Am 28.11.1972 installierte er einen Tannebaum mit elektrischen Kerzen in seinem Gartengrundstück an der Straße und setzte unter diesen Tannebaum einen Lautsprecher, der an das Radio in seiner Wohnung angeschlossen war und spielte Musik.*
*8.*
*Zu einem sogenannten ev.-kath. Kindertag am 19.7.1973 spielte er mit viel Geschrei und barfuß mit den Mädchen und Jungen Fußball zum Gespött der Einwohner ...“*

Doch der Versuch der Partei- und Staatsführung, mit derartigen „Fakten“ die Kirchenleitung veranlassen zu wollen, Brüsewitz offiziell für geistesgestört zu erklären, muß fehlschlagen. Andernfalls hätte man der Kirchenleitung Verantwortungslosigkeit unterstellen können, einen vielleicht unzurechnungsfähigen Pfarrer einer Gemeinde anvertraut zu haben.
Die Selbstverbrennung Brüsewitz’ löst ein gewaltiges öffentliches Interesse aus. Westdeutsche Zeitungs- und Fernsehbe-

richte nehmen das Ereignis zum Anlaß, die DDR-Realität zur Diskussion zu stellen. Die DDR-Führung nimmt das übel, fühlt sich zu Reaktionen in der eigenen Presse genötigt. Doch sie gehen nicht über das Niveau sattsam bekannter Agitation hinaus, wirken unglaubwürdig und fordern ungewollt weitere Diskussionen heraus. Am 26. August 1976, dem Tag des Trauergottesdienstes für Brüsewitz, demonstriert im Kreisgebiet von Zeitz die Staatsmacht durch Behinderungen, Kontrollen, vorläufige Festnahmen und andere Repressalien ihre klassenkämpferische Entschlossenheit.

Der Höhepunkt des Konflikts wird schließlich durch den am 11. September 1976 von der Konferenz der Kirchenleitungen der DDR verabschiedeten öffentlichen „Brief an die Gemeinden" erreicht. In diesem Brief wird die Selbstverbrennung des Pfarrers Brüsewitz zum Anlaß genommen, die grundsätzliche Position der Kirche in der DDR zu bestimmen und kritische Fragen des Verhältnisses zum Staat aufzuwerfen.

Die Genossen des Zentralkomitees sind darüber erbost. Sie halten die Verbreitung dieses Briefes – wie sie in einem höchst vertraulichen Fernschreiben vom 16.9.1976 an die 1. Sekretäre der SED-Kreisleitungen formulieren – für „einen der größten konterrevolutionären Akte gegen die DDR. Wir werden ... zur gegebenen Zeit die erforderlichen Schlußfolgerungen ziehen." Offensichtlich wird damit die bisherige Koexistenz zwischen Staat und Kirche nun endgültig in Frage gestellt.

Die Schlußfolgerungen lassen dann auch nicht lange auf sich warten: Da die Partei- und Staatsführung in der Kirche ohnehin ein gefährliches sozialismuskritisches, letztlich sogar konterevolutionäres Potential vermutet, schwenkt sie aus machtpolitischen Erwägungen auf den harten, restriktiven kirchenpolitischen Kurs früherer Zeiten zurück. Dieser wird dann auch bis zum Ausgang der 70er Jahre beibehalten.

Schon ein kurzer Blick in die Biographie des evangelischen Pfarrers Oskar Brüsewitz macht deutlich, wie sehr seine unbequeme, streitbare Art Widerspruch hervorruft. Im Jahre 1929 geboren, von Beruf Schuhmachermeister, durch und durch gottesfürchtig und von missionarischem Eifer, aktives Mitglied in verschiedenen Kirchengemeinden, besucht er erst relativ spät die Erfurter Predigerschule (1964 bis 1969). Seinen Probedienst als Pfarrer leistet er in Rippicha, einer Landgemeinde nach sei-

nem Sinn. Er übernimmt dort das baufällige Pfarrhaus, das er mit Organisationstalent und handwerklichen Fähigkeiten bald instandsetzt. Seine zupackende, direkte Art macht die Gemeindemitglieder neugierig. In der Öffentlichkeitsarbeit, die Brüsewitz immer schon für ein wichtiges Instrument theologischen Wirkens hält, fällt er mit einer Serie von originellen, aber auch spektakulären, mitunter die regionale Obrigkeit provozierenden Aktionen auf. Einmal plaziert er neben die akkurat gedruckten Agitations- und Propagandaplakate der Ortsschule seine eigenen, eilig beschriebene Plakate mit Bibeltexten. Der Rat der Gemeinde fordert deren Beseitigung. Brüsewitz weigert sich hartnäckig. Als er ein anderes Mal ein großes, weithin sichtbares Kreuz aus Leuchtstoffröhren an der Kirche anbringen läßt, wird wieder dessen Entfernung verlangt, und er setzt erneut Widerstand entgegen. Auch die direkte Konfrontation scheut er nicht: Als konsequenter sogenannter Nichtwähler (das war der Terminus für eine Kategorie DDR-Verdrossener, die von der Staatsmacht immer genaustens registriert wurden) äußert er einmal auf einer öffentlichen Wählerversammlung: „Ich habe schon gewählt, nämlich Jesus Christus!" Weitere ähnliche Aktionen bringen ihm immer wieder Minuspunkte bei den staatlichen Organen ein. Eine Kontroverse nach der anderen muß er mit dem Bürgermeister ausfechten. Mitunter reagiert er dabei affektiv, grobschlächtig und unsachlich.
Doch seine Predigten sind gut besucht, lebendig, anschaulich, unkonventionell. Er verläßt häufig das Konzept seiner Predigt, um seiner Spontaneität freien Lauf zu lassen. All das fördert einerseits die Neugierde der Gemeindemitglieder an seinen Predigten, die stets voller Überraschungen sind, stößt aber andererseits bei seinen Amtsbrüdern auch auf Ablehnung.
Folgerichtig bringt der Rat des Kreises Zeitz Bedenken gegen eine Berufung des Pfarrers Brüsewitz nach Rippicha vor, so daß die Kirchenleitung immer wieder einlenken muß. Anfang 1971 wird er schließlich offiziell als Pfarrer eingeführt. Mit großem Eifer stürzt er sich auf die nun selbständige Arbeit: In den Ortschaften seines Pfarrsprengels entstehen Gemeinderäume, alte werden ausgebaut und mehrere beschädigte Kirchen repariert, alles zum Wohlgefallen der Gläubigen. Das Aufstellen von selbstgefertigten Plakaten mit kurzen biblischen Texten hält er weiterhin für ein wichtiges Element kirchlicher Öffentlichkeitsarbeit.

Im August 1971 kommt es erneut zu einer Konfrontation mit den Staatsorganen: Auf dem Pfarrgelände soll nämlich ein ökumenisches Kinderfest stattfinden. Mehrere hundert Kinder werden erwartet. Trotz mehrfacher Erinnerung weigert sich Brüsewitz mit der ihm eigenen Sturheit, seiner Anmeldepflicht bei den örtlichen Behörden nachzukommen. Ein gegen ihn eingeleitetes polizeiliches Ordnungsstrafverfahren ist die Folge.
Als 1974 auf dem Grundstück der Schule ein Plakat „25 Jahre DDR" aufgestellt wurde, plaziert er gegenüber auf dem Kirchengelände ein eigenes Plakat „2000 Jahre Kirche Jesu Christi". Doch die Staatsmacht hat keinen Sinn für Humor, sondern hält dies völlig zu Recht für eine Provokation. Denn: Provokation ist für Brüsewitz immer ein Mittel der Auseinandersetzung und entspricht seiner kämpferischen Natur.
Während er im direkten Umgang mit den Gemeindemitgliedern Hilfsbereitschaft zeigt, sich altruistisch der Schwachen und Hilfebedürftigen annimmt, wird der Kreis der Kirchgänger mit der Zeit immer kleiner. Ein Grund dafür ist, daß seine ansonsten lebhaften Predigten mit der Zeit inhaltlich abflachen und regelmäßig auf das Thema „Bolschewismus – die praktische Gottlosigkeit" zusteuern.
Unzuverlässigkeit bei der Einhaltung von Terminen und mitunter konfuse, sogar belächelte Diskussionsbeiträge im Pfarrkonvent des Zeitzer Kirchenkreises schaden seiner Autorität unter den Amtsbrüdern. Und mit der Zeit spürt er, daß er von ihnen nicht ernstgenommen wird.
In der Trockenzeit des Sommers 1975 fährt er mit einem Pferdegespann ins Stadtzentrum von Zeitz. Auf dem Fuhrwerk hat er ein Transparent angebracht. Auf der einen Seite ist zu lesen: „Die Kirche ist in Not", auf der anderen: „Ohne Regen, ohne Gott geht die ganze Welt bankrott". Prompt wird er von der Volkspolizei zur „Feststellung eines Sachverhalts" abgeführt und länger als eine Stunde befragt.
Einer Amtsschwester berichtet er davon und meint, daß diese Fahrt nur die erste Stufe eines Drei-Stufenplans sei. Weitere Aktionen würden folgen. Doch konkrete Angaben dazu macht er nicht.
Einen Monat später brennt die Scheune auf seinem Pfarrgrundstück nieder. Die Brandursachenermittler der Feuerwehr stellen Selbstentzündung des eingelagerten Strohs als Ursache fest. Brüsewitz bezweifelt diese Ursache, grübelt darüber nach,

ob er vielleicht durch unbekannte Bösewichte vorsätzlich geschädigt werden sollte.
Auf die Zeitzer Vorgänge reagieren sowohl die Staatsorgane als auch die kirchlichen Vorgesetzten mit Mißfallen. Oskar Brüsewitz wird vom Vertreter des Bischofs der Kirchenprovinz Sachsen zu einem klärenden Gespräch nach Magdeburg gebeten. Dort nimmt er die Möglichkeit wahr, über seine Befindlichkeiten zu sprechen. Seit langem fühle er sich sehr bedrückt, eingeengt, umzingelt, inmitten einer „Kesselschlacht", leide unter dem schwindenden Erfolg seiner Kirchenarbeit, teilt er mit. Weil seine Befindlichkeiten ernstgenommen werden, empfindet er dieses Gespräch als bereichernd und sagt zu, ähnliche Unternehmungen wie die Aktion in Zeitz künftig zu unterlassen.
Es scheint, als hätten sich die Wogen geglättet. Doch nur für kurze Zeit. Als nämlich die Kreiskirchenleitung im Dezember 1975 den Beschluß faßt, Ende des Sommers 1976 eine Visitation in seinem Pfarrsprengel durchzuführen, ist Brüsewitz außer sich. Da er selbst einmal in einer Visitationskommission mitwirkte und ihre Tätigkeit für den betreffenden Pfarrer als entehrend empfunden hatte, reagiert er in höchstem Maße unsachlich, in dem er die geplante Maßnahme als Schnüffelei ansieht und die Kommission mit der Staatssicherheit gleichstellt. Er fühlt sich in arger Bedrängnis, ahnt, die prekäre Situation in seinem Sprengel, der erhebliche Verlust an Gemeindemitgliedern werde nun gänzlich offengelegt. Zusätzlich belastet ihn der Vorwurf der Kirchenleitung, den Dienstwagen durch unsachgemäßen Gebrauch ramponiert und dadurch unverhältnismäßig hohe Reparaturkosten verursacht zu haben.
Auf Drängen des Rates des Bezirkes Halle, die für den Staat als untragbar empfundene Situation bald zu klären, entschließt sich die Kirchenleitung, Brüsewitz einen Pfarrstellenwechsel vorzuschlagen und ihm damit die Möglichkeit eines Neubeginns zu geben. Doch er verhält sich widersprüchlich: Während er sich einerseits zu einem Wechsel bereit zeigt, verbreitet er andererseits in der Gemeinde, Rippicha bis zu seinem Tode nicht zu verlassen.
Die Zersplitterung seiner Seele läßt sich erahnen: Brüsewitz' gewohnte innere Widerstandsfähigkeit scheint aufgebraucht zu sein. Auch sein Körper zeigt Anzeichen von Schwäche. Herzprobleme und chronisches Magenleiden haben ihn längst anfällig und labil gemacht. Er fühlt, wie er sich der lawinenartig

auf ihn hernieder stürzenden Probleme nun nicht mehr erwehren kann. Sie treiben ihn unaufhaltsam in das Labyrinth der Ausweglosigkeit. Das alles geschieht auf dem Fundament seiner Persönlichkeit, die von hohem Anspruchsniveau seiner missionarischen Tätigkeit, von tiefem christlichen Glauben ebenso geprägt ist wie von Kompromißunfähigkeit, Renitenz, Sturheit, Spontaneität und Affektivität – Eigenschaften, die ihn zeitlebens schon unberechenbar machen. Das ständige Wechselbad aus Erfolg und Mißerfolg, Aktion und Gegenwirkung, Kampfgeist und Resignation, Selbstbewußtsein und Selbstzweifel belastet sein Innenleben.

So entsteht ein ganzes Bündel von Einzelmotiven. Brüsewitz' Gedankenwelt richtet sich immer stärker auf einen Punkt aus: Suizid wird als letzter Ausweg erwogen. Diese Überlegungen werden bei ihm zur bestimmenden Triebkaft. Niemand weiß, wann er den Handlungsentschluß faßt, mit dem Pkw nach Zeitz fahren zu wollen, um sich dort öffentlich zu verbrennen. Aber der für die Vorbereitung erforderliche Zeitaufwand zeugt von Überlegung und Planmäßigkeit des Vorgangs.

Oskar Brüsewitz verknüpft die geplante Selbstvernichtung mit verschiedenen Intentionen: Sie soll zur Befreiung aus der psychischen Sackgasse angehäufter Konflikte und zermürbender Konfrontationen führen. Aber er verbindet mit der Selbsttötung auch den politischen Protest: Die Selbstopferung bildet so den Höhepunkt seines Kampfes gegen das politische System in der DDR und drückt absolute Entschlossenheit aus. Sie ist auf spezifische Weise politischer Widerstand. Gleichzeitig ist sie ein nachdrücklicher Appell zur Abkehr von der „praktischen Gottlosigkeit".

Derlei Zweckbestimmung entspricht durchaus seiner religiösen und politischen Überzeugung, die er einmal auf einer Grabrede zusammenfaßte: „Alles ist vergänglich, auch der Marxismus, und nur der liebe Gott bleibt bestehen."

Zusätzlich erzeugt die Situation in der Kirche, so wie Brüsewitz sie reflektiert, ebenso tiefe Enttäuschung, Mutlosigkeit und Resignation wie die seelsorgerischen Mißerfolge in der Gemeinde. Und schließlich wirkt die angekündigte Visitation der Kirchenleitung subjektiv wie eine existentielle Bedrohung, deren Resultat Ohnmacht und Ausweglosgkeit sind.

Der Tod selbst ist für Brüsewitz kein Thema, das ihn abschrecken könnte. Im Gegenteil: Er fühlt eine innere Berufung

zu diesem letzten Schritt, den er mit der Zuversicht eines frommen Menschen gehen will.
In seinem Abschiedsbrief formuliert er dies so: „... Um so mehr freue ich mich, daß mein Herr und König und General mich zu den geliebten Zeugen berufen hat ...“

Am 18. August 1976, einen Monat vor der angekündigten Visitation, übergießt sich Pfarrer Oskar Brüsewitz vor der Michaeliskirche in Zeitz mit Benzin und zündet sich an. Sein Tod ist Flucht, politischer Appell und Selbstopfer zugleich.
Zweifellos war Oskar Brüsewitz eine akzentuierte Persönlichkeit, keineswegs aber ein Psychotiker, so wie die DDR-Führung es gern nachgewiesen hätte.

*Die Selbstverbrennung zählt zu den ungewöhnlichen Suiziden. Wegen ihres nur vereinzelten Auftretens wird sie aus statistischen Erwägungen in der Kategorie „sonstige Begehungsweisen“ mit anderen, seltenen Formen wie Ersticken, Unterkühlen, Selbsterdrosseln usw. subsumiert. In der DDR liegt ihr statistischer Anteil, wie auch in anderen europäischen Ländern, über viele Jahrzehnte hinweg unter 0,5 Prozent der Suizide. In anderen Kulturkreisen, z. B. im Hinduismus, Buddhismus, besitzt die Selbstverbrennung eine lange Geschichte und zählt sogar zum religiösen Brauchtum. Bis weit in das vorige Jahrhundert hinein reichte das hinduistische Ritual der sogenannten Sati (sanskritisch „treue Gattin“, Name der Ehefrau des Gottes Shiwa), wonach es als ehrenvoll galt, wenn Witwen durch Selbstverbrennung ihren Gatten ins Jenseits folgten. Noch immer ist die Selbstverbrennung buddhistischer Mönche im fernen Osten zu beobachten.*
*Ein wichtiger Impuls – und das trifft gleichermaßen auf das Christentum zu – geht dabei von der religiösen Überzeugung aus, daß die physische Existenz des Menschen gegenüber dem Leben im Jenseits unbedeutend ist. Auch die bewußte Entscheidung für diese besonders schmerzvolle Tötungsart und das Risiko, mitunter erst nach längerer Zeit tot zu sein, spielen für den Betreffenden eine sekundäre Rolle und rücken hinter den Tötungswillen. Überlegungen, einen schmerzvollen Tod auf sich zu nehmen und damit einen ähnlichen Weg wie Jesus Christus zu gehen, um in das Reich Gottes zu gelangen, mögen dabei begünstigend wirken. Insofern wäre es*

*falsch, den Betreffenden grundsätzlich psychotische Ursachen unterstellen zu wollen.*
*Die Öffentlichkeit des Vorgangs korrespondiert mit dem Appellcharakter der Selbsttötung und unterstreicht die Absicht des Suizidenten, eine Signalwirkung zu erreichen. Denn: Die Selbstopferung wird zum Mittel der Anklage meist gegen politische Mißstände oder Glaubensunterdrückung und soll gesellschaftliches Bewußtsein mobilisieren. Als Beispiel sei der öffentliche Verbrennungstod des Studenten Jan Palach im Januar 1969 genannt, der durch Selbstopferung gegen die im August 1968 erfolgte Invasion sowjetischer Panzer zur Niederwalzung des „Prager Frühling" protestierte. Die Massenmedien widmeten dem spektakulären Fall intensive Aufmerksamkeit. Daß ihm kurze Zeit später auf gleiche Weise und aus gleichen Motiven Jan Zajic folgte, blieb allerdings weitgehend unbekannt. Die Medien nahmen kaum Notiz davon.*

*Etwa zwei Drittel der suizidalen Verbrennungen finden zwar im Freien, aber nur selten vor den Augen der Öffentlichkeit statt. Sie besitzen daher keineswegs die beschriebene Appellfunktion wie im Fall Brüsewitz. Die Selbstmörder suchen zur Realisierung ihres Vorhabens einsame, abgelegene Gegenden auf. Signifikant ist dabei die Benutzung eines Pkw: Die Betreffenden übergießen sich, im Fahrzeug sitzend, mit Benzin und verbrennen sich. Tendenz der letzen Jahre: steigend.*
*Ein Drittel der Tatorte liegt in Gebäuden. Als Brandmittel wird vor allem Benzin bevorzugt. Aber auch Spiritus, Benzol, Firnis, Farbverdünner, ja sogar tierische Fette werden verwendet. Der verursachte Brand kann Sachwerte und unbeteiligte Menschen in höchstem Maße gefährden. Die vermeintliche Rücksichtslosigkeit der Suizidenten gegenüber ihrer Umwelt erklärt sich aus der Tatsache ihrer eingeschränkten Zurechnungsfähigkeit. Immerhin liegt der Anteil der psychisch Kranken bei etwa 40 Prozent der suizidalen Verbrennungen. Damit ist ihre Anzahl viermal höher als bei anderen Suizidarten.*

*Der Verbrennungstod wird durch verschiedene Faktoren ausgelöst, die auch die unterschiedlichen Überlebenszeiten begründen. Auch wenn kein unmittelbarer Kontakt des Körpers*

*mit dem Feuer stattfindet, kann dennoch dessen enormer Sauerstoffverbrauch zu einer rasanten Produktion hoher Kohlenmonoxidkonzentrationen in der Umgebung des Feuers führen und damit eine rasche Bewußtlosigkeit bewirken, noch ehe die Flamme auf den Körper übergreift.*
*Bei direktem Flammenkontakt oder durch strahlende Hitze können die Brandverletzungen innerhalb der ersten 24 Stunden einen Schocktod bewirken. Der Tod kann aber auch nach längerer Überlebenszeit durch die sog. Verbrennungskrankheit verursacht werden. Es kommt dabei zu einer Vergiftung des Körpers, weil das in die Brandwunden in großen Mengen strömende Plasma, das allein schon zu einer lebensgefährlichen Bluteindickung führen kann, nach einiger Zeit in den Körper zurückfließt und die durch Infektion und Eiweißzerstörung entstandenen Giftstoffe mit sich führt. Der Tod tritt dann mitunter erst nach zehn bis zwölf Tagen ein.*

*Anmerkung:.*
*Zu DDR-Zeiten war eine kriminologische Auswertung der durch das MfS streng geheimgehaltenen „Todesermittlungssache Brüsewitz“ aus Gründen der politischen Brisanz nicht möglich. Erst nach der Wende öffneten sich die Tresortüren, und Helmut Müller-Enbergs sowie Mitarbeiter konnten den Report „Das Fanal“ herausgeben. Auch Thomas Frickels Dokumentarfilm „Der Störenfried“ wurde vorgestellt. Der vorliegende Bericht über die Selbstverbrennung Brüsewitz’ basiert jedoch hauptsächlich auf Konsultationen mit seinerzeit verantwortlichen Kriminalisten und auf der von Harald Schultze herausgegebenen Dokumentation „Das Signal von Zeitz“, die auch die von Martin Onnasch verfaßte einfühlsame Biographie des Pfarrers Brüsewitz enthält.*
*Presse, Rundfunk und Fernsehen des Westens zollten der Selbstverbrennung Brüsewitz’ am 18. August 1976 ein enormes Ausmaß an Aufmerksamkeit. Doch als sich ein knappes Jahr später in der DDR wiederum ein protestantischer Geistlicher (Pfarrer Günther aus Falkenberg, nahe Torgau) verbrannte, war nur ein schwaches Medienecho zu vernehmen.*

## Verfügungen einer alten Dame

Berlin, am Montagvormittag, den 3. Mai 1965, Abteilung K der VP-Inspektion Mitte, Keibelstraße.
Kriminalmeister Gregorius, 28, ein mittelgroßer Blondkopf mit strengem Linksscheitel, aber freundlichem Gesicht, tippt auf einer uralten, vermutlich bereits seit der Nazizeit in polizeilichen Diensten stehenden Mercedes-Schreibmaschine die letzten Zeilen eines Abschlußberichts über den schrecklichen Unfall auf dem Kinderspielplatz im Monbijoupark, wo sich am Kletterseil des Spielgerüstes ein 6jähriger Junge zu Tode stranguliert hatte.
Gregorius beeilt sich. Der Vorgang muß zum Staatsanwalt. Und ab Mittag ist er für eine stabsmäßig geführte Observation auf der Fahrroute der Doppelstockbusse A 9 und A 57 eingeteilt: Seit Monaten treibt nämlich ein Taschendieb zwischen den Stationen Alexanderplatz und Friedrichstraße sein Unwesen. Mit der bühnenreifen Virtuosität eines Trickkünstlers, doch höchst unmoralisch und ungesetzlich, bedient er sich der mehr oder minder prall gefüllten Geldbörsen ahnungsloser Fahrgäste. Dieses Brennpunktverursachers, wie Serientäter bezeichnet werden, kann man nur habhaft werden, wenn er auf frischer Tat gestellt wird.
Als Gregorius sein Zimmer verlassen will, erscheint sein Vorgesetzter, Oberleutnant Schieler, ein hagerer 50jähriger mit auffallend großen Ohren und langer Nase:
„Ich hab 'n Einsatz für dich, vermutlich Suizid in der Wohnung!"
„Und die Observation?" zögert Gregorius.
„Nichts da, ich kläre das!" räumt Schieler die Bedenken aus. „Du machst die Leichensache. Übrigens, du kannst zu Fuß hingehen, es ist gleich schräg gegenüber, Keibelstraße 1. Die Dame heißt Lisbeth Weber. Der Arzt war da, hat uns informiert. Schutzpolizei ist vor Ort. Der Bruder, der sie gefunden hat, auch."
„Alles klar, ich mach mich gleich los!" reagiert Gregorius be-

flissen. „Doch sei so nett und ruf beim Bestattungswesen an. Ich denke, in zwei Stunden können sie kommen!“ Noch ehe er verschwindet, übergibt er seinem Chef die Akte über den Unfalltod des kleinen Jungen im Monbijoupark.

Das Haus Keibelstraße 1 ist ein mehrgeschossiger, ziemlich morbider Altbau an der Ecke Alte Schützenstraße, direkt im Schatten des Polizeipräsidiums. Es hat den Zweiten Weltkrieg leidlich überstanden. Die abgerissenen Balkone und unzähligen Einschüsse im Mauerwerk erinnern noch immer an die unerbittlichen Straßenkämpfe der letzten Kriegstage. Doch das Nationale Aufbauwerk in der DDR scheint eine Sanierung solcher Bauten, an denen es vor allem in den Stadtbezirken Mitte und Prenzlauer Berg wahrlich nicht mangelt, niemals in Betracht zu ziehen. Statt dessen plant man, den Alexanderplatz zu einer Fußgängerzone umzugestalten und die kreuzenden Straßenbahnen herauszulösen. Das soll im nächsten Jahr beginnen.
Auf dem Treppenabsatz zur 2. Etage lümmelt gelangweilt ein uniformierter Gesetzeshüter. Zunächst scheint er von Gregorius keine Notiz zu nehmen. Erst als dieser ihn mit scharfer Stimme fragt: „Abteilung K – Mitte. Sichern Sie so den Ereignisort?“ springt der Wachtmeister auf, ordnet seine Uniform und erstattet Meldung: „VP-Meister Jarisch, Revier 6, zur Sicherung der Wohnung Weber abkommandiert! Der Bruder der Toten, ein Herr Schneidereit, ist Auffindungszeuge, wohnhaft Oderberger Straße, befindet sich jetzt in der Nachbarwohnung und wartet auf Sie!“
Er übergibt Gregorius ein Schlüsselbund. „Das sind die Wohnungsschlüssel der Toten. Der Bruder und ein Arzt waren drin, ich nicht.“
„Und wo ist der Totenschein?“ fragt Gregorius.
„Ist im Besitz des Auffindungszeugen“, antwortet der Uniformierte kurz.
„Gut, bis ich drinnen fertig bin, bleiben Sie hier. – Aber im Stehen!“ fordert der Kriminalist.
„In Ordnung!“ pariert der Wachtmeister diszipliniert. Gregorius frohlockt innerlich: Er hat einen ebensolchen Dienstgrad wie der Uniformierte. Aber von der K zu sein, einen adretten Anzug mit Schlips und Kragen zu tragen und ein wenig Autorität zu zeigen, das hat eben etwas für sich.

Bevor Gregorius die Wohnungstür der toten Dame öffnet, klingelt er an der Nachbarwohnung. Eine kleine, ältere Frau mit lebhaften Augen öffnet die Tür einen Spalt weit. Er zeigt seine Dienstmarke: „Kriminalpolizei! Ich glaube, Sie wissen, warum ich hier bin!"

„Komm' Se rin, Herr Kriminal, Herr Schneidereit wart schon uff Ihnen!"

Sie führt Gregorius zur Küche. Ein älterer Mann, etwa Mitte 70, steht am Fenster, wirkt ruhig und gefaßt. Auf dem Küchentisch liegt der Totenschein. Gregorius überfliegt ihn: Nicht natürlicher Tod, vermutlich Suizid durch Erhängen. Dann wendet er sich an den Alten: „Herr Schneidereit! Mein aufrichtiges Beileid! Sie sind der Bruder der Verstorbenen?"

„Ja", antwortet dieser leise und setzt fort, während er eine Postkarte aus der Jacke fingert und sie Gregorius übergibt: „Hier, hat sie mir geschrieben, kam heute morgen mit der Post. Ich wohne in der Oderberger Straße, Prenzlauer Berg. Wir haben gegenseitig unsere Wohnungsschlüssel. Falls nötig, kann immer einer zur Stelle sein. Verstehen Sie, in unserem Alter! Deshalb bin ich hier!"

Gregorius hat einige Schwierigkeiten, die Karte zu lesen. Sie wurde mit leicht zittriger Hand in alter deutscher Schrift verfaßt, die er nie erlernt hatte:

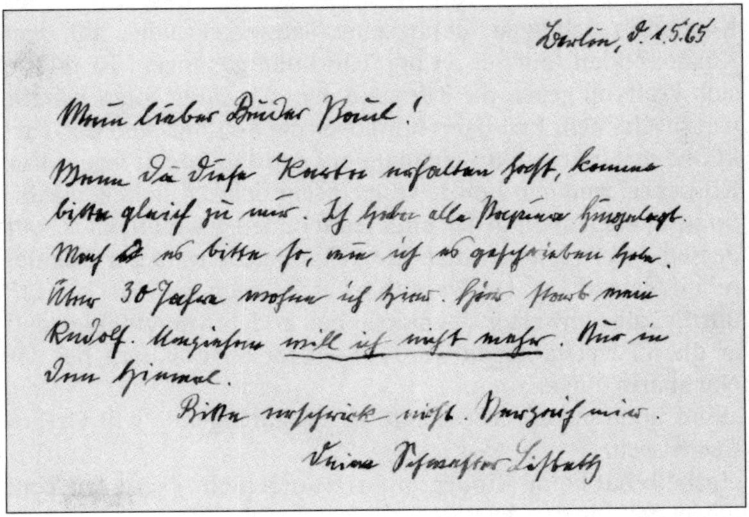
Berlin, d. 1.5.65

Mein lieber Bruder Paul!

Wenn Du diese Karte erhalten hast, komme bitte gleich zu mir. Ich habe alle Papiere hingelegt. Mach es bitte so, wie ich es geschrieben habe. Über 30 Jahre wohne ich hier. Hier starb mein Rudolf. Umziehen will ich nicht mehr. Nur in den Himmel.

Bitte erschrick nicht. Verzeih mir.

Deine Schwester Lisbeth

*Postkarte, die Lisbeth W. ihrem Bruder sandte.*

*„Mein lieber Bruder Paul!* *Berlin, d. 1.5.65*
*Wenn Du die Karte erhalten hast, komm bitte gleich zu mir. Ich habe alle Papiere hingelegt. Mach es bitte so, wie ich es geschrieben habe. Über 30 Jahre wohne ich hier. Hier starb mein Rudolf. Umziehen will ich nicht mehr. Nur in den Himmel. Bitte erschrick nicht. Verzeih mir.*
*Deine Schwester Lisbeth"*

„Ich habe geahnt, daß sie sich etwas angetan hat. Als mein Schwager gestorben war, hat Lisbeth mehrmals gesagt, daß es ihr nicht schwerfallen würde, ihm zu folgen", klagt Schneidereit.
Gregorius bittet ihn, die Karte für die Zeit der polizeilichen Untersuchungen behalten zu dürfen und will die Umstände wissen, wie er seine tote Schwester gefunden hat. Der Alte schildert, wie er mit mulmigen Gefühlen gegen 10.45 Uhr die Wohnung seiner Schwester betreten habe. Der Korridor sei erleuchtet, aber alle Türen wären geschlossen gewesen. Auf dem Korridorläufer habe ein handgeschriebener Zettel von Lisbeth mit einer weiteren Nachricht an ihn gelegen, daß er ihren gemeinsamen Hausarzt, Dr. Wagenknecht, informieren und beim Öffnen der Küchentür vorsichtig sein solle. An der Küchentür war auch ein Zettel angebracht, den er in der Aufregung aber nicht lesen konnte. Nur mit Mühe sei ihm das Öffnen der Küchentür gelungen, denn seine Schwester habe, auf dem Küchenboden kniend, an der Türklinke gehangen. Er mußte sich kraftvoll gegen die Tür stemmen, um ihren toten Körper wegzuschieben. Erst dann konnte er die Schlinge von der Türklinke lösen und den Leichnam auf den Fußboden legen. Der Körper sei ziemlich steif gewesen. Mehr habe er nicht gemacht. So sei er auch nicht in den anderen Räumen gewesen, habe statt dessen den Arzt angerufen. Ein Telefon gäbe es in der Tischlerei im Nebenhaus. Dr. Wagenknecht sei auch bald erschienen, um die tote Schwester zu untersuchen und ihm mitzuteilen, daß er die VP verständigen werde. Seitdem habe er sich bei der Nachbarin aufgehalten.
„Sind noch andere Verwandte zu verständigen?" will Gregorius wissen.
„Lisbeth hat keine Kinder, und ich auch nicht. Nein, wir sind die letzten unserer Familie", beklagt der alte Mann.
„Danke, Herr Schneidereit, das wär's fürs erste", schließt Gre-

gorius das kurze Gespräch ab, „jetzt muß ich rüber in die Wohnung. Dort wird's sicher länger dauern. Ihre Aussage will ich aber noch protokollieren. Wollen Sie solange warten? Oder kommen Sie lieber morgen auf die Dienststelle?"
„Lieber morgen", antwortet Schneidereit müde.
Gregorius übergibt ihm eine Vorladung: „Zeigen Sie das bei der Wache vor, man wird Sie dann zu mir bringen!" Bei der Verabschiedung informiert er den Alten darüber, daß nach dem Abtransport des Leichnams die Wohnung bis morgen versiegelt wird.

Vorsichtig betritt Gregorius die Wohnung der toten Lisbeth Weber. Prüfend schweift sein Blick umher. Die Lampen im Korridor sind immer noch erleuchtet und die Zimmertüren geschlossen, ein Indiz dafür, daß Schneidereit und der Arzt tatsächlich nichts weiter angefaßt haben. Nur die Küchentür ist weit geöffnet. Gleich dahinter, fast in der Mitte der Küche, liegt auf dem Linoleumfußboden eine kleine, weißhaarige tote Frau. Als Unterlage dient ein großes Handtuch. Die Leichenstarre hat die Position des Körpers vor dem Todes eintritt fixiert: Die Beine sind leicht angewinkelt, der linke Arm ist am Körper entlang ausgestreckt. Der rechte hingegen ist gebeugt, die Hand in Schulterhöhe so erhoben, als wolle die Tote Gregorius mit staatsmännischer Geste begrüßen. Eine kurze, dicke Schnur mit fortlaufender Schlinge umschließt fest ihren Hals.

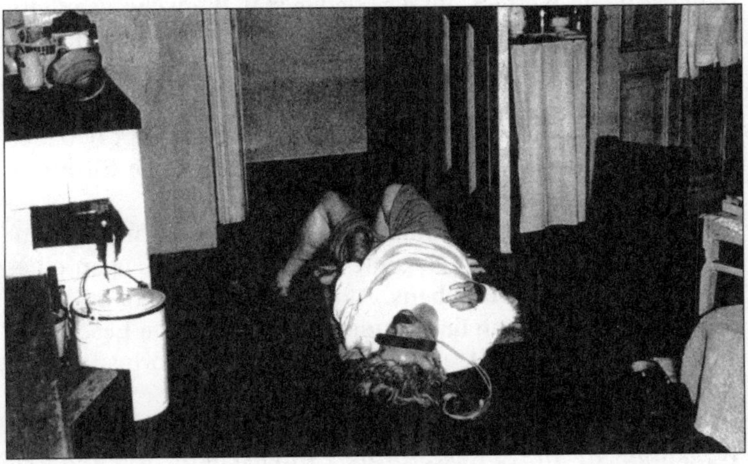

*Lage der toten Frau W. bei Eintreffen der Kriminalpolizei.*

Der Kriminalist deutet die Situation richtig: Frau Weber muß sich vor die geschlossene Küchentür auf ein ausgebreitetes Handtuch gekniet, mit der rechten Hand die Schlinge über die Klinke gestreift haben und so verstorben sein, ohne die Hand wieder zurückziehen zu können. Später muß dann ihr Bruder die Schlinge von der Klinke gelöst und die Tote, so gut es die Leichenstarre zuließ, auf den Fußboden gelegt haben. Gregorius macht einige Fotos von der Toten. Dann sieht er sich in der Küche um: Ein antiquierter Küchenschrank, ein gekachelter Kohleherd, offensichtlich lange nicht benutzt, ein zweiflammiger Gaskocher, Tisch mit geblümter Wachstuchdecke, Stühle, eine einfache Waschgelegenheit auf einem Hocker. Alles in allem spiegelt die Küche die zeitgemäß übliche Wohnsituation älterer Leute in Altbauten wider. Fazit: Keine Auffälligkeiten.
An der Küchentür entdeckt er den mit einer Reißzwecke befestigten Zettel, von dem Schneidereit sprach, macht vorsichtshalber ein Foto. Wieder muß er alle Sinne zusammennehmen, um die Kritzelei zu entziffern – und traut seinen Augen nicht. Auf dem Zettel steht:
*„Achtung! Für die Studenten in der Anatomie! Lisbeth Weber“*

Es ist die Verfügung einer Selbstmörderin über den Umgang mit ihrem Leichnam. Gregorius ist überrascht: Er hat bereits eine Vielzahl von Leichensachen bearbeitet. Und: Natürlich, in Abschiedsbriefen werden immer wieder mal Wünsche geäußert, welcher Art die Bestattung sein und wo sie stattfinden soll, aber so etwas hat er noch nicht erlebt. Frau Weber muß eine solche Distanz zu ihrem Körper entwickelt haben, daß sie sich unmittelbar vor dem Tode mit derlei Gedanken überhaupt befassen konnte, schlußfolgert Gregorius. Und eine gewisse Ehrfurcht vor dieser sonderbaren Frau erfaßt ihn.
Dann betritt er den Korridor. An der Garderobe hängen Mäntel aus gutem Tuch und elegante Hüte, stumme Zeugen eines vergangenen besseren Lebens. Auf dem Läufer liegt ein Zettel. Es ist die Nachricht an den Bruder, die er nach dem Lesen wieder an die gleiche Stelle gelegt haben muß. Gregorius fotografiert die Situation und entschlüsselt den Text:
*„Lieber Paul! Küchentür vorsichtig öffnen! Ruf unseren Dr. Wagenknecht an. Er schreibt den Totenschein. Telefonieren kannst Du in der Tischlerei Dietzel, Nebenhaus. Lisbeth“*

*An der Küchentür befestigter Zettel mit dem Text: »Achtung! Für die Studenten in der Anatomie! Lisbeth Weber«.*

An der Wohnzimmertür fallen ihm zwei weitere Zettel unterschiedlicher Größe auf. Wieder blitzt das Fotolicht. Gregorius erkennt aus dem größeren Schreiben die Bitte Lisbeths an ihren Bruder Paul, den Nachlaß so zu verteilen, wie sie auf dem Zettel in der Wohnstube niedergeschrieben hätte. Das kleine Blatt Papier enthält eine Mitteilung an die Polizei:
*„Achtung! Für Polizei liegt alles Wichtige auf dem Nähmaschinentisch! Lisbeth Weber“*
Gregorius ist erstaunt: „Die hat ja an alles gedacht!“ Und als er die Tür zum Wohnzimmer geöffnet hat, erreicht seine Rührung den Höhepunkt. An allen Möbeln, sogar an den kleinen und größeren Gegenständen in ihnen, hängen Zettelchen mit Verfügungen: Die gute Bekleidung zum Club der Volkssolidarität

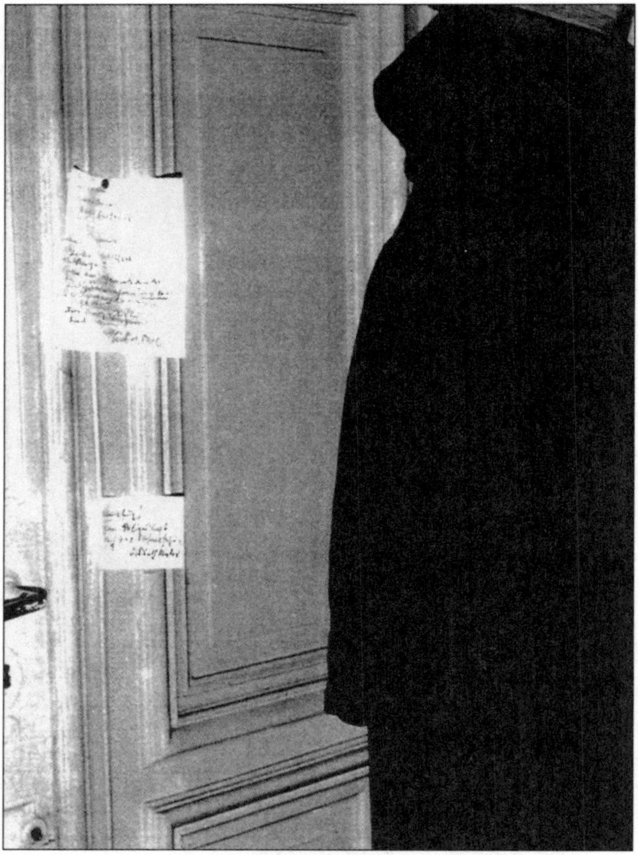

*Zettel an der Wohnzimmertür mit Hinweisen für den Bruder der Selbstmörderin und eine Mitteilung an die Polizei.*

in der Rosenthaler Straße, die abgetragene in die Altstoffsammelstelle, die Sammeltassen zu Frau Witte im 1. Stock, das Besteck erhält die Nachbarin, die Bücher sollen in die Universitätsbibliothek ...
Gregorius zählt mehr als 40 solcher Mitteilungen. Er ist überwältigt, mit welcher Präzision Frau Weber ihren Abgang aus dem irdischen Dasein vorbereitet hat. Allein das Schreiben der Zettel muß viele Stunden in Anspruch genommen haben.
Zwischen den beiden Fenstern steht eine Nähmaschine, ein schrankartiges Modell aus den 40er Jahren mit versenktem Ma-

schinenteil. Darauf, sorgfältig drapiert, wichtige persönliche Papiere von Frau Weber: Ein Sparbuch mit einer beachtlichen Summe, ein akkurat verschnürtes Päckchen mit alten Aktien, von denen niemand weiß, ob sich eine weitere Aufbewahrung lohnt, ein auf ihren Namen ausgestellter Grundbuchauszug über ein Grundstück im Westberliner Stadtbezirk Schlachtensee, ihre Geburtsurkunde, Versicherungspolicen, die Sterbeurkunde des Gatten, ein handschriftliches Testament vom 1. Mai 1965, in dem Paul Schneiderreit als Alleinerbe benannt wird, Schmuck, persönliche Fotos und Briefe ...
All das krönt eine handschriftliche Mitteilung an den Bruder: *„Lieber Paul! Das brauchst Du alles! Den Erbschein kriegst Du beim Staatlichen Notariat! Ich umarme Dich! Lisbeth"*
In deutlichem Abstand zu diesen Unterlagen liegen weitere Papiere: Frau Webers Personal- und Rentenausweis, verschiedene Postkarten, die sie vor vielen Jahren an ihren Gatten geschrieben hatte und ein Schreiben:
*„An die Polizei!*
*In Vollbesitz meiner geistigen Kräfte scheide ich aus dem Leben.*
*Die Postkarten habe ich meinem Mann geschickt, als ich zur Kur war. Sie sind für den Schriftenvergleich.*
*Berlin, den 4.5.65 Lisbeth Weber, geb.Schneidereit"*
Gregorius ist beeindruckt: Was ist das für eine Frau, die ihr Leben so organisiert beendet? Woher weiß sie, wofür sich die Polizei in solchen Fällen interessiert?
Seine Neugier ist entfacht. Im Bücherschrank findet er eine mögliche Antwort: Jede Menge juristische und kriminologische Literatur aus vergangenen Epochen. Neugierig blättert er in dem einen oder anderen bibliophilen Kleinod, bis ihm auf der Titelseite einer Broschüre für Polizeidienstkunde der Namenszug des Besitzers „Oberwachtmeister Rudolf Weber" auffällt. Gregorius gelangt zu dem richtigen Schluß, daß Frau Webers Ehemann im Polizeidienst gestanden haben muß. Nun kann er sich auch das Wissen über die Erfordernisse bei der polizeilichen Untersuchung unnatürlicher Todesfälle erklären.
Im Schlafzimmer findet er eine ähnliche Situation wie in der Wohnstube vor. Es sind zwar nicht so viele Zettel angebracht worden, doch auch sie beinhalten klare Verfügungen, wer was erhalten soll.
Am Selbstmord von Frau Weber gibt es keinerlei Zweifel. Doch

welche Beweggründe trieben sie in den Tod? Sind Anzeichen einer depressiven, krankhaften Entwicklung zu finden? Gregorius will mehr über diese Persönlichkeit und ihre Motive wissen, hofft, das im Gespräch mit dem Bruder zu klären.
Dann vernimmt er aus dem Treppenhaus das ihm vertraute, geräuschvolle Stapfen der Bestatter mit dem Transportsarg.
Einen Moment noch verharrt er nachdenklich am Leichnam der alten Frau. Irgendwie bezeugt er auf diese Weise seine Hochachtung vor dieser ungewöhnlichen Person. Wenig später versiegelt er die Wohnung.
Den Rest der Dienstzeit quält sich Gregorius mit dem üblichen Papierkram herum: Tatortbefundsbericht und Befragungsprotokolle schreiben, interne Vordrucke ausfüllen.
Dann telefoniert er mit dem Gerichtsarzt Dr. Radant im Institut für Gerichtliche Medizin, Hannoversche Straße. Er unterrichtet ihn über seine bisherigen Feststellungen in der Leichensache Lisbeth Weber und meint, daß nach Lage der Dinge auf eine Autopsie verzichtet werden könnte. Der Doktor sagt zu, den Leichnam nur äußerlich zu untersuchen und, falls sein Befund nicht im Widerspruch zu Gregorius' Recherchen steht, eine Ergänzung im Totenschein vorzunehmen, damit die Leiche schnell freigegeben werden kann.
Eindrucksvoll beschreibt Gregorius die außergewöhnliche Situation, die Frau Weber hinterlassen hat und wirft dabei die Frage auf, ob ihre Verfügung, den Leichnam dem Anatomischen Institut überlassen zu können, realisierbar sei. Doch der Gerichtsarzt verneint: Bei unnatürlichen Todesfällen nicht möglich! Für anatomische Präparierübungen stünde ausreichendes Leichenmaterial zur Verfügung; Spender seien auf natürlichem Wege Verstorbene, die keine Angehörigen mehr besäßen.
Gregorius ist für einen Augenblick ein wenig enttäuscht. Der Wunsch der alten Dame wird wohl unerfüllt bleiben.

Am nächsten Morgen sitzt Paul Schneidereit im Dienstzimmer des Kriminalmeisters Gregorius. Seine bisherigen Aussagen erlangen nur durch die offizielle Vernehmung als Zeuge beweisrechtliche Bedeutung. So verlangt es das Gesetz. Gregorius nimmt sich dafür Zeit. Schneidereit gibt sich ruhig und gefaßt, läßt sich die Trauer um seine Schwester nicht anmerken und beantwortet die Fragen des Kriminalisten nach ihren wichtigsten Lebensstationen sachlich und ohne emotionale Aufwallungen. Bald kennt Gregorius ihre ereignisreiche, durch zwei Kriege gezeichnete Biographie: Lisbeth heiratete 1915 ihre große Liebe, den zwei Jahre älteren Wachtmeister der Staatlichen Preußischen Schutzpolizei Rudolf Weber. Der Polizeidienst machte ihn während des Ersten Weltkrieges im Hinterland des Deutschen Reiches unabkömmlich, so daß er fernab vom Kriegslärm immer in der Nähe seiner jungen Frau bleiben konnte. Das junge Paar bezog eine kleine Wohnung in einer Beamtensiedlung im Stadtbezirk Tegel. Lisbeths Kinderwunsch mußte wegen einer schweren Unterleibserkrankung unerfüllt bleiben. 1935 wurde Rudolf Weber zum Landeskriminalpolizeiamt versetzt. Zwei Jahre später, mit der Machtübernahme durch die Nationalsozialisten, wurde die Kriminalpolizei umstrukturiert und der Sicherheitspolizei unterstellt. Lisbeths Mann bekundete nun seine Loyalität gegenüber der neuen Obrigkeit und wurde von der Sicherheitspolizei übernommen. Sie indes versorgte ihn mit der liebevollen Hingabe einer guten Hausfrau. Mit Beginn des Zweiten Weltkrieges wurde Rudolf Weber wiederum für unabkömmlich befunden, so daß ihm der Kampf in den fernen Schützengräben erspart blieb. Doch gleich bei den ersten Luftangriffen auf Berlin fiel ihr Tegeler Wohnhaus angloamerikanischen Bomben zum Opfer. Das Mobiliar war hin, doch sie lebten. Mit den wenigen Habseligkeiten, die sie aus den Trümmern bergen konnten, zogen sie in die Keibelstraße 1 im Stadtbezirk Mitte. Und mit dem Kriegsende – ihr Haus war inzwischen zwar ziemlich ramponiert, doch bewohnbar – beschlossen sie, von dort nicht wieder auszuziehen. Gleichzeitig wurde Lisbeths Gatte aus der Polizei entlassen und mußte sich den Drangsalen der Entnazifizierung durch die sowjetische Besatzungsmacht unterziehen. Danach arbeitete er als Lagerverwalter in der Berliner Markthalle, während Lisbeth bei der BVG als Straßenbahnfahrerin eine Anstellung fand. 1955 wurde Rudolf Weber berentet. Seine kleine Rente zwang Lisbeth, noch bis zu ihrem 60. Lebensjahr zu arbeiten. Ab 1957 führten sie dann ein bescheidenes, doch friedvolles Rentnerdasein. Immer wieder wurden sie von Freunden und Bekannten gedrängt, dem Sozialismus den Rücken zu kehren und nach Schlachtensee in den Westen Berlins zu ziehen, wo Lisbeths elterliches Grundstück stand. Doch sie blieben bodenständig und scheuten jede weitere Ortsveränderung. Vor einem Jahr, im Frühjahr 1964, verstarb Rudolf Weber, 74 Jahre alt. Für Lisbeth

brach eine Welt der Gemeinsamkeit und Harmonie zusammen. Ihr Bruder, Paul Schneidereit, seit einigen Jahrzehnten Witwer, bot ihr an, seine Wohnung in der Oderberger Straße nun mit ihr zu teilen. Doch sie schlug den Vorschlag aus, wollte allein weiterleben und verschanzte sich hartnäckig hinter der Maxime: „Ich bleibe hier! Nur noch mit den Füßen zuerst verlasse ich diese Wohnung!"
Die Bedeutung dieses Satzes wird jetzt erst richtig klar. Denn: Vor wenigen Wochen erhielten die Hausbewohner der Keibelstraße 1 einen Brief des Magistrats von Groß Berlin, in dem ihnen mitgeteilt wurde, daß die Stadtbauplanung den Abriß des Hauses vorsieht und ihnen dafür Ersatzwohnungen in einem Neubaugebiet angeboten werden.
Gregorius glaubt jetzt, den Inhalt der Postkarte zu verstehen, auf der Lisbeth Weber ihrem Bruder mitgeteilt hatte, nicht mehr umziehen zu wollen, außer in den Himmel.
„Steht denn schon ein Termin für den Abriß des Hauses fest?" will Gregorius wissen.
„Dazu kann ich nichts sagen", sagt der alte Schneidereit.
Als er das Vernehmungsprotokoll durchgelesen und die Richtigkeit seiner Angaben mit seiner Unterschrift bestätigt hat, will er von Gregorius wissen, wann und wie die Freigabe des Leichnams seiner Schwester erfolgt. Gregorius erläutert ihm, daß bei nichtnatürlichen Todesfällen nach § 94 StPO die Leiche formalrechtlich beschlagnahmt wird. Erst nach der kriminalpolizeilichen Untersuchung gibt der Staatsanwalt eine schriftliche Zustimmung für die Bestattung des Leichnams.
„Sie erhalten dann die Sterbeurkunde direkt in der standesamtlichen Zweigstelle im Kellergeschoß des Gerichtsmedizinischen Instituts", schließt Gregorius das Gespräch ab.

Noch am Nachmittag ermittelt Gregorius in der für den Gebäudeabriß zuständigen Abteilung beim Rat des Stadtbezirks Mitte, die im Berolinahaus am Alexanderplatz residiert. Dort erfährt er, Frau Lisbeth Weber sei vor einigen Tagen ein Schreiben zugestellt worden: Abriß des Hauses im Herbst. Umzug in eine Neubauwohnung Ende Juni!
„Alter Baum will nicht verpflanzt werden", heißt ein altes Sprichwort. Der psychischen Belastung einer erneuten Ortsveränderung wollte Lisbeth Weber mit allen Mitteln ausweichen. Gewöhnung an ein altes Haus, aber auch Treue zu einem

Versprechen waren die ausschlaggebenden Impulse für ihren Freitod.
Einige Monate nach dem Tode Lisbeth Webers beginnt der gewaltige Baurummel am Alexanderplatz. Dutzende von Baggern und Kränen künden von den bevorstehenden Veränderungen. Gregorius erlebt, wie das Haus Keibelstraße 1 und mit ihm alle umliegenden Häuser abgerissen werden. An ihrer Stelle entsteht der Funktionalbau „Haus der Elektroindustrie“ und ein großes Parkhaus. Nur eine kurze Sackgasse zwischen diesen Gebäudekomplexen läßt noch ahnen, daß dort einstmals die Alte Schützenstraße verlief.
Überhaupt erinnert bald nichts mehr an den alten Alexanderplatz, seine Konturen verschmelzen mit der tristen Neubauarchitektur zur Unkenntlichkeit. Die Leichensache Lisbeth Weber bleibt Gregorius noch viele Jahre in lebhafter Erinnerung.

*Die Strangulation ist neben der Vergiftung die häufigste Begehungsweise bei Selbsttötungen. Sie kommt durch die Unterbrechung der Blutzufuhr ins Gehirn durch teilweise oder vollständige, zirkuläre Kompression des Halses zustande. Da hierbei nach Art des Geschehens und der Methode der Kompression verschiedene Faktoren den Todeseintritt bewirken, unterteilt man die Strangulation in Erwürgen, Erdrosseln und Erhängen. Erfolgt sie ohne Werkzeug, das heißt, nur mit den Händen, liegt Erwürgen vor und ist ein sicheres Zeichen für die Einwirkung fremder Hand, da ein Selbsterwürgen nicht möglich ist. Beim Erdrosseln werden die Halsweichteile durch ein Strangwerkzeug ohne Aufhängung des Körpers zusammengeschnürt. Das Strangwerkzeug wird daher nicht durch das Körpergewicht, sondern durch manuelles Zusammenziehen wirksam.*
*Ein suizidales Erdrosseln ist sehr selten und nur möglich, wenn hebelnde Gegenstände in den Drosselmechanismus integriert werden, die ein Nachlassen der auf die Halsweichteile wirkenden mechanischen Kräfte verhindern. Anderenfalls löst sich der Drosselmechanismus bei Eintritt der Bewußtlosigkeit. In den weitaus meisten Fällen ist der Tod durch Erdrosseln auf das Handeln einer fremden Person (Mörder oder Totschläger) zurückzuführen. Die forensische Beurteilung des Strangwerkzeuges, der Knotenführung, der äußeren und inneren Strangmarke am Hals des Betreffenden zum Be-*

*weis der Mitwirkung fremder Hand bereitet in der Regel keine Schwierigkeiten.*
*Beim typischen Erhängen (Körper hängt frei in der Schlinge) wird durch den nicht zu breiten und zu dicken Strang der Zungengrund nach hinten und oben gegen die Rachenwand gepreßt und dadurch die Luftzufuhr unterbrochen. Entscheidend ist aber das Abschnüren der Halsschlagadern, die zusammen mit den Wirbelsäulenarterien das Gehirn mit Blut versorgen. Entgegen weitverbreiteter Meinung tritt der Tod aber nur höchst selten durch Bruch der Halswirbelkörper ein. Vielmehr führt die rasante Unterbrechung der Blutzufuhr zum Gehirn zum raschen Tod. Dieser Mechanismus wird vielfach unterschätzt, weshalb unfallbedingte Strangulationen (insbesondere bei Kindern) keine Seltenheit sind.*
*Ein relativ geringes Abschnüren der Halsschlagadern, zu dem keineswegs das ganze Körpergewicht, sondern lediglich ein Zug oder Druck von etwa 3,5 Kilopond erforderlich sind, genügt bereits, um sofortige Bewußtlosigkeit und nach etwa 20 Sekunden den Tod herbeizuführen. Es ist daher erklärlich, daß etwa 80 Prozent der suizidalen Erhängungen atypisch verlaufen und der Betreffende sitzend, knieend, kauernd oder sogar liegend im Strangwerkzeug vorgefunden wird.*
*Es versteht sich von selbst, daß bei allen Todesfällen durch Strangulation die Möglichkeit einer vorsätzlichen Tötung kriminalistisch geprüft wird. Eine Aufhängung des zuvor getöteten Opfers wird immer wieder festgestellt, doch ist der forensische Nachweis einer derartigen Manipulation zuverlässig zu erbringen.*

## Eisenacher Massaker

Es ist Spätherbst des Jahres 1968. Der Morgen dämmert, als in der Strafvollzugsanstalt Leipzig der wegen dreifachen Mordes zum Tode verurteilte 25jährige Student Erwin Schaper durch einen langen, weißgekachelten Gang bis zu einer Tür geführt wird, hinter der der Henker auf ihn wartet. Das Gesicht des hochaufgeschossenen Blondkopfs ist blaß, doch wirkt es erstaunlich ruhig und gefaßt. Obwohl seine Augen ausdruckslos ins Leere blicken, geht über die schmalen Lippen ein zynisches Lächeln. Augenblicke später beendet der Henker durch einen Genickschuß das Leben des Delinquenten. Damit ist das Urteil vollstreckt, das vor einigen Wochen durch den 1. Strafsenat des Erfurter Bezirksgerichts ausgesprochen wurde.
Nun kann die Akte BI 7/68 des Bezirksstaatsanwalts Erfurt endgültig geschlossen werden. In ihr findet sich der eigenartige Fall eines suizidalen Mannes, dessen Feigheit eine ernsthafte Tatdurchführung bremste, die er erst mit der Ermordung dreier unschuldiger Menschen überwinden konnte. Doch auch dann schlug der Selbsttötungsversuch fehl. Letztlich erfüllte erst die Hinrichtung seinen langersehnten Todeswunsch.

Erwin Schaper, geboren am 11. März 1943, ist ein Einzelkind aus gutem Hause. Er wächst in Eisenach auf, der berühmten Kleinstadt am Fuße der Wartburg. Schon von kleinauf entwickelt er sich zu einem rücksichtslosen Despoten, der rechtzeitig lernt, das Verhalten der Eltern seinen Bedürfnissen entsprechend zu steuern, und der zuverlässig mit ihrer Nachgiebigkeit rechnen kann.
Dies, aber auch übertriebene Behütung und Verzärtelung, unangemessene Geschenke und zu geringe Forderungen bilden den Nährboden, in dem Erwins hochgradiger Egoismus keimt. Schleichend bestimmt übersteigertes Anspruchsniveau sein Verhalten. Maßlose Arroganz und Gefühlskälte sind die Folge. Er

akzeptiert auch nicht, daß die Meisterung der kleinen und großen Lebensanforderungen ständiger Bemühung bedarf. Seine Freundschaften wechseln häufig, sind folgerichtig ohne emotionale Tiefe.
Doch er ist ein intelligenter Schüler, bringt trotz mangelnder Selbstleistung stets gute Noten nach Hause. Den Schulstoff beherrscht er dank überdurchschnittlicher Auffassungsgabe mit Leichtigkeit. Selbst das Abitur, das er 1962 ablegt, fordert ihm kein beharrliches Lernen ab. Egoismus und Eitelkeit hält er für Tugenden. Seit langem schon trägt er sich mit dem Gedanken, in den Westen zu gehen, um in der kapitalistischen Glitzerwelt Playboy zu werden: Müßiggang, Vergnügen, schöne Frauen und schnittige Autos sind seine Lebensmaxime. Doch die unüberwindliche deutsch-deutsche Grenze vereitelt sein Vorhaben. Er muß sich mit den Verhältnissen im realen Sozialismus abfinden. Der Vater kann ihn überreden, ein Studium in Berlin aufzunehmen. Zahnmedizin scheint ihm attraktiv zu sein. Noch mehr aber interessieren ihn die künftigen Zahnärztinnen, aber auch die Damen anderer Fakultäten. Überhaupt nimmt sein Verschleiß an Frauen ungewöhnliche Ausmaße an. Echte soziale Bezüge vermag er jedoch nicht herzustellen. Es schmeichelt ihm, wenn seine männlichen Kommilitonen neidisch bekennen müssen, mit seinem sprichwörtlichen Stehvermögen nicht mithalten zu können. Doch er sieht in den Frauen nur Objekte zur Befriedigung seiner fleischlichen Lust. Als er einmal zufällig mit einem Studienkollegen über das schwache Geschlecht spricht, macht Erwin eine Bemerkung, die seine Selbstgefälligkeit und emotionale Kälte auf erschreckende Weise kennzeichnen: „Frauen sind für mich Gegenstände. An ihnen kann ich mich sexuell befriedigen. Darüber hinaus haben sie keine Bedeutung für mich!“
Seine bisherige Nonchalance nützt im Studium nichts mehr: Bereits im ersten Semester scheitert er an den Anforderungen des Büffelfachs Anatomie. Er bricht das Studium ab, noch ehe der ungenügenden Testate wegen eine Relegierung ausgesprochen wird, und zieht in die Nähe seiner Eltern zurück nach Eisenach. Hier lernt er die 18jährige Renate Lange kennen, die sich Hals über Kopf in den gutaussehenden Blondkopf verliebt. Aber schon die ersten sexuellen Kontakte zeigen ungewollte Folgen: Das Mädchen wird schwanger. Das ist Erwin gar nicht recht. Dennoch: Er heiratet Monate später die hochschwangere jun-

ge Frau. Seine Eltern wünschen dies. Da er ihnen auf der Tasche liegt und befürchten muß, daß sie sonst den Geldhahn zudrehen könnten, kommt er ihrem Wunsche nach. Von Anbeginn kann er keine innere Zuneigung zu Renate entwickeln. Trotzdem zieht das junge Paar in eine kleine Wohnung am Rande Eisenachs. Seine eheliche Treue hält nur einen knappen Monat. Die Gattin kommt ihm schnell auf die Schliche, ist enttäuscht und verzweifelt. Doch Erwin nimmt keine Rücksicht auf den Gemütszustand der jungen, schwangeren Frau. Die Versprechen, den ehelichen Seitensprüngen abzuschwören, haben nur wenige Tage Bestand. Noch vor der Geburt seiner Tochter Sabine im Mai 1964 betrügt er sie wieder. Unverblümt, ja genüßlich berichtet er Renate von seinen Amouren. Er kann das tun, weil er sie skrupellos manipulieren kann. Körperliche und psychische Attacken haben die junge Frau bereits derart labilisiert, daß sie sich ihm willenlos ausliefert. Zunehmend wird der intellektuelle Despot zu einem primitiven Schläger.
Im Herbstsemester 1964 nimmt Erwin ein Studium im Fach Datenverarbeitung an der Technischen Universität Dresden auf und stürzt sich gleich von einem Liebesabenteuer ins andere. Die Trennung von Eisenach und seiner jungen Familie kommt ihm sehr gelegen, weil er nach wenigen Wochen Ehe ihrer schon längst überdrüssig geworden ist. Seine ichbezogenen Wertvorstellungen beschreibt er in einer späteren kriminalpolizeilichen Vernehmung so: „Alles mitnehmen, was das Leben bietet. Ich will mein eigenes individuelles Leben leben, kalt und rücksichtslos will ich in erotische Abgründe sinken ..."
Hemmungslos läßt er die Liebesbriefe seiner Dresdener Liebschaften nach Hause senden. Natürlich muß Erwin die zaghaften Vorwürfe seiner jungen Frau abwehren, die ihn ständig darum bittet, auf den Pfad der ehelichen Treue zurückzukehren. Aber er weiß seine Frau zu nehmen: Allein die resolute Ankündigung, sich scheiden lassen zu wollen, macht sie ruhig. Sie verfällt dann in eine so angstdurchsetzte Demutshaltung, daß sie ihm, wie er es auszudrücken pflegt, „in lammfrommer Zahmheit jeden Dreck aus der Hand frißt". Genüßlich, ja geradezu sadistisch, übt er seine Herrschaft über sie aus.
Im August 1967 lernt Erwin Schaper die 17jährige Eisenacherin Marlene Gruber kennen. Ein bildhübsches, blondes Mädchen, das ihn unverzüglich in seinen Bann zieht. Sie weiß, daß er verheiratet und Vater einer kleinen Tochter ist. Das macht

sie zunächst einigermaßen widerstandsfähig gegen seine unmißverständlichen Paarungsabsichten.

Inzwischen brauen sich an seinem Studienort Dresden dunkle Wolken über ihm zusammen, Vorboten verhängnisvoller Ereignisse. Anfang November 1967 wird er nämlich vor die FDJ-Leitung der Universität zitiert. Dort sitzen Menschen seines Alters, Studenten seiner Fakultät. In ihren uniformen, blauen FDJ-Hemden wirken sie unnahbar und befremdlich. Die meisten kennt er. Mit manchem hat er im Studentenkeller bereits ein Bierchen getrunken. Es sind aber auch Studentinnen darunter. Anderswo hätten ihn deren weibliche Reize längst zur Balz veranlaßt. Die Jugendfreunde blicken ihn ernst und durchdringend an. Das macht ihn unsicher und nervös, zumal er sich des Ernstes seiner Situation erst bewußt wird, als schwere Vorwürfe auf ihn niederprasseln: Das bewilligte Leistungsstipendium habe er sich durch arglistige Täuschung erschlichen. Es stimmt. Er hat nämlich eine hervorragende Hausarbeit geschrieben, die er allerdings aus einer fremden Arbeit ungeniert abgekupfert und als sein Produkt ausgegeben hat. Der Schwindel ist herausgekommen, und nun verlangt man von ihm, dieses unverzeihliche Wissenschaftsvergehen einzugestehen. Erwin Schaper sieht das nicht so verbissen, betrachtet es eher als akademisches Kavaliersdelikt. Doch die Jugendfreunde zeigen sich unerbittlich, donnern ihm ihre Mißachtung entgegen.

Auch sein unmoralisches Verhalten kommt zur Sprache: Er habe in kurzer Zeit den zweifelhaften Ruf eines „Hurenbocks der Fakultät“ erworben. Es wäre nicht hinnehmbar, wie er als FDJ-Mitglied und junger, verheirateter Familienvater mit seiner dekadenten Lebensweise so eklatant gegen die Gebote der sozialistischen Moral verstoße.

Daß gerade die Mädchen aus dem gestrengen Gremium ihren Abscheu kübelweise über ihn ausschütten, trifft Erwins Selbstwertgefühl schwer. Er, der bislang immer nur der Sieger, war, muß nun eine schändliche Niederlage einstecken. Hilflos und innerlich starr läßt er die hochpeinliche Prozedur über sich ergehen, fühlt sich ihr ausgeliefert und unterlegen. Erstmals in seinem Leben sieht er sich einer geschlossenen Phalanx von Gegnern gegenüber.

Mit scharfen Worten verurteilt die FDJ-Leitung sein politisch-ideologisches und unmoralisches Verhalten und empfiehlt ihm, das Studium zu unterbrechen, um sich zwei Jahre lang in der

sozialistischen Produktion bewähren zu können. Spätestens bis zum Jahresbeginn 1968 soll er seinen Platz im Hörsaal gegen einen Platz als Hilfsarbeiter in der Lagerhalle eines der Industriewerke am Rande Dresdens eintauschen. Und die streng dreinblickenden Jungfunktionäre entlassen ihn erst, nachdem er sich reumütig zu seinem Vergehen bekannt und die Empfehlung – die eigentlich wie ein Befehl klingt – als kameradschaftliche Handreichung ausreichend gewürdigt hat. Freilich: Es ist ein reines Lippenbekenntnis. Ehrliche Einsicht ist ihm fremd. Doch die Schmach über sein angeschlagenes Image hat sein Selbstbild dauerhaft beschädigt.
Tagelang grübelt er darüber nach, welche Konsequenzen sich für ihn ergeben, wenn er ab Jahresbeginn im stupiden Schichtdienst Hilfsarbeiten verrichten wird: Er müßte sein Bett im Studentenheim räumen und sich ein Zimmer in Dresden suchen. Er könnte dann auch nicht mehr so häufig nach Eisenach fahren. Jedoch: Nicht seiner Frau und des Kindes wegen würde er das bedauern. Vielmehr befürchtet er, dadurch Marlene zu verlieren, deren endgültige Eroberung ihn immer noch in Anspruch nimmt.
Erwins Wesen hat sich durch die vergangenen Ereignisse stark verändert. Die bisherige Selbstgefälligkeit ist einer sich schleichend vergrößernden Verstimmung gewichen. Die Maßregelungen durch die FDJ-Leitung empfindet er als schwere Kränkung und Beschämung. Sie haben ihn innerlich so niedergeschmettert, daß er sich in Selbstmitleid ergeht. Unmerklich verändert sich sein Empfinden in das eines Neurotikers, der überall Gefahren für sich wittert. Deshalb fühlt er sich an der Universität bald nicht mehr wohl. Ihm scheint, als würde man hinter seinem Rücken über ihn tuscheln, sich über ihn belustigen. Ob in der Mensa, im Wohnheim oder im Hörsaal, überall fühlt er sich von neugierigen, hämisch grinsenden Blicken verfolgt. Ständig wittert er Anspielungen auf die erlittene Niederlage.

Das nächste Wochenende verbringt er in Eisenach. Es erwarten ihn süße, heimliche Stunden mit Marlene. Er fragt Renate, ob sie mit einer Scheidung einverstanden wäre. Die hält dieses Ansinnen für eine seiner Launen, hofft indes, daß sie die Risse in ihrer Ehe gemeinsam kitten können und erinnert ihn an seine Vaterpflichten. Kurzum: Sie willigt nicht ein. Unverfroren gesteht er Renate, schon lange ein Liebesverhältnis zu einer an-

deren Frau zu unterhalten, die er sogar zu ehelichen gedenke. Renate ist bestürzt. Doch sie bleibt standhaft bei ihrem Nein. Das bringt Erwin in Rage. Wutschnaubend eilt er ins Schlafzimmer, hebt sein kleines Töchterchen aus dem Kinderbett, hält dem ahnungslosen Kind ein Küchenmesser an die Kehle und schreit Renate an: „Laß dich scheiden! Oder ich steche dein Kind ab!"
Entsetzt blickt Renate in seine kalten Augen und weiß, daß es ihm ernst ist. Angstvoll gibt sie ihren Widerstand auf und beschwört ihn: „Tu meinem Kind nichts an, lieber laß ich mich scheiden!"
Seine Wut klingt ab: Renate hat klein beigegeben, die Herrschaft über sie ist wiedererlangt. Erwin legt den Säugling zurück ins Bettchen. Doch ehe er die Wohnung verläßt, um sich mit Marlene zu treffen, droht er Renate nochmals: „Gnade dir Gott, wenn du nicht dabei bleibst! – Ich bringe den Balg um!"
Erwin findet keine innere Ruhe mehr. Die Vorstellungen, die er sich bislang vom Leben machte, stürzen wie ein Kartenhaus über ihm zusammen: Das Studium futsch, die Ehe ein Chaos, bald wird er in einer Fabrik malochen müssen. Seine einzige Hoffnung setzt er nun auf Marlene. Doch die fühlt sich ziemlich bedrängt, als er sie fragt, ob sie ihn heiraten wolle. Schroff weist sie ihn zurück: „Mensch, ich bin siebzehn, mache gerade das Abitur! Außerdem kläre erst einmal deine eigenen Familienverhältnisse!"
Erwin Schaper sieht in eine ungewisse, fast düstere Zukunft. Und je mehr er in den kommenden Tagen darüber nachdenkt, um so stärker gelangt er zu dem Entschluß, daß es doch besser sei, mit Renate und dem Kind weiterzuleben. Er müßte zu viele Entbehrungen auf sich nehmen, würde er sich von ihr trennen. Und alle Überlegungen verbindet er mit der Suche nach einer taktisch geschickten Variante, wie er nebenbei die Liaison mit Marlene aufrecht erhalten kann.
Dann teilt er Renate seinen Entschluß mit, bei ihr bleiben zu wollen. Aber sie reagiert ganz und gar nicht so wie er es erwartet. Nämlich: In der Annahme, sich geschickt zu verhalten, läßt sie ihn mit gespielter Überlegenheit wissen, die Ehe mit ihm ein für allemal zu beenden, weil sie einen Mann kennengelernt habe, mit dem sie ihr künftiges Leben teilen werde. Doch nichts davon stimmt. Sie will nur ein behutsames Aufbegehren gegen die bisherige Willkür ihres Gatten demonstrieren. Erwin Scha-

per schluckt die Bemerkung wie eine giftige Pille. Er glaubt Renate jedes Wort, spürt die Kraft, sie zu beherrschen, erlahmen. Die Enttäuschung schlägt um in heftige Erregung. Wutschnaubend stürzt er in die Küche, ergreift ein Küchenmesser, brüllt wild um sich und fügt Renate am linken Oberarm einen nicht allzu tiefen Stich bei. Doch der unbändige Zorn hat seine Ohren taub gemacht: Er kann nicht hören, wie sie ihre Behauptung widerruft. Sie blickt fassungslos auf die Fleischwunde und weint. Als Erwin sich wieder etwas beruhigt hat, verbindet er die klaffende, blutende Wunde mit einem straffen Verband.
Renate mißdeutet seinen heftigen Erregungszustand: So kann sich nur jemand verhalten, der eifersüchtig ist. Also ist die Ehe vielleicht doch noch zu retten. Und sie beginnt, Erwin mit Schmeicheleien und Zärtlichkeiten wieder für sich zu gewinnen. Er wiederum glaubt, aus ihrem devoten Verhalten schließen zu können, daß seine Macht über sie doch nicht endgültig gebrochen ist.
Die bisherigen Niederlagen haben Erwin Schapers inneres Selbstbild zerstört. Allenfalls rechnet er mit einem weiteren schweren Schlag. Wenn Renate nämlich doch vorhat, mit einem anderen Mann zusammenzuleben. Freilich erinnert er sich an ihr verzweifeltes Dementi. Doch nach all den ehelichen Zwistigkeiten hält er es durchaus für möglich. So frißt der Zweifel sich wie Säure durch seine Seele.
Jetzt fühlt er sich völlig überfordert, und eine tiefgreifende Hoffnungslosigkeit erfüllt ihn. So kommt ihm der Gedanke, sich das Leben zu nehmen. Lange denkt er darüber nach, auf welche Weise er einen schnellen, schmerzlosen Tod herbeiführen könnte. Er will sich erhängen. Tagelang sucht er, das Strangwerkzeug in der Tasche, nach einer geeigneten Möglichkeit. Und wenn er sie gefunden hat, verläßt ihn der Mut, den endgültigen Schritt zu tun.
Bei all seinen Suizidphantasien malt er sich auch aus, wie effektvoll es wäre, wenn er erst seine Frau, dann die Tochter Sabine und Marlene umbringen würde, ehe er sich selbst das Leben nimmt. Auf diese Weise würde sein Tod nicht nur außergewöhnlich und sensationell sein, sondern die Ermordung der drei würde ihm eine tiefe Befriedigung bringen, weil er „ihnen kein Weiterleben gönnt“, weil er „mit allen Mitteln verhindern will, daß sie später glücklich werden könnten“.
Aus den zunächst spielerischen Gedanken erwächst immer

mehr ein fester Entschluß. Die Vorstellung, jene zu vernichten, denen er kein glückliches Leben gönnt, stärkt den eigenen Suizidwillen und bestimmt sein weiteres Handeln. Dadurch hat er auf absonderliche Weise wieder zu sich gefunden. Renate, Marlene und seine kleine Tochter in Arglosigkeit zu wissen, das vermittelt ihm wieder das Gefühl der Herrschaft über sie.
In dieser eingeengten Gedankenwelt konzentriert sich Erwin Schaper auf die Organisation seines Vorhabens. Die Jahreswende, die sein Leben ohnehin verändert hätte, scheint ihm der beste Zeitpunkt zu sein. Bis dahin sind es nur knapp drei Wochen, und er will die Zeit nicht ungenutzt verstreichen lassen: „In den letzten Wochen meines Lebens will ich so leben, wie ich es immer schon wollte, ruhig, ohne Anstrengungen, ohne Komplikationen." Zunächst täuscht er Renate eine reumütige Rückkehr in das eheliche Schlafgemach vor, das er lange Zeit gemieden hatte, verspricht einen Neuanfang, gibt sich auffallend liebenswürdig und überzeugt sie zu einer ekstatischen Liebesnacht. Als Renate das Gespräch auf die Geliebte bringt, bittet er sie um Geduld, weil er sich endgültig, aber behutsam und im Guten trennen wolle. Wonnetrunken glaubt Renate ihm jedes Wort. Willenlos ist sie in ihre alte Hörigkeit zurückgefallen.

Äußerlich verhält sich Erwin freundlich, aufgeschlossen und ausgeglichen. Tief im Innern aber beschäftigt er sich ständig mit seinem tödlichen Plan. Dabei kommt ihm die Idee, Renate bei passender Gelegenheit so zu schockieren, daß sie den Tod wünscht. Am liebsten wäre ihm, wenn sie die Tötung durch seine Hand verlangt. Natürlich wolle er dann versprechen, ihr unmittelbar danach in den Tod zu folgen. In Wirklichkeit aber beabsichtigte er, mit der Selbsttötung noch zu warten.
Ich will, denkt er, die letzten Stunden des Lebens mit der Frau verbringen, die mir am nächsten steht. Und damit meint er Marlene.
An den Weihnachtsfeiertagen gibt sich Erwin Schaper herzlich und gutgelaunt wie ein glücklicher Familienvater beim Anblick strahlender Kinderaugen im Kerzenlicht. Doch in der Nacht vom 27. zum 28. Dezember lenkt er in einem langen Bettgespräch das Thema darauf, sich das Leben nehmen zu wollen. Geschickt täuscht er eine tiefe Schwermut vor: Aber es ist nur ein Test. Er will wissen, wie Renate auf die Frage des Todes reagiert. Zu seiner Überraschung läßt sie sich in keiner Weise von

seiner vorgetäuschten Traurigkeit anstecken, so wie er es erwartet hatte. Im Gegenteil: Sie versucht ihn zu trösten, vermittelt Zuversicht und setzt alles daran, ihn von einer Selbsttötungsabsicht abzubringen.
In der nächsten Nacht läßt Erwin Renate wieder nicht schlafen. Mit teuflischem Zynismus gesteht er, ihr in den letzten Tagen nur etwas vorgegaukelt zu haben. Seine Ehe sei nach wie vor verkorkst, nur bei seiner neuen Geliebten fühle er sich wohl. Durch die Anspannung der letzten Zeit und durch Übermüdung sind ihre Nerven gänzlich bloßgelegt. Sie bricht innerlich zusammen, kann nur noch weinen. Nun sieht auch sie keinen Ausweg mehr aus dem Chaos der Ehe.
Erwin redet auf sie ein, daß es besser wäre zu sterben. Sie solle doch mitmachen. Für ihn sei der Selbstmord längst beschlossene Sache. Jetzt könne sie sich doch anschließen, und alle Probleme wären gelöst. In ihrer Verzweiflung stößt Renate heraus, unter diesen Umständen lieber sterben zu wollen. Erwin ist zufrieden. Doch dann macht sie eine Einschränkung und sagt: „Laß uns erst Silvester feiern, dann machen wir gemeinsam Schluß!“ Und Erwin ist einverstanden.

Am nächsten Morgen. Renate und Erwin stehen frühzeitig auf. Die kleine Sabine schläft noch. Renate hatte einen unruhigen, alptraumreichen Etappenschlaf, der ihre Traurigkeit und Erschöpfung nur fördert. Erwin kommt hinzu, als sie weinend vor dem Kinderbettchen steht und fragt: „Was wird nur aus unserer Sabine, wenn wir nicht mehr sind?“
Diese Situation bringt Erwin auf den Gedanken, Renate jetzt schon zu töten, zumal er Silvester lieber mit Marlene verbringen möchte.
Er blickt auf das schlafende Kind und denkt: Auch du hast keine Berechtigung mehr zu leben, wenn die Eltern tot sind.
Mit verheultem Gesicht verläßt Renate das Zimmer, um die Toilette aufzusuchen. Als sie nach wenigen Minuten zurückkehrt, erstarrt das Blut in ihren Adern: Die dreijährige Sabine lebt nicht mehr. Erwin hat sie inzwischen mit einem Gürtel erdrosselt. Renate bricht auf der Stelle zusammen. Der Kreislauf hat versagt. Als sie wieder zu sich kommt, winselt sie: „Töte mich, mach es schnell!“
Erwin Schaper umfaßt ihren Hals. Doch beim ersten Druck auf den Kehlkopf ächzt sie: „Das tut weh!“

„Soll ich ein Messer holen?“ fragt Erwin eiskalt.
„Nein, bitte kein Messer, öffne die Gashähne“, stöhnt sie gequält. Aber sie weiß nicht mehr, was sie sagt. Ihr Verstand kann nichts mehr erfassen. Geistesabwesend hockt sie auf dem Fußboden des Schlafzimmers und gibt undeutliche Laute von sich, als wenn sie etwas sagen wolle. Erwin setzt sie auf einen Stuhl, holt aus dem Wohnzimmerschrank eine Flasche Wodka, entkorkt sie und hält die Flaschenöffnung an Renates Mund: „Trink aus, dann mach ich es!“
Und Renate trinkt, verschluckt sich, trinkt wieder. Als die Flasche fast geleert ist, fällt sie seitlich vom Stuhl. Der Vollrausch hat sie niedergestreckt. Erwin verdrillt einen Seidenschal und schlingt ihn um ihren Hals, tritt mit einem Fuß auf eines der Enden und zieht mit den Händen das andere Ende kräftig an. So verharrt er, bis Renate keinen Laut mehr von sich gibt. Er löst die Schlinge erst, nachdem er vermutet, daß sie tot ist. Aber: Um ganz sicher zu gehen, stößt er das Küchenmesser noch zweimal in ihr Herz.
Die beiden Leichen versteckt er im Kleiderschank und bedeckt sie mit Textilien.
Innerlich ausgelaugt und körperlich erschöpft läßt sich Erwin Schaper auf die Couch fallen und schläft bis in die Mittagsstunden. Der Gedanke an die Selbsttötung hat ihn die ganze Zeit nicht verlassen. Jedoch will er erst seinen Plan vollenden. In seinen Taschenkalender schreibt er in die Spalte des 30. Dezember die Namen Renate und Sabine, in die des 31. Dezember den Namen Marlene. Und hinter jeden Namen setzt er ein deutliches Kreuz.
Er räumt die Wohnung auf, beseitigt die Spuren des tödlichen Geschehens, zieht sich um und verläßt das Haus: Er hat sich mit Marlene zu einem Spaziergang verabredet. Pünktlich erscheint das Mädchen an der vereinbarten Stelle im Zentrum Eisenachs. Erwin wirkt heiter, gelöst und liebenswürdig. Aber: Marlene kann nicht lange bleiben, wird zu Hause bald wieder erwartet. Hand in Hand schlendert das Pärchen in Richtung Schwanenteich.
„Morgen ist Silvester, und ich soll mit meinen Eltern feiern“, beklagt sie sich.
Erwin wittert die Chance einer passenden Gelegenheit zur Verwirklichung seines tödlichen Plans und schlägt vor: „Feiere doch bei mir. Ich bin sowieso allein!“

„Ist deine Frau mit dem Kind weggefahren?“ fragt Marlene unschuldig und erstaunt.
Da Erwin diese Frage nicht konkret beantworten will, beschränkt er sich auf ein mehrdeutiges Grinsen und raunt Marlene ins Ohr: „Ist das nicht schön für uns? Komm zu mir, wir sind ganz allein, und zu trinken ist genug da!“
„Einverstanden, wir treffen uns 19.30 Uhr am Nikolaitor“, strahlt das Mädchen.

Den Rest des Tages verbringt Erwin mit einem Freund. Sie unternehmen eine feuchtfröhliche Kneipentour, wobei Erwin sich höchst spendabel zeigt: Bis zu seinem Tode muß alles Geld ausgegeben sein. Mit schwerem Kopf sinkt er kurz vor Mitternacht in das eheliche Bett. Tief und traumlos wie ein Murmeltier schläft er bis in den nächsten Vormittag. Nur wenige Meter von seinem Bett entfernt, und nur durch eine zentimeterbreite Holztür getrennt, liegen die beiden toten Körper im Kleiderschrank. Doch das läßt ihn kalt. Seine ganze Gedankenwelt ist jetzt nur noch auf einen einzigen Punkt ausgerichtet: Der Tod Marlenes und sein eigener Tod. Für anderes ist kein Raum mehr in seinem eingeengten Hirn. Nur so verschafft er sich die notwendige innere Gleichgültigkeit, ohne die er die letzten, endgültigen Schritte nicht gehen könnte.
Sonntagabend, 31. Dezember 1967. Erwin trifft verfrüht am Nikolaitor ein. Er hat noch eine halbe Stunde Zeit, bis Marlene zu erwarten ist. Gemächlich, doch rastlos wandert er unzählige Male in weitem Bogen um das Martin-Luther-Denkmal, um die Zeit zu überbrücken. In seinem Kopf toben die Gedanken: Bald wird er Marlene besitzen, ganz für sich allein. Und das bis in den Tod.
Ihm fällt ein, daß er in der Nacht mit Marlene einen Spaziergang zur Autobahnbrücke unternehmen könnte, die sich weit über das Tal spannt und in der Silvesternacht üblicherweise kaum befahren wird. Diesen Ort hält er für geeignet. Von dort will er Marlene in die Tiefe stürzen und ihr dann folgen.
Einige Kinder schießen bereits ihre ersten Silvesterraketen ab. Vermutlich dürfen sie an den mitternächtlichen Blitz- und Knallfreuden der Erwachsenen nicht teilhaben. Doch jetzt ist es ihnen erlaubt, denn seit 18.00 Uhr ist die Polizeistunde aufgehoben. Manche der hell erleuchteten Fenster in den alten Bürgerhäusern erlauben einen Blick in die Stuben. Ausgeschmückt

mit bunten Papiergirlanden und Luftballons kündigen sie einen ausgelassenen Jahreswechsel an.
Pünktlich ist Marlene zur Stelle, vergnügt und in froher Erwartung eines besinnlichen Silvesterabends. Eilig und auf kürzestem Wege gehen sie zu Erwins Wohnhaus, denn Marlene fürchtet sich vor den Knallfröschen und Pfeifraketen, die heute Nacht überall im Hinterhalt lauern. Unterwegs fragt sie nochmals, um ganz sicher zu gehen: „Und wir sind wirklich ganz allein?"
Erwin gelingt es bald, sie davon zu überzeugen, daß sie bei ihm zu Hause ungestört sind. Dort angekommen, schaltet er das Radio ein, sucht einen Sender mit Schmusemusik, öffnet eine Flasche Wein und lümmelt sich auf das Wohnzimmersofa. Schnell hat Marlene ihre anfängliche Scheu abgelegt und rückt liebeshungrig dicht an ihn heran.
Nun gehören die nächsten Stunden nur der Liebe. Erst als die Glocken von St. Georg und der Nikolaikirche den Jahreswechsel verkünden und Hunderte bunter Raketen fauchend und pfeifend in den Himmel schießen, unterbrechen sie das Liebesspiel für kurze Zeit.
„Wollen wir spazieren gehen?" fragt Erwin wie nebenbei. Doch Marlene zieht es vor, das Haus nicht zu verlassen. So ändert er seinen Plan. Er will die süßen Stunden noch nicht beenden und verschiebt sein tödliches Vorhaben auf den nächsten Tag.
Eine weitere innere Befriedigung empfindet er, als es ihm gelingt, Marlene zur Fortsetzung des Beischlafs ins eheliche Schlafgemach zu locken, wo sie sich unbefangen dem Vergnügen hingibt.
Einige Zeit später übermannt beide eine wohltuende Erschöpfung und Müdigkeit. Eng umschlungen sinken sie in tiefen Schlaf.

Am nächsten Morgen gegen 7.00 Uhr: Es ist Montag, der 1. Januar 1968. Erwin liegt schon längere Zeit wach und überlegt, wie er Marlene zu einem Spaziergang zur Autobahnbrücke überreden könnte. Dann steht er auf und kleidet sich an. Langsam wird nun Marlene munter. Genüßlich rekelt sie sich in den Kissen, blinzelt Erwin schlaftrunken an und beklagt, daß sie bald heim müsse. Dann fragt sie beiläufig, wohin Erwins Frau und das Kind eigentlich gefahren seien.
Das Unglaubliche geschieht: Wortlos geht Erwin zum Kleiderschrank, reißt die Tür weit auf, zieht die Textilien von den to-

ten Körpern und sagt mit monotoner, eiskalter Stimme: „Hier, wenn du's genau wissen willst. Ich habe sie umgebracht!"
Erst mit dem zweiten Blick erfaßt Marlene die Situation. Starr vor Schreck und Entsetzen ist sie zu keiner Reaktion fähig. Angstbebend liegt sie im Bett, beide Hände in der Decke festgekrallt, die sie über den Kopf zu ziehen versucht. Doch Erwin ist schon bei ihr, hat ein Montiereisen in der Hand und schlägt zu. Mehrere heftige Hiebe gehen auf ihrem Schädel nieder. Augenblicklich verliert sie das Bewußtsein. Sie kann nicht mehr spüren, daß Erwin noch zehnmal mit einem Messer in ihren Oberkörper sticht. Zwei Stiche haben das Herz getroffen und den schnellen Tod gebracht.
Erwin Schaper hat sein Ziel fast erreicht. Jetzt muß er nur noch sich selbst umbringen. Blaß, kalt und nahezu ohne innere Regung verharrt er einige Augenblicke vor dem Ergebnis seiner Untat. Dann deckt er die Tote zu und schließt die Tür vom Wäscheschrank. Er säubert sich von den Blutspuren, steckt das Messer ein, streift den Anorak über und verläßt die Wohnung. Eine Zeitlang irrt er durch die menschenleeren Straßen, die übersät sind mit ausgebrannten Silvesterraketen, Konfetti und Papierschlangen. Kein Auto fährt um diese Stunde. Nur eine Kehrmaschine der Städtischen Straßenreinigung beseitigt die Relikte der nächtlichen Ausgelassenheit.
Jetzt ist Erwin nur noch von einem Gedanken getrieben: Ich muß mich töten. Von fern erblickt er die Autobahnbrücke, die sein Ziel ist. Doch kurz davor zögert er wieder, glaubt, daß es besser wäre, bis zur nächsten Nacht zu warten. Er erwägt auch, sich die Pulsadern aufzuschneiden. Nur nach Hause gehen, nein, das kann er nicht mehr. So läuft er ziellos bis zum späten Vormittag in der Stadt umher, bis er sich entschließt, einen Freund aufzusuchen. Er trifft diesen auch an. Der Freund überredet ihn zu einem Frühschoppen. Erwin ist zwar bedrückt, doch hält der Freund seinen Zustand eher für einen milden Silvesterkater. Die beiden bleiben bis zum Abend beisammen. Erst dann verläßt Erwin den Freund.
Die Selbsttötungsgedanken haben ihn den ganzen Tag über begleitet. Jetzt drängt es ihn immer stärker, sie endlich zu verwirklichen. Deshalb verläßt er das Stadtgebiet von Eisenach, sucht eine abgelegene Gegend. Am Rande einer Landstraße ist es dann soweit: Er zieht das Messer aus dem Anorak. Wieder verharrt er. Immer noch findet er nicht den Mut, das zu tun, wo-

nach er sich schon lange sehnt. Erst der Gedanke daran, welche Blutspur er bereits hinter sich hergezogen hat, läßt ihn seine Feigheit überwinden ...

Gegen 20.00 Uhr macht ein Ehepaar, das auf der Straße nach Hötzelroda einen Abendspaziergang unternimmt, eine schreckliche Entdeckung: Wenige Meter vom Straßenrand entfernt liegt, blutüberströmt, ein lebloser Mann, quer über den Hals verlaufend eine blutverschmierte Schnittverletzung. Der Puls des Mannes schlägt kaum noch, doch er schlägt. Der medizinische Notdienst wird alarmiert. Ein Arzt stellt fest, daß in dem Mann noch Leben ist. Alles Menschenmögliche wird getan, um dieses Leben zu erhalten. Nach einer Notoperation wollen die Ärzte im Krankenhaus wissen, wer ihr Patient ist. Sie durchsuchen die Taschen seines blutverschmierten Anoraks und fördern einen Taschenkalender des Jahres 1967 zutage. Auf der ersten Seite stehen die Personalien des Inhabers: Erwin Schaper aus Eisenach. Auf einer der letzten Seiten befinden sich merkwürdige Botschaften: In der Spalte des 30. Dezember die Namen Renate und Sabine, in der des 31. Dezember der Name Marlene und ein großgeschiebenes „ICH“. Und hinter jeder dieser Eintragungen ein dickes, schwarzes Kreuz. Diese Kreuze sind kein gutes Omen. Das Krankenhaus informiert die Kriminalpolizei. Am 2. Januar 1968 wird gegen Erwin Schaper ein Ermittlungsverfahren wegen dreifachen Mordes eingeleitet. Das Krankenhaus teilt inzwischen mit, daß sich der Patient Schaper auf dem Wege der Besserung befindet. Von nun an wird alles getan, um ihn an einem weiteren Selbstmordversuch zu hindern. Auf ungewöhnliche Weise erfüllt sich jedoch ein knappes Jahr später in der Strafvollzugsanstalt Leipzig Erwin Schapers Todessehnsucht.

*Zweifellos liegt bei Erwin Schaper eine suizidale Persönlichkeit vor. Seine neurotische Entwicklung und die sich aus der Fehlerziehung im Elternhaus erklärende Verhaltensstörung führten zu einer Charakterdeformation, die den maßlosen Egoismus, die Arroganz und die Unfähigkeit zu sozialer Wärme begründen. Dennoch, so stellte der psychiatrische Gutachter fest, bestand bei ihm zu jeder Zeit die tatbedeutsame Einsichtsfähigkeit in seine Handlungen. Die Ermordung der Ehefrau, des Kindes und der Geliebten geschah keineswegs in einem schuldmindernden Geisteszustand, sondern direkt vorsätzlich. Denken und Handeln waren durch die suizidale Gemütsverstimmung nicht so eingeengt, daß er keine andere Lösungsmöglichkeit zur Realisierung der Selbstmordabsicht gefunden hätte, als die über den kriminellen Umweg der Ermordung anderer Menschen.*

*Ebensowenig lagen auch Kriterien für strafmildernde Umstände einer Tötung auf Verlangen vor, wie im Falle der Ehefrau bei fälschlicher Beurteilung angenommen werden könnte. Und dies, obwohl sie Erwin Schaper „bittet", sie zu töten. Eine Tötung auf Verlangen, die nach DDR-Strafrecht gemäß § 113 Abs. 1 Ziffer 3 StGB zur Minderung der strafrechtlichen Verantwortlichkeit besondere Tatumstände vorausgesetzt hätte, war deshalb nicht zu begründen, weil die entsprechenden Tatbestandsmerkmale nicht vorlagen. Sie hätten unter anderem eine freie Willensentscheidung der Ehefrau vorausgesetzt. Diese lag nicht vor, weil Erwin Schaper sie sowohl durch psychische als auch physische Gewalt zum Todesverlangen nötigte. Eine freie Entscheidung war ihr folglich nicht möglich. Sie hat die Tötung schon deshalb nicht ausdrücklich verlangen und den Ehemann zur Durchführung bestimmen können – wozu im übrigen auch jeder motivationale Hintergrund gefehlt hätte –, weil Erwin Schaper den Tötungsvorsatz schon längst gefaßt hatte.*

*Auch ein gemeinsamer Suizid muß verneint werden. Denn im Unterschied zum erweiterten Suizid muß eine zweite Person einbezogen werden, die für sich selbst alle Merkmale der Suizidalität aufweist. Es handelt sich folglich um zwei Suizidenten mit gleichzeitiger Bereitschaft, aus dem Leben scheiden zu wollen. Die Gemeinsamkeit der Tatdurchführung und der eigenständige, für jeden der Beteiligten zutreffende Selbsttötungsentschluß sind die entscheidenden Kennzeichen für den gemeinsamen Suizid.*

*Letztlich muß man sich bei der Einschätzung des Falles Erwin Schaper davon leiten lassen, daß keineswegs vermeintlich altruistische Motive vorliegen, wie sie beim erweiterten Suizid typisch sind, die die Tötung der Ehefrau, des Kindes und der Geliebten bestimmt haben. Einzig und allein Schapers maßloser Egoismus (nach dem Schema: Wenn ich mich schon töte, haben die anderen auch kein Recht zu leben.) bildete die Triebkraft zur Tötung der drei. Und: Die Realisierung*

*einer Selbsttötungsabsicht setzt voraus, die inneren Hemmschwellen zu überwinden, die den letzten Schritt womöglich abbremsen.*
*So wie etliche Halunken den Umweg gehen, sich erst Mut anzutrinken, um den Einbruch oder den Überfall zu wagen, gibt es suizidale Persönlichkeiten, die ihre Aggression gegen sich selbst nur über den Umweg der Aggression gegen andere vollenden können. Mancher Amokschütze tötet deshalb, weil der eigene Todeswunsch sich erst über den Umweg der Tötung anderer realisieren läßt, z. B. in der sicheren Erwartung, von der Polizei erschossen zu werden. Mancher Söldner meldet sich deshalb an die vorderste Front, weil er in seiner Suizidneigung darauf hofft, von einer feindlichen Kugel getötet zu werden.*
*Betrachtet man den vorliegenden Bericht unter diesem Aspekt, wird klar, daß die lange schon in Erwin Schapers Seele schwelende Selbsttötungsabsicht letztlich erst durch die höchst offizielle Maßnahme der Vollstreckung des Todesurteils verwirklicht wurde.*

## Absoluter Nahschuß

Karlheinz Dalgow ist das Muster eines preußischen Offiziers. Er, ein 47jähriger, schlanker, sportlicher Typ mit schwarzem Haar und leicht graumelierten Schläfen, ist Hauptmann der Nationalen Volksarmee, Kompaniechef einer Spezialeinheit des Nachrichtenregiments II, dessen Kasernenanlagen einige Kilometer nordöstlich von Königs Wusterhausen, dem Städtchen im Grünen vor den südlichen Toren Berlins, im Wald versteckt sind. Zusammen mit seiner Ehefrau Jutta, Unterstufenlehrerin, und der 21jährigen Tochter Tamara, Krippenerzieherin, bewohnt er seit 1975 eine geräumige Neubauwohnung in Königs Wusterhausen. Der 23jährige Sohn Ralf eifert dem Vater nach, besucht eine Offiziersschule der Grenztruppen in Löbau. Nur gelegentlich verbringt er die wenigen Urlaubstage zu Hause bei den Eltern.

Eigentlich könnte Karlheinz Dalgow mit sich zufrieden sein: Die Kinder sind erwachsen, stehen fast auf eigenen Beinen. Daß er eine Tätigkeit als Fernmeldemechaniker bei der Post nach einigen Jahren aufgab, um die Offizierslaufbahn einzuschlagen, hält er für eine richtige Entscheidung. Die eigenwillige Welt des Militärs, der Geruch von Uniformen und Waffenöl, der Umgang mit den Soldaten, die Herausforderung seines Ehrgeizes, mit der rasanten Entwicklung des modernen Nachrichtenwesens Schritt zu halten, und die Verantwortung über teure Funk- und Fernschreibtechnik, stärken seinen Glauben, unersetzlich zu sein. Dalgows betagte Mutter, Kommunistin seit ihrer Jugend, ist stolz darauf, daß ihr Sohn als Offizier der Armee des Volkes zur Erhaltung des Friedens und der sozialistischen Errungenschaften beiträgt.

Sicher, sein beruflicher Alltag ist mit dem 8-Stunden-Tag anderer nicht zu vergleichen, die vielen Sonderdienste, Alarmbereitschaften, Urlaubssperren erschweren das Leben. Doch der gute Sold entschädigt für viele Entbehrungen. Zusammen mit

den Einkünften seiner Gattin ist ein überdurchschnittliches Lebensniveau gesichert: Auto, Neubauwohnung und ein gelegentlicher Urlaub auf der Krim.
Seit mehreren Monaten belastet Karlheinz Dalgow ein Problem: Schlechtes Gewissen gegenüber Jutta plagt ihn. Ursache dafür ist die heimliche Liebschaft zu einer jüngeren Frau. Das zehrt an seiner Seele. Er fühlt, Gefangener eines zweiten Ichs zu sein, von dem er sich nicht mehr befreien kann, ahnt, wie seine Notlügen, die Abwesenheit von zu Hause mit dienstlichen Belangen zu begründen, eines Tages ein Fiasko heraufbeschwören können. Vertrauen, Familie, Ehe, all das sieht er in höchstem Maße gefährdet. Aber da ist Gisela Hoppe, die hübsche, junge Frau, die er liebt. Vor einem Jahr lernte er sie kennen. Es war kurz nach ihrer Scheidung. Sie veranstaltete im Auftrag ihres Betriebes, dem Berliner VEB Oberbekleidung, im Kinosaal des Nachrichtenregiments eine Modenschau. Vom ersten Augenblick an waren sie ineinander verknallt, erst zaghaft, dann immer stürmischer, bis sie ihre Liebe entdeckten. Ihre geschmackvolle, kleine Wohnung in Wildau, ganz in der Nähe der S-Bahn, wird fortan zum heimlichen Refugium für süße Stunden. Schon bald basteln sie am Traumschloß einer gemeinsamen Zukunft. Und irgendwann will sie ihn ganz für sich haben, ständig und nicht nur gelegentlich für ein paar zärtliche Wochenendstunden im Verborgenen. Ja, das wünscht auch er sich. Doch eine Hürde muß er nehmen: Gisela muß klargemacht werden, den Kontakt zu ihren Verwandten im Westen abzubrechen. Andernfalls verstößt er gegen die ihm aufgebürdeten Sicherheitspflichten. Zuvor erscheint es ihm jedoch wichtiger, sich der Gattin zu erklären.
Aber in den eigenen vier Wänden zerrinnen die Vorsätze, Jutta klaren Wein einzuschenken. Kurzerhand ist die erforderliche Offenbarung verdrängt. Der ansonsten mutige Soldat hält sich feige zurück. Statt dessen bietet er alle Kräfte auf, die Angetraute nichts von seinem anderen Leben spüren zu lassen. Schließlich halten nur noch Lüge und Täuschung die ehelichen Bande zusammen. Das Sexualleben mit der Ehefrau droht zu einer emotionslosen, mechanischen Pflichtkür zu verkommen.
Die quälende Unentschlossenheit, eine klare Entscheidung zu treffen, produziert im Wechsel mit den heimlichen Liebeserlebnissen eine lähmende Unfähigkeit zu sachlicher Konfliktbewältigung. Bald steuert die Angst sein Denken. Es führt zu dem

Kompromiß, die Ehe mit Jutta, gleichzeitig aber auch die Beziehung zu Gisela erhalten zu wollen.
Karlheinz Dalgow glaubt, damit die Krise überwinden zu können. Daß er so die Geliebte ebenfalls betrügt, indem er sie glauben läßt, seine Beziehung zu Jutta sei längst ausgekühlt, während er tatsächlich daheim ein harmonisches Intimleben vorgaukelt, überspielt er mit dem Egoismus der Feigheit. Zeit gewinnen, sich rückwärtig verschanzen, nicht in die Schußlinie geraten, denkt er, das sei die rationale Zwischenlösung. Doch das aufgewühlte Innenleben läßt ihn nicht zur Ruhe kommen, vor allem nachts. Die Vorstellung, das Kartenhaus seines Vertrauensbruchs könnte einstürzen, macht ihn ratlos. Und weil die geduldige Geliebte nicht auf einer unüberlegten, kurzfristigen Entscheidung beharrt, unterstützt sie das zermürbende Hin und Her, freilich ohne Absicht.
Am Morgen des 9. August 1980 teilt Karlheinz Dalgow mit gespielter Zerknirschtheit seiner Gattin mit, daß das Wochenende gelaufen sei, weil er am Abend zum Dienst als OvD anrücken müsse.
Jutta fragt enttäuscht: „Wieso immer nur du? Der Dietze von nebenan ist doch auch in deiner Einheit. Warum hat der weniger Dienst? Den seh ich dauernd im Vorgarten rumbuddeln!"
„Ach, das ist einer aus dem Regimentsstab", beschwichtigt er sie, „für die gilt unser Dienstplan nicht!"
Jutta unterläßt weitere kritische Fragen. Sie hat sich mit den Jahren längst in ihre Situation gefügt, ist sich klar, daß das Leben mit einem Offizier eigenen Gesetzen unterworfen ist.
Karlheinz Dalgow spürt, wieder glimpflich davongekommen zu sein. Zufrieden mit sich ist er bis zum Nachmittag besonders nett zu Jutta. Gegen 16.00 Uhr ruft die vermeintliche Pflicht. Doch bevor er das Haus verläßt, legt er seine Dienstbekleidung an: Uniform aus mausgrauem Tuch, polierte schwarze Schaftstiefel, Koppel, Pistole, Schirmmütze. Die gelben Biesen, die die silbergeflochtenen Schulterstücke mit den vier goldfarbenen Sternen des Hauptmanns einfassen, verraten die Truppengattung. In der Uniform wirkt Dalgow auf Jutta fremd, unnahbar und streng. Und: Obwohl sie ihren Gatten schon unzählige Male so gesehen hat, empfindet sie dies immer wieder von neuem.
Da der Hauptmann die wenigen Kilometer zur Kaserne gewöhnlich mit dem Rad zurücklegt, weil es sportlich ist und

Mobilität im großen Kasernengelände schafft, will er aus Gründen der Verschleierung seiner wahren Absicht auch diesmal nicht darauf verzichten. Keinesfalls darf Juttas Argwohn geweckt werden, die ihm aus dem Fenster wie immer nachwinkt. Der glückliche Umstand, daß wenige Straßen weiter in der Garage sein alter „Moskwitsch" steht, begünstigt sein Vorhaben. Weil Jutta nicht Auto fährt, die Garage ohnehin sein Ressort ist, entgeht ihr folgerichtig, daß der Gatte das Rad dort abstellt, um mit dem „Moskwitsch" weiterzufahren. Natürlich nach Wildau zu Gisela. Diese Taktik hat sich schon mehrfach bewährt.
Weil der OvD gewöhnlich einen 24-Stundendienst ableisten muß, erwartet ihn Jutta vor Sonntagabend nicht zurück – eine lange Zeit für Minne und Müßiggang.

Der ganze Abend gehört der Liebe, der Sonntag hingegen einem späten, ausgedehnten Frühstück und dem Besuch der Pferderennbahn in Karlshorst, wo das „Traberderby der DDR" stattfindet. Das wollen die beiden sich nicht entgehen lassen, auch deshalb nicht, weil in den Rennpausen Giselas Betrieb sommerliche Damenoberbekleidung vorführt. So verläuft das Wochenende in der Harmonie liebender Herzen. Trotzdem leidet Karlheinz Dalgow unter unruhigem Schlaf. Er fühlt sich innerlich gehetzt.
Der Abend hat ein unerwartetes Ende: Als auf der Rückfahrt nach Wildau, an der Kreuzung Zeuthener Straße in Schmöckwitz, ein „Trabi"fahrer die Vorfahrt erzwingen will, läßt sich der Crash nicht mehr verhindern. Der „Moskwitsch" büßt den rechten Scheinwerfer ein. Eigentlich ist der Schaden kaum der Rede wert, und am liebsten hätte sich Dalgow mit dem Unfallverursacher kurzerhand privat geeinigt. Doch die Tür an der Fahrerseite des „Trabant" ist arg ramponiert: Durch die Kollision wurde ein Stück der zwar rostfreien, aber druckempfindlichen Duroplastverkleidung herausgebrochen. Nun muß über die Versicherung das Geld für eine neue Tür her. Aber das erfordert eine polizeiliche Bestätigung. Deshalb drängt der Trabifahrer auf eine Unfallaufnahme durch die Verkehrspolizei. Und das behagt Karlheinz Dalgow überhaupt nicht, weil nun Ort, Zeit und Zeugen amtlich erfaßt werden.
Mißmutig und wortkarg bringt er Gisela nach Hause. Dann fährt er nach Königs Wusterhausen, stellt das lädierte Fahrzeug in der Garage ab und radelt die kurze Strecke nach Hause.

Beim Betreten der Wohnung begrüßt ihn die Gattin: „Mein Gott, kommst du heute spät!“
„Es ging nicht anders, ich war noch in der Unterkunft meiner Unteroffiziere – der Hauptfeldwebel hat Geburtstag“, versucht er sie zu beschwichtigen. Dann setzt er sich zu ihr, ist nett und zärtlich, aber er wirkt erschöpft.
Später, als sie zu Bett gehen, macht Jutta Dalgow eine beiläufige Bemerkung, die ihn wie ein Donnerschlag trifft: „Manchmal denke ich, du hast eine Freundin!“
„Wie kommst du auf so etwas Absurdes?“ fragt er unsicher.
„Ist schon gut. Könnte ja sein“, wehrt sie ab, als ob sie die Angelegenheit nicht weiter interessiert.
Er fühlt sich abgespannt und schlaff, möchte nur noch schlafen. Sein grüblerisches Hirn hält ihn aber lange wach. Immer wieder beschäftigt ihn die Frage, warum er die Entscheidung zwischen beiden Frauen scheut. Die eigentlichen Ursachen seiner Unentschlossenheit will er sich jedoch nicht eingestehen. Nämlich: Es ist ein charakterlicher Grundzug, größeren Lebensschwierigkeiten auszuweichen, statt sich ihnen zu stellen. Dalgow weiß, daß sein Innenleben aus den Fugen gerät, wenn sich zu viele Probleme vor ihm auftürmen. Dann wird er chaotisch, leidet unter Versagensängsten. Besonders, wenn er etwas Alkohol getrunken hat, kann ihn seine Empfindsamkeit so traktieren, daß Selbstmißtrauen, Weinerlichkeit und Schwermut, mitunter sogar der Gedanke an einen Freitod von ihm Besitz ergreifen.
Doch er ist klug genug, seine tatsächliche Gemütslage äußerlich mit einem strammen soldatischen Verhalten zu kaschieren. Folgerichtig verschweigt er Jutta den Defekt am Pkw.
Die nächsten Tage verbringt er, wie alle Regimentsangehörigen, in der Kaserne: Der 13. August steht bevor – Tag des Mauerbaus vor 19 Jahren oder, wie es offiziell heißt, Tag der „Errichtung des antifaschistischen Schutzwalls“. Erhöhte Einsatzbereitschaft ist angesagt. Immerhin: Die kriegslüsternen Bonner Ultras könnten diesen Tag zum Anlaß nehmen, um an der Staatsgrenze West zu stänkern. Da heißt es, besonders wachsam zu sein – wie jedes Jahr um diese Zeit. Also: Kein Ausgang, kein Urlaub für die Soldaten, statt dessen emsiges Säbelrasseln hinter den Kasernentoren. Doch Hauptmann Dalgow bleibt gelassen – wie jedes Jahr um diese Zeit.

Da der 13. August ohne besondere Vorkommnisse verläuft, wird die erhöhte Einsatzbereitschaft am Nachmittag des nächsten Tages aufgehoben. Bevor Hauptmann Dalgow die Kaserne verläßt, telefoniert er: Terminabsprache mit der Kfz-Werkstatt, ein kurzes Gespräch mit Jutta, um mitzuteilen, daß er sich auf den Heimweg macht, ein langes mit Gisela, mit der er sich für Sonntagnachmittag verabredet, denn Jutta und seine Tochter Tamara schippern um diese Zeit mit der „Weißen Flotte" über die Berliner Gewässer.
Gegen Abend trifft er zu Hause ein. Sofort präsentiert Jutta ihm ein amtliches Schreiben der Verkehrspolizei: Zeugenvernehmung zum Unfallhergang am 10. August 1980: „Ist heute gekommen, du hast mir gar nichts davon erzählt!"
Dalgow zuckt zusammen. Hinter seinen Schläfen pocht der Puls. Obwohl er sich gefaßt gibt, errötet er wie ein Ministrant, der beim Griff in die Kollekte ertappt wird. Jutta bemerkt seine Fassungslosigkeit, blickt ihn fragend an, wartet auf eine plausible Erklärung. Eigentlich wäre nun ein Grund gegeben, sich ihr zu offenbaren. Aber er kann sich dazu nicht entschließen, entscheidet sich lieber für das vermeintlich einfachere Mittel der Lüge:
Er sei Zeuge eines Unfalls geworden, als er letzten Sonntag zur Dienststelle fuhr. In Niederlehme, kurz vor dem Kalksandsteinwerk, sei ein Trabi mit einem Lada zusammengestoßen, aber es habe nur Blechschaden gegeben.
„Ach, ein Trabi und ein Lada", lächelt Jutta mehrdeutig.
Dalgow ist verwirrt, denkt: Warum diese Ironie? Unsicher fragt er: „Sag mal, glaubst du mir nicht?"
„Aber, wo denkst du hin! – Warum sollte ich dir nicht glauben?" wehrt sie mit großer Geste ab. Und in ihrem Gesicht liegt wieder dieses merkwürdige, vielsagende Lächeln.
Ihm entgeht das nicht. Nur kann er ihr Verhalten nicht deuten. Er ergreift die Taktik der erotischen Annäherung, umfaßt sie zärtlich, will jetzt besonders nett sein. Doch die Gattin windet sich mit der Bemerkung, daß sie noch Klassenarbeiten korrigieren müsse, aus seiner sanften Umklammerung.
Den ganzen Abend bemüht sich Dalgow vergeblich, die Angetraute zu einem Liebesakt zu verführen. Sie hält ihn freundlich auf Distanz. Auch an den nächsten Tagen.
Juttas sonderbares Verhalten macht Dalgow unsicher. Er kann es nicht durchschauen, wird von quälenden Überlegungen be-

stürmt: Ob sie womöglich die wahren Umstände des Unfalls kennt? Dann müßte sie ja auch erfahren haben, daß er eine Geliebte hat. Aber warum stellt sie ihn nicht zur Rede? Oder weiß sie vielleicht doch nichts, und lediglich seine überempfindlichen Sinne mißdeuten ihre Reaktion?
Wieder produziert sein unruhiger Schlaf Mißlaunigkeit. Sie ist das Resultat seiner monatelangen, inneren Bedrängnis. Eitelkeit und Feigheit machen es ihm unmöglich, sich von der zentnerschweren seelischen Last zu befreien. Statt dessen beschäftigt ihn die Möglichkeit, den inneren Zwiespalt durch eine Selbsttötung ein für allemal zu lösen. Noch sind derartige Überlegungen spielerisch, sporadisch und ungeordnet. Doch Dalgow vermag sie nicht mehr zu verdrängen.

Am Sonntagnachmittag nutzt er Juttas Abwesenheit für einen kurzen Besuch bei Gisela. Er ist gedrückt, anlehnungsbedürftig und weinerlich. Gisela findet seinen Zustand bedenklich. Sie redet auf ihn ein: Er solle endlich mit Jutta reden, ihr klaren Wein einschenken.
„Merkst du nicht, wie dieses ewige Hinausschieben auch unsere Beziehung belastet?“ beklagt sie sich.
Dalgow drückt seine Befürchtung aus: „Irgendwann werde ich ihr schon klarmachen, daß ich mich scheiden lassen will. Aber sie wird ein Riesenfaß aufmachen, zu meinem Parteisekretär oder Kommandeur rennen. Was meinst du, wie die sich auf der Dienststelle auf mich stürzen: Warum Trennung nach so langer Ehe? Warum nun ein Verhältnis mit einer Frau, die Westbeziehungen hat? Und das als Offizier! Dazu die Tätigkeit in einem hochsensiblen Sicherheitsbereich des Nachrichtenregiments! – Nicht auszudenken, was da losgeht!“
„Wegen ein paar Briefen und Päckchen aus dem Westen?“ fragt Gisela erstaunt.
„Mich mußt du nicht überzeugen! Es ist eben so: Wenn wir zusammenbleiben wollen, muß ich unterschreiben, daß du den Kontakt zu deiner Verwandtschaft abgebrochen hast! – Das ist nicht meine Erfindung, das verlangt die Geheimhaltungsordnung. Jeden dritten Monat unterschreibe ich das“, brummt Dalgow ärgerlich.
„Ich möchte mit dir leben! Aber deshalb auf meine Verwandtschaft verzichten, das kann ich nicht!“ erklärt Gisela.
„Laß mich erst mit Jutta sprechen. Dann sehen wir weiter“,

räumt er ihre Bedenken aus. Und weil sich Gisela beruhigt, kann der Rest des Nachmittags der Liebe gewidmet werden.
Dalgow lümmelt längst vor dem häuslichen Fernseher, als Jutta und Tamara in den Abendstunden von ihrem Ausflug nach Berlin heimkehren. Die Frauen haben sich noch so viel zu erzählen, daß er sich überflüssig vorkommt und alsbald im Schlafzimmer verschwindet.

Der nächste Morgen leitet für Hauptmann Dallgow einen schwarzen Tag ein:
Von den chronischen Schlafstörungen zermürbt, begibt er sich schon in der Frühe auf den Weg zur Kaserne. Doch unterwegs reißt die Fahrradkette. Den Rest des Weges muß er das Rad schieben. Mit ölverschmierten Händen und der Laune eines Stinktiers betritt er sein Dienstzimmer. Beflissen kümmert sich der Kompanieschreiber um das defekte Rad seines Chefs. Doch der Hauptfeldwebel meldet ein besonderes Vorkommnis: Drei Soldaten der Kompanie haben sich in der vergangenen Nacht bei einer Tanzveranstaltung in der Gaststätte „Ziegenhals" nicht nur mit Einheimischen geprügelt, sondern auch lauthals Witze über die höchsten Repräsentanten der Arbeiter- und Bauernmacht erzählt. Und weil – wie man in solchen Fällen annehmen muß – damit klassenfeindliche Positionen demonstriert werden, ermittelt die Polizei wegen des Verdachts der Staatsverleumdung. Deshalb erwartet die Regimentsleitung die entsprechenden Disziplinarmaßnahmen.
Dalgow tobt: „Ausgerechnet wieder meine Einheit! Müssen wir uns jeden Monat mit irgendwelchen Vorkommnissen beschäftigen, als ob wir nichts anderes zu tun hätten? Was sind das nur für instinktlose Dummköpfe! Und wenn sie sich im Suff kloppen müssen, meinetwegen, aber politisch werden darf es nicht! Ich erwarte eine schriftliche Stellungnahme, von jedem, spätestens bis Mittag!"
„Ich veranlasse das Notwendige, Genosse Hauptmann!" pariert der Hauptfeldwebel und tritt ab.
Dalgow muß sich nun erst um diese Sache kümmern, als das zu bearbeiten, was in seinem Blechschrank schon länger auf ihn wartet. Das ärgert ihn zusätzlich. Gegen Mittag meldet sich telefonisch der Stabschef des Regiments, Major Geber, mit einem kurzen Befehl: „Genosse Hauptmann, vierzehn Uhr bei mir!"
Dalgow erscheint pünktlich. Er hat die Stellungnahmen der drei

Soldaten mitgebracht, um sie dem Stabschef zu präsentieren. Doch der winkt ab: Es geht nicht um die prügelnden Witzeerzähler, sondern Dalgows Ehefrau habe um eine Aussprache gebeten. Am Telefon wollte sie sich nicht näher äußern, doch gehe es um Eheprobleme. Der Fairneß halber wolle er aber erst mit ihm sprechen. Außerdem ginge es ihm darum, sich ein konkreteres Bild über die Situation zu machen.
Dalgow ist erschüttert. Dunkle Vorahnungen scheinen bittere Realität zu werden: Jutta will offensichtlich den ehelichen Müll vor seinen Vorgesetzten ausschütten. Das verletzt ihn sehr. Nun gesellt sich zu seiner Bedrängnis auch Wut über eine kaum abzuwendende Blamage. Fieberhaft sucht er nach einem Ausweg. Doch Zeit für langes Überlegen gibt es nicht. Major Geber erwartet von ihm eine unverzügliche Reaktion. In Sekundenschnelle entschließt sich Dalgow: Maximale Schadensbegrenzung erreichen, Gisela aus allem heraushalten, heute Abend Jutta davon überzeugen, das beabsichtigte Gespräch mit Major Geber rückgängig zu machen!
„Mir ist das alles ziemlich peinlich", beginnt Dalgow seine Erklärung, „aber nun muß ich wohl ..." Doch es folgt keineswegs eine Schilderung der wahren Gründe, die das eheliche Leben belasten. Dalgow serviert seinem Vorgesetzten die wundersame Geschichte vom Mustergatten, seiner in höchstem Maße genervten Ehefrau und ihrer krankhaften Eifersucht. Bildreich schildert er, wie die Angetraute seine dienstliche Abwesenheit von zu Hause auf üble Weise mißdeute. Permanent wähne sie ihn in den Armen irgendeiner Geliebten – für sie Grund genug, ihn ständig mit Vorhaltungen zu bombardieren. Er glaube, daß sie dringend psychotherapeutischer Hilfe bedürfe.
Das überzeugt Major Geber. Seine anfängliche Vermutung, Dalgows Ehedrama könne politische Dimensionen erreichen und erfordere womöglich den kittenden Einfluß der Parteiorganisation, hat sich nicht bestätigt.
„Gut, daß ich jetzt im Bilde bin, Genosse Dalgow", schließt er das Gespräch ab. „Vielleicht kannst du deine Frau noch davon abbringen, hier unnötig Staub aufzuwirbeln. Versprich mir, daß sie einen Arzt aufsucht ... Und erstatte mir gelegentlich Meldung, was aus der Geschichte geworden ist!"
Hauptmann Dalgow fällt ein Stein vom Herzen: Wieder ist es ihm gelungen, sich aus einer heiklen Lage zu befreien, wenn auch nur für kurze Zeit.

Nun muß er Jutta überzeugen. Da er richtig vermutet, sie gegen Mittag nach dem Schulunterricht zu Hause zu erreichen, ruft er an, bemüht sich, freundlich zu sein. Doch Jutta ist schroff und ablehnend: Sie sei von ihm enttäuscht, habe seine Lügen satt und könne nicht verstehen, warum er ihr verschwiegen habe, selbst in den Unfall verwickelt gewesen zu sein. Sie verspüre keine Lust mehr, mit ihm zu sprechen. Dann legt sie den Hörer auf. Mit einer solchen Reaktion hat er nicht gerechnet. Jetzt erst wird ihm bewußt, wie weit er sich bereits im Gestrüpp der Unwahrheiten verfangen hat. Und das nur, um sein verletzliches Image zu schützen. Er fühlt sich auf der ganzen Linie als Versager, erkennt die nahezu ausweglose Mißlage als Folge seiner eigenen Unzulänglichkeit, ahnt, die Dinge bald nicht mehr beherrschen zu können. Und je mehr seine inneren Widerstandskräfte schwinden, um so intensiver beherrscht ihn der Lebensüberdruß.
Nur diffuse Gefühle leiten ihn noch. Und sie führen in das Dilemma: Nach Dienstschluß radelt er in Richtung Königs Wusterhausen, stellt das Fahrrad in die Garage und benutzt, trotz des eingedrückten Scheinwerfers, den Moskwitsch zur Weiterfahrt nach Wildau. Nein, nach Hause kann er jetzt nicht! Überraschend erscheint er bei Gisela, will sie kurz sprechen. Sein übler seelischer Zustand erschreckt sie. In ihren Armen schluchzt der stramme Soldat wie ein verzweifeltes Kind und macht ihr eine Liebeserklärung nach der anderen. Gisela fühlt sich bedrängt, sieht sich seinem erbärmlichen Zustand hilflos ausgeliefert. Sie ergreift die Initiative erst wieder, nachdem er mehrere Gläser Wodka in sich hineingeschüttet hat und nimmt ihm die Flasche weg: „Genug! Du mußt noch fahren!"
Bald verabschiedet sich Dalgow. Gisela empfindet diesen Augenblick als Befreiung aus einer beängstigenden Lage. Der Alkohol in seinem Hirn beeinträchtigt jedes weitere vernünftige Denken. Denn bevor er geht, sagt er einen Satz, dessen Bedeutung sie erst später begreifen wird: „Unser Leben ist eine Oper. – Erster Akt: Liebe! Letzter Akt: Tod!"
Eine Stunde später parkt er sein Auto am Rande einer illegalen Mülldeponie in der Nähe von Kablow, stellt den Motor ab, bleibt am Steuer sitzen. Nun zeigt der Alkohol vollends seinen vernichtenden Einfluß: Im Zeitraffer zieht er Bilanz, gelangt zu dem Schluß, daß sein Leben ein einziges Fiasko ist. Jetzt bringt er keine Kraft mehr auf, es fortzusetzen.

Als die Dämmerung hereinbricht, zieht Hauptmann Dalgow seine Dienstpistole und entsichert sie. Er zieht mit kräftigem Ruck den Verschluß zurück und läßt ihn los. Mit einem deutlichen Klick schnappt dieser wieder nach vorn: Das Projektil steckt nun im Lauf. Augenblicke später setzt Dalgow die Waffe an die rechte Schläfe und drückt ab.
Er kann nicht mehr spüren, wie das Projektil seinen Schädel durchdringt, das Stirnhirn zerfetzt, ehe es an der linken Schläfe wieder austritt und irgendwo in der Borke eines Baumes stecken bleibt.
Noch bevor am nächsten Morgen die Fahndungsmaßnahmen anlaufen, finden Bauarbeiter zufällig seine Leiche.

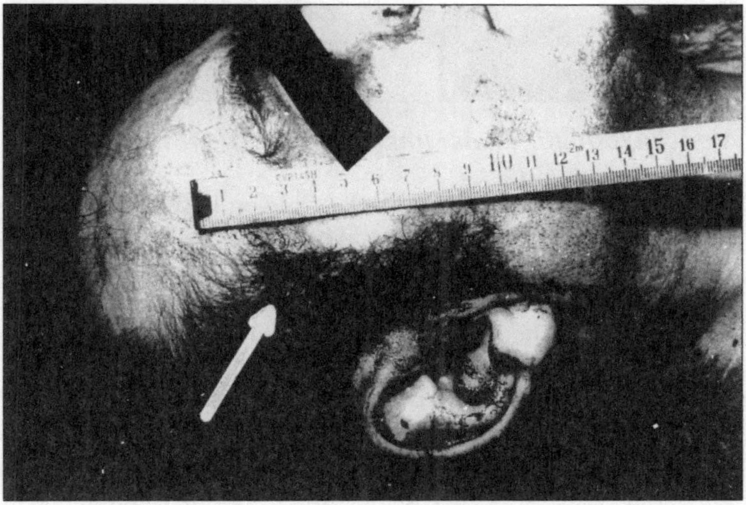

*Einschußöffnung an der rechten Schläfe beim Schuß mit aufgesetzter Pistole (Pfeil).*

Die polizeilichen Ermittlungen verlaufen zügig. Es besteht kein Zweifel an der Selbsttötung: Selbstverschuldete Konflikte und die Unfähigkeit, sie zu bewältigen, führten – begünstigt durch die erhebliche alkoholische Beeinflussung von 1,9 Promille – zu einer unaufhaltsamen Todessehnsucht.
Natürlich sagen die Polizeiprotokolle im vorliegenden Fall nichts über Dalgows Gefühle, Empfindungen und Überlegungen aus. Er hatte weder einen Abschiedsbrief noch andere Aufzeichnungen hinterlassen, die Aufschluß über sein Gefühls-

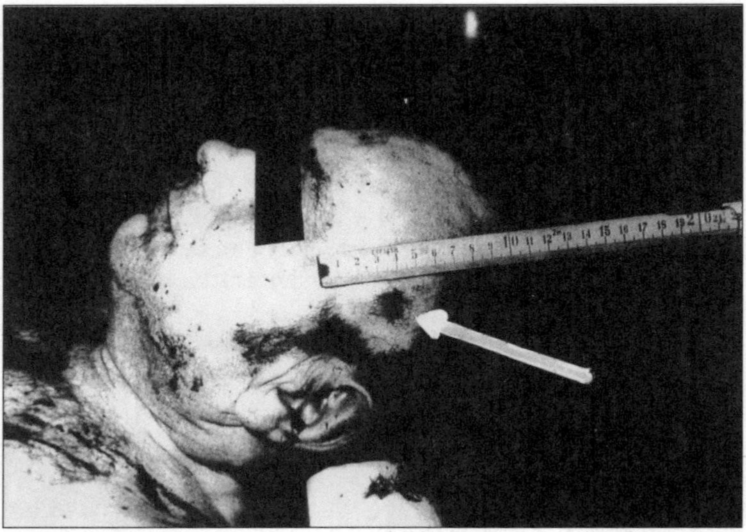

*Ausschußöffnung an der linken Schläfe (freirasiert).*

leben geben könnten. Die Untersuchungen beschränkten sich auf die gerichtsmedizinischen und ballistischen Befunde sowie auf die Vernehmung der Ehefrau Jutta Dalgow, seiner Geliebten, der Schneidermeisterin Gisela Hoppe und seiner Tochter, der Krippenerzieherin Tamara Dalgow sowie Militärangehörigen aus dem Nachrichtenregiment. Schließlich war nur zu beweisen, daß Dalgow seinen Tod selbst verursacht hat.
Jedoch ließen sich aus der Persönlichkeit des Getöteten und den von den Zeugen geschilderten Ereignissen die motivationalen Umstände und tatauslösenden Anlässe rekonstruieren. Dies wiederum bildete die Grundlage dafür, Dalgows Gedanken- und Gefühlswelt nachzuempfinden.

*Die Benutzung einer Schußwaffe als Tötungsinstrument hatte in der DDR lediglich Ausnahmecharakter. Durch strenge gesetzliche Bestimmungen, deren Grundgedanke auf die sog. Kontrollratsgesetze des Jahres 1945 zurückgeht, und das darauf aufbauende polizeiliche Erlaubniswesen über den Besitz und Umgang mit Schußwaffen und Munition wurde ein engmaschiges System der erlaubten Waffenträgerschaft (ausschließlich für Angehörige der sog. bewaffneten Organe, höhere Staats- und Parteifunktionäre und Jäger) geschaffen, das*

*den unkontrollierten Umgang mit Schußwaffen weitgehend einschränkte. Daraus ergab sich, daß vorsätzliche Tötungen mittels Schußwaffen absoluten Ausnahmecharakter besaßen. Alle anderen Tötungen waren überwiegend Unfälle, in geringerem Maße jedoch auch Suizide.*
*Bei letzteren liegen in der Regel sog. absolute (Waffe wird direkt aufgesetzt) oder relative Nahschüsse (nur geringer Abstand zur Einschußstelle) vor. Bevorzugte Angriffsstelle ist der Kopfbereich, seltener die Herzgegend. Beim Mundschuß kommt es zu ausgedehnten Zerreißungen des Gewebes. Verletzungen des Stammhirns führen zumeist schlagartig zum Tode, während bei anderen Schußverletzungen des Kopfes die Handlungsfähigkeit durchaus eine Zeitlang erhalten bleiben kann.*
*Gegenüber den gesetzlich definierten Schußwaffen besaßen die sog. Schußgeräte (gewerbliche Bolzenschuß- und Tierbetäubungsapparate) als Tötungsmittel eine größere forensische Bedeutung. Insgesamt wurden in der DDR knapp 1,5 Prozent der vollendeten Suizide durch Schußverletzungen begangen (nahezu ausschließlich durch Männer). Im Vergleich dazu lag der Anteil in der Bundesrepublik bei 7,5 Prozent.*
*Der in der DDR wohl sensationellste Selbstmord durch Anwendung einer Schußwaffe war der Fall des Wirtschaftspolitikers Erich Apel im Jahre 1965 – ein dubioser Vorgang, der sicher längst vergessen wäre, würden die schier unendlichen Spekulationen über die Hintergründe seines Freitodes nicht bis in die Gegenwart reichen.*

In den Abendstunden des 3. Dezember 1965 hält eine schwarze Limousine der Regierung vor einer Villa in einer Nobelgegend des Berliner Stadtbezirks Karlshorst. Der Fahrer öffnet dienstbeflissen eine der hinteren Wagentüren. Ein mittelgroßer, untersetzter 48jähriger Mann mit ernstem Gesicht, in gut sitzendem Anzug, steigt aus und verabschiedet sich eilig, bevor die Edelkarosse sowjetischer Bauart wieder entschwindet. Dieser Mann – kein geringerer als der Vorsitzende der Staatlichen Plankommission und Stellvertretende Vorsitzende des DDR-Ministerrats und Mitglied des Zentralkomitees – ist der derzeit höchste Wirtschaftspolitiker des Arbeiter- und Bauernstaates und heißt Dr. oec. Erich Apel. Sichtlich erschöpft kehrt er, ein Bündel Akten unterm Arm, nach vollbrachtem Tagwerk heim. Sein ernstes Gesicht verändert sich keineswegs, als ihm beim Betre-

ten des Hauses die Gattin entgegenkommt. Doch die Begrüßung ist kurz, sachlich, nahezu kühl.
„Ich gehe gleich nach oben, habe noch zu tun", brummt er.
Mit der Ankündigung: „Sag Bescheid, wenn du essen willst", verschwindet die Gattin im großen Wohnzimmer des Erdgeschosses, während er schwer atmend die Treppe zur ersten Etage erklimmt, wo sich sein Arbeitszimmer und das eheliche Schlafgemach befinden. Geräuschvoll landet das Aktenbündel auf seinem Schreibtisch. Frau Apel vermutet, der Angetraute und oberste Wirtschaftsplaner der DDR werde nun bis in die Nachtstunden über seinen Unterlagen brüten. Sie ahnt nicht, daß er einige Zeit gedankenversunken, regungslos am Schreibtisch sitzt, ehe er seine Pistole entsichert und durchlädt. Dann begibt er sich, die Waffe in der Hand, ins Schlafzimmer, legt sich aufs Bett und beendet mit einem gezielten Kopfschuß sein Leben.
Sein plötzlicher unnatürlicher Tod löst im SED-Politbüro große Irritationen aus. Die DDR-Presseagentur ADN wird angewiesen, am 5. Dezember 1965 der Öffentlichkeit mitzuteilen, „nervliche Überbeanspruchung und Herz-Kreislauf-Probleme" hätten eine suizidale Kurzschlußhandlung ausgelöst. Zeitgleich waren die flinken Medien in der Bundesrepublik mit ihrer Version zur Stelle: Apel habe bei der Abstimmung des Volkswirtschaftsplans mit der Sowjetunion heftigen Widerstand gezeigt, sei von der politischen Führungsriege seelisch zermürbt und so in den Tod getrieben worden.
Wenige Tage nach seinem Tod findet ein pompöses Staatsbegräbnis statt. Damit endet die wirtschaftspolitische Ära des Dr. rer. oec. Erich Apel. Sein Amt übernimmt der ehrgeizige und wendige Günter Mittag, der in wenigen Jahren zum zweitmächtigsten Mann der DDR anvancieren wird.
Der Regierende Bürgermeister in Westberlin, Willy Brandt, erklärt kurze Zeit später vor der Presse, Apel sei „nicht schweigend ins Grab gegangen" und man werde noch erfahren, „was ihn bewegt und besorgt hat"! Seine Äußerungen verfehlen ihre Wirkung nicht: Die Spekulationen schlagen hohe Wellen. Vermutungen werden laut, Erich Apel habe geheime Niederschriften oder gar ein politisches Testament hinterlassen, in denen er mit den führenden Genossen der Partei und des Staates abrechne sowie harsche Kritik an der sozialistischen Planwirtschaft übe. Die DDR-Obrigkeit dementiert derartige Unterstellungen mit der ihr eigenen klassenkämpferischen Diktion.

Anfangs wird die „Leichensache Apel“ durch die Kriminalpolizei untersucht. Sowohl im Ergebnis der gerichtsmedizinischen Sektion als auch nach dem ballistischen Gutachten des Kriminaltechnischen Instituts der Volkspolizei besteht kein Zweifel daran, daß sich Apel selbst getötet hat. Lediglich die motivationalen Hintergründe sind zu diesem Zeitpunkt noch nicht ausgeleuchtet. Da ein Fremdverschulden aber sicher ausgeschlossen wird, bleiben sie zunächst von sekundärem kriminalistischem Interesse. Dann übernimmt kraft strafprozeßrechtlicher Kompetenz die Untersuchungsabteilung des Ministeriums für Staatssicherheit die weitere Bearbeitung des Vorgangs. Vermutlich führt sie nun die Ermittlungen zum Selbstmordmotiv. Ein offizielles Ergebnis gibt es nicht. Statt dessen wird die Version vom Nervenzusammenbruch Apels neu belebt. Normalerweise dürfte es heutzutage darüber keine Unterlagen mehr geben. Denn: Nach einer Anweisung des Generalstaatsanwalts der DDR wurden alle abgeschlossenen Ermittlungsvorgänge über verdächtige Todesfälle bei der zuständigen Staatsanwaltschaft aufbewahrt. Und die Frist dafür betrug zehn Jahre. Man kann daher vermuten, daß emsige Mitarbeiter der Staatsanwaltschaft die Unterlagen pflichtgemäß spätestens im Jahr 1976 dem Reißwolf überantworteten. Jedoch: Die unermüdlichen Jäger und Sammler des MfS könnten die Akte Apel mit ihrem brisanten Inhalt – entgegen der Anweisung des Generalstaatsanwalts – vorsorglich hinter dicken Stahlschranktüren gebunkert haben. Die Zukunft wird zeigen, ob der Schleier des Geheimnisses im Fall Erich Apel weiter gelüftet werden kann.
Zwar stehen derzeit nur wenige Fakten zur Verfügung, die auf die Beweggründe für den Selbstmord hinweisen könnten. Doch sie gestatten begründete Versionen.
So ist bewiesen, daß Apel Selbstmord verübt hat. Dies anzuzweifeln wäre absurd. Doch die Erfahrung lehrt, daß gerade nichtnatürliche Todesfälle Prominenter zügellose Spekulationen heraufbeschwören können. Und das ohne Rücksicht auf die objektive Beweislage. Sie verfolgen meist bestimmte politische Intentionen, dienen Gruppeninteressen und produzieren zählebige Mythen.

*So auch im Fall Apel: In ihrem 1997 beim Akademie Verlag Berlin erschienenen Buch „Machtwechsel von Ulbricht zu Honecker. Funktionsmechanismen der SED-Diktatur in Kon-*

*fliktsituationen" behauptet die Autorin Monika Kaiser mit einigen weichen Einschränkungen, Erich Apel sei vom sowjetischen Geheimdienst KGB heimtückisch ermordet worden. Den Beweis muß sie allerdings schuldig bleiben.*

Weiterhin sind jene äußeren Umstände von Bedeutung, die Erich Apel letztlich in eine subjektiv nicht mehr lösbare Konfliktlage geführt haben können. Kriminalistisch liegt nahe, sie zunächst in seinem persönlichen Milieu zu suchen. Aber weder in der Ehe noch im familiären Umfeld sind disponierende Konfliktstoffe zu finden.
Ergeben sie sich vielleicht doch aus den Problemen bei der Abstimmung des Volkswirtschaftsplans, derentwegen es zwischen der Führungsspitze und Apel zu schweren Auseinandersetzungen kam, so wie die westdeutschen Medien berichteten?

*Der DDR-Chefideologe Kurt Hager hält in seinen 1996 erschienenen „Erinnerungen" solcherart Behauptung „nicht für stichhaltig". Doch hat er für den Tod Apels keine Erklärung. „Die Tat war bedauerlich. Erich Apel war ein fähiger Leiter, der sich für den Erfolg seiner Wirtschaftsreform einsetzte", ist Hagers spärlicher Kommentar, der ahnungslos in der Frage endet: „Handelte er aus depressiver Stimmung?" Doch mehr kann der einstmals Mächtige dazu nicht sagen. Sein Name könnte Hase sein!*

Die Beweisdefizite lassen keine andere Möglichkeit zu, als sich den Beweggründen für den Selbstmord Erich Apels dadurch zu nähern, indem biographische Daten, Absichten und wirtschaftspolitische Ereignisse in zeitliche Zusammenhänge gebracht werden:
Die wirtschaftspolitische Karriere des Dipl.-Ing. für Maschinenbau Erich Apel beginnt nach seiner Tätigkeit als Minister für Schwermaschinenbau im Jahre 1958. Der damals 41jährige wird Leiter der Wirtschaftskommission beim SED-Politbüro. Fortan beschäftigt er sich mit Problemen der Standardisierung und Rentabilität der sozialistischen Volkswirtschaft. In der Volkskammer ist er Vorsitzender des Staatlichen Ausschusses für Wirtschafts- und Finanzfragen und Chef des Wirtschaftsausschusses. 1960 erfolgt seine Wahl zum Mitglied des ZK der SED. Im gleichen Jahr promoviert er mit der Dissertation „Das Chemieprogramm der DDR – ein wichtiger Faktor im ökono-

mischen Wettbewerb zwischen Sozialismus und Kapitalismus". 1961 avanciert Apel zum Sekretär des ZK und zum Kandidaten des SED-Politbüros. Ein Jahr später wird er Mitglied des Präsidiums des Ministerrats.
1963 löst er den bisherigen Vorsitzenden der Staatlichen Plankommission, Karl Mewis, ab, der für die wirtschaftlichen Mißerfolge gerügt wurde. Der bienenfleißige Apel entwickelt das „Neue Ökonomische System der Planung und Leitung der Volkswirtschaft", mit dem die starre, zentralistische Kommandowirtschaft aufgelockert werden soll. Er setzt sich dafür ein, mit wissenschaftlicher Führungstätigkeit, ökonomischer Planung und materieller Interessiertheit alle Wirkungsmechanismen des Marktes wie Angebot, Nachfrage und Gewinn zu entfalten. Seine Reformpläne finden großen Anklang. Anfangs auch bei Günter Mittag.
Jedoch, die wirtschaftliche Abhängigkeit von der Sowjetunion bremst Apels Bestrebungen, die Wettbewerbsfähigkeit der DDR auf dem Weltmarkt zu forcieren. Das derzeitige Dilemma der DDR-Wirtschaft besteht vor allem darin, daß die DDR Rohstoffe aus der UdSSR bezieht, wofür sie hochveredelte Produkte, ja ganze Industrieanlagen zu Preisen liefern muß, die weit unter dem Weltmarktniveau liegen. Apel vermutet, daß seine Strategie des „Neuen Ökonomischen Systems" unter diesen Bedingungen versagen muß. So verzögert er die Lieferungen in die Sowjetunion zugunsten der Exporte in die westliche Welt, um die Devisenkasse aufzufüllen. Bei den ergebnislosen Wirtschaftsverhandlungen im September 1965 in Moskau kommt es zwischen Apel und den sowjetischen Wirtschaftsstrategen zu ernsten Kontroversen. Walter Ulbricht ist darüber so sauer, daß er Apel von den weiteren Beratungen ausschließt. Auch an dem Berliner Treffen zwischen Ulbricht, Breshnew und deren Wirtschaftsfunktionären im November 1965 nimmt Apel nicht mehr teil. Da er sich hartnäckig weigert, den Forderungen der Sowjetunion nachzugeben, wird Alfred Neumann, seinerzeit Vorsitzender des Volkswirtschaftsrates, mit der am 4. Dezember 1965 stattfindenden Unterzeichnung des Handelsvertrages beauftragt. Am Vorabend dieses Vertragsabschlusses beendet Apel sein Leben durch einen Kopfschuß.
Günter Mittag setzt das „Neue Ökonomische System" fort, freilich ohne an den wirtschaftlichen Verbindlichkeiten mit der UdSSR zu rühren.

*Die Ereignisse belegen, daß Apel keineswegs unter einer anhaltend tiefen Depression gelitten hat. Dafür fehlt jegliche Symptomatik. Seine Persönlichkeit war stabil genug, um bis zu seinem Ende hartnäckig die Ideen seiner Wirtschaftskonzeption zu verteidigen. Es liegt somit nahe, daß sein Suizid den Endpunkt eines Prozesses harter Auseinandersetzungen markiert, der letztlich Enttäuschung, Wut, Resignation und Kapitulation ausdrückt. Daß mit dem Freitod möglicherweise zugleich ein Appell an die Nachwelt gerichtet werden sollte, muß nicht im Widerspruch zu einem spontan auftretenden depressiven Zustand stehen. Absolute Rat- und Ausweglosigkeit könnten die Tat kurzschlußartig im Sinne eines sog. Bilanzsuizids ausgelöst haben.*

*Beim suizidalen Schußwaffengebrauch liegen zwischen Tatentschluß und Durchführung häufig viel kürzere Zeitäume als bei anderen Suizidarten. Dieser phänomenologisch bedeutsame Umstand erklärt sich daraus, daß der Besitz einer Schußwaffe die suizidalen Überlegungen nahezu automatisch auf diese Tötungsart lenkt. Gleichzeitig bildet die sofortige Verfügbarkeit des Tatmittels mit der Spontaneität der Tathandlung einen engen Zusammenhang. Längerfristige Planung und Vorbereitungshandlungen sind dabei nicht erforderlich.*

*Die Frage aber, ob Apel – wie einst Willy Brandt vermutete – ein „politisches Testament" hinterlassen hat, wird bei der derzeitigen Beweislage wohl unbeantwortet bleiben müssen. Vielleicht wird sie erneut aufgeworfen, wenn die Behörde des „Bundesbeauftragten für die Unterlagen des Staatssicherheitsdienstes" in den sichergestellten Archiven des MfS auf die Akte Erich Apel stoßen sollte.*

# Gas

Fall 1:
Berlin-Friedrichshain, Sonnabend, den 18. Juni 1977
Der sommerliche Morgen erwacht, die Spatzen pfeifen es bereits von den Dächern. Nur in dem Wohnhaus Simon-Dach-Straße 26 herrscht immer noch die Stille der Nacht: Die meisten Bewohner schlafen in den Vormittag hinein. Nur Frau Großkopf, 66, Eisenbahnerwitwe, ist schon auf den Beinen. Sie will zeitig frühstücken, denn es treibt sie hinaus in den Schrebergarten irgendwo nach Pankow. Zum Frühstücksritual gehört die Wochenendausgabe der „Berliner Zeitung", deshalb verläßt sie ihre Wohnung in der 2. Etage des Seitengebäudes: Die Briefkästen befinden sich unten im Hausflur. In dem kleinen Blechkasten mit ihrem Namensschild findet sie nicht nur die Morgengazette, sondern auch einen mit großen Buchstaben beschriebenen Zettel. Sie kennt diese Schriftzüge und vermutet richtig, daß der alte Walter Mangold, dessen Wohnung eine Etage tiefer direkt unter der ihren liegt, wieder eine wichtige Nachricht für sie hat.
Diesmal aber erstarrt das Blut in ihren Adern, als sie den Zettel liest: „Alarm für die Feuerwehr!!! Gasgefahr!!! Ich habe Schluß gemacht, Gott verzeih mir!!! Walter Mangold."
Aufgeregt läuft sie auf den Hof und blickt hilflos umher. In ihrem Kopf toben die Gedanken: Was mach ich nur? Was mach ich nur? Sie hat eine rettende Idee: Im Vorderhaus wohnen die Pollaks. Er ist Offizier der NVA, und er hat ein Telefon. Hoffentlich ist er nicht im Dienst. Hoffentlich ist überhaupt jemand da. Augenblicke später klingelt sie Sturm an Pollaks Wohnungstür. Sie lauscht. Jemand schlurft über den Korridor. Schlaftrunken und mißmutig steht Herr Pollak höchst persönlich in der Tür. Erst die Nachricht weckt alle Sinne. Doch er gerät nicht aus der Fassung.
„Riecht's im Haus nach Gas?" will er wissen. Und als sie das

verneint, meint er: „Erst mal sehen, vielleicht brauchen wir keine Feuerwehr. Ich ziehe mir nur was über!“

Pollak hat einen Werkzeugkasten mitgenommen. Mit wenigen Handgriffen öffnet er die Wohnungstür des alten Mangold. Nun breitet sich penetranter Gasgeruch aus. Er betritt die Wohnung. Frau Großkopf folgt ihm aufgeregt und neugierig. Gleich hinter der Wohnungstür, unterhalb des Stromzählers, befindet sich die Gasuhr. Geistesgegenwärtig dreht Pollak den Haupthahn für die Gaszufuhr zu. Dann blickt er sich um: Die Tür zur Küche ist geschlossen. Behutsam öffnet er sie einen Spalt weit. Eine dicke Gaswolke strömt ihm entgegen. Er hält den Atem an und stürmt in die Küche. Der alte Mangold sitzt auf einem Stuhl, den Rumpf schräg nach vorn gegen den Gasherd gebeugt, mit der linken Gesichtshälfte auf dem Herd, dicht neben einem Brenner, aufliegend. Seine Augen sind starr und weit geöffnet, ohne Leben. Der linke Arm hängt schlaff herunter, die gekrümmten Finger berühren den Linoleumfußboden. Der rechte Arm hingegen liegt angewinkelt schräg auf den Oberschenkeln. Pollak erfaßt dieses Bild im Bruchteil einer Sekunde. Zuerst reißt er das Fenster weit auf: Frische Luft dringt von außen herein. Er kann wieder atmen. Frau Großkopf hält respektvoll Abstand zu der schaurigen Szene. Sie glaubt zu erkennen, daß der alte Mangold tot ist. Pollak legt seine Hand auf das Gesicht des leblosen alten Mannes: Es ist kalt, viel kälter als die Temperatur in der Küche. Dann versucht er, den Puls der rechten Hand zu fühlen, doch Mangolds Arm ist starr und unbeweglich. Angewidert läßt er von dem Leblosen ab.

„Kommen Sie! Wir können hier nichts mehr machen“, sagt er zu Frau Großkopf und schiebt die vor Entsetzen zitternde Frau sanft aus der Wohnung. „Ich rufe die VP an!“

Bald darauf erscheinen eine Funkstreife der VP, ein Fahrzeug der Schnellen Medizinischen Hilfe und ein unauffälliger Pkw. Blaulichter blinken, Funksignale ertönen. Uniformierte Männer und solche in weißen Kitteln oder in Anzügen mit Schlips und Kragen entfalten eine Betriebsamkeit, die manchen Hausbewohner für die nächste Stunde ans Fenster lockt.

„Ham’ Se schon jehört, im Seitenflügel, der olle Mangold aus ’m ersten Stock ... Alle Tage jing er nach’m Friedhof hin zu seiner Frau. Un nu hat er sich umjebracht!“ ruft man sich von Fenster zu Fenster zu.

In der Tat: Das Leben der letzten Jahre hat Walter Mangold zer-

*Der durch Leuchtgas vergiftete Walter M. vor dem Gasherd.*

mürbt. Von arger Arthrose geplagt, fällt ihm das Laufen immer schwerer. Auch die erkrankten Augen verlieren langsam ihre Sehkraft: Ein unumkehrbarer Prozeß führt irgendwann zu ewiger Dunkelheit. Seit dem Tod seiner Frau vor knapp zwei Jahren ist er ein einsamer Mann. Eintönig pendelt jetzt sein Leben zwischen Wohnung und Friedhof. In den eigenen vier Wänden spricht schon lange Zeit niemand mehr mit ihm, nur am Grab seiner Frau kann er sich einem stillen Zwiegespräch hingeben. Der einzige Sohn, der nach dem Abitur 1955 in den Westen ging und schon viele Jahre in den USA lebt, schreibt nur gelegentlich. Besucht hat er die Eltern seit damals nicht mehr.

Der alte Mangold sieht in eine düstere Zukunft. Sein Ende ist vorhersehbar. Er fürchtet sich vor den schlechten Launen des Todes, weiß nicht, ob er Schmerzen und Siechtum für ihn bereithält. Allein die Vorstellung, in einem Altersheim dahinzuvegetieren und auf die Hilfe anderer angewiesen zu sein, die ihm womöglich den Rest seiner Persönlichkeit nehmen könnten, flößt ihm Angst ein. Nur der selbstbestimmte Tod bewahrt seine Freundlichkeit. Und ein solcher Tod hat nichts Bedrohliches. Im Gegenteil: Er führt ihn um so schneller zu seiner Maria, mit der er nahezu 50 Jahre glücklich zusammen war, mit der er einen schrecklichen Krieg, eine Granatsplitterverletzung und eine ausgebombte Wohnung glimpflich überstand.

Walter Mangold weiß, daß er einen schmerzlosen Tod aus dem Gasherd strömen lassen kann. Nur einige Atemzüge, und er wäre erlöst. Doch ihm wird bewußt, andere Menschen gefährden zu können. Nein, diese Sünde will er nicht auf sich laden. Deshalb schreibt er Frau Großkopf eine kurze Mitteilung und steckt sie, einige Zeit bevor er den Gashahn seines Herdes öffnet, in ihren Briefkasten. Er vermutet richtig, daß sie diese finden wird, wenn sie die Morgenzeitung holt. Zu dieser Zeit aber befindet sich seine Seele längst auf der großen Reise.

*Über viele Jahrzehnte war die suizidale Vergiftung mit Kohlenmonoxid die häufigste Durchführungsart. Die vor allem in dichtbesiedelten, städtischen Gebieten relativ leichte Zugriffsmöglichkeit begründet die Häufigkeit dieses Tötungsmittels ebenso wie der schnelle Todeseintritt. Die Bindungsfähigkeit des Kohlenmonoxids an die roten Blutkörperchen ist dreihundertmal stärker als die des Sauerstoffs. Folge: Das Blut kann keinen Sauerstoff mehr zu den Zellen transportie-*

*ren. Schon wenige Atemzüge in einer kohlenmonoxidreichen Atmosphäre reichen aus, um mit rasantem Tempo den inneren Erstickungsvorgang auszulösen. Eine Konzentration von 75 bis 80 Prozent Kohlenmonoxid im Blut bedeutet den sicheren Tod.*

*Das herkömmliche Leuchtgas besaß einen erheblichen Kohlenmonoxidanteil (bis 15 Prozent) und war daher höchst gefährlich. Deshalb wurde ihm ein unangenehm riechendes Odoriermittel als Warnstoff zugesetzt, damit in der Luft bereits geringste Gasmengen wahrgenommen werden konnten, denn Kohlenmonoxid ist geruchlos. Bei einem Leuchtgasgehalt von etwa 5 Prozent in der Atemluft besteht bereits extrem hohe Explosionsgefahr. Bereits ein kleiner Funke (z. B. beim Betätigen der elektrischen Klingel) kann die Katastrophe auslösen.*

*Die Gefährlichkeit ausströmenden Gases ist vielen Suizidenten bekannt. Um die Beeinträchtigung von Leben und Gesundheit anderer auszuschließen, treffen sie bestimmte Sicherheitsvorkehrungen (Herausdrehen der Sicherung, Abstellen der Klingel, Außer Kraft setzen von elektrischen Geräten, Abdichten von Türen usw.).*

*Doch eine weitere Gefahr birgt ausströmendes Leuchtgas in sich: Während Erdreich und Mauerwerk die warnenden Odorierstoffe abfiltern, so daß sie nicht mehr wahrzunehmen sind, lassen sie das geruchlose Kohlenmonoxid ungehindert hindurch. Das kann den Tod von Personen verursachen, die sich in Nachbarräumen, mitunter sogar im angrenzenden Nebenhaus befinden. Überlebt der Suizident in solchen Fällen, kann er z. B. wegen fahrlässiger Tötung strafrechtlich zur Verantwortung gezogen werden.*

*Mit der Ablösung des üblichen Leuchtgases durch sogenanntes konvertiertes Stadtgas (stark reduzierter Kohlenmonoxidanteil) und der immer stärkeren Nutzung von nahezu kohlenmonoxidfreien Gasen (Butan, Propan, Erdgas) verringerten sich die Suizide durch Leuchtgas ebenso wie die Gasunfälle. In den letzten 15 Jahren rückte deshalb die Schlafmittelvergiftung statistisch an die erste Stelle der Suizidmethoden.*

*Aber dennoch hält sich eine gewisse Größe suizidaler Kohlenmonoxidvergiftungen z. B. durch Einatmen der Auspuffgase von Kraftfahrzeugen. Diese Abgase sind ebenso gefährlich wie das Leuchtgas, da sie über den gleichen Kohlenmon-*

*oxidanteil verfügen. Überhaupt kann bei jeder Form unvollständiger Verbrennung (z. B. bei Bränden in geschlossenen Räumen) eine tödliche Kohlenmonoxidkonzentration entstehen.*
*Daß Kohlenmonoxid aber auch als Tatmittel vorsätzlicher Tötung zur Anwendung gelangt, belegen zahlreiche Mordfälle. Durch seine Benutzung ist eine Verbrechenssituation relativ leicht als ein klassischer Suizid oder Unfall vorzutäuschen. Deshalb stellen Gastodesfälle immer eine besondere kriminalistische Herausforderung dar.*

Fall 2:
Sie trägt einen Namen, der vermuten läßt, sie wohne in einem hochherrschaftlichen Schloß mit großen Parkanlagen und ihr adeliger Gatte gehe wohltätiger Beschäftigung nach: Christine von Canee heißt die 28jährige Frau. Ihr Schloß aber ist nur eine heruntergekommene Altbauwohnung in der Berliner Wilhelminenhofstraße in Schöneweide. Und der Schloßpark entpuppt sich als ein ödes, schmutziges Industriegebiet. Auch in den Adern ihres Gatten Achim fließt kein blaues Blut, jedoch alle paar Tage jede Menge Alkohol. Seine Beschäftigung als Transportarbeiter in einem volkseigenen Umzugsbetrieb dient zwar durchaus wohltätigen Zwecken, hauptsächlich aber bestreitet er davon den Lebensunterhalt für sich, seine Frau und das Kind. Christine von Canee führt eine miserable Ehe. Niemals hätte sie heiraten dürfen, vor allem nicht wegen des Kindes. Als sie Achim, der vier Jahre älter ist, vor gut drei Jahren kennenlernte, hieß sie einfach nur Berger. In den ersten Wochen schien die Welt in Ordnung zu sein. Für Achim hatten sich kurz zuvor die Knasttore geöffnet: Einbruchsdiebstahl und Körperverletzung waren die Vergehen, derentwegen er ein reichliches Jahr in Askese leben mußte. Sie begegneten sich beim Tanz im Gesellschaftshaus Grünau. Er gefiel ihr: Ein Kerl wie ein Baum, mit Riesenmuskeln und trotzdem zärtlich. Als Möbelhucker verdiente er ein gutes Geld. Zunächst erschrak sie vor seiner Biographie, aus der er keinen Hehl machte. Doch seine heitere Art und die vielen guten Vorsätze, das Leben zu ändern und mit ihr eine Familie zu gründen, stimmten sie versöhnlich. Bald wurde sie schwanger. Die beiden zogen zusammen und heirateten. Silvester 1976, Christine stand kurz vor der Entbindung und

Achim hatte viel Bier in sich hineingeschüttet, kam es zu den ersten Gewalttätigkeiten. Sie erkannte ihn nicht wieder: Ein banaler Streit brachte ihn so in Rage, daß er nicht nur Stühle und Geschirr demolierte, sondern die hochschwangere Gattin mehrmals ins Gesicht schlug. Sie war entsetzt und kündigte die Trennung von ihm an. Aber nüchtern wurde der starke Mann wieder butterweich: „Tina, Tina, was habe ich nur getan!“ jammerte er und warb um ihre Gunst. Und sie verzieh ihm. Bald darauf schenkte sie ihm einen Sohn. Sie einigten sich auf den Namen Olaf. Der junge Vater war außer sich vor Freude. Statt Blumen schenkte er Christine einen kleinen Hund. Es war ein niedlicher weißer Welpe mit schwarzem Köpfchen: eine sympathische Straßenmischung. Sie nahm ihr Babyjahr, konnte so die Kantine im Kabelwerk, in der sie als Küchenkraft arbeitete, für viele Monate vergessen und sich ganz dem Kind, dem kleinen Hund und dem großen Mann widmen.
Noch ehe der Sommer begann, war die trügerische Idylle dahin, denn immer öfter kam Achim betrunken nach Hause. Alle guten Vorsätze für ein harmonisches Familienleben zerrannen. Statt dessen nahmen die körperlichen Attacken gegen die Gattin zu. Sie konnte ihm kaum mehr etwas rechtmachen. Die Wohnung wurde für ihn zur Kampfstätte, sich auszutoben, körperlich und sexuell. Sein Jähzorn machte ihn so unberechenbar, daß Christine ihn ohne äußeren Widerstand gewähren ließ. Innerlich aber entfernte sie sich von ihm. Ihre ganze Gefühlswelt konzentrierte sich auf Sohn und Hund. Doch die Angst vor Achim lähmte auch ihre Energie, die Beziehung zu ihm zu lösen.
So vergehen die Monate. Achim verbraucht inzwischen soviel Geld für sich, daß die Haushaltskasse ständig leer ist. Jede Mark muß sich Christine erbetteln. Die Tage, an denen sie die Pakete von der Post abholt, die Achims Großmutter aus dem Westen schickt, empfindet sie als Höhepunkte. Dann sind die Sorgen um Kaffee, Zigaretten, Seife und Waschpulver für einige Zeit vergessen. Aber ihr psychischer Zustand wird immer labiler. Die ständige Geldnot, die Erfüllung der mütterlichen Pflichten, die Arbeiten im Haushalt und die täglichen Erwartungsängste, in welchem Zustand der Gatte wohl heimkehren wird, zermürben ihre Seele. Selbst um den Hund kümmert sich Achim schon lange nicht mehr. Christine fühlt sich überfordert. Sie beginnt, sich und die Wohnung zu vernachlässigen, konzentriert ihre Auf-

merksamkeit nur noch auf das Kind und den Hund. Das wiederum stachelt Achims Aggressionen an. Aber meist entzieht er sich dem häuslichen Chaos durch ausgedehnte Kneipengänge oder Frauenbekanntschaften. Langsam schließt sich der Teufelskreis um Christine.
Sie hält dieses Dasein nicht mehr für lebenswert. Wenn das Kind nicht wäre, hätte sie schon längst Schluß gemacht, gesteht sie einer Freundin. Innere Einsamkeit und negative Lebensbilanz wühlen in ihrem Innern. Langsam glimmen die ersten diffusen Gedanken an einen Selbstmord. Die Situation verschärft sich im Sommer 1978, als Christine in der Kaufhalle beobachtet wird, wie sie heimlich eine Flasche Weinbrand in ihrer Tasche verschwinden läßt, anstatt sie in den Einkaufskorb zu legen. An der Kasse kommt es dann zum Eklat. Von nun an gesellt sich zu allem familiären Fiasko noch die Scham, eine Diebin zu sein. Ihr Lebensmut sinkt auf den Nullpunkt.
Noch am selben Nachmittag ist sie dann soweit: Sie füttert ihren kleinen Sohn, der inzwischen fast anderthalb Jahre alt ist, windelt ihn, zieht ihm einen neuen Strampelanzug an und legt ihn in das frisch gemachte Bettchen. Dann schließt sie die Vorhänge im Kinderzimmer. Als sie den Raum verläßt, fixiert sie die weit geöffnete Tür durch einen Stapel alter Zeitungen. Dadurch verhindert sie ein selbständiges Schließen. Nachdem sie aus gleichem Grunde einen Staubsauger gegen die geöffnete Küchentür gestellt hat, breitet sie in der Küche vor dem Gasherd eine Federbettdecke auf dem Fußboden aus. Nun öffnet sie alle Brennstellen des Herdes, legt sich nieder und erwartet den Tod. Auch der kleine Hund legt sich brav neben sie.
Als Achim von Canee Stunden später nach Hause kommt, riecht er an der Wohnungstür schon das Gas. Drinnen macht er die furchtbare Entdeckung: Seine Frau Christine, der Sohn und der Hund sind schon lange tot.

*Suizide, bei denen andere Personen ohne deren Einverständnis oder Verlangen mit in den Tod genommen werden, stellen statistisch nur eine kleine Gruppe dar. In der DDR lag sie unter 1 Prozent aller Suizide. Kriminologisch und psychologisch werden sie als erweiterte Suizide bezeichnet. Sie sind jedoch von Mord- und Totschlagsdelikten mit nachfolgendem Suizid des Täters abzugrenzen. Ihr wichtigstes Merkmal ist, daß eine ernstgemeinte Selbsttötungsabsicht im Vordergrund stehen*

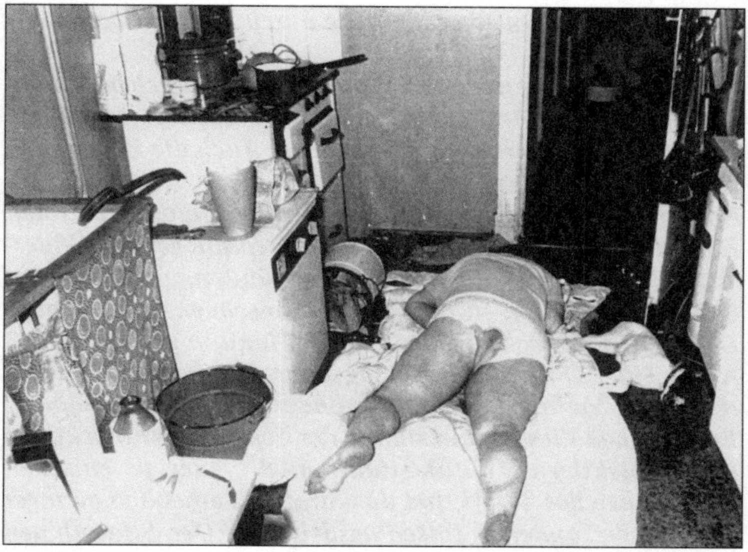

*Christine von C. breitete eine Bettdecke in der Küche aus und legte sich darauf, nachdem sie die Gashähne geöffnet hatte.*

*muß. Aus dieser resultiert die Überlegung, vor allem sozialabhängige, bedrohte, gefährdete, geliebte Personen (Kinder, Eltern, Ehegatten usw.) nicht allein zurückzulassen. Die Mitnahme in den Tod soll dem geliebten Menschen eine vermeintlich ungewisse Zukunft ersparen. Erbarmen und Zuneigung sind dabei die treibenden Kräfte. Zu ihnen gesellt sich gewöhnlich Haß und Wut auf den Partner, der letztlich als Verursacher für die suizidale Entwicklung angesehen wird und dem die geliebte Person keinesfalls überlassen werden soll.*

*Beim erweiterten Suizid fehlen folglich die für Mord und Totschlag typischen, die Aggression auslösenden Motive (wie Mordlust, Habgier, Verdeckungsbestrebung, niedere Beweggründe usw.).*

*Die meisten erweiterten Suizide in der DDR wurden durch Schlafmittel- und Kohlenmonoxidvergiftung, seltener durch Strangulation begangen. Andere Tötungsarten wie die Schußwaffenanwendung, der Sturz aus der Höhe oder das Ertrinken bildeten absolute Ausnahmen. Der typische erweiterte Suzid wurde durch die Mutter begangen, die ihr Kind mit in*

*den Tod nahm. Erweiterte Suizide durch Männer waren selten.*
*Nach der Wiedervereinigung Deutschlands hat sich allerdings das statistische Gesamtbild zugunsten blutiger Methoden (insbesondere Erschießen) verschoben. Auch die Beteiligung von Männern hat zugenommen.*
*Mißlang der erweiterte Suizid, weil die Giftdosis zwar den Mitgenommenen tötete (vor allem durch die geringe Widerstandsfähigkeit von Kleinkindern begründet), nicht aber den Suizidenten, waren strafrechtliche Konsequenzen die Folge. Das DDR-Strafrecht würdigte solche Handlungen nach § 113 Abs. 1 Ziffer 3 StGB als Totschlag unter „besonderen, die strafrechtliche Verantwortlichkeit mindernden Tatumständen". Entsprachen diese Tatumstände der Schwere der objektiven und subjektiven Konfliktsituation, d. h. der psychischen Zwangslage des Täters, fiel das Strafmaß erheblich geringer aus als bei anderen Totschlagsdelikten. Der Strafrahmen beim Totschlag gem. § 113 StGB war deshalb zwischen sechs Monaten und zehn Jahren Freiheitsentzug weit gespannt.*

Fall 3:
Rentner Zeidler schleppt nach seinem Vormittagseinkauf schwere Beutel durch die Toreinfahrt des alten Wohnhauses in der Berliner Schönhauser Allee 73, dem großen, Ende des vorigen Jahrhunderts erbauten Gebäudekomplex mit seinen hintereinander liegenden Höfen.
Mühsam durchquert er den ersten Hof. Sein Ziel ist das zweite Seitengebäude. Dort wohnt er in der vierten Etage. Viele Stufen hoch, doch die Mittagssonne kann sich durch die Häuserschlucht bis in seine Wohnstube zwängen. Bevor er die Haustür erreicht, trifft er auf zwei aufgeregte Nachbarinnen. Sie haben eine wichtige Mitteilung für ihn parat: Im Treppenhaus, auf der zweiten Etage riecht es nach Gas!
Tatsächlich: Auch Rentner Zeidler bemerkt den warnenden Gasgeruch in der zweiten Etage. Hier befinden sich zwei Wohnungen. Er schnuppert geräuschvoll wie ein Jagdhund am Briefschlitz einer der Türen. Dahinter liegt die Wohnung eines Studentenehepaars, das sich in der Uni gerade auf einer Hörsaalbank herumdrückt: Nichts Auffälliges, kein Gasgeruch. An der zweiten Wohnungstür wiederholt er den Schnüffelvorgang. Die

beiden Nachbarinnen beobachten ihn aufmerksam. Jetzt stutzt der alte Mann. Nochmals schnüffelt er am Briefschlitz. Nun ist er sich sicher:
„Von hier kommt's!"
Es ist die Wohnung eines alleinstehenden jungen Mannes, der vor einem reichlichen Jahr einzog und dem er gelegentlich im Treppenhaus begegnet. Auf dem Türschild steht der Name „Joachim Waller". Entschlossen klopft er an die Wohnungstür. Vergeblich.
„Ich habe vorhin schon geklingelt, der ist nicht da", bemerkt die eine Nachbarin mit unschuldigem Gesicht.
Rentner Zeidler schlägt die Hände über dem Kopf zusammen.
„Um Himmels willen, wollen Sie das Haus in die Luft jagen?" entsetzt er sich vorwurfsvoll.
„Die Klingel ist ja abgestellt, sie geht nicht", reagiert die Nachbarin kleinlaut. Dann beweist sie, daß sie recht hat.
„Trotzdem", mahnt Zeidler, „bei Gasgeruch darf man doch nicht klingeln. Ein kleiner Funke nur – und bums!" Die Nachbarin macht ein so erstauntes Gesicht, als hätte sie begriffen, daß ihr ein zweites Leben geschenkt wurde. Zeidler klopft nochmals kräftig an die Wohnungstür und ruft: „Herr Waller!" Der aber scheint nicht zu hören.
„Is sicher uff Arbeit", meint die andere Nachbarin, „der jeht imma schon janz früh aus'm Haus!"
„Arbeitet der nicht bei der Post?" fragt Zeidler. Ratlos heben die Frauen die Schultern: „Ja, ja, das haben wir auch schon gehört. Aber andere sagen, der soll Lehrer sein."
„Man muß die Tür aufbrechen", schlägt eine der Frauen vor, „es kann ja sonstwas passieren."
„Aber nicht von mir", lehnt der Rentner ab, „das ist Sache der Feuerwehr!" Dann fordert er die beiden Frauen auf: „Öffnen Sie die Fenster im Treppenhaus, ich gehe inzwischen telefonieren!" Er stellt seine Einkaufsbeutel ab und geht nach unten.

Wenige Minuten später ist die Feuerwehr zur Stelle. Wenig zaghaft, dafür aber mit geübtem Handgriff und entsprechendem Werkzeug knacken die Jünger Florians das Schloß der Wohnungstür. Eine übel riechende, dicke Gaswolke strömt ihnen entgegen und verbreitet sich rasch im ganzen Treppenhaus. Zeidler folgt den Männern bis auf den Korridor. Er sieht, wie einer von ihnen den Haupthahn an der Gasuhr schließt und die

beiden Fenster im Wohnzimmer aufreißt, während der andere in die Küche stürmt, um dort das Fenster zu öffnen. Ein kräftiger Luftzug treibt das gefährliche Gas-Luft-Gemisch bald ins Freie.
Zeidler riskiert einen flüchtigen Blick in die Küche. Er erschaudert: Der Wohnungsinhaber sitzt vor dem Gasherd auf einem Stuhl, leblos und bleich, den Rumpf nach vorn gebeugt und den Kopf auf dem Brenner liegend.

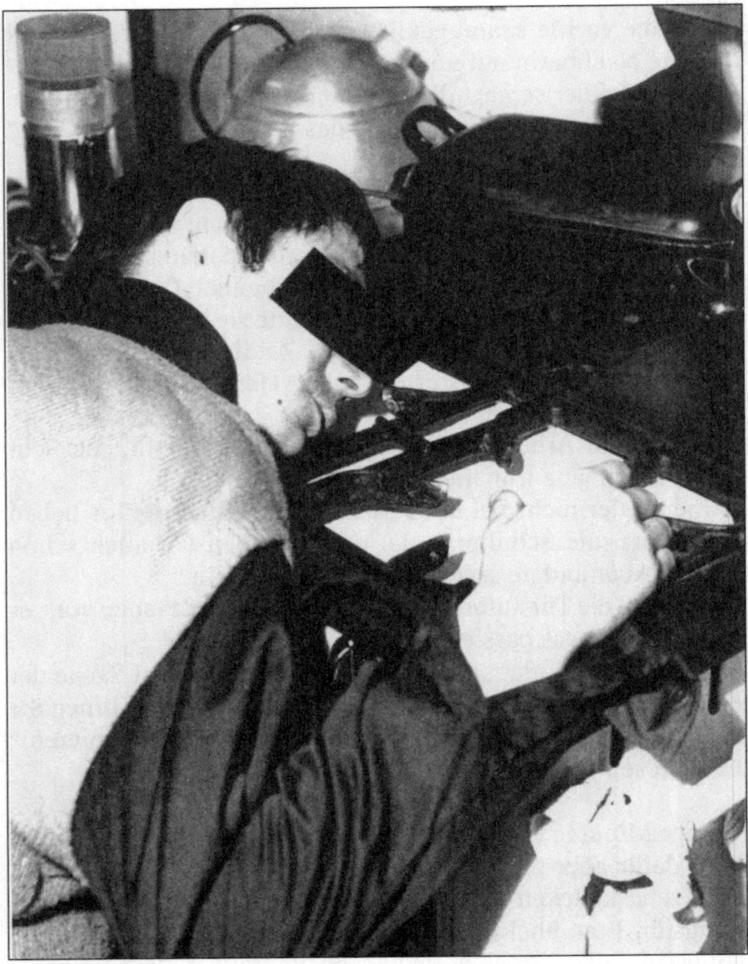

*Um sein Leben zu beenden, setzte sich Joachim W. vor die geöffneten Brennerhähne des Gaskochers.*

„Der hat sich umgebracht“, denkt der Rentner und zieht sich schleunigst zurück. Die beiden Nachbarinnen, die sich ihm zuvor am liebsten angeschlossen hätten, weil fremde Wohnungen immer interessant sind, hatte die Gaswolke zurückgehalten. Doch als Zeidler berichtet, was in der Wohnung vorgefallen sein muß, sind sie froh, daß ihnen der Anblick des toten Mannes erspart bleibt.
Bald darauf rücken zwei grünuniformierte Gesetzeshüter an. Sie bitten Zeidler und die beiden Nachbarinnen, sich für eine Befragung durch die Kripo bereitzuhalten. Dann postieren sie sich vor der Wohnung.
Eine halbe Stunde später trifft der Leichensachbearbeiter der Kriminalpolizei, Leutnant Hartloff, ein. Aus einer Jacke, die an der Garderobe hängt, fischt er den Personalausweis auf den Namen Joachim Waller, geboren am 12. März 1949, und einen Taschenkalender des Mannes mit diversen Anschriften, darunter die seiner Mutter in Delitzsch. So sehr er sich in der kleinen Wohnung auch umschaut, einen Abschiedsbrief findet er nicht. An der Selbsttötung des Mannes zweifelt er deshalb keineswegs.
Dafür gibt es wichtige Indizien: Zum einen stellte die Feuerwehr fest, daß die Wohnung verschlossen war und der Korridorschlüssel von innen noch im Schloß steckte. Zum anderen traf Joachim Waller bestimmte Vorkehrungen, die darauf hindeuten, daß sich das Gas möglichst nur in der Küche ausbreiten und die Gefährdung anderer gering gehalten werden sollte. Die Tür und sämtliche Fensterritzen der Küche waren ursprünglich sorgfältig mit Papierstreifen zugeklebt, bevor die Feuerwehrmänner für gutes Durchlüften sorgten. Hartloff fertigt eine Tatortskizze und schießt einige Fotos.
Nun trifft der Arzt ein: Er wirft nur einen flüchtigen Blick auf den leblosen Mann in der Küche. Die hellroten Flecke an dessen Körper und die Starre in den Gliedmaßen machen ärztliche Reanimationsmaßnahmen sinnlos. Er vermutet, der Tod sei vor acht bis zehn Stunden eingetreten. Und als der Kriminalist ankündigt, der Leichnam würde sowieso obduziert, unterläßt er die weitere Inspektion und beschränkt sich auf das Ausfüllen des Totenscheins.
Hartloff läßt die Fenster geöffnet, als er eine Stunde später die Wohnungstür versiegelt. In den Räumen, aber auch im Treppenhaus, liegt immer noch ein penetranter, bedrohlicher Geruch. Doch es ist nicht das Gas. Es sind die Warnstoffe, die dem

Haushaltsgas beigemischt sind, und die sich nun für längere Zeit im Putz der Wände, in Möbeln und Textilien festgesetzt haben. In sein Dienstzimmer zurückgekehrt, telefoniert Hartloff mit einigen offiziellen Stellen: Er benötigt Auskünfte über den verstorbenen Mann. Dann beantragt er beim Staatsanwalt die gerichtliche Leichenöffnung, die Bestimmung des Blutalkohols sowie chemisch-toxikologische Untersuchungen. Er weiß, daß der Herr der Ermittlungen ohne Murren die offizielle Verfügung dazu erläßt. Beweise für die suizidale Handlung Wallers gibt es ausreichend. Wenn auch die Frage nach dem Motiv deshalb nur noch eine zweitrangige Rolle spielt, der Kriminalist will sie dennoch beantworten.

*PdVP*
*Berlin, 27.05.1980*
*Abt. Kriminalpolizei*
*Dezernat II*
*P r o t o k o l l*
*zur Todesermittlungssache Joachim Waller, geb. 12.03.1949 in Delitzsch,*
*wohnhaft gewesen 1058 Berlin, Schönhauser Allee 73, 2. Seitengebäude*

*Die am Ereignisort angetroffenen Hausbewohner Zeidler, Paul, geb. 13.12.1911, Schübel, Erna, geb. 11.01.1925, und Rattke, Else, geb. 02.06.1926, sagten übereinstimmend aus, am 27.05.1980 gegen 10.30 Uhr vor der Wohnung des Geschädigten erheblichen Gasgeruch wahrgenommen zu haben. Der Bürger Zeidler habe unverzüglich die Abt. F. verständigt, die gegen 10.40 Uhr die von innen verschlossene Wohnungstür geöffnet habe (s. Protokoll der Befragung Löschmeister Ewald).*
*Die Befragten kennen den Geschädigten nicht näher. Er sei vor ca. einem Jahr eingezogen, sei zu den Hausbewohnern freundlich und hilfsbereit, habe aber ansonsten keine näheren Kontakt im Hause unterhalten. Hinsichtlich der Tätigkeit des Geschädigten machten die Befragten unterschiedliche Angaben. Frau Schübel sagte aus, der W. sei von Beruf Lehrer, während Frau Rattke meinte, er wäre bei der DP beschäftigt.*
*Tel. Rücksprache mit dem zuständigen ABV, Gen. Ltn. der VP*

*Albrecht, ergab folgendes: Der Geschädigte ist Antragsteller. Seit 1988 arbeitet er beim Postzeitungsvertrieb. Davor war er als Heimerzieher im Kombinat der Sonderheime Königsheide beschäftigt. Nähere Auskünfte über die Person des W. wären bei der Abt. Inneres zu erlangen.*
*Während der EO-Arbeit wurde die Leiche des W. gegen 13.00 Uhr zum GMI überführt. Gegen 13.15 Uhr versiegelte Unterzeichneter die Wohnung des Geschädigten. Über das VPKA Delitzsch wird die Mutter von der Sachlage informiert und gebeten, sich wegen einer Befragung und zur Aushändigung der Wohnungsschlüssel bei Unterzeichnetem zu melden.*
*gez. Hartloff, Ltn. der K*

*Auszug aus dem Protokoll der Leichenöffnung:*

*Vorläufiges Gutachten*

*1. Sektionsergebnis:*
*Zeichen einer Kohlenmonoxidvergiftung: Rot-livide Farbe der Totenflecke, Speichelabrinnspur aus dem linken Mundwinkel, lachsfarbene Muskulatur, kirschrotes, vollkommen flüssiges Herzblut, positive Wärmebeständigkeitsprobe am Herzblut.*
*Die quantitative Bestimmung des Kohlenmonoxidgehalts im Herzblut, durchgeführt in der chemisch-toxikologischen Abteilung des Instituts, ergab 77,9 Prozent CO-Hämoglobin.*
*Zeichen eines plötzlichen Todes: Akute Blutstauung der inneren Organe, Hirnödem.*
*Beschriebene Hautabschürfung dicht oberhalb der linken Augenbraue ohne korrespondierende Kopfhautunterblutungen, Schädelknochen intakt, Hirnhäute ohne Blutungen, Gehirn ohne Prellungen.*
*Keine weiteren äußeren oder inneren Verletzungszeichen.*
*Magen mit etwa 150 ml stärker angedautem Speisebrei ohne Anhalt auf Tablettenreste. Harnblase mit etwa 150 ml klarem Urin.*
*Keine krankhaften Veränderungen der inneren Organe.*
*Zuckerschnellprobe Hirnkammerwasser und Urin negativ.*
*Kein Hinweis auf Alkohol (Widmark/ADH) und Pharmaka (qualitativ/quantitativ).*

*2. Organgewichte:*

| | | | |
|---|---|---|---|
| *Gehirn:* | *1410 g* | *Herz:* | *380 g* |
| *Milz:* | *280 g* | *Leber:* | *1560 g* |
| *Niere je:* | *60 g* | | |

*3. Todesursache:*
*Kohlenmonoxidvergiftung*

*4. Es handelt sich um einen nichtnatürlichen Tod.*

*5. Wie die Obduzenten dem Ereignisortbefundsbericht entnehmen können, wurde der Betroffene am 27.05.1980 gegen 10.45 Uhr durch Angehörige der Feuerwehr vollständig bekleidet, leblos auf einem Stuhl sitzend vor der gasbetriebenen Kochstelle, mit dem Kopf auf dem Brenner liegend, in der Küche seiner Wohnung vorgefunden. Fenster- und Türritzen der Küche seien mit Papierstreifen abgedichtet worden.*

*6. Im Ergebnis der Leichenöffnung und der quantitativen Kohlenmonoxid-Hämoglobinbestimmung wurde eine Kohlenmonoxidvergiftung festgestellt, die den Todeseintritt vollkommen erklärt.*
*Vorbestehende natürliche krankhafte Veränderungen der inneren Organe wurden nicht gefunden. Zwischen Kohlenmonoxidvergiftung und Todeseintritt besteht ein direkter Zusammenhang.*
*Die pfennigstückgroße Stirnhautschürfung links war nicht unterblutet, auch fanden sich keine Verletzungen der Schädelknochen oder des Schädelinhalts.*

*7. Für feingewebliche Untersuchungen wurde Organmaterial asserviert.*

*8. Die Obduzenten behalten sich ein endgültiges Gutachten vor.*

| | | |
|---|---|---|
| *gez. Drechsler* | *gez. Hintze* | *gez. Fischer* |
| *OA Doz. Dr. sc. med.* | *Dr. med.* | *Protokollantin* |
| *1. Sachverst.* | *2. Sachverst.* | |

Hartloff telefoniert mit dem Kaderleiter des Kombinats der Sonderheime. Er erfährt, daß Joachim Waller seit seinem Studienabschluß am Institut für Lehrerbildung in Bernburg als Betreuer in einem Kinderheim für verhaltensgestörte Kinder in Borgsdorf, im Norden Berlins, gearbeitet hat. Anfang des Jahres 1978 beantragte er bei den Behörden seine Ausbürgerung in die BRD: Er wolle seiner Freundin nach Aachen folgen, die im Sommer 1977 mit ihren Eltern legal nach Westdeutschland übersiedelt sei. Sie habe inzwischen ein Kind von ihm.
Für eine pädagogische Tätigkeit deshalb untragbar, habe man Waller fristlos gekündigt. Die staatlichen Organe wiesen ihm daraufhin eine Stelle als Zeitungsausträger beim Postzeitungsvertrieb zu.
Und während Hartloff aus dieser Mitteilung ein förmliches Protokoll produziert, erreicht ihn bereits das erwartete Ferngespräch aus Delitzsch: Das dortige VPKA meldet, die Mutter Joachim Wallers sei vom Tod ihres Sohnes in Kenntnis gesetzt worden und würde unverzüglich nach Berlin reisen, um bereits morgen früh bei ihm zu erscheinen.
Hartloff ist zufrieden, denn das Gespräch mit der Mutter verspricht eine Aufhellung der Hintergründe für die Selbsttötung.

Am Tag darauf erscheint eine attraktive Mittfünzigerin in Schwarz bei Leutnant Hartloff: Es ist Frau Waller, die Mutter des Selbstmörders. Ihr Gesicht verrät Trauer und Fassungslosigkeit. Zunächst will sie wissen, wie ihr Sohn gestorben ist, weil die Delitzscher Polizei sie darüber nur unzureichend informiert habe. Hartloff schildert ohne Umschweife, warum die Mieter im Haus die Feuerwehr alarmiert haben und wie sich Joachim Waller mit Leuchtgas vergiftete. Schweigend nimmt die Mutter den Bericht entgegen.
„Können Sie seine Entscheidung respektieren?“ fragt der Kriminalist Frau Waller schließlich.
„Ich muß es ja wohl. Trotzdem: Es fällt mir schwer“, klagt sie.
Hartloff übergibt ihr die Wohnungsschlüssel: „Ich hatte alle Fenster offen gelassen. So müßte der Gasgeruch jetzt raus sein. Sie können das Polizeisiegel selbst entfernen!“
Das weitere Gespräch leitet er mit Fragen zur Biographie Joachim Wallers ein. Die Mutter schildert die Entwicklung ihres Sohnes: Kindheit, Schulzeit, Studium, die Begeisterung, mit der er die Tätigkeit im Kinderheim Borgsdorf antrat. Doch sie er-

wähnt auch, daß er sich im Alter von 20 Jahren aus enttäuschter Liebe schon einmal das Leben nehmen wollte. Tabletten habe er geschluckt, wenn auch nicht soviel, um daran sterben zu können. Seine Absicht wäre, wie er danach sagte, bitterernst gewesen. Später war er froh, daß der Versuch mißlang.
Seit 1975 war Joachim mit Marina Schwertfeger aus Berlin, einer vier Jahre jüngeren Uhrmacherin, die im Geschäft ihrer Eltern arbeitete und auch bei ihnen wohnte, befreundet. Eine innige Zuneigung verband die beiden.
Leider ist Marina mit ihren Eltern im Sommer 1977 legal nach Westdeutschland verzogen. Das hatte Joachim niedergeschmettert. Wochenlang war er nicht ansprechbar. Und als Marina ihm im Herbst des gleichen Jahres mitteilte, daß sie von ihm schwanger sei, stellte er sofort einen Ausreiseantrag.
Die Leute auf der Behörde haben ihm jedoch gleich gesagt, daß die Bearbeitung länger dauern würde. Dafür hatte man ihn zwei Wochen später aus dem Kinderheim geschmissen: Als Antragsteller könne er keine Tätigkeit im sozialistischen Erziehungswesen ausüben.
„Seit dieser Zeit durfte er aber die sozialistische Tagespresse in die Hausbriefkästen stecken", bemerkt Frau Waller spitz. Sie unterstreicht, daß Joachim wirklich nicht aus politischen Erwägungen in den Westen wollte. Er sei überhaupt ziemlich unpolitisch gewesen. Nur bei der Begründung des Antrages berief er sich auf den Korb III der KSZE – Schlußakte von Helsinki, die Erich Honecker ja unterschrieben habe. Bei der Abteilung Inneres habe man ihn immer wieder zu überzeugen versucht, den Ausreiseantrag zu annullieren und seine Freundin zu veranlassen, in die DDR zurückzukehren, dann könne er wieder seine Tätigkeit als Heimpädagoge aufnehmen. Das habe ihren Sohn ziemlich zermürbt. Und als im Frühjahr 1978 Marina dann einen Sohn gebar, konnte er nicht einmal besuchsweise zu ihr. Das machte ihn fix und fertig. Jetzt ist das Kind schon zwei Jahre alt, und der Vater kennt bzw. kannte es nur von den Fotos.
Daß Joachim keinen Abschiedsbrief hinterlassen und auch sonst sein Vorhaben nicht angekündigt habe, wertet die Mutter als Indiz für eine Kurzschlußhandlung.
„Wenn er sich in vertrackten Situationen befunden hat, wurde er störrisch, reagierte chaotisch und unüberlegt. Ich denke, sein Tod hängt mit dieser Ausreise zusammen. Warum sollte er sich sonst umbringen? Glauben Sie, Joachim hätte das getan, wenn

sie ihn nach drüben hätten fahren lassen?" fragt Frau Waller klagend.
Hartloff versteht die Frau, hält aber seine Meinung zurück. Statt dessen macht er ein Gesicht, als wolle er ausdrücken, daß er für die Situation nicht verantwortlich sei und stellt lediglich resignierend fest: „Tja, das ist eben so!"
„Ich habe keine andere Erklärung für seinen Tod!" wiederholt Frau Waller.
„Lassen wir das einmal so stehen", schließt Hartloff die Befragung ab.
Doch er kann sich nicht entschließen, die durchaus begründete Vermutung der Mutter für das Selbstmordmotiv ihres Sohnes in den Abschlußbericht zu übernehmen.
Statt dessen tippt er in die Maschine „Suizid aus Liebeskummer". So neutralisiert er das Problem, entzieht ihm den politischen Gehalt und vermeidet, daß seine Vorgesetzten nachträglich heikle Fragen stellen. Und irgendwie stimmt es ja, auch wenn es den Kern der Sache nur streift.

*Für die Entgegennahme und Bearbeitung von Ausbürgerungsersuchen waren in Berlin die Abteilungen „Inneres" der Räte der Stadtbezirke (in den Kreisstädten der jeweilige Rat der Stadt) zuständig. Sie unterstanden einem der sog. Stellvertreter des Rates des Stadtbezirks (bzw. der Stadt), dem „Stellvertretenden Vorsitzenden für Inneres". In dessen Zuständigkeit lagen auch die Abteilungen „Kirchenfragen" und „Personenstandswesen" (Gesetzblatt der DDR Nr. II, Seite 701 vom 30.09.1965).*
*Im Rahmen der Konferenz über Sicherheit und Zusammenarbeit in Europa (KSZE) unterzeichnete am 1. August 1975 Staats- und Parteichef Erich Honecker die Schlußakte von Helsinki. In deren „Korb III" ging die DDR nicht nur vertragliche Verbindlichkeiten hinsichtlich besserer Arbeitsbedingungen für die in der DDR akkreditierten Journalisten und leichteren Zugangs zu Informationsmaterialien, sondern vor allem der sog. Familienzusammenführung ein.*
*Die Folge war ein rasanter Anstieg der Ausbürgerungsbegehren. Der Betreffende mußte bei der Abteilung Inneres unter Aufsicht einen umfänglichen Fragebogen ausfüllen: Personalien, Besitz- und Vermögensverhältnisse, Arbeitsstelle, Zugehörigkeit zu Parteien, Massenorganisationen, gesellschaft-*

*liche Funktionen. Auch über alle seine Verwandten (bis zum Ehepartner von Bruder und Schwester und zu deren Kindern) mußte er solcherart Angaben machen. Schließlich wurde eine ausführliche schriftliche Begründung des Antrags gefordert. Danach wurde ihm zugesagt, innerhalb von acht Wochen einen Bescheid zu erhalten.*

*Nun begannen die Mühlen der sozialistischen Bürokratie auf Hochtouren zu laufen: Die Abteilung Inneres informierte innerhalb von 48 Stunden das Ministerium für Staatssicherheit und die Volkspolizei. Sie entsandte Schreiben an die Arbeitsstelle des Betreffenden (aber auch an die sämtlicher Verwandter) mit der Aufforderung, zu dem Ausbürgerungsantrag Stellung zu nehmen. Wenn der „Ausreisewillige" (im internen Sprachgebrauch benutzter Begriff) eine vermeintlich gesellschaftspolitisch wichtige Tätigkeit ausübte (z. B. im Staatsapparat, im Bildungswesen, als Abteilungsleiter in volkseigenen Betrieben), lag es de jure im Ermessen der Arbeitsstelle, eine fristlose Kündigung auszusprechen. Dann wurde ihm eine Tätigkeit in einem gesellschaftspolitisch weniger wichtigen Bereich zugewiesen. Diese Verfahrensweise war de facto die Regel.*

*Mit den Verwandten wurden indes „Aussprachen geführt". Deren Ziel war es, sie zu verpflichten, den Antragsteller von seinem Vorhaben abzubringen oder jeglichen Kontakt zu ihm abzubrechen.*

*Die Entscheidungen der jeweiligen Betriebe und die Ergebnisse der Aussprachen wurden im Rahmen festgelegter Fristen der Abteilung Inneres schriftlich mitgeteilt.*

*Etwa nach zwei Monaten wurde der Antragsteller vorgeladen. Man teilte ihm mit, sein Vorgang befinde sich in Bearbeitung. Von nun an wurde er mindestens einmal monatlich zu sog. Abstandsgesprächen genötigt. Psychologisch und taktisch mehr oder weniger geschickt leisteten die Staatsorgane harte Überzeugungsarbeit, um den Betreffenden zu einer Rücknahme seines Antrages zu bewegen. Manchmal gelang dies auch. In den meisten Fällen jedoch verhärteten sich die Fronten. Die ursprünglich keineswegs mit einer Ablehnung der gesellschaftlichen Verhältnisse in der DDR korrespondierenden Motive schlugen zunehmend in politische Beweggründe um. Die Labilisierungsstrategie in derartigen Aussprachen führte letztlich dazu, die Hartnäckigen zu politischen Feinden zu*

*erklären und dementsprechend zu behandeln. Die Methode regelmäßiger „Aussprachen" setzte auf den Faktor Zeit. Deshalb erstreckte sie sich in den meisten Fällen über mehrere Jahre. Und eine Entscheidung, ob und wann einem Ausbürgerungsantrag stattgegeben wurde, war niemals vorhersehbar. Sie unterlag letztlich der Willkür des MfS.*
*Im Verlaufe der Zeit schlossen sich viele Antragsteller zusammen: Sie gaben sich öffentlich durch kleine weiße Stoffstreifen an Autoantennen zu erkennen und organisierten (häufig unter dem Dach der evangelischen Kirche) Selbsthilfegruppen, um sich in taktischen Fragen des Umgangs mit den staatlichen Organen zu schulen. Solcherart „unverzeihliche Machenschaften" mobilisierte die sensiblen Mielkeschen Langohren. Und die Verkehrspolizei betrachtete die kleinen weißen Wimpel an den Autoantennen straßenverkehrsrechtlich als „nicht genehmigte Sonderkennzeichen" und ahndete dies im günstigen Falle mit sog. gebührenpflichtigen Verwarnungen.*

## Den Teufel im Leib

Lucretia Wildenbruch, Jahrgang 1953, ist eine Tochter aus gut bürgerlichem Hause. Gottesfurcht, Fleiß, Disziplin, Sparsamkeit und Violinespiel für gelegentliche Hauskonzerte bilden die sittliche Aussteuer, die der gestrenge Vater ihr für das künftige Leben mitgibt. Auch die beiden Schwestern werden mit diesen Tugenden ausgestattet: Die zwei Jahre jüngere Claudia bleibt allerdings des Violinespiels unkundig, weil der Vater ihr das häusliche Piano zuwies, das ansonsten nur ihm vorbehalten ist. Und die fünf Jahre jüngere Patricia, deren musikalischer Umgang mit der Flöte trotz aller pädagogischer Kunstkniffe nur zu mäßigem Erfolg führte, entwickelt ihr Talent lieber im Umgang mit Skizzenblock und Zeichenstift.

Viele Jahre hält Gott die schützende Hand über das Einfamilienhaus der frommen Wildenbruchs im Erfurter Süden, unweit des Steigerwaldes. Die Mutter bewirtschaftet das Haus, die Mädchen pauken pflichtbewußt für ihre Zukunft und üben sich in Sittlichkeit und Frömmigkeit. Abitur ist das mindeste, was der Vater an Bildung fordert. Er selbst widmet sich als Professor für Philologie an der Jenaer Friedrich-Schiller-Universität der Erforschung alter Sprachen. Nur die Wochenenden gehören dem gemeinsamen Kirchgang und Musizieren.

Dann scheint Gott seine Hand für einen Augenblick zurückzuziehen: Nur mit Ach und Krach besteht 1972 Lucretia ihr Abitur. Niemand hatte damit gerechnet, daß sie es überhaupt schafft. Bereits in der 11. Klasse ließen ihre Leistungen auf unerklärliche Weise stark nach. Sie verlor die Lust an der Schule, verkroch sich häufig in ihr Zimmer, scheute den Kontakt mit Freunden, hörte lieber Musik, als sie im Familienverband aktiv zu betreiben, schrieb düstere Gedichte oder schlief auch am Nachmittag, wenn die Erschöpfung sie übermannte. Alle Welt befürchtete, sie könne bis zum Abitur die Wissensdefizite nicht mehr aufholen. Aber sorgsam wachten die Eltern darüber, daß

sie erfolgreich paukte, bis ans Ende ihrer Kräfte. Lucretia empfand diese Dressur als unerträglich, doch fügte sie sich ihrem Schicksal. Auch die gute Beziehung des Vaters zur Schule tat ihr übriges für ihren bescheidenen Erfolg. Aber die nur knapp durchschnittlichen Noten reichen nicht für das Medizinstudium, das die Eltern von ihr erwarten. Zu deren Leidwesen muß Lucretia sich mit einer Ausbildung an der Medizinischen Fachschule begnügen.
Selbst die fällt ihr schwer, obwohl sie es sich nicht anmerken läßt. Aber schließlich bewältigt sie das Staatsexamen und wird Krankenschwester in der Chirurgie der Medizinischen Akademie. Ganz in deren Nähe bezieht sie eine kleine Wohnung und besucht die Eltern nur noch selten. Auf diese Weise entgeht sie den ständigen Nörgeleien des Vaters.
Nach dem Weggang Lucretias richten sich die elterlichen Erwartungen auf Claudia. Sie hat zwei Jahre später ihr Abitur mit guten Ergebnissen abgelegt. Energisch und lange vor dem Oberschulabschluß verkündet aber auch sie ihren enttäuschten Eltern, keinen Bock auf ein langes Medizinstudium zu haben. So wird sie MTA in der Röntgenabteilung des Katholischen Krankenhauses und verläßt das strenge Elternhaus in der Erwartung, bald einen braven Katholiken heiraten zu können.
1976 emeritiert Prof. Dr. Wildenbruch und hat nun Zeit, die lädierten Bandscheiben zu schonen, seiner Leidenschaft fürs Altgriechische nachzugehen, die staatlich zugeteilten vier Wochen im Jahr für Verwandtenbesuche im Westen zu nutzen und die kränkliche Gattin, die bereits zwei Jahre vorher dieses Privileg erwarb, dabei zu begleiten.
Patricia, die jüngste Schwester verläßt 1977, gleich nach dem Abitur, das Elternhaus, um an der Burg Giebichenstein, der renommierten Kunsthochschule in Halle, ihr bildnerisches Talent zu einem möglichst einträglichen Broterwerb zu vervollkommnen. Schon bald lösen sich auch die innerlichen Bande zu den Eltern, und sie genießt die befreiende Unkompliziertheit des Künstlerlebens.

Claudia ist die einzige der drei Schwestern, die sich um den Erhalt der Familienkontakte bemüht. Da Patricia in Halle der Maxime folgt „ein Blick in die Bücher, ein Blick in den Farbkasten, aber drei Blicke ins Leben", hat ihre Seele kaum mehr Platz für schwesterliche Gefühle. In der ersten Zeit, wo der Geldmangel sie regelmäßig nach Hause trieb, war das anders, die Schwestern sahen sich häufiger. Jetzt aber erreichen die elterlichen Überweisungen pünktlich ihr Hallesches Konto. Damit schrumpfen die Besuche in Erfurt nur auf wenige Feiertage. Aber immerhin: Gelegentlich schreibt sie Claudia kluge und lustige Briefe.

Lucretia läßt, obwohl sie in Erfurt wohnt, wenig von sich hören. Claudia vermutet, daß die anstrengende berufliche Tätigkeit ihre inneren Reserven für Hobbys und Freundschaften restlos aufbraucht. Hin und wieder telefonieren sie im Dienst miteinander. Lucretia klagt über die extremen Anforderungen in der Klinik, die sie nur unter Aufbietung aller Kräfte erfüllt, leidet unter Leibschmerzen, Mattigkeit und Unlust.

Eine Woche später erfährt Claudia bei einem Anruf im Klinikum, daß ihre Schwester seit zwei Tagen krankgeschrieben ist. Bei nächster Gelegenheit erscheint sie an Lucretias Wohnungstür. Sie muß mehrmals klingeln, ehe Lucretia öffnet. Claudia ist erschüttert von dem erbärmlichen Zustand ihrer Schwester: Fahlblaß und ungepflegt, mit strengem, freudlosem Gesicht. Sie scheint ernsthaft erkankt zu sein.

„Guck dich nur nicht um“, stöhnt sie, „ich weiß, bei mir sieht's schlimm aus!“ Sie schlurft zurück zur Schlafcouch und verkriecht sich unter der Decke.

Claudia sieht sich um: Überall Unordnung. Obwohl es heller Tag ist, sind die Fenster durch schwere Vorhänge fast verdunkelt. Die Luft ist stickig, seit langem wurde nicht gelüftet. Energisch reißt Claudia die Vorhänge zurück und öffnet die Fenster: „Hier erstickt man ja, wie hältst du das nur aus?“

Lucretia zuckt gleichgültig mit der Schulter und schließt die Augen vor der Helligkeit.

Claudia setzt sich zu ihr: „Du siehst ja schlimm aus, was fehlt dir denn?“

„Ich bin fix und fertig, mein Bauch tut weh ...“, stöhnt sie.

„Warst du beim Arzt?“ will die Schwester wissen. Lucretia nickt wortlos.

„Und? Was hat er gesagt?“ erkundigt sich Claudia weiter.

„Nichts weiter, ich soll mich mal ausspannen, meine Nerven haben schlappgemacht“, flüstert Lucretia leidend.

„Hat er deinen Bauch untersucht?“

„Doch, aber nichts gefunden, trotzdem habe ich Bauchmerzen!“

„Jetzt bleibst du brav liegen, ich mach' erst mal ein wenig Ord-

nung, dann trinken wir 'nen Tee und du erzählst mir mal alles in Ruhe, einverstanden?" fragt Claudia resolut.
„Ach, daß ich dich damit belästige. Ich schäme mich so, ich habe keine Kraft mehr, mir wächst alles über den Kopf", klagt Lucretia, verläßt aber das Bett, um Claudia nicht allein mit den Aufräumarbeiten zu lassen. Die jüngere Schwester übernimmt die Regie über die Reinigungsprozedur, und Lucretia folgt ihren Anweisungen. Die Anstrengung ist ihr anzusehen. Als Claudia den Mülleimer leeren will, wirft sie einen prüfenden Blick in den Abfall: Mehrere leere Schachteln des Abführmittels „Fucovesin" fallen ihr auf.
„Was machst du mit so viel Abführmitteln", fragt sie.
„Mein Darm ist so träge, daß ich die brauche", erwidert die Schwester.
„Und wieviel nimmst du davon?"
„Nur ab und zu mal eine", lügt Lucretia. Sie wagt nicht zuzugeben, daß die wahre Dosis viel höher liegt.
Nach getaner Arbeit sieht die kleine Wohnung wieder behaglich aus. Lucretia fällt ihrer Schwester dankbar um den Hals: „Ohne dich hätte ich das nie geschafft!"
Zunehmend löst sich ihre innere Spannung. Das ernste, leere Gesicht beginnt wieder Leben zu zeigen. Beim Tee wird sie gesprächig. Sie beschreibt Claudia ihren augenblicklichen Zustand: Seit Wochen quäle sie sich nur noch herum, sei bei kleineren Belastungen bereits erschöpft. Rücken-, Kopf- und Bauchschmerzen kämen hinzu. Vor allem morgens gehe es ihr besonders schlecht. Sie wird plötzlich von unbegründeten Ängsten gepackt, glaubt, ihre Aufgaben nicht erfüllen zu können, vermutet, daß hinter ihrem Rücken über sie geredet wird, spürt, das eigene Leben nicht mehr zu meistern, und sieht einer ungewissen, mehr bedrückenden Zukunft entgegen. Derartige Empfindungen könne sie sich nicht erklären. Sie fielen plötzlich über sie herein, ohne jeden äußeren Anlaß. Manchmal wäre ihr so, als läge die Ursache für die plötzlichen Angstzustände und die um sich greifende Abgespanntheit tief in ihrem Bauch. Allerdings: Im Laufe des Tages bessere sich der Zustand. Die Nachmittags- und Abendstunden wären wenigstens erträglich. Nur die Erschöpfung sei so groß, daß sie nur von einem einzigen Gedanken beherrscht wird: schlafen! Sie nutze jede Gelegenheit dazu. Das sei auch der Grund, warum sie ihre Wohnung so vernachlässigt habe. Sie müsse mal ausspannen, eine Kur be-

antragen oder Urlaub machen, habe der Stationsarzt ihr geraten. Das ist leichter gesagt als getan. Diese schlecht bezahlte, ständig unter Volldampf stehende Berufsgruppe leide seit langem unter chronischem Nachwuchsmangel. Und viele junge Schwestern blieben spätestens mit dem ersten Kind gleich ganz zu Hause. Also: Wer soll sie in der Urlaubszeit vertreten? Nein, das ist schwierig und muß doch lange vorher geplant werden. Doch, die letzte Urlaubsreise läge bereits vier Jahre zurück, wo sie sich im FDGB-Urlaubergetümmel in Bansin auf Usedom eigentlich nicht erholt hätte.
„Du darfst in deinem Zustand keine Rücksicht auf andere nehmen“, mahnt Claudia, „jetzt mußt du an deine Gesundheit denken. Sieh dich mal an, so abgemagert und blaß, du bist doch fix und fertig! Jetzt denk mal nur an dich, nur an Erholung und Abwechslung, dann wirst du auch deine schlimmen Gedanken los!“
„Meinst du?“ fragt Lucretia etwas hilflos und setzt den Gedanken fort: „Ich würde ja zu gern ..., ich meine, vierzehn Tage Leningrad, das habe ich mir immer schon mal gewünscht.
„Prima“, triumphiert Claudia, „genau das machst du! Und du wirst sehen, wie schnell du auf andere Gedanken kommst.“

Der Besuch ihrer Schwester hat Lucretia gutgetan. Sich eine Urlaubsreise nach Leningrad zu gönnen, scheint das beste Mittel zur Selbsthilfe zu sein, sich aus den Fesseln ihres Versagens, ihrer Ängste und Bedrücktheit zu befreien. Zerstreuung heißt nun das Zauberwort für die Eigentherapie. Und der Gedanke an die Erfüllung des langgehegten Wunsches, die alte Zarenstadt an der Newa zu besuchen, führt sie bald ins Reisebüro: Für die Anmeldung muß sie einen umfangreichen Fragebogen ausfüllen. Als frühester Reisetermin wird die erste Dezemberhälfte in Aussicht gestellt. Das heißt, noch einige Monate warten. Aber immerhin: Besser als abgelehnt!
Claudia sorgt sich auch weiterhin um ihre große Schwester, wacht darüber, daß sie regelmäßig ißt und wieder zu Kräften kommt. Diese Obhut trägt auch Früchte: Lucretias Zustand bessert sich von Tag zu Tag. Sie schmiedet wieder Pläne, ist zunehmend heiter und lebensbejahend und schreitet viel selbstbewußter über den langen Gang der chirurgischen Station. Manchmal allerdings wechselt ihre Stimmung innerhalb sehr kurzer Zeit. Wie ein Blitz aus heiterem Himmel überfällt sie

dann der Trübsinn, quält sie wieder das kräftezehrende Undefinierbare, Einengende in ihrem Leib, das sie Claudia einmal bildhaft so beschreibt: „Weißt du, mir ist, als würde der Teufel in meinem Bauch sitzen, um mich zu martern!“
Die seelischen und körperlichen Reserven scheinen aber auszureichen, um mit diesen Zuständen einigermaßen fertigzuwerden. In schwierigen Situationen zwingt sie sich zur Ablenkung, bringt ihre Gefühle und Eindrücke zu Papier, malt oder schreibt Gedichte. Einem ihr bekannten Psychologen, mit dem sie zufällig im Kasino des Klinikums am Mittagstisch zusammentrifft, beschreibt sie ihre Verstimmungszustände, freilich in sehr abgeschwächter Form. Er ermuntert sie zusätzlich, ein Tagebuch zu führen. Das wäre ein probates Mittel der Ablenkung, Selbstbeobachtung und -kontrolle.

*Eine von Lucretia W. in einer Phase akuter Schwermut gefertigte Collage.*

Eines Tages überreicht Lucretia ihrer Schwester mehrere selbstverfaßte Gedichte mit den knappen Worten: „Da, für dich!“
Claudia ist gerührt, bedankt sich und überfliegt sie:

*Die folgenden drei Gedichte Lucretias aus dem „Tagebuch 1979/80“ widerspiegeln ihre traurige Grundstimmung und die durch Versagensängste verursachte Selbstverachtung.*

*1. Böser Traum*

*Gehe ich so ganz allein*
*im Blätterregen der Natur,*
*und atme Luft, so kalt und rein,*
*such' vergebens eine Spur*
*bunten Lebens um mich herum.*
*Kein Blättchen wiegt sich mehr am Strauch,*
*kein Vogelsang! Alles ist stumm.*
*Nur eine Windböe bringt den Hauch*
*Großstadtdunst zu mir heran.*
*Ich spür' den Frost, der letzte Nacht*
*die späten Rosen überfiel. Dann*
*plötzlich fühle ich die Macht,*
*die dies so jung erstarren ließ.*
*Ich hör' im öden, toten Wald*
*das Knacken der vereisten Zweige, als stieß*
*er einen letzten Schrei aus, der kurz widerhallt.*
*In diesem Augeblick fühl' ich mit jedem Baum,*
*fühl' alles, auch in mir, sehr kalt.*
*Da gehe ich nun so allein*
*und meine Angst wurd' bald*
*zum bösen Traum:*
*Wird uns're Welt für immer mal so sein?*

*2. Einsamkeit*

*Ich höre, es kämpft der Herbst mit dem Winteranfang.*
*Über mir trommelt kalter Regen, gestern noch Schnee.*
*Die Abende werden jetzt unerträglich lang,*
*da ist wieder etwas, das tut mir so weh.*
*Wenn ich die Häuser sehe im Tal,*
*als drängten sie, sich Wärme zu geben,*
*geschützt durch die Berge, ein weißer Schal,*
*der sich behutsam um das kleine Leben legt*
*und mich bewegt Sehnsucht und Einsamkeit,*
*die quält und ruhelose Nächte schafft.*
*Wo mein Gewissen für manche Zeit*
*dunkle Gedanken nährt, – eine Kraft,*
*meine Hände ungewollt handeln zu lassen,*

*erblindet auch mein Herz und Wille.*
*Und ich will mich selber hassen,*
*Seele aus dem Leibe reißen. Stille,*
*die ersehnte, schreit in meinen Ohren.*
*Hören sie Musik, ganz neue?*
*Sind sie taub und ganz verloren?*
*Dann hat mein Gutes vollbracht, was ich scheue:*
*Ein Augenblick als Ewigkeit, die ich nicht bereue.*

*3. Entsetzen*

*Ich sehe im Spiegel mein Gesicht,*
*aber ich erkenne mich nicht.*
*Bewußtlos durch den Trunk*
*der giftigen Verzweiflung*
*zerschlug ich ihn in großer Wut.*
*Und tausend Scherben splitterten,*
*zerschnittene Hände zitterten.*
*Doch Entsetzen, als ich sah:*
*Ich bin noch da!*

Claudia vermutet, daß Lucretia fragen wird, wie sie ihre kleinen Werke finde. Doch sie fühlt sich außerstande, solche Gedichte zu beurteilen. Viel lieber wäre ihr, wenn die Schwester Einzelheiten daraus erläutern würde, die sie nicht versteht. Aber das zu erbitten, hält sie für unangebracht. So schweigt sie, und entgegen ihrer Erwartung stellt Lucretia auch keine derartige Frage.

Die Zeit vergeht, ohne daß Lucretia erneut von lähmender Schwermut ergriffen wird. Und als sich der Sommer neigt, ist sie wieder heiter, unternehmungslustig und kontaktfreudig. Auch die Arbeit macht wieder Freude. Selbst die Nachtdienste, die ihr immer schon schwergefallen sind, scheinen kaum mehr eine Last zu sein. Nur selten überfällt sie eine tagelang andauernde, diffuse Traurigkeit, für die sie keine Ursache findet. Dennoch ist es lange nicht so schlimm wie in der schrecklichen Zeit anfangs des Sommers. Manchmal muß sie ohne Grund weinen, dann fühlt sie sich wieder schwach, überflüssig, mutlos und würde am liebsten die Arbeit aufgeben. Aber es gelingt ihr stets, erfolgreich dagegen anzukämpfen. Wenn sie diese kurzen Episoden überwunden hat, erwachen ihre Lebensgeister von neuem. Sie schöpft wieder Zuversicht, und das Selbstvertrauen meldet sich zurück – eine wichtige Voraussetzung für die weitere Lebensbewältigung. Auch die Vorfreude auf das immer näher rückende Leningrad-Erlebnis hebt die Stimmung. Diese erreicht einen Höhepunkt, als im Oktober das Reisebüro den Vertrag zusendet. Nun ist alles perfekt, die Verbindlichkeiten sind besiegelt. Fast unbemerkt gleitet die Vorfreude auf das bevorstehende Ereignis in ein erquicklich-erregendes Reisefieber über, das alle aufkeimenden Ängste zu ersticken scheint.

Selbst Claudia kann ihre Aufregung kaum zügeln, besonders, als Lucretia voller Stolz die Reisepapiere in den Händen hält. Nun ist es gewiß: Sie wird in den frühen Morgenstunden des 2. Dezember mit dem D-Zug von Erfurt nach Berlin fahren, um vom Flughafen Schönefeld mit einer Aeroflot-Chartermaschine gen Leningrad zu starten.

Claudia fragt: „Hast du denn keinen Bammel vorm Fliegen, das ist doch das erste Mal?“

„Warum sollte ich“, antwortet Lucretia souverän, „ich hab mir das immer schon gewünscht.“

„Mich würde da keiner reinkriegen!“ meint Claudia abwehrend. Und irgendwie ist sie verwundert, daß Lucretia, die schon von so fürchterlichen Ängsten gepeinigt wurde, so gelassen über ihren ersten Flug sprechen kann.

Vor der Reise ist Lucretias Aufmerksamkeit hauptsächlich auf zwei Dinge gerichtet: Zum einen muß sie ihren Dienst auf der Station meistern, denn Beanstandungen wären jetzt das reinste Gift für ihren Seelenzustand. Zum anderen sind Reisevorbereitungen zu treffen, weil der russische Winter kalt ist und die vielen Sehenswürdigkeiten das Studium eines Reiseführers erfordern.

Die Tage verfliegen in Windeseile. Lucretia hat Tagdienst: Bettenmachen, Patienten waschen, Essen und Medikamente austeilen, Blut abnehmen, ärztliche Verordnungen durchführen, Untersuchungsmaterialien zum Labor bringen, Verbände wechseln, freundliche Gespräche mit den Patienten führen – das alles geht ihr locker von der Hand. Nichts ist zu spüren von den unbegründeten Ängsten, die ihre Seele noch vor kurzer Zeit marterten. Jetzt fühlt sie sich glücklich, glaubt, die Krise endgültig überwunden zu haben.

Am Dienstag, dem 2. Dezember, ist es endlich soweit. Claudia erscheint schon frühzeitig bei ihr, um sie zum Hauptbahnhof zu begleiten. Ihr Dienst beginnt erst sehr viel später. Die prickelnde Erwartung hat beiden Schwestern einen unruhigen Schlaf bereitet. Lucretia schwelgte bereits in vorgedachten Reiseerlebnissen, während Claudia insgeheim befürchtete, daß Lucretias schlimme Ängste plötzlich wieder hervorbrechen und das schöne, langersehnte Vorhaben schnöde vereiteln könnten. Doch nun ist sie beruhigt und kann nur noch hoffen, daß Lucretia diese Reise in jeder Hinsicht schadlos übersteht.
Als der Zug pünktlich den Bahnhof verläßt und Lucretia ihr aus dem Zugfenster noch einmal zuwinkt, ist sie nicht nur Teilhaber an der übermäßigen Freude ihrer Schwester, deren großer Wunsch sich nun zu erfüllen beginnt, sondern es überkommt auch sie eine ungeheuere Lust auf Ferne.

Lucretia ist nach zwölf Tagen von ihrer großen Reise zurück, und – obwohl sie nach der Ankunft in ihrem Leningrader Hotel gleich eine Ansichtskarte per Eilboten schrieb – Claudia hat immer noch keine Post von ihr. Wenn schon die Wege Gottes unerforschlich sind, die der sozialistischen Post sind es allemal. Aber die Wiedersehensfreude der Schwestern überwiegt die kleine Enttäuschung. Die erste Frage Claudias: „Und wie ging es dir gesundheitlich?“ beantwortet Lucretia mit einem zufriedenen „Prima“.
Erst dann darf Lucretia berichten: Sie ist voller Begeisterung über die ungewöhnliche, alte, russische Hauptstadt, die, auf mehr als einhundert Inseln erbaut, zu den schönsten Städten der Welt zählen soll. Diese schicksalsgeprüfte Stadt hat es ihr angetan, in der sich kunstvolles Barock aus der Zeit Peters des Großen mit dem zuckerbäckerartigen Expressionismus der Stalinzeit verbindet. Lucretia beschreibt die unzähligen pompösen Museen mit ihren Kunstschätzen, von denen sie nur einen Bruchteil bestaunen konnte. Sie spricht über die großen historischen Prachtbauten und gepflegten Parkanlagen mit ihren Kaskaden, aber auch über die verkommenen Wohnfassaden der Nebenstraßen mit ihren kommunalen Wohnungen, die sich häufig jeweils mehrere Familien teilen müssen.
Auch in den folgenden Tagen – der berufliche Alltag hat Lucretia längst schon wieder in seinen Fängen – sind ihre Begeisterungsstürme noch nicht abgeflaut. Und in der Weihnachtszeit

gelingt es ihr sogar, Claudia davon zu überzeugen, im nächsten Sommer nochmals in die Stadt ihrer Träume, diesmal aber gemeinsam mit ihr zu reisen. Claudias Einwand, Angst vor dem Fliegen zu haben, zerschlägt sie kurzerhand: „Wie willst du das beurteilen, ohne jemals geflogen zu sein, he? – Du kannst dir gar nicht vorstellen, welche wundersamen Empfindungen so hoch über den Wolken geweckt werden. Ich finde es toll, auf diese Weise Gott ein Stück näher zu sein!"
Noch bevor das Jahr zu Ende ist, melden sich die beiden beim Reisebüro für eine Sommerreise an. Es besteht die berechtigte Hoffnung, daß es im Juni 1980 damit klappen könnte. Die Planung des Jahresurlaubs scheint damit unter Dach und Fach zu sein.
Mitte Januar befallen Lucretia erneute Ängste. Tagelang quält sie sich mit Schlaflosigkeit herum, grübelt über den Sinn des Lebens, verkriecht sich in ihr seelisches Mauseloch. Doch diesmal sucht sie einen Facharzt auf. Der erkennt auch gleich das Problem. Seine Diagnose: Endogene Depression. Er will sie zu einem stationären Aufenthalt in einer psychiatrischen Klinik bewegen. Doch dagegen sträubt sie sich vehement, meint, daß eine ambulante Behandlung für sie viel günstiger wäre. Und der Arzt vertraut ihr, verschreibt Medikamente und verordnet eine psychotherapeutische Behandlung in einer Gesprächsgruppe. Eine Zeitlang geht sie mehrmals wöchentlich zu deren Sitzungen, doch sie scheut sich, ihr Innenleben vor anderen zu entblößen. So macht sie nur halbherzig mit, und als sie eine plötzliche Besserung ihres Zustandes verspürt, bricht sie die Gruppentherapie kurzerhand ab.
Es scheint ihr, daß das therapeutische Palaver in der Gruppe keinen Nutzen bringt und sie sich letzten Endes nur selbst helfen kann. Deshalb beschränkt sie sich darauf, brav ihre Medikamente zu schlucken. Und siehe da: Die Depressionen verschwinden.
Dieser erfreuliche Umstand und das Frühlingserwachen mobilisieren ihre Lebensgeister. Sie geht mit Elan ihrer schweren pflegerischen Tätigkeit nach, ist ausgeglichen und zufrieden, richtet ihre Lebensperspektive neu aus und gerät zuweilen in solch euphorische Stimmung, daß sie die ganze Welt umarmen könnte. Claudia ist über alle Maßen verwundert, wie gut es ihrer Schwester jetzt geht, die nun auch die Eltern wieder häufiger besucht.

Und so vergehen die nächsten Monate ohne jegliches Anzeichen einer krankhaften seelischen Veränderung.

Am frühen Sonntagmorgen des 1. Juni 1980 sitzen Lucretia und Claudia erwartungsfroh im D-Zug nach Berlin, die Tickets für den Flug nach Leningrad im Reisegepäck. Gegen Mittag erreichen sie den Flughafen Schönefeld. Noch ist etwas Zeit für einen Imbiß. Zwei Stunden vor Abflug melden sie sich bei der Reiseleiterin. Sie wird in den nächsten beiden Wochen sorgsam darüber wachen, daß die Reisegruppe brav geschlossen bleibt. Es soll ein kollektives Erlebnis werden, nichts für Individualisten.
Als die Reisegruppe einen Bus besteigt, um irgendwo auf dem Flughafengelände zu dem dort wartenden Flieger zu gelangen, verspürt Claudia ein intensives, mulmiges Gefühl im Bauch. Jetzt könnte sie auf der Stelle kehrtmachen und würde alles dafür geben, auf festem Boden bleiben zu können. Zu spät. Lucretia, die das Unbehagen ihrer Schwester bemerkt, beruhigt sie mit der Gelassenheit eines Flugprofis.
Die Tage in Leningrad vermitteln unzählige bleibende Eindrücke. Auch Claudia ist begeistert, bereut keineswegs, sich auf dieses Unterfangen eingelassen zu haben. Mit Interesse, Bewunderung, Ausdauer, frohem Sinn, aber auch kritischer Distanz zu manchen Realien im Mutterland des Sozialismus nehmen die beiden Schwestern die große, schöne Stadt in sich auf, auch wenn allabendlich lindernde Fußbäder angesagt sind.
Plötzlich, zwei Tage vor der Heimreise, zeigt Lucretia eine jähe Unlust für weitere Unternehmungen. Sie klagt über Müdigkeit und Erschöpfung, will lieber im Hotelzimmer bleiben und sich ausruhen.
Claudia vermutet, daß Lucretias bisheriger touristischer Tatendrang ihre körperlichen Kräfte aufgebraucht hat, fragt aber, um sicher zu gehen: „Sonst ist nichts weiter? – Du bist wirklich nur müde und kaputt?“
„Ja, ich bin total breit von der vielen Lauferei und möchte nur schlafen“, antwortet Lucretia und drängt die Schwester, sie möge ihr Tagesprogramm deshalb nicht abbrechen.
Als Claudia am Abend zum Hotel zurückkehrt, liegt Lucretia immer noch im Bett, die Decke weit über den Kopf gezogen. Doch sie schläft nicht.
„Mir geht's nicht besonders“, klagt sie, „ich kann auch nicht

schlafen, habe den ganzen Tag nur gedöst. Appetit habe ich auch nicht."
„Hast du 'ne Depression?" fragt Claudia besorgt.
„Nee, ich glaube nicht, habe alles im Griff. Du brauchst dich nicht zu sorgen. Morgen wird's mir wieder besser gehen", beruhigt Lucretia ihre Schwester.
Auch am nächsten Tag, es ist der letzte vor der Rückreise, hat sich Lucretias Zustand nicht gebessert. Ihr Gesicht ist blaß, wirkt müde und um Jahre gealtert. Die Kraft- und Antriebslosigkeit haben zugenommen. „Der Teufel in meinem Leib macht mich fertig", stöhnt sie. Und nur mit äußerster Anstrengung gelingt das Kofferpacken.
„Wirst du's bis nach Hause schaffen, wir haben einen langen Weg?" will Claudia wissen.
„Doch, doch, es wird schon gehen. Ich packe das schon", antwortet Lucretia müde.
Rückreise am Samstag, dem 14. Juni 1980. Lucretia fühlt sich ein wenig besser. Doch der Tag wird für beide eine Tortur: Frühzeitiges Aufstehen, schnelles Frühstück. Warten. Hastiger Transfer zum Flughafen. Dann langes Warten. Flug nach Berlin. Wieder langes Warten. D-Zug ab Berlin, mehrere Stunden Fahrt. Glücklicherweise haben sie Platzkarten, denn der Zug ist proppenvoll. Kurz nach 20.00 Uhr endlich in Erfurt. Welch eine Fügung: Sie erhaschen ein Taxi. Claudia begleitet ihre Schwester nach Hause.
„Am Montag gehst du zum Arzt. Versprichst du mir das?" fordert Claudia.
„Ja, ich glaube, es geht nicht anders", jammert Lucretia. Sie hält die Augen halb geschlossen, als ob sie das Licht blende. Ihre Brauen haben sich finster-traurig zusammengezogen, zwischen ihnen bilden sich häßliche Sorgenfalten.
„Soll ich bei dir bleiben?" fragt Claudia ernst.
„Nein, bitte, laß mich allein. Ich schaffe das schon. Und Montag geh ich zum Arzt", verspricht Lucretia.
„Vorsichtshalber nehme ich deine Zweitschlüssel von der Wohnung mit. Wenn du die Tür hinter mir abschließt, zieh den Schlüssel raus, damit ich reinkomme. Spätestens Morgen abend bin ich wieder hier, klar?" sagt Claudia bestimmend.
„Ist gut, geh nur, laß mich, mach dir keine Sorgen!" ist Lucretias letzter Satz. Sie begleitet Claudia zur Tür, die sie dann geräuschvoll verschließt.

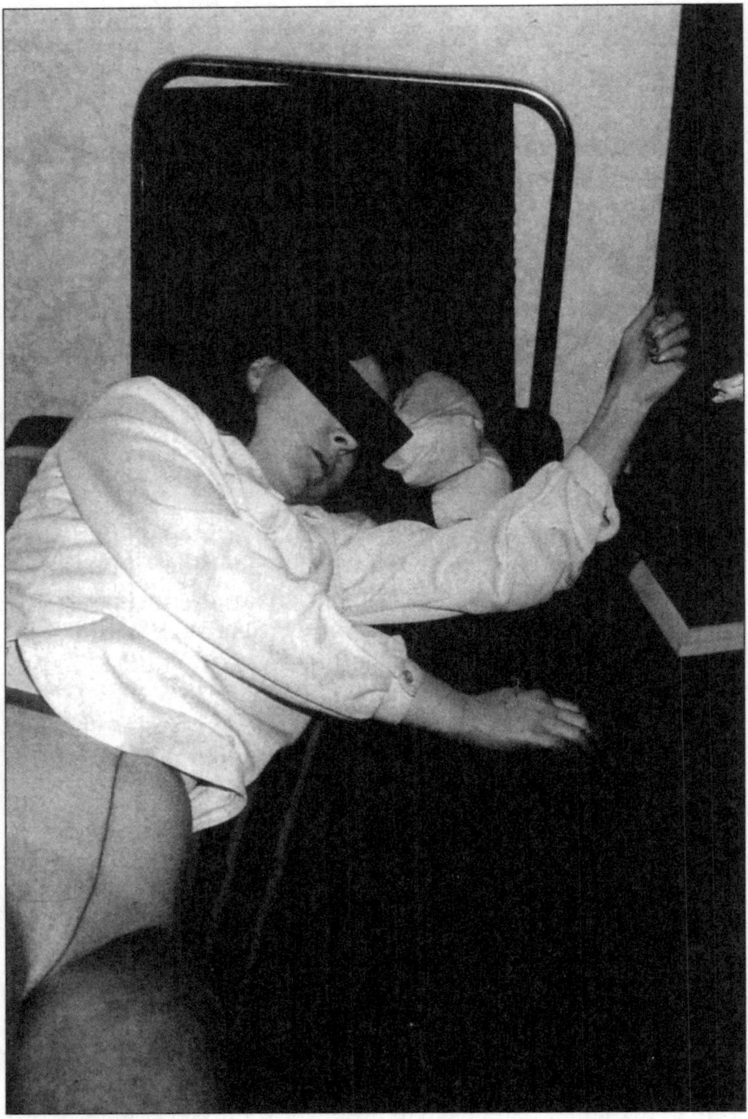

*Auffindungssituation der sich mit Schlafmitteln selbst getöteten Lucretia W.*

Claudia schläft lange in den Sonntag hinein. Dann gibt es zu tun: Die Wäsche aus dem Koffer ist zu waschen, die Eltern müssen besucht werden, wollen schließlich auch wissen, wie die Reise war. Endlich, am späten Nachmittag, fährt sie zu Lucretia. Deren Fenstervorhänge sind noch zugezogen. Man kann es von der Straße aus sehen. Claudia klingelt. Vergeblich. Sie wird noch schlafen, denkt sie und öffnet behutsam die Tür.

Drinnen packt sie das pure Entsetzen: Lucretia liegt, seitwärts geneigt, reglos auf der Schlafcouch. Ihre Augen sind trübe, spaltweit geöffnet, ohne jegliches Leben. Die rechte Hand ragt ein wenig unter der Decke hervor. Blaurote, großflächige Verfärbungen der Finger und der Unterseite des auf der Matratze aufliegenden Armes sind sichere Zeichen ihres Todes, der schon vor vielen Stunden eingetreten sein muß. Verzweifelt streicht Claudia über Lucretias blasse Wangen. Dort sind keine solch schrecklichen Flecke. Vielleicht ist noch etwas Leben in ihnen? Doch sie sind so kalt, als wäre Winter. Sie schreckt zurück. Jetzt weiß sie: Lucretia ist tot. In ihrer Fassungslosigkeit fällt sie vor der toten Schwester auf die Knie und betet. Es ist ein langes Gebet, viele Minuten dauernd. Dann hat sie sich etwas beruhigt. Jetzt sieht sie sich im Zimmer um: Die Koffer sind noch nicht ausgepackt. Auf dem Tisch liegen Dutzende Reiseprospekte, Postkarten, Souvenirs, das Flugticket, der Reisepaß – Relikte eines längst vergangenen Erlebnisses. Daneben ein leeres Wasserglas, eine fast geleerte Flasche Rotwein. Und: Wie achtlos weggeworfen, fünf leere Tablettenröhrchen des stark wirkenden Medikaments „Kalypnon“, ein barbitursäurehaltiges Schlafmittel.
Doch da liegen auch mehrere Blatt Papier, eilig beschrieben. Es sind Lucretias letzte Worte, gerichtet an ihre Familie. Sie machen die ganze Tragik der schwerwiegenden Symptomatik deutlich, die Lucretia selbst nicht zu bändigen vermochte.

Zurück bleiben die Nächsten. Sie werden alsbald von Schuldgefühlen geplagt, ob sie die Gefährlichkeit der seelischen Störungen Lucretias nicht leichtfertig unterschätzt haben und ein solch tragisches Ende hätten vermeiden können.

*Der geschilderte Fall zeigt die Entwicklung eines Suizids aus vermutlich psychotischer Ursache. Lucretia Wildenbruchs*

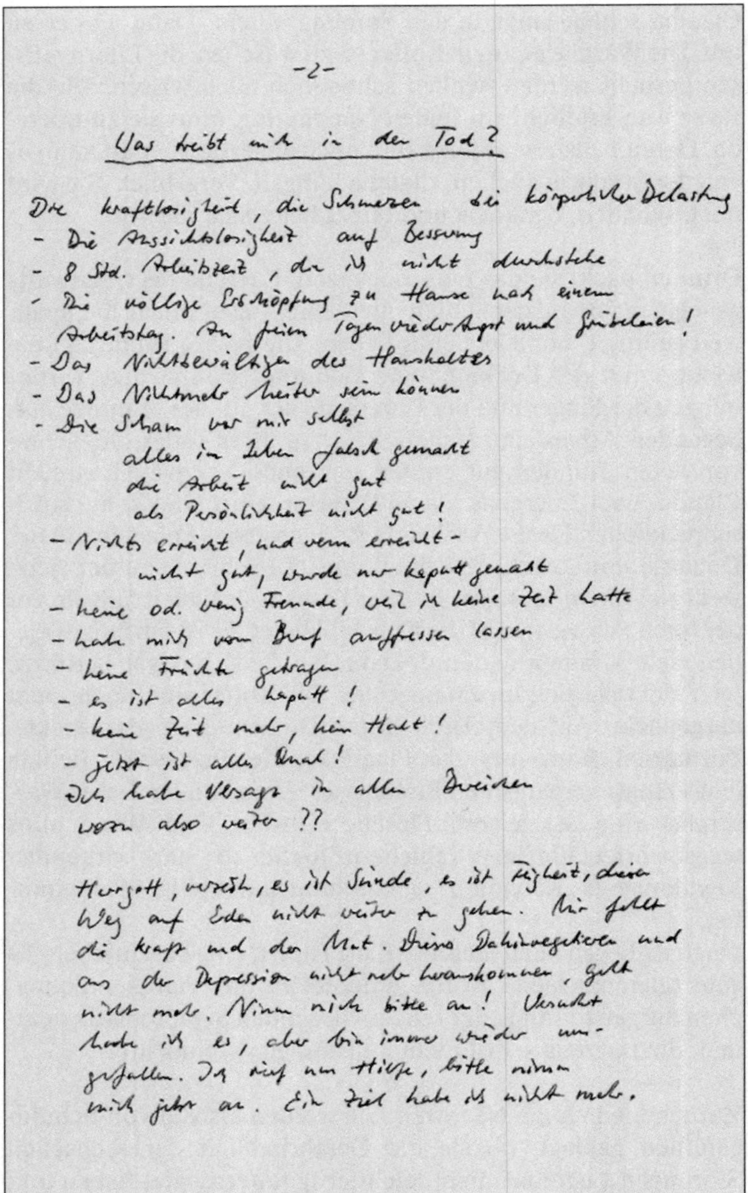
-2-

Was treibt mich in den Tod?

Die Kraftlosigkeit, die Schmerzen bei körperlicher Belastung
- Die Aussichtslosigkeit auf Besserung
- 8 Std. Arbeitszeit, die ich nicht durchstehe
- Die völlige Erschöpfung zu Hause nach einem Arbeitstag. An freien Tagen wieder Angst und Grübeleien!
- Das Nichtbewältigen des Haushaltes
- Das Nichtmehr heiter sein können
- Die Scham vor mir selbst
  alles im Leben falsch gemacht
  die Arbeit nicht gut
  als Persönlichkeit nicht gut!
- Nichts erreicht, und wenn erreicht – nicht gut, wurde nur kaputt gemacht
- keine od. wenig Freunde, weil ich keine Zeit hatte
- habe mich vom Beruf auffressen lassen
- keine Früchte getragen
- es ist alles kaputt!
- keine Zeit mehr, kein Halt!
- jetzt ist alles Qual!

Ich habe versagt in allen Bereichen
wozu also weiter??

Herrgott, verzeih, es ist Sünde, es ist Feigheit, diesen Weg auf Erden nicht weiter zu gehen. Mir fehlt die Kraft und der Mut. Dieses Dahinvegetieren und aus der Depression nicht mehr herauskommen, geht nicht mehr. Nimm mich bitte an! Versucht habe ich es, aber bin immer wieder umgefallen. Ich rief um Hilfe, bitte nimm mich jetzt an. Ein Ziel habe ich nicht mehr.

*Faksimile der Seiten 2 und 3 des Abschiedsbriefs, den Lucretia W. nach Einnahme der Schlafmittel schrieb.*

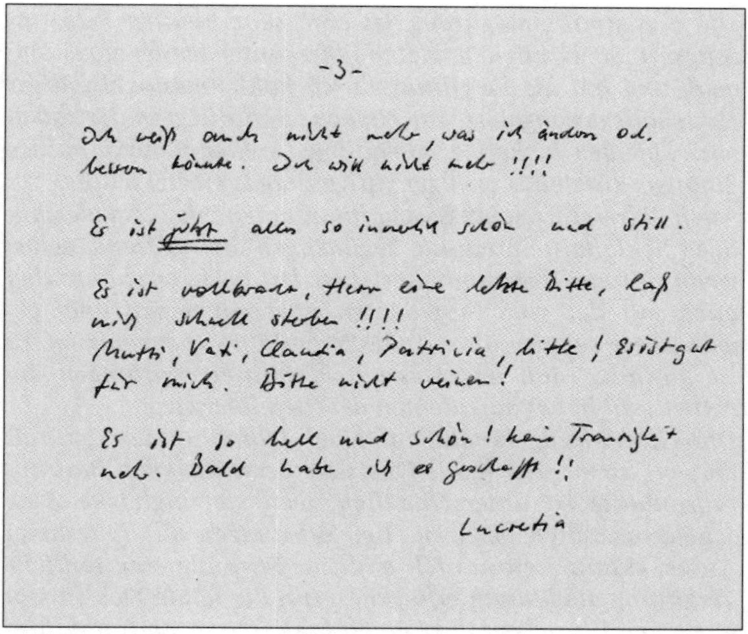
-3-

Ich weiß auch nicht mehr, was ich ändern od. bessern könnte. Ich will nicht mehr !!!

Es ist jetzt alles so innerlich schön und still.

Es ist vollbracht, Herr eine letzte Bitte, laß mich schnell sterben !!!!
Mutti, Vati, Claudia, Patricia, bitte! Es ist gut für mich. Bitte nicht weinen!

Es ist so hell und schön! kein Traurigkeit mehr. Bald habe ich es geschafft !!

Lucretia

*Gemütszustand weist schon seit der Zeit vor dem Abitur psychische Auffälligkeiten, später sogar ernstzunehmende Symptome des Krankhaften auf. Eine psychotherapeutische Betreuung, mehr noch eine längerfristige, stationäre Therapie hätte ihr helfen können.*
*Alle Selbstmorde sind Ausdruck abnormer Seelenzustände. Bei den meisten Suizidenten liegen somit psychische Ausnahmesituationen vor, die bis an die Grenze zum Psychopathologischen führen. Freilich: Suizide auf der Grundlage echter psychotischer Ursachen machen nur etwa 10 Prozent aus. Doch allzu leicht werden auch nichtpsychotische Suizide in das Klischee psychotischer Vorgänge übernommen.*
*Unabhängig davon, welche der beiden Ursachen im Einzelfall vorliegt: Nur die Hilfe durch einen erfahrenen Psychotherapeuten bietet die Gewähr, einen Suizid zu verhindern. Jeder Versuch, die bedrückende Seelennot durch Ablenkung, Zerstreuung oder Arbeit selbst und ohne psychotherapeutische Maßnahmen überwinden zu wollen, schiebt das Problem nur vor sich her und ist letztlich zum Scheitern verurteilt.*

*Die Schlafmittelvergiftung ist eine sehr häufige Selbsttötungsart. Sie hat in den letzten Jahrzehnten weiter zugenommen, und hat die Vergiftung durch kohlenmonoxidhaltiges Haushaltsgas abgelöst. Die Ursache dafür liegt in der Tatsache, daß das bisherige hochgiftige, kohlenmonoxidhaltige Stadtgas durch das weniger giftige Erdgas ersetzt wurde.*
*Auch die relativ leichte Beschaffungsmöglichkeit der vielzähligen Schlafmittelprodukte begünstigen diesen Trend, selbst wenn sie unter Rezeptpflicht stehen. Die Präferenz hängt aber auch mit der vom Suizidenten angenommenen oder gewünschten schmerzlosen Todesherbeiführung zusammen. Es ist auffällig, daß unter den Schlafmittelvergiftungen der Anteil weiblicher Suizidenten deutlich überwiegt.*
*Die Giftwirkung beruht auf einer Lähmung des Zentralnervensystems. Die letale Dosis der verschiedenen Barbituratprodukte ist unterschiedlich, weil sie ungleiche Ausscheidungszeiten besitzen. Bei Substanzen mit langsamer Ausscheidung kann durch additive Wirkung eine tödliche Vergiftung auch dann erfolgen, wenn die letale Dosis nicht auf einmal, sondern über einen bestimmten Zeitraum hinweg in kleineren, an sich gefahrlosen Einzeldosen, eingenommen wird.*
*Für barbiturathaltige Schlafmittel gilt eine tödliche Dosis von ca. 5 bis 10 Gramm. Das entspricht einer Menge von 20 bis 40 Tabletten. Bei barbituratfreien Schlafmitteln liegt sie dagegen wesentlich höher und erfaßt Mengen von 80 bis 120 Tabletten. Die Giftwirkung wird bei gleichzeitigem Genuß von Alkohol wesentlich verstärkt. Allerdings mißlingen viele Suizide durch Schlafmittelvergiftung. Die Gründe dafür liegen in den hohen Tablettenmengen, die eingenommen werden müssen. Bei eingetretener Bewußtlosigkeit kann sich durch Erbrechen des Mageninhalts die Giftmenge so reduzieren, daß keine Letalität mehr erreicht wird. Da die Giftwirkung erst nach einer bestimmten Zeit einsetzt, besteht auch die Möglichkeit, den Betreffenden rechtzeitig aufzufinden und geeignete Reanimationsmaßnahmen zu veranlassen.*

## Mann im Gleis

Magdeburg, im Frühjahr 1983, Vormittagssprechstunde in der Poliklinik der Medizinischen Akademie.
Am Fenster der Patiententoilette in der inneren Abteilung steht ein Mann und raucht. Es ist Arno Beskow, 54jährig, von kräftiger Statur, mit hagerem Gesicht und schütterem grauem Haar. Zwischen dem Zeige- und Mittelfinger seiner rechten Hand, deren gelblich-braune Hautverfärbungen untrügliche Zeichen starken Zigarettenkonsums sind, hält er eine glimmende „Club", zu DDR-Zeiten die Marke der Besserverdienenden.
Mit tiefen Atemzügen inhaliert er ihren blauen Dunst. Die penetrante Geruchsmixtur aus menschlichen Ausscheidungen, Desinfektionsmitteln und kaltem Tabakrauch verleiht dem stillen Örtchen eine zweifelhafte Behaglichkeit, doch Arno Beskow nimmt dies nicht wahr. Während überall in der Klinik kleine rote Täfelchen Rauchverbot verkünden, ist dies nämlich der einzige Ort, an dem die Wartezeit mit Nikotingenuß überbrückt werden kann.
Ein zweiter, etwas jüngerer Mann betritt die Szene. Auch sein Interesse gilt nicht dem eigentlichen Verwendungszweck des Raums. Er fingert eine Zigarette aus einer Schachtel „F6", klemmt sie sich zwischen Zeige- und Mittelfinger, hält sie vor den Mund und steuert auf Arno Beskow zu. Der scheint dessen Anliegen bereits zu erahnen. Noch ehe der andere seine Frage nach Feuer ganz ausgesprochen hat, ist Beskow mit seinem Feuerzeug zur Stelle.
Nun rauchen beide Männer, und die Kommunikation nimmt ihren Lauf:
„Wart'ste ooch schon so lange?" fragt der Jüngere.
„Ja, das dauert ewig. Der ganze Vormittag geht drauf", ärgert sich Arno Beskow.
„Was fehlt'n dir?" will der andere nun wissen.
„Ich mußte zum Röntgen. Die Lunge, verstehst du. Ich habe seit

Wochen so'n komischen Husten, aber erkältet bin ich nicht. Jetzt warte ich auf den Befund!"

„Ach so! Na, und ich ..., ich hab's mit'm Magen. Zwee Drittel ham'se mir schon rausjenommen, vor zwee Jahre. Nu muß ich widder zur Untersuchung", teilt der Jüngere mit. Der Dialog wird unterbrochen:

Ein dritter Mann betritt den Raum. Doch er geht zielstrebig auf eines der Pissoirbecken zu. Umständlich nestelt er an seinem Hosenschlitz. Es folgt ein kurzer, angespannter Blick auf einen imaginären Punkt innerhalb des Keramikbeckens. Als die ganze Prozedur beendet ist, wendet sich der Mann den beiden Rauchern zu: „Heißt einer von Ihnen Beskow?"

Der Angesprochene ist erstaunt: „Ja, ich!"

„Ich glaube", setzt der Mann am Becken fort, „Sie wurden schon ein paar Mal aufgerufen."

Beskow drückt die Zigarette aus und verläßt flugs den ungastlichen Ort. Schnurstracks meldet er sich bei der Dame an der Anmeldung: „Beskow, mein Name! Hatten Sie mich schon aufgerufen?"

„Na, junger Mann, alles wartet schon auf Sie. Haben Sie Tomaten auf den Ohren?" erregt sich die Schwester

„Tschuldigung", lenkt Beskow ein. „Ich war nur eine rauchen!"

„Sie halten den ganzen Betrieb auf", ereifert sich die Vertreterin des staatlichen Gesundheitswesens, wird dann aber versöhnlich: „Dann gehn Se mal zum Sprechzimmer neun, der Doktor wartet schon auf Sie!"

Beskow klopft zaghaft an die ihm zugewiesene Tür. Eine Schwester öffnet ihm:

„Herr Beskow?" fragt Sie freundlich. Er will erklären, warum er sich verspätet hat, doch sie kommt ihm zuvor: „Nehmen Sie einen Augenblick Platz, Herr Doktor kommt gleich!"

Die Schwester verschwindet in einem Nebenraum. Beskow setzt sich auf den Stuhl vor dem Schreibtisch und wartet. Eine Minute später erscheint ein Mann im weißen Kittel, ein Stethoskop um den Hals, eine Patientenakte und zwei Röntgenaufnahmen in der Hand. Er wirft einen kurzen Blick auf Beskow: „Na, da sind Sie ja!"

Beskow erklärt: „Ich war nur eine rauchen ..."

Mit einer Kopfbewegung macht der Doktor deutlich, daß ihn die Gründe für die Verspätung nicht weiter interessieren. Mit kurzem Ruck klemmt er die beiden Röntgenaufnahmen an die

leuchtenden Milchglasscheiben und fragt beiläufig: „Wieviel rauchen Sie denn so am Tag?“
„So zwischen zwanzig und dreißig“, antwortet Beskow unschuldig.
Der Mann im weißen Kittel betrachtet die Röntgenbilder eine Zeitlang, ohne ein Wort zu sagen. Sein Gesicht wird dabei zunehmend ernster.
„Tja, Herr Beskow“, beginnt der Arzt seine Erklärung, „ich will es Ihnen nicht verschweigen. Das hat das Rauchen verursacht. Sehen Sie hier ...“ Er umkreist mit dem Zeigefinger eine kleine helle Stelle auf dem Röntgenbild: „Da ist ein Tumor an den Bronchien. Der verursacht das ständige Husten.“
Arno Beskow wird kreidebleich, stöhnt verzweifelt: „Das ist das Ende!“
„Na, na, na“, versucht ihn der Arzt zu beruhigen, „noch wissen wir überhaupt nicht, ob es ein Bronchialkarzinom ist. Es kann ebenso ein Adenom, also etwas Gutartiges sein. Das müssen wir noch weiter untersuchen. Wir machen erst mal eine Computertomographie. Außerdem gucken wir uns die Bronchien mal von innen an. Wir zwicken ein Stück vom Gewebe raus und untersuchen es. Dann wissen wir mehr. Machen Sie sich jetzt keine unnötigen Sorgen. Nur: Stellen Sie das Rauchen ein, ganz konsequent!“
Beskow nickt, doch sein Kopf ist leer. Er hustet trocken, schaut den Arzt mit großen, angstvollen Augen an und fragt: „Können Sie mir das noch mal erklären?“
„Natürlich“, meint der Arzt und doziert: „Also: Es kann eine gutartige Geschwulst sein. Dann operieren wir sie ganz in Ruhe raus. Denn sie könnte jederzeit bösartig werden. Aber um das rauszukriegen, müssen wir erst eine Bronchoskopie machen. Natürlich unter Narkose. Und dabei entnehmen wir ein winziges Stück Gewebe. Dann wissen wir genau, ob die Geschwulst bösartig ist. Und sollte sie es sein, gibt es immer noch Mittel und Wege. Doch das soll uns jetzt nicht belasten. Und die Computertomographie: Sie ist ein computergestütztes Röntgenverfahren. Da machen wir schichtweise Aufnahmen. So entgeht uns nichts.“
„Es ist bestimmt was Bösartiges!“ klagt Beskow.
„Ich will Ihnen nichts vormachen, aber das weiß ich wirklich nicht“, versucht der Arzt ihn zu beschwichtigen.
„Wie lange habe ich noch zu leben, wenn es bösartig ist?“ fragt

Beskow ängstlich. Eine kurze Hustenattacke überfällt ihn: Es ist ein trockenes, heiseres Bellen, das Schmerzen in der Brust hervorruft.
„Guter Mann, nun bleiben Sie mal ganz ruhig! Als erstes hören Sie mit dem Rauchen auf. Das hat Vorrang vor allem anderen! Und zweitens warten wir die Untersuchungsergebnisse ab. Machen Sie sich also jetzt nicht verrückt. Bei allem Ernst der Sache!“ ermahnt ihn der Arzt, „Ich schreibe Ihnen eine Überweisung zur CT. Holen Sie sich dann an der Anmeldung einen Termin. Soll ich Sie krankschreiben?“
„Nein, nein, das geht nicht. Ohne mich läuft’s nicht!“ jammert Beskow.
„Was arbeiten Sie denn?“ fragt der Arzt.
„Ich bin Dachdeckermeister, habe einen kleinen Betrieb mit ein paar Angestellten. Ohne mich geht da alles drunter und drüber. Da kann ich nicht einfach krankmachen!“
Der Mann in Weiß wechselt das Thema: „Haben Sie beim Husten machmal einen blutigen Auswurf?“
Beskow verneint.
„Fühlen Sie sich körperlich noch so fit, daß Sie arbeiten können?“ fragt der Arzt weiter.
„Doch, doch“, meint Beskow selbstbewußt.
„Na gut, dann gehen Sie mal arbeiten! Aber denken Sie daran: Keinen Glimmstengel mehr!“ ermahnt ihn der Doktor.

Arno Beskow unterhält im Norden Magdeburgs, in der Nähe des Zoologischen Gartens, eine kleine Firma mit Kontor, vier Angestellten, einer Lagerhalle und mehreren Baufahrzeugen. Seine Gattin erledigt die Büroarbeiten. Manchmal hilft dabei die Tochter, die mit einem Musiker des „Maxim-Gorki-Theaters“ eheliche Bande geknüpft hat. Neben dem Betriebsgelände, das einstmals zur längst nicht mehr existierenden Gärtnerei seiner Eltern gehörte, steht sein schmuckes, geräumiges Einfamilienhaus. Vor Jahren selbst erbaut, steckt viel Schweiß, Geld und Ärger darin. Nun ist es sein ganzer Stolz. Er hat längst gelernt, mit den Widrigkeiten sozialistischer Planwirtschaft und den knappen Zuteilungen, die der volkseigene Baustoffgroßhandel parat hat, zu leben. Wenn der Mangel auch nahezu das ganze Land beherrscht, über einen Mangel an Aufträgen kann er sich nicht beklagen. Sie sichern ihm ein überdurchschnittliches Lebensniveau: Beachtliches Sparkonto, Nobelkarosse „Lada“, 200-Liter-Meeresaquarium im Wohnzimmer, Sauna im Keller, Swimmingpool und viele nützliche Beziehungen zu Vertretern anderer Gewerke.

Als Arno Beskow die Poliklinik verläßt, fühlt er sich hundeelend. Die emotionslose Mitteilung des Arztes hat nicht nur die quälende Befürchtung ausgelöst, sein Leben könne womöglich auf so hinterhältige Weise bald beendet sein, sondern vor allem die Angst vor einer Chemotherapie entfacht. Er weiß: Rücksichtslos greift sie den ganzen Menschen an, schwächt sämtliche Lebensgeister und nährt lediglich unsinnige Hoffnungen, nur um das Ende ein paar Monate hinauszuzögern. In dieser Hinsicht kann ihm niemand etwas vormachen. Immerhin hat er bei seiner Mutter hautnah miterlebt, wie sie vor einigen Jahren von einem Unterleibskrebs dahingerafft wurde, und wie sie vorher die Qualen mehrerer Operationen und Chemotherapien erduldete. Und alles war sinnlos.

Er bezweifelt, ob die Ärzte ihm überhaupt klaren Wein über seinen Zustand einschenken werden. Vielmehr glaubt er, daß sie sich aus Bequemlichkeit hinter der ärztlichen Schweigepflicht verschanzen.

Beskow will nicht begreifen, warum das Zigarettenrauchen das Übel ausgelöst haben soll. Denn: Sein Vater, der inzwischen über 80 Jahre alt ist und jetzt unbeschwert in einem Altersheim lebt, erfreut sich bester Gesundheit. Und das, obwohl dieser seit seiner Jugend raucht, und nicht nur Zigaretten, sondern auch Zigarren.

Während er seinen Gedanken nachhängt, wird Arno Beskow immer wieder von heftigen Hustenanfällen geplagt, die ihn unmißverständlich daran erinnern, daß in seiner Brust ein gefährlicher Prozeß abläuft. Und er entschließt sich, nicht mehr zu rauchen. Angst schafft Nichtraucher. Wenigstens, bis alle Untersuchungen abgeschlossen sind und die Befunde vorliegen. Dann will er neu entscheiden.

Als er zur Mittagszeit das Kontor seines Betriebes betritt, hat er die schreckliche Offenbarung des Arztes einigermaßen verdaut und sein künftiges Verhalten konzipiert: Er will nicht an das Schlimmste denken, sich nicht unnötig in Panik versetzen, solange die Untersuchungen kein sicheres Ergebnis erbracht haben. Er will auch die Gattin nicht beunruhigen. Sie soll im unklaren bleiben. Deshalb flunkert er ihr vor, die Röntgenaufnahmen haben nichts erbracht. Er schränkt ein, in einigen Tagen wieder zur Klinik zu müssen, weil man nun seine Luftröhre von innen untersuchen will.

In der folgenden Zeit fühlt sich Arno Beskow ziemlich wohl. Der Reizhusten hat sich nicht verstärkt. Auch die Schmerzen hinter dem Brustbein sind erträglich. Irgendwie scheint die akute Lebensangst eingedämmt zu sein. Er verspürt sogar unbändige Lust zu rauchen. Doch eiserne Disziplin drosselt das Verlangen. Nur das mulmige Gefühl, was es mit der Computertomographie auf sich hat, läßt ihn nicht los. Und je näher der Termin rückt, um so stärker quälen ihn Ängste.

In der Radiologischen Abteilung der Medizinischen Akademie gibt sich Arno Beskow zur vereinbarten Zeit ganz seinem Schicksal hin. Die röhrenförmige, geheimnisvolle Apparatur, in die er kopfvoran hineingeschoben wird, flößt ihm einen Riesenrespekt ein. Seine Befürchtung bestätigt sich nicht: Die Untersuchung verursacht keinen Schmerz. Außerdem dauert das Procedere nur einige Minuten. Dann wird er entlassen, und er ist zufrieden.
Nun steht ihm noch die Bronchoskopie bevor, die eine Woche später ambulant durchgeführt werden soll. Es beruhigt ihn, daß eine Kurzzeitnarkose ihm Sinne und Empfindungen nehmen wird, obwohl ihm das Ganze sehr unangenehm erscheint. Als er dann mit soldatischer Pünktlichkeit an die Zimmertür mit der Aufschrift „Endoskopie" anklopft, erscheint eine freundliche Schwester, die ihm zunächst eine Tablette, wie sie sagt, zur Beruhigung, offeriert. Dann soll er bis zum Aufruf im Warteraum Platz nehmen.
Dort sitzen bereits zwei ältere Männer in Bademänteln, stationäre Patienten aus der oberen Etage. Sie reden miteinander. Aber ihre Stimmen sind entartet, klingen farblos, heiser krächzend und undeutlich, als ob die Stimmbänder ohne Funktion wären. Beskow ist entsetzt, nimmt an, daß sie aus einer künstlichen Öffnung unterhalb des Kehlkopfs sprechen, aus der er heftige, röhrende Atemgeräusche vernimmt. Sofort hat er den unheimlichen Verdacht, daß die Männer ein ähnliches Schicksal erlitten, wie es ihm bevorstehen könnte. Deshalb will er wissen, woran die beiden leiden.
Behutsam stellt er seine Frage. Und seine Befürchtung bestätigt sich: Kehlkopfkrebs.

Tausend angstvolle Gedanken schwirren nun durch sein Hirn. Sie werden immer wieder auf die eine Frage gelenkt: „Habe ich Krebs?“ Und je mehr er darüber grübelt, um so fester reift sein Entschluß, sein Leben gewaltsam zu beenden, wenn diese heikle Frage jemals bejaht werden sollte. Keineswegs will er sich dann zum Objekt eines hoffnungslosen Herumdokterns machen lassen. Hauptsache ist, ihm bleibt Kraft und Gelegenheit, seine persönlichen Dinge und die Betriebsangelegenheiten zu ordnen. So will er sich ohne Groll aus dem Diesseits verabschieden.

Beskows Gedanken werden jäh unterbrochen: Die freundliche Schwester ist erschienen und fordert ihn mit der Bemerkung: „Es kann losgehen!“ zum Mitkommen auf. Klopfenden Herzens folgt er ihr in den Endoskopieraum.

Eine reichliche Stunde später ist alles vorbei. Wieder sitzt er im Warteraum. Nur diesmal wartet er auf seine Tochter, die ihn wie verabredet nach Hause abholen wird. Es ist gut, daß er ohne Auto ist. Auch wenn die Narkose nur kurz war, fühlt er sich noch ein wenig benommen. In diesem Zustand könnte er kein Auto lenken. Beskow ist zufrieden, alles überstanden zu haben, fühlt, bis auf ein leichtes Kratzen im Hals, das er als Indiz für den diagnostischen Eingriff ansieht, keinen Schmerz. Das wundert ihn: Bislang hatte er angenommen, die Entnahme einer Gewebeprobe würde nachhaltige Schmerzen verursachen. Nun klammert er sich an die Hoffnung, der Arzt würde ihm bald mitteilen können, daß die Geschwulst in seiner Luftröhre gutartig ist.

Als seine Tochter ihn wenig später nach Hause kutschiert, berichtet er über seine Erlebnisse. Doch ihr fällt ein Umstand auf: Der Anblick der beiden Männer im Warteraum muß ihn innerlich so nachhaltig beschäftigen, daß er deren Zustand ausführlicher und emotionaler beschreibt als seinen eigenen.

An den folgenden Tagen ist Arno Beskow heiter und ausgeglichen. Optimismus und Arbeitseifer sind zurückgekehrt. Gern würde er rauchen. Er unterläßt es. Zu tief sitzt die Angst vor einem schlimmen Ende. Dem leicht blutigen Auswurf, den er bei einer seiner Hustenattacken bemerkt, mißt er keine weitere Bedeutung zu und führt ihn kurzerhand auf die ärztliche Manipulation zurück, durch die vermutlich seine Bronchien beschädigt wurden.

Mit Spannung erwartet er den Termin des nächsten Gesprächs mit seinem Arzt. Doch er kann es nicht glauben, das Ergebnis

ist niederschmetternd: Bösartiges Tumorgewebe. Für einen Augenblick fühlt er eine Blutleere im Gehirn, die alles Denken auslöscht. Er ist der Verzweiflung nahe, könnte heulen wie ein Kind. Nur äußerlich gibt er sich erstaunlich ruhig. Der Arzt redet beruhigend auf ihn ein, erläutert die nächsten therapeutischen Schritte. Aber Arno Beskow hört ihm gar nicht zu, nickt nur hin und wieder mit dem Kopf. Seine Gedanken sind ganz woanders: Er muß das Unfaßbare zunächst verarbeiten. Erst als der Arzt sagt: „Wir müssen Sie dann stationär aufnehmen", konzentriert er sich wieder auf den Gesprächsgegenstand. Er bringt ein Bedenken vor: „Aber mein Betrieb, ich muß meine Abwesenheit erst vorbereiten!"
Der Arzt versteht das Problem und meint: „Gut, melden Sie sich bei mir, wenn sie alles organisiert haben!"
„Und wieviel Zeit habe ich dafür?" fragt Beskow zaghaft.
„Ich rufe Sie an, wenn ein Bett frei ist. Aber rechnen Sie nicht vor zwei Wochen damit. Nur wenn es Ihnen schlecht gehen sollte, kommen Sie gleich!"
Arno Beskow ist auf seltsame Weise zufrieden: Das Schicksal gesteht ihm noch eine Galgenfrist zu, eine wichtige Zeit, die letzten Dinge seines Lebens zu ordnen. Denn sein Entschluß ist unumstößlich.
Wieder verschweigt er der Gattin die neuen Mitteilungen des Arztes. Er will sie nicht beunruhigen. Er vermutet, daß eine derart schlechte Nachricht sie fix und fertig machen könnte. Ihr Nervenzustand würde ihn vermutlich so belasten, daß er sich nicht auf das konzentrieren könnte, was ihm jetzt wichtig ist. So sucht er lediglich eine günstige Gelegenheit, um behutsam und unauffällig vorzufühlen, wie sie auf seinen Tod reagieren könnte. Nach einigen Tagen lenkt er das Gespräch unbemerkt auf den Tod seiner Mutter, die erst nach zwei Jahren unendlicher Qual und unwürdigen Dahinvegetierens von ihrem schweren Krebsleiden erlöst wurde. Beide erinnern sich an die schreckliche Zeit. Und Arno Beskow ist sehr beruhigt, als seine Ehefrau ihre schlimmen Empfindungen in dem kurzen, aber für ihn wichtigen Gedanken zusammenfaßt: „Wenn sich Mutter damals umgebracht hätte, wie sie's ja vorhatte, als man den Krebs bei ihr feststellte, wäre ihr und uns vieles erspart geblieben. Ich hätt's ihr nicht verdenken können!"
Am Abend des gleichen Tages wird Beskow wieder von heftigem Husten durchgeschüttelt. Auch die Brustschmerzen sind

stärker geworden. Und erstmals wird ihm bewußt, wie sehr er nach Luft ringen muß, um richtig atmen zu können.

Dienstag, der 26. April 1983. Obwohl das Frühjahr noch fast zwei Monate andauert, herrschen seit Tagen bereits hochsommerliche Temperaturen. Nur die Nächte bringen milde Kühle. Nun dämmert der Morgen, einen weiteren schönen Tag ankündigend. Über dem Stadtteil Magdeburg-Sudenburg liegt immer noch nächtliche Stille. Die fleißigen Bürger liegen meist noch brav im Bettchen, um neue Kräfte für den nächsten sozialistischen Produktionsalltag zu sammeln. Nur auf dem Containerbahnhof ist man emsig bei der Sache: Ein Zug mit vierzehn Waggons Warenladung für Berlin wird zusammengestellt. Die hauptstädtische Versorgung muß gewährleistet sein. So will es die Partei. Denn die bevorzugte Belieferung Berlins ist ein Politikum. Man will ja dem internationalen Tourismus sozialistischen Wohlstand präsentieren.
Pünktlich um 3.45 Uhr verläßt der Zug Nummer Ce 46022 den Bahnhof Sudenburg in Richtung seines Bestimmungsortes, Containerbahnhof Berlin, Frankfurter Allee. Am Bedienungstisch der Diesellok sitzt der 32jährige Lokführer, Reichsbahnobersekretär Stefan Wagner, verheiratet, zwei Kinder, wohnhaft in Magdeburg-Cracau. Sein Beimann, ein junger Reichsbahnunterassistent, ist erstmals mit Wagner unterwegs. Des selbständigen Führens von Triebfahrzeugen noch nicht kundig, wird dieser in den nächsten Stunden deshalb Dienstvorschriften, Signalstandorte und Langsamfahrstrecken pauken und dem versierten Lokführer über die Schulter schauen. So macht er sich fit für die bevorstehende Zugführerprüfung.
In Berlin sollen die Männer dann einen Güterzug zurück nach Magdeburg übernehmen. Stefan Wagner rechnet damit, am frühen Nachmittag wieder daheim zu sein. In dem Umstand, daß er Betriebseisenbahner wurde und nun große Züge führen darf, sieht er die Erfüllung eines langgehegten Kinderwunsches. Doch daran erinnert er sich längst nicht mehr. Jetzt will er sich zum Wohlgefallen seiner Vorgesetzten im Güterverkehr bewähren, damit sie ihm irgendwann einmal die Verantwortung für einen großen internationalen Personenzug, wie den „Balt-Orient-Expreß" oder den „Meridian", übertragen. So wecken erfüllte Träume immer wieder neue.
Ächzend rollen die stählernen Massen über den Schienenstrang,

das Magdeburger Stadtgebiet durchquerend. Vor dem Hauptbahnhof steht das Vorsignal auf Halt, ein verspäteter D-Zug aus Marienborn hat Vorfahrt. Quietschend drücken die Bremsbacken auf die Räder, und es dauert einen Augenblick bis der Zug artig vor dem roten Licht stoppt. Nur die schweren Dieselmotoren tuckern noch im Leerlauf. So vergeht eine reichliche Viertelstunde. Dann erst hebt sich der Signalbalken, der vor dem Hintergrund des grauen Himmels nur als Schattenriß erkennbar ist. Sein grünes Licht gibt freie Fahrt. Langsam setzt sich der Zug in Bewegung, schneller und schneller donnern die Räder über die Gleise. Er passiert erst den S-Bahnhof Neustadt, ehe er hinter der Elbbrücke mit voller Fahrt den Biederitzer Wald durchquert, um dann nordöstlich in Richtung Genthin abzubiegen. Stefan Wagner und sein Beimann richten ihren Blick auf die Strecke, die mit dem erwachenden Morgen immer deutlicher zu erkennen ist. Ihre Unterhaltung ist knapp und beschränkt sich auf dienstliche Angelegenheiten. Erst nach einiger Zeit löst sich die Anspannung: Wagner weist auf seine Thermoskanne, die hinter ihm aus einer abgewetzten Aktentasche lugt und sagt: „Gieß uns mal 'nen Kaffee ein, echter ›Jacobs‹ von meiner Oma!"

Sein Beimann würdigt diese Gunst durch ein nachhaltiges Kompliment, denn Kaffee ist teuer – 125 Gramm „Rondo" kosten 8,75 Mark – und Westkaffee schmeckt einfach besser.

Genüßlich schlürfen die Reichsbahner den heißen Muntermacher. Da bis kurz vor Burg die Strecke schnurgerade verläuft und erst dann das nächste Signal zum Langsamfahren auffordert, bringt Wagner den Zug auf eine Geschwindigkeit von 100 Stundenkilometer. Der stählerne Koloß donnert durch die Bördelandschaft. Plötzlich ruft der Beimann Wagner zu: „Da vorn liegt was!"

Mit höchster Konzentration starrt Wagner auf die Strecke, die einen weiten Blick gestattet. Tatsächlich: Blitzschnell erfaßt er, daß in etwa eintausend Metern Entfernung ein Gegenstand auf der rechten Schiene liegt. Er leitet die Notbremsung ein. Doch die 4 000 PS der Diesellok, ihr Eigengewicht und der ungeheure Schub von 14 vollbeladenen Waggons erfordern einen langen Bremsweg. Bremsen kreischen, Druckluft zischt. Der Gegenstand vor dem Zug wird immer deutlicher: Dort liegt ein Mann, den Hals auf dem kalten Schienenstrang, den Körper lang ausgestreckt auf dem Schotter, im rechten Winkel zur

Schiene. Jetzt wird der Zug langsamer. Doch unaufhaltsam nähert er sich dem Liegenden. Schon kann Wagner das Gesicht des Mannes und seine weit aufgerissenen Augen erkennen. Er sieht noch wie der Mann die Augen schließt. Dann ist sein Blick versperrt. Schon folgt ein kaum wahrnehmbares Holpern. Die erste Achse hat ihn erfaßt, denkt Wagner. Sein Gesicht verzerrt sich, als würde er den kurzen Schmerz des Überrollens am eigenen Leib verspüren. Angstschweiß rinnt von seiner Stirn. Er kennt dieses leichte Holpern, hat es in seiner dreijährigen Tätigkeit als Lokführer bereits zweimal hören müssen und weiß, was es damit auf sich hat. Einen Menschen zu überfahren, ist das Schlimmste, was er sich vorstellen kann. Das schafft Ohnmacht und Schlaflosigkeit. Er zittert am ganzen Körper. Sein Beimann ist sprachlos, blaß vor Schreck und für Momente zu keiner Reaktion fähig. Für ihn ist diese Situation gänzlich neu. Endlich: Nach langen Sekunden steht der Zug.

„So eine Scheiße! Nicht schon wieder!“ stöhnt Wagner verzweifelt und klettert mit schlotternden Knien aus der Führerkabine. Sein Kollege folgt ihm, wortlos und mit bleichem Gesicht. Sie sehen den Körper des Mannes auf dem Schotter liegen, direkt zwischen der Lok und dem ersten Waggon.

„Vier Räder sind drüber gerollt“, stellt der Beimann richtig fest. Vorsichtig nähern sie sich. Ihnen bietet sich ein gräßlicher Anblick: Der Körper eines Mannes im Ausgehanzug liegt im rechten Winkel zum Gleis auf dem Schotter. Der linke Arm ist vom Leib bedeckt. Es scheint, als hätte die rechte Hand die Schiene umfaßt, denn sie ist völlig zermalmt. Die schmutzig-grauen Radspuren der Lok, die quer über die Schulter verlaufen, deuten an, daß dieser Bereich briefmarkenplatt zerquetscht wurde. Der Kopf des Mannes liegt mit dem Gesicht auf dem Schotter direkt hinter der Schiene. Der zu einem dünnen Hautschlauch zermalmte Hals bildet mit dem Kopf des Mannes noch ein Ganzes. Hellrotes Blut ist zwischen den Schottersteinen versickert.

„Was machen wir jetzt?“ fragt Wagners Kollege hilflos.

„Lok abkoppeln!“ befiehlt Wagner seinem Beimann und setzt fort: „Ich fahre ein Stück vor, werde über Zugfunk der Fahrdienstleitung Meldung erstatten. Die Strecke muß gesperrt werden. Polizei wird kommen. Vor Mittag werden wir nicht in Berlin sein!“

Um sie abzukoppeln, läuft der Beimann um die Lok herum auf

*Auf diese Weise legte sich Arno B. in Selbsttötungsabsicht auf die Gleise.*

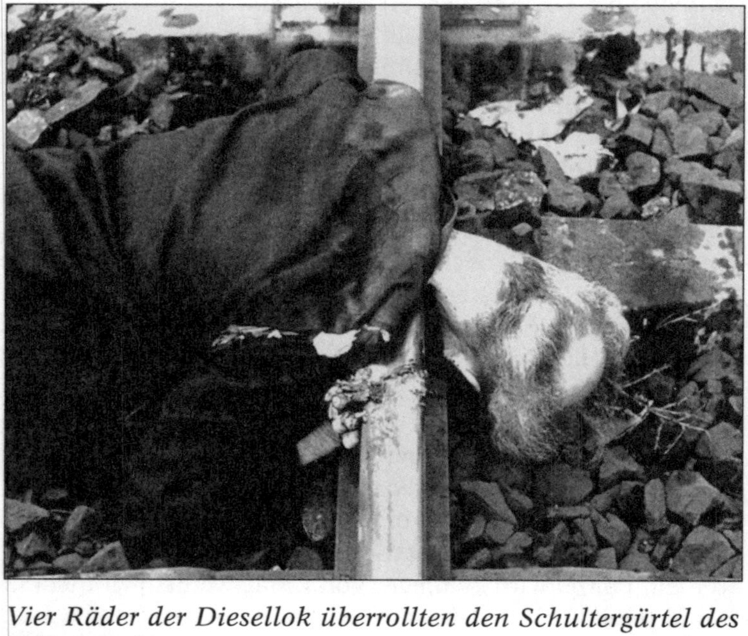

*Vier Räder der Diesellok überrollten den Schultergürtel des Selbstmörders.*

die andere Seite des Gleises. Niemals hätte er gewagt, sich an dem toten Mann vorbeizuzwängen, nur um auf kürzestem Wege die Kupplung zu erreichen.
Nachdem Wagner die Lok eine gute Länge nach vorn versetzt hat, führt er ein Funkgespräch mit dem Dispatcher und meldet das Vorkommnis. Sodann betätigt er das Typhon und gibt mehrmals in schnellem Dreiertakt kurze Töne ab. Die Druckluftsirene dröhnt durch die Stille des Morgens und ist über weite Entfernung zu hören. Es ist das Notsignal der Eisenbahner. Dann ruft er aus dem Fenster der Führerkabine seinem Kollegen zu: „Komm rein! Die Strecke ist gesperrt. Wir müssen warten!"
Jetzt wäre Gelegenheit, Frühstück zu machen. Doch den Männern ist jeglicher Appetit vergangen. Noch einige Male läßt Wagner das Notsignal ertönen. Dann wendet er sich an seinen Kollegen, zeigt in Fahrtrichtung und stellt fest: „Da ist ein Bahnübergang. Von dort werden sie kommen!"
Minutenlang sitzen die Männer schweigend auf ihren Plätzen, hängen ihren Gedanken nach und müssen das unerwartete Geschehen erst verarbeiten. Als wolle Wagner sich selbst beruhigen sagt er plötzlich: „Ein Glück, daß der sich so hingelegt hat!"
Der Beimann versteht nicht, sieht ihn fragend an, und Wagner erläutert seinen Gedanken: „Was meinst du, wie der ausgesehen hätte, wenn er zwischen den Gleisen gelegen hätte. Der wäre über den halben Zug verteilt, Hackfleisch, verstehst du!"
Der Beimann verzieht das Gesicht. Er kann sich die Situation gut vorstellen. Wagner setzt fort: „Im vorigen Jahr habe ich einen Radfahrer überfahren. Besoffen war er. Schiebt das Rad über den Bahnübergang an der geschlossenen Schranke vorbei. So ein Idiot! Ich hatte volles Tempo drauf. Bums, da war's passiert! Erst einen Kilometer später hielt der Zug. Schrecklich! Die Leichenteile waren auf der ganzen Strecke verteilt! Sowas muß man erst verdauen. Das dauert Monate. Und knapp zwei Jahre vorher hatte ich ...."
Der Beimann unterbricht ihn angewidert: „Hör auf. Es reicht!"
„Schon gut", lenkt Wagner wieder ein, „aber als Zugführer kann dir das eben passieren. Das muß man erst mal wegstecken können. Du stehst allein mit deinen Problemen, mußt ja gleich wieder auf den Zug! Klar, die oben sagen, das kann jedem mal passieren! Aber was in dir drinnen vorgeht, interessiert keinen!"
Wagners Emotionen schlagen hohe Wogen. In seiner Stimme schwingt eine gehörige Portion Verbitterung mit. Der Beimann

bemerkt die Erregung des Zugführers, versucht, die Wogen zu glätten, und fragt: „Gibt's in solchen Fällen keine psychologische Betreuung?"
Wagner reagiert abwehrend: „Wo denkst du hin! 'n paar Tage krankgeschrieben haben sie mich. Dann wieder rauf auf den Zug! – Kollegen haben mir mal erzählt, ein Lokführer aus Halle ist deshalb durchgedreht, kam in die Klapsmühle. Jetzt ist er Invalidenrentner!"

*Dänische Wissenschaftler fanden in den 80er Jahren bei der Untersuchung von Eisenbahnsuiziden heraus, daß jeder dritte bis vierte Zugführer mit suizidalen Überfahrungen konfrontiert wird. In nicht wenigen Fällen löst dies bei den Betroffenen zum Teil schwere, manchmal sogar längerfristige Störungen der Erlebnisverarbeitung aus. Die Gefährlichkeit psychischer Erschütterungen liegt vor allem darin, daß sich das Trauma hinter der Maske scheinbarer Gleichgültigkeit gegenüber dem Erlebnis erst nach Stunden oder Tagen offenbaren kann. Sowohl die Gefühlssphäre, das Denken und das Leistungsvermögen als auch vegetative Funktionen (z. B. Herz-Kreislauf, Verdauungsorgane) können dann ernsthaft gestört werden. Intensive psychotherapeutische Maßnahmen sind unausweichlich.*

Es dauert nicht mehr lange und jede Menge höchst offizieller Leute erscheinen: Vertreter des Dispatcherdienstes, technisches Eisenbahnpersonal, Transportpolizei. Dann geht alles ziemlich schnell. Wagner und sein Beimann werden über ihre Wahrnehmungen befragt. Unterdessen besichtigen die Polizisten den Leichnam des Mannes. Vorsichtig von der Schiene bugsiert wird er dann am Rande der Gleisanlage, mit einer Plane zugedeckt. Jetzt kann Wagners Beimann die Lok wieder ankoppeln. Und kurz vor 8.00 Uhr setzt der Zug Ce 46022 seine Fahrt in Richtung Berlin fort.

Die Polizisten durchsuchen die Taschen des Toten. Doch das erfordert gehörige Überwindung. Auf der Körpervorderseite ist der Anzug ziemlich blutdurchtränkt. Mit spitzen Fingern tasten sie die Taschen ab. Vielleicht ist etwas zu finden, womit der Mann identifiziert werden kann. Vergeblich, kein Ausweis, kein Notizbuch in den Taschen, nur ein kleines Lederetui in der Ge-

säßtasche und darin ein kleines Schlüsselbund mit einem Autoschlüssel darunter.
Als eine halbe Stunde später die Oberärztin des Gerichtsmedizinischen Instituts Magdeburg den Leichnam vor Ort untersucht, fördert sie aus der Innentasche der Jacke die blutdurchtränkten Fahrzeugpapiere zutage: Fahrerlaubnis, Zulassung und Berechtigungsschein. Jetzt sind die Personalien des Toten bekannt: Arno Beskow. Die Zeugenaussagen des Zugpersonals, die Auffindungssituation und das Ergebnis der gerichtsärztlichen Leichenschau lassen eine überzeugende Begründung für eine Selbsttötung zu. Um aber ganz sicher zu gehen, schlägt die Gerichtsärztin dennoch eine Obduktion vor.

Als Frau Beskow gegen 6.00 Uhr durch das Piepsen des elektronischen Weckers munter wird, ist das Bett neben ihr leer. Zunächst vermutet sie, ihr Mann sei bereits aufgestanden. Doch im ganzen Haus herrscht Stille. Sie steht auf und geht zum Bad. Aber dort ist ihr Mann nicht. Sie ruft seinen Namen – vergebens. Jetzt wird sie unruhig, sucht in jedem Raum der oberen Etage. Wieder nichts. Sie geht nach unten. Im Wohnzimmer brennt Licht, doch keine Spur vom Gatten. Auch in den Kellerräumen schaut sie nach. Das Auto ist nicht mehr in der Garage. Sie schlußfolgert richtig, daß er weggefahren sein muß. Irgendwie versteht sie sein Verhalten nicht, eilt nach oben ins Wohnzimmer. Jetzt erst entdeckt sie Schriftstücke auf dem Tisch, die ihr Mann dort abgelegt haben muß: Geschäftliche Verfügungen, Versicherungspolicen, ein Testament und ein Abschiedsbrief. Frau Beskow fühlt sich wie gelähmt. In ihrer Verzweiflung ruft sie die Tochter an. Und gegen 9.00 Uhr ist diese bei ihr.
Bald darauf erscheint die Polizei mit der erschütternden Mitteilung. Damit ist jede noch bestehende Hoffnung, daß Arno Beskow die Selbsttötungsabsicht vielleicht doch nicht verwirklichen könnte, endgültig vernichtet.
Noch am gleichen Tag entdeckt eine Polizeistreife in der Nähe der Ortschaft Möser auf dem Seitenstreifen der Landstraße Beskows abgestellten „Lada“.

*Die nichtnatürlichen Todesfälle auf dem Gleiskörper sind zumeist Unfälle. Unaufmerksamkeit und Mängel an technischem Gerät bei Bahnwartungs- und Rangierarbeiten, unbe-*

*fugter Aufenthalt auf dem Bahngelände, leichfertiges Auf- und Abspringen bei in Fahrt befindlichen Zügen, Sturz durch geöffnete Türen während der Fahrt, sog. S-Bahn- und Eisenbahnsurfen bilden – meist im Zusammenhang mit alkoholischer Beeinflussung – die Hauptursachen.*
*Etwa ein Drittel der Todesfälle sind Suizide. Diese harte Begehungsweise wird von Männern bevorzugt. Der Anteil der Frauen liegt unter einem Drittel. Das Altersspektrum reicht von 14 bis 75 Jahre (und älter), verdichtet sich allerdings beträchtlich bei den 20- bis 60jährigen. Tatorte sind in der Regel abgelegene Gleisabschnitte, seltener das direkte Bahnhofsgelände. Die Betreffenden werden meist liegend (Kopf oder Rumpf auf der Schiene) oder hockend, seltener nach einem Sprung vor den fahrenden Zug (z. B. von der Bahnsteigkante) überfahren.*
*Das kriminalistisch-gerichtsmedizinische Interesse richtet sich dabei vor allem auf die Frage, ob der Betreffende tot oder lebend auf das Gleis geriet. Ihre Beantwortung ist eine wichtige Voraussetzung für den Ausschluß oder den Nachweis einer möglichen Täterhandlung. Der Nachweis sog. vitaler Zeichen beweist, daß die Überfahrung zu Lebzeiten des Betreffenden erfolgte. Fehlen sie, deutet das immer auf Fremdeinwirkung hin. Aber auch wenn sie vorliegen, ist spurenkundlich und durch die Obduktion zu klären, ob der Betreffende nicht in handlungsunfähigem Zustand auf den Gleiskörper gebracht wurde (z. B. bewußtlos oder gefesselt). Nur so ist eine kriminalistisch exakte Unterscheidung von Suizid, Unfall und Mord möglich. Die Untersuchung von Eisenbahnüberfahrungen zählt zu den schwierigsten Aufgaben der kriminalistischen Todesermittlung.*
*In der DDR fiel die Untersuchung von Todesfällen im Bahnbereich gewöhnlich in die Kompetenz der Transportpolizei. Doch namhafte Fachleute übten immer wieder Kritik an deren Untersuchungsqualität. Oft führten verkehrsökonomische Erwägungen, die Bahnstrecke schnell wieder freizugegeben, zu einer oberflächlichen Ermittlung. Auch bei Leichenzerstückelungen ging man häufig von der irrigen Annahme aus, auf eine exakte spurenkundliche Tatortarbeit und eine gerichtsmedizinische Sektion verzichten zu können, weil unter diesen Umständen keine nennenswerten Ergebnisse erwartet werden können. So blieb im Vergleich zu anderen To-*

*desermittlungssachen der Einsatz von forensichen Spezialisten weit unter dem üblichen Niveau. Auf diese Weise wurden gravierende Untersuchungsmängel verursacht und gewissermaßen von Amts wegen Gründe für mögliche Straftatenlatenz gesetzt.*

*Doch diese Probleme sind beileibe nicht nur auf die Situation in der DDR beschränkt. Auch in der Bundesrepublik gilt: Gerade bei Todesermittlungen im Zusammenhang mit Eisenbahnüberfahrungen führen mangelnde Sachkunde und Zurückhaltung bei der Einbeziehung von Experten mitunter zu Untersuchungsfehlern.*

## Das Schweigen

Kurz vor Mitternacht, an einem Freitag im Juli 1971, Ende eines sonnenreichen, heißen Sommertages. Ein S-Bahnzug aus Richtung Friedrichstraße fährt zischend und polternd in den Bahnhof Alexanderplatz ein. Türen werden geöffnet, Menschen steigen aus und ein. Nur Sekunden dauert die Betriebsamkeit. Dann plärrt die blecherne Stimme des Zugabfertigers durch die Lautsprecher: „Strausberg einsteigen – zurückbleiben!“ Zischend schließen sich die automatischen Türen. Und wieder dauert es nur Sekunden, bis sich das Scheppern des davonfahrenden Zuges im Dunkel verliert. Aufgeregt gestikulierend eilt eine kleine korpulente Frau vom hinteren Bahnsteigende auf den Mann mit der roten Dienstmütze zu und zeigt auf den in die Nacht verschwindenen Zug: „Schnell! Polizei! Halten Sie den Zug an! Da drin ist ein Sittenstrolch!“
Der Mann von der Reichsbahn gibt sich gelassen: „Anhalten? Wie stellen Se sich det vor, jute Frau? Wat meinen Se überhaupt mit Sittenstrolch?“
Die Frau kann sich nicht beruhigen, prustet voller Entsetzen: „Da im letzten Wagen wollte einer Sauereien mit mir machen!“
Der Bahner beruhigt sie: „Na, dann komm' Se mal mit rin in die jute Stube, da sitzt eener von der Trapo, sozusagen wie bestellt!“
Er führt sie zu dem gläsernen Häuschen der Zugabfertigung. Drinnen schlürft ein Transportpolizist einen Kaffee. Offensichtlich macht er gerade Pause von seinem eintönigen Nachtdienst. Die Luft in dem engen Raum ist voll Zigarettenrauch. Jetzt kann die Frau ihr wichtiges Anliegen vorbringen. Mit knappen Worten schildert sie dem Uniformierten das Erlebnis: Sie sei am Bahnhof Friedrichstraße in den letzten Wagen des Zuges nach Strausberg gestiegen. Ihr gegenüber habe auch ein Mann Platz genommen. Am Bahnhof Marx-Engels-Platz wären zwei ältere Frauen zugestiegen, die sich aber in den vorderen Wagenteil gesetzt hätten. Zunächst sei der Mann ganz unauf-

fällig gewesen, habe lediglich seine Aktentasche auf dem Schoß so merkwürdig verkrampft festgehalten. Plötzlich hätte er leise gezischt und sie dabei angestarrt, um sie auf sich aufmerksam zu machen. Sie hätte sagen wollen, daß sie keine Lust verspürte, sich von ihm anbaggern zu lassen. Doch der Mann habe seine Aktentasche angehoben und auf seinen geöffneten Hosenschlitz gezeigt, aus dem das steife Glied herausragte. Sie sei vor Angst aufgesprungen und bis zum Abteilende gelaufen. Der Mann wäre unterdessen auf seinem Platz sitzengeblieben. Glücklicherweise habe sie ungehindert aussteigen können, während der Mann weitergefahren sei.

„Beschreiben Sie den Mann!" verlangt der Polizist.

„Ich würde sagen: mittelgroß, Mitte Dreißig, gut angezogen, piekfein, verstehen Sie, so mit Schlips und Kragen. Rotbraunes Haar und kurzgeschnittener Vollbart, ebenfalls rotbraun."

Während der Gesetzeshüter eines der vor ihm stehenden Telefone zu sich heranzieht und irgendeine Nummer wählt, fragt er: „Wollen Sie eine Anzeige erstatten?"

„Sicher, so was gehört doch hinter Gitter!" antwortet sie entrüstet.

Der Polizist telefoniert mit einem Kollegen vom Bahnhof Jannowitzbrücke, der nächsten Station. Die Frau versteht nur Wortfetzen: „Letzter Wagen. Vorläufige Festnahme. Vielleicht haben wir noch Glück. Mann, Mitte Dreißig, mit Vollbart und Aktentasche. Vermutlich Raushänger!" Dann legt er den Hörer auf und wendet sich an die Frau: „Geduld, wir müssen warten!"

Drei Minuten später schrillt das Telefon. Eilig greift der Polizist zum Hörer. Wieder vernimmt die Frau nur seine kurzen Antworten: „Ja. In Ordnung. Ihr veranlaßt das Weitere. Ich warte hier mit der Anzeigeerstatterin ... Ihr Name ... äh?" Er stutzt, blickt die Frau fragend an. Sie versteht seinen Blick und sagt: „Hirsemann, Lilo!"

Er nickt und spricht laut und deutlich in den Hörer: „Frau Hirsemann, Lilo!"

Nach dem kurzen Gespräch mit dem Mann am anderen Ende der Leitung, lehnt der Freund und Helfer sich siegesbewußt zurück und verkündet stolz: „Der Kerl ist gefaßt! Aber mit der Anzeige müssen Sie noch warten. Die nimmt die Kriminalpolizei auf. Ein Funkwagen bringt sie hin!"

Als die erste Stunde des neuen Tages anbricht, gibt die 34jährige Friseuse Lilo Hirsemann beim Kriminaldienst der VP-In-

spektion Mitte ihre Wahrnehmungen in der S-Bahn zu Protokoll.
Ihre Erregung läßt nach, als der Beamte des Kriminaldienstes sie darüber informiert, daß das Verhalten des Mannes in der S-Bahn Exhibitionismus genannt und strafrechtlich verfolgt wird. Aber ansonsten sei das Geschehen eher als harmlos zu bezeichnen, wenn man von der Verletzung des moralischen Empfindens absieht. Nach seinen praktischen Erfahrungen zu urteilen, hätte zu keiner Zeit eine akute Gefahr für ihr Leben und ihre Gesundheit bestanden. Das beruhigt sie zusätzlich. Und sie ist restlos zufrieden, als ihr abschließend angeboten wird, ein Funkwagen würde sie bis zu ihrem Wohnhaus in Lichtenberg kutschieren.
Gegen zwei Uhr wird der vorläufig Festgenommene, ein 33jähriger Arzt namens Dr. med. Uwe Eichelberg, wohnhaft in Heinersdorf, erstmals befragt. Die erkennungsdienstliche Prozedur hat er bereits schweigend über sich ergehen lassen: 3-teiliges Täterlichtbild, Abnahme von Fingerabdrücken. Er wirkt schüchtern und zurückhaltend. Während der Befragung bricht es aus ihm heraus: Weinend bedauert er den Vorfall in der S-Bahn. Eine plötzlich sexuelle Erregung und ein unaufhaltsamer, innerer Zwang haben ihn dazu getrieben, sein Geschlechtsteil vor der Frau zu entblößen. Verstandesmäßige Kontrollmechanismen seien dabei völlig außer Kraft gesetzt worden. Erst nachdem die Frau schreiend ihren Platz verlassen hatte, sei seine Kritikfähigkeit zurückgekehrt. Er mache sich nun schwere Vorwürfe, die Kontrolle über sich verloren zu haben, und sei entsetzt über sich selbst. Vor allem, weil er keinerlei sexuelle Probleme habe, seit zwei Jahren eine gute Ehe führe und an seinem kleinen Sohn hänge. Aber es sei plötzlich über ihn gekommen. Sein Verstand müsse total ausgesetzt haben, vermutlich begünstigt durch eine leichte alkoholische Beeinflussung. Anlaß dafür sei eine private Zusammenkunft im Haus der DSF gewesen, zu der ein Kollege anläßlich seiner Facharztprüfung eingeladen hatte. Er wisse wohl, sich strafbar gemacht zu haben.
„Bin ich jetzt verhaftet?“ fragt er ängstlich.
„Das kommt darauf an, ob Sie Rückfalltäter sind“, antwortet der Kriminalist, „aber das kläre ich gleich!“
„Um Himmels willen, mit der Polizei hatte ich noch nie etwas zu tun!“ ächzt Dr. Eichelberg.

„Um so besser für Sie, aber ich prüfe Ihre Angaben erst", entgegnet der Vernehmer, „nehmen Sie draußen solange Platz!"
Eine lange halbe Stunde sitzt Eichelberg auf der Wartebank vor dem Zimmer des Kriminaldienstes, ganz seinem Schicksal ergeben. Dann erscheint der Beamte wieder und bittet ihn ins Büro: „Wir werden Sie nicht hierbehalten, seien Sie froh, nicht bei uns registriert zu sein!"
Dr. Eichelberg fällt ein schwerer Stein vom Herzen: Nun ist es sicher, er ist nicht verhaftet!
„Doch wir müssen ein Ermittlungsverfahren gegen Sie einleiten: Verstoß gegen den § 124 StGB, Vornahme sexueller Handlungen in der Öffentlichkeit", gibt der Kriminalist zu bedenken. „Sie werden vorgeladen. Ihre Sache wird im Kommissariat 3 von einem Spezialisten untersucht!"
„Und ... was ... ich meine, wie wird das denn bestraft?" stottert Dr. Eichelberg ängstlich.
„Das entscheidet das Gericht. Im allgemeinen bewegt sich der Strafrahmen von einer Geldstrafe bis zu zwei Jahren Freiheitsentzug", erklärt der Kriminalbeamte, „aber nun fahren Sie erst mal nach Hause, schlafen sich aus und warten das Wochenende ab."

Schon am Montagmorgen, als er seinen kleinen Sohn zur Kinderkrippe bringen will, findet Dr. Eichelberg die Vorladung für Dienstag 9.00 Uhr, VPI Mitte, Zimmer 4212, im Postkasten. Noch kann er den höchst unangenehmen Vorfall verheimlichen, denn am Dienstag hat er Spätdienst. So umgeht er die Peinlichkeit, den Dienst zu tauschen. Auch seine Frau, die als Chemikerin im Chemischen Institut der Humboldt-Universität arbeitet, ist um diese Zeit längst in ihrem Labor und widmet sich ahnungslos ihren Reagenzien. Die Ereignisse haben seine Seele aufgewühlt. Er kann sich diese Episode nicht verzeihen, fühlt sich minderwertig und von Selbsthaß erfüllt. Dazu gesellt sich die quälende Ungewißtheit, welche rechtlichen Konsequenzen ihn erwarten und wie seine Frau und die Kollegen darüber urteilen werden. Doch er hat sich vorgenommen, gegenüber der Polizei ehrlich zu sein.
Am Dienstag, kurz vor 9.00 Uhr, klopft er zaghaft an die Tür mit der Zimmernummer 4212. Ein hochaufgeschossener, sportlicher Typ mit schwarzem Haar und randloser Brille empfängt ihn: „Oberleutnant Baumgartner!"

Eichelberg vermutet richtig, daß dieser Mann in seinem Alter sein müßte. Der Kriminalist kommt gleich zur Sache: Es liegt die Anzeige der Friseuse Lilo Hirsemann wegen der Vornahme sexueller Handlungen in der Öffentlichkeit vor. Des weiteren ein Befragungsprotokoll des Kriminaldienstes von Freitagnacht. Nunmehr werde er als Beschuldigter vernommen.
Ausführlich schildert Eichelberg den Tagesverlauf des vorigen Freitags: Früh Stationsdienst, nachmittags bei einer Facharztprüfung anwesend, abends in der Nationalitätengaststätte „Kalinka" im Haus der DSF eine kleine Feier. Nur einige Glas Wein habe er getrunken. Ein wenig beschwipst war er schon, aber ansonsten gut beieinander. Baumgartner fragt nach Einzelheiten des Geschehens in der S-Bahn. Doch Eichelberg kann sich nur wiederholen: Totale Übermacht eines Zwangs, den er nicht zu erklären vermag. Zutiefst bedauere er den Vorfall, wolle sich bei der Geschädigten entschuldigen. Diese Blamage: Die Ehefrau, die Kollegen, seine Position als Stationsarzt! Das muß er erst verdauen. Nun habe er Angst vor den Folgen.
Baumgartner will mehr über die Ehe wissen, dringt dabei in die tiefsten Winkel ehelichen Zusammenlebens vor. Doch Dr. Eichelberg hält seine Ehe in jeder Hinsicht für harmonisch. Keine Besonderheiten, keine Probleme. Auf die Frage nach der eigenen Sexualität in den Jahren vor der Ehe aber, fühlt er sich dem Kriminalisten verpflichtet, ein Geheimnis zu offenbaren, daß er bisher viele Jahre still behütete: Mit 17 oder 18 Jahren habe er erstmals dem unwiderstehlichen Drang nachgegeben, sich vor fremden Frauen zu entblößen. Es seien schreckliche Erlebnisse gewesen, die ihn immer schon belastet hätten, aber er sei glücklicherweise nie erwischt worden, er wisse nicht einmal, ob die Frauen überhaupt Anzeige erstattet hätten. Er habe sich dann in ärztliche Behandlung begeben und einige Monate lang das Medikament „Androcur" eingenommen. Danach hielt er sich für geheilt. Während seiner Armeezeit, in der er im Kreise seiner Kameraden öfters Alkohol zu sich nahm, habe er zwar kurzzeitig wieder unter diesem Triebdruck gelitten, doch nach einer weiteren, von seiner Umgebung nicht bemerkten Behandlung mit „Androcur", sei eine restlose Heilung erfolgt. Während seines Medizinstudiums lernte er seine spätere Gattin kennen, mit der er von Beginn an ein völlig normales Intimleben pflegen konnte. Seit mehr als 10 Jahren habe er über die alten Probleme nicht mehr nachdenken müssen, hielt sie

inzwischen für längst überwunden. Jetzt glaube er, daß der Alkohol den alten Drang wieder geweckt habe. Nüchtern sei ihm das seit vielen Jahren nicht mehr passiert. Überhaupt war es eine Ausnahme, anläßlich der feuchtfröhlichen Zusammenkunft am Freitag Alkohol getrunken zu haben.
Nach zwei Stunden ist die Vernehmung beendet. Dr. Eichelberg hat noch viele Unterschriften zu leisten, denn auf jeder Seite des Vernehmungsprotokolls und der vierfachen Durchschläge muß er die sachliche Richtigkeit seiner Aussagen bestätigen.
Bevor er Oberleutnant Baumgartner verläßt, fragt er schüchtern: „Können Sie mir sagen, wie es nun weitergeht?"
„Ich muß noch einige Zeugen über Ihren Leumund befragen, das Strafregister einholen und einen Schlußbericht formulieren. Letztlich entscheidet der Staatsanwalt. Ich kann ihm aber vorschlagen, die Sache einem gesellschaftlichen Gericht zur Entscheidung zu übergeben. Dann erfolgt keine gerichtliche Anklage."
„Aber in meinem Krankenhaus wird's dann offiziell bekannt", klagt Dr. Eichelberg betrübt.
„Das stimmt, diese Peinlichkeit bliebe Ihnen nicht erspart, aber alles in allem wäre das für Sie das geringste Übel", meint Baumgartner.

*Exhibitionismus (sexuelle Handlung in der Öffentlichkeit durch Entblößen, Zurschaustellen des erigierten Penis bei gleichzeitiger Masturbation) zählt zu den häufigsten sexuellen Abnormitäten. Er ist ein zwanghaftes, oft periodisch auftretendes Geschehen, das rationale Kontrollmechanismen außer Kraft setzt.*
*Der Exhibitionist ist bestrebt, seine Anonymität zu wahren. Nähere Kontakte zu den Geschädigten meidet er. Aggressives Verhalten ist ihm zumeist fremd. Sexualbefriedigung erreicht er, wenn die Personen, denen er sich zur Schau stellt (Frauen, Kinder, Jugendliche), ihn durch bestimmte Reaktionen stimulieren (Aufschreien, schreckhaftes Davoneilen usw.). Fehlen derartige Reaktionen, d. h. wird der Exhibitionist nicht beachtet, bleibt die sexuelle Befriedigung aus. Über die Ursachen ist wenig bekannt. Jedoch werden epilepsieähnliche Dämmerzustände vermutet. Auch krankhafte hirnorganische Geschehen können in Frage kommen. Medikamentöse und psychotherapeutische Maßnahmen dämmen den Drang ein.*

*Haftstrafen, wie sie das Gesetz vorsieht, können den Zwang zum Exhibitionieren niemals beeinflussen und den Rückfall nicht verhindern.*
*Über Jahrzehnte hinweg und im Vergleich zu allen Straftaten ist der Anteil exhibitionistischer Handlungen mit 0,1 Prozent sehr gering, konzentriert auf städtische Regionen. Die Häufigkeitsbelastung (jährlicher Anteil auf 100 000 Einwohner) schwankt zwischen 11 und 16. Aber nur ein Drittel der Fälle wird aufgeklärt.*

Dr. Eichelberg war längst gegangen, als das Telefon bei Baumgartner schrillt: Der Kommissariatsleiter, Hauptmann Beck, bittet ihn zu sich, mit einem Duplikat der Akte. „Ich brauche den Vorgang, andere Genossen wollen ihn sehen!"
Baumgartner ist verwundert: „Der Staatsanwalt? Ich bin noch gar nicht fertig, habe noch Ermittlungen zu führen ..."
„Nee, nicht der Staatsanwalt, jemand von der anderen Feldpostnummer", meint der Kommissariatsleiter ironisch. Baumgartner versteht: Das MfS interessiert sich für den Exhibitionisten Dr. Eichelberg.
Ein dünner Mann mit Vogelgesicht und militärisch kurzem Haarschnitt betritt Becks Büro. Baumgartner hat ihn zu den Tischzeiten schon x-mal im Speisesaal gesehen, ohne freilich zu wissen, daß dieser der „Firma Horch und Guck" angehört, vermutete in ihm bisher einen Funktionär aus der Führungsetage des Präsidiums. Freundlich begrüßt der Ankömmling den Oberleutnant: „Tach, Wedekind", stellt er sich vor und fragt: „Du bearbeitest doch den Vorgang Eichelberg?"
Der Angesprochene bejaht.
„Na, dann zeig mal her!"
„Warum das, der Vorgang ist noch nicht abgeschlossen?" fragt Baumgartner zaghaft. Doch der Kommissariatsleiter mischt sich ein: „Geht schon in Ordnung, Genosse Baumgartner!"
Das freundliche Vogelgesicht blättert minutenlang interessiert in der Akte, wirft dem Kommissariatsleiter dann einen kurzen Blick zu und wendet sich an Baumgartner. „Gut, gib mir mal das Original und alles, was du dazu hast, Genosse. Wir bearbeiten den Vorgang weiter!"
Der sieht seinen Chef verwundert an, doch dieser zuckt fast unmerklich mit der Schulter und sagt: „Ich hab doch gesagt, das geht schon in Ordnung!" Baumgartner läßt sich seine Verärge-

rung nicht anmerken und übergibt, innerlich kochend, kurze Zeit später alle Unterlagen an das Vogelgesicht.
Später fragt er seinen Chef, ob derartiges üblich sei. „Das nicht", meint dieser resignierend, „aber ab und zu machen die das. Nur umgekehrt geht's nicht."
Baumgartner fühlt sich in seinem Stolz verletzt: Da nimmt ihm irgendeiner kraft eines Amtes mir-nichts-dir-nichts einen nicht abgeschlossenen Vorgang weg, und er darf nicht einmal erfahren, warum!
Wochenlang grämt er sich über diesen Vorfall, und er wird fast jeden Tag von neuem an ihn erinnert, wenn er das Vogelgesicht im Speisesaal erblickt, das ihn nunmehr immer freundlich grüßt.
Der Zufall will es, daß sich beide Männer eines Tages in einer der engen Fahrkabinen des Paternosters begegnen. Baumgartner fragt den MfS-Mann in der Annahme, daß dieser ihm den Stand der Ermittlungen mitteilt: „Na, wie weit seit Ihr mit dem Doktor Eichelberg?" Doch der mißversteht ihn gründlich. Leichtfertig offenbart er ein ansonsten streng behütetes Dienstgeheimnis: „Ach, der ist jetzt unser Mann!" Baumgartner begreift das nicht, sagt aber, um nicht ganz dumm zu erscheinen: „Na, ist doch gut!"
Später vertraut er seinem Chef, Hauptmann Beck, die Begegnung mit dem Vogelgesicht an. Der lächelt vielsagend und meint nur: „Nun ist dein Doktor ein Blauer!" Baumgartner versteht nicht. Beck bemerkt dies und flüstert ihm langsam, jede Silbe einzeln betonend, ins Ohr: „In-offi-ziel-ler Mit-ar-bei-ter!"

*Der Begriff „Blauer" kennzeichnet im internen Sprachgebrauch des MfS einen Inoffiziellen Mitarbeiter und geht darauf zurück, daß in den Gründerjahren der Staatssicherheit dafür blaue Personalakten verwendet wurden. Die Tatsache, daß der Vorgang Dr. Eichelberg dem Sachbearbeiter Baumgartner entzogen wurde sowie die Bemerkungen des MfS-Mannes und des Kommissariatsleiters begründen die Vermutung, daß Dr. Eichelberg zur inoffiziellen Mitarbeit für das MfS genötigt wurde. Daß solche Anwerbungspraktiken bestanden, belegen die Richtlinien und Durchführungsbestimmungen des DDR-Geheimdienstes.*
*Auszug aus der vom Minister für Staatssicherheit im Januar 1968 erlassenen „Richtlinie 1/68 für die Zusammenarbeit mit Gesellschaftlichen Mitarbeitern für Sicherheit und Inoffizi-*

*ellen Mitarbeitern im Gesamtsystem der Sicherung der Deutschen Demokratischen Republik“ mit dem Vermerk „Geheime Verschlußsache“:*

*...*

*2. Die Auswahl, Überprüfung und Gewinnung Inoffizieller Mitarbeiter*

*...*

*2.3.2.3 Die Werbung zur Förderung des Wiedergutmachungswillens*

*Die Art dieser Werbung kann zur Anwendung kommen bei Personen, die durch ihr Handeln Normen des gesellschaftlichen Zusammenlebens verletzt haben und durch ihre Mitwirkung an der Lösung politisch-operativer Aufgaben die Möglichkeit erhalten, einen Beitrag zur Wiedergutmachung zu leisten.*

*... Die Werbung zur Förderung des Wiedergutmachungswillens kommt zur Anwendung, wenn keine hinreichenden Ansatzpunkte für die Werbung auf anderer Grundlage gegeben sind und die Werbung zur Förderung des Wiedergutmachungswillens die erfolgversprechendste ist.*

*... Die Wiedergutmachung bei Verletzung von Strafrechtsnormen mit der Folge des Wegfalls oder Milderung strafrechtlicher Verantwortlichkeit ist Bestandteil des gesellschaftlichen Strafrechts.*

*Bei beabsichtigten Werbungen, die den Wegfall der strafrechtlichen Verantwortlichkeit zugrunde legen, hat eine Abstimmung mit der zuständigen Untersuchungsabteilung des Ministeriums für Staatssicherheit zu erfolgen ...“*

*Auszug aus dem mit dem Geheimhaltungsgrad „Geheime Verschlußsache“ gekennzeichneten und von Mielke unterzeichneten Dokument vom 8. Dezember 1979: „Richtlinie 1/79 für die Arbeit mit Inoffiziellen Mitarbeitern (IM) und Gesellschaftlichen Mitarbeitern für Sicherheit (GMS)“:*

*...*

*3. Bei der Werbung auf der Grundlage der Auslösung von Rückversicherungs- und Wiedergutmachungsbestrebungen der Kandidaten mit Hilfe kompromittierender Materialien ist auszugehen von der Verletzung gesellschaftlicher Normen durch die Kandidaten einerseits und andererseits von ihrem Verlangen, negative Folgen dieser Normverletzung von sich*

*abzuwenden bzw. eingetretene Schäden durch eigene Leistung wiedergutzumachen oder zu ersetzen.*
*Das kompromittierende Material muß*
*– geeignet sein, den Kandidaten die Normverletzung bewußt zu machen, ihr Gewissen anzusprechen, Schuldgefühle zu wecken bzw. Unsicherheit zu erzeugen,*
*– auf die Besonderheiten der einzelnen Kandidaten, auf ihre konkreten Moralnormen, ihr Rechtsbewußtsein, auf ihre charakterliche Feinfühligkeit und Gefühlswelt, auf ihr berufliches Ethos oder ihr Geltungsbedürfnis ausgerichtet sein.*
*Der Einsatz des kompromittierenden Materials hat in Abhängigkeit von seiner Beschaffenheit und der Persönlichkeit des Kandidaten differenziert zu erfolgen durch*
*– die kompakte Anwendung des kompromittierenden Materials, um in ihrer feindlichen Einstellung verhärteten Kandidaten den Ernst der Lage bewußt zu machen,*
*– die ausgewählte, teilweise Anwendung des kompromittierenden Materials, um damit Impulse zur selbständigen Stellungnahme des Kandidaten zu geben,*
*– den Verzicht auf den direkten Einsatz des kompromittierenden Materials, dessen Vorhandensein die Kandidaten vermuten, um damit die Bereitschaft zur Zusammenarbeit, verbunden mit positiven Haltungen zu den operativen Mitarbeitern zu entwickeln ...“*

Reichlich neun Jahre sind vergangen. Baumgartner ist längst zum Hauptmann der K avanciert und ins Polizeipräsidium versetzt worden. Seit langem beschäftigt er sich nun mit Todesermittlungssachen. Den Vorgang Dr. Eichelberg hat er längst vergessen. Und wahrscheinlich wäre es so geblieben, wenn nicht ein Zufall seine Erinnerung wieder aktiviert hätte.
Es ist Donnerstag, der 1. Mai 1980. Kampf- und Feiertag der Werktätigen. Baumgartner hat Hausbereitschaft. In ständiger Erwartung eines Einsatzes bewacht er das Telefon. Unterdessen pilgern die Volksmassen, mit roten Papiernelken geschmückt, durch Berlin, die Hauptstadt der DDR, zu ihren vorgeschriebenen Stellplätzen. Dann: Wie aus Kanälen fließen sie aus den Seitenstraßen der Karl-Marx-Allee zu einem gigantischen Strom zusammen, wohlgeordnet nach Betrieben und Arbeitskollektiven. Begleitet von der aus unzähligen Lautsprechern ertönenden Marschmusik wälzt sich der Strom an den

Tribünen der Staats- und Parteiführung vorbei. Huldvoll winken die Mächtigen dem Volke zu.
Baumgartner rekelt sich schläfrig auf dem Sofa. Nur hin und wieder wirft er einen gelangweilten Blick auf die Live-Übertragung der Maidemonstration im Fernsehen. Als gegen Mittag die Parade der Kampfgruppen den Massentrubel in der Karl-Marx-Allee abschließt, ist Baumgartner längst eingeschlafen. Er wird erst wieder wach, als die Gattin ihn zu Tisch bittet. Bis in die frühen Abendstunden bleibt er von Polizeiangelegenheiten verschont.
Dann schrillt das Telefon. Der OdH hat einen Auftrag parat: „Männliche Leiche in der Wohnung. Vermutlich Vergiftung. FStW bereits am Tatort, Blankenburg, Bahnhofstraße, Name Eichberger oder so ähnlich!"
Diese Informationen reichen. Baumgartner findet das Haus sofort, weil davor ein Polizist und der grüne Streifenwagen stehen. Artig erstattet der Uniformierte seine Meldung: „Der Einsatz ist 19.12 Uhr über die Funkleitstelle nach telefonischer Anzeige durch den Leichenschauarzt befohlen worden. Die fragliche Wohnung befindet sich im ersten Stock des Zweifamilienhauses. Der Streifenführer der Funkstreife hält sich in der Wohnung bei der Ehefrau des Geschädigten, Dr. Dorle Eichelberg, auf. Bei dem Toten handelt es sich um den Ehemann!"
Durch einen Vorgarten betritt Hauptmann Baumgartner das Haus. Es ist ein altes backsteinrotes Gebäude im Jugendstil. Oben angekommen, stutzt er einen Augenblick. An der mit schwungvollen Ornamenten verzierten Wohnungstür prangt ein messingfarbenes Klingelschild mit den unübersehbaren Lettern eines Namens, der ihm irgendwie bekannt vorkommt: „Dr. med. Uwe Eichelberg". Noch kann er diesen Namen nicht zuordnen. Doch in den folgenden Minuten wird er sich, trotz aller Konzentration auf seine eigentlichen Aufgaben, immer wieder an ihn erinnern.
Der Streifenführer des Funkwagens, der sich mit VP-Meister Kulak vorstellt, läßt ihn ein und flüstert ihm zu: „Die Ehefrau sitzt im Wohnzimmer, der Leichnam liegt im Zimmer am Ende des Korridors!" Mit einer Kopfbewegung deutet er an, welche Räume er meint.
„Und ihre Verfassung? Kann man mit ihr reden?" will der Kriminalist wissen.
Der Uniformierte nickt: „Ja, kann man!"

Baumgartner betritt den ersten Raum. Dort sortiert die Gattin des Verstorbenen irgendwelche Papiere. Sie ist eine schlanke Frau, etwa 40 Jahre alt, mit langem, dunklem Haar, das in der Mitte gescheitelt und am Hinterkopf zu einem Pferdeschwanz zusammengebunden ist. Ihr Gesicht drückt Ernst, fast Strenge aus.
Er spricht sie gleich an: „Kriminalpolizei, Hauptmann Baumgartner! Mein aufrichtiges Beileid!“ Doch nur zwei Atemzüge später fragt er: „Haben Sie Ihren Gatten gefunden?“
Die Frau antwortet mit trockenem Mund: „Ja, gegen 17.00 Uhr kam ich nach Hause. Ich hatte unseren Jungen von meiner Mutter in Liebenwalde abgeholt. Er war übers Wochenende bei ihr, wurde aber krank und konnte einige Tage nicht zur Schule. Als wir die Wohnung betraten, hab ich meinen Mann erst gar nicht gesehen. Dann rief der Junge: Mama, komm mal her, der Papa liegt hier mit lauter Schläuchen! Ich bin dann zum hinteren Zimmer. Dort lag er mit den Infusionen am Fotostativ. Sein Körper war schon steif. Da wußte ich Bescheid. Ich hab alles stehen lassen, den Rettungsdienst angerufen und den Jungen gleich zu Nachbarn gebracht ...“
„'tschuldigung, ich muß Sie unterbrechen, aber gedulden Sie sich“, drängt Baumgartner. „Ich komme gleich wieder zu Ihnen.“
Dann geht er zu dem Raum am Ende des Korridors. Es scheint das Arbeitszimmer zu sein: Zwischen den Fenstern ein kleiner Schreibtisch, an der Wand gegenüber der Tür ein bis unter die Decke vollgepacktes Bücherregal. Auf einer Ausziehcouch, die mit weißen Linnen akkurat als Bett zurecht gemacht wurde, liegt, bis in Brusthöhe zugedeckt, ein Mann in gestreiftem Schlafanzug, die Augen geschlossen, das Gesicht entspannt, wie friedlich schlummernd. Der linke Arm liegt, leicht angewinkelt, etwas außerhalb der Couch auf einer mit Laken abgepolsterten Erhöhung.
Der Ärmel des Schlafanzuges ist nach oben geschoben. Mehrere, durch breite Pflasterstreifen fixierte, dicke Kanülen stecken tief in den Armvenen des Mannes. Daneben mehrere medizinische Schlauchklemmen. Von den Enden der Kanülen führt ein Wirrwarr heller Plastikschläuche zu zwei Infusionsflaschen, an einem Fotostativ befestigt, mit Zetteln beklebt, die freundlicherweise Auskunft über den Inhalt geben: „1000 mg Velonarcon + 10 Ampullen Faustan, 10 Ampullen Pavulon + 5 Ampul-

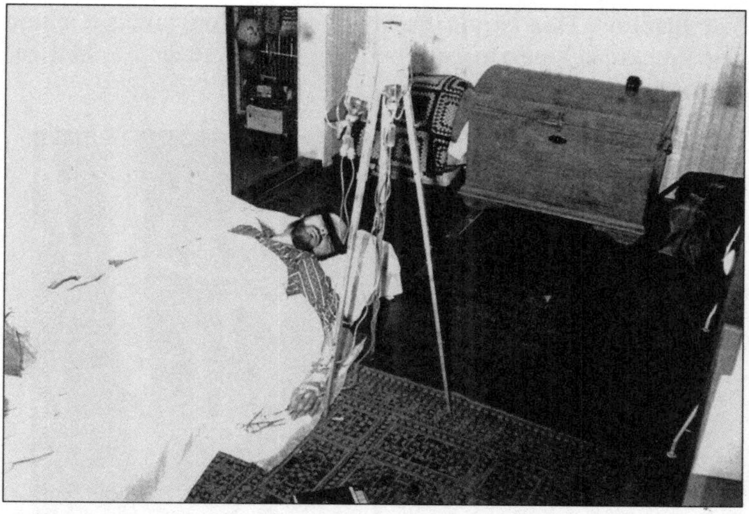

*Unveränderte Lage des toten Dr. Uwe E. bei Eintreffen der Kriminalpolizei.*

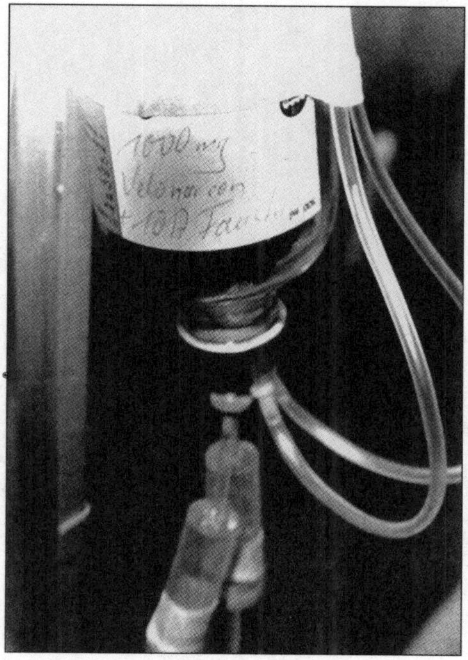

*Detailaufnahme der Infusion mit der Angabe zum Inhalt.*

len Insulin“. Das ist ein hochwirksamer Cocktail, der einen friedlichen, schmerzlosen Übergang in den ewigen Schlaf garantiert.

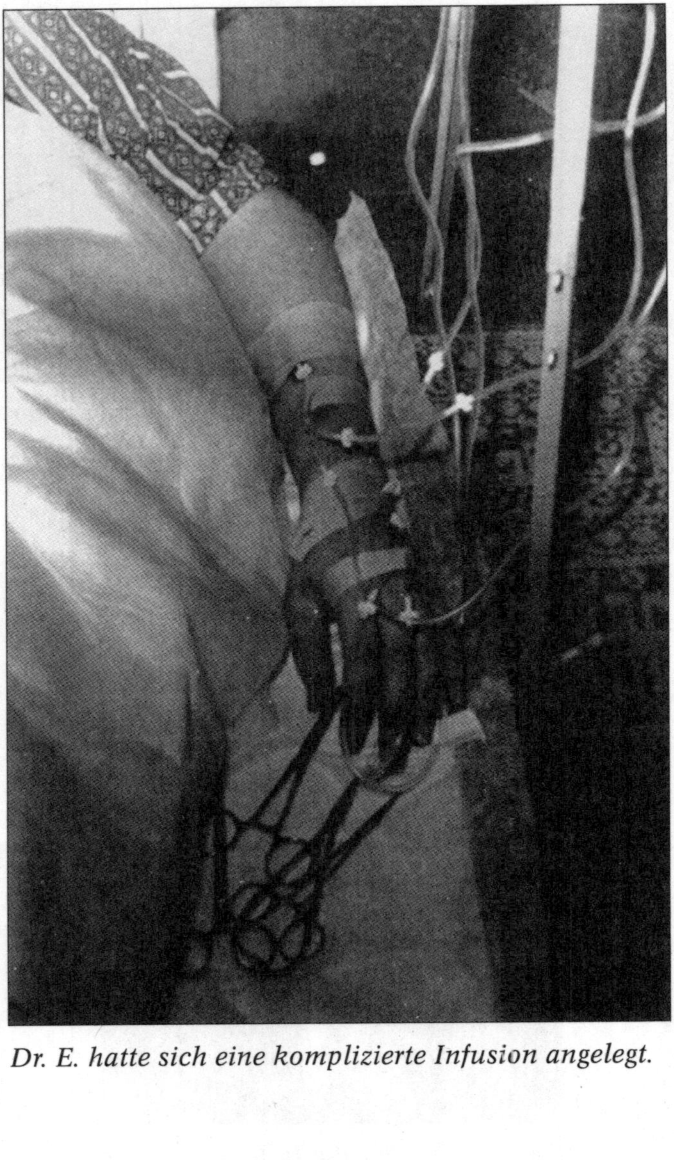

*Dr. E. hatte sich eine komplizierte Infusion angelegt.*

Baumgartner hebt den Arm des Toten leicht an und betrachtet dessen Unterseite: Die großflächigen Totenflecke deuten darauf hin, daß der Todeseintritt spätestens 6 Stunden zurückliegt. Er schießt einige Tatortfotos und asserviert die Infusionsflaschen für eine mögliche toxikologische Untersuchung.

Dann richtet sich seine Aufmerksamkeit auf das Gesicht des toten Mannes, der rotbraunes Haar hat und einen kurzgeschnittenen Vollbart trägt. Nun kommt ihm nicht nur der Name, sondern auch das Gesicht bekannt vor. Woher kennst du den nur?, hämmert es in seinem Hirn. Er überlegt, versucht, über Assoziationen in die Nähe seines Erinnerungsspeichers zu gelangen. Und plötzlich scheint die Reizleitung in seinem Hirn die richtige Stelle getroffen zu haben: Ist das nicht der Doktor aus dem Klinikum Buch, der im Suff sein bestes Stück öffentlich präsentierte und dessen Vorgang er an das MfS abgeben mußte? Noch ist er sich nicht hundertprozentig sicher, doch verläßt er diese Denkrichtung nicht mehr.
Als Baumgartner schließlich einige Übersichtsaufnahmen vom Zimmer des Verstorbenen macht, verheddert er sich mit den Füßen im Stromzuführungskabel eines Diktiergeräts, das mitten im Raum auf dem Boden steht. Er zieht das Kabel aus der Steckdose, nimmt das Gerät und verläßt den Raum.
Frau Dr. Eichelberg sitzt im Wohnzimmer und beendet gerade ein Telefongespräch. Baumgartner vermutet richtig, daß sie Verwandte und Freunde über das Ereignis informiert hat. Er plaziert das Diktiergerät auf dem Tisch und schließt es an die Steckdose: „Wissen Sie, was da drauf ist?"
„Nee, ich hab es gar nicht bemerkt, als ich bei meinem Mann im Zimmer war", wundert sie sich.
„Es stand auf dem Teppich. Vielleicht hat er was draufgesprochen. Wollen Sie's hören?" Noch ehe sie die Frage bejaht, spult er das Band zurück und drückt auf die Wiedergabetaste.
Frau Eichelberg und Baumgartner sitzen andächtig und voller Spannung vor dem kleinen Apparat. Was sie hören, sind die letzten Worte eines verzweifelten Mannes an seine Frau: Er könne nicht ohne sie weiterleben und ist sich sicher, sie verloren zu haben, weil sie einen anderen Mann liebe. Sein Leben sei trotz aller beruflichen Erfolge verpfuscht. Er wisse, daß er durch die bevorstehende Scheidung auch seinen Sohn verlieren wird. Er habe bisher zuviel erdulden müssen, was er nun nicht mehr

verkrafte. Zu viele Dinge habe er in seinem Leben für sich behalten müssen, ohne jemals darüber sprechen zu können. Jetzt nehme er alle Probleme mit in den Tod.
Blaß, ernst und ohne erkennbare Rührung vernimmt Frau Dr. Dorle Eichelberg die letzten Worte ihres Gatten. Dann starrt sie einen Moment lang stumm auf das Tonbandgerät. Baumgartner bemerkt jetzt ihre feuchten Augen. Als wäre ihr die eigene Regung peinlich, wischt sie mit dem Handrücken die Tränen ab und seufzt tief: „Schade! So intelligent – und doch nur ein schwacher Mensch!"
Baumgartner empfindet diesen Satz wie einen dicken Schlußstrich, der gerade unter eine Ehe gezogen wurde.
Nach kurzem Nachdenken wendet er sich an den Wachtmeister auf dem Korridor und erlöst ihn von der stupiden Sicherungsaufgabe: „Genosse Meister, Sie können den Einsatz beenden. Veranlassen Sie den Abtransport der Leiche. Ich bleibe solange hier!"
Er braucht keine Zuhörer bei dem folgenden Gespräch mit Frau Dr. Eichelberg, von dem er sich weitere Aufschlüsse über die Persönlichkeit des Toten, die Ehe und Selbstmordmotive verspricht.

Seine Vermutungen bestätigen sich. In der Tat hatte Frau Dr. Eichelberg vor kurzem die Scheidung eingereicht, weil sie die Ehe für zerrüttet hielt. Fast 12 Jahre hatte sie es an seiner Seite ausgehalten. Sie war Studentin, als sie Uwe Eichelberg kurz vor seiner Approbation kennenlernte. Er war zwar ein stiller, in sich gekehrter, schüchterner, vielleicht sogar verklemmter Mann, bestach aber durch Intelligenz, beruflichen Ehrgeiz und handwerkliche Fähigkeiten. Streitigkeiten verabscheute Uwe, und wenn sie dennoch aufkamen, zog er sich zurück, zeigte keinen ernsthaften Widerstand und gab stets nach, ohne den Versuch, die eigene Meinung zu bekunden. Doch seine und ihre kulturellen Interessen deckten sich. Und immer war er charmant und treu. Sie verliebten sich und festigten 1969 ihre Beziehung durch ein Ehebündnis. Im gleichen Jahr wurde ihr gemeinsamer Sohn Sven geboren. 1973 bestand Uwe seine Facharztprüfung als Internist und war fortan auf kardiologischem Gebiet tätig.
Langsam kam sie aber zu der Erkenntnis, daß er nicht der Partner sein konnte, den sie sich wünschte, der Stärke zeigte und das Gefühl von Geborgenheit vermittelte. Eher war es umge-

kehrt: Sie war diejenige, die sein Bedürfnis nach Anlehnung befriedigen mußte.

Als Kardiologe gelangte er schnell zu einem beachtlichen Renommee. Er vergrub sich immer mehr in seine Arbeit und suchte kaum noch Gemeinsamkeiten mit ihr. Einerseits hatte sie manchmal den Eindruck, daß er eine heimliche Beziehung zu einer anderen Frau eingegangen ist, weil er so geheimnisvoll tat und sich immer mehr von ihr entfernte. Andererseits suchte er wieder ihre Nähe und beschwor sie, nicht ohne sie leben zu können. Doch es war bereits zu spät. Längst hatte sie einen Freund, mit dem sie sich auf eine gemeinsame Zukunft einrichtet. Deshalb hatte sie auch die Scheidung eingereicht.

„Glauben Sie, daß die Probleme, über die er angeblich nie sprechen konnte, in Ihrer Ehe begründet liegen?“ fragt Baumgartner.

„Nee, nee, ausgeschlossen! Klar, wir hatten Probleme, aber ich habe ihn nie im unklaren gelassen, trotz meiner Trennung“, reagiert sie sofort und heftig.

„Entschuldigen Sie die delikate Frage, aber wie schätzen Sie das eheliche Intimleben ein, bevor Sie Ihre Trennung realisierten?“ fragt Baumgartner zaghaft weiter.

„Im großen und ganzen ziemlich normal, wenn Sie verstehen, was ich meine“, entgegnet sie.

„Hatte er vielleicht Probleme, bevor Sie ihn kennenlernten?“ will er nun wissen.

„Ja, da war mal was“, überlegt sie, „aber das liegt lange zurück. Er hatte wohl mal einen Nervenzusammenbruch und wurde eine Zeitlang ärztlich behandelt. Die eigentlichen Gründe hat er mir nicht genannt!“

„Trank er Alkohol, nahm er Tabletten, war er gesund?“ erkundigt sich der Kriminalist weiter.

„Tabletten? – Nein! Und Alkohol trank er so gut wie nicht, höchstens mal ein Gläschen Wein in Gesellschaft. Und krank war er auch nicht“, antwortet sie sicher.

„Gab's dienstliche Schwierigkeiten?“ dringt Baumgartner auf sie ein. „Ich frage das, weil ich immer noch keinen Zugang zu den Problemen finde, die er mit in den Tod nehmen wollte.“

Sie überlegt, sagt dann aber: „Nichts, das ich wüßte. – Klar, manchmal ließ er seinen Frust ab über die Stroh dreschenden Nichtsnutze aus der Klinikumsleitung. Aber sonst? Er war geachtet, machte Stationsdienst, Ambulanz und forschte.“

„Worüber forschte er denn?“
„Es ging wohl um medizintechnische Sachen, Verbesserung der Ultraschallaufzeichnungen des Herzens und so etwas. Er hatte Verbindung zu westdeutschen und holländischen Kollegen!“
„War er Reisekader?“
„Wie man's nimmt. In den ersten Jahren durfte er ein paar mal zu Studienzwecken nach Moskau. In den USA, in Japan und Westdeutschland war man inzwischen schon viel weiter. Aber da durfte er nicht hin, obwohl er sich hartnäckig darum bemühte. Doch ungefähr vor drei Jahren klappte es plötzlich ...“
Frau Dr. Eichelberg holt tief Luft und betont den nächsten Satz, als würde sie über ein Wunder sprechen: „Er durfte zu einer kardiologischen Tagung in den Westen!“ Dann beklagt sie sich: „Aber merkwürdigerweise war er gar nicht so glücklich darüber. Das habe ich nie verstanden! Er kam zurück, meckerte nur herum, weil er so viele Reiseberichte schreiben mußte. Aber das war doch üblich ...“
Baumgartner fällt ihr ins Wort: „Können Sie mir ein früheres Foto Ihres Mannes zeigen?“
Sie blickt ihn erstaunt an, ist aber sofort bereit: „Natürlich, warten Sie!“
Sie holt ein Album und zeigt auf ein Bild: „Hier, da ist Uwe mit unserem Sohn als Säugling.“
Baumgartner starrt auf das Foto, triumphiert innerlich: Ja, das ist er, der Mann mit dem rotbraunen Haar und dem kurzgeschnittenen Vollbart, dessen Akte ihm kommentarlos entzogen wurde. Nun hat er Gewißheit und auch keine Fragen mehr an Frau Eichelberg. Kurzerhand beendet er den Dialog: „Danke, Frau Dr. Eichelberg, ich will Sie nicht weiter belästigen. Bitte kommen Sie in den nächsten Tagen ins Präsidium. Sie müssen das Vernehmungsprotokoll noch unterschreiben!“

Hauptmann Baumgartner hegt keinen Zweifel am Selbstmord des Arztes. Auch was die Klärung der Probleme betrifft, die Eichelberg in seinen, auf dem Tonband konservierten, letzten Worten so geheimnisvoll, orakelhaft andeutete, glaubt er, einen Schritt weiter zu sein. Ihm ist klar, daß nicht allein die ehelichen Konflikte Eichelbergs Lebenswillen demoliert haben können: Immerhin waren da noch die peinlichen exhibitionistischen Vorfälle – ein Geheimnis, das an seiner Seele zehrte. Und da war noch die große Frage, welche Geschehnisse seit dem Jahre

1971, als Baumgartner die Akte über ihn los wurde, das Leben Eichelbergs belasteten.
Baumgartner ist sich sicher: In den zentralen kriminalpolizeilichen Registraturen wird er keinerlei Angaben über Dr. Uwe Eichelberg entdecken. Und würde er im Anzeigentagebuch der VPI-Mitte blättern, stieße er auf einen Eintrag vom 1.7.1971: Anzeige wegen Verstoßes gegen § 124 StGB, Anzeigeerstatterin Hirsemann, Lilo, Verdächtiger Eichelberg, Uwe. Doch durch diese Angaben wird ein akkurater roter Strich gezogen worden sein. Und darüber wird stehen: Anzeige zurückgezogen, kein öffentliches Interesse.
Baumgartner entschließt sich, nicht weiter darüber zu spekulieren und denkt: „Was geht's mich an. Laß die Toten ruhen! Und überhaupt, es wäre womöglich existenzbedrohend, da weiter nachzugraben!“

## Leichensache Kollbeck

Groß Schwansee im Kreis Grevesmühlen ist ein kleines, unbekanntes Fischerdorf westlich der Wismarbucht.
Die nahe Küste ist Sperrgebiet: Betreten und Fotografieren verboten! Bei klarem Wetter sieht man von der Steilküste aus am Horizont die Konturen des Timmendorfer Strandes. Auch die imposanten Fährschiffe der Linie Travemünde-Kopenhagen oder Malmö entgehen dem scharfen Auge des Beobachters nicht. Aber solcherart Blick ist für den DDR-Bürger schädlich, könnte womöglich Fernweh auslösen, und das direkt nach der reaktionären Welt des Kapitals. Deshalb säumen keine FDGB-Urlauberheime, Strandkörbe und Promenaden das Gestade. Statt dessen verkünden an diesem westlichsten Ostseestrand die Militärbastionen der Volksmarine eisernen Verteidigungswillen. Nur dem Küstenschutz der Marine und den anderen volkseigenen Grenzschützern ist der Blick erlaubt, freilich nur, um Grenzverletzungen zu verhindern. Diese Region ist strategisch so sensibel, daß sie auf den Autokarten der DDR erst gar nicht verzeichnet wird.
Mittwoch, den 30. Mai 1962, gegen Mittag. Der Himmel über der Ostsee ist bedeckt. Ab und zu nieselt es. Kalte Böen wehen von Norden her über die Steilküste. In gleichmäßigen, wuchtigen Schüben spült das Meer seine Ausläufer meterweit über den flachen, sandigen Strand, um sie nach wenigen Sekunden wieder zurückzuziehen.
Oberhalb des Strandes schreiten zwei Männer in Marineuniform gemächlich über den Trampelpfad an der Steilküste. Über ihren Schultern hängen Maschinenpistolen: Obermatrose Steingräber und Matrose Wilke befinden sich auf Streifengang. Ihr Weg führt am Anwesen des Fischers Knobloch vorbei, der gerade in einem Nebengebäude mit dem Räuchern seines letzten Fangs beschäftigt ist. Wortlos begrüßen sich die Männer aus der Entfernung. Das Haus des Fischers ist das letzte zivile Gebäu-

de auf dem Wege. Gelangweilt ziehen die beiden Matrosen ihre vorgeschriebene Bahn.
Plötzlich, mehrere hundert Meter hinter dem Anwesen des Fischers, fällt dem Matrosen Wilke in der Brandung ein undefinierbarer Gegenstand auf: „Du, da schwimmt was! Sieht aus wie'n totes Vieh!"
Der Obermatrose Steingräber benutzt sein Fernglas. Doch er kann auch damit den Gegenstand nicht deutlich erkennen: „Könnte sein", bestätigt er den Verdacht seines Genossen, „ich glaube, es hat Beine."
Neugierig klettern die Matrosen den Steilhang hinunter. Sie wollen wissen, was da von der Brandung hin und her bewegt wird. Mal taucht das merkwürdige Objekt unter, mal ist es teilweise sichtbar: Es ist eine längliche, dunkelgraue, mit schmutzigem Weiß durchsetzte Masse, etwa anderthalb Meter lang.
Als die beiden am Ufer stehen, blickt Obermatrose Steingräber nochmals durch den Feldstecher auf den treibenden Gegenstand. Augenblicke später hat er Gewißheit. Fassungslos teilt er Wilke mit: „Du, das is'ne Leiche!"
„Zeig mal!" fordert dieser und grapscht nach dem Fernglas. Nun erkennt auch er, daß die längliche Masse aus einem Leib, Kopf und Gliedmaßen besteht. Doch das ist alles, was an einen menschlichen Körper erinnert. Angewidert gibt er Steingräber den Feldstecher zurück und fragt unsicher: „Und nun, was machen wir jetzt?"
„Bleib hier!" fordert Steingräber. „Ich gehe zurück zum Fischer. Vielleicht hilft er, die Leiche an Land zu ziehen!"
Es dauert nur wenige Minuten. Schon kommt der Fischer Knobloch auf seiner „Schwalbe", einem kleinen Motorroller des VEB Simson Suhl, angeknattert, den Obermatrosen auf dem Soziussitz. Er hat vorsichtshalber ein Paar hüfthohe Gummistiefel mitgebracht. Mit einem Blick erfaßt er die Situation. Er findet in der Nähe ein etwa zwei Meter langes, leicht angefaultes Brett, das irgendwann einmal an Land gespült wurde, streift sich die Stiefel über, ergreift das Holz und watet unverzüglich in die Brandung. Bis zu dem toten Körper ist es nur ein Weg von knapp zwanzig Metern. Hier reicht ihm das Wasser bis zu den Knien. Beherzt erfaßt der Fischer den Körper des Toten und bugsiert ihn längs auf das Brett. Vorsichtig hebt er es an einem Ende an, bis der Leichnam darauf in Schräglage kommt. Kraftvoll zieht der Fischer den seltsamen Schlitten über den Sand, bis er eine

Uferstelle außerhalb der Wellenausläufer erreicht. Nun präsentiert sich den drei Männern das schaurige Bild einer Wasserleiche, die augenscheinlich schon längere Zeit im Meerwasser getrieben ist: Ein fast vollständig entkleideter Körper liegt bäuchlings im Sand. An ihm hängen nur noch einige verfaulte textile Fetzen, deren ursprüngliche Farben nicht mehr auszumachen sind. Am rechten Handgelenk ist eine Uhr zu erkennen, vom Meerwasser arg in Mitleidenschaft gezogen. Das Zifferblatt allerdings ist gut erkennbar: Ein Schweizer Fabrikat. Es eignet sich zur Identifizierung. Das Lederarmband indes ist schmutzig dunkel verfärbt und hat sich tief in das aufgeschwemmte Hautgewebe eingegraben. Fäulnisvorgänge und eine schmierige, wachsartige grauweiße Masse, die sich bei der Zersetzung von Fettgewebe bilden kann und die der Fachmann Fettwachs nennt, haben den Körper verunstaltet, verwischen seine ursprünglichen Konturen. Der Schädel, wie überhaupt der ganze Körper, ist ohne Haare. Die Kopfhaut ist nahezu abgelöst und gallertartig aufgebläht. Mehrere parallel verlaufende, tiefe Verletzungen haben das Schädeldach zerborsten. Dieser ungewöhnliche und widerwärtige Anblick macht die Männer fassungslos.

*Die an Land gebrachte Wasserleiche am Strand von Groß Schwansee.*

„Ist das ’n Mann oder ’ne Frau?“ fragt Steingräber die beiden anderen zaghaft.
Doch die können die Frage auch nicht beantworten und fassen ihre Unwissenheit mit dem Gedanken zusammen: „Keine Ahnung!“
„Auf jeden Fall erschlagen und dann ins Wasser geworfen“, vermutet Wilke.
„Der Kopf hat ganz schön was abgekriegt, das sieht aus wie Beilhiebe“, deutet der Fischer die Verletzungen.
„Kann schon sein. Aber darum soll sich die VP kümmern“, beendet Obermatrose Steingräber die Spekulationen.
Die Männer wagen es nicht, den Leichnam auf den Rücken zu drehen, obwohl sie so feststellen könnten, ob es sich um einen Mann oder eine Frau handelt. Im Nu verbreitet der verwesende Körper einen widerlich ranzig-käsigen Gestank, der sie schnell auf gehörige Distanz bringt.

Während Wilke widerwillig bei dem makabren Fund zurückbleibt, klettern Obermatrose Steingräber und der Fischer die Steilküste wieder nach oben, wo der Motorroller steht. Sie schwingen sich auf das Gefährt. Fischer Knobloch gibt Vollgas: Der kleine Motor heult hochtourig auf wie ein Rennwagen der Formel eins.
Mit fast fünfzig Sachen fliegt die „Schwalbe“ über den ausgetretenen Pfad in Richtung der Volksmarinekaserne.
Steingräber meldet dem OvD den Fund des abscheulichen Strandguts. Der wiederum informiert den Operativstab des VP-Kreisamtes im 20 Kilometer entfernten Grevesmühlen über das besondere „Vorkommnis am Strand von Groß Schwansee“.
Eine knappe Stunde später: Der vor wenigen Monaten zum Offizier avancierte 26jährige Unterleutnant der Kriminalpolizei Jenning vom VPKA Grevesmühlen trifft mit einer Funkstreife am Fundort ein. Inzwischen haben sich bereits einige Schaulustige eingefunden. Es sind Einheimische und Matrosen aus der nahen Kaserne, die aus sicherer Entfernung den stinkenden Leichnam beäugen.
„Wer hat die Leiche gefunden?“ ist seine erste Frage an die Umherstehenden. Obermatrose Steingräber meldet sich und beschreibt die Umstände, wie er mit dem Matrosen Wilke, der inzwischen in die Kaserne zurückgekehrt ist, den Leichnam entdeckt hat.

Unterleutnant Jenning notiert die Fakten und entläßt Steingräber mit der Bemerkung: „Es ist nicht erforderlich, Ihre Aussage als offizielle Zeugenvernehmung aufzunehmen, die Fundanzeige machen wir von Amts wegen!“
Dann schießt er jede Menge Fotos vom Ereignisort. Unterdessen betritt ein älterer Herr in gutem Anzug die Szene und stellt sich als Dr. Lattes aus Kalkhorst vor, Arzt aus der nächstgrößeren Ortschaft. Die VP habe ihn über den Kreisarzt zur Leichenschau angefordert.
Zaghaft und den Ekel mühevoll unterdrückend betrachtet der Arzt die sterblichen Überreste, ohne sie zu berühren. „Sieht ja schlimm aus“, ist sein dürftiger Kommentar.
Jenning macht ihn auf die Kopfverletzungen aufmerksam und fragt, ob sie postmortal entstanden sein könnten.
Doch der Doktor will sich nicht festlegen: „Kann sein. Aber das soll mal der Gerichtsarzt klären. Ich vermerke sie nur im Totenschein!“
Zusehends überwindet der Arzt seinen Widerwillen. Immerhin muß er den Totenschein ordnungsgemäß ausfüllen. Er fordert Jenning auf, ihm dabei zu helfen, die Leiche umzudrehen. Nun erst wird klar, daß es sich um eine tote Frau handelt. Zum vermutlichen Alter kann der Arzt keine konkreten Angaben machen. Seine Schätzung beschränkt sich auf die Bemerkung: „Mindestens vierzig Jahre alt.“
„Und wie lange könnte sie schon im Wasser treiben?“ will Jenning wissen.
„Tja“, meint der Arzt nachdenklich und kratzt sich verlegen den Kopf. Der Kriminalist spürt dessen Unerfahrenheit in gerichtsmedizinischen Fragen. Aber solcherart Aufgaben muß ein praktischer Arzt wie Dr. Lattes glücklicherweise nur selten lösen. Und, um sich keine Blöße zu geben, gibt dieser eine so große zeitliche Toleranz an, daß ein Fehler praktisch ausgeschlossen ist: „Einige Wochen bis einige Monate!“
Die sauerstoffreiche Seeluft beschleunigt die Zersetzungsprozesse an der Leiche zusehends, und der Verwesungsgeruch verstärkt sich von Minute zu Minute. Die Männer reduzieren deshalb ihren Aufenthalt an der Leiche auf die notwendigste Zeit. Dann entfernen sie sich und kraxeln die Steilküste nach oben. Der Arzt kehrt zu seinem Auto zurück, stellt den Totenschein über den Fund einer unbekannten weiblichen Leiche mit unklaren Verletzungen des Schädeldachs aus und übergibt ihn Jen-

ning mit der Bemerkung: „Ich habe eine gerichtsmedizinische Sektion beantragt!“
Das nächste Institut befindet sich in der Bezirkshauptstadt Rostock. Und Rostock ist 100 Kilometer weit entfernt. Der Doktor scheint zu ahnen, daß es aus Kostengründen Probleme geben könnte, die tote Frau über die Kreisgrenze hinweg dorthin zur Sektion zu transportieren. Er schlußfolgert: Sie hat bereits so lange Zeit im Wasser gelegen, daß es nun auch nicht mehr auf einen Tag früher oder später ankommt. Deshalb schlägt er Jenning vor, die Obduktion in der Kirche von Kalkhorst vornehmen zu lassen. Dort befinde sich nämlich ein zum Friedhof gehörender, spezieller Raum für die Aufbewahrung von Verstorbenen. Er würde nach Rücksprache mit der Gerichtsmedizin dem dortigen Bürgermeister und dem Pfarrer die Notwendigkeit klarmachen, und er wäre sicher, daß die beiden kooperativ sind.
Ein staatlicher Bestattungsbetrieb aus Grevesmühlen transportiert zwei Stunden später den Leichnam der Unbekannten nach Kalkhorst. Jenning kehrt inzwischen zum VPKA Grevesmühlen zurück, erledigt den notwendigen Papierkram und führt wichtige Telefonate.
Er vermutet richtig, daß durch die Obduktion noch wichtige Details für die Identifizierung der Toten erlangt werden können. Trotzdem müssen die vorhandenen, spärlichen Anhaltspunkte schon jetzt genutzt werden, um die Vermißtenmeldungen der letzten Monate im Zuständigkeitsbereich des VPKA Grevesmühlen, vielleicht sogar des ganzen Küstenbezirks, zu vergleichen. Zum anderen muß die Rostocker Mordkommission in Kenntnis gesetzt werden, denn bis zur endgültigen Klärung der Ursache für das Zustandekommen der Verletzungen am Kopf der Unbekannten kann ein Tötungsverbrechen nicht ausgeschlossen werden. Jenning geht aber auch von der Überlegung aus, die Tote könne womöglich von Dänemark, der Küste Holsteins oder der Insel Fehmarn angeschwemmt worden sein. Dann allerdings wäre sie keine DDR-Bürgerin. Doch das läßt sich erst nach erfolgloser Überprüfung der eigenen Vermißtenmeldungen begründen.
Zwei Tage später soll die gerichtliche Sektion in Kalkhorst durchgeführt werden. Genau so hatte es der Leichenschauarzt vorgeschlagen. Unterdessen drosselt der Leiter der Rostocker Mordkommission die bei manchem Funktionär des VPKA Gre-

vesmühlen aufflackernden, vorschnellen Spekulationen über einen Mordverdacht und mahnt zu kriminalistischer Besonnenheit. Schließlich begründen die Verletzungen am Kopf der Toten beileibe noch keinen Mordverdacht. Sie können ebenso nach dem Tode entstanden sein. Bei dem langen Aufenthalt im Meer müssen erst andere Ursachen ausgeschlossen werden. Aber selbst bei begründetem Mordverdacht wären präzise Ermittlungen erst möglich, wenn man wisse, wer die tote Frau ist. Vorrangig sollen daher erst einmal alle Daten zusammengetragen werden, die ihre möglichst schnelle und sichere Identifizierung ermöglichen. Fazit: Die Mordkommission nimmt sich der Leichensache erst an, wenn die Sektionsergebnisse das erfordern.
Wie angekündigt findet am Vormittag des 1. Juni in der Kirche von Kalkhorst die Leichenöffnung statt. Obduzenten sind der Oberarzt des Gerichtsmedizinischen Instituts Rostock, Dr. Dietz, ein etwas brummig wirkender Endvierziger, und sein junger Assistent Dr. Knie. Unterleutnant Jenning nimmt als Beauftragter des Kreisstaatsanwalts daran teil, um die polizeilichen Aufgaben der Identifizierung wahrzunehmen. Die inzwischen erheblich fortgeschrittenen Leichenerscheinungen erschweren die Arbeit der Männer. Auch erfahrene Untersucher müssen immer wieder gegen den Widerwillen ankämpfen, den der unästhetische Anblick und der üble Geruch eines sich zersetzenden Körpers auslöst. Doch die sachgerechte Untersuchung der Toten erfüllt einen wichtigen Zweck. Sie ist im Interesse der Wahrheitsfindung schließlich der letzte Dienst am Menschen. Jede emotionale Reaktion des Ekels und der Abneigung könnte den objektiven Blick trüben und dazu führen, wichtige Details zu übersehen. Deshalb haben die Männer Verhaltenstechniken entwickelt, mit denen sie ihre Regungen drosseln.
Zunächst wird der Leichnam vermessen, die Körpergröße muß bestimmt werden. Dann werden die Textilreste vom Körper entfernt, inspiziert und geeignete Teile herausgeschnitten, um sie auf einer sogenannten Kleiderkarte zusammenzustellen. Die Untersuchung der Körperoberfläche ergibt, daß die Leiche einige Zeit auf dem sandigen Meeresboden getrieben sein muß: Das verraten starke Schleifspuren an den Händen und am Schädel. Die parallel verlaufenden Kopfverletzungen weisen bei genauer Untersuchung nicht auf ein Verbrechen hin. Sie sind postmortal entstanden und typisch dafür, wenn ein im Wasser trei-

bender Körper von einer rotierenden Schiffsschraube erfaßt worden ist. Da die Verletzungen nicht so erheblich sind, vermuten die Obduzenten, daß als Verursacher nur ein kleines Motorboot in Frage kommt.
Wichtige Hinweise erhalten sie aus dem zahnärztlich gewissenhaft versorgten Gebiß und den Zahnprothesen der Toten. Zähne und deren Ersatz sind sehr widerstandsfähig und eignen sich deshalb für die Identifikation besonders gut. Die Bestimmung des Zahnstatus der unbekannten Toten bereitet keine Schwierigkeiten. Die fortgeschrittenen Leichenerscheinungen erschweren die Feststellung der Todesursache. Doch nach der Untersuchung der Organe in der Kopf-, Brust- und Bauchhöhle gelangen die Männer zu dem Schluß, daß die Betreffende ertrunken sein muß. Ihre Liegezeit im Wasser wird auf 2 bis 3 Monate geschätzt und dürfte den Befunden nach mit der Todeszeit identisch sein. Ob aber ein Unfall oder ein Selbstmord den Ertrinkungstod verursacht hat, läßt sich aus den Befunden nicht ableiten. Es finden sich auch keine Anhalte für die Einwirkung einer fremden Hand. Dennoch schließt dies nicht aus, daß die Betreffende sehr wohl gewaltsam ins Wasser geraten sein kann. Dies zu klären, erfordert kriminalistische Feinarbeit.
Die Knochenstruktur, der Zustand der inneren Organe und der Abkauungsgrad der Zähne lassen zuverlässige Schlußfolgerungen über das Alter der Frau zu.
Nach der Obduktion verfügt Jenning über wertvolle identifikatorische Hinweise über die Tote. Sie dürften ausreichen, um eine vermißte Person sicher zu bestimmen: Danach müßte die Frau 165 cm groß, zwischen 50 und 60 Jahre alt und von schlanker Gestalt sein. Ihr Gebiß wurde zahnärztlich ordnungsgemäß saniert, der Zahnstatus sicher bestimmt. Sie war zuletzt bekleidet mit kariertem Rock und dunklem Pullover. Am rechten Handgelenk trug sie eine Armbanduhr schweizerischer Produktion mit hellem Zifferblatt. Ihr relativ guter Zustand bietet optimale Bedingungen für eine mögliche Wiedererkennung durch andere Personen.
Die Knochenverdickungen am rechten Unterarm beweisen, daß die Frau vor vielen Jahren einen Radiusbruch erlitten hat.

*Der Status „Unbekannter Toter“ zwingt schon ganz allgemein, also unbhängig davon, ob eine natürliche oder nichtnatürliche Todesart vorliegt, zu kriminalistischen Ermittlungen. Sie ergaben sich in der DDR aus § 94 StPO und § 5 der Anordnung über die ärztliche Leichenschau. Insofern war die Leiche eines Unbekannten dem nichtnatürlichen Tod gleichgestellt. Demzufolge wurde sie staatsanwaltlich beschlagnahmt und gerichtsmedizinisch obduziert.*

*Die Maßnahmen der Identifizierung verlaufen relativ selbständig und parallel zu anderen notwendigen Ermittlungen. Sie sind Voraussetzung für die Aufdeckung von Tötungsdelikten, Unfällen, Vermißtensachen und Selbstmorden und dienen gleichzeitig der Lösung zivil- oder versicherungsrechtlicher Fragen.*

*Ausgangspunkt für die Identifizierung bilden besonders die gespeicherten kriminalistischen Ergebnisse über Vermißte, die gerichtsmedizinischen Befunde und die stomatologischen Daten über eine Person. Den allgemeinen Ausgangspunkt für die Identifizierung unbekannter Toter bilden die nach dem Tode noch auswertbaren, individuellen Merkmale der Leiche, ihrer Bekleidung und der mitgeführten Gegenstände. Sie werden im Zusammenwirken zwischen Polizei, Gerichts- und Zahnärzten durch Vergleichsarbeit mit den vor dem Tode des Betreffenden bekannt gewordenen Merkmalen in Übereinstimmung gebracht und führen so zu zweifelsfreier Personenfeststellung. Man denke in diesem Zusammenhang nur an die späte Identifikation der sterblichen Überreste des berüchtigten KZ-Arztes Josef Mengele, die neben anderen Methoden auch über den Zahnstatus erfolgte.*

*Der Identifikationsprozeß bei unbekannten Toten vollzieht sich meist über den direkten Vergleich körperlicher Merkmale mit den sog. Signalementsangaben aus Vermißtenanzeigen, Zeugenaussagen, Krankengeschichten, Zahnarztkarteien und anderen polizeilichen Ermittlungsergebnissen. Eine große Bedeutung kommt dabei dem Gesicht als Zentrum der Wiedererkennung zu. Da aber Leichenerscheinungen und Gewalteinwirkungen die Physiognomie extrem verändern können, ist die unmittelbare Identifizierung durch direkte Wiedererkennung nur in seltenen Fällen möglich. Das gilt auch bei nur kurzer Liegezeit der Leiche, wenn keine erheblichen Verletzungen vorhanden sind und die Konfrontation mit Zeugen zumutbar ist. Mitunter ist die Herstellung der lebenswahren Physiognomie durch eine sogenannte Leichentoilette möglich, einem Verfahren, die Lebensähnlichkeit durch kosmeti-*

*sche Korrekturen und plastische Veränderungen wieder herzustellen. Moderne Methoden beziehen sich auf elektronische, computergestützte Bildherstellung.*
*Doch auch auf dem indirekten Wege, über die sog. Sachidentifizierung, ist eine zuverlässige Personenzuordnung möglich. Denn: Bekleidung, Konfektionsgröße, Stoffmuster, Schnittformen, Monogramme, Schmuck, Reparaturzeichen an Uhren und Brillen u. v. a. können sehr viele spezielle Merkmale aufweisen und in ihrer Kombination so einzigartig sein, daß auf diesem Wege eine Individualidentifizierung erfolgen kann, ohne eine Konfrontation mit dem Leichnam vornehmen zu müssen.*
*Führt das Ergebnis der gerichtsärztlichen Befunderhebung und der polizeilichen Ermittlung zur Feststellung, daß ein natürlicher Tod vorliegt, ist mit der Identifizierung, d. h. der Personenfeststellung, die kriminalistische Tätigkeit in dieser Sache beendet. Die Untersuchungen werden abgeschlossen. Liegt der Verdacht einer Selbsttötung oder eines tödlichen Unfalls vor, sind die Untersuchungen auf die Ursachen und Beweggründe zu erweitern.*
*Kann ein Tötungsdelikt begründet werden, sind Täterermittlung und Identifizierung des unbekannten Opfers zwei unabhängige, sich jedoch in starkem Maße beeinflussende, kriminalistische Maßnahmen. Die Untersuchungen liegen dann in der Verantwortung der Mordkommissionen.*
*Mitunter ist die Identifizierung unbekannter Toter eine sehr komplizierte Aufgabe. Das ist besonders bei einer Vielzahl von Toten und hohem Zerstörungsgrad der Leichen der Fall, z. B. nach folgenschweren Naturereignissen, Massenunfällen, Flugzeugabstürzen und Eisenbahnkatastrophen. In der Regel wird dann eine zentral geleitete Kommission tätig (Regierungs-, Katastrophenkommission), die sich aus unterschiedlichen Spezialisten zusammensetzt (medizinischer Rettungsdienst, Such- und Bergungskommandos, Kriminalisten, Gerichtsärzte, technische Kräfte u. a.).*
*Die in der DDR geltenden rechtlichen Regelungen, wissenschaftlichen Erkenntnismethoden und polizeilichen Untersuchungsprinzipien der Identifikation entsprachen durchaus einem modernen internationalen Standard.*

An den folgenden Tagen analysiert Unterleutnant Jenning die

in Frage kommenden Vermißtenmeldungen aus dem Kreisgebiet von Grevesmühlen. Nirgends wird eine Frau gesucht, auf die die Merkmale der Toten von Groß Schwansee zutreffen. Am 10. Juni meldet er den Sachstand an die BdVP Rostock, damit die Überprüfung auf den ganzen Bezirk ausgedehnt werden kann. Auch dort verlaufen die Recherchen der nächsten Tage ergebnislos: Im Bezirk Rostock gibt es aus den letzten Monaten keine passende Vermißtenmeldung. Wahrscheinlich ist die Unbekannte doch keine DDR-Bürgerin, stammt vielmehr aus dem Lübecker Raum, zumindest könnte sie dort ins Wasser geraten sein. Dies zu prüfen, ist unter den herrschenden politischen Bedingungen keine einfache Angelegenheit. Das zuständige, gewissermaßen benachbarte Landeskriminalpolizeiamt Kiel liegt von Grevesmühlen eigentlich nur eine reichliche Autostunde entfernt. Doch beide Städte trennt seit einigen Monaten eine schier unüberwindliche Bastion, die nicht nur ein ganzes Land, sondern auch die Welt trennt – es ist die zu Beton erstarrte Entschlossenheit der Berufsrevolutionäre, die angeblich den kalten Kriegern Westdeutschlands Einhalt gebieten, in Wirklichkeit aber den Exodus der DDR-Bevölkerung aufhalten soll.
Jenning könnte nun ein Fernschreiben gen Kiel absetzen oder, einfacher, den Telefonhörer abheben, eine Nummer wählen und sagen: „Guten Tag, Herr Kollege, wir haben auf dem Boden der Deutschen Demokratischen Republik eine Tote gefunden, die nicht hierher gehört ...!“ Aber das wäre politisch ein so unverzeihlicher Vorgang, daß er befürchten müßte, jede Woche mindestens zweimal standrechtlich erschossen zu werden. Deshalb ist der Dienstweg einzuhalten.

Jenning begründet die Version von der unbekannten Toten aus Westdeutschland in einem ausführlichen Schreiben an seinen höchsten Vorgesetzten im VPKA und übergibt ihm das Duplikat der Akte. Der wiederum verfaßt auf Papier mit amtlichem Briefkopf ein Schriftstück mit gleichem Text und sendet es zusammen mit der Akte an die Leitung der Kriminalpolizei der Bezirksbehörde Rostock. Dort wird alles geprüft, das Anschreiben mit neuem Briefkopf versehen, und die Akte an die Hauptverwaltung der Deutschen Volkspolizei in Berlin, dem späteren Ministerium des Innern, gesandt. Sie leitet den Vorgang an das Referat III weiter. Es ist die letzte sachkompetente

22. Juni 1962

Bezirksbehörde der Deutschen Volkspolizei
Rostock

Abteilung: K – Dezernat für KT

Rostock, den 20.06.1962
Alexandrinenstraße 1–3
Fernruf: 74 81–74 85, Hausapparat:

Aktenzeichen: 20 32.25 / Hai.-
(Bei Zuschriften stets angeben)

Tgb. Nr. 1177/62

An die

HVDVP, Hauptabteilung K
Kriminaltechnisches – Institut
– R e f e r a t III –
B e r l i n C 2

Betr.: Auffinden einer unbekannten weiblichen Leiche am Strand von Gr. Schwansee Krs. Grevesmühlen am 30.06.1962

Bezug: Meldung des VPKA-Grevesmühlen Tgb.Nr. 176/62 vom 02.06.62 und FS der BDVP-Rostock vom 08.0662 Nr 521

Am 30. Juni 1962 gegen 13,oo Uhr wurde durch den Ob.-Matrosen der NVA S t e i n g r ä b e r, Gerhard geb. am 28.09.1942 die Leiche am Strand ca 1o m im Wasser bei der Ortschaft Gr. Schwansee entdeckt.
Die Vermißtenmeldungen im Bezirk Rostock wurden überprüft.
Es ist anzunehmen, daß die unbekannte Leiche aus Westdeutschland (Lübeckerbucht) angeschwemmt ist.
Nach telf. Rücksprache am 07.06.62 mit dem Gen. Hptm. Wiedemann soll der Vorgang an das KTI gesandt werden und weitere Maßnahmen eingeleitet werden.

Stellv. Leiter der Abteilung K
(Fässer)
Major der VP

Anlage:

1 KP 3
1 Sektionsbericht
1 Anlagekarte
1 Kleiderkarte
1 Säckchen mit Armbanduhr

Bankverbindung: Sparkasse Rostock, Konto-Nr. 424 001

(III/11 A) 9214 Ag 464.61

*Schreiben der BdVP Rostock vom 20. Juni 1962 an das Kriminaltechnische Institut in Berlin.*

Stelle im bürokratischen Dschungel. Hinter diesem Referat verbirgt sich das Kriminaltechnische Institut, eine moderne naturwissenschaftlich-technische Forschungs- und Expertiseneinrichtung der Polizei, in der auch die Vermißtenmeldungen und die Daten über aufgefundene unbekannte Tote aus der ganzen DDR gesammelt und verglichen werden. Die Überprüfung der offenen Vermißtenfälle bestätigt den Verdacht, daß die Tote keine DDR-Bürgerin sein kann. Dieses Ergebnis wird dem Leiter der Hauptabteilung mitgeteilt. Der verfaßt wiederum ein neues Anschreiben, nun mit ministeriellem Briefkopf, und die Akte wird an die Oberste Staatsanwaltschaft der DDR weitergeleitet, denn nur von dort aus darf die offizielle Anfrage an das Landeskriminalpolizeiamt Kiel erfolgen. Und jede Antwort geht auf gleichem Wege zurück.
Zentralistische Verwaltungsstrukturen, die kurz nach dem Mauerbau international besonders getrübte politische Großwetterlage und ein übersensibles Sicherheitsempfinden führen folgerichtig zu derlei umständlichen, zeitaufwendigen Prozeduren, die im übrigen bis zum Ende der DDR beibehalten wurden.
So werden noch zehn Monate vergehen, ehe die Akte der unbekannten Toten von Groß Schwansee geschlossen werden kann.

Zäh fließen die Informationen von hüben nach drüben. Und das, obwohl bereits am 27. Oktober 1962 das Landeskriminalpolizeiamt Kiel ein Schreiben übersendet: Die mitgeteilten Daten über die unbekannte Tote von Groß Schwansee stimmen mit an Sicherheit grenzender Wahrscheinlichkeit mit denen der 54jährigen Gerda Grete Kollbeck aus Lübeck-Travemünde überein – eine mit dem Lehrer Dr. Arnold Kollbeck verheiratete Hausfrau, die in den Abendstunden des 4. November 1961 beim Verlassen des Hauses letztmalig gesehen wurde und seitdem als vermißt gilt. Ihrem Gatten hat sie einen Abschiedsbrief hinterlassen, aus dem hervorgeht, sich aus Gründen einer schweren Herzkrankheit das Leben nehmen zu wollen.

*Allerdings war Frau Kollbeck gläubige Katholikin. Und nach der katholischen Moraltheologie ist der Suizid eine schwere Versündigung gegen die Liebe und Gnade Gottes. Seit Jahrhunderten schon versagt die katholische Kirche dem Suizidenten deshalb eine kirchliche Bestattung. Die geweihte Erde wird dem „Sünder“ schlichtweg vorenthalten. Doch keine*

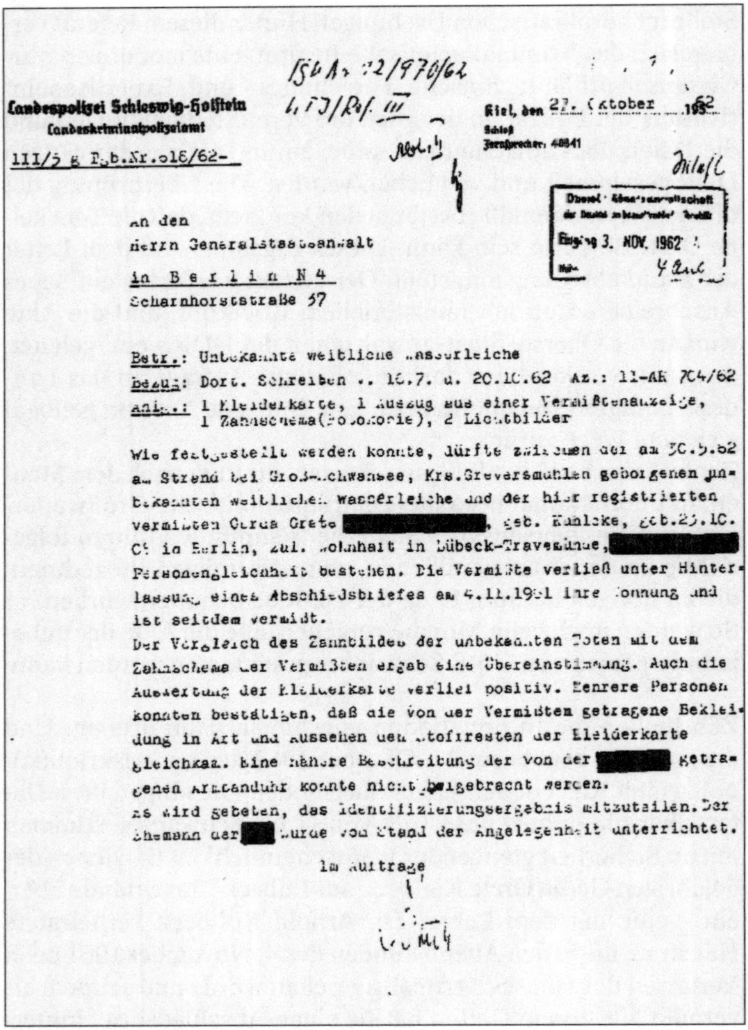
Landespolizei Schleswig-Holstein
Landeskriminalpolizeiamt
III/5 g T.b.Nr.o18/62-

Kiel, den 27. Oktober 1962
Schloß
Fernsprecher: 40841

Eingang 3. NOV. 1962

An den
Herrn Generalstaatsanwalt
in Berlin N 4
Scharnhorststraße 37

Betr.: Unbekannte weibliche Wasserleiche
Bezug: Dort. Schreiben v. 16.7. u. 20.10.62 Az.: 11-AR 704/62
Anl.: 1 Kleiderkarte, 1 Auszug aus einer Vermißtenanzeige, 1 Zahnschema(Fotokopie), 2 Lichtbilder

Wie festgestellt werden konnte, dürfte zwischen der am 30.5.62 am Strand bei Groß-Schwansee, Krs.Grevesmühlen geborgenen unbekannten weiblichen Wasserleiche und der hier registrierten vermißten Ehefrau Grete [redacted], geb. Kuhlcke, geb.2[illegible].10.0[illegible] in Berlin, zul. wohnhaft in Lübeck-Travemünde, [redacted] Personengleichheit bestehen. Die Vermißte verließ unter Hinterlassung eines Abschiedsbriefes am 4.11.1961 ihre Wohnung und ist seitdem vermißt.
Der Vergleich des Zahnbildes der unbekannten Toten mit dem Zahnschema der Vermißten ergab eine Übereinstimmung. Auch die Auswertung der Kleiderkarte verlief positiv. Mehrere Personen konnten bestätigen, daß die von der Vermißten getragene Bekleidung in Art und Aussehen den Stoffresten der Kleiderkarte gleichkam. Eine nähere Beschreibung der von der [redacted] getragenen Armbanduhr konnte nicht beigebracht werden.
Es wird gebeten, das Identifizierungsergebnis mitzuteilen. Der Ehemann der [redacted] wurde vom Stand der Angelegenheit unterrichtet.

Im Auftrage

Antwortschreiben des Landeskriminalpolizeiamtes in Kiel an den Generalstaatsanwalt der DDR.

*noch so strenge religiöse Verurteilung hindert letztlich den Selbstmörder an seinem Vorhaben, sie kann hingegen nur zur Verstärkung depressiver Verstimmungen beitragen. Deshalb hat die katholische Moraltheologie keine hemmende Wirkung auf die Suizidalität: So z. B. nimmt die Suizidrate in Öster-*

*reich, einem Land mit überwiegend katholischer Bevölkerung, in Europa einen der vordersten Plätze ein.*
*Erst im Jahre 1983 (!) hob der Vatikan mit dem Codex Iuris Canonici das Verbot auf, Suizidenten nicht kirchlich bestatten zu lassen. Doch die allgemeine Stigmatisierung des Suizids ist dadurch noch lange nicht aufgehoben.*
*In der prostestantischen Kirche hingegen gilt die liberale Auffassung: Ein Urteil über den Suizidenten ist allein Gott vorbehalten. Statt dessen werden die Gläubigen aufgefordert zu überprüfen, ob sie am Selbstmord des Betreffenden mögliche Mitschuld trifft.*
*Die marxistisch-leninistische Philosophie der DDR ging von der These aus, daß allein Selbstmorde von Geisteskranken unvermeidlich sind. Andere depressive Verstimmungen und Gefühle von existentieller Einengung führen statt dessen nur dann in den Suizid, wenn sie dem Selbstlauf überlassen würden. Doch „die der sozialistischen Gesellschaft innewohnenden Potenzen für psychische Gesundheit und Psychohygiene, die in der sozialistischen Kollektivität und Leitungstätigkeit und in der marxistisch-leninistischen Weltanschauung enthalten sind“, können erfolgreich genutzt werden, die Suizidalität zu hemmen. Freilich: Die hohe Suizidrate in der DDR hat die Wirkungslosigkeit dieser „Potenzen“ hinlänglich bewiesen.*

Die Lübecker Polizei fügt ihrem Schreiben den kompletten Zahnbefund bei, den Frau Kollbecks langjähriger Zahnarzt, Dr. Henze, auf Bitte der Kripo erhoben hat. Er stimmt mit dem Zahnstatus der unbekannten Toten überein. Nun dürfte es eigentlich keine Zweifel mehr an der Identität der Toten mit der vermißten Frau Kollbeck geben.
Doch die bürokratischen Mühlen zwischen Ost und West stehen noch lange nicht still: Die Identifikation muß exakt bewiesen und dokumentiert werden, der Ehemann Frau Kollbecks benötigt eine Sterbebescheinigung von den DDR-Behörden. Sie kann erst ausgestellt werden, wenn die Geburtsurkunde vorliegt. Zu allem Unglück ist diese verlorengegangen. Frau Kollbeck wurde in Berlin geboren und wohnte bis in die 40er Jahre hinein im Stadtbezirk Schöneberg. Sie heiratete während des Zweiten Weltkrieges den jungen Lehrer Arno Kollbeck. Zu diesem Zwecke durfte er für wenige Tage die Ostfront hinter sich

lassen. Doch die Reichshauptstadt wurde bereits von den ersten Luftangriffen erschüttert. Ihr Haus wurde das Opfer einer Brandbombe. Unter den Trümmern befand sich auch ihre Geburtsurkunde. Das war für die Frau unbedeutend. Daß sie das Inferno überstand, war viel wichtiger. Mit ihren wenigen Habseligkeiten zog sie zu den Verwandten des Gatten in einen Vorort von Hamburg.
Dr. Kollbeck bemüht sich beim Standesamt Berlin-Schöneberg um die Geburtsurkunde seiner Gattin. Die Antwort ist unbefriedigend: Es gibt keinen Nachweis über sie, der die Ausstellung des Dokuments rechtfertigt. Wenigstens kann im standesamtlichen Namensverzeichnis Frau Kollbecks Geburtsregisternummer ausfindig gemacht werden. Dr. Kollbeck wird an das zentrale Berliner Standesamt 1 in der Berliner Rückertstraße verwiesen. Doch das liegt im Ostteil der Stadt. Wieder ist ein zeitraubender Briefwechsel mit den Behörden erforderlich. Ein makabrer bürokratischer Vorgang nimmt seinen Lauf: Seit Monaten ist Frau Kollbeck tot. An ihrer Identität besteht kein Zweifel. Ihr Tod kann aber nicht beurkundet werden, weil sie, bürokratisch gesehen, nicht geboren ist. Längst wurde der Leichnam eingeäschert. Nun warten die sterblichen Überreste auf eine würdevolle Bestattung. Aber, ohne Geburtsurkunde keine Sterbeurkunde, ohne Sterbeurkunde keine Bestattung, kein Sterbegeld der Krankenkasse und keine Auszahlung der schon viele Jahre bestehenden Lebensversicherung. Verzweifelt bemüht sich Dr. Kollbeck in den nächsten Monaten um den Nachweis der geburtlichen Existenz seiner Gattin.
Dann endlich: Am 10. März 1963 liegt die Geburtsurkunde bei der Obersten Staatsanwaltschaft der DDR vor. Sie übersendet das Dokument an das Ministerium des Innern. Von dort gelangt es an die BdVP Rostock. Diese ersucht das VPKA Grevesmühlen, beim dortigen Standesamt die Sterbeurkunde für Frau Kollbeck ausstellen zu lassen. Dort arbeitet man zügig, die Papiere sind schnell fertig. Sie werden auf dem gleichen Wege zurückbefördert. Und während sich die Aktendeckel der Leichensache Kollbeck in der BdVP Rostock am 2. April 1963 schließen, durchlaufen die ersehnten Dokumente immer noch die behördlichen Stationen.
Erst Ende April 1963, also anderthalb Jahre nach dem Selbstmord seiner Frau, kann Dr. Kollbeck amtlich nachweisen, daß sie verstorben ist.

Bezirksbehörde der Deutschen Volkspolizei
Rostock

Abteilung: Kriminalpolizei/KT

Rostock, den 2. April 1963
Alexandrinenstraße 1–3
Fernruf: 74 81–74 85, Hausapparat:

Aktenzeichen: 20 32 26 Fe./
(Bei Zuschriften stets angeben)

An das
Kriminaltechnische Institut
- Referat III -

Berlin - C2
Neue Königstr. 27-37

5. April 1963

Betr.: Unbekannte Wasserleiche, aufgefunden am 30.5.1962 am Strand bei Gr. Schwansee, Krs. Grevesmühlen
Bezug: Schreiben der Hauptabteilung K/KT vom 19.3.63

Anliegend wird der Vorgang Tgb.Nr.178/62 zurückgesandt. Entsprechend der Anweisung der Abteilung KT vom 19.3.63, wurde eine Änderung im Sterberegister veranlaßt. Eine Sterbeurkunde der [redacted] befindet sich in der Anlage.
Der Originalvorgang wurde ergänzt und abgeschlossen.

Leiter der Abteilung K
Major der VP

Hellmann

Bankverbindung: Deutsche Notenbank Rostock, Konto Nr. 8 203

(87/11 A) Ag 454/61

*Mitteilung der BdVP Rostock vom 2. April 1963 an das Kriminaltechnische Institut über die Zusendung der Sterbeurkunde.*

*Der Tod im Wasser ist zumeist ein unfallbedingtes Geschehen. Als Suizidmittel findet das Ertrinken mit einem Anteil von 4,4 Prozent relativ wenig Anwendung, wird aber dann von Frauen bevorzugt. Die meisten suizidalen Ertrinkungstodesfälle geschehen in der Badewanne. Fließende oder stehende Gewässer im freien Gelände werden seltener benutzt. Suizidales Ertrinken zählt zu den Durchführungsarten, bei denen meist verschiedene Tatmittel kombiniert werden, etwa mit Pulsaderschnitt, Einnahme von Alkohol, Schlafmitteln oder anderen Giften. Manche Suizidenten fesseln sich oder beschweren sich mit Gegenständen, um unwillkürliche Schwimmbewegungen zu vereiteln.*

*Der sog. klassische Ertrinkungstod tritt nach etwa 4 Minuten ein. Er ist eine Sonderform des Erstickens. Jedoch kann der Tod auch wesentlich schneller, mitunter sogar reflektorisch eintreten, wenn bestimmte Bedingungen vorliegen, wie beispielsweise Kälteeinwirkung des Wassers.*

*Bei der gerichtlichen Obduktion kann im Regelfall nur der Ertrinkungstod diagnostiziert werden. Der Ausschluß oder Nachweis eines Unfalls oder gar eines Tötungsverbrechens ist jedoch Sache der Polizei. Die den Ertrinkungstod verursachenden Einflüsse bewirken häufig ein so uncharakteristisches, mehrdeutiges Spurenbild, daß die kriminalistische Sachaufklärung oft besonders schwierig ist.*

## Der Täuscher

Donnerstag, der 9. März 1972. Am späten Vormittag in der BdVP Suhl. Hauptmann der K Wunderlich, 43, Leiter der MUK und als passionierter Jäger für immer mit seiner Thüringer Heimat verbunden, spannt einen Bogen Papier in die Schreibmaschine: Ein kurzes, aber bedeutungsvolles Protokoll muß getippt werden. Es soll den Schlußstrich unter einen Vorgang setzen, der ihn, sein Team, und überhaupt die gesamte Volkspolizei zwischen Erfurt und Suhl seit Anfang November letzten Jahres auf ständigen Trab gehalten hat.
Er gestattet sich noch einen tiefen Zug aus der Zigarette, dann prasseln seine flinken Finger über die Tasten des antiquierten Schreibgeräts:
„Gemäß § 141 Abs. 1 Ziffer 3 StPO wird das Ermittlungsverfahren gegen den Beschuldigten, den 28jährigen Invalidenrentner Dieter Fredersdorf, wegen vorsätzlicher Tötung seiner Bekannten, der 30jährigen Invalidenrentnerin Martina Baerwaldt, beendet, da mit seinem Selbstmord die gesetzlichen Voraussetzungen der Strafverfolgung in Wegfall geraten sind."
Er zieht das Papier aus der Maschine, wirft einen letzten, kontrollierenden Blick über die Zeilen und unterschreibt das Protokoll. Dann geht der Hauptmann zu einem Aktenschrank, entnimmt ihm eine ganze Batterie prall gefüllter, fortlaufend numerierter Ordner mit dem Aktenzeichen 131/14/71 und stapelt sie auf seinen Schreibtisch. Das gewichtige Protokoll landet in dem Ordner mit der höchsten Ziffer. Er verschnürt den Stapel zu einem festen Paket, als soll das Ganze zur Altpapiersammelstelle. In Wahrheit aber wird es bald im Archiv verschwinden. Und das für ewig.
Es sind die Akten über einen Vorfall, der zwar strafprozeßrechtlich ohne Beanstandung abgeschlossen werden konnte, jedoch wichtige Fragen offen ließ.
Knapp geschildert ging es dabei um eine junge, querschnitts-

gelähmte Frau im Rollstuhl und ihren gehbehinderten Freund. Sie bewohnten für einige Tage ein Erfurter Hotel. Eines Morgens fuhren sie nach Arnstadt und ließen sich von dort mit einem Taxi nach Oberhof kutschieren. Am Abend des gleichen Tages kehrte der junge Mann ohne seine Begleiterin ins Hotel zurück. Die pfiffigen Hotelangestellten mutmaßten folgerichtig, daß da etwas nicht mit rechten Dingen zugeht, denn die junge Frau im Rollstuhl war nicht in der Lage, sich allein in den Thüringer Bergen fortzubewegen. Wo also war sie geblieben? Der junge Mann indes legte sich schlafen und verließ am nächsten Morgen das gastliche Haus. Seitdem blieb auch er verschwunden. Drei Tage später – das gemietete Zimmer blieb unbewohnt und unbezahlt – erstattete das Hotel Anzeige bei der VP. Vielleicht war man einem Betrügerpärchen aufgesessen. Eine Fahndung nach den beiden wurde ausgelöst, ein Ermittlungsverfahren gegen den jungen Mann eingeleitet. Doch die Spur verlor sich.

**Vermißt**

Vermißt werden die im Foto dargestellten Bürger.
D. F[redacted] ist 172 cm groß, schlanke Gestalt, mittelblondes Haar, große Stirnecken. Brillenträger. F[redacted] hinkt leicht mit dem rechten Bein. Dunkler Anzug, dunkelblauer Schaumgummimantel, dunkler Hut, schwarze Halbschuhe.
M. B[redacted] hat dunkelblondes kurzgeschnittenes Haar, bleiches Gesicht. Dunkelblauer Anorak, graue Hose, schwarze Halbschuhe. M. [redacted] ist querschnittsgelähmt und wird in einem blauen Rollstuhl gefahren. Der Rollstuhl ist zusammenklappbar und transportabel.
Beide befanden sich am Mittwoch, dem 3. 11. 1971 gegen 16.15 Uhr in der Ortslage Oberhof und wurden noch am 5. 11. 1971 in Oberhof und Suhl gesehen.
Wer kann Hinweise zum derzeitigen Aufenthaltsort der Vermißten geben? Zweckdienliche Angaben, auf Wunsch vertraulich, nehmen das VPKA Suhl Telefon 690 und jede andere VP-Dienststelle entgegen.

*Dieter F[redacted] geboren am 26. 8. 1943, wohnhaft in Weißenfels.*

*Martina B[redacted], geboren am 22. 10. 1942, wohnhaft in Dresden.*

*Presseinformation in der Tageszeitung „Freies Wort“ vom 16. November 1971.*

Nun wurden die verschiedensten Versionen aufgestellt. Sie pendelten zwischen dem Verdacht eines „ungesetzlichen Grenzübertritts“ und eines Verbrechens an der jungen Frau im Rollstuhl. Auch die Möglichkeit eines Unfalls in den Thüringer Bergen wurde in Betracht gezogen. Eine großangelegte Suche der Polizei blieb ohne Erfolg.
Überraschend präsentierte die Mutter des verschwundenen jun-

gen Mannes der Polizei ein merkwürdiges, verschlossenes Briefkuvert mit der Aufschrift: „An die Genossen des sowjetischen Geheimdienstes!!!“ Es wurde dem letzten Brief beigefügt, den der Sohn schrieb. Darin bittet er, im Falle seines Ablebens das geheimnisvolle Kuvert weiterzuleiten. Zweifelsfrei war es die Handschrift ihres Sohnes. Doch in dem Kuvert steckte nur ein unbeschriebenes Blatt Papier.
Weitere Suchaktionen fanden statt. Hubschrauber überflogen die Thüringer Urlaubslandschaft, bergkundige Retter erklommen die Oberhofer Höhen. Vergeblich, von den Vermißten keine Spur. Die polizeilichen Aktivitäten blieben der Öffentlichkeit nicht verborgen, weckten ihre Neugierde. Es dauerte auch nur wenige Tage, bis die Emotionen in der Bevölkerung so hohe Wellen schlugen, daß die Bezirkspresse zur Besonnenheit mahnte. In der Gerüchteküche brodelte es unaufhörlich. Unzählige Vermutungen, unsinnige Spekulationen machten die Runde.

**Mitteilung der Deutschen Volkspolizei**

Bezugnehmend auf die Veröffentlichung im „Freien Wort“ vom 16.11. 1971 wird darauf hingewiesen, daß die Gerüchte in der Vermißtensache F[redacted]/ B[redacted]jeder Grundlage entbehren.
Die Vermißten konnten bisher trotz umfangreicher Maßnahmen und Unterstützung durch die Bevölkerung noch nicht aufgefunden werden.
Die Deutsche Volkspolizei wird über den Ausgang der eingeleiteten Maßnaßmen die Bevölkerung rechtzeitig informieren und bittet um weitere Mitarbeit zur Auffindung der Vermißten.

*Presseinformation in der Zeitung „Freies Wort“ vom 22. November 1971 in Reaktion auf die in der Öffentlichkeit kursierenden Gerüchte.*

Dann endlich: Nach Wochen vergeblicher Suche wurden die beiden im unwegsamen Oberhofer Berggelände, nur wenige Meter voneinander entfernt, erhängt aufgefunden. Die Polizei ermittelte, daß die junge Frau durch die Hand des Freundes zu Tode kam. Sie fand auch heraus, daß dieser sich selbst getötet hatte. So wurden die Ermittlungen bald eingestellt, wie es das Gesetz verlangt.
Die näheren Umstände des Todes konnten nie aufgeklärt werden. Unklar blieb, warum der junge Mann seine Freundin tötete, den Tatort verließ, um am nächsten Tag dorthin zurückzukehren und sich zu erhängen. Wollten ursprünglich beide gemeinsam aus dem Leben scheiden? Ermordete er seine Freundin aus niederen Beweggründen und suizidierte sich aus Angst vor strafrechtlichen Konsequenzen? Oder wollte er sich töten und nahm seine Freundin aus Liebe und Mitleid mit in das Jenseits, um sie nicht allein in der irdischen Realität zurückzulassen?
Noch heute liegt der Schleier eines Geheimnisses über diesem Fall. Ihn endgültig lüften zu wollen, wäre angesichts der mageren Fakten eine törichte Anmaßung. Jedoch kann der folgende Bericht wenigstens eine phänomenologisch erklärbare Variante des möglichen Geschehnisablaufs bieten.

Dieter Fredersdorf, 28, wohnt bei seiner Mutter in Weißenfels, der 41 000-Seelen-Kreisstadt im Saaletal. Viele Weißenfelser rackern in der nahen, DDR-größten Schuhfabrik, die den unpassenden, aber heroischen Namen „Banner des Friedens“ trägt. Auch Dieters Mutter ist dort tätig.
Er ist trotz der jungen Jahre bereits Invalidenrentner: Eine Gehirnerkrankung lähmte seine Beine. Zwar ist deren Bewegungsfähigkeit erheblich eingeschränkt, doch kann er sich dank ständiger neurologischer Betreuung ohne Hilfsmittel gut fortbewegen. Das macht ihn stolz und unabhängig.
Der 29jährigen Freundin Martina, die in Dresden wohnt, hat das Schicksal viel schwerer mitgespielt. Als junges Mädchen erlitt sie einen tragischen Unfall, brach sich die Wirbelsäule, ist seitdem brustabwärts querschnittsgelähmt. Nun ist sie ständig auf die Hilfe anderer angewiesen, kann sich nur im Rollstuhl fortbewegen. Die psychische Krise der Behinderung hat sie jedoch längst überwunden. Alte Eigenschaften sind in ihr Gemüt zurückgekehrt: Heiterkeit und Lebensbejahung. Ihre Liebe gilt

Büchern, Schallplatten und der heiteren Muse. Auch sie ist Invalidenrentner, bastelt aber für einen kleinen Nebenverdienst in einer Dresdener Rehabilitationswerkstatt Elektrogeräte zusammen. Die Zukunftspläne, einmal in einer Bücherei zu arbeiten, verliert sie nicht aus dem Auge. Sie beflügeln ihren Lebensoptimismus.

Ihr Freund Dieter ist nebenbei künstlerisch tätig. Er entwirft Bühnenbilder für Theater und Varietés. Das bringt ihm nicht nur manche Mark ein, sondern auch Anerkennung. Die Wände seines Zimmers sind geschmückt mit Urkunden. Ständig erhält er Post von der Konzert- und Gastspieldirektion. Martina achtet ihn, blickt zu ihm auf. Immer ist er freundlich zu ihr. „Auf seine Weise liebt er sie, und auf ihre Weise liebt sie ihn", sagen die Bekannten.

Dieter prahlt gern, wie sehr sein Talent begehrt wird, hat zuweilen den Hang zu Besserwisserei und Geltungssucht. Doch die Mutter ist ihm gegenüber skeptisch. Sie vertraut ihm nicht und macht daraus keinen Hehl. Ihr permanenter Argwohn scheint ihm zu mißfallen. Er poltert dann so lange herum, bis die Mutter aus purer Schadensbegrenzung wieder kleinbeigibt. Dieter, so glaubt Martina, hat sich innerlich schon lange von seiner Mutter entfernt, erweckt sogar manchmal den Eindruck, sie im Grunde seines Herzens abzulehnen.

Natürlich hat Martina selbst festgestellt, daß Dieters Phantasie bisweilen mit ihm durchgeht. Er kann Sachen zusammenspinnen, die ihm ein anderer nicht abnehmen würde. Dann strotzt er voller Eitelkeit. Sie läßt es gelassen über sich ergehen, doch eigentlich verabscheut sie diese Eigenart. Schweren Herzens nimmt sie diesen Makel in Kauf und erklärt ihn damit, daß einem Künstler irgendeine Verrücktheit anhaften muß, um überhaupt kreativ sein zu können.

Für Martina ist es wichtig, das Verhältnis zu Dieter harmonisch zu gestalten. Die Unternehmungen mit ihm sollen ja auch weiterhin Spaß machen. Kurzum: Trotz seiner Macken mag sie ihn. Inzwischen kennen sie sich beinahe zwei Jahre. Damals hatte Dieter eine Kontaktanzeige in der „Wochenpost" aufgegeben, auf die sie mit einem netten Brief reagierte. Nach anfänglichem, zaghaftem Briefwechsel trafen sie sich bald, und eine Freundschaft entstand. Jetzt sehen sie sich mindestens zweimal im Monat für ein langes Wochenende. Trotz seiner Gehbehinderung macht es ihm nichts aus, bei ihren gemeinsamen Unterneh-

mungen den Rollstuhl zu schieben. Jetzt kann sie sich ihren kulturellen Leidenschaften hingeben. Kino- und Theaterbesuche, aber auch Ausflüge und die Erkundung der heimatlichen Kunstschätze sind fortan kein Problem mehr.
Eines Tages erhält Dieter einen offiziellen Brief: Ein Schreiben mit dekorativem Briefkopf. Der Intendant des Halleschen Steintor-Varietés am Marx-Engels-Platz bedankt sich für die hervorragenden Entwürfe für die letze Revue, die ein voller Erfolg wurde. Er wünsche sich weiterhin eine gute Zusammenarbeit.
Dieters Augen strahlen voller Stolz, als er Martina den Brief vorliest. Das, was da schwarz auf weiß geschrieben steht, übertrifft ihre kühnsten Erwartungen. Sie ist gerührt, mit welcher Geschwindigkeit ihr Freund die Treppe zu künstlerischem Ruhm zu erklimmen scheint.
Wochen vergehen. Der Herbst des Jahres 1971 bricht herein. Dieter nimmt einen Spaziergang zum Anlaß zu erklären, wieder einen wichtigen Auftrag übernommen zu haben. Diesmal ginge es um eine Bühnenausgestaltung für das Pressefest einer Erfurter Zeitung. Nach Realisierung dieses Projekts wolle er mit ihr in den Urlaub nach Thüringen fahren.
Martina ist erfreut. „Laß uns doch zu dem Pressefest fahren. Ich habe noch nie eine Bühne von dir gesehen“, wünscht sie sich.
„Ach, bei dem Trubel. Die vielen Menschen. Wir werden gar kein Hotelzimmer kriegen“, wiegelt er ab.
„Nicht mal ein Foto habe ich von deinen Bühnen gesehen. Meinst du, daß mich deine Arbeit nicht interessiert?“ fragt sie, und in ihrer Stimme schwingt die Enttäuschung mit.
Dieter flüchtet sich in schwülstige Ausreden: Es wären geheime Projekte dabei. Es sei ihm untersagt, sie mit den Produkten seines künstlerischen Schaffens vertraut zu machen. Seine absurde Reaktion stößt Martina bitter auf. Zum ersten Mal zweifelt sie an seiner Glaubwürdigkeit, und zum ersten Mal fühlt sie sich irgendwie mit seiner argwöhnischen Mutter solidarisch. Sie wird nachdenklich. „Wie kommt es eigentlich, daß die immer nur was von dir wollen. Haben die Theater keine eigenen Grafiker?“ will sie plötzlich wissen.
„Na, du weißt doch, alles geht nur mit Vitamin B“, beschwichtigt er sie, doch Martina versteht ihn nicht. „Vitamin B heißt Beziehungen. Und die habe ich nun mal bei denen, die die Aufträge vergeben. Da sitzt auch ein Behinderter, der macht das für mich“, setzt er den angefangenen Gedanken fort.

Martina beendet die Fragerei. Es ist ihr peinlich, Dieter auf die Weise zu bedrängen. Aber je mehr sie darüber nachdenkt, wie angeblich die Künstlerwelt um ihn buhlt, den Behinderten, der das Metier nicht studiert hat, bei dem sie niemals eine Skizze sieht, der ihr als seine engste Vertraute nie ein fertiges Produkt seiner Tätigkeit zeigt, dafür aber jeden Lobesbrief präsentiert, von ihr weiteres Lob erheischend, um so unglaubhafter erscheinen ihr seine Geschichten. So glimmt tief in ihr der Zweifel weiter.

Die Zeit vergeht. Dieter ist auch etwas stiller geworden, spinnt nicht mehr ganz so viel. Oft ist er in sich gekehrt und spricht stundenlang kein Wort. Seine Zeit für sie ist knapper geworden. Er muß sich angeblich mit der Bühnengestaltung für das Pressefest beschäftigen. Als er schließlich mitteilt, fertig zu sein, und Martina einen erneuten Vorstoß wagt, mit ihm gemeinsam zum Pressefest nach Erfurt zu reisen, weigert er sich hartnäckig und rettet sich wie ein Politiker mit einer simplen Obstruktionstaktik: Es sei unseriös. Was sollen die Kollegen denken, wenn er da plötzlich auftauche. So etwas muß man vorher absprechen. Im übrigen würde er im Urlaub die Umstände seines Verhaltens näher erläutern. Jetzt ginge das nicht.
Und als Martina bescheiden anmerkt, daß sie sich lediglich unter das Publikum mischen und die Bühne nur aus der Entfernung einmal sehen wolle, redet er wieder auf sie ein: Es gäbe mit dem Auftraggeber eine Vereinbarung, wonach er immer im Hintergrund bleiben müsse, denn in Wirklichkeit sei er als Schattenmann, sozusagen als Ghostwriter, für einen renommierten Grafiker tätig. Kurzum: Im Urlaub würde er alles erklären.
Nun glaubt Martina ihm kein Wort mehr. Doch sie ist klug genug, eine häßliche Konfrontation zu vermeiden, die ein laut geäußerter Zweifel auslösen könnte. Statt dessen lehnt sie sich demonstrativ in ihrem Rollstuhl zurück: Dieses Thema berührt sie nicht mehr. Lieber schluckt sie die Probleme, die sich zwischen ihr und Dieter allmählich aufzutürmen scheinen, und denkt sich ihren Teil.

Einige Wochen später. Martina hat das Thema Pressefest tatsächlich nicht mehr angeschnitten, doch Dieter scheint zu merken, wie sehr sie sich innerlich von ihm entfernt hat. Er wirkt

bisweilen traurig. Dann beklagt er, daß das Leben nur mit ihr schön wäre. Alles wolle er dafür geben, mit ihr zusammenzubleiben. Momentan hätte er aber zu viele Probleme um die Ohren. Inständig appelliert er an ihre Geduld. Gerade jetzt, wo er das letzte Projekt abgeschlossen habe, fiele er in ein tiefes seelisches Loch, wenn sie nicht mit ihm in den Urlaub fahren würde. Er habe ihr noch so viel zu sagen.
Martina ist einverstanden, will einen letzten Versuch wagen. Auch sie beabsichtigt, ihm eine Menge zu sagen. Und erfreut kündigt Dieter an, mit ihr eine Woche lang nach Thüringen zu reisen. Wenige Tage später läßt er für die Zeit vom 1. bis 8. November ein Zimmer im Erfurter Interhotel reservieren.
Kurz vor Urlaubsbeginn macht Martina eine merkwürdige Entdeckung: Sie findet in Dieters Zimmer sorgsam versteckte Druckschablonen. Mit ihnen kann man durch einfaches Abreiben der Buchstaben gestochen scharfe Schriften herstellen. Es sind Schrifttypen, die ihr bekannt vorkommen. Ihr entgeht auch nicht, daß die Urkunden an der Wand auf diese Weise hergestellt sein müssen. Und ein böser Verdacht setzt sich in ihrem Hirn fest: Dieter hat womöglich diese Urkunden, vielleicht sogar die Briefe der Konzert- und Gastspieldirektion und des Steintor-Varietés selbst verfaßt. Sie ist tief enttäuscht: Geht seine Spinnerei schon soweit, daß er sich mit solchen Federn schmücken muß, um sein Image aufzumöbeln? Martina schluckt den Groll hinunter und nimmt sich vor, im Urlaub Dieter auch deshalb zur Rede zu stellen. Alles will sie ihm sagen, was sie seit vielen Monaten belastet, auch, daß sie ihn fortan nicht mehr so oft sehen möchte.

Erfurt, am Abend des 1. November 1971. Zielbewußt steuert Dieter Fredersdorf den Rollstuhl mit Martina Baerwaldt über den Bahnhofsvorplatz in Richtung des dem Bahnhof gegenüberliegenden Interhotels „Erfurter Hof". Dieser Platz weckt Erinnerungen. Ein reichliches Jahr vorher skandierten nämlich dort Tausende Erfurter lauthals ihr bedeutungsvolles „Williii, Williii!" Der Bundeskanzler der Bundesrepublik Deutschland, Willy Brandt, und der Vorsitzende des Ministerrats der Deutschen Demokratischen Republik, Willi Stoph, trafen sich in der Nobelabsteige am Bahnhof zu einem kurzen politischen Schlagabtausch. Wenn dieser auch wie ehedem das Hornberger Schießen verlief, hatte dieses Ereignis doch große historische

Dimensionen: Niemals in der Geschichte der Deutschen Demokratischen Republik strömten die Massen so freudig-spontan zusammen, um dem Genossen Stoph auf so herzliche Weise ihren Gruß zu entbieten ...
Eine halbe Stunde später richten sich Martina und Dieter in ihrem Hotelzimmer so gut es geht häuslich ein, um bald im Restaurant fürstlich zu dinieren. Dieter hat erstaunlich viel Geld bei sich. Ein gutes Honorar, verkündet er stolz. Martina kann nicht wissen, daß er vor der Abreise nach Erfurt die Mutter heimlich um mehrere hundert Mark erleichterte.
„Morgen will ich mir die Stadt angucken, Anger, Fischmarkt, Krämerbrücke und so weiter“, wünscht sich Martina.
Dieter ist einverstanden, ergänzt aber die nächsten Pläne: „Und am Mittwoch fahren wir nach Oberhof. Wir nehmen uns 'ne Taxe. Ich habe da nämlich was zu tun!“
Martina blickt ihn erstaunt an: „Was heißt, ich habe da zu tun?“
„Das erkläre ich dir später“, versucht er sie zu beruhigen.
„Jetzt haben wir Urlaub, und jetzt sollst du mir das sagen, was schon lange nötig ist!“ fordert Martina energisch.
Dieter überlegt einen Augenblick, dann sagt er: „Das hat was mit meinen Aufträgen zu tun. Aber laß uns morgen darüber sprechen“, bittet er sie.
Doch sie läßt nicht locker. „Du meinst, mit deiner Bühnengestaltung?“ fragt sie spitz und tut so, als würde sie ihm diese Geschichte noch glauben.
Er nickt unsicher.
„Spiel mir doch kein Theater vor!“ entrüstet sie sich. „Ich weiß längst, daß du die Urkunden und Briefe selbst schreibst. Kannst du mir erklären, was das soll?“
Dieter ist perplex. Eine solche Attacke hat er von Martina nicht vermutet. Er sackt in sich zusammen und bittet sie kleinlaut: „Laß es mich morgen erklären, bitte!“
„Meinetwegen, aber vergiß es nicht“, schließt Martina das Thema ab.
Spät abends, als Dieter Martina gewaschen und ins Bett bugsiert hat, setzt er sich an den kleinen Tisch des Hotelzimmers und kramt in irgendwelchen Papieren, die er mitgebracht hat.
„Was machst du noch?“ fragt Martina müde.
„Ich muß noch etwas Wichtiges schreiben“, antwortet er leise. „Schlaf du nur!“
„An wen mußt du jetzt schreiben?“

„Es ist ein Brief an den sowjetischen Nachrichtendienst", erklärt er geheimnisvoll.
Martina ist völlig verwirrt, stützt sich mit den Händen ab und richtet sich etwas auf, um sein Gesicht zu sehen, und entrüstet sich energisch: „Fängst du wieder mit deinem Blödsinn an? Dann will ich morgen nach Hause!"
„Das ist kein Blödsinn", entgegnet er ernst. „Es geht um Leben und Tod. Wir hatten ausgemacht, daß ich dir morgen alles erkläre."
Völlig verständnislos sinkt Martina wieder in die Kissen zurück und schweigt. Sie denkt, was ist das bloß für ein Mensch, der nichts anderes im Kopf hat als seine Lügengeschichten.
Am nächsten Morgen entdeckt sie auf dem kleinen Tisch zwei Briefumschläge. In der Tat: Der eine ist an den sowjetischen Geheimdienst in Moskau adressiert und bereits akkurat verschlossen. Der andere trägt die Anschrift von Dieters Mutter und ist noch nicht zugeklebt. Ein beschriebener Papierbogen steckt darin.
„Willst du's lesen?" fragt Dieter, als er ihr Interesse bemerkt.
„Wenn du möchtest", sagt sie zurückhaltend.
Er fingert das Papier aus dem offenen Umschlag und überreicht es Martina: „Aber nur den! Der andere ist nichts für dich", schränkt er ein, in dem er auf den bereits verschlossenen Brief zeigt.
Martina liest den kurzen Text: „Liebe Mutti, im Falle meines Ablebens bitte ich dich um Weiterleitung des beigefügten Briefes! Dein Sohn Dieter"
Martina schaut Dieter mit großen Augen an. Das alles ist ihr zu viel. Sie fühlt sich von den seltsamen Geschichten, die er immer wieder bereithält, überrumpelt, eingeengt und völlig überfordert. Der Gedanke, Dieter könne in irgendeine schlimme Sache verwickelt sein, macht ihr Angst. Sie will etwas sagen, doch er fällt ihr ins Wort: „Es ist halb so schlimm. Nur eine Vorsichtsmaßnahme. Wenn wir morgen in Oberhof sind, wirst du alles verstehen!"
„Du wolltest heute mit mir sprechen", beklagt sie sich.
„Laß uns in die Stadt fahren, morgen in Oberhof weißt du alles. Es ist eine lange Geschichte. Unterwegs werde ich beginnen", kündigt Dieter die Einlösung seines Versprechens an.
Martina hört ihm nur mit halbem Ohr zu. Diese Wichtigtuerei widert sie an. Ziemlich gelassen gibt sie zu verstehen, daß es ihr

genaugenommen gleichgültig ist, ob, wann und über was er sie unterrichten wolle.
Dieter wendet sich wie geistesabwesend von ihr ab und geht zum Telefon, das neben seinem Bett steht. Dann telefoniert er mit seiner Mutter. Seine Stimme ist leise und zittert. Er wirkt angespannt und niedergeschlagen. Martina hält sich taktvoll zurück. Doch aus den Wortfetzen, die sie aufschnappt, schließt sie: Zwischen Mutter und Sohn muß etwas vorgefallen sein, denn er entschuldigt sich mehrmals und versichert, sie müsse sich künftig keine Sorgen mehr machen.
Martina kann nicht wissen, daß es bei dem Dialog mit der Mutter um den Gelddiebstahl geht. Sie beobachtet Dieter, während er telefoniert, wie ein Psychoanalytiker. Kühl und distanziert wertet sie jede seiner Gesten. Es steht fest: Sie wird sich von ihm trennen.
Als er den Hörer wieder aufgelegt hat, steckt er den geheimnisvollen Brief an den sowjetischen Nachrichtendienst zusammen mit dem ebenso geheimnisvollen Anschreiben in den Briefumschlag an seine Mutter, verschließt diesen sorgfältig und läßt ihn in seiner Manteltasche verschwinden.
Nach dem Frühstück verläßt das Paar das Hotel, um die spätherbstliche Stadt zu besichtigen. Martina entgeht nicht, daß Dieter den Brief an seine Mutter später irgendwo in einen Postkasten steckt.
Dieter schiebt Martinas Rollstuhl vor sich her durch das Menschengewühl. Schweigend betrachtet Martina die restaurierten Fassaden der Bürgerhäuser. Nur einmal sagt sie: „Auch ich habe dir etwas Wichtiges zu sagen“, worauf Dieter ungewöhnlich barsch entgegnet: „Ich kann mir schon denken, was kommt!“
Martina dirigiert ihn kreuz und quer durch die Stadt. Bereitwillig folgt er ihren Anweisungen. Als er eine Pause einlegen möchte, verlangt sie, wieder ins Hotel zurückgefahren zu werden. Dieter ist dies recht. Wenig später lümmelt er auf seinem Hotelbett und hängt seinen Gedanken nach, während Martina im Rollstuhl am Fenster sitzt und den Erfurter Stadtführer studiert.
Nach einer Weile des Schweigens fragt Dieter sie plötzlich, ob sie nun bereit wäre, seine Geschichte anzuhören. Mit einer demonstrativen Geste legt sie den Stadtführer beiseite und gibt zu verstehen, daß er beginnen könne. Was nun folgt, ist eine rührselige und zugleich patriotische Mär: Seit Jahren wäre er als

Kundschafter für den sowjetischen Geheimdienst tätig. Nun könne er sich aus den Tentakeln dieses gigantischen Schnüffelapparates nicht mehr befreien. Er gäbe Martina Recht mit ihrem Verdacht gegen ihn. Ja, er habe die Briefe und Urkunden selbst angefertigt. Doch nicht, um damit zu prahlen, sondern weil es nötig gewesen wäre, eine entsprechende Legende als Tarnung aufzubauen. Und morgen fände ein Treff mit einem Genossen statt, in einem Wald bei Oberhof. Diese Gelegenheit wolle er nutzen, um endgültig seine Beziehung mit dem Geheimdienst zu lösen, und sie, Martina, solle als Zeugin dabei sein.
Obwohl Martina auch nicht im geringsten die Gepflogenheiten eines Geheimdienstes kennt, zweifelt sie doch an Dieters Schilderungen. Sie kann weder glauben, daß die Moskauer Geheimdienstler auf so einen wie Dieter angewiesen sind, noch kann sie sich damit abfinden, daß in diesen Kreisen solche naiven Indianerspielallüren herrschen sollen. Jetzt könnte sie Dieter viele Fragen stellen. Doch sie unterläßt es.
„Morgen will ich im Panoramahotel von Oberhof Kaffee trinken. Du kannst dich ja treffen, mit wem du willst", meint sie kühl. Dann nutzt sie ihre innere Gelassenheit für die Mitteilung, die Freundschaft mit ihm beenden zu wollen. Eigentlich dürfte nach all dem Vorgefallenen diese Nachricht Dieter nicht überraschen, doch er ist über alle Maßen bestürzt: Er könne nicht ohne sie sein. Sie sei sein einziger Halt. Wenn sie ihr Vorhaben wahrmache, würde er sich umbringen.
Aber Martina bleibt hart. Für sie gäbe es kein Zurück. Seine ständigen Lügengeschichten wären unerträglich. Nein, sie sei zu tief enttäuscht.
Dieter fällt auf die Knie, umfaßt ihre Beine, die ohne Empfindung sind, heult wie ein kleines Kind.
„Laß mich nicht allein", wimmert er hilflos.
Umsonst. Martina will hart bleiben.
Dieter schluchzt: „Bitte, versuch es noch mal mit mir!" Der Mann mit dem nahezu beängstigenden Selbstbewußtsein ist zu einem Häuflein Verzweiflung zusammengeschrumpft. Und wie er so demütig vor ihr kniet und kläglich um ihre Gunst bettelt, hat sie plötzlich Mitleid mit ihm. Dies freilich, ohne von ihrem Entschluß zur Trennung abrücken zu wollen.
„Schlaf erst mal drüber, und morgen fahren wir nach Oberhof. Dann können wir ausführlich reden. In deiner jetzigen Verfassung bist du nicht in der Lage, sachlich zu diskutieren", sagt sie

bestimmend. Und Dieter nickt stumm, wischt sich die Tränen aus dem Gesicht.
Später, als er sich etwas beruhigt hat, dringt er nochmals auf sie ein: „Ich habe nur eine Bitte: Du sollst dabei sein, wenn ich mich mit dem Mann treffe!"
„Na gut, wenn dir so viel daran liegt", antwortet sie und sinnt darüber nach, ob sein Gehirn vielleicht irgendeine Krankheit ausbrütet und dabei wundersame Dinge produziert, die für ihn Realitätscharakter besitzen.

Mittwoch, der 3. November 1971. Ein kühler, aber freundlicher Tag. Dieter und Martina sind bereits am Morgen mit einem Bus nach Arnstadt gefahren, um von dort weiter nach Oberhof zu gelangen. Doch die Busfahrt ist für Martina zu beschwerlich. Sie entschließen sich deshalb, über Mittag in Arnstadt zu bleiben und dann mit einem Taxi nach Oberhof zu fahren. Dieter ist außergewöhnlich heiter, fast kindlich ausgelassen und besonders nett zu Martina. Auch sie bemüht sich, freundlich zu sein, zwingt Dieter immer wieder belanglose Gespräche auf, um vorsorglich von dem leidigen Thema abzulenken. Am Nachmittag winkt Dieter dann ein vorbeifahrendes Taxi heran. Während der Fahrer bereitwillig den Rollstuhl zusammenklappt und im Kofferraum verstaut, hebt Dieter Martina behutsam auf den Rücksitz des „Wolga". Die Fahrt geht bis nach Oberhof, knapp 50 Kilometer entfernt. Am Ortseingang von Oberhof steigen sie aus, wollen den Rest des Weges kein Auto benutzen. Das leere Taxi fährt nach Arnstadt zurück.
Dieter lenkt den Rollstuhl artig durch die kleine, ruhige Ortschaft, in der sich wenige Wochen später Tausende von Wintersportlern tummeln werden. Jetzt begegnen den beiden nur wenige Urlauber aus den nahen FDGB-Ferienheimen.
Eine halbe Stunde später, es ist bereits 16.30 Uhr, sitzen sie im Panoramahotel. Martina ist zufrieden: Der Kaffee ist gut und der herrliche, weite Blick über das Thüringer Land entschädigt sie für die Strapazen des bisherigen Tages. Auch Dieter blickt versonnen in die Weite. Seit sie in Oberhof sind, ist er still und in sich gekehrt, hat seine anfängliche Heiterkeit verloren. Bisher hat er kein einziges Wort über das ominöse Treffen verloren. Gut so. Martina hofft, daß die Angelegenheit inzwischen in Vergessenheit geraten ist. Hier unter den Menschen im Hotel fühlt sie sich sicher.

Als es draußen zu dämmern beginnt, fragt sie besorgt, ob es nicht besser wäre aufzubrechen, um nicht zu spät nach Erfurt zurückzukehren.
„Wir haben Zeit, unser Zug fährt erst später", ist seine kurze Antwort. Doch Augenblicke danach entschließt er sich: „Gut, laß uns gehen, wir machen noch einen Spaziergang, ehe es dunkel wird!"
Gegen 17.15 Uhr brechen sie auf. Eine Angestellte des Hotels hält die große Pendeltür am Eingang zurück, damit Martinas Rollstuhl ungehindert passieren kann. Draußen übernimmt Dieter wieder die Führung. Er steuert Martina durch den kleinen Ort bergan bis zu einem Waldweg, in den er einbiegt.
„Es wird bald dunkel", bemerkt Martina nach einer halben Stunde und will wissen, wann der Zug fährt.
„Wir haben noch fast drei Stunden Zeit", beruhigt er sie.
Plötzlich erhöht er das Tempo, schiebt den Rollstuhl eilig vor sich her und biegt unerwartet in einen schmalen, abwärts führenden Trampelpfad ein, der durch dichtes Unterholz führt. Die Gegend wird immer unwegsamer. Unsanft holpert der Rollstuhl über Wurzeln und Steine.
„Was soll das, spinnst du", schimpft Martina verärgert und fordert Dieter auf, umzukehren.
„Wir fahren jetzt hier entlang", entgegnet er in barschem Ton. Doch Martina gibt nicht auf und schreit ihn an: „Fahr mich auf der Stelle zurück!"
Er ignoriert Martinas Aufforderung und schiebt keuchend das Gefährt weiter durch das knöchelhohe Laub. Dann herrscht er sie an: „Du machst jetzt, was ich will!"
Jetzt ahnt Martina Schlimmes. Sie zittert am ganzen Leib. Angstvoll jammert sie: „Was hast du vor?"
„Bis zum bitteren Ende bleiben wir zusammen", stößt Dieter hervor und schiebt Martina durch das Dickicht bis zu einer kleinen Lichtung.
Sie spürt die akute Bedrohung, will sich wehren und versucht zu schreien. Vergeblich: Die Angst lähmt ihre Stimme. Verzweifelt schlägt sie mit den Armen um sich. Ihr Widerstand jedoch ist schwach, ihr erbärmliches Wimmern beeindruckt Dieter nicht. Er hebt Martina unsanft aus dem Rollstuhl und setzt sie auf den kalten Waldboden.
„Bitte laß mich! Tu mir nichts", fleht sie ihn an. Während er mit einer Hand Martinas Arme festhält, holt er blitzschnell mit der

anderen eine etwa zwei Meter lange Leine aus der Manteltasche und schlingt ein kurzes Ende um ihren Hals.
„Laß mich leben", ächzt sie gequält.
Dieter hat sich inzwischen auf sie gelegt, um sie an einer ernsthaften Gegenbewegung zu hindern und zieht den Strang mit beiden Händen zu. Tiefer und tiefer gräbt sich die Leine in Martinas Hals, während er tränenvoll, verzweifelt schluchzt: „Ich liebe dich doch!"
Aber Martina hört ihn nicht mehr. Der Druck in ihren Ohren verhindert jede Wahrnehmung. Sie versucht, nach Luft zu schnappen. Dieter läßt nicht locker. Er verknotet die Schlinge an der Vorderseite ihres Halses derart fest, daß Martinas Zungenbein zerbricht. Er bleibt so lange auf dem Körper seiner Freundin liegen, bis kein Lebenszeichen zu spüren ist. Mit Mühe richtet er sich dann auf. Wie in Trance klappt er Martinas Rollstuhl zusammen, knüpft das lange Ende der Leine an einem Baum, als wolle er die Tote daran hindern, davonzulaufen. Mit einer zweiten, kurzen Leine will er sich nun selbst erhängen. In Kopfhöhe befestigt er den Strang am Stamm. Doch er zögert, sich die Schlinge um den Hals zu legen. Schluchzend und kraftlos sackt er vor dem Baum zusammen: Seine Tötungsenergie ist aufgebraucht.
Es dauert eine Weile, bis er sich wieder faßt. Jetzt wird ihm das Ausmaß des entsetzlichen Geschehens klar. Panische Angst engt seine Sinne ein. Nur ein Gedanke beherrscht ihn: weg von diesem Ort. Eilig zwängt er sich durch das Dickicht bis zum Trampelpfad, irrt lange im unwegsamen Gelände umher, bis er den Waldweg nach Oberhof findet. Er ordnet seine Kleidung und geht betont gemächlich in Richtung Bahnhof. Die Dunkelheit bricht bereits herein, als er gegen 19.00 Uhr am „Ernst-Thälmann-Haus" vorübergeht.
Kurz vor Mitternacht nimmt er an der Rezeption des Interhotels „Erfurter Hof" seinen Zimmerschlüssel in Empfang. Die Dame hinter dem Tresen blickt ihm nach, als er den Lift besteigt. Sie wundert sich, daß die junge Frau im Rollstuhl nicht in seiner Begleitung ist.
Nach unruhigem Schlaf verläßt er in den frühen Morgenstunden des 4. November das Hotel und begibt sich zum gegenüberliegenden Bahnhof. Er nimmt den nächsten Zug nach Oberhof. Es dauert eine Zeitlang, bis er den Waldweg und später im Dickicht den ausgetretenen Pfad wiederfindet. Dann

zwängt er sich durch das dichte Unterholz und sucht die kleine Lichtung, den Ort seiner gestrigen Untat. Er muß lange suchen, doch dann hat er Erfolg. Alles ist unverändert. Leblos liegt Martina auf dem Rücken, die Schlinge um den Hals. Neben ihr der zusammengeklappte Rollstuhl. Eine Zeitlang kauert Dieter vor der Toten, streichelt ihre kalten Wangen und weint. Als es zu nieseln beginnt, steht er auf und geht zu dem Baum, an dessen Stamm er gestern abend die Schlinge befestigt hatte. Nun zögert er nicht mehr. Aus der Manteltasche zieht er eine weitere, etwas kürzere Schnur und bindet ein Ende um das linke Handgelenk. Sodann umschnürt er mehrfach das rechte Handgelenk mit dem anderen Ende. Mit Hilfe der Zähne verknotet er die Schnur. Er will jede unbewußte Selbstrettungsreaktion verhindern, wenn sich der Strang zuzieht. Mit den gefesselten Händen legt er sich die Schlinge um den Hals. Dann sackt er in die Knie. Die Beine rutschen im feuchten Laub nach hinten weg. Halb kniend bleibt er in der Schlinge hängen. Nur einen Augenblick später verliert er das Bewußtsein. Dann ist er tot.

Als Hotelangestellte des „Erfurter Hofs" am 6. November feststellen, daß Dieter Fredersdorf und Martina Baerwaldt seit zwei Tagen ihr gemietetes Zimmer nicht mehr benutzt haben, erstattet die Hotelleitung Anzeige bei der Volkspolizei. Mitarbeiter der Rezeption erinnern sich, Fredersdorf am frühen Morgen des 4. November gesehen zu haben, als er das Hotel verließ. Die Tatsache der schweren Behinderung Martinas ist genug Anlaß für schnelles polizeiliches Handeln, denn die kalte Witterung des Novembers fördert eine mögliche Gefährdung. Fredersdorfs Mutter in Weißenfels wird vernommen. Nun wird nicht nur bekannt, daß sie der Sohn vor seiner Reise nach Erfurt bestohlen hat, sondern auch, welch bizarre Scheinwelt er um sich errichtete. Sie spart nicht mit harscher Kritik an ihrem Einzigen, betont aber gleichzeitig, wie sehr er sich mit Martina verstanden habe.

Der Taxifahrer, der das Paar am 3. November von Arnstadt nach Oberhof fuhr, wird ausfindig gemacht. Auch die Hotelangestellten des Panoramahotels bestätigen die Anwesenheit der beiden: Man kann sich gut an die Dame im Rollstuhl und ihren Begleiter erinnern. Schließlich stößt die Kriminalpolizei auf Zeugen, die glaubhaft versichern, Fredersdorf am 3. November

# Verdacht eines Verbrechens!

Dieter F[redacted]
mit Hut und Mantel — ohne Hut und Mantel

Martina B[redacted]

**Die Volkspolizei fahndet nach den im Foto dargestellten Bürgern:**

**F[redacted], Dieter** geb. am 26. 08. 1943
wohnhaft Weißenfels
Anscheinendes Alter 28 – 30 Jahre, 172 cm groß, schlanke Gestalt, mittelblondes Haar, große Stirnecken, Brillenträger. Fleischmann hinkt leicht mit dem rechten Bein.
Grauer gestreifter Anzug, dunkelblauer Schaumgummimantel, dunkler Hut, schwarze Halbschuhe.

**B[redacted], Martina** geb. am 22. 10. 1942
wohnhaft Dresden
Anscheinendes Alter 25 Jahre, 165 cm groß, schlanke Gestalt, dunkelblondes kurz geschnittenes Haar, bleiches Gesicht.
Dunkelblauer Anorak, graue Hose, schwarze Halbschuhe.
**Hinweis:** Die B[redacted] ist querschnittsgelähmt und wird in einem Krankenstuhl gefahren. Sie ist nicht in der Lage, sich ohne diesen Rollstuhl fortzubewegen.
**Beschreibung des Krankenrollstuhls:**
Sitz, Arm- und Rückenlehne aus blauem Kunstleder, längs gesteppt. Gestell, Räder und Seitenlehnen verchromt. Der Rollstuhl ist zusammenklappbar und transportabel.

Beide Personen trafen am Mittwoch, dem 03. 11. 1971 gegen 16.15 Uhr mit Taxi Typ „Wolga" am Ortseingang Oberhof, aus Richtung Arnstadt kommend, ein. F[redacted] wurde am selben Tage im Hotel „Ernst Thälmann" gegen 19.00 Uhr allein gesehen.
Seit dem fehlt von beiden Personen jede Spur. Es besteht der Verdacht, daß F[redacted] an der B[redacted] ein Verbrechen verübt hat.

Die Bevölkerung wird aufgerufen, die Deutsche Volkspolizei über folgende Fragen zu informieren:

- Wer hat am Mittwoch, dem 03. 11. 1971 zwischen 16.15 Uhr und 19.00 Uhr beide Personen gemeinsam, bzw. F[redacted] allein in Oberhof gesehen?
- Wurde F[redacted] nach dem 03. 11. 1971 in Oberhof oder in anderen Orten innerhalb bzw. außerhalb des Bezirkes Suhl gesehen?
- Wo trat eine männliche Person auf, die sich als Bühnenbildner oder Grafiker ausgegeben hat?
- Es besteht der Verdacht, daß sich F[redacted] unter einem falschen Namen ausgibt. –
- Wer kann Angaben über den gegenwärtigen Aufenthaltsort des F[redacted] oder der B[redacted] machen?

**Alle zweckdienlichen Hinweise, auf Wunsch auch vertraulich, nimmt das VPKA Suhl, Tel. 690 und jede andere Volkspolizei-Dienststelle entgegen.**

W-V-20-15 4 S 108 71 1094

*Das nach Einleitung eines Ermittlungsverfahrens gegen Dieter F. von der VP herausgegebene Fahndungsblatt.*

gegen 19.00 Uhr ohne seine Begleiterin in der Nähe des Oberhofer „Ernst-Thälmann-Hauses“ gesehen zu haben. Damit verliert sich jede weitere Spur. Die Suhler Kriminalpolizei schreibt mehr als 150 FDGB-Urlauber an, die sich über die Zeit des 3. November in Oberhof aufgehalten haben, und bittet um sachdienliche Hinweise. Die kriminalistische Ausbeute ist dennoch dürftig. Auch Presseinformationen und die Auslösung einer Eilfahndung führen nicht zum Erfolg, obwohl Hunderte von Hinweisen bei der Kriminalpolizei eingehen. Die aufgewühlte Volksseele reagiert empfindlich: Irrtümer, falsche Verdächtigungen, unhaltbare Spekulationen und ehrlich gemeinte Tips werden zum Gegenstand der Ermittlungen. Es ist erstaunlich, wo überall man den Gesuchten gesehen haben will. Das macht die Verwirrung komplett. Mühsam muß die Kriminalpolizei jedem Hinweis nachgehen, und jedesmal erlebt sie eine neue Enttäuschung. Doch von Fredersdorf findet sie nicht die geringste Spur.

Suhl, den 23. 11. 1971

**Werter Bürger!**

Am Mittwoch, dem 03. 11. 1971 befanden Sie sich in Oberhof. Zur Aufklärung einer Straftat (siehe Handzettel) bitten wir Sie, dabei die Volkspolizei aktiv zu unterstützen und nachstehende Fragen zu beantworten:

1. Haben Sie die im Bild dargestellten Personen am Mittwoch, dem 03. 11. 1971 zwischen 16.00 und 19.00 Uhr gemeinsam, oder F[redacted] allein, in der Ortslage bzw. in der näheren Umgebung von Oberhof gesehen?
   ~~ja~~ nein

   Uhrzeit: wo:

2. Kennen Sie andere Personen, die zum genannten Zeitpunkt die Gesuchten gesehen haben?
   ~~ja~~ nein

   Name:

   Anschrift oder Ferienheim in Oberhof:

3. Können Sie weitere Hinweise über die gesuchten Personen geben?
   ~~ja~~ nein

   Welche:

**Bezirksbehörde der Deutschen Volkspolizei Suhl**
Abteilung K

*Derartige Karten verschickte die Kriminalpolizei an alle Urlauber, die sich zur fraglichen Zeit in Oberhof aufhielten.*

Zeitgleich starten riesige Suchaktionen: Uniformierte und zivile Polizei, Jäger, Soldaten, Bergsteiger und viele Freiwillige durchkämmen die teilweise unwegsamen Gebiete zwischen Schmalkalden, Suhl, Ilmenau und Arnstadt. Der Wintereinbruch erschwert die Arbeit der Suchkräfte zusätzlich. Erst nach Wochen, während der fünften, stabsmäßig geführten Aktion werden die beiden Leichen gefunden.

*Dieter Fredersdorf war eine psychopathische Persönlichkeit, egoistisch, eitel und in hohem Maße selbstunsicher. Die Bewältigung der Lebensanforderungen vollzog er weniger rationell als emotional. Vermutlich hatte die Hirnschädigung nicht nur die Bewegungsfähigkeit seiner Beine eingeschränkt, sondern auch die für kritisches Denken verantwortlichen Abschnitte des Kortex.*
*Er hatte Verhaltenstrategien entwickelt, mit deren Hilfe er sein gebrochenes Selbstbewußtsein durch ein triebhaftes Geltungsbedürfnis zu kompensieren versuchte. Eine Zeitlang gelang es ihm auch, seine Umwelt zu täuschen. Aber die Mutter war kritisch und zeigte beizeiten Argwohn, deshalb lehnte er sie innerlich ab. Falls eines seiner Lügengebäude einzustürzen drohte, baute er unverzüglich ein neues auf. Der Drang, immer wieder mit neuen Scheinleistungen aufzuwarten, verselbständigte sich regelrecht. Nur so hatte sein labiles Selbstbewußtsein Bestand. Die Lügen zogen immer neue nach sich, damit konnte sein Selbstwert für eine gewisse Zeit gestützt werden. Aber nur scheinbar, denn er erreichte letztlich nur eine oberflächliche Befriedigung, die alsbald an Wirkung verlor und erneuert werden mußte. Und das erforderte neue Täuschung, weil ihm echte Leistung nicht möglich war. So verstrickte er sich weiter. In diesem Teufelskreis lag dann auch der Keim seiner Selbstzerstörung.*
*Eine Beurteilung der Tatortsituation ohne Berücksichtigung der Persönlichkeitsstrukturen beider Beteiligten hätte fälschlicherweise auch die Möglichkeit einer Tötung auf Verlangen oder eines gemeinsamen Suizids begründen können. Jedoch konnte im Gegensatz zu Dieter Fredersdorf bei seiner Freundin zu keiner Zeit eine Suizidneigung nachgewiesen werden. Als Martina Baerwaldt ankündigte, die Beziehung zu ihm zu lösen, empfand Fredersdorf dies als existentielle Bedrohung, weil sie sein einziger, echter emotionaler Halt war. Insofern*

*hatte sie in diesem Todesspiel eine fertige Rolle übernommen, freilich ohne dies zu ahnen.*
*Und so zerstörte Dieter Fredersdorf das, woran er emotional am stärksten hing, nämlich: sich selbst und seine Freundin Martina.*

## Camouflagen

Fall 1:
An einem feuchtkühlen Novembermorgen des Jahres 1977 fährt ein unauffälliger dunkelroter „Skoda 1000 MB“ mit dem polizeilichen Kennzeichen IEJ 4-55 auf der Fernverkehrsstraße 109 in den Norden Berlins. Am Steuer sitzt ein Mann, wohlgenährt, um die 40, mit blonden Haaren und randloser Brille. Kurz hinter Buchholz biegt er auf die Hobrechtsfelder Chaussee, verläßt diese bald wieder, durchquert die Ortschaft Karow und fährt in Richtung Buch weiter. Auf einer asphaltierten, schnurgeraden Straße am Rande des Berliner Stadtwaldes, nahe der Grenze des Kreises Bernau, erhöht er plötzlich das Tempo, überschreitet bei weitem die hier erlaubten 50 Stundenkilometer. Da nach wenigen hundert Metern die Straße nahezu im rechten Winkel abbiegt und hohe Bäume und dichtes Unterholz die Einsicht versperren, zwingt diese scharfe Kurve zu rigoroser Fahrdisziplin.
Doch das Fahrzeug bremst nicht vor der gefährlichen Rechtsabbiegung. Im Gegenteil: Mit Vollgas rast es geradeaus weiter, überfährt einen wenige Meter breiten Randstreifen und prallt frontal gegen einen fast zwei Meter hohen Stapel tonnenschwerer Betonschwellen. Die Wucht des Aufpralls ist so groß, daß das Fahrzeug auf die Hälfte seiner Länge zusammenschrumpft. Airbag und Seitenaufprallschutz sind noch nicht erfunden, doch auch sie hätten keinen wirksamen Schutz bieten können. Sekunden später steht der dunkelrote Skoda in hellen Flammen. Leute aus der Nachbarschaft alarmieren die Feuerwehr. Andere versuchen inzwischen vergeblich, mit kleinen Handfeuerlöschern das Inferno zu bekämpfen. Die Feuerwehr kommt schnell. Die Flammen haben inzwischen das ganze Auto erfaßt. Eilig ziehen die Feuerwehrmänner dicke Schläuche von ihrem Fahrzeug. Aus deren Düsen schießt in breitem Strahl dichter, weißer Schaum. In weniger als einer Minute ist der Sko-

da gänzlich eingeschäumt. Die Flammen sind erstickt. Doch der Mann am Lenkrad ist längst tot: Auf dem rußschwarzen Metallgerippe des Fahrersitzes sind die Konturen eines menschlichen Körpers zu erkennen. Kopf, Brust und Arme sind bis zur Unkenntlichkeit verkohlt. Schnell ist klar: Keine andere Person außer dem Kraftfahrer saß in diesem Unglückswagen.
Ein Einsatzfahrzeug der VUB trifft ein. Sachlich, ohne innere Regung und routiniert nehmen die weißbemützten Volkspolizisten die Sachlage zur Kenntnis. Der grausige Anblick tödlich Verletzter gehört längst zum Alltag der Verkehrsunfallbereitschaften, denn jährlich fallen dem Straßenverkehr in der DDR mehr als 2 000 Menschen zum Opfer.
Die Polizisten fertigen Fotos, vermessen den Tatort und suchen den Weg nach Bremsspuren ab. Der Schaum, der die Flammen des brennenden Wagens erstickte, und der immer noch den Boden zentimeterdick bedeckt, erschwert die Spurensuche. Schließlich kommen sie zu dem Schluß: Auf dem feuchten Asphalt sind keine Bremsspuren zu finden. Das Fahrzeug muß demnach mit vollem Tempo gegen das Betonhindernis gerast sein. Sie befragen die aus der Umgebung Herbeigeeilten nach ihren Wahrnehmungen. Doch es sind nur sogenannte Knallzeugen. Denn: Erst der dumpfe Aufprall des Wagens hat ihre Aufmerksamkeit geweckt. Sie können nun zwar das Resultat des Crashs bekunden, nicht aber seinen Ablauf.

*Der ausgebrannte Pkw „Skoda“ des Alexander L. nach dem Aufprall gegen die aufgestapelten Betonplatten.*

Wenig später erscheint der Verkehrsstaatsanwalt. Da nur ein Toter zu beklagen ist und die Polizisten bereits eine erste, plausible Erklärung für den Hergang der Kollision parat haben, entscheidet er, die Weiterbearbeitung der VUB und nicht der Kriminalpolizei zu übertragen: Offensichtlich hat der Fahrer wegen zu hoher Geschwindigkeit die Gewalt über seinen Wagen verloren und ist deshalb gegen die aufgeschichteten Betonschwellen geprallt.

Bei der Kfz-Zulassungsstelle im Polizeipräsidium ist zu erfahren, daß das Fahrzeug auf den 42jährigen Ingenieurökonom Alexander Lausnitz aus Berlin-Blankenburg zugelassen ist. Auch die Gerichtsärzte finden später bei der Obduktion in der Gesäßtasche des Toten die angekohlten Fahrzeugpapiere auf den gleichen Namen. Schwere innere Verletzungen, Rippenserienfrakturen, die Ruptur der Leber und die Aspiration des tödlichen Kohlenmonoxids haben den Tod des Mannes verursacht. Der vage Verdacht, er könne unter Alkoholeinfluß gefahren sein, bestätigt sich nach der Blutuntersuchung nicht.

Alexander Lausnitz, der als stellvertretender Leiter eines großen HO-Zentrallagers für Industriewaren tätig war, hinterläßt eine Frau und drei Kinder. Tieferschüttert nimmt Frau Lausnitz die schreckliche Nachricht vom Unfalltod des Gatten und Vaters zur Kenntnis. Von nun an muß sich die Witwe als alleinerziehende Mutter mit drei Kindern durchs Leben schlagen.

Einige Tage später schließt der zuständige Sachbearbeiter der VK die Akte Lausnitz mit dem Ergebnis „Tod durch selbstverschuldeten VU" und übergibt Frau Lausnitz ein Schreiben, das sie der Staatlichen Versicherung vorlegen muß. Ihr Gatte hatte nämlich vor Jahren eine Lebensversicherung über 15 000,- Mark abgeschlossen. Sie garantiert den Hinterbliebenen bei einem unfallbedingten Tod die Auszahlung von 30 000,- Mark: Ein finanzielles Trostpflaster für die Familie, das wenigstens den schweren Neuanfang erleichtert, wenn freilich der Verlust des Vaters dadurch nicht ersetzt werden kann. Die Staatliche Versicherung reagiert prompt und unbürokratisch.

Als Frau Lausnitz geraume Zeit später die persönlichen Papiere ihres Mannes durchsieht, fällt ihr ein von ihm verfaßtes, handgeschriebenes Schriftstück in die Hände, das er dem Datum nach noch am Vorabend seines Todes geschrieben haben muß: „Meine liebe Katja! Wenn Du diese Zeilen liest, werde ich nicht mehr leben. Die Dinge im Betrieb sind mir über den Kopf gewachsen, vor allem wegen der krummen Geschäfte des Kollegen Willuda. Ich fühle mich mitverantwortlich, weil ich geschwiegen habe. Deshalb will ich nicht mehr. Laß Dir die Lebensversicherung auszahlen, vernichte aber vorher dieses Schreiben. Ich liebe Euch! Alex"

Frau Lausnitz fährt der Schreck in die Glieder: Also kein Unfall! Selbstmord war es. Folgerichtig kommt sie zu dem Schluß, daß er absichtlich gegen die Betonschwellen gefahren ist.

Sie weiß, daß vor zwei Wochen der Leiter des Fuhrparks im Betrieb ihres Mannes, Ernst Willuda, von der Polizei verhaftet wurde. Er war ein Meister der Beschaffung und Organisation. Das Aufspüren von Dingen in der Welt des chronischen Versorgungsmangels, über die der offizielle Handel nur selten verfügte, beherrschte er mit Virtuosität. Überall hatte er seine Finger drin, vor allem bei der Besorgung von begehrten Kfz-Ersatzteilen. So war er unentbehrlich, für den Betrieb und für die Kollegen.

Und sein Chef, Alexander Lausnitz, dessen Auto er natürlich auf Betriebskosten, hegte, pflegte und reparierte, war dafür bei der Bewilligung der Zahlungsanweisungen, die Willuda ihm vorlegte, besonders großzügig. So schaffte der clevere Fuhrparkleiter für den Betrieb die vermeintlichen Schnäppchen heran, manchmal auch für die Kollegen, vor allem aber für sich selbst. Und die HO zahlte, weil Alexander Lausnitz mit seinem guten Ruf und seiner Unterschrift für die Lauterkeit des Geldflusses bürgte. Nun ist gewiß: Die Mitschuld an den dunklen Geschäften Willudas muß ihn so belastet haben, daß er die Selbsttötung den disziplinarischen, womöglich rechtlichen Unannehmlichkeiten und der Gefährdung seiner bisherigen bürgerlichen Existenz vorzog.

Skrupel überfallen Frau Lausnitz, quälen sie mit unruhigem Schlaf. Schließlich geht sie wieder zur Polizei. Sie legt das Schriftstück ihres Mannes dem seinerzeit zuständigen Verkehrsunfallsachbearbeiter der VK vor. Der blickt sie erstaunt an wie ein neu entdecktes Weltwunder und meint, der Vorgang sei doch längst abgeschlossen. Frau Lausnitz versteht den Wink. Doch sie will ehrlich bleiben und übergibt dem Polizisten das Schreiben. Jetzt ist ihr Gewissen beruhigt.

Das nimmt Vater Staat lobend zur Kenntnis: Er fordert kurzerhand die Hälfte der bereits ausgezahlten Lebensversicherung zurück.

Fall 2:
Im Morgengrauen des 2. September 1983. Landwirt Wilhelm Schäfer tuckert mit seinem Traktor über eine der Landstraßen zwischen den uckermärkischen Ortschaften Woldegk und Friedland. Geräuschvoll scheppern die Milchkannen auf dem Anhänger bei der Fahrt über die schlaglochreiche Piste. Sonst ist kein Verkehr weit und breit. Der Weg führt an dem langen, hellgrünen Zaun vorbei, hinter dem in riesigen Stallanlagen Tausende Schweine ihr kurzes Leben fristen. Das Ganze strahlt den aufdringlichen Charme einer Russenkaserne aus. Ein Stück weiter säumt dichtes meterhohes Buschwerk die Landstraße. Dahinter liegen die ausgedehnten Felder der LPG. Plötzlich erschrickt er, traut seinen Augen nicht: Mitten auf der Straße liegt bäuchlings ein Mann, die Arme leicht angewinkelt, den Kopf zur Seite geneigt. ohne jede Regung. Das Gesicht kann Wilhelm Schäfer nicht sehen. Doch das graumelierte Haar des Hinterkopfes fällt ihm sofort auf. Dem Anschein nach könnte der Mann im gleichen Alter wie er selbst sein.
„Der olle Döskopp ist wohl total betütert", ist sein erster Gedanke. Aber die durchdringende Hupe des Traktors vermag offenbar den Mann nicht zu wecken. Wilhelm Schäfer hält den Traktor an. Als er sich dem Liegenden nähert, durchfährt ihn ein Schauder: Eine blutende Halswunde fällt ihm auf. Sie verheißt nichts Gutes. Er dreht den Mann auf den Rücken, bemerkt, daß dessen Glieder steif sind. Nun kann er das Gesicht des Mannes sehen, dessen gebrochene Augen ins Leere zu starren scheinen. Wilhelm Schäfer ist augenblicklich klar – der ist mausetot. Und beim näheren Hinsehen erkennt er ihn sogar. Der Mann ist Edgar Seidel, ein Melker aus dem Nachbardorf. Wilhelm Schäfer entgeht nicht die zentimetergroße, fast kreisrunde blutende Wunde an der linken Halsvorderseite des leblosen Mannes, dicht über dem Kehlkopf.
Hilflos schaut er sich um, läuft einige Schritte ziellos hin und her, als suche er einen rettenden Engel, der ihn aus dieser mißlichen Lage befreit. Doch alles ist ruhig. Schließlich faßt er sich ein Herz, zieht den Mann von der Straße und legt ihn behutsam im Gras ab. Er löst den Anhänger aus der Kupplung und knattert mit dem Traktor, so schnell es eben geht, zurück in sein Dorf. Er weiß, wo der ABV wohnt: Der ist die Polizei, der hat ein Telefon, der weiß, was nun geschehen muß.
Bald wird es lebhaft auf der sonst einsamen Landstraße: Nicht

nur der ABV, ein Arzt und Bauer Wilhelm Schäfer sind vor Ort, auch Neugierige sind inzwischen herbeigeeilt, um den Toten zu begaffen. Die meisten wissen, daß es der Melker Edgar Seidel ist.
Der Doktor nimmt die Leichenschau vor, schätzt, daß der Tod schon vor mehreren Stunden eingetreten ist. Auch er kennt den Mann. Er war einer seiner beharrlichsten Patienten. Chronischer Rückenschmerz und Alkoholmißbrauch waren seine Leiden.
Die Halswunde deutet er als Stich mit einem langen, rundlichen und spitzen Gegenstand, etwa einem großen Schraubendreher, einer Ahle oder einem Stichel. Der Tod könnte durch eine Hirnblutung oder Luftembolie verursacht worden sein, für ein Verbluten nach außen sind die Blutspuren zu gering. Der Doktor denkt zunächst an Mord, nimmt an, der Täter habe den Melker von hinten überfallen, mit dem linken Arm festgehalten und mit der rechten Hand in den Hals gestochen. Aber warum? Und wer sollte das getan haben?
Einen Raubüberfall schließt er aus. Der Tascheninhalt des Toten ist offenbar unberührt geblieben. Aber wo ist das Tatwerkzeug? Hat es der Täter mitgenommen oder gar weggeworfen?
Auch den ABV beschäftigen diese Fragen. Und während der Arzt den Totenschein ausfüllt, sucht der Uniformierte mit einigen Freiwilligen die Gegend ab. Länger als eine Stunde suchen sie. Vergeblich. Nirgends ist ein passendes Stechwerkzeug aufzuspüren.
Inzwischen ist der Leichensachbearbeiter der Kriminalpolizei aus Prenzlau, Oberleutnant Kringel, ein gemütlich wirkender, schlankwüchsiger Endfünfziger, eingetroffen, um die Tatortarbeit zu übernehmen. Kurz darauf erscheint auch das schwarz verglaste Fahrzeug des Bestattungsdienstes. Die Leiche wird zur Obduktion in das Schweriner Institut für gerichtliche Medizin überführt.
Langsam läßt auch die ungewöhnliche Betriebsamkeit am Tatort nach: Der Arzt muß zur Sprechstunde. Bauer Wilhelm Schäfer kuppelt den Anhänger an seinen Traktor und tuckert davon. Der ABV kehrt in sein Dorf zurück, und auch das Interesse der Neugierigen läßt nach. Nun wird es schnell wieder ruhig auf der Landstraße zwischen Woldegk und Friedland.
Die Version des Arztes, der Melker Seidel könne womöglich Opfer eines Tötungsverbrechens sein, hält Oberleutnant Krin-

gel durchaus für stichhaltig. Doch die ersten Recherchen bestätigen die bisherigen Indizien nicht. Kein weiterer Anhalt läßt sich finden. Statt dessen kristallisiert sich überraschenderweise eine weitere Version heraus. Den Umständen nach könnte es nämlich sein, daß sich der Melker Seidel selbst getötet hat. Auf den ersten Blick erscheint diese Möglichkeit nahezu abwegig, doch Kringel läßt nicht mehr von ihr ab.
Der Melker Seidel hatte in der Vergangenheit mehrmals über Selbstmord gesprochen. Er lebte allein und zurückgezogen. Seine Ehefrau starb vor einigen Jahren, und die verheiratete Tochter lebt schon lange im Vogtland. Manchmal sei er ziemlich schwermütig gewesen, vor allem, wenn er getrunken hatte. Die Leute im Dorf munkeln schon lange, Seidel habe vor Jahren einmal einen Selbstmordversuch unternommen und irgendwelche Schädlingsbekämpfungsmittel getrunken. Tagelang hätte er im Krankenhaus gelegen. Die Zechbrüder des Melkers wunderten sich, daß er bei ihrem letzten Zusammentreffen am Biertisch das Gespräch immer wieder auf die Frage des Selbstmordes gelenkt habe, freilich nur in allgemeiner Art. Man habe in der Trinkerrunde über die Möglichkeit eines schmerzlosen und sicheren Abgangs aus dieser Welt diskutiert. Wenn er sich einmal umbringen würde, habe Edgar Seidel gemeint, wolle er sich weder aufhängen, noch mit Schlaftabletten vergiften, sondern sich in die Kehle stechen und ausbluten lassen, genauso wie er ein Schwein schlachte. „Das tut nicht weh, und wenn man die richtige Stelle trifft, geht es schnell und ist sicher“, soll er gesagt haben.
Könnte Seidel im Suff womöglich diesen abwegigen Gedanken in die Tat umgesetzt haben? Dann aber müßte er nach Beibringen der Verletzung das Tatwerkzeug weit von sich geschleudert haben. Wäre er in der Lage gewesen, derart zu reagieren?
Kringel hat auf derlei Fragen zwar keine Antwort parat, doch die Vorgeschichte des Melkers begründet die vage Vermutung eines Selbstmordes zumindest ebenso wie die eines Mordes. Er telefoniert mit der Gerichtsmedizin Schwerin, bittet dringend um einen fachlichen Rat. Am anderen Ende der Leitung hört Dr. Wolff, der Leiter des kleines Instituts, aufmerksam zu. Er hält eine kurze Fernvorlesung über die mögliche Handlungsfähigkeit Hirnverletzter. In deren Kern geht es darum, daß „der Mann trotz der beschriebenen Verletzungen durchaus minu-

tenlang handlungsfähig gewesen sein kann". Den Gedankenaustausch verkürzend, sagt der Gerichtsmediziner abschließend: „Morgen früh sezieren wir die Leiche. Kommen Sie her, dann wissen wir bald mehr!"
Kringel ist zufrieden. Pünktlich erscheint er am nächsten Morgen im Schweriner Sektionssaal. Dr. Wolff, ein mittelgroßer, agiler Typ mit gutgepflegtem Schnauzbart, erwartet ihn. Der entkleidete Leichnam des Melkers Edgar Seidel liegt bereits auf dem Sektionstisch.
Bevor der Doktor das Skalpell zum ersten Schnitt ansetzt, führt er vorsichtig eine Sonde in die Halswunde des toten Mannes und meint beiläufig: „Wir haben im Kniebereich der Hose und an den Händen massenhaft Erdreichspuren und Abrieb von Holunderrinde sichern können."
Langsam gleitet das Gerät durch den Wundkanal. Dieser führt aufwärts durch den hinteren Mundboden, den Gaumen und endet in der Schädelhöhle.
„Fünfzehn bis sechzehn Zentimeter tiefer Stichkanal", stellt der Doktor fest. „Es kann durchaus sein, daß sich der Mann auf dem Heimweg von der Kneipe mit einem spitzen Gegenstand von links nach rechts oben in den Hals stach. Dann hat er ihn wieder herausgezogen und weggeworfen, zumindest fallen lassen. Er ist weitergelaufen und erst später zusammengebrochen."
„Folglich müßte das Tatwerkzeug doch zu finden sein", mutmaßt Oberleutnant Kringel.
„Sicher, beginnen Sie mit der Suche gleich am Ortsausgang", schlägt der Obduzent vor.
Aber dann gibt es noch eine Überraschung: Die Untersuchung des geöffneten Schädels und des in Segmente zerlegten Gehirns fördert aus dem Ende des Stichkanals einen unförmigen, etwa zwei Zentimeter langen, bleistiftstarken Holzsplitter zutage. Der Doktor inspiziert den Fund unter einem Operationsmikroskop: Es ist eindeutig Holunderholz. Er wird nachdenklich und meint: „Also, Mord können wir wohl ausschließen. Aber es kann die Tat eines Verrückten sein, der sich einen dünnen Ast in den Hals gerammt hat. Und beim Herausziehen ist dieses Stück abgebrochen und in der Schädelbasis zurückgeblieben. Unser Tatwerkzeug muß ein simples Stück Holunderholz sein!"
Kringel ist baff: „Danach haben wir natürlich nicht gesucht!"
Der Doktor sinniert weiter: „Tja! Und was halten Sie davon, daß es auch kein Suizid, sondern ein schlichter Unfall war ...?"

Kringel schaut den Doktor verwundert und ungläubig an: „Sie meinen, er ist besoffen gegen einen Baum geprallt und hat sich dann dabei einen Ast in den Hals gestoßen?"
„Ja, so ungefähr."
Der Oberleutnant weiß jetzt, was zu tun ist: Erneut wird das Gelände abgesucht. Nun wird er fündig. Etwa 300 Meter hinter dem Ortsausgang können zwischen meterhohen Holunderbüschen jede Menge Schuhspuren, ja sogar Handeindrücke gesichert werden. Überall abgebrochene Zweige und angewelkte Blätter. Auch Reste angedauten Kartoffelsalats mit Bockwurststücken werden gefunden. Und ausgerechnet dort ragen mehrere abgestorbene, etwa einhalbmeterlange, bleistiftstarke Stämmchen aus dem Boden, offenbar Wurzelausleger der großen Gewächse. Einige von ihnen weisen frische Aufsplitterungen auf. Das alles ist eine reiche Spurenernte. Bald steht fest: Alle Spuren stammen vom selben Verursacher, nämlich dem Melker Seidel. Und weiter: Auch die Erdreichspuren an der Bekleidung des Toten werden sicher diesem Ort zugeordnet.
Erneut setzen sich die Experten zusammen. Diesmal wollen sie an Hand der Spurengutachten den Geschehnisablauf gedanklich rekonstruieren. Eine lebhafte Diskussion entbrennt. Doch schließlich kommen sie zu einem plausiblen Schluß: Der Melker wurde Opfer eines ungewöhnlichen Unfalls, der sich wie folgt zugetragen haben könnte:

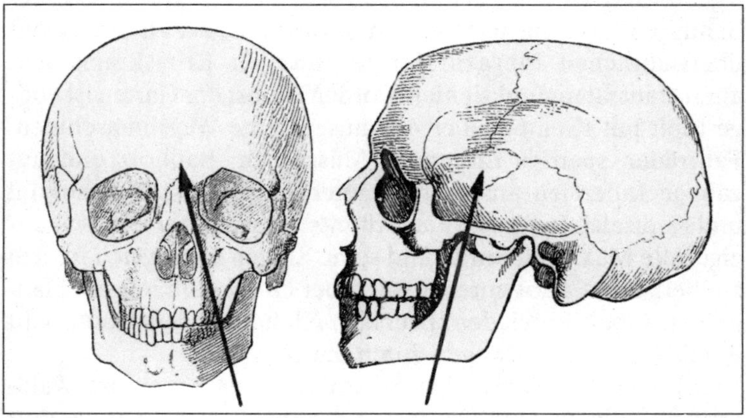

*Schematische Darstellung des Verlaufs des Wundkanals, der durch tödliche Pfählung mit einem bleistiftstarken Holzast verursacht wurde.*

Im Zustand erheblicher Trunkenheit kam Edgar Seidel auf seinem Heimweg von der Landstraße ab, stolperte in das dichte Buschwerk, befreite sich von dem entbehrlichen Inhalt seines Magens, kam vornüber zu Fall und stieß dabei mit dem Hals so heftig auf ein aus dem Erdreich ragendes, spitz abgebrochenes Holzstämmchen, daß es sich durch die Halsweichteile bis in den Schädel bohren konnte. Pfählung nennen die Experten diesen Vorgang. Seidel gelang es, das Holzstück aus der Wunde zu ziehen. Dann zwängte er sich durch das Buschwerk zurück auf die Straße, auf der er noch etwa zweihundert Meter zurücklegen konnte, ehe er zusammenbrach und starb.

Fall 3:
Sommer 1964. Ein ländlicher Flecken wenige Kilometer westlich von Jena. Hier lebt der 66jährige Rentner Max Schedlow, ein weit über die Ortsgrenze hinaus bekannter Sonderling. Fast jeder kennt ihn. Wegen seines kauzigen Gebarens wird er mitunter belächelt. Dennoch beansprucht mancher auch gern seine Hilfe, denn Max Schedlow ist ein Sammler. Doch nicht Briefmarken, Münzen oder Bierkrüge haben seine Leidenschaft geweckt. Sein Interesse gilt dem Weggeworfenen, Unbrauchbaren, Defekten. Es scheint, als sei er der Urvater der Wiederaufbereitung.
Schedlow lebt nach dem Grundsatz: Alles kann irgendwer irgendwann einmal gebrauchen. Sein kleines Häuschen, der Schuppen und die Werkstatt sind mit der Zeit zu einem unübersichtlichen Magazin für technischen Krimskrams und alten Hausrat umfunktioniert worden. Selbst der Garten ist vollgestopft mit Krempel aller Art: ausgediente Waschmaschinen, Fahrräder, sperrige Eisenteile, Maschinen, Bauholz und unzählige Innereien ausgeschlachteter Autos statt Blumenkohl und Kopfsalat. In diesem kunterbunten Warenlager lebt der kauzige, alte Max. Und nur er und seine Katzen finden sich in dem sonderbaren Chaos zurecht. Tagsüber im schmuddeligen, blaugrauen Arbeitskittel, den speckigen Filzhut auf dem Kopf, zieht er mit seinem Handwagen durch die Gegend.
Er spürt die altersschwachen Sofas und Kühlschränke am Waldrand auf, die wie von Geisterhand zu nächtlicher Stunde dort endgelagert werden. Er sucht im Schutt der Baustellen nach heilen Dachziegeln, Brettern, Schrauben, Nägeln und findet in mancher Mülltonne brauchbare Relikte des Überdrusses.

Gegen Abend kehrt er mit der Beute heim. Manchmal wird er dann sogar von hilfesuchenden Nachbarn erwartet: „Max, kannst du den Rasenmäher in Ordnung bringen?“ Und Max bringt ihn in Ordnung. „Max, hast du eine Zylinderkopfdichtung für den Wartburg?“ Und Max hat sie. „Ich suche ein hölzernes Puppenhaus ...“

Ja, der alte Schedlow ist gefällig, wenn man versteht, ihn richtig zu nehmen. Wer etwas von ihm will, muß die Marotten des verschrobenen Einzelgängers übersehen. Und weil Gefälligkeit allein nicht satt macht, fordert er auch einen Obolus, und so bessert manche Extramark seine karge Rente auf.

Max Schedlow war nie verheiratet, lebt seit vielen Jahren in seinem kleinen Häuschen, das inzwischen auch in die Jahre gekommen ist. Mitunter ist er mürrisch und mißtrauisch. Dann führt er stundenlange Selbstgespräche und verschanzt sich hinter den Krempelbergen, schweißt, hobelt, sägt oder montiert an seinen Fundstücken. Nähere Kontakte zu den Menschen im Ort pflegt er nicht. Er führt, bis auf die wenigen Gespräche mit seinen „Kunden“, ein Leben in Einsamkeit und Askese. Deshalb interessiert er sich auch nicht für das gesellschaftliche Leben des Ortes.

Jedoch ganz selten, an manchen Feiertagen, rasiert er sich sogar. Dann kann es geschehen, daß er ein vergilbtes weißes Hemd überzieht, eine altmodische Krawatte umbindet und im Gasthof erscheint, um ein oder zwei Bierchen zu trinken. Die höhnischen Blicke hinter sich oder die kleinen direkten Spötteleien scheinen ihm offenbar nichts auszumachen.

Ansonsten werden die Dorfbewohner von den eigenen Sorgen so in Anspruch genommen, daß sie sich nicht um seine Angelegenheiten kümmern. Bis auf den Donnerstagabend im September, als ein zufälliges Ereignis den dörflichen Frieden stört und allgemeine Bestürzung auslöst.

Ein Mann aus der Nachbarschaft will Max Schedlow um eine Gefälligkeit bitten. Er steht zum wiederholten Male vergeblich am Gartenzaun. Der Ruf nach Max bleibt ungehört. Auf dem Grundstück ist alles ruhig. Nur die Katzen schleichen jammernd um ihre leeren Futternäpfe. Besorgt fragt der Mann in der Nachbarschaft nach. Tatsächlich, niemand hat in den letzten Tagen Max Schedlow gesehen. Auffällig ist auch, daß sein Handwagen unberührt neben dem Hauseingang steht.

Vielleicht ist Max krank und benötigt Hilfe. Grund genug, dort

nachzusehen. Zwei beherzte Nachbarn schwingen sich über den Gartenzaun, arbeiten sich durch hüfthohe Brennesseln und die Ergebnisse des jahrelangen Sammeldrangs. Die Haustür ist verschlossen. Sie gehen hinters Haus, bemerken das weit geöffnete Küchenfenster. Der Fenstersims ist nicht einmal mannshoch, erlaubt, ohne Mühe in das Innere des Raumes zu sehen. Doch schon beim ersten Blick stockt ihnen der Atem: Randvolle Mülleimer, ungeordnet aufgehäufte Bekleidung, Geschirr, das seit Monaten auf den Abwasch wartet, Töpfe mit Speiseresten, die bis zur Unkenntlichkeit eingetrocknet oder verschimmelt sind. Unrat über Unrat. Die Küche ist völlig verwahrlost. Vermutlich sehen die anderen Räume des Hauses auch nicht anders aus. Ein penetranter kotig-käsiger Gestank verbreitet sich. Hunderte von metallischgrünen Schmeißfliegen schwirren umher. Nur mit lebhafter Phantasie ist der eigentliche Bestimmungszweck der Küche auszumachen.
Wenige Schritte vom Fenster entfernt liegt der alte Max Schedlow leblos auf dem abgewetzten Linoleum, nur mit Trainingshose und Unterhemd bekleidet, zeigt deutliche Anzeichen von Verwesung. Den Körper seitwärts geneigt, halb unter dem Küchentisch liegend, ist sein Gesicht der Tür zugewandt. Dies zu erkennen, ist den Männern von draußen nicht möglich. Und das ist gut so. Denn auf diese Weise entgeht ihnen ein schauriger Anblick. In den Winkeln der aufgerissenen, glanzlosen Augen, an den Nasenflügeln und den Lippen des spaltweit geöffneten Mundes bilden unzählige Fliegeneier und bereits geschlüpfte Maden einen dicken gelblichweißen, pulsierenden Teppich.
Aber etwas erkennen die Männer: In der Mitte der Brust des alten Mannes, eine Handlänge unterm Kehlkopf, steckt ein Fahrtenmesser, von dem nur noch der Knauf herausragt. Die Klinge muß sich durch das Unterhemd hindurch tief ins Herz gebohrt haben, mutmaßen sie. Und die kleine Blutdurchtränkung des Hemdes in der Umgebung der Einstichstelle läßt ahnen, daß der große Teil des Blutes sich ins Körperinnere ergossen haben muß.
Angewidert verlassen die beiden Nachbarn das Grundstück. Wie ein Buschfeuer verbreitet sich die schreckliche Nachricht im Dorf: „Den alten Max ham' se ermordet!"
Als die Kriminalpolizei und der Gerichtsarzt eintreffen, stehen bereits zahlreiche Gaffer am Grundstückszaun von Max Sched-

low, damit ihnen ja nichts entgeht. Selbst hartgesottene Spurensucher fürchten Tatorte wie solche verwahrlosten Behausungen, doch die Arbeit muß getan werden. Der Doktor nimmt nur eine erste grobe Leichenschau vor und läßt den Toten in das Institut nach Jena überführen. Er will die Obduktion alsbald vornehmen. Mit Abschluß der Spurensuche am Tatort soll möglichst auch deren Ergebnis vorliegen. Bevor er nach Jena zurückkehrt, verkündet er den Polizisten die ersten Befunde der Leichenschau: Dies sei ein dubioser Fall, der aus dem üblichen Rahmen falle, weshalb nur vage Aussagen möglich seien. Mehrere Gründe sprächen gegen einen Suizid: Zum einen sei das Hemd durchstochen. Ungewöhnlich für Selbstmörder. Zum anderen führe der Stich durch das Brustbein hindurch abwärts ins Herz. Selbstmörder bevorzugen die Zwischenräume der Rippen, vermeiden das Durchstechen von Knochen und setzen aufwärts führende Stiche. Auch seien keine sogenannten Probierstiche vorhanden ...

Der Doktor führt weitere Gründe an, die die Fragwürdigkeit des Falles begründen und gelangt zu dem Schluß: Der Stich muß mit einer Wucht erfolgt sein, die vermutlich durch die Kraft des alten Mannes nicht erreicht werden konnte. Eine Selbstbeibringung wäre daher gerichtsmedizinisch nicht nachzuweisen, und es sei nahezu gewiß, daß die Leichenöffnung kaum zu anderen Resultaten gelangt. Fazit: Die bisherigen Befunde weisen auf eine Fremdeinwirkung hin.

Nun ist kriminalistischer Spürsinn gefordert. Die Möglichkeit eines Mordes an dem alten Mann wurde bei der bisherigen Tatortbesichtigung nicht erwogen. Während der Kriminaltechniker im Dschungel des Unrats stundenlang nach Spuren sucht, wird die Nachbarschaft nach Max Schedlow befragt. Bald ist klar: Die Leute im Dorf tuscheln hinter vorgehaltener Hand, der Alte müsse durch Geschäfte und Knauserei mit den Jahren viel Geld angehäuft haben. Das könnte eigentlich ein klassisches Mordmotiv begründen. So leicht aber sind die Kriminalisten von dieser Version nicht zu überzeugen.

Als sie wenige Stunden später im Institut für gerichtliche Medizin und Kriminalistik in Jena erscheinen, ist die Autopsie der Leiche Schedlows gerade beendet. Sie haben ein flaches, unförmiges Paket mitgebracht, das sie dem Doktor zeigen wollen. Doch der erklärt ihnen zunächst, daß Schedlow einen schnellen Tod hatte, weil das Messer das Reizleitungssystem des

Herzens traf, das augenblicklich seine Funktion einstellte. Erst jetzt interessiert er sich für das merkwürdige Mitbringsel: Ein etwa armlanges, 30 cm breites Brett. In seiner Mitte befindet sich eine tiefe, glattgehobelte Längsfurche, die einige Zentimeter vor dem hinteren Brettabschluß endet. Dort ist mittels zweier fingerdicker Hölzchen eine primitive, doch sehr praktische Abzugsvorrichtung angebracht. Am vorderen Ende des Brettes sind, nahe der seitlichen Begrenzung, links und rechts große Ringschrauben befestigt. Ihre Ösen sind mit einem ziemlich dicken Gummiband verbunden.
„Könnte das ein Katapult sein, das sich der Alte gebastelt hat?" fragen die Kriminalisten.
Neugierig beäugt der Doktor das merkwürdige Gerät und spannt den Gummi über die Abzugsvorrichtung. Jetzt ist eine solche Spannung erreicht, daß ein in die Furche eingelegter Gegenstand durch einen kleinen Druck am Abzug problemlos abgeschossen werden könnte. „Wo haben Sie das denn her?" fragt er erstaunt.
„Aus dem Garten des Alten. Es lag dicht am Haus zwischen den Brennesseln, direkt unter dem offenen Küchenfenster", lautet die stolze Antwort.
„Na, da kommt Freude auf", triumphiert der Doktor, „das sieht doch ganz nach Selbstmord aus!"
Am nächsten Tag. In der Küche des alten Schedlow findet ein kriminalistisches Untersuchungsexperiment statt. Auch der Staatsanwalt ist zugegen: Das Küchenfenster wird geöffnet. Ein Kriminalist spannt das Katapult, natürlich ohne eingelegtes Messer. Dann stemmt er ein Ende des Brettes gegen den unteren Schenkel des Fensterrahmens. Das andere Ende fixiert er mit dem Brustkorb, etwa in der Höhe, in der das Messer in den Leib Schedlows stieß. Als er den Abzug betätigt, erzeugt der mit erstaunlicher Rasanz nach vorn schnellende Gummi eine solche Wucht, daß das Brett sich aus der losen Fixierung am Fensterschenkel löst und nach draußen zwischen die Brennesseln fällt.
Diese Prozedur wird mehrmals wiederholt. Und jedesmal kippt das Katapult nach hinten aus dem Fenster. Dann wird das Tatmesser in die Vorrichtung eingespannt, um dessen Durchschlagskraft zu testen. Der Gummizug des selbstgebastelten Apparats produziert tatsächlich eine so immense Kraft, daß das Messer mühelos in einen mit Sägemehl gefüllten Sack eindringt.

Also kann damit auch ein menschliches Brustbein durchstoßen und die Klinge bis zum Schaft in den Körper getrieben werden. Dies alles ist so überzeugend, daß am Selbstmord des alten Max Schedlow niemand mehr zweifelt. Aber warum er sich das Leben nahm, blieb ungeklärt.

Fall 4:
Berlin im Jahr 1962. Azurblauer Himmel und eine behagliche Kühle liegen über der Stadt. Ein sonnenklarer Sommertag kündigt sich an. Es ist kurz vor 6.00 Uhr. Schon seit einer guten halben Stunde parkt am Eckhaus Kreutziger-/Boxhagener Straße ein unauffälliger, schwarzer EMW 340, ein im Eisenacher Motorenwerk nachgebauter BMW. Drei Männer in hellen Sommeranzügen sitzen darin und rauchen. Der Ältere der drei sieht auf seine Armbanduhr. Es ist jetzt Punkt sechs. Er sagt zu den anderen: „Los geht's!"
Eilig drücken die Männer ihre Zigaretten aus und verlassen das Fahrzeug, überqueren die Straße und verschwinden im gegenüberliegenden Haus. Hinter der Haustür entsichern sie ihre Pistolen des Typs Walther PP und steigen behutsam, ohne ein Wort zu wechseln, in die dritte Etage. Noch liegt frühmorgendliche Stille über dem Haus. An der Wohnungstür mit dem Namensschild „Wildenhain" bleiben sie stehen. Der Ältere hält ein bedrucktes, rosafarbenes Blatt Papier in der Hand und klingelt. Die beiden anderen Männer haben sich, dicht an die Wand gedrückt, zu beiden Seiten der Tür postiert, die Waffen im Anschlag. In der Wohnung sind Schlurfgeräusche und ein undeutliches mürrisches Brummeln zu hören. Schließlich wird die Tür geöffnet. Ein mittelgroßer Blondkopf, etwa Ende Zwanzig, bekleidet mit einer Turnhose, blickt verschlafen und miesepetrig aus seinem blassen, unrasierten Gesicht und starrt den Fremden entgeistert an, der ihn gleich fragt: „Rudolf Wildenhain?"
Der Angesprochene nickt. Der Fremde zeigt die Kriminalmarke. Seine Stimme wird lauter und schärfer: „Kriminalpolizei! Ziehen Sie sich an. Sie sind verhaftet!"
Durch die überraschende Attacke ist der Blondkopf hellwach, schluckt ängstlich, will etwas erwidern. Doch da springen die beiden anderen Kriminalisten hervor und drängen ihn mit vorgehaltenen Pistolen in das Innere der Wohnung. Er kann nur noch stammeln: „Aber warum denn?"

Der Ältere hält Wildenhain das rosa Schreiben vor die Nase: „Wegen dringenden Verdachts des Mordes an Ihrer Frau. Hier ist der Haftbefehl!“

„Aber es war Selbstmord, Sie haben doch den Abschiedsbrief meiner Frau. Der ist echt, das können Sie mir glauben“, wimmert Wildenhain jammervoll.

„Klar ist der echt, nur Ihr Alibi nicht“, erwidert einer der Männer.

Wenig später fährt die schwarze Limousine mit dem Verhafteten in Richtung Alexanderplatz. Inzwischen füllen sich die Straßen mit Menschen. Der Berufsverkehr beginnt. Es ist kurz nach halb sieben, als der Wagen die Einfahrt zum Hof 3 des VP-Präsidiums passiert. Hinter ihm schließen sich die schweren Tore. Von nun an wird Rudolf Wildenhain viele Jahre lang Gast der Haftanstalten sein.

Und dabei begann alles so, als böte der Zufall ihm eine elegante Lösung an, sich aus den ehelichen Fesseln zu befreien. Denn: Seit langem trug er sich mit dem Gedanken der Scheidung von Erika, seiner Frau. Sie waren charakterlich zu unterschiedlich, paßten einfach nicht zusammen. Nichts stimmte zwischen ihnen. Schon kurz nach den Flitterwochen begann der Rosenkrieg.

An Kleinigkeiten rieben sie sich auf. Wenn ihm etwas nicht paßte, und er daraus keinen Hehl machte, war sie ihm wochenlang böse. Sie nörgelte ständig herum, daß er unordentlich sei. Ihm wiederum ging ihr Putzfimmel so auf den Geist, daß er sich aus Ärger stundenlang in den Kneipen der Umgebung herumtrieb. Hemmungslos kritisierte sie ihn vor anderen, hetzte seine Mutter gegen ihn auf. Auch Erikas Freundin hockte viel zu oft bei ihnen zu Hause herum, okkupierte seinen Lieblingssessel, stahl ihm die Zeit nach Feierabend. Aber das Schlimmste war Erikas Eifersucht. Kam er mal später nach Hause, weil die Arbeitskumpel ihn zu einem Bierchen überredeten, überschüttete sie ihn mit moralischen Vorwürfen, reagierte hysterisch und kündigte an, sich das Leben zu nehmen. „Mach doch“, hatte er zu ihr gesagt. Aber er war gewiß, daß sie es nicht wahr machen könnte.

Die knappen fünf Jahre Ehe empfand er als verschenktes Leben. Wenn ein Kumpel ihn nach seinem ehelichen Wohlbefinden fragte, antwortete er zynisch: „Fünfundzwanzig Jahre waren meine Frau und ich glücklich. – Dann lernten wir uns kennen!“

Eines Tages erwärmte sich sein Herz für eine andere Frau. Sie war geschieden, hatte zwei kleine Kinder, arbeitete im gleichen Betrieb wie er, dem RAW „Franz Stenzer" in der Revaler Straße, in dem er mithalf, heruntergekommene Kühlwagen der Reichsbahn zu überholen. Erika muß von der Beziehung ihres Mannes zu einer anderen Frau Wind bekommen haben und unternahm aus Verzweiflung einen Selbstmordversuch.
Er kam gerade von der Mittelschicht nach Hause, da lag sie bewegungslos vor dem Küchenherd. Aus den Brennern strömte unaufhaltsam Gas. Doch sie spielte die Ohnmacht nur, hatte den Zeitpunkt so gewählt, daß keine ernsthafte Gefahr für ihr Leben bestand, weil sie wußte, wann er von der Schicht kam. Erst als sie seine Schritte im Treppenhaus vernahm, öffnete sie die Gasbrenner und legte sich vor dem Herd in Positur. Eine halbe Minute später war er bei ihr. Der Schreck fuhr ihm in die Glieder, als er sie fand. Neben ihr lag ein Abschiedsbrief, den er in der Aufregung zunächst übersah. Glücklicherweise brauchte er keine ärztliche Hilfe in Anspruch zu nehmen: Erika atmete, ihr Herz pochte. Er schloß die Gashähne, riß die Fenster auf, bettete Erika auf die Liege im Wohnzimmer und überschüttete sie stundenlang mit liebevollen Zuwendungen. Freilich: Ziemlich benommen war sie schon, doch keineswegs in dem Zustand der Ohnmacht, den sie ihm virtuos vorgaukelte. Auf diese Weise genoß sie seine freundlichen Bemühungen. Auch nach dem herzzerreißenden Inhalt des Abschiedsbriefes regten sich in Rudolf Wildenhains Seele Schuldbewußtsein und Mitleid. Das alles trug dazu bei, für einige Zeit die Waffen am ehelichen Kriegsschauplatz schweigen zu lassen.
Bald jedoch war wieder alles beim alten: Die Zerwürfnisse wurden wieder zum Hauptinhalt des Ehelebens. Dafür fand Rudolf Wildenhain bei seiner Arbeitskollegin emotionalen und erotischen Ausgleich. Eines Tages brachte ihn seine Mutter auf den Gedanken, der Selbstmordversuch Erikas könnte nur eine Finte gewesen sein. Ihr Argwohn gründete sich folgerichtig auf die Beobachtung, daß Erika ihren angekündigten Selbstmord zu einer Zeit vornahm, da sie sich der Heimkehr des Gatten sicher war.
Monate später. Rudolf Wildenhain hatte Frühschicht. Das Ritual war immer das gleiche: Kurz vor halb sieben verließ er das Haus, die alte, abgewetzte Aktentasche mit den Stullen und der Thermoskanne unterm Arm und kurz nach 17.00 Uhr erschien

er wieder daheim. Wie gewohnt, ließ er sich von Erika anschnarren, weil er seine Aktentasche mit der Thermoskanne nicht an dem Platz abstellte, den sie ihm zuwies.
Langsam reifte in Rudolf Wildenhain der Entschluß, die Scheidung einzureichen. Das wollte er seiner Frau schonend beibringen und zusichern, bei der Teilung des Hausrats großzügig zu sein. Zwei Abende lang druckste er herum, fand nicht den Mut, sich ihr zu offenbaren, wartete auf eine günstigere Gelegenheit. Am dritten Abend ergriff Erika die Initiative. Sie wollte wissen, was mit ihm sei, warum er sich in letzter Zeit so merkwürdig verhielte. Jetzt setzte er sie von seinem Vorhaben in Kenntnis. Auf der Stelle verlor sie die Fassung: Ein Hagelschauer von Flüchen prasselte auf ihn nieder. Das frisch zubereitete Abendessen ließ sie kurzerhand im Mülleimer verschwinden. In Windeseile zog sie sein Laken von der ehelichen Matratze und warf es zusammen mit seiner Decke und dem Kopfkissen in hohem Bogen auf die Liege im Wohnzimmer. Zwischen den heftigen motorischen Entladungen wurde sie von Weinkrämpfen geschüttelt. Jedoch nach einer Stunde war sie erschöpft. Der Dampf aus dem Kessel schien entwichen zu sein. Den Rest des Abends verhielt sich Erika ruhig, sprach nur noch leise und betont höflich, bemühte sich sanft um Rudolfs Gunst. Auch er blieb freundlich, ohne aber die inzwischen aufgebaute Distanz wieder zu verringern. Als er gähnend das Bettzeug auf der Liege zurechtmachte und damit ausdrückte, nicht zu einer Rückkehr ins eheliche Schlafgemach bereit zu sein, knurrte er: „Ich muß zur Frühschicht!"
Ehe Erika die Schlafzimmertür hinter sich schloß, fragte sie spitz: „Machst du dir morgen den Kaffee und das Pausenbrot selbst?"
„Nee, mach du mal. Noch sind wir verheiratet", antwortete er. Am nächsten Morgen sprachen sie kaum miteinander. Wortlos bereitete sie sein Frühstück zu, packte Stullen und Thermoskanne in Rudolfs Tasche, während er sich rasierte. Danach verschwand sie wieder im Schlafzimmer. Ihr reserviertes Verhalten wunderte Rudolf keineswegs, es beeindruckte ihn auch nicht mehr. Wie immer verließ er kurz vor halb sieben das Haus.
Für den Abend nahm er sich vor, mit Erika die organisatorischen Dinge der Scheidung zu klären, denn es war klar, daß ihm das Wohnungsamt bei der angespannten Situation in Berlin nicht so schnell eine eigene Behausung zuweisen kann.

Pünktlich um 16.45 Uhr verließ er den Betrieb. Auf dem Wege nach Hause kaufte er bei „Oma Anna", einem kleinen Krämerladen in der Dirschauer Straße, ein paar Flaschen Bier, die er in einem Stoffbeutel verstaute.
Wenig später hatte er sein Wohnhaus erreicht. Im Treppenhaus kam ihm eine Nachbarin aus der ersten Etage entgegen, die sich mühte, ihren Kinderwagen nach unten zu befördern. Sofort war Rudolf zur Stelle, den Transport des sperrigen Gefährts selbst zu übernehmen. Dankbar nahm die Frau seine kleine Hilfe in Anspruch.
Zwei Minuten später, als er den Korridor seiner Wohnung betrat, bemerkte er Gasgeruch. Er erschrak: So'ne Scheiße, nicht schon wieder, war sein erster Gedanke. Eilig stellte er Beutel und Aktentasche ab, hielt den Atem an und stürzte in die Küche. Tatsächlich: Erika saß zusammengesunken und regungslos auf einem Küchenstuhl vor dem Gasherd. Deutlich zischte das Gas aus allen Brennern. Ihr Puls schlug schnell und deutlich. Diesmal schien sie wirklich ohnmächtig zu sein. Gerade wollte Rudolf die Brennerhähne schließen, da schoß ihm eine teuflische Idee durch den Kopf: Jetzt soll sie ihren Willen haben und krepieren! Mit mir nicht mehr! Ich haue ab! Er stürmte aus der Küche, verschloß die Tür. Draußen auf dem Korridor konnte er wieder durchatmen. Doch ab jetzt mußte er sich vorsichtig verhalten, durfte von niemand gesehen werden. Als er die Wohnungstür von draußen behutsam verschließen wollte, fiel ihm ein, daß es besser wäre, die alte Aktentasche mit der leeren Thermoskanne wieder mitzunehmen, da er diese ja immer bei sich hat, wenn er von der Schicht kommt. Es gelang ihm, unbemerkt das Haus zu verlassen. Sein Weg führte ihn direkt zur „Gulaschhütte", seiner Stammkneipe an der Ecke Simon-Dach-Straße. Dort hielt er sich länger als eine Stunde auf, trank einige Glas Bier und Schnaps dazu. Die Ungewißheit, was nun passieren würde, quälte ihn, doch er nahm sich vor, die Dinge zu Ende zu führen.
Als er nach Hause kam, wurde er bereits von aufgeregten Nachbarn erwartet: „Aus Ihrer Wohnung riecht es nach Gas!" Rudolf Wildenhain mußte alle Sinne zusammennehmen, damit die gespielte Bestürzung echt und überzeugend wirkte. Er öffnete die Wohnungstür, stürmte in die Küche. Einige Nachbarn folgten ihm: Fenster wurden weit geöffnet, der Haupthahn für die Gaszufuhr geschlossen. Man kümmerte sich um Erika, die zusam-

mengesunken vor dem Herd saß, doch ihr Leben war bereits ausgehaucht. Auf dem Küchentisch lag ein beschriebener Bogen Papier:
„Lieber Rudi! Ich kann so nicht mehr weiterleben. Ich wünsche den Tod, weil es zwischen uns nie gut war. Vielleicht findest Du eine bessere Frau nach mir. Erika“
Die Nachbarn sprachen Rudolf Wildenhain ihr Beileid aus. Ein Arzt wurde herbeigerufen. Er hatte keinen Zweifel am Selbstmord Erikas. Später kam ein Kriminalist der VPI Friedrichshain, führte die Tatortbesichtigung durch, machte einige Fotos von der Toten, bat Rudolf, ihm den Abschiedsbrief zu überlassen, solange die Untersuchungen andauern würden, und stellte ihm viele Fragen über das mögliche Warum der Selbsttötung. Der Spuk dauerte fast zwei Stunden. Dann blieb Rudolf Wildenhain allein in der Wohnung zurück. Trotz aller Angespanntheit war er zufrieden, alles hat bestens geklappt. Keine Scheidung mehr erforderlich.
Die Tage vergehen. Nach einer Woche sollte Erika bestattet werden. Da wurde er überraschend zur Kriminalpolizei gebeten. Er wurde nochmals als Zeuge in der Todesermittlungssache seiner Frau vernommen. Minutiös muß er über den Ablauf des Tages, an dem Erika starb, Rechenschaft ablegen. Die vielen spitzfindigen Fragen verwirrten ihn: Welche Straße passierten Sie um welche Zeit? Was für Bekleidung trugen Sie? Welche Gegenstände führten Sie bei sich? Warum sind Sie nach der Arbeit nicht gleich nach Hause gegangen? Wie lange haben Sie sich in der „Gulaschhütte“ aufgehalten? Wer kann das bezeugen ...? So gut es eben ging, beantwortete er alles, ohne freilich zu offenbaren, daß er bereits daheim war, als Erika noch lebte. Schließlich mußte er das Protokoll unterschreiben. Ehe der Polizist ihn entließ, verpaßte er ihm mit einer hinterhältigen Frage einen seelischen Tiefschlag: „Sie behaupten, nach der Arbeit in der Dirschauer Straße Bier gekauft und dann zur ›Gulaschhütte‹ gegangen zu sein. Die Hausbewohner, die Sie vor Ihrer Wohnungstür empfingen, können sich zwar an Ihre alte Aktentasche erinnern, nicht aber an einen Beutel mit Bierflaschen. Wie also kam dieser Beutel in Ihre Wohnung?“
Zwei Tage später wird Rudolf Wildenhain verhaftet. Die fleißigen Ermittler haben sich inzwischen um eine Erklärung dieses Widerspruchs bemüht. Die Aussagen der Besitzerin des Krämerladens in der Dirschauer Straße und der jungen Frau aus

dem Haus, der Wildenhain beim Hinuntertragen des Kinderwagens behilflich war, aber auch die gerichtsmedizinische Todeszeitbestimmung belasten Wildenhain schwer. Danach muß er also in der fraglichen Zeit zu Hause gewesen sein.
Konfrontiert mit diesen Fakten, bricht Wildenhain zusammen und bekennt sich zu dem wahren Ablauf des Geschehens. Das Gericht entscheidet: vorsätzliche Tötung durch Unterlassen. Als er nämlich Erika bewußtlos vor dem Gasherd vorfand, hatte er die Pflicht, die absehbaren tödlichen Folgen von ihr abzuwenden. Statt dessen faßte er den Entschluß, sie durch Untätigbleiben zu töten. Das war vollendeter Mord.

Fall 5:
Es ist Dienstag, der 16. Mai 1972, kurz vor 21.00 Uhr. In der Abteilung Raffination des VEB Kombinats „Otto Grotewohl", einem erdölverarbeitenden Großbetrieb in Böhlen, südlich von Leipzig, ist in wenigen Minuten Schichtwechsel. Gewöhnlich erfolgt um diese Zeit zwischen den Schichtmeistern der Tag- und Nachtschicht die Übergabe der Kontrollbücher. Diesmal gibt es eine unerklärliche Verzögerung.
Der Schichtmeister der Tagesschicht, der 31jährige Klaus Lambrecht, ist nicht zur Übergabe erschienen. Noch vor einer Stunde hatten ihn Wartungsarbeiter der Entsalzungsanlage im Werkgelände gesehen. Niemand kann verstehen, warum er den wichtigen Termin der Übergabe versäumt. Immerhin ist Feierabend nach einer langen, anstrengenden Schicht. Es gibt also keinen Grund, sich länger als notwendig im Betrieb aufzuhalten. Die meisten Kollegen kümmern sich nicht um ihren Schichtmeister und gehen. Doch einige sorgen sich um ihn. Sie streifen durch die benachbarten Betriebsteile, denn am späten Nachmittag hatte ein Stromausfall für kurzfristige Aufregung gesorgt, und es kam in verschiedenen Abteilungen zu leichten Störungen. So nehmen sie zunächst an, daß Klaus Lambrecht irgendwo aufgehalten wurde. Aber die Suche wird bald abgebrochen, das Werkgelände ist zu unübersichtlich. Außerdem wird der Verdacht laut, Lambrecht habe nach dem Stromausfall das Werkgelände verlassen, um rechtzeitig zur Schichtübergabe wieder zurückzusein. Im übrigen sei er den ganzen Tag über ziemlich niedergeschlagen gewesen. Er habe in der Werkkantine sogar auf den Sauerbraten mit Rotkohl verzichtet, obwohl dieser zu seinen Leibgerichten zähle. Einige Kollegen

mutmaßen, er sei deshalb zwischendurch nach Hause gegangen, weil auf ihm eine Menge familiärer Probleme lasten. Doch Näheres können sie nicht sagen.
Eine halbe Stunde später als gewöhnlich übergibt ein Stellvertreter Lambrechts schließlich die Tagschicht. Auf dem Wege zu den Umkleideräumen kommt ihm der Gedanke, in Lambrechts Garderobenschrank nachzusehen, ob dieser seine private Kleidung gegen die werkeigene Arbeitskombination ausgetauscht hat. Wenn ja, könnte dies ein wichtiges Indiz dafür sein, daß er das Werkgelände vorzeitig verlassen hat. Im Beisein anderer Kollegen knackt er das Vorhängeschloß am Garderobenschrank. Doch man findet nur Lambrechts private Kleidung. Da sich niemand vorstellen kann, das Gelände des Betriebes in der Arbeitsmontur zu verlassen, gehen die Arbeitskollegen davon aus, daß Lambrecht sich noch auf dem Betriebsgelände befinden muß.
Plötzlich machen sie eine eigenartige Entdeckung: Im oberen Fach des Garderobenschrankes finden sie, wie bewußt auffällig bereitgelegt, Lambrechts Personalausweis, seine Armbanduhr und einen verschlossenen, aber nicht zugeklebten Briefumschlag mit der Aufschrift: „An meine Ehefrau Karin Lambrecht!"
Von dunkler Vorahnung getrieben, öffnen die Kollegen das Kuvert. Der Inhalt des darin befindlichen Schriftstücks macht den Ernst der Situation klar: Lambrecht hat sich vermutlich das Leben genommen:
„Liebe Karin!
Du brauchst nicht nach mir suchen zu lassen. Ich bin nicht mehr unter den Lebenden. Der ständige Krach mit Deinen Eltern, die Schulden und der Unterhalt für meine unehelichen Kinder lasten so auf mir, daß ich keinen Sinn mehr am Weiterleben sehe. Ich erspare Dir die ganzen Unkosten, da ich nicht auffindbar bin. Klaus"
Die Kollegen informieren den Werkschutz. Gegen 22.00 Uhr wird ein polizeilicher Einsatzstab gebildet, der eine Suchaktion in dem unübersichtlichen Werkgelände organisiert. Neben den polizeilichen Kräften nehmen daran Feuerwehrleute und Mitarbeiter der betrieblichen Sicherheitsinspektion teil. Man geht folgerichtig von der Version aus, daß der Vermißte auf dem Werkgelände sein Leben beendet haben kann und dabei eine Methode wählte, die sein Auffinden unmöglich macht. Dafür

bietet der Betrieb schier unendliche Möglichkeiten: Weitverzweigte Rohrleitungssysteme, unterirdische Kanäle, etwa 60 gefüllte und leere Kesselwagen der DR sowie ein Lager mit einer Batterie Großtanks, von denen einer allein bereits 3 000 Kubikmeter Erdöl faßt, wären geeignet, einen menschlichen Körper für viele Jahre sicher zu verbergen.
Eine halbe Stunde später beginnt die systematische Suche. Gegen Mitternacht besichtigen die Suchkräfte das Großtanklager. Dabei fällt ein merkwürdiger Umstand auf: Auf einem der Großtanks ist der sogenannte Domdeckel nicht fest mit der Öffnung verschraubt, wie es Vorschrift ist, sondern liegt nur lose auf. Der Deckel wird geöffnet. Der Tank ist fast voll. Drei Stufen der sechs Meter in die Tiefe reichenden Einstiegsleiter sind zu erkennen. An ihnen scheinen Spuren zu sein. Das macht die Suchkräfte stutzig. Könnte Lambrecht unbemerkt den Domdeckelverschluß aufgeschraubt und aufgeklappt haben, um in die Tanköffnung zu steigen, den Deckel hinter sich zu schließen und sich im Roherdöl zu ertränken?
Dies herauszufinden, ist ein schwieriges Unterfangen. Eilig werden acht Meter lange Stangen zusammengeschweißt und an deren Ende große, angelhakenförmige Fangvorrichtungen befestigt. Damit will man den Tankboden abtasten, dessen Durchmesser immerhin 25 Meter beträgt. Es ist höchste Vorsicht geboten, denn elektrostatische Kräfte könnten durch das Hantieren mit den Eisenstangen eine Explosion auslösen. Auch die giftigen Dämpfe des Roherdöls mit ihrem ziemlich hohen Anteil an Schwefelwasserstoff zwingen die Suchkräfte zum Anlegen von Atemgeräten.
Man kann auf Grund der Viskosität des Erdöls von der Annahme ausgehen, daß der Leichnam Lambrechts sich in der Umgebung der Eistiegsleiter auf dem Grund des Tanks befinden könnte und somit keineswegs weiter weggeschwemmt wurde. Tatsächlich: Die langen Sonden spüren auf dem Tankboden bald einen unförmigen Gegenstand auf. Dieser wird vorsichtig abgetastet. Er könnte die Konturen eines menschlichen Körpers besitzen. Stundenlang bemühen sich die Suchkräfte, den Gegenstand zu bergen. Dann endlich gegen 7.30 Uhr glückt es: Die Fanghaken greifen den Gegenstand. Mehr als 120 kg Gewicht müssen aus sechs Meter Tiefe durch die nur einen knappen Meter Durchmesser betragende Tanköffnung nach oben gehievt werden. Der Leichnam Klaus Lambrechts wird geborgen. Um

seinen Hals ist eine Eisenkette geschlungen, an der ein 34 kg schweres Eisenteil hängt. Es hat den Selbstmörder sofort in die Tiefe gerissen.

*Blick auf einen Großtank mit ca. 3 000 Kubikmeter Rohöl. Der Pfeil weist auf den zwar geschlossenen, jedoch nicht verschraubten Domdeckel.*

Das Erdöl war tief in seine Körperöffnungen eingedrungen. Magen und Darm, Bronchien und Lunge waren ausgefüllt. Die übrigen Organe wiesen typische Erstickungszeichen auf. Lambrecht ertrank, besser erstickte im Erdöl.
Er wollte, daß sein Leichnam nicht gefunden wird, dachte, dadurch seiner Frau die Bestattungskosten zu ersparen, um die schwierige finanzielle Situation der Familie nicht noch zusätzlich zu belasten und wußte, daß die Großtanks erst nach zehn Jahren geleert und gereinigt werden.

*Die Aufdeckung kaschierter unnatürlicher Todesfälle fordert die kriminalistische Feinarbeit in besonderem Maße heraus. Die äußeren Erscheinungsbilder täuschen häufig.*
*So können vermutliche Suizide durchaus Unfälle, Unfälle*

*hingegen auch Suizide sein. Ein beträchtlicher Teil der Morde wird als Suizide verschleiert wie eben auch Suizide als Morde getarnt werden. Und hinter manchem Vermißtenfall verbirgt sich die Absicht des Suizidenten, den Tod mit der gleichzeitigen Unauffindbarkeit seines Leichnams zu verbinden. Falls dies gelingt, gilt er lange als verschollen, ehe eine amtliche Toterklärung erfolgt. Selbst unter den offiziell als „natürlicher Tod" erfaßten Fällen befindet sich eine beträchtliche Größe an Suiziden, weil der Arzt entweder eine unkritische Leichenschau durchführt oder aus Gefälligkeit eine natürliche Todesursache im Totenschein angibt.*

*Die Beweggründe für solche Maskierungen können ganz verschieden sein: Bewahrung des persönlichen, des Ehe- und Familienleumunds, versicherungsrechtliche Aspekte, moralisch-ethische oder religiöse Motive, selbst politische Erwägungen.*

*Aber auch dann, wenn der Selbstmörder derartige Kaschierungen nicht vorhatte, können die Hinterbliebenen aus den genannten Gründen aktiv geworden sein.*

*Die Enttarnung verschleierter nichtnatürlicher Todesfälle stellt zunächst hohe Anforderungen an die ärztliche Leichenschau, die leider allzu häufig diesem Anspruch nicht gerecht wird. Zum anderen erfordert die Latenzaufdeckung ein gewissenhaftes kriminalistisches Vorgehen, das – wie die Praxis zeigt – weder Staatsanwaltschaft noch Polizei in jedem Falle gewährleisten.*

*Besonders prekär ist die Situation bei den tödlichen Verkehrsunfällen. Man weiß nicht, hinter wievielen von ihnen sich Selbstmorde verbergen, und so müssen wir uns mit Annahmen begnügen. Nach anfangs der 70er Jahre veröffentlichten amerikanischen Studien schätzt man, daß jeder siebente bis achte tödliche Verkehrsunfall ein Selbstmord ist.*

*Bei allen kritischen Einwänden, ob diese Zahlen die Realität widerspiegeln oder nicht, dürfte es wohl keinen ernsthaften Zweifel daran geben, daß die Zahl der als tödliche Verkehrsunfälle verschleierten Suizide wesentlich höher ist, als man zu vermuten geneigt ist. Polizeiliche Pressemitteilungen, wie „Aus ungeklärter Ursache von der Fahrbahn abgekommen und gegen ein Hindernis gefahren" oder „Die Beherrschung über das Fahrzeug verloren", „Fußgänger beim unaufmerksamen Überqueren der Fahrbahn von Fahrzeug erfaßt", „Gei-*

*sterfahrer verursacht Verkehrsunfall", „Beim Überholen Frontalzusammenstoß mit anderem Fahrzeug", sind dafür wichtige Indizien.*

*Aber auch das von namhaften Forensikern mit Bitternis erhobene Postulat, sich endlich intensiver den jährlich etwa 2 000 unentdeckten, vorsätzlichen Tötungen zuzuwenden, macht den Umfang der Probleme deutlich. Inzwischen haben manche Fachleute längst resigniert, weil sie der bissigen These, „wenn nachts auf den Gräbern der Ermordeten eine brennende Kerze stehen würde, wäre jeder Friedhof taghell erleuchtet", nichts entgegensetzen können.*

*Freilich: Selbst eine präzise statistische Bewertung verschleierter nichtnatürlicher Todesfälle erfaßt nur den geringen Teil der zufällig oder durch Ermittlungstätigkeit aufgedeckten Sachverhalte. Eine Analyse des weitaus größeren Teils der im Dunkelfeld liegenden Fälle ist praktisch nicht möglich. So müssen wir uns auf Vermutungen beschränken, auch wenn sie nur vage Zustandsbilder vermitteln. Jedoch: Sie sind der einzige Wegweiser durch das Dickicht der unbekannten Verbrechen.*

# Anhang

*Erläuterungen wichtiger Fachbegriffe und Abkürzungen*

ABV – Abschnittsbevollmächtigter der Volkspolizei, entspricht etwa dem heutigen Kontaktbereichsbeamten
Adenom – meist gutartige Geschwulst
ADH-Methode – Alkoholdehydrogenase-Methode, Untersuchungsverfahren zur Bestimmung von Blutalkohol
ADN – Allgemeiner Deutscher Nachrichtendienst, Nachrichtenagentur der DDR
Affektstraftat – Straftat im Ergebnis unkontrollierter motorischer Reaktion bei reduzierter rationaler Kontrolle
Alibi – nachgewiesene Abwesenheit von einem kriminalistisch bedeutsamen Ereignisort zur Ereigniszeit
Alibiüberprüfung – kriminalistische Ermittlungshandlung zur Feststellung der Angaben zu einem Alibi
Altruismus – Selbstlosigkeit, Uneigennützigkeit
Andrologie – Zweig der Medizin, der sich mit Männerkrankheiten befaßt
Asservate – amtlich aufbewahrte, sichergestellte Sachen, Fundstücke
Autopsie – Synonym für Leichenöffnung

BdVP – Bezirksbehörde der Deutschen Volkspolizei, oberste Polizeibehörde in einem Bezirk
Befragung – Erkundungsgespräch in der kriminalpolizeilichen Ermittlung, in Abgrenzung zur Vernehmung
Belastungsziffer – kriminologischer Begriff zur Bezeichnung der Kriminalitätsbekämpfung bezogen auf 100 000 Einwohner
Beschuldigter – Person, gegen die ein Ermittlungsverfahren eingeleitet wurde
Besichtigung – kriminalistische Inaugenscheinnahme, in Abgrenzung zur Durchsuchung
Betriebsschutz – in der DDR in der Regel ein volkspolizeilicher Wachschutz in volkseigenen Betrieben
Bronchoskopie – Untersuchung der Luftröhrenäste mit speziellen Spielgeräten
BVG – Berliner Verkehrsgesellschaft

Camouflage – Tarnung, Verschleierung
CO-Hämoglobin – mit Kohlenmonoxid angereicherter Farbstoff der roten Blutkörperchen
Coming out – bewußtes Offenbaren der eigenen Homosexualität

Computertomographie – spezielle Röntgenuntersuchungstechnik zur Darstellung weicher Gewebe
CT – Computertomographie

Depression – seelische Verstimmtheit, tiefe Bedrücktheit
DHG – Diensthabende Gruppe
Diensthabende Gruppe – kriminalpolizeiliche Struktureinheit für den schnellen Einsatz
DP – Deutsche Post
DRK – Deutsches Rotes Kreuz
Drosseln – Erdrosseln, Strangulation des Halses mittels Drosselwerkzeug
DSF – Deutsch-sowjetische Freundschaft, Massenorganisation in der DDR
Dunkelfeld – unbekannte Deliktgröße
Durchlässigkeitskurve – Messung der Transmission von gefärbten Einzelfasern mit Mikrospektralphotometer
Durchsuchung – strafprozessuale Zwangsmaßnahme zur Suche, Sicherung und Beschlagnahme von Beweismitteln
DVP – Deutsche Volkspolizei

Einsatzgruppe – zeitweilig eingesetzte, nicht strukturmäßige Gruppe der Kriminalpolizei
Eliminierungstötung – vorsätzliche Tötung einer lästigen, unliebsamen Person
Embolie – in die Blutbahn geratene körpereigene (z. B. Luft) Substanzen
EMW – Eisenacher Motorenwerke
endogen – im Inneren des Körpers entstehend
Endokrinologie – Lehre von den Drüsen mit innerer Sekretion und ihren Hormonen
Endoskopie – Methode zur Untersuchung von Hohlorganen und Körperhöhlen mittels spezieller Ausspiegelung
Enzephalitis – Entzündung der grauen Substanz des Gehirns
EO-Arbeit – Tatortbesichtigung und –untersuchung
Ermittlungsverfahren – erster Hauptabschnitt des Strafverfahrens bei begründetem Verdacht einer Straftat

FDGB – Freier Deutscher Gewerkschaftsbund
FDJ – Freie Deutsche Jugend
Feuerwehr – in der DDR: neben der ehrenamtlichen Freiwilligen Feuerwehr ein Dienstzweig der Deutschen Volkspolizei
forensisch – gerichtlichen, kriminologischen oder kriminalistischen Zwecken dienend
Forensische Wissenschaften – medizinische, psychologische und na-

turwissenschaftliche Disziplinen, die in enger Beziehung zur Kriminalistik stehen
FStW – Funkstreifenwagen

Gaschromatographie – Analyseverfahren zur Untersuchung gasförmiger oder verdamofter Substanzen
Gbl. – Gesetzblatt
Gerichtliche Sektion – auf Anordnung des Staatsanwaltes durchgeführte Leichenöffnung zur Klärung der Todesart und –ursache
Gesellschaftliche Gerichte – Gremien zur Ahndung von Verfehlungen und Disziplinverstößen; in Betrieben Konfliktkommissionen, in den Wohngebieten Schiedskommissionen
GMI – Gerichtsmedizinisches Institut

Haftrichter – Richter, der einem vorgeführten Verhafteten den Haftbefehl verkündet und zu der darin enthaltenen Beschuldigung vernimmt
HO – Handelsorganisation

IFA-Vertrieb – staatlicher Kraftfahrzeugbetrieb in der DDR
Illegales Verlassen der DDR – andere Bezeichnung für den nach § 213 StGB benannten Strafbestand „Ungesetzlicher Grenzübertritt“
Infrarotspektralfotometrie – kriminalistisches Analyseverfahren zur Untersuchung von Anstrichstoffen, Lösungsmitteln, Kraft- und Schmierstoffen u. ä.

K – in der DDR gebräuchliche Abkürzung für Kriminalpolizei; der Begriff Kripo war unerwünscht
Kaderleiter – Personalchef
Kassation – Aufhebung einer gerichtlichen Entscheidung durch ein höheres Gericht
Kohlenmonoxid – bei unvollständiger Verbrennung von Stoffen entstehendes hochgiftiges Gas
KONSUM – sozialistische Genossenschaft, die gesellschaftliche Massenorganisation und Handelsorganisation verkörperte und Versorgungsaufgaben erfüllte bzw. Dienstleistungen erfüllte
Konzert- und Gastspieldirektion – in jedem Bezirk bestehender volkseigener Betrieb zur „Entwicklung des sozialistischen Veranstaltungswesens“ in der DDR
Kreisdienststelle – höchste Dienststelle des Ministeriums für Staatssicherheit in einem Kreis der DDR
Kriminaltaktik – Teildisziplin der Kriminalistik, deren Gegenstand das planmäßige und folgerichtige kriminalistische Vorgehen ist
Kriminalistik – komplexe Wissenschaft und Praxis zur Untersuchung konkreter Straftaten oder kriminalistisch bedeutsamer Sachverhalte

Kriminalistisches Institut – naturwissenschaftlich-technische und taktische Expertisen- und Forschungseinrichtung des Ministeriums des Innern der DDR
Kriminaltechnik – Teildisziplin der Kriminalistik, die sich naturwissenschaftlicher und technischer Erkenntnisse zur Täterermittlung und Beweisführung bedient; ihr Gegenstand ist die Suche, Sicherung und Begutachtung von Spuren
Kriminologie – Zweig der Rechtswissenschaft, der die Ursachen, Bedingungen und Struktur der Kriminalität untersucht, Wissenschaft von der Kriminalität
KT – Kriminaltechnik
KWV – Kommunale Wohnungsverwaltung

Latenz – Synonym für Dunkelfeld, kriminologischer Begriff zur Bezeichnung der unbekannten Deliktgröße
LPG – Landwirtschaftliche Produktionsgenossenschaft
letal – tödlich

Magistrat von Groß-Berlin – oberste Verwaltungsbehörde in der Hauptstadt der DDR, entsprach dem Rat des Bezirkes in den Bezirken
MfS – Ministerium für Staatssicherheit, Geheimdienst der DDR
Mikrospektralfotometrie – kriminaltechnisches Analyseverfahren zur Untersuchung kleinster Spurenmengen; Prinzip: Aufnahme und Auswertung des Spektrums einer von der Substanz ausgehenden oder veränderten Strahlung mit dem Ziel, die Zusammensetzung zu ermitteln
Mord – nach § 112 StGB der DDR jede vorsätzliche Tötung eines Menschen, die nicht Totschlag war
MTA – medizinisch-technische Assistentin
MUK – Morduntersuchungskommission

Neurose – krankhafte, aber reversible Verhaltensanomalie mit seelischen oder körperlichen Funktionsstörungen
Nicht natürlicher Tod – Tod durch fremde Hand, Selbstmord oder Unfall

Obduktion – Leichenöffnung, auch Autopsie oder Sektion
Obduzent – Arzt für Pathologie, Anatomie oder gerichtliche Medizin, der eine Leichenöffnung durchführt
Oberstes Gericht – höchstes Organ der Rechtsprechung in der DDR
ODH – Operativer Diensthabender der Volkspolizei
Odorologie – Geruchsspurenkunde in der Kriminalistik
OiBE – Offizier (des MfS) im besonderen Einsatz
OvD – Offizier vom Dienst

PAG – politisch-aktuelles Gespräch, obligatorische Form der politischen Bildung in den Arbeitskollektiven der volkseigenen Betriebe und staatlichen Einrichtungen

Personenbewegungsanalyse – taktisches Verfahren, Bewegungsabläufe von Personen oder Fahrzeugen auf der Basis von Orts- und Zeitangaben zueinander in Beziehung zu bringen

Phänomenologie – unter kriminalistischem Aspekt die Lehre von den Erscheinungsformen und Begehungsweisen krimineller Handlungen

Psychopathie – durch Abartigkeit des Gefühls- und Gemütslebens von der Norm abweichende, im Grunde nicht krankhafte Verhaltensweisen

Psychose – Oberbegriff für alle echten psychischen Krankheiten, unterteilt in endogene und exogene Psychosen

Rat des Stadtbezirks – kommunale Verwaltungseinrichtung in Großstädten auf Stadtbezirksebene, entsprach etwa einem Rat des Kreises

RAW – Reichsbahnausbesserungswerk

Republikflucht – Synonym für den Strafrechtstatbestand des ungesetzlichen Grenzübertritts, konnte mit zwei Jahren Freiheitsentzug geahndet werden; siehe auch illegales Verlassen

Röntgenfeinstrukturanalyse – Verfahren zur Bestimmung geringster Substanzen aus Gemischen; Ausnutzung der Beugung von Röntgenstrahlen, die auf Filmen oder Diagrammen aufgezeichnet werden

Schmelzpunktbestimmung – Schmelzpunkte sind Stoffkonstanten, deren Wert Aussagen über die Reinheit eines Stoffes (Spur) zuläßt

Schnelle Medizinische Hilfe – Synonym für Dringliche Medizinische Hilfe; Krankentransportfahrzeuge des DRK der DDR, die mit Ärzten und Sanitätern besetzt waren und die Erstversorgung bei Unfällen und akut lebensbedrohlichen Zuständen sicherten

Sektion – Leichenöffnung, siehe auch Autopsie oder Obduktion

Signalelemente – Merkmale zur möglichst genauen Beschreibung von lebenden Personen und unbekannten Toten

Sprengel – kirchlicher Dienstbereich oder Verwaltungsbezirk

Staatsverleumdung – alter Straftatbestand zur Ahndung der öffentlichen Verleumdung oder Entstellung staatlicher oder gesellschaftlicher Maßnahmen oder Verächtlichmachung von Personen wegen ihrer staatlichen oder gesellschaftlichen Tätigkeit; wurde 1968 durch § 234 StGB (Beeinträchtigung staatlicher oder gesellschaftlicher Tätigkeit) abgelöst

StGB – Strafgesetzbuch

StPO – Strafprozeßordnung

Strafvollzugseinrichtung – staatliche Einrichtung zur Verwirklichung von Strafen mit Freiheitsentzug; Strafvollzugsanstalten und -kommandos, Jugendstrafanstalten, Arbeitserziehungskommandos, Jugendhäuser, Haftkrankenhäuser usw.; ihre Verwaltung oblag der Volkspolizei

Suizid – vorsätzliche Selbsttötung

SV-Ausweis – Ausweis der staatlichen Sozialversicherung, in dem Arbeitsrechtsverhältnisse, Sozialversicherungsbeiträge, Krankschreibungen, Verordnungen und Gesundheitshilfsmittel nachgewiesen wurden

Tatortarbeit – Gesamtheit der kriminalistischen Maßnahmen am Tatort (Besichtigung, Untersuchung, Spurensicherung usw.)

Tatortuntersuchung – auf die Suche und Sicherung von Spuren am Tatort gerichtete kriminalistische Maßnahme

Todesart – Art und Weise der äußeren Einflüsse, die zu einer bestimmten Todesursache führen, unterteilt nach natürlichem und nicht natürlichem Tod

Todesursache – unter pathologisch-anatomischen oder gerichtsmedizinischen Aspekten ermittelter Grund für den unmittelbaren Todeseintritt; bezieht sich auf die im Innern des Organismus ablaufenden Vorgänge

Toterklärung – Entscheidung über den Tod eines Menschen nach Reanimationsmaßnahmen oder nach Verschollensein

Totschlag – nach § 113 StGB in der DDR vorsätzliche Tötung im Affekt, Kindestötung oder Tötung unter besonderen, die strafrechtliche Verantwortlichkeit mindernden Tatumständen

Toxikologie – Lehre von den Giften und Vergiftungen

Trassologie – Lehre von den mechanischen Spuren (z. B. durch Werkzeuge)

Typhon – mit Druckluft betriebene Sirene

Ungesetzlicher Grenzübertritt – nach § 213 StGB in der DDR widerrechtliches Passieren der Staatsgrenze; in schweren Fällen sind bis zu acht Jahren Freiheitsentzug möglich gewesen; siehe auch illegales Verlassen oder Republikflucht

VEB – Volkseigener Betrieb

Verdächtiger Tod – wenn Anhaltspunkte dafür bestehen, daß jemand eines nicht natürlichen Todes gestorben oder die Todesart nicht aufgeklärt ist, oder der Leichnam eines Unbekannten gefunden wurde, besteht nach § 94 StPO kriminalpolizeiliche Ermittlungspflicht

Verfehlungen – Kleinkriminalität (Ladendiebstähle, Hausfriedensbruch, Beleidigung, Verleumdung) mit geringem Schaden und geringer Schuld; Ahndung erfolgte durch Gesellschaftliche Gerichte

Verifizierung – objektiver Beweis für die Richtigkeit einer Version

Vernehmung – formgebundenes, polizeiliches Erkundungsgespräch mit Belehrung über Rechte und Pflichten, Ziel ist die Erlangung und beweiskräftige Fixierung der Aussagen von Zeugen und Beschuldigten

Version – begründete Vermutung oder Hypothese über den Tatablauf, einzelne Details, die Täterpersönlichkeit, Tatmotive usw.

Verwaltungssektion – auf Veranlassung des Kreisarztes durchgeführte Leichenöffnung zur Klärung der Todesursache

Visitation – Besuch kirchlicher Vorgesetzter in unterstellter Gemeinde

vitale Zeichen – im kriminalistischen Sinne Lebensäußerungen des Organismus kurz vor Eintritt des Todes

VK – Verkehrskommando, Verkehrspolizei

VP – Volkspolizei

VP-Inspektion (VPI) – volkspolizeiliche Behörde in einem Berliner Stadtbezirk, entsprach dem VPKA in einem Kreis

VPKA – Volkspolizeikreisamt, höchste Polizeidienststelle in einem Kreis

VP-Präsidium – höchste VP-Dienststelle in Berlin, entsprach der BdVP in einem Bezirk

VU – Verkehrsunfall

VUB – Verkehrsunfallbereitschaft der Volkspolizei

Widmark-Methode – Mikromethode zur Bestimmung von Blutalkohol

Wohnbezirksausschuß der Nationalen Front – territoriale Struktureinheit der Blockparteien und Massenorganisationen mit der Aufgabe, die Bürger eines Wohngebietes politisch, ökonomisch und kulturell zu aktivieren; kleinste Einheit bildeten die Hausgemeinschaftsleitungen

Würgen – Drosselung des Halses durch die Hände des Täters

## *Literatur- und Quellennachweis*


Aresin, L. und E. Günther (Hrsg.), Sexualmedizin, Berlin 1988

Girod, H., Die kriminalistische Untersuchung verdächtiger Todesfälle, Berlin 1990

Girod, H. u. a., Kriminalistische Aspekte bei Todesfällen auf dem Gleiskörper, Zschr. Kriminalistik und forensische Wissenschaften, 84, 1995, S. 95 ff.

Harig, E. (Hrsg.), Gerichtsballistik, Berlin 1978

Höck, K. und K. Seidel (Hrsg.), Psychotherapie und Gesellschaft, Berlin 1976

Lange, E., Der mißlungene erweiterte Suizid, Jena 1964

Lemke, R. und H. Rennert, Neurologie und Psychiatrie, Leipzig 1974

Löther, R. und H. F. Späte, Suizid und Ideologie – philosophische und psychiatrische Gesichtspunkte, in: Grenzsituationen ärztlichen Handelns, Medizin und Gesellschaft, 13, Jena 1983

Müller-Enbergs, H. (Hrsg.), Inoffizielle Mitarbeiter des Ministeriums für Staatssicherheit, Richtlinien und Durchführungsbestimmungen, Berlin 1996

Müller-Enbergs, H., H. Schmoll und W. Stuk, Das Fanal. Das Opfer des Pfarrers Brüsewitz und die evangelische Kirche, Berlin 1993

Munzinger-Archiv/Internationales Biographisches Archiv

Prorektor für Gesellschaftswissenschaften der Humboldt-Universität zu Berlin (Hrsg.), Zur Situation homophiler Bürger in der DDR, Studie, Berlin 1985

Prokop, O., Forensische Medizin, Berlin 1966

Reimann, W. und O. Prokop, Vademecum Gerichtsmedizin, Berlin 1980

Schollmeyer, W. und E. Lucas, Ein außergewöhnlicher Selbstmord in einem Großbetrieb, Zschr. Kriminalistik und forensische Wissenschaften, 7, 1972, S. 123

Schultze, H. u. a. (Hrsg.), Das Signal von Zeitz – eine Dokumentation, Leipzig 1993

Strafgesetzbuch der DDR, Berlin 1968 und Berlin 1978

Strafgesetzbuch und andere Strafgesetze, Berlin 1961

Strafrecht der DDR, Kommentar, Berlin 1981

Werner, R., Homosexualität – Herausforderung an Wissen und Toleranz, Berlin 1987

Weiterhin:

Fallsammlung des Autors

Dienstanweisungen und Instruktionen des Ministeriums des Innern der DDR

Zeitschrift „Kriminalistik und forensische Wissenschaften“

Zeitschrift „Forum der Kriminalistik“

*Abbildungsnachweis*

Sammlung des Autors – S. 25, 29, 38, 52, 53, 55, 67, 68, 72, 75, 80, 124, 128, 129, 133, 140, 141, 153-158, 161-163, 165, 167, 169, 173 bis 175, 185-187, 195, 201, 210, 212, 229, 230, 235, 243, 263, 264, 299, 301, 303, 304, 337, 338, 347, 353, 356, 372, 380, 382, 383, 396, 415, 416, 425, 434, 436, 439, 442, 443, 457, 458, 462, 469
Statistisches Jahrbuch der DDR 1986 – S. 8
Dokumente des Ministeriums des Innern – S. 83, 84
Fotohandbuch der Volkspolizei – S. 101, 103
Forum der Kriminalistik, 1990, 7 – S. 108
Das Signal von Zeitz – eine Dokumentation, Leipzig 1993 – S. 280 bis 283
Kriminalistik und forensische Wissenschaften, 7, 1992, S. 124, 484

Dank für die Überlassung von Bildmaterial gilt:
Dipl.-Krim. Ing. Wolfgang Hagemeyer, Berlin – S. 20
Dipl.-Biol. Klaus Schwenzer, Berlin – S. 116, 117

ISBN 3-360-01240-2

1. Auflage dieser Ausgabe


Rosa-Luxemburg-Str. 39, 10178 Berlin
Umschlagentwurf: Peperoni Werbeagentur, Berlin
Druck und Bindung: Salzland Druck, Staßfurt

Die Bücher des Verlags Das Neue Berlin
erscheinen in der Eulenspiegel Verlagsgruppe.

www.das-neue-berlin.de